# 会社訴訟・仮処分の理論と実務

〔増補第3版〕 新谷 勝 著

発行 民事法研究会

## 増補第3版はしがき

　会社法（平成18年施行）は、平成26年会社法改正（以下、「改正法」という）によりかなり大きく改正された（同27年5月施行）。改正法により、新たな制度が多く新設されたが、会社訴訟・仮処分に関係するものも少なくない。そこで、改正法に伴う新たな内容を追加することにしたが、それ以外の部分についても、再検討し補足することにした。

　近年、組織再編、特に会社分割に対する関心が高まっているが、それに対する問題点も顕在化している。また、組織再編や全部取得条項付種類株式を用いた少数株主の排除が多くなっているが、それとの関係でも、少数株主保護の必要性が認識されるに至っている。そこで、会社訴訟・仮処分も株主総会の決議取消訴訟、新株発行差止仮処分などの従来型の訴訟だけでなく、現代型訴訟も増加していることから、それに対応する必要がある。

　時代が平成に入り会社をめぐる法律関係が大きく変化するにあわせ、多くの新制度が採用されたが、改正法も多くの規定を新設している。改正項目は会社法全体に及んでいるが、会社訴訟・仮処分に関係する規定も多く新設された。

　会社訴訟・仮処分に直接関係する改正法の規定は、①株主総会の決議により株主資格を失った者に、当該決議の取消しの訴えの提訴権を認め、②株式交換等に伴う旧株主による責任追及等の訴えの新設、③最終完全親会社等の株主による特定責任追及の訴え（多重代表訴訟）の制度の創設、④組織再編等（合併、会社分割、株式交換等）により不利益を受ける株主の事前的救済措置として差止請求権を認め、⑤特別支配株主の売渡請求に対する、売渡株主による売渡株式等の取得に対する差止請求、⑥濫用的会社分割について、分割会社の債権者は承継会社に対し請求できるとする保護規定の新設、⑦内部統制システム関係の再整備などである。そこで、これらについて検討と解説をした。

　次に、旧商法当時に形成された会社訴訟・仮処分に関する論議や基準について、会社法の下で見直す必要が生じた。たとえば、株式の名義書換や株主権行使関係の訴訟と仮処分は、従来、株券の発行を前提とした論議であったが、会社法は株券不発行を原則としたことに加え、上場会社等の株券振替制度の採用会社については異なる取扱いがなされているから、これを踏まえて再検討する

必要がある。取締役の責任と監視義務違反の責任についても、現在では、個別的な任務懈怠責任から、内部統制システムの構築義務等違反の責任として問題とされており、これに対応する必要がある。このように、会社法をめぐる変動は大きく、会社訴訟・仮処分もそれに対応することが必要となった。

さらに、金融商品取引法、独占禁止法、労働法など広く関係法令がかかわることから、それらを含めて検討する必要がある。また、平成29年の改正民法（民法の一部を改正する法律。法律第44号）に係る整備の関係で、同年商法・会社法改正が行われたので必要部分に触れた。

さらに会社訴訟・会社仮処分は民事訴訟法の手続に従ってなされるが、交錯部分が多いことから、手続法との整合性の確保が重要である。会社訴訟は、証拠が会社に偏在する訴訟であることから、原告が事実と証拠を確保することは容易ではない。会社法には各種会社文書（書類）の閲覧権等が規定されているが、それを実現するためには、民事手続法によらなければならない。

会社が会社書類の閲覧等請求に応じない場合、株主は仮処分によることが必要であり、これは提訴の準備段階で極めて重要である。提訴後においては、閲覧できる会社書類（文書）を文書提出命令の申立てにより入手できるほか、民事訴訟法は文書提出義務を広く認めているのでそれによることになる。

会社訴訟においても、民事訴訟法上の証拠収集方法によることから、民事訴訟法上利用しうる証拠収集方法を解説した。また、会社仮処分の多くは満足的仮処分であることから、満足的仮処分と保全の必要性の判例理論にも触れた。

今回の改訂については、民事法研究会の安倍雄一氏、竹島雅人氏に大変お世話になったので感謝申し上げたい。

2019年1月

新　谷　　勝

# は し が き

　旧商法は、個別的に訴訟規定を設け、提訴の要件や効力について定めていたが、解釈上、多々の問題点が残されていた。これに対し、会社法（平成17年6月29日成立、同18年5月1日施行）は、第7編第2章に会社の組織に関する訴訟の規定を設け、類型ごとに提訴の実体要件に加えて、訴訟管轄・訴訟当事者・会社を代表する者・判決の効力などの訴訟手続要件を設けている。もとより、会社法に根拠を有する訴訟はこれに限られるものではない。

　本書は、これを受けて、会社法上の訴えについて、訴訟類型ごとに会社法上の問題点と訴訟手続とを融合させ、会社法と手続法の両面から検討し、会社法上の主要な紛争について解決を図ることを目的とするものである。会社法と手続法上の現在における理論上および実務上の重要論点を、可能な限り取り上げた。

　会社訴訟には多くの類型が考えられ、主要な会社訴訟について類型ごとに検討するが、まず、総論として第1編において、会社訴訟の特徴、構造を検討し、次いで、会社を代表する者がだれであるかなど会社訴訟の基礎を中心に検討し、会社仮処分の特殊性などの基本的問題点を取り上げる。そして、各論として第2編において、株式会社に関する多くの訴訟類型のうちから、主要な訴訟を選び個別検討の対象とした。

　ところが、会社法律関係をめぐる争いの多くは、実際上、仮処分により決着することが多い。すなわち本案訴訟以上に仮処分は重要な意味をもつから、仮処分を必要とする重要事項につき、会社仮処分として解説することにした。従来、本案訴訟と仮処分訴訟を切り離して説明する形態が多いが、類型ごとの会社訴訟との関係で仮処分を検討することが必要であるから、本書は、本案訴訟を類型ごとに各種訴えとしてまとめ、それにあわせ、関連仮処分を検討することにした。そして、単に、抽象的に解説するだけでなく、現実に問題となり、または問題となる可能性のある論点を中心に検討し、判例と裁判例もできるだけ取り入れるように心がけた。また、主要訴訟と仮処分の類型については参考書式を掲げた。

　近年、会社訴訟・仮処分として、従来型のものに加え、M&A関係の争い、

3

はしがき

特に敵対的買収の多発とそれに対する防衛策に関する訴訟（仮処分）に関心が集まっているが、近時、わが国最初の新株予約権を用いたライツプラン型の防衛策が発動され、敵対的買収防衛策をめぐる訴訟が本格化した。そこで、第3編として、従来型の会社訴訟類型のほかに、M&A関係訴訟と仮処分の問題についても言及した。

　なお、本書は、会社法の研究者・会社法に関心をもつ実務家に向けた解説書であるが、法科大学院の教材として用いることも可能とした。また、本書では株式会社における訴訟と仮処分を対象とすることから、とくに断わらなければ、会社とは株式会社を指している。

　本書の刊行にあたっては、民事法研究会編集部の安倍雄一氏に大変お世話になったので、厚くお礼を申し上げる。

　2007年9月20日

新　谷　　勝

『会社訴訟・仮処分の理論と実務〔増補第3版〕』

# 目　　　次

# 第1章　会社法と会社訴訟の基礎

1　会社訴訟の概要…………………………………………………… 1
　(1)　会社訴訟と会社仮処分………………………………………… 1
　(2)　会社訴訟の分類と取扱い……………………………………… 2
2　会社訴訟と訴訟手続上の問題点………………………………… 3
　(1)　当事者適格の法定……………………………………………… 3
　(2)　提訴による無効主張と提訴期間の制限……………………… 6
　(3)　画一的訴訟処理の必要と訴訟管轄…………………………… 8
　(4)　原告による訴訟の処分の可否………………………………… 9
　(5)　会社訴訟と提訴権の濫用………………………………………12
　(6)　会社訴訟と訴額…………………………………………………13
3　会社訴訟と会社を代表する取締役等……………………………13
　(1)　会社を代表する取締役等………………………………………13
　(2)　会社と取締役等間の訴訟………………………………………16
4　会社の組織に関する訴え…………………………………………25
　(1)　無効の訴えの提訴期間…………………………………………26
　(2)　無効の訴えと当事者適格………………………………………30
　(3)　株式の共有者の会社に対する権利行使と原告適格…………32
　(4)　専属管轄の定めと移送の必要性………………………………34
　(5)　弁論等の必要的併合……………………………………………35
　(6)　悪意の提訴と担保提供命令……………………………………36
　(7)　請求認容判決と判決効の拡張…………………………………39
　(8)　無効または取消しの判決と遡及効の否定……………………40
　(9)　無効判決の確定と事後処理……………………………………41
　(10)　裁判所書記官による嘱託登記…………………………………44

5

目　次

　　(11)　敗訴原告の損害賠償責任……………………………………44

　5　会社の行為により株主でなくなった者と原告適格………………47

　　(1)　株主資格の喪失と原告適格………………………………47

　　(2)　会社の行為による株主要件の喪失と原告適格（申請人資格）………48

　6　役員の行為による会社の第三者に対する責任……………………50

　7　株主名簿の記載と原告適格者………………………………………52

　　(1)　原告適格と株主名簿の名義書換…………………………52

　　(2)　振替株式と原告適格者………………………………………53

　8　平成26年改正会社法と会社訴訟の概要……………………………55

　　(1)　平成26年改正会社法による会社訴訟関係規定…………55

　　(2)　会社訴訟に関係する改正事項……………………………56

　9　民法改正に伴う平成29年商法等改正………………………………58

　　(1)　平成29年民法改正……………………………………………58

　　(2)　平成29年商法・会社法改正………………………………59

　10　会社訴訟と証拠の収集手続…………………………………………60

　　(1)　会社訴訟と証拠収集の困難…………………………………60

　　(2)　会社法と会社書類の閲覧等請求……………………………61

　　(3)　民事訴訟法による証拠収集方法……………………………62

　　(4)　提訴前の証拠収集手続………………………………………73

# 第2章　会社仮処分の基礎

　1　会社仮処分の概要……………………………………………………79

　　(1)　会社仮処分の必要性と要件…………………………………79

　　(2)　会社仮処分の特質……………………………………………82

　　(3)　会社仮処分の申請の時期……………………………………84

　2　会社仮処分の申請と当事者…………………………………………85

　　(1)　当事者…………………………………………………………85

　　(2)　会社仮処分の審理と疎明……………………………………86

　3　会社仮処分の要件と手続……………………………………………88

目　次

(1)　仮処分発令のための手続···················································88

(2)　被保全権利の疎明·······························································89

(3)　保全の必要性の疎明···························································89

4　会社仮処分の効力·····································································91

(1)　仮処分命令の発令と取消し···············································91

(2)　仮処分と仮処分違反の行為の効力·····································92

(3)　仮処分命令発令後の事情···················································92

5　会社仮処分の執行と取消し·····················································93

(1)　会社仮処分の執行·····························································93

(2)　会社仮処分の取消し·························································93

6　会社仮処分の現代的問題点·····················································94

(1)　株券不発行会社と仮処分···················································94

(2)　平成26年改正会社法による差止請求規定の新設··············95

# 第3章　法人格否認をめぐる訴訟

1　法人格否認の法理の概要·························································97

2　法人格否認の法理と実体法上の要件········································98

(1)　法人格否認の法理の類型と適用要件··································98

(2)　形骸型の法人格否認の法理···············································98

(3)　濫用型の法人格否認の法理·············································101

3　法人格否認の法理と訴訟上の問題·········································103

(1)　法人格否認の法理と訴訟当事者·······································103

(2)　法人格否認の法理の適用と判決効····································105

(3)　判決効拡張の必要性·······················································107

(4)　執行力の拡張と承継執行文·············································108

(5)　法人格否認の法理と第三者異議の訴え·····························108

7

目 次

# 第4章　会社の設立をめぐる訴訟

1　会社設立に関する発起人等の責任……………………………………110
　(1)　発起人等の現物出資等の不足額の支払責任………………………110
　(2)　発起人等の任務懈怠責任……………………………………………111
　(3)　発起人等の賠償責任の免除…………………………………………113
2　会社の不成立の場合の発起人の責任………………………………113
　(1)　会社の不成立の法的意味……………………………………………113
　(2)　会社不成立の場合の責任……………………………………………113
3　払込仮装と設立時募集株式引受人等の支払義務…………………114
　(1)　会社法と出資義務違反による失権…………………………………114
　(2)　平成26年改正会社法による出資の仮装の是正……………………115
4　会社の設立無効の訴え………………………………………………118
　(1)　設立無効の訴えの趣旨………………………………………………118
　(2)　設立無効の原因………………………………………………………119
　(3)　設立無効の訴えの提起と判決の効力………………………………122
　　【記載例1】　株式会社設立無効の訴え ……………………………123
5　会社設立不存在確認訴訟の検討……………………………………124

# 第5章　株主権と株式の帰属に関する訴訟

1　会社法における株券の発行・株式譲渡・名義書換………………126
　(1)　会社法と株式に関する規定…………………………………………126
　(2)　株券発行会社…………………………………………………………127
　(3)　株券不発行会社………………………………………………………128
　(4)　振替制度の対象株式…………………………………………………129
2　株主の地位をめぐる争いと訴訟……………………………………129
　(1)　株主権確認訴訟………………………………………………………129

（2） 会社と株主との株主権確認訴訟‥‥‥‥‥‥‥‥‥‥‥‥‥‥‥‥‥ 130

　【記載例2】　株主権確認訴訟（株主と会社を共同被告とする場合）‥‥‥ 132

（3） 当事者相互間の株主権確認訴訟‥‥‥‥‥‥‥‥‥‥‥‥‥‥‥‥‥ 133

3　名義書換請求訴訟等の提起‥‥‥‥‥‥‥‥‥‥‥‥‥‥‥‥‥‥‥‥‥ 135

（1） 株主権に基づく争いと名義書換請求等訴訟‥‥‥‥‥‥‥‥‥‥‥‥ 135

（2） 株券の発行請求訴訟‥‥‥‥‥‥‥‥‥‥‥‥‥‥‥‥‥‥‥‥‥‥ 135

（3） 名義書換請求訴訟‥‥‥‥‥‥‥‥‥‥‥‥‥‥‥‥‥‥‥‥‥‥‥ 136

　【記載例3】　株主名簿の名義書換請求‥‥‥‥‥‥‥‥‥‥‥‥‥‥ 138

（4） 株券の再発行請求手続‥‥‥‥‥‥‥‥‥‥‥‥‥‥‥‥‥‥‥‥‥ 139

（5） 株券の引渡請求訴訟‥‥‥‥‥‥‥‥‥‥‥‥‥‥‥‥‥‥‥‥‥‥ 141

4　名義書換禁止の仮処分‥‥‥‥‥‥‥‥‥‥‥‥‥‥‥‥‥‥‥‥‥‥‥ 141

（1） 名義書換禁止の仮処分の必要性と問題点‥‥‥‥‥‥‥‥‥‥‥‥‥ 141

（2） 株券発行会社と名義書換禁止の仮処分‥‥‥‥‥‥‥‥‥‥‥‥‥‥ 142

（3） 名義書換禁止の仮処分の許容性‥‥‥‥‥‥‥‥‥‥‥‥‥‥‥‥‥ 143

（4） 名義書換禁止の仮処分を認めない立場（消極説）‥‥‥‥‥‥‥‥‥ 143

（5） 消極的立場の検討‥‥‥‥‥‥‥‥‥‥‥‥‥‥‥‥‥‥‥‥‥‥‥ 144

（6） 名義書換禁止の仮処分と検討課題‥‥‥‥‥‥‥‥‥‥‥‥‥‥‥‥ 146

（7） 株券不発行会社と名義書換禁止の仮処分‥‥‥‥‥‥‥‥‥‥‥‥‥ 148

（8） 振替株式と名義書換禁止の仮処分‥‥‥‥‥‥‥‥‥‥‥‥‥‥‥‥ 149

（9） 名義書換禁止の仮処分の申立てと効力‥‥‥‥‥‥‥‥‥‥‥‥‥‥ 150

# 第6章　株主総会と決議に関する訴訟

1　議決権を行使しうる株主‥‥‥‥‥‥‥‥‥‥‥‥‥‥‥‥‥‥‥‥‥‥ 152

（1） 基準日の制度の趣旨‥‥‥‥‥‥‥‥‥‥‥‥‥‥‥‥‥‥‥‥‥‥ 152

（2） 基準日後に株主となった者の議決権行使の許容‥‥‥‥‥‥‥‥‥‥ 152

（3） 基準日後の株式取得者と議決権行使‥‥‥‥‥‥‥‥‥‥‥‥‥‥‥ 153

2　株主総会決議の瑕疵を争う訴訟‥‥‥‥‥‥‥‥‥‥‥‥‥‥‥‥‥‥‥ 154

（1） 株主総会決議を争う訴訟とその特徴‥‥‥‥‥‥‥‥‥‥‥‥‥‥‥ 154

（2） 決議後株主と継続的株主‥‥‥‥‥‥‥‥‥‥‥‥‥‥‥‥‥‥‥‥ 155

9

目　次

 ⑶　株主名簿の記載と原告適格······························156

3　**株主総会決議取消しの訴え**······························160

 ⑴　訴訟当事者と取消原因····································160

 ⑵　招集手続または決議方法の法令・定款違反················163

 ⑶　議事運営の問題··········································169

 ⑷　株主提案権と会社の不当拒否····························172

 ⑸　議決権の代理行使・書面投票····························179

 ⑹　決議方法の著しい不公正································180

 ⑺　決議内容の定款違反······································181

 ⑻　特別の利害関係と著しく不当な決議······················181

 ⑼　提訴期間と期間経過後の取消原因の追加··················182

 ⑽　役員の退任と訴訟の帰すう································184

 ⑾　決議の瑕疵と裁量棄却····································185

 ⑿　他の会社法上の訴えとの関係····························187

 ⒀　訴訟係属中の株主の地位の移動··························188

  【記載例4】　株主総会決議取消訴訟····················188

4　**株主総会決議不存在確認の訴え**························189

 ⑴　決議不存在確認の訴えの意味····························189

 ⑵　決議の不存在事由········································191

 ⑶　決議不存在確認の訴えの提起····························192

  【記載例5】　株主総会決議不存在確認の訴え············194

5　**株主総会決議無効確認の訴え**··························195

 ⑴　決議無効確認の訴えの性質······························195

 ⑵　原告適格················································196

 ⑶　提訴期間················································197

 ⑷　無効原因················································197

 ⑸　株主総会決議無効確認の訴えによるべきでない場合········198

  【記載例6】　株主総会決議無効確認の訴え··············199

6　**組織に関する訴訟と決議訴訟との関係**··················199

7　**会社の破産と役員の選任決議を争う訴訟**················200

# 第7章　株主総会と仮処分

1　株主総会開催禁止・決議禁止の仮処分·················202
 (1)　株主総会開催禁止・決議禁止の仮処分の問題点·················202
 (2)　仮処分の審理と仮処分命令の発令·················206
 (3)　仮処分の効力と仮処分違反の決議の効力·················208
 【記載例7】　株主総会開催禁止等の仮処分·················210
2　議決権行使禁止・行使許容の仮処分·················211
 (1)　議決権行使に関する仮処分の許容性·················211
 (2)　議決権行使に関する仮処分の類型と問題点·················216
 (3)　議決権行使の濫用と仮処分による議決権の排除·················221
3　株主総会決議の効力停止の仮処分·················222
 (1)　保全の必要性と仮処分の効力·················222
 (2)　株主総会決議の効力停止の仮処分の類型·················223
4　会社の申請による株主総会に関する仮処分·················225
 (1)　会社の申請による仮処分の許容性·················225
 (2)　議決権行使禁止の仮処分·················226
 (3)　株主総会出席禁止の仮処分·················227
 (4)　所持品検査を認める仮処分·················227
 【記載例8】　議決権行使禁止・行使許容の仮処分の申請の趣旨·················228

# 第8章　取締役・取締役会をめぐる訴訟

1　会社を代表する取締役·················229
 (1)　代表取締役と代表執行役·················229
 (2)　取締役と会社間の訴訟と会社代表者·················229
 (3)　代表取締役の権限·················230
2　取締役会決議の無効確認訴訟·················233
 (1)　取締役会決議の瑕疵·················233

目　次

(2)　取締役会決議の無効確認訴訟·······································235

【記載例9】　取締役会決議無効確認の訴え·····················241

3　取締役の解任決議と解任の訴え·····································242

(1)　取締役の解任決議···················································242

(2)　取締役の解任の訴え···············································247

【記載例10】　取締役解任の訴え·································254

4　取締役の地位不存在確認請求訴訟と地位確認請求訴訟·········255

(1)　取締役の地位不存在確認請求訴訟······························255

(2)　登記抹消請求訴訟···················································256

(3)　取締役の登記の不当抹消··········································258

(4)　取締役の地位確認請求訴訟········································260

【記載例11】　取締役資格不存在確認・辞任登記請求訴訟·····261

5　取締役の報酬と退職慰労金の支払請求訴訟·······················262

(1)　取締役の報酬支払請求訴訟········································262

(2)　退職慰労金の支払請求訴訟········································269

【記載例12】　取締役報酬請求訴訟·································278

# 第9章　取締役の職務執行停止等仮処分

1　取締役の職務執行停止等仮処分の概要···························279

(1)　会社法と職務執行停止等の仮処分································279

(2)　職務執行停止等の仮処分の経緯···································280

(3)　職務執行停止等の仮処分の許容性································280

2　仮処分の申請と発令·····················································281

(1)　仮処分の対象となる取締役········································281

(2)　仮処分の必要性······················································282

3　仮処分申請手続··························································283

(1)　本案訴訟·······························································283

(2)　仮処分の当事者······················································284

(3)　職務執行停止等仮処分と疎明·····································286

(4)　保全の必要性の判断…………………………………………………287

4　職務執行停止等仮処分の効力………………………………………288

5　職務執行代行者選任の仮処分………………………………………289

　(1)　職務執行代行者選任の仮処分の必要性…………………………289

　(2)　職務代行者の権限と権限逸脱行為………………………………291

　(3)　職務執行停止の仮処分と本案訴訟等の会社代表者……………294

6　仮処分命令の取消しと執行停止……………………………………294

　(1)　仮処分命令の取消し………………………………………………294

　(2)　仮処分命令の執行停止……………………………………………295

　　【記載例13】　職務執行停止・代行者選任の仮処分申請………296

7　取締役の地位保全の仮処分…………………………………………296

# 第10章　内部統制システムの構築義務

1　内部統制システムの概要……………………………………………298

　(1)　内部統制システムの意義…………………………………………298

　(2)　大和銀行株主代表訴訟と内部統制システムの構築義務………300

　(3)　会社法と内部統制システムの整備………………………………301

2　取締役の内部統制システムの構築等義務…………………………303

　(1)　内部統制システムの整備についての決定義務…………………303

　(2)　内部統制システムの構築等義務違反の責任……………………304

3　構築すべき内部統制システム………………………………………305

　(1)　構築すべき内部統制システムの内容……………………………305

　(2)　コンプライアンス体制の構築義務………………………………306

　(3)　内部統制システムの実効性確保…………………………………307

4　取締役等の内部統制システムの構築等義務違反の責任追及……308

　(1)　代表取締役の内部統制システムの構築・運用義務違反の責任………308

　(2)　取締役の監視義務違反の責任……………………………………309

　(3)　内部統制システムと監査役の監視義務等………………………310

　(4)　内部統制システムの構築等義務違反と責任追及訴訟…………311

13

目 次

(5) 内部統制システムの構築等義務違反を認めた事例‥‥‥‥‥‥‥‥‥ 312

(6) 内部統制システムの構築等義務違反を認めなかった事例‥‥‥‥‥ 315

(7) 内部統制システムの構築等義務違反の判断基準‥‥‥‥‥‥‥‥‥‥ 318

【記載例14】 内部統制システムの構築等義務違反による責任追及 ‥‥‥‥ 319

5 グループ内部統制システムの構築‥‥‥‥‥‥‥‥‥‥‥‥‥‥‥‥‥‥ 320

(1) グループ内部統制システムの必要性‥‥‥‥‥‥‥‥‥‥‥‥‥‥‥ 320

(2) 平成26年改正会社法によるグループ内部統制システムの法定化‥‥ 321

(3) グループ内部統制システムの構築等義務‥‥‥‥‥‥‥‥‥‥‥‥‥ 323

(4) グループ内部統制システムの効力‥‥‥‥‥‥‥‥‥‥‥‥‥‥‥‥ 324

(5) 親会社取締役の管理権限と監視義務の根拠‥‥‥‥‥‥‥‥‥‥‥‥ 326

6 グループ企業と親会社取締役の責任‥‥‥‥‥‥‥‥‥‥‥‥‥‥‥‥‥ 328

(1) 親会社取締役の監視義務違反の責任‥‥‥‥‥‥‥‥‥‥‥‥‥‥‥ 328

(2) 是正措置を講じなかった親会社取締役の責任‥‥‥‥‥‥‥‥‥‥‥ 329

(3) 子会社の業務執行に関与した責任‥‥‥‥‥‥‥‥‥‥‥‥‥‥‥‥ 329

# 第11章 取締役の責任追及訴訟

1 取締役の会社に対する責任‥‥‥‥‥‥‥‥‥‥‥‥‥‥‥‥‥‥‥‥‥ 331

(1) 取締役と会社の関係‥‥‥‥‥‥‥‥‥‥‥‥‥‥‥‥‥‥‥‥‥‥‥ 331

(2) 善管注意義務と忠実義務‥‥‥‥‥‥‥‥‥‥‥‥‥‥‥‥‥‥‥‥‥ 332

2 取締役の任務懈怠責任‥‥‥‥‥‥‥‥‥‥‥‥‥‥‥‥‥‥‥‥‥‥‥‥ 334

(1) 会社法と任務懈怠責任‥‥‥‥‥‥‥‥‥‥‥‥‥‥‥‥‥‥‥‥‥‥ 334

(2) 善管注意義務の基準‥‥‥‥‥‥‥‥‥‥‥‥‥‥‥‥‥‥‥‥‥‥‥ 336

(3) 経営判断の原則‥‥‥‥‥‥‥‥‥‥‥‥‥‥‥‥‥‥‥‥‥‥‥‥‥ 336

(4) 法令・定款違反行為と過失責任‥‥‥‥‥‥‥‥‥‥‥‥‥‥‥‥‥‥ 344

(5) 賠償責任額の算定‥‥‥‥‥‥‥‥‥‥‥‥‥‥‥‥‥‥‥‥‥‥‥‥ 346

【記載例15】 善管注意義務違反による損害賠償請求訴訟 ‥‥‥‥‥‥‥‥ 352

(6) 監視・監督義務違反の責任‥‥‥‥‥‥‥‥‥‥‥‥‥‥‥‥‥‥‥‥ 352

【記載例16】 監視義務違反による損害賠償請求訴訟‥‥‥‥‥‥‥‥‥‥ 356

(7) 内部統制システムの構築等義務違反の責任‥‥‥‥‥‥‥‥‥‥‥‥‥ 357

目　次

　(8)　コンプライアンス体制の構築等義務違反の責任……………………358

　(9)　コンプライアンス体制の構築義務違反がないとされた事例…………359

3　取締役等の法令違反の責任………………………………………………360

　(1)　取締役等の法令違反行為………………………………………………360

　(2)　金融商品取引法違反行為………………………………………………361

　(3)　独禁法違反行為…………………………………………………………365

4　取締役等の責任追及訴訟…………………………………………………367

　(1)　取締役等の責任追及訴訟………………………………………………367

　(2)　任務懈怠責任追及訴訟…………………………………………………368

　(3)　取締役等の責任免除と軽減……………………………………………371

5　利益相反行為の規制と責任………………………………………………377

　(1)　競業避止義務……………………………………………………………377

　(2)　利益相反取引……………………………………………………………383

6　剰余金の配当と責任………………………………………………………390

　(1)　剰余金の配当（利益配当）……………………………………………390

　(2)　会社法と違法な剰余金分配に関する責任規定………………………390

　(3)　違法な剰余金分配の責任………………………………………………392

　　【記載例17】　違法配当に係る責任追及訴訟………………………………395

7　株主の権利行使に関する利益供与と取締役の責任……………………396

　(1)　株主の権利行使に関する利益供与禁止の趣旨………………………396

　(2)　違法な利益供与となる場合……………………………………………400

　(3)　株主の権利行使に関する利益供与をした責任………………………402

　(4)　責任追及訴訟……………………………………………………………404

　(5)　支払義務の内容…………………………………………………………407

　(6)　経営支配権争いと利益供与……………………………………………408

　(7)　株主の権利行使に関する利益供与等と刑事責任……………………410

　(8)　株主の権利行使に関する贈収賄罪……………………………………412

　　【記載例18】　株主の利益供与に係る責任追及訴訟………………………414

8　銀行取締役の融資判断に関する責任……………………………………414

　(1)　追加融資・救済融資と取締役の責任…………………………………414

15

目　次

(2)　株主代表訴訟により取締役の責任が認められた事例····················· 415

9　損害額の立証困難と認定損害額······················· 418

(1)　損害額の立証が困難な場合の取扱い··················· 418

(2)　取締役等に対する責任追及訴訟と認定推定額····················· 420

# 第12章　株主代表訴訟による責任追及

1　会社法と株主代表訴訟（責任追及等の訴え）····················· 422

(1)　原告適格（提訴資格を有する株主）··················· 422

(2)　株主代表訴訟の被告の法定と一括規定··················· 423

(3)　濫用的な株主代表訴訟の提訴禁止··················· 423

(4)　不提訴理由の通知··················· 423

(5)　会社が被告取締役等に補助参加しうることの明確化····················· 423

(6)　当該会社の株主でなくなった場合と原告適格の継続··················· 424

(7)　訴訟の係属中の会社の権利の処分と訴訟の帰すう····················· 424

(8)　平成26年改正会社法と代表訴訟の3類型··················· 425

2　株主代表訴訟の基本構造··················· 426

(1)　株主代表訴訟の意義と法構造··················· 426

(2)　アメリカの代表訴訟の概要··················· 427

(3)　代表訴訟導入の経緯··················· 428

(4)　代表訴訟の対象となる取締役の責任··················· 429

(5)　取締役等の第三者に対する責任と株主代表訴訟····················· 433

3　株主代表訴訟の当事者··················· 434

(1)　原　　告··················· 434

(2)　被　　告··················· 437

4　株主代表訴訟の提起··················· 438

(1)　株主による提訴請求··················· 438

〈表1〉　代表訴訟と提訴請求の相手方··················· 440

(2)　代表訴訟の提起と二重提訴の禁止··················· 444

(3)　提訴請求の手続違反と提訴の効力··················· 445

16

(4)　不提訴理由の通知義務……………………………………………446

　　(5)　不提訴の判断と裁量権……………………………………………449

　　(6)　会社による責任追及訴訟と代表訴訟…………………………450

　　(7)　提訴請求に対する会社の一部提訴と株主の対応……………450

　　(8)　株主代表訴訟と文書提出命令…………………………………454

5　不当な提訴とその対処方法………………………………………458

　　(1)　株主代表訴訟と濫用的提訴の禁止……………………………458

　　(2)　会社法による濫用的提訴の禁止………………………………459

　　(3)　不当目的訴訟の認定……………………………………………460

　　【記載例19】　株主代表訴訟による取締役の責任追及訴訟………461

6　旧株主による責任追及等訴訟……………………………………462

　　(1)　旧株主による責任追及訴訟の概要……………………………462

　　〔図１〕　旧株主による責任追及訴訟の構造……………………463

　　(2)　旧株主による責任追及訴訟の要件……………………………464

　　(3)　旧株主による責任追及訴訟の提起……………………………464

　　(4)　旧株主による責任追及訴訟と責任免除規制…………………466

　　【記載例20】　旧株主による取締役の責任追及訴訟………………466

7　多重代表訴訟制度の創設…………………………………………467

　　(1)　多重代表訴訟の意義と構造……………………………………467

　　(2)　多重代表訴訟制度創設の必要性………………………………468

　　(3)　会社法と多重代表訴訟の構造…………………………………469

　　〔図２〕　完全親会社等の形態……………………………………471

　　〔図３〕　多重代表訴訟の構図……………………………………473

　　(4)　提訴請求と多重代表訴訟の提起………………………………475

　　【記載例21】　多重代表訴訟（特定責任追及の訴え）……………479

8　代表訴訟等の提起と訴訟手続……………………………………480

　　(1)　代表訴訟等と手続規定の統一化………………………………480

　　(2)　代表訴訟等と管轄裁判所・訴額の算定………………………480

　　(3)　代表訴訟等と担保提供の申立て………………………………481

　　(4)　代表訴訟等の提起と訴訟告知…………………………………483

目　次

- (5)　株主代表訴訟等の係属中に株主でなくなった場合の取扱い…………484
- (6)　取締役等の責任追及訴訟と訴訟参加………………………………………486
- (7)　会社法の訴訟参加規定と問題点…………………………………………490
- (8)　平成26年改正会社法と訴訟参加規定……………………………………494
- (9)　補助参加の利益と補助参加規定による対応……………………………495
- ⑽　補助参加と監査役等の同意………………………………………………495
- ⑾　代表訴訟等における和解と手続…………………………………………496
- 9　代表訴訟等の終了後の措置……………………………………………………499
  - (1)　代表訴訟等と費用の請求等………………………………………………499
  - (2)　敗訴株主等の損害賠償責任………………………………………………500
  - (3)　代表訴訟等の確定判決に対する再審の訴え……………………………501
- 10　代表訴訟等の原告勝訴判決と執行手続………………………………………501
  - (1)　原告勝訴判決と強制執行…………………………………………………501
  - (2)　株主代表訴訟と仮差押え…………………………………………………505

# 第13章　第三者による取締役等の責任追及訴訟

- 1　取締役等の第三者に対する責任の概要………………………………………507
  - (1)　第三者に対する責任制度と問題点………………………………………507
  - (2)　対第三者責任の性質………………………………………………………513
- 2　取締役等の責任の原因…………………………………………………………515
  - (1)　責任を負うべき役員と責任原因行為……………………………………515
  - (2)　責任原因となる任務懈怠行為と悪意・重過失…………………………516
  - (3)　名目的取締役の対第三者責任……………………………………………517
  - (4)　間接損害と直接損害………………………………………………………521
- 3　第三者による責任追及訴訟……………………………………………………526
  - (1)　責任追及訴訟の提起………………………………………………………526
  - (2)　当事者………………………………………………………………………526
  - (3)　立証責任……………………………………………………………………527

【記載例22】 第三者による取締役の責任追及訴訟‥‥‥‥‥‥‥‥‥527

# 第14章　新株発行をめぐる訴訟

1 会社法と新株発行‥‥‥‥‥‥‥‥‥‥‥‥‥‥‥‥‥‥‥‥‥‥‥‥529
　(1) 会社法と新株発行の概要‥‥‥‥‥‥‥‥‥‥‥‥‥‥‥‥‥‥‥‥529
　(2) 第三者割当てによる新株の発行手続‥‥‥‥‥‥‥‥‥‥‥‥‥‥‥533
　(3) 新株発行の効力を争う訴訟‥‥‥‥‥‥‥‥‥‥‥‥‥‥‥‥‥‥534
2 新株発行の無効の訴え‥‥‥‥‥‥‥‥‥‥‥‥‥‥‥‥‥‥‥‥‥‥535
　(1) 新株発行無効の主張方法‥‥‥‥‥‥‥‥‥‥‥‥‥‥‥‥‥‥‥535
　(2) 新株発行の無効原因‥‥‥‥‥‥‥‥‥‥‥‥‥‥‥‥‥‥‥‥‥535
　(3) 新株発行無効の訴えの提起‥‥‥‥‥‥‥‥‥‥‥‥‥‥‥‥‥‥541
　(4) 新株発行無効判決の効力‥‥‥‥‥‥‥‥‥‥‥‥‥‥‥‥‥‥‥543
　(5) 新株発行関係者の責任‥‥‥‥‥‥‥‥‥‥‥‥‥‥‥‥‥‥‥‥544
　(6) 自己株式の処分無効の訴え‥‥‥‥‥‥‥‥‥‥‥‥‥‥‥‥‥‥545
　　【記載例23】 新株発行（募集株式発行）無効の訴え‥‥‥‥‥‥‥546
3 新株発行不存在確認の訴え‥‥‥‥‥‥‥‥‥‥‥‥‥‥‥‥‥‥‥‥547
　(1) 新株発行不存在確認の訴えの明文化‥‥‥‥‥‥‥‥‥‥‥‥‥‥547
　(2) 新株発行の不存在事由‥‥‥‥‥‥‥‥‥‥‥‥‥‥‥‥‥‥‥‥548
　(3) 新株発行不存在確認の訴えの性質と判決の効力‥‥‥‥‥‥‥‥‥552
4 新株発行差止めの仮処分‥‥‥‥‥‥‥‥‥‥‥‥‥‥‥‥‥‥‥‥‥554
　(1) 新株発行差止めの訴え（本案訴訟）‥‥‥‥‥‥‥‥‥‥‥‥‥‥554
　(2) 新株発行差止めの仮処分‥‥‥‥‥‥‥‥‥‥‥‥‥‥‥‥‥‥‥557
　(3) 自己株式の処分差止めの仮処分‥‥‥‥‥‥‥‥‥‥‥‥‥‥‥‥575
　　【記載例24】 新株発行（募集株式発行）差止仮処分申請‥‥‥‥‥576
5 募集株式の発行と払込みの仮装‥‥‥‥‥‥‥‥‥‥‥‥‥‥‥‥‥‥577
　(1) 募集株式の引受人による出資の履行の仮装‥‥‥‥‥‥‥‥‥‥‥577
　(2) 出資の履行を仮装した募集株式の引受人の責任‥‥‥‥‥‥‥‥‥578
　(3) 出資の履行の仮装に関与した取締役等の義務‥‥‥‥‥‥‥‥‥‥579
　(4) 出資の履行の仮装と権利行使‥‥‥‥‥‥‥‥‥‥‥‥‥‥‥‥‥581

19

目　次

6　減資無効の訴え……………………………………………………582

(1)　資本金の額の減少とその手続………………………………582

(2)　資本金の額の減少の無効の訴え……………………………582

# 第15章　新株予約権の発行をめぐる訴訟

1　新株予約権の発行…………………………………………………584

(1)　新株予約権の意義と発行目的………………………………584

(2)　新株予約権の発行……………………………………………585

2　新株予約権発行差止めの仮処分…………………………………589

(1)　新株予約権の発行差止め……………………………………589

(2)　新株予約権発行差止仮処分…………………………………590

　　　【記載例25】　新株予約権発行差止仮処分申請……………592

3　新株予約権の発行が差し止められた事例（ニッポン放送事件）………594

(1)　事案の概要……………………………………………………594

(2)　決定要旨………………………………………………………595

(3)　検　討…………………………………………………………596

4　新株予約権発行無効の訴え………………………………………598

(1)　新株予約権の発行無効………………………………………598

(2)　新株予約権の発行無効の訴え………………………………599

5　新株予約権発行不存在確認の訴え………………………………601

6　新株予約権の行使と新株発行等禁止の仮処分…………………602

(1)　新株予約権の行使と新株発行等の無効……………………602

(2)　新株予約権の行使禁止（新株発行差止め）の仮処分………604

7　新株予約権を用いた買収防衛策…………………………………605

(1)　敵対的買収防衛策……………………………………………605

(2)　株式会社ニレコの新株予約権を用いた防衛策……………607

(3)　ブルドックソース株式会社の買収防衛策…………………608

(4)　新株予約権の発行登録………………………………………610

20

目次

# 第16章　取締役等の違法行為の差止請求

1　違法行為の差止めの概要······································612

　⑴　違法行為の差止規定····································612

　⑵　差止請求権の導入の経緯································613

2　差止請求権行使の要件········································614

　⑴　差止めの対象者となる取締役等··························614

　⑵　差止めの対象となる行為································615

　⑶　会社に損害が発生するおそれのあること··················616

　⑷　差止請求と取締役等の対応······························617

3　取締役等の違法行為の差止仮処分······························618

　⑴　差止仮処分の性質と要件································618

　⑵　差止仮処分の申立て····································619

4　取締役等の違法行為差止仮処分の性質と効力····················620

　⑴　仮処分の性質··········································620

　⑵　仮処分違反の行為の効力································621

　⑶　差止仮処分違反の行為と第三者の保護····················622

　　【記載例26】　取締役の違法行為の差止仮処分申請··············623

# 第17章　会社の組織再編に関する訴訟

1　組織再編の概要··············································625

　⑴　組織再編による統一化に至る経緯························625

　⑵　事業譲渡の手続········································625

　⑶　組織再編行為の概要····································626

　⑷　組織再編と株主総会決議の瑕疵··························627

2　合併無効の訴えと仮処分······································627

　⑴　合併の意義と手続······································627

　⑵　合併無効の訴え········································630

21

目　次

　　【記載例27】　株式会社合併無効の訴え（吸収合併の場合）……………… 634

　　【記載例28】　株式会社合併無効の訴え（新設合併の場合）……………… 635

　（3）　組織再編行為の差止め……………………………………………… 635

　（4）　合併差止めの仮処分……………………………………………… 637

3　会社分割無効の訴え……………………………………………………… 638

　（1）　会社分割の意義と手続…………………………………………… 638

　（2）　会社分割無効の訴え……………………………………………… 641

　（3）　会社分割差止めの仮処分………………………………………… 643

　　【記載例29】　株式会社分割無効の訴え（新設分割の場合）……………… 643

4　株式交換・株式移転無効の訴え……………………………………… 644

　（1）　株式交換・株式移転の意義と手続……………………………… 644

　（2）　株式交換・株式移転無効の訴え………………………………… 648

　（3）　株式交換・株式移転差止めの仮処分…………………………… 650

　　【記載例30】　株式交換無効の訴え………………………………………… 650

　　【記載例31】　株式移転無効の訴え………………………………………… 651

# 第18章　会社分割をめぐる訴訟

1　会社分割の基本的理解………………………………………………… 652

　（1）　会社分割の概要…………………………………………………… 652

　（2）　会社分割の手続と近時の問題点………………………………… 652

2　債務の履行の見込みと会社分割の無効主張……………………… 654

　（1）　債権者詐害目的の会社分割の可能性…………………………… 654

　（2）　濫用的会社分割が行われる原因………………………………… 655

　（3）　債務超過となる会社分割と会社分割の無効…………………… 656

3　濫用的会社分割と詐害行為…………………………………………… 661

　（1）　濫用的会社分割と詐害行為取消権による対応………………… 661

　（2）　詐害行為取消権による問題点と対応策………………………… 662

　（3）　検　証……………………………………………………………… 663

　（4）　濫用的会社分割と否認権………………………………………… 665

22

|   | 目　次 |
|---|---|

(5)　平成26年改正会社法による債権者の保護規定……………………… 665

(6)　分割に異議を述べることのできる債権者の保護……………………… 668

4　会社分割と労働契約関係………………………………………………… 669

(1)　会社分割と労働契約関係の承継……………………………………… 669

(2)　承継法施行規則等の改正……………………………………………… 669

(3)　会社分割により承継される労働者…………………………………… 671

(4)　対象労働者への通知と通知事項……………………………………… 672

(5)　労働者の異議申出とその効果………………………………………… 673

(6)　転籍合意等と手続……………………………………………………… 673

(7)　会社分割と労働者の実質保護………………………………………… 674

(8)　5条協議と7条の努力義務…………………………………………… 674

(9)　承継法等違反の会社分割の取扱い…………………………………… 675

# 第19章　会社書類の閲覧・謄写請求

1　株主名簿の閲覧・謄写請求訴訟と仮処分……………………………… 677

(1)　株主名簿の作成義務…………………………………………………… 677

(2)　株主名簿の閲覧・謄写請求権………………………………………… 677

(3)　株主名簿の閲覧・謄写請求権の確保………………………………… 681

(4)　株主名簿の閲覧・謄写請求訴訟……………………………………… 686

(5)　株主名簿の閲覧・謄写請求仮処分…………………………………… 688

【記載例32】　株主名簿の閲覧・謄写請求仮処分……………………… 691

2　計算書類の閲覧請求訴訟と仮処分……………………………………… 691

(1)　株主の経理検査権の概要……………………………………………… 691

(2)　計算書類の作成と備置き……………………………………………… 692

(3)　計算書類の閲覧等請求………………………………………………… 693

(4)　計算書類の閲覧等請求訴訟と仮処分………………………………… 694

3　会計帳簿等の閲覧・謄写請求訴訟と仮処分…………………………… 696

(1)　株主の会計帳簿等の閲覧・謄写請求権……………………………… 696

(2)　会計帳簿等の閲覧・謄写請求権の行使……………………………… 700

23

目　次

(3)　親会社株主による閲覧等請求……………………………………………705

(4)　会計帳簿等の閲覧・謄写請求訴訟と仮処分………………………………706

【記載例33】　会計帳簿等の閲覧・謄写請求仮処分………………………710

4　検査役選任請求権……………………………………………………………710

(1)　株主による検査役選任請求…………………………………………………710

(2)　検査役選任手続………………………………………………………………712

(3)　検査役の権限と検査結果の報告……………………………………………712

5　取締役会議事録の閲覧等の許可申請………………………………………713

(1)　閲覧・謄写請求の手続………………………………………………………713

(2)　閲覧・謄写の許可申請が却下された事例…………………………………715


・事項索引………………………………………………………………………717

・判例索引………………………………………………………………………731

・著者略歴………………………………………………………………………739

凡　例

## 凡　例

### 法令等の略語表示

| | |
|---|---|
| 会社 | 会社法（平成17年7月26日法律86号） |
| 会社施規 | 会社法施行規則 |
| 計算規 | 会社計算規則 |
| 商 | 平成17年改正後の商法（平成18年12月15日法律109号） |
| 旧商 | 平成17年改正前の商法 |
| 旧商規 | 平成17年改正前の商法施行規則 |
| 商登 | 商業登記法 |
| 商登規 | 商業登記規則 |
| 旧商特 | 株式会社の監査等に関する商法の特例に関する法律（廃止） |
| 旧有限 | 有限会社法（廃止） |
| 破 | 破産法 |
| 会更 | 会社更生法 |
| 非訟 | 非訟事件手続法 |
| 民 | 民法 |
| 改民 | 平成29年法律第44号による改正後の民法 |
| 民訴 | 民事訴訟法 |
| 旧民訴 | 平成8年法律第109号による改正前の民事訴訟法 |
| 民訴規 | 民事訴訟規則 |
| 民訴費 | 民事訴訟費用等に関する法律 |
| 民執 | 民事執行法 |
| 民執規 | 民事執行規則 |
| 民保 | 民事保全法 |
| 民保規 | 民事保全規則 |
| 金商 | 金融商品取引法 |
| 金商令 | 金融商品取引法施行令 |
| 独禁 | 私的独占の禁止及び公正取引の確保に関する法律 |
| 不正競争 | 不正競争防止法 |
| 社債株式振替 | 社債、株式等の振替に関する法律 |
| 一般法人 | 一般社団法人及び一般財団法人に関する法律 |
| 公開買付府令 | 発行者以外の者による株券等の公開買付けの開示に関する内閣府令 |
| 開示府令 | 企業内容等の開示に関する内閣府令 |

25

凡 例

## 主要判例集・定期刊行物等の略語表示

| 民録 | 大審院民事判決録 | 大審民集 | 大審院民事判例集 |
|---|---|---|---|
| 民(刑)集 | 最高裁判所民(刑)事判例集 | 高民集 | 高等裁判所民事判例集 |
| 下民集 | 下級裁判所民事裁判例集 | 裁判集民 | 最高裁判所裁判集民事 |
| 最判解民 | 最高裁判所判例解説民事篇 | 東高民時報 | 東京高等裁判所(民事)判決 |
| 判時 | 判例時報 | | 時報 |
| 金判 | 金融・商事判例 | 判タ | 判例タイムズ |
| リマークス | 私法判例リマークス | 金法 | 金融法務事情 |
| 民商 | 民商法雑誌 | 労判 | 労働判例 |
| 商事 | 商事法務 | ジュリ | ジュリスト |
| 民訴雑誌 | 民事訴訟雑誌 | 資料版商事 | 資料版商事法務 |

## 主要引用文献の略語表示

| 仮処分の研究(下) | 村松俊夫裁判官還暦記念論文集『仮処分の研究(下)』(日本評論社、1970年) |
|---|---|
| 保全処分の体系(下) | 吉川大二郎博士還暦記念論集『保全処分の体系(下)』(法律文化社、1979年) |
| 手続法の理論と実践(下) | 吉川大二郎博士追悼論集『手続法の理論と実践(下)』(法律文化社、1981年) |
| 新堂・仮処分 | 新堂幸司『仮処分(経営法学全集19巻)』(ダイヤモンド社、1966年) |
| 新・裁判実務大系(11) | 門口正人編『新・裁判実務大系(11)会社訴訟・商事仮処分・商事非訟』(青林書院、2002年) |
| 新・会社法の解説 | 相澤哲編著『新・会社法の解説(別冊商事法務295号)』(商事法務、2006年) |
| 類型別会社訴訟 I | 東京地方裁判所商事研究会編『類型別会社訴訟 I 〔第3版〕』(判例タイムズ社、2011年) |
| 類型別会社訴訟 II | 東京地方裁判所商事研究会編『類型別会社訴訟 II 〔第3版〕』(判例タイムズ社、2011年) |
| 商事関係訴訟 | 西岡清一郎＝大門匡編『商事関係訴訟〔改訂版〕(リーガル・プログレッシブ・シリーズ)』(青林書院、2013年) |
| 江頭・株式会社法 | 江頭憲治郎『株式会社法〔第7版〕』(有斐閣、2017年) |
| 神田・会社法 | 神田秀樹『会社法〔第20版〕』(弘文堂、2018年) |

# 第1章　会社法と会社訴訟の基礎

## 1　会社訴訟の概要

### (1)　会社訴訟と会社仮処分

　会社訴訟あるいは会社法関連訴訟とは、会社法上の訴訟または会社法に根拠がある訴訟である。類型化すると、株式に関する訴訟、株主権をめぐる訴訟、株主総会関係訴訟、役員の地位に関する訴訟、役員に対する責任追及訴訟、株主代表訴訟、新株発行差止訴訟、組織変更・組織再編に関する訴訟などがあるが、いずれも、会社法の規定と解釈を根拠にした民事訴訟法の手続による訴訟である。

　従来、会社訴訟は、比較的小規模会社における経営支配権をめぐる争いにおいて利用されていたが、近年では大規模会社にも普及しつつあり、会社をめぐる法律関係の複雑化により、訴訟形態も複雑かつ多様化しつつある。そして、特に M&A や組織再編関連訴訟として利用されるとともに、会社訴訟における問題点が顕在化してきた。

　会社訴訟の特色として注意しなければならないのは、適法に提訴されたものであっても、訴訟の係属中に訴訟の対象となっている一定の事実に変化があった場合（たとえば、取締役の解任訴訟の係属中に、当該取締役の任期が満了し退任した場合）に、訴えの利益が消滅したとして、訴えそのものが不適法として却下を免れない場合があるということである。

　会社仮処分は、これらの会社訴訟を本案とし、判決の確定を待っていたのでは、権利の実現が困難になり、回復困難な損害を被るおそれがあるとして、仮定的・暫定的に権利の実現を内容とする民事保全法に基づく仮の地位を定める仮処分（民保23条2項）である。その多くは、仮処分により本案の権利を実現する満足的仮処分である。

　会社をめぐる訴訟は、仮処分で争われ決着がつく場合が少なくない。たとえば、新株発行（募集株式の発行）の差止めは、新株の発行以前にこれを差し止めなければならないことから、必然的に差止仮処分によることになる。しかも、

新株発行が効力を生ずる払込期日との関係で仮処分により決着する。会社仮処分であっても、本案を予定し仮処分の本案付随性が必要とされるのであるが、類型によっては仮処分で決着し、本案の提起ないし係属が考えられない仮処分が多くある。このように、本案化現象がみられるのも、会社仮処分の特徴である。

## (2) 会社訴訟の分類と取扱い

会社訴訟は、会社（法人）の内部についての争いとそれ以外の争いに大別することができるが、大半は会社の内部についての争いである。それは、会社の構成員や機関の地位にある者の間の争いであることから、訴えの利益、当事者適格、判決の効力特に画一的処理の必要性が問題にされる。そして、会社など法人の内部紛争といわれる訴訟を類型的に分類すると、①株主総会や取締役会決議の有無、その効力を争う訴訟、②取締役や代表取締役の選任・解任をめぐる争い、③ある者が株主であるかどうかをめぐる争い、④会社または取締役の特定の行為の差止めを求める訴訟、⑤会社と株主ないし取締役との間の具体的な権利義務（たとえば、報酬請求権、配当請求権など）の存否に関する争いに分けることができる[1]。

また、会社法に沿って会社訴訟を分類すると、①会社の組織に関する訴訟、②それ以外の訴訟とに大別することができるが、訴訟の性質上、両者はかなり異なった取扱いがなされる。

①の会社の組織に関する訴訟の特徴は、原告と被告間だけの問題として処理される性質の訴訟ではないことから、法律関係の早期安定確保、画一的取扱い、訴訟経済上の要請などにより、提訴資格、提訴期間、判決の効力などについて一般民事訴訟とは異なった取扱いが必要とされる。そこで、会社法は、会社の組織に関する訴訟として、統一的な特別の規定を設けている（会社828条以下）。すなわち、会社の組織に関する訴訟について、当事者適格を会社関係者に限定し、法律関係の早期確定のために提訴期間を制限し、原告勝訴判決の効力について対世効（第三者効）と形成的効力を認め、さらには、訴えの単一的処理のために専属管轄を定め、複数原告による提訴について弁論の併合を定めている。

---

1 福永有利『民事訴訟当事者論』384〜386頁。

これらは、団体的・画一的処理の要請によるものであるが、他方、対世効を受ける第三者の利益保護との関係で、処分権主義がそのまま適用され、原告は自由に訴えの取下げまたは放棄をなしうるのか、原告に和解権限があるのか、弁論主義が適用されるのかなど多くの問題がある。

これに対し、②は、株主権確認訴訟、配当金支払請求訴訟、名義書換請求訴訟、取締役の報酬支払請求訴訟など、個別の請求権に基づき、民事訴訟法の要件と手続に従い、原告が被告に対し確認または給付を請求するものであり、判決の効力も当事者間に限られるから、会社訴訟ではあるが民事訴訟法の一般原則により処理され、特異な取扱いを必要としない。

## 2　会社訴訟と訴訟手続上の問題点

### ⑴　当事者適格の法定

#### ㋐　原告適格と議決権要件

会社法は、会社の組織に関する訴え（会社828条以下）に関して、当事者適格を会社関係者に限定して、訴訟類型ごとに、株主・取締役・監査役・清算人・当該事項について賛成しなかった債権者等に限定している。これ以外の訴えについても、解釈上、原告適格は制限されるのであるが、それは、訴えの利益とも関係する。会社訴訟の原告は、多くの場合株主であり、株主であることが原告の適格要件であるから、持株を処分した場合は原告適格を欠き訴えは却下されることになる。

また、持株数（議決権数）を問題にしない場合と、一定の持株数（議決権数）を要求する場合とがある。

前者の場合、たとえば、株主総会決議取消しの訴え（会社831条1項）については、株主の持株数は要件になっていないから、1株でも所有していれば原告適格を有することになる。しかし、単元未満株主の場合は議決権を行使し得ないだけでなく、株主総会参与権がないことから、定款で特に定めなくても、決議取消訴訟の原告となり得ないと解される。

後者の場合、たとえば、会社解散の訴えについては、少数株主権として、総株主の議決権の10分の1以上を有する株主、または発行済株式の10分の1以上の数を有することが原告適格の要件であるが（会社833条1項）、この要件は、

*3*

第1章　会社法と会社訴訟の基礎

提訴時だけでなく、訴訟の係属中も要求されるものであるから、提訴後に株式の一部を処分したことにより、議決権の10分の1以上という要件を欠くことになれば、訴えの却下は免れない。提訴後に新株が発行され（新株予約権の行使、自己株式による代用の場合を含む）、原告がこの要件を欠くに至った場合の取扱いについては、形式的に解せば、特段の措置がない限り、当事者適格を失ったとして訴えは却下されることになる。しかし、適法に提訴した後に、会社の行為により持株（議決権）要件を欠くに至ったとして、訴えが却下されるのは明らかに不合理であるから、解釈論として、かかる場合は原告適格の継続を認めるべき場合があろう。

　なお、規模の大きい会社の場合、この総株主の議決権の10分の1以上という要件を満たすことは容易ではないことから、複数の株主の持株を合わせて10分の1以上という要件を満たせばよいと解されている。この場合、複数の株主が共同原告になるか、あるいは特定の株主を原告にするために、他の株主が持株を信託譲渡する方法が考えられる。

　会社訴訟における被告は、会社の組織に関する訴えはもとより（会社834条）、一般に会社とされているが、問題の行為をした取締役等もあわせて共同被告とすることができるかという問題がある。

　　(イ)　持株（議決権）要件に関する判例

　非訟事件の例であるが、検査役の選任申請において、申請時に申請人は総株主の議決権の100分の3以上を有していたが、その後、あらかじめ新株引受権付社債を有していた者の新株引受権の行使により、新株の発行が行われ、その結果、申請人の議決権割合が100分の3未満になった場合の取扱いにつき、申請人資格（適格）が問題になった事例がある。

　原審は、「抗告人は申請時においては、法定の割合の議決権を有していたのであるが、その後に、新株発行が行われたことにより、その有する議決権が法定の割合を満たさないものになっても、選任請求権は消滅しないものと解するのが相当である。けだし、抗告人が申請時に有していた選任請求権の帰趨が、その後の新株の発行といった抗告人が何ら関与しない事情によって左右されるのは不合理であり、少数株主権を認めた法の趣旨に沿わないと考えられるからである。なお、株主が検査役の選任を請求する場合、当該株主は、その選任ま

*4*

で法定の割合の議決権を保有する必要があり、株式の譲渡などにより所定の割合の議決権を有しなくなったときには、検査役選任の請求権を失うことになるのは当然であるが、本件はそのような場合に当たらない」とした（東京高決平成18・2・2金判1262号46頁）。

これに対し、許可抗告事件の最高裁判所決定は、「会社が当該株主の申請を妨害する目的で、新株を発行したなどの特段の事情のない限り、申請人の適格を欠くものとして、不適法であり却下を免れない」とした（最決平成18・9・28民集60巻7号2634頁）。

申請時に議決権要件を満たしていても、検査役選任決定までの間に株式を譲渡して、議決権要件を欠くに至った場合は、当事者適格を欠くことになるが、①新株発行により要件を欠くに至った場合は却下すべきでないとの立場と、②申請後に議決権要件を欠くに至った場合は、それが、新株発行による場合であっても、特に、会社に妨害目的が存在しない限り、やはり当事者適格を欠くとの見解がある。原審は①の立場であり、最高裁判所は②の立場に立つものである。

そして、②の立場に立つ見解は、少数株主権を認めた趣旨が没却されるような事態は避けなければならないが、そのような信義・公平の原則に反するような特段の事情が認められる場合については、例外的に救済する方法をとれば足りるとしている[2]。

この立場は、会社が当該株主の申請を妨害する目的で、新株を発行したなどの特段の事情のある場合は、信義・公平の原則に反するものとして、例外的に救済する方法をとれば足りるというが、この場合は申請人適格を欠くことにならないというのであろう。しかし、申請人適格を欠くか否かの問題を、会社の主観的事情により決することには問題がある。また、特段の事情の存在は、検査役選任の申請者の抗弁事由と解されるが、検査役選任という非訟事件において、その立証がどこまで可能かという疑問がある。

そこで、少数株主権として検査役の選任申請を認めた趣旨からみて、申請後に新株発行により議決権比率が低下したとしても、申請人適格を失わないと解

---

2　絹川泰毅「判解」ジュリ1336号109頁。

第1章　会社法と会社訴訟の基礎

するのが適切であろう。この場合についても、申請時から検査役の選任決定時まで、100分の3以上を継続的に有しなければならないとの要件を要求することは、形式的で硬直にすぎよう。株式を譲渡した場合と異なり、会社の行為により議決権比率が低下したにすぎないのであって、持株数（議決権数）に変化はないのに、当事者適格を欠くとするのは妥当とはいえない。そして、この問題は、会計帳簿の閲覧謄写請求の当事者適格の場合にも等しく通用するであろう。

### (2)　提訴による無効主張と提訴期間の制限

#### (ア)　提訴による無効主張

会社法は、会社の組織に関する訴えについて規定し、会社の組織に関する行為の無効は訴えによってのみ主張できるとしている（会社828条）。これは、会社法律関係の画一的処理と判決効を考慮したものと考えられる。一方で会社の組織に関する行為以外の争い（たとえば、株主権確認請求、名義書換請求）については訴訟によることを要しないが、実際上、実効性の点で訴えによらなければ目的を達することはできない。

#### (イ)　提訴期間の制限

会社法は、提訴期間を制限している（会社828条1項、831条1項）が、これは、会社法律関係の早期安定確保を目的とするものである。無効の訴えまたは取消しの訴えの提訴期間（出訴期間）を短期間に制限し、提訴期間経過後の提訴を不適法として却下することにより、会社法律関係の早期確定を図っている。

#### (ウ)　提訴期間経過後の無効・取消原因の追加的主張の可否

##### (A)　通説と判例の考え方

問題は、提訴期間内に提訴した後、提訴期間経過後に、別の無効または取消原因を追加的に主張し、または変更しうるかである。法律関係の早期確定の必要から、提訴期間を設けているのであれば、すでに提訴により法律関係の早期確定が妨げられている以上、提訴期間の経過後においても、無効または取消原因を追加・変更することも許されるのではないかとも解される。また、訴訟物の観点から訴訟物を個別の無効または取消原因ごとに考えた場合、新たな無効原因または取消原因を追加ないし変更すれば、訴えの追加的変更または変更となるから、別訴の提起となり提訴期間の制限を受け許されないことになる。こ

*6*

れに対し、訴訟物を１つとみて、個別の無効または取消原因を攻撃方法と解するならば、追加・変更は提訴期間の制限を受けないことになろう。

この点、通説は、無効または取消原因の追加・変更を認めたならば、提訴期間を設けた趣旨が没却されることになると解し、提訴期間の経過後の新たな無効原因または取消原因の主張は認められないとして、提訴期間の制限を厳格に解している。判例も、株主総会決議取消しの訴えについて、提訴期間経過後に新たな取消事由を付け加えることができないとし（最判昭和51・12・24民集30巻11号1076頁）、新株発行無効の訴えにおいても、６カ月以内という出訴期間（当時。旧商280条ノ15第１項）の経過後に、新たに無効事由を追加主張し得ないとする（最判平成６・７・18最判集民172号967頁）。

(B) 提訴期間の運用における弾力的取扱い

しかし、提訴期間の経過後の無効原因または取消原因の主張を厳格に解するならば、原告としては、提訴時に考えられるあらゆる無効または取消原因を列挙して提訴し、提訴期間の経過後にゆっくりと主張を整理し、検討するという便法を用いることになりかねない。しかも、新株発行不存在確認の訴え（会社829条）や株主総会決議の無効確認の訴えまたは不存在確認の訴え（同法830条）においては、提訴期間の制限がないのであるから、法律関係の早期安定確保の要請も絶対的なものではないといえる。また、瑕疵の大小だけで、提訴期間を異にする取扱いは必ずしも妥当とはいえないであろう。

判例は、株主総会の決議に関する訴訟において、提訴期間の経過後に、無効原因または取消原因の追加主張を認めないという厳格な態度を示しながら、運用において弾力的な取扱いをすることにより、妥当性の確保を図っている。すなわち、決議無効確認の訴えにおいて主張している瑕疵が、決議の取消原因に該当し、しかも、当該決議無効確認の訴えが決議取消しの訴えの提訴期間の経過前に提起されている場合は、決議取消しの主張が提訴期間の経過後になされても、当該決議取消しの訴えは、提訴期間との関係では、決議無効確認の訴えの提起時になされたものと同様に取り扱うことができるとする（最判昭和54・11・16民集33巻７号709頁）。

---

3 たとえば、大隅健一郎＝今井宏＝小林量『新会社法概説〔第２版〕』184頁。

第1章　会社法と会社訴訟の基礎

　この事例は、決議無効確認の訴えにおいて取消原因に該当する事実を主張していたのであるから、提訴期間内に決議取消しの訴えを提起したとみることができるとするのであるが、それは、当事者が、決議無効確認の訴えとして提起するか、決議取消しの訴えとして提起するかではなく、主張する瑕疵がどのようなものであるかによるから、取消原因に該当する事実を主張している以上、決議取消しの訴えの提起がなされているとみるべきである。無効原因にあわせ取消原因を主張している場合は、予備的主張または択一的主張とみるべきであろう。

　新株発行無効の訴えに関しても、判例は、新株発行差止めの訴えを提起し差止仮処分も得たのに、それに違反した新株発行がなされ、原告が差止めの訴えを無効の訴えに変更したときは、請求の基礎に同一性があるとして、新株発行無効の訴えは、差止めの訴えの提起時になされたものと同一視できるとした（最判平成5・12・16民集47巻10号5423頁）。原告が、仮処分違反の新株発行に気づくことなく、提訴期間が経過した事案であるが、妥当な解釈である。

　　㈣　提訴期間の制限がない場合

　会社法は、会社の組織に関する訴えについて、会社の組織に関する無効の訴え、株主総会決議取消しの訴えについては提訴期間を制限している（会社831条1項）が、株主総会決議不存在確認の訴え・無効確認の訴え、新株発行等の不存在確認の訴えに関しては、提訴期間に制限を設けることなく解釈に委ねている。しかし、訴えの利益の問題とも関連するが、法文上、提訴期間の制限がない場合でも、解釈上合理的な提訴期間に限定すべきであり、会社法律関係を長期間不安定な状態におくことはできない。このような場合、提訴権の濫用法理の適用が考えられるであろう（下記⑸参照）。

## ⑶　画一的訴訟処理の必要と訴訟管轄

　会社の組織に関する訴えについて、複数の原告が、同一の訴訟原因により複数の裁判所に提訴することが考えられる。この場合、複数の裁判所に訴訟が係属することにより矛盾する判決が出される可能性がある。そこで、これを防止するために、同一手続で審理し、1つの判決で画一的に決着をつけ、早期に紛争を解決する必要がある。

　そのため会社法は、会社の組織に関する訴えについて、会社の「本店の所在

*8*

地を管轄する地方裁判所」を専属管轄と定めている（会社835条1項）ことから、それ以外の裁判所に対する提訴は不適法である。「本店の所在地を管轄する地方裁判所」とは、登記簿上の本店所在地を管轄する地方裁判所の意味であり、会社の実際上の営業活動が、登記簿上の本店所在地と異なる場所で行われていても、画一的処理の必要上、登記簿上の本店所在地を管轄する地方裁判所が専属管轄となる。

　また、専属管轄であるから、合意管轄や応訴管轄は生じない。管轄裁判所以外の裁判所に提訴されたときは、管轄違いとして職権で管轄裁判所に移送することになるが（民訴16条1項）、提訴期間との関係では、管轄違いの裁判所に提訴した時を基準とすべきである。

　会社の吸収分割の無効の訴えのように、2つ以上の地方裁判所が管轄を有することがある（会社834条9号）。この場合は、各会社により定められた管轄裁判所への提訴は、いずれも適法となるが、同一事実（訴訟原因）に基づく訴訟で矛盾する判決が出されるおそれがあることから、このような場合について、会社法は、先に訴えの提起があった裁判所が管轄を有するとした（同法835条2項）。そこで、後訴の裁判所は前訴の裁判所に訴訟を移送し、前訴の裁判所において併合審理がなされる。

　会社の組織に関する訴えの専属管轄である同一裁判所に、複数の原告による同一の請求を目的とする複数の訴訟が同時に係属する場合は、弁論および裁判を併合しなければならない（会社837条）。訴訟経済的理由および矛盾する判決が出ることを避け、合一確定を図る必要があるためである。弁論を併合することにより、各原告の訴訟上の関係は類似必要的共同訴訟となる。これにより、訴訟資料の統一的取扱いと統一的な訴訟進行および1つの判決による解決が可能となるのである。

## (4) 原告による訴訟の処分の可否

### ㋐ 訴訟の処分権と問題点

　会社法上の訴えであっても、株主権確認や名義書換請求の訴えなど、原告株主が自己の利益を確保するために提訴する訴えにおいては、原告は訴訟物（当該請求）を自由に処分することができる。

　これに対し、会社の組織に関する訴えは、訴訟物が原告固有の権利に基づく

**9**

第1章　会社法と会社訴訟の基礎

ものではなく、原告が、取締役や監査役であるときはもとより、株主である場合にも、いわば共益権の行使として提訴権が認められるのであって、訴訟物につき当然に処分権が認められるとはいえない。そこで、民事訴訟法の処分権主義が適用され、原告は自由に訴えの取下げまたは請求の放棄・認諾をなしうるか、また、原告に和解権限があるのかなど、会社法上の訴訟特有の問題が生じる。

　当事者は訴訟の対象である権利または法律関係を処分することができ（処分権主義）、訴えの取下げ、和解、請求の放棄・認諾も自由であり、また、弁論主義と自白の拘束力も認められる。しかし、請求認容判決には対世効が認められ（会社838条）、調書に記載された請求の放棄・認諾、和解は確定判決と同一の効力を有することから（民訴267条）、会社の組織に関する訴えについて、処分権主義（当事者が自由に訴訟を処分しうる）を適用し、弁論主義により自白の拘束力を認めることは、対世効が及ぶ第三者の利益保護との関係で適切でない。[4]また、提訴期間（会社828条1項、831条1項）との関係で、他の株主が提訴できないことにも関係する。

　　(イ)　訴えの取下げ・請求の放棄・認諾の可否

　会社の組織に関する訴えにとどまらず、会社法上の訴訟については、原告株主に係争利益の処分権限があるか否かを別にして、訴えの取下げは、請求（訴訟物）自体の処分ではなく、単に係属中の訴訟手続を遡及的に消滅させ、訴えが係属しなかった状態（原状）に戻すだけであり（民訴262条1項）、実体的法律関係に影響を与える訴訟物の処分ではなく、また対世効がないことから、取下げ自由の原則によりこれを認めざるを得ない。

　しかし、訴えの取下げに再訴を遮断する効果はないが、会社法上の訴訟特有の問題として提訴期間の問題がある。提訴期間の経過後に取り下げると、当該行為は有効なものとして確定し、他の株主等は再訴をなし得ないことになる。そこで、他の株主等が訴訟参加している場合を除けば、合理的理由がない訴えの取下げは許されないとするのが適切かもしれないが、解釈論としては難しい。

　会社の組織に関する訴えは、原告の利益のみを考えた訴訟でないばかりか、

---

4　小室直人「形成訴訟における処分権主義・弁論主義の制限」西原寛一先生追悼論文集『企業と法(上)』361頁、兼子一『民事訴訟法体系〔補訂版〕』347頁参照、商事関係訴訟14〜16頁。

請求の放棄（原告が請求に理由がないことを自認する行為）・認諾（被告が請求に理由があることを自認する行為）は、調書に記載することにより確定判決と同一の効力が生ずるから（民訴267条）、これを自由に認めることには問題がある。請求の放棄には対世効がないことから認めざるを得ないが、請求の認諾には対世効が認められるからなし得ないと解される。

　　㈦　和解の可否

　和解には確定判決と同一の効力が認められ（民訴267条）、会社の組織に関する訴えの和解には対世効が認められることから、和解が可能であるかが問題になる。この点、和解のためには当事者が請求（訴訟物）について処分権限を有することが必要であるが、会社の組織に関する訴えにおいては、当事者が処分権限を有しないばかりか、この訴訟における請求は、和解（相互譲歩）による解決に親しまないから、和解をなし得ないことになる。

　現実には、和解により訴訟が終了しているが、これが許されるのは訴訟物についての和解でなく、訴えの取下げや請求の放棄を内容とする和解に限られる[5]。しかし、和解は訴訟物に関してなされるのであるから、これは本来の意味での和解ではなく、訴えの取下げや請求の放棄に関する合意である。

　　㈣　自白の取扱い

　自白（当事者が相手方の主張した自己に不利な事実を認める陳述）があれば、相手方は当該事実について証明をする必要はなく、そのまま事実認定の基礎となる（自白の拘束力）のであるが（民訴179条）、これは弁論主義によることの帰結である。しかし、会社の組織に関する訴えにおいては、自白の拘束力を認めるべきか否かが問題となる。

　自白の拘束力について、第三者の訴訟参加の機会が十分に確保されていないことから、第三者の利益を害するおそれのある行為として認めるべきでないとの見解が有力である[6]。

　事案によっては、自白の拘束力を認め、訴訟を早期解決することが望ましい

---

5　小室・前掲（注4）364頁、351頁、江頭憲治郎＝門口正人編『会社法大系(4)』279頁〔山口和宏〕、同374頁〔小川雅敏〕、類型別会社訴訟Ⅰ57～58頁、商事関係訴訟17頁。

6　小室・前掲（注4）351頁、364頁、江頭＝門口・前掲（注5）279頁〔山口和宏〕、同374頁〔小川雅敏〕、類型別会社訴訟Ⅰ57頁。

第1章　会社法と会社訴訟の基礎

場合があるが、自白の真実性確保の問題がある。自白の拘束力を認めると、第三者は不利な内容の判決の効力を受ける（対世効）ことになるから、第三者保護のための措置（たとえば、訴訟参加のための手続保障）が必要であるが、不十分である。

そこで、会社の組織に関する訴えにおいては、当事者に処分権がないことから、弁論主義の適用が制限され、自白の拘束力が否定されると解される。第三者保護の観点から、対世効が認められる請求の認諾とパラレルに考えて、自白に拘束力を認めるべきではないであろう。自白の拘束力が認められないことから、一方（多くの場合、被告会社）が自白した場合でも、他方は証明責任を免れない。また、一方が主張する事実を他方が争わない場合でも、自白の擬制（民訴159条1項）とはならない。

### (5)　会社訴訟と提訴権の濫用

株主には多くの会社訴訟の提訴権が認められている。しかし、提訴は適正な目的のためになされるべきであり、不当な目的あるいは不当な目的を達成するための手段として提訴することは、提訴権の濫用となり許されない。株主の提訴権を奪うような不当な制限は許されないとしても、濫用的な提訴を許すべきではないから、かかる場合は訴えを却下すべきである。提訴権の濫用は、株主代表訴訟において問題にされることが多いが、その他の会社訴訟についてもあてはまることである。

請求に理由がないことを知り、あるいは不当な目的を達成する手段としての提訴が濫用的提訴の典型である。しかし、そこまでいかなくても、たとえば、自らが関与した事項につき、数年が経ち法律関係が安定した後、意見の対立が生じたことなどを理由に、当該事項の効力を否定する提訴は妥当でない。また、自ら株主総会の決議事項を総会の決議なく行いながら、後に経営者の地位を追われたことから、株主総会決議不存在訴訟を提起することも妥当でない。これらの場合も提訴権の濫用と考えられうる。

判例には、有限会社（当時）の持分を相当の代価で譲渡した旧経営陣は、社員総会の承認決議（旧有限19条2項）を求めるように努めるべきであり、かつ、それは容易であったのに、譲渡後約3年を経てから、特段の事情がないのに、決議の不存在確認訴訟を提起することは、譲受人たる現経営者に対して信義を

*12*

欠き、さらにこの訴えの認容判決が対世効をもち、譲受人にも効力が及ぶことも考慮すれば、提訴は訴権の濫用にあたるとしたものがある（最判昭和53・7・10民集32巻5号888頁）が、妥当である。

### (6) 会社訴訟と訴額

会社の組織に関する訴えの訴額は、非財産権上の請求として160万円である（民訴費4条2項前段）。また、取締役の解任の訴え、取締役の地位不存在確認の訴え、取締役の不実登記請求訴訟等についても非財産権の請求として扱われる。反対に、役員の責任追及訴訟（株主代表訴訟）については、財産権上の請求であるが原告の受ける利益の算定が不能であるとして非財産権上の請求として取り扱われる（同項後段）。

## 3 会社訴訟と会社を代表する取締役等

### (1) 会社を代表する取締役等

#### (ア) 株式会社の業務執行と会社を代表する者

株式会社の業務執行の決定、業務の執行、会社を代表する者は、会社がどのような組織形態をとるかにより異なる（下記(イ)以下参照）。代表取締役は、株式会社の業務に関する一切の裁判上の権限を有するとの会社代表に関する規定（会社349条4項）は、代表取締役を設置しない会社だけでなく、指名委員会等設置会社に適用されない（同法418条2号）。

株式会社と取締役間の訴訟について、会社を代表するのは代表取締役ではない。また、代表訴訟等（代表訴訟、旧株主による責任追及訴訟、多重代表訴訟）において、提訴請求を受けるのは代表取締役に限らないことから、名宛人を誤った提訴請求は不適法となる。裁判上の行為をなす権限を有する者（適格代表者）は法定されており、権限を有しない者が行った訴訟行為は無効である。

#### (イ) 取締役会を設置しない会社（取締役会非設置会社）

取締役は、定款に別段の定めがある場合を除き、株式会社の業務を執行する（会社348条1項）。取締役が2人以上ある場合には、会社の業務は、定款に別段の定めがある場合を除き、取締役の過半数をもって決する（同条2項）。

つまり、会社法は、各取締役に会社の業務執行権を認めるが、定款により特定の取締役に業務執行権を認めることができるとするのである。

第1章　会社法と会社訴訟の基礎

　取締役が2人以上ある場合も、上記のとおり、定款により別段の定めをすることができるが、定款に取締役の全員一致または3分の2以上をもって決するとした場合は、業務執行の決定をすることが困難になる場合が考えられる。

　取締役が2人以上ある場合でも、各自、株式会社を代表する。ただし、代表取締役その他会社を代表する者を定めた場合はこの限りでない（会社349条1項・2項）。取締役が各自会社を代表することを基本とし、代表取締役その他会社を代表する取締役を定めた場合は、代表取締役等が会社を代表するのである。共同代表とすることは認められない。

　これらの規定は、会社法が株式会社と有限会社を一体化して、株式会社としたことによる（有限会社法は、会社法の施行により廃止された）。有限会社法では、取締役会の設置は予定されておらず、取締役が数人ある場合は、業務の執行は取締役の過半数をもって決するものとされていた（取締役が1人の場合は、その取締役が決することになる）。また、取締役が会社を代表するものとし、各取締役が会社を代表する（ただし、定款もしくは社員総会の決議をもって、会社を代表する取締役を定めることができる）としていた（旧有限25条、26条、27条1項・2項）。会社法はこれを承継し、有限会社に相当する株主数の少ない、小規模の株式会社について規定を設けたのである。

　株式会社は、定款、定款の定めに基づく取締役の互選または株主総会の決議により、取締役の中から代表取締役を定めることができる（会社349条3項）。そして、代表取締役は会社の業務に関する一切の裁判上または裁判外の行為をすることができ（同条4項）、会社の業務に関する裁判外の行為に制限を設けても（裁判上の行為については、制限を設けることができない）、善意の第三者に対抗することができない（同条4項・5項）。

　(ウ)　取締役会設置会社

　取締役会設置会社の業務執行の決定は取締役会で行い（会社362条2項1号）、会社の業務の執行は、代表取締役または取締役会の決議により業務を執行する取締役として選定された取締役（業務執行取締役）が行う（同法363条1項）。会社代表に関する規定は明確にされていないが、代表取締役の行う業務執行が会社の対外的行為である場合は、会社代表となるから、代表取締役に会社代表権が認められている。

*14*

そして、代表取締役等の権限については、取締役会非設置会社の場合と同様
である（会社349条4項・5項）。取締役会設置会社の業務執行と会社代表に関す
る規定は、本来型の株式会社に関する規定である。

　　㈒　監査等委員会設置会社

　監査等委員会設置会社は、改正法（平成26年改正会社法）が新設したもので
あるが、定款の定めにより監査等委員会を設置する株式会社である（会社2条
11号の2）。取締役会の設置を義務づけられるから（同法327条1項3号）、業務
執行の決定、業務の執行、会社代表は取締役会設置の規律に従うことになる。
業務執行の決定は取締役会で行う（同法399条の13第1項1号）。

　取締役会で取締役の中から代表取締役を選定する（会社399条の13第3項）。
会社の業務の執行は、代表取締役または取締役会の決議により業務を執行する
取締役として選定された取締役（業務執行取締役）が行い（同法363条1項）、代
表取締役が会社を代表する。

　　㈓　指名委員会等設置会社

　指名委員会等設置会社については、取締役会において、経営の基本方針等重
要な業務執行の決定をしなければならないが（会社416条1項〜3項）、それ以
外の事項については、原則、取締役会の決議により業務執行の決定を執行役に
委任することができる（同条4項）。取締役会は、執行役の中から代表執行役
を選定しなければならないが、執行役が1人のときはその者が代表執行役に選
定されたものとされる（同法420条1項）。そこで、執行役が1人のときはその
執行役が代表執行役になる。

　指名委員会等設置会社の場合は、執行役は、取締役会の決議により委任を受
けた会社の業務の執行を決定し（会社418条1号）、取締役会の決議による業務
執行の決定とあわせて、会社の業務を執行する（同条2号）。

　このように、指名委員会等設置会社においては、執行役が会社の業務の執行
を行い、代表執行役が会社を代表することになる。そして、代表取締役は会社
の業務に関する一切の裁判上または裁判外の行為をすることができ、会社の業
務に関する裁判外の行為に制限を設けても、善意の第三者に対抗することがで
きないとの規定は（会社349条4項・5項）、代表執行役に準用される（同法420条
3項）。

*15*

第1章　会社法と会社訴訟の基礎

### (2)　会社と取締役等間の訴訟

#### ㈦　会社と取締役間の訴訟における会社代表者

　会社を代表して訴訟行為をするのは会社代表者であるが、取締役を当事者とする訴訟（会社—取締役間訴訟）にあっては、いずれが原告または被告となる場合でも、利益相反性と馴合訴訟の懸念から特別の規制がなされている。

　会社と役員（取締役・監査役・会計参与・執行役）間の訴訟について、誰が会社の相手方当事者となるか、会社がどのような組織形態をとっているかにより、会社を代表して訴訟を追行する者は異なる。会社と役員間の訴訟というのは、会社法上の訴えの場合だけでなく、会社と役員間の民事訴訟事件をいう。また、会社を当事者とする訴訟であれば、会社が原告であるか、被告であるかを問わない。

　規制の対象となる取締役は、代表取締役、業務執行取締役、平取締役、社外取締役を問わないし、元取締役も含まれる（会社353条）。また、取締役の権利義務者と一時取締役の職務を行うべき者（同法346条1項・2項）、取締役の職務代行者（同法352条1項）も含まれる。

　さらに、訴訟上会社を代表する者は、株主が代表訴訟を提起する前に当該会社に対し提訴請求をするに際し（会社847条1項）、誰宛てに提訴請求をすべきであるかと関係する。株主は会社と役員間の訴訟として、会社を代表する者に対して提訴請求をしなければならない。

　旧商法は、会社と取締役間の訴訟で会社を代表するのは監査役とし（旧商275条ノ4）、旧商法特例法（株式会社の監査等に関する商法の特例に関する法律）は、委員会等設置会社については、監査委員が訴訟の当事者である場合は、取締役会が定める者（株主総会が会社を代表する者を定めたときは、その者）、それ以外の場合は、監査委員会が指名する監査委員が会社を代表し（旧商特21条の10第6項）、小会社の場合は取締役会または株主総会が定める者が会社を代表した（同法24条1項・2項）。そして、有限会社については社員総会で定める者が会社を代表するとしていた（旧有限27条ノ2）。

　会社法は、これらを引き継ぎ統一的に規定し、従来型の会社（指名委員会等設置会社、監査等委員会設置会社以外の会社）、指名委員会等設置会社、監査等委員会設置会社に分けて会社と取締役間の訴訟について会社を代表する者を定め

*16*

ているが、さらに、従来型の会社については、監査役を設置している会社と設置していない会社に分けて規定している。

　会社と取締役間の訴訟について会社を代表する者は、会社の機関設計（組織形態）により異なり、次のとおりかなり複雑である。なお、会社を代表する者は、代表訴訟において株主が提訴請求をする相手方となる。

　㈡　監査役非設置会社と会社代表

　会社法は、従来型の会社についても監査役非設置会社を認めている（会社法は、監査役・取締役会・代表取締役の設置を義務づけていない）。そこで、監査役非設置会社の場合、会社と取締役間の訴訟に関して、原則として、取締役が会社を代表するが（会社349条1項）、代表取締役（取締役会非設置会社も、代表取締役を設置することができる）を定めたときは、代表取締役が会社を代表するとして（同条3項・4項）、取締役または代表取締役が代表権を有することを原則としている（これは、有限会社法の規定を承継したものである）。

　そのうえで、株主総会が当該訴えについて、会社を代表する者を定めた場合はその者が会社を代表し（会社353条）、取締役会を設置している場合は、株主総会が代表者を定めていないときは、取締役会で代表者を定めることができるとしている（同法364条）。

　このように、監査役非設置会社の場合、取締役または代表取締役が訴訟上会社を代表するのであるが、株主総会または取締役会で会社を代表するものを定めた場合は、その者が訴訟上会社を代表することになる。

　取締役または代表取締役が会社を代表する場合、訴訟の相手方が会社を代表することは利益相反行為になるばかりか、訴訟当事者でなくても取締役相互間の関係から、適正な訴訟行為を期待できないから、株主総会または取締役会で代表者を定めその者に会社を代表させるのである。

　株主総会または取締役会で代表者と定められた者が会社を代表する場合、原告（取締役）は、会社が会社代表者を定めなければ提訴できないことになるが、これは実際的でないばかりか迅速な提訴の妨げとなる。そこで、会社法は、原則として、取締役または代表取締役に訴訟代表権を認めているから、原告は取締役等を会社代表者として提訴すればよいことになる。この場合、提訴を受けた会社（被告）において、株主総会または取締役会で会社を代表する者を定め

*17*

第1章　会社法と会社訴訟の基礎

て応訴することができることになる。

これに対し、会社が原告となり取締役を被告として提訴する場合は、取締役等により提訴するか、あるいは株主総会または取締役会で会社を代表する者を決め、それに従って提訴することになる。

### (ウ)　監査役設置会社と会社代表

#### (A)　監査役による訴訟代表

##### (a)　監査役設置会社

監査役設置会社の場合、会社と取締役間の訴訟は、取締役が代表取締役であるか否かを問わず、監査役が会社を代表する（会社386条1項1号）。代表取締役が訴訟の当事者である場合に、自ら会社を代表することは利益相反行為となり、それ以外の場合も、取締役の人的関係から適正な訴訟追行が期待できないからである。監査役に代表権が認められるのは、代表権は監査役による取締役の業務執行に対する監査権に含まれるからであると解されている（取締役の業務執行に関し、監査役が監査権を有しない会社を除く）。

会社の相手方が取締役と監査役である場合（多くは、会社が取締役と監査役を共同被告とする場合）は、取締役については監査役が会社を代表し、監査役については代表取締役が会社を代表する。この場合、馴合訴訟が懸念されることから、株主は会社に補助参加（共同訴訟的補助参加）することにより対処することが考えられる。

##### (b)　株式交換等完全親会社である監査役設置会社が、株式交換等完全子会社の取締役等（取締役・執行役・清算人）の旧株主による責任追及訴訟の対象となる責任追及訴訟を提起する場合

この場合は、株式交換等完全親会社の監査役が当該会社を代表することになる（会社386条1項2号）。この場合の訴訟は二重代表訴訟の形態となるが、完全親会社の代表取締役に会社を代表させたのでは、親子会社の取締役等の関係から適正な訴訟追行が期待できないからである。

旧株主による責任追及訴訟の対象となる責任というのは、株式交換等の効力が生ずる前に、株式交換等完全子会社となった会社の取締役等の当該会社に対する責任である。

##### (c)　最終完全親会社である監査役設置会社がその完全子会社の取締役等に対し

特定責任追及の訴え（多重代表訴訟）を提起する場合

この場合は、当該会社の監査役が会社を代表する（会社386条1項3号）。この場合に監査役が当該会社を代表するのも、適正な訴訟追行を確保するためである。

対象となるのは特定責任であるが、最終完全親会社がその完全子会社の取締役等の責任を追及できるのは、直接の親子会社関係がある場合に限られるから、訴訟形態は二重代表訴訟となる（多重代表訴訟は、最終完全親会社の株主が提訴する訴訟である）。

(B) 訴訟手続に関する監査役の権限の概要

監査役には、会社と取締役間の訴訟についての会社代表以外にも、多くの訴訟手続上の権限が認められている。それは、監査役設置会社の場合、会社と取締役間の訴訟について、監査役が会社を代表する権限を有することから派生するものである。監査役に認められる訴訟権限とその概要は次のとおりである。

(a) 監査役が代表訴訟等（代表訴訟・旧株主による責任追及訴訟・多重代表訴訟）の提訴請求を受ける場合（会社386条2項1号）

提訴株主等が代表訴訟等を提起するためには、当該会社に対して提訴請求をしなければならないが、提訴請求を受ける（提訴請求の名宛人）のは当該会社の監査役である。

(b) 監査役設置会社が訴訟告知並びに取締役の責任追及訴訟に係る和解について通知および催告を受ける場合（会社386条2項2号）

株主等は代表訴訟等を提起した場合は、当該株式会社等に対し訴訟告知をしなければならないが（会社849条4項）、訴訟告知を受けるのは当該会社の監査役である。代表訴訟等において和解する場合は、裁判所は当該株式会社等に対し通知・催告をしなければならないが（同法850条2項）、それを受けるのは当該会社の監査役である。

(c) 株式交換等完全親会社である監査役設置会社が、旧株主による責任追及訴訟の対象となる取締役等の責任について、提訴請求を受ける場合（会社386条2項3号）

株式交換等完全親会社の株主（旧株主）が、株式交換等完全子会社の取締役等の責任追及訴訟を提起するためには、当該完全子会社に提訴請求をしなけれ

第1章　会社法と会社訴訟の基礎

ばならないが、提訴請求は監査役に対してなされる。

(d)　最終完全親会社等である監査役設置会社が、提訴請求をする場合、最終完全子会社から責任追及訴訟の提起または多重代表提起の訴訟告知を受けた旨の通知（会社849条7項）を受ける場合（同法386条2項4号）

株式会社等に最終完全親会社等がある場合は、当該株式会社等は、最終完全親会社等に対し、責任追及訴訟を提起し、または株主から多重代表訴訟を提起したとの訴訟告知を受けた旨の通知をしなければならないが、通知は監査役に対してなされる。

㈍　指名委員会等設置会社と会社代表

(A)　会社と取締役等間の訴訟と会社代表者

指名委員会等設置会社において、会社を代表して訴訟行為をするのは代表執行役であるが（会社420条3項、349条4項）、会社と執行役もしくは取締役間の訴訟については、この原則によることは適切ではない。

執行役は、取締役会の決議により選任されるが、取締役を兼ねることができるから（会社402条2項・6項）、取締役を兼任するのが一般である。代表執行役は、取締役会により執行役の中から選定され（同法420条1項）、また、監査委員は、取締役の中から取締役会の決議により選定される（同法400条2項）から、執行役・代表執行役、取締役、監査委員の関係は密接である。

そこで、執行役もしくは取締役（元を含む）と指名委員会等設置会社間の訴訟について、代表執行役に会社を代表させたのでは適正な訴訟行為が期待できず、また監査委員に会社を代表させるべきではない場合があるから、特別の定めがなされている。

監査委員が訴訟の当事者である場合は、取締役会が定める者、株主総会が当該訴訟について会社を代表する者を定めた場合は、その者が会社を代表する（会社408条1項1号）。監査委員は取締役であるから、会社と監査委員間の訴訟は、会社と取締役間の訴訟となる。この場合、当該監査委員は会社を代表することができないが、他の監査委員も会社を代表することができない。そこで、取締役会または株主総会が定める者が、会社を代表する。

それ以外の場合は、監査委員会が選定する監査委員が会社を代表する（会社408条1項2号）。それ以外の場合とは、監査委員が訴訟の当事者でない場合で

*20*

ある（監査委員以外の取締役と会社間の訴訟）。

　もっとも、執行役または取締役が指名委員会等設置会社に対し訴えを提起する場合には、監査委員（当該訴えを提起する者を除く）に対してされた訴状の送達は、会社に対して効力を有する（会社408条2項）。

　監査委員に対する訴状の送達が、会社に対して効力を有するとは、監査委員を名宛人とする提訴が有効であることを意味する。取締役会または株主総会が定める者が会社を代表する、監査委員会が選定する監査委員が会社を代表するとしたのでは、会社を代表する者が定まらなければ、会社を被告とする訴えを提起できないからである。監査委員宛ての訴状の送達を受けた会社は、取締役会または株主総会で会社を代表する者を定めて応訴することになる。

　(B)　監査委員の訴訟手続に関するその他の権限の概要

　監査委員は当該訴訟において会社を代表するが（会社408条1項2号）、加えて監査委員会が選定する監査委員には、以下のように訴訟手続に関する権限が認められている。

　(a)　指名委員会等設置会社が提起する訴訟と会社代表

　指名委員会等設置会社が、次の①、②に定める訴えを提起するときは、監査委員会が選定する監査委員が会社を代表して提訴する（会社408条3項）。そのため、指名委員会等設置会社は提訴に先立ち、監査委員会で会社を代表する監査委員を選定しなければならない。

①　株式交換等完全親会社が指名委員会等設置会社である場合に、株式交換等完全子会社の取締役、執行役、清算人（元を含む。以下、「取締役等」という）に対し、旧株主による責任追及訴訟の対象となる責任について、追及訴訟を提起する場合（会社408条3項1号）

　　株式交換等完全親会社が、株主として完全子会社となった会社の取締役等の責任を追及する訴訟であるから代表訴訟となる（株式交換等完全親会社の株主となった者が、完全子会社となった会社の取締役等の責任を追及する訴訟の場合は、旧株主による責任追及訴訟である）。そして、監査委員会が会社を代表する者に選定した監査委員が、指名委員会等設置会社を代表して提訴することになる。

②　最終完全親会社等が指名委員会等設置会社である場合に、完全子会社等

第1章　会社法と会社訴訟の基礎

の取締役等に対する、特定責任追及の訴えを提起する場合（会社408条3項2号）

　特定責任というのは、多重代表訴訟の対象となる完全子会社等の取締役等の責任である。多重代表訴訟は最終完全親会社等の株主が提起する訴えであるが、ここでは、最終完全親会社と特定責任追及訴訟の対象となる完全子会社が、直接の親子会社関係にある場合に、最終完全親会社が、株主として完全子会社の取締役等の責任を追及する訴訟であるから代表訴訟となる（最終完全親会社の株主が、完全子会社の取締役等の責任を追及する訴訟の場合は、二重代表訴訟となる）。

(b)　指名委員会等設置会社が提訴請求を受ける場合の会社代表

　指名委員会等設置会社が、次の①、②の訴訟について提訴請求を受ける場合は、監査委員会が選定する監査委員が、会社を代表して提訴請求を受ける（会社408条4項）。

①　指名委員会等設置会社である株式交換等完全親会社が、旧株主による責任追及訴訟の対象となる責任について提訴請求をする場合（会社408条4項1号）

　　株式交換等完全親会社が、完全子会社の取締役等の責任を追及する訴訟は、株主としての提訴であるから代表訴訟となる。この場合、提訴に先立ち完全子会社に対し提訴請求をしなければならないが、監査委員会が選定する監査委員が会社を代表して提訴請求をすることになる。

②　指名委員会等設置会社である最終完全親会社が、特定責任追及の訴え（多重代表訴訟）の対象となる責任について、提訴請求をする場合（会社408条4項2号）

　　最終完全親会社と特定責任追及訴訟の対象となる完全子会社が、直接の親子会社関係にある場合に、最終完全親会社が当該完全子会社の取締役等の責任を追及する訴訟は、株主としての提訴であるから代表訴訟となる。この場合、提訴に先立ち完全子会社に対し提訴請求をしなければならないが、監査委員会が選定する監査委員が会社を代表して提訴請求をすることになる。

(c)　監査委員による訴訟行為についての会社代表

代表執行役が、指名委員会等設置会社を代表して訴訟行為をするとの規定
（会社349条4項、420条3項）にかかわらず、次の場合には、監査委員が会社を
代表する（同法408条5項）。

① 指名委員会等設置会社が、執行役または取締役の責任について、株主か
ら責任追及訴訟、旧株主の責任追及訴訟、多重代表訴訟について提訴請求
を受ける場合は、監査委員が会社を代表してこれを受ける。ただし、当該
監査委員が、当該訴えに係る訴訟の相手方となる場合は除かれる（会社
408条5項1号）。

株主が、代表訴訟を提起する場合は当該会社、旧株主の責任追及訴訟を
提起する場合は株式交換等完全子会社、多重代表訴訟を提起する場合は対
象完全子会社に対し、提訴請求をしなければならないが、当該会社が指名
委員会等設置会社である場合は、提訴請求はそれぞれの会社の監査委員宛
てにすることになり、これ以外の者に対する提訴請求は適法でない。

② 指名委員会等設置会社が、訴訟告知を受ける場合、または代表訴訟に係
る和解について裁判所から通知および催告を受ける場合は、監査委員が会
社を代表してこれを受ける（訴訟告知・通知・催告は監査委員に対してすれ
ばよい）。ただし、当該監査委員が訴訟当事者である場合は除く（会社408
条5項2号）。

株主等は代表訴訟等を提起したときは、遅滞なく当該会社（権利の帰属
会社）に対し、訴訟告知をしなければならない（会社849条4項）。当該会
社に訴訟参加の機会を与えるためである。

代表訴訟における和解（会社850条2項）について、会社が和解の当事者
でない場合（当事者・参加人・利害関係人として和解に関与していない場合）、
裁判所は会社に対し和解内容を通知し、それについて異議を述べることが
できる旨を催告しなければならないが（同項）、指名委員会等設置会社の
場合、これを受けるのは監査委員である。当該監査委員が訴訟の当事者で
ある場合は、公正を確保する意味から当該監査委員は除かれる。

③ 株式交換等完全親会社である指名委員会等設置会社が、株式交換等完全
子会社から、849条6項の規定による通知を受ける場合、監査委員が会社
を代表してこれを受ける（会社408条5項3号）。

第1章　会社法と会社訴訟の基礎

　　株式交換等完全子会社は、旧株主による責任追及訴訟の対象となる取締
役等の責任について、責任追及訴訟を提起し、または旧株主から責任追及
訴訟を提起したとの訴訟告知を受けた場合は、その旨を株式交換等完全親
会社に対して通知しなければならない（会社849条6項）。この場合の通知
の相手方は監査委員（各監査委員）である。

④　最終完全親会社である指名委員会等設置会社が、会社法849条7項の規
　定による通知（完全子会社等である取締役等の責任を追及する訴えに係るもの
　に限る）を受ける場合、監査委員が会社を代表してこれを受ける（会社408
　条5項4号）。

　　対象完全子会社は、最終完全親会社に対し、特定責任に係る取締役等の
責任を追及する訴訟を提起し、または原告株主から特定責任追及訴訟（多
重代表訴訟）を提起したとの訴訟告知を受けたときは、その旨を通知しな
ければならないが（会社849条7項）、通知の相手方は各監査委員である。
そこで、対象完全子会社は、最終完全親会社の監査委員に対して通知する
ことになる。

　(オ)　監査等委員会設置会社と会社代表

　　(A)　会社と取締役間の訴訟と会社代表者

　監査等委員会設置会社においては、会社と取締役（代表取締役、社外取締役を
含む）間の訴訟について、①監査等委員である取締役が訴訟の当事者である場
合は、取締役会が定める者（株主総会が当該訴訟について会社を代表する者を定
めた場合は、その者）、②それ以外の場合（監査等委員以外の取締役と会社間の訴
訟）は、監査等委員会が選定する監査等委員が会社を代表するとしている（会
社399条の7第1項）。これは、指名委員会等設置会社の場合と同様の規定であ
るが（監査委員と監査等委員を入れ替えればよい）、その趣旨は、監査委員会・監
査委員の場合と同様である（上記(エ)参照）。

　もっとも、監査等委員会設置会社については、執行役が存在しないから、執
行役に対する責任追及訴訟はないという相違点に留意すべきである。

　取締役が会社に対して提訴する場合は、監査等委員に対してされた訴状の送
達が、会社に対して効力を生ずる点も（会社399条の7第2項）、指名委員会等
設置会社の場合と同様である。

*24*

(B)　訴訟手続に関する監査等委員のその他の権限の概要

監査等委員会が選定する監査等委員は、当該訴訟において会社を代表する（会社399条の7第1項2号）ほか、監査等委員会が選定する監査等委員には、訴訟手続に関して会社を代表する権限が認められ（同条3項・4項）、監査等委員には、提訴請求を受ける権限、訴訟告知、通知、催告を受ける権限等の訴訟関連の権限が認められている（同条5項）。

これらは、指名委員会等設置会社の監査委員の権限（会社408条3項～5項）に対応するものである。そこで、監査委員を監査等委員に置き換え、監査等委員会設置会社の執行役に対する責任追及訴訟を除き、監査等委員の訴訟権限を監査委員の訴訟権限と同様に取り扱えばよい。

## 4　会社の組織に関する訴え

旧商法は、個別的に会社訴訟に関する規定を設けていたが、多くを網羅するものではなく、また、その解釈と運用を判例に任せていたことから、多くの問題点が生じていた。そこで会社法は、会社の組織に関する訴えについて統合し類型化するとともに、従来、訴訟手続上問題とされていた点について特別の規定を設けた。このように、会社法に訴訟規定を取り込むことにより、会社訴訟に関する訴訟手続上の問題点を解決した。

会社法は、第7編第2章第1節に「会社の組織に関する訴え」の規定を設け（会社828条以下）、従来、商法上の訴訟として、明文または判例により認められていた訴えを会社法上統合して、会社訴訟を類型化するとともに、訴訟要件、判決の効力等について規定している。

会社の組織に関する訴えは、①会社の組織に関する行為の無効の訴え（会社828条1項）と、②それ以外の訴えとに分かれる。①には12の訴訟類型があり（同項1号～12号）、訴えをもってのみ主張することができ、提訴権者（原告適格者）、提訴期間を法定しているから形成訴訟である。

②の訴えは、新株発行等の不存在確認の訴え（会社829条）、株主総会等の決議不存在・無効確認の訴え（同法830条）、株主総会等の決議取消しの訴え（同法831条）、持分会社の設立取消しの訴え（同法832条）、会社解散の訴え（同法833条）の5類型である。訴えをもってのみ主張できるとしていないが、実際

第1章　会社法と会社訴訟の基礎

上、訴訟により請求しなければ目的を達することができない。

　また、会社法に規定はないが、取締役会決議の無効確認の訴えのように解釈上認められる会社の組織に関する訴えがある。

　そして、会社法は、会社の組織に関する訴えの類型ごとに、提訴期間（会社828条1項）、提訴権者（同条2項）、被告となるべきもの（同法834条）を一括して規定している。なお、会社の組織に関する訴えは、金銭上の請求ではないことから、訴額は160万円である（民訴費4条2項）。

## (1)　無効の訴えの提訴期間

　会社の組織に関する行為の無効は、定められた提訴期間内に、訴えをもってのみ主張できるとしている（会社828条1項）。それは、会社の組織に関する訴えを類型化するとともに、当該行為の無効は、訴えの提起により主張しなければならないものとすることにより、無効判決が確定しなければ、当該行為は無効とは取り扱えないものとし、形成訴訟であることを明確にしている。

　会社法は、会社の組織に関する訴えについて統一的規定を設け、会社法律関係の画一的処理、当事者の法定、早期確定を図っているが、会社の組織に関する行為の無効の訴えとして12の訴訟類型を定め、訴えをもってのみ主張できるとしたうえで、当事者と提訴期間を次のように明確に法定している（会社828条）。

### (ア)　会社の設立無効の訴え（会社828条1項1号）

　提訴期間は、会社の成立の日から2年以内である。この期間内に提訴しなければならない。つまり、株式会社は、本店所在地において設立登記をすることにより成立するから（会社49条）、設立登記の日から2年以内に提訴しなければならない。

　株式会社が設立登記により成立しても、設立手続に重大な瑕疵があり、法定の要件を備えない場合は設立が無効となる。しかし、無効の一般原則に委ねたのでは、法律関係が複雑となり法的安定が確保できない。そこで、会社の成立の日から2年以内に、設立無効の訴えによらなければ、設立の無効を主張し得ないとし、2年が経過すれば設立手続の瑕疵または実質的瑕疵があっても、設立は有効なものとして確定する。

　なお、設立無効判決の効力は、法律関係が複雑になるのを避けるために、遡

26

及しないものとしている（会社839条）ことから、設立から無効判決の確定までの間になされた法律関係は、無効判決により影響を受けないことになる。そのための法的措置として、解散に準じて清算がなされることになる（同法828条1項1号、475条2号）。

　　㈡　新株発行（募集株式の発行）無効の訴え（会社828条1項2号）

　提訴期間は、新株の発行が効力を生じた日から6カ月以内（非公開会社については1年以内）である。株式の発行は払込期日に効力が生じるから、払込期日から6カ月以内（非公開会社については1年以内）に新株発行無効の訴えを提起しなければならない。新株発行の無効は、上記期間内に訴えを提起することによってのみ主張しうるから、上記期間が経過すれば、新株発行は有効なものとして確定する。

　6カ月以内という提訴期間内に、新株発行無効の訴えを提起し、提訴期間の経過後に無効事由を追加し得るかは、提訴期間を設けた趣旨と無効事由のとらえ方にもよるが、認めないのが多数説といえよう（2⑵㈦参照）。

　「公開会社でない会社」とは、発行する全部の株式について定款で譲渡制限を設けている会社のことであるが、かかる会社については株式の流通が少なく、閉鎖性が確保されていることから、提訴期間は1年以内に伸長されている。

　　㈢　自己株式の処分無効の訴え（会社828条1項3号）

　提訴期間は、自己株式の処分の発行が効力を生じた日から6カ月以内（非公開会社については1年以内）である。会社が保有する自己株式を処分するためには、株式の発行の場合と同様に募集株式の発行手続を経なければならない（会社199条1項）。そこで、当該自己株式の処分に応じて譲受けの申込みをした者に対し、自己株式を割り当て譲渡するという方法をとることになる。

　募集株式の発行手続と同様の手続を経ることにより、処分価格の公正を確保し、株主間の持株比率について不当な操作がなされることの防止を目的とする。自己株式の処分方法として、株式市場で売却するのが最も適正な処分方法といえるが、インサイダー取引の防止の趣旨から市場売却は認められていない。

　新株予約権の行使に対し会社が自己株式を交付する場合、吸収合併の際に存続会社が自己株式を交付する場合、株式交換の場合に存続会社が自己株式を交付する場合など、自己株式による代用（転用）が認められている場合は、自己

第1章　会社法と会社訴訟の基礎

株式の処分にあたるが、法が認めた例外として募集株式の発行手続を必要としない。

　自己株式の違法処分を事後に無効とすることは、株式取得者または転得者の利益を害することになるから、事前に、違法な自己株式の処分の差止めを認めることとし（会社210条参照）、事後の無効の訴えの提訴期間を上記のとおり6カ月と短期間に制限した。そして、提訴期間を制限することにより生ずる問題点は、不公正な処分価格の場合についていえば、公正な価格との差額の支払いとして解決される。

　㈢　新株予約権発行無効の訴え（会社828条1項4号）

　新株予約権発行の効力が生じてから、6カ月以内（公開会社でない会社については1年以内）に新株予約権発行無効の訴えを提起しなければならない。

　新株予約権は割当日に効力が生ずるから、提訴期間は割当日から6カ月以内（公開会社でない会社については1年以内）である。

　㈣　資本金の額の減少無効の訴え（会社828条1項5号）

　資本金の額の減少の無効は、資本金の額の減少の効力が生じた日から6カ月以内に、提訴により無効を主張しなければならない。「資本金の額の減少が効力を生じた日」は、株主総会の決議により資本金の額の減少が効力を生じると定めた日である（会社828条1項5号、447条1項3号）。

　資本金の額の減少の無効は、訴えをもって主張しなければならず、無効とする判決の確定により資本金の額の減少が無効とされるのであるが、無効の効力は、当事者だけでなくすべての関係人に対して生じる（対世効。会社838条）。資本金の額の減少の効力は、さかのぼるのではなく判決確定時から将来に向かって生ずるのである（同法839条）。

　㈤　会社の組織変更無効の訴え（会社828条1項6号）

　組織変更に無効原因がある場合は、組織変更の効力が生じた日から6カ月以内に提訴しなければならない。組織変更計画においてはその効力を生ずる日（効力発生日）を定めることを要し（会社744条1項9号、746条9号）、効力発生日に組織変更の効力を生じる。組織変更とは、法人格の同一性を維持しながら、別の種類の会社に組織を変更することであるが、具体的には、株式会社が持分会社に変わる場合と、反対に、持分会社が株式会社に変わる場合とがある（同

*28*

法743条以下）。

原告は、当該行為の効力が生じた日において組織変更する会社の株主・社員・取締役・監査役・執行役・清算人、組織変更後の会社の株主・社員・取締役・監査役・執行役・清算人、破産管財人、組織変更について承認しなかった債権者であり、被告は、組織変更後の会社である（会社828条2項6号、834条6号）。

　㈭　合併無効の訴え等

その他、6カ月以内の提訴期間を定めるものとして、会社の吸収合併無効の訴え（会社828条1項7号）、会社の新設合併無効の訴え（同項8号）、会社の吸収分割無効の訴え（同項9号）、会社の新設分割無効の訴え（同項10号）、株式交換無効の訴え（同項11号）、株式移転無効の訴え（同項12号）があるが、別途、解説する。

　㈢　提訴期間の意義と瑕疵の治癒

このように、会社法は、会社の組織に関する行為の無効の訴えとして、会社法828条1項1号から12号を定めたのであるが、訴えをもってのみ主張できると明確に規定したことから、無効の主張は無効の訴えによらなければならないことになった。すなわち、別訴において前提事実として無効を主張し、または、会社を当事者とする事件において抗弁として無効を主張することができないという意味である。これは、これらの訴訟が形成訴訟であることを意味する。

会社の組織に関する行為の無効の訴えは、提訴期間内に適法に提訴することが必要であり、提訴が不適法であるとして、提訴期間の経過後に訴えが却下された場合はもはや提訴することができない。

いかなる場合が無効原因になるかは、会社法の解釈に委ねられるが、当該行為の内容に法令違反がある場合は絶対無効であり、本来、期間の経過により無効の瑕疵が治癒することはないはずである。それを会社法は、会社法律関係の早期安定を確保するために短期提訴期間を法定し、提訴期間内に訴えを提起しなければならないとしたことから、いかに法令違反という重大な瑕疵があっても、提訴期間を経過すれば無効は主張できず、無効の瑕疵は治癒することになる。しかし、法律関係の画一的処理と早期安定の確保のためであっても、重大な法令違反について、期間経過後は提訴できないとして、有効なものに確定す

第1章　会社法と会社訴訟の基礎

るというのは、立法論として疑問があり再検討を必要とする。この点、不存在
確認という訴訟類型を生むことになった。

### (2)　無効の訴えと当事者適格

#### ㋐　無効の訴えの提訴権者（原告適格）

会社法は、会社の組織に関する行為の無効の訴えは、定められた者に限り、
提起することができるとして原告適格を法定した（会社828条2項）。原告適格
者以外の者が提起した訴えは不適法である。原告適格の中心となるのは株主で
あるが、債権者にも原告適格が認められる訴訟類型がある。

このように、会社法は、会社の組織に関する訴えの原告として、828条2項
1号から12号に定められた会社関係者に限ると法定した。これにより、会社の
組織に関する訴えについては、何人でも無効の主張をすることができるとの原
則論によらないことが明確にされた。会社の組織に関する訴えを提起しうる者
を会社関係者に限定する趣旨であり、訴えの利益さえあれば何人でも提訴しう
るというのではない。これは、会社の組織に関する訴えの性質上当然の制約で
ある。それゆえ、原告適格を欠く者による提訴は不適法として却下されること
となる。

#### ㋑　無効の訴えの被告（被告適格）

被告となるのは会社であり（会社834条）、代表取締役または代表執行役が会
社を代表して訴訟を追行する。ただし、役員解任の訴えにおいては、会社と対
象役員が被告となる（同法855条）。なお、損害賠償請求のように、会社と取締
役間の訴訟については、会社を代表して訴訟を追行するのは監査役である（同
法386条）。監査役に対する訴訟については、代表取締役が会社を代表すると解
される。しかし、株主代表訴訟で取締役と監査役が共同被告になる場合は、複
雑な関係が生ずる。

会社法は、会社の組織に関する訴えについて個別類型化して明確にするとと
もに、従来当該訴訟の被告について不明確であるとされていた訴えについても、
いずれも当該会社等を被告とするとして、被告適格者を法定することにより立
法的に解決した（会社834条）。これにより、被告適格者を有しない者を被告と
する訴えの提起は、不適法として却下されることになる。

会社法が明記していない会社の組織に関する訴えの類型が考えられるかもし

*30*

れないが、この場合は、会社法所定の訴訟類型に準じて被告となるべき者を考えるべきである。また、これらの類型の訴えを本案とする仮処分においても、仮処分債務者は、原則として本案の被告会社である。

　㈡　持分会社の設立取消しの訴え・会社解散の訴え

　　(A)　持分会社の設立取消しの訴え

　設立無効の訴えとは別に、持分会社（合名会社・合資会社・合同会社）に認められる制度である（会社832条）。持分会社は、社員の個性が強く人的信頼に基づく会社であることから、社員の主観的事由を取消事由とするのである。

　提訴期間は、持分会社成立の日から2年以内であり、提訴権者は、①社員が民法その他の法律の規定により設立に係る意思表示を取り消すことができるときは（制限的行為能力者による意思表示、詐欺・強迫による意思表示）、当該意思表示をした社員（会社832条1号）、②社員がその債権者を害することを知って持分会社を設立したとき（設立が詐害行為の場合）は、当該債権者である（同条2号）。被告は、①の場合は当該持分会社であり（同法834条18号）。②の場合は当該持分会社および当該詐害行為をした社員である（同条19号）。

　請求認容判決の確定により設立取消しの効果が生じる（形成判決）。認容判決には対世効が認められるが、遡及効はなく（会社838条、839条）、解散に準じて清算手続がなされる（同法644条3号）。裁判所書記官は、職権で解散登記の嘱託をしなければならない（同法937条1項1号チ）。

　　(B)　会社の解散の訴え

　株式会社は株主総会の特別決議により（会社471条3号、309条2項11号）、持分会社は総社員の同意により（同法641条3号）解散することができるが、解散決議または総社員の同意を得ることが困難な場合があることから解散の訴えの制度がある（同法833条）。

　解散の訴えの要件は、株式会社については、業務の執行が著しく困難な状況に至り、回復することができない損害が生じまたは生ずるおそれがあるとき、財産の管理または処分が著しく失当で会社の存立を危うくするときで、やむを得ない事由がある場合であり（会社833条1項）、持分会社においてはやむを得ない事由がある場合である（同条2項）。やむを得ない事由とは、株主（社員）の正当な利益を確保するために他の有効な方法がなく、解散判決を得るしか方

第1章　会社法と会社訴訟の基礎

法がない場合である（最判昭和33・5・20民集12巻7号1077頁）。

　提訴権者は、株式会社については、総株主の10分の1以上の議決権を有する株主または発行済株式の10分の1以上の数の株式を有する株主（会社833条1項柱書）または持分会社の社員である（同条2項）。被告は当該株式会社または当該持分会社である（同法834条20号・21号）。

　認容判決の確定により、会社は解散したことになり（会社471条6号）、会社は清算手続に入る（同法475条）。裁判所書記官は、判決が確定したときは解散登記の嘱託をしなければならない（同法937条1項1号リ）。

## (3)　株式の共有者の会社に対する権利行使と原告適格

　相続など株式が共有状態（準共有）にある場合は、共有は権利行使者1人を定めて会社に通知しなければ権利行使をすることができないが、権利行使者に関する通知がない場合でも、会社が同意した場合はその限りではない（会社106条）。共有者間で権利行使者を定めるのは、共有者の持分の価格に従い、過半数で決するという方法によるが（民252条）、共有者間に対立がありそれが難しい場合がある。

　権利行使者を定めて、会社に通知しなければ権利行使ができないとの趣旨は、共有者それぞれに権利行使を認めたのでは煩雑になるばかりか、会社が共有者間の争いに巻き込まれるのは好ましくないことから、特に会社が認めた場合を除けば共有株式について権利を行使し得ないとする趣旨である。

　共有者全員が共同で議決権を行使する場合に、会社の同意なしに議決権行使が認められるかという問題がある。積極的に解することも可能との考え方もできるが、やはり、会社の同意を必要とするといえよう。議決権の共同行使を認める必要があるのか疑問であるばかりか、必要があるとしても、それは、議決権の不統一行使の場合であろう。しかし、共有者間で対立があるということだけで、共有持分に応じて不統一の議決権行使を認めることは困難であろう。

　会社が同意した場合は、会社が共有者の1人について議決権の行使を認めることができると解されるが、もとより恣意的な取扱いが許されるという趣旨ではない。

　判例は、旧商法時のものであるが、会社に対する権利行使を原告適格に結びつけて、株主総会決議不存在確認訴訟において、株式の共同相続人が株主とし

*32*

ての権利を行使する者を指定したにもかかわらずその旨を会社に通知しないときは、その権利行使者には特段の事情がない限り原告適格は認められないが、その株式が発行済株式総数の全部に相当し、共同相続人のうちの1人を取締役に選任する旨の決議がなされたとして、その旨の登記がなされているときは、特段の事情が認められ、他の共同相続人は原告適格を有するとしている（最判平成2・12・4民集44巻9号1165頁。合併無効の訴えに関しては、最判平成3・2・19判時1389号140頁）。

会社法の解釈として（旧商法時には、会社が特定人の議決権行使に同意することができるとの規定はなかった）、権利行使者の定めという会社の事務処理のための便宜規定から、原告適格を導き出すというのは合理性があるのかという問題がある。権利行使者を定めたとか、会社が権利行使を認めたとか、特段の事情の有無は実体法上の権利行使の要件であるが、これにより、原告適格を認めたり、認めなかったりすることが、原告適格の要件に適合するかという疑問が残る。

これは、会社法106条の問題ではなく、会社の組織に関する訴えの原告たる株主に、株式の共有者が含まれるか否かの観点から判断すべきであり、会社に対する権利行使の要件と原告適格を結びつける必要はないように考えられる。この点、議決権のない株式の株主、議決権を行使し得ない株主（株式の相互保有など）も原告となりうることを前提とすれば、株式を共有している株主は単独では会社に対する権利行使が認められないとしても、原告適格を認めても不都合ではないであろう。株主総会の決議訴訟についていえば、原告となる株主は決議時の株主に限られないと解されることから、決議後に分割し単独株主となれば原告たり得る。その比較において、分割前の共有株主についても原告適格を認めてもよいと考えられる。

会社に対する権利行使（特に、議決権行使）の要件と原告適格は別の問題であると考えるべきであり、会社の組織に関する訴えの提起は、会社に対する権利行使と理解するのではなく、会社に対し行使する株主権に基づく妨害排除と考えるべきであろう。そうすれば、共有者は持分権に基づく侵害排除が認められるとの民法理論により（最判昭和31・5・10民集10巻5号487頁、最判昭和40・5・20民集19巻4号859頁）、あるいは、保存行為（民252条）として、株式の各共

第1章　会社法と会社訴訟の基礎

有者に原告適格を認めることは十分に可能であろう。

### (4)　専属管轄の定めと移送の必要性

#### (ア)　専属管轄の定め

会社の組織に関する訴えは、被告となる会社の本店所在地を管轄する地方裁判所（支部を含む）を専属管轄とする（会社835条1項）。

これは、複数の原告により、複数の地方裁判所に対し提訴されたのでは、矛盾する判決がなされる可能性があるので、これを回避するため、一括審理と1つの判決によるとの訴訟経済的・画一的処理の要請から、被告となる会社の本店所在地を管轄する地方裁判所の専属管轄としたのである。会社関係訴訟は、本店所在地を管轄する地方裁判所を管轄とするとの原則によったものである。そこで、他の裁判所に提訴した場合は管轄違いとなるから、管轄裁判所に対し移送することになる（民訴16条1項）。

#### (イ)　複数の管轄の定めがある場合

吸収分割、新設分割、株式交換、株式移転の各無効の訴え（会社834条9号〜12号）については、2以上の地方裁判所が管轄を有することになるが、先に訴えの提起があった地方裁判所が管轄を有する（同法835条2項）。

吸収分割、新設分割、株式交換、株式移転は、2つ以上の会社が関係し存続していることから、被告会社の本店所在地を管轄する地方裁判所を管轄とした場合、専属管轄裁判所が2つ以上発生する可能性がある。この場合について調整を必要とするので、先に訴えの提起があった地方裁判所が管轄となると定めたのである。

そこで、後に訴えが提起された裁判所は、当該訴えが先に提訴された裁判所に移送することになる。この場合、両事件は一括審理する必要上、併合すべきである。

専属管轄裁判所が2つ以上発生する可能性がある場合は、会社法835条2項により先に訴えの提起があった裁判所が管轄を有するのであるが、先に訴えの提起があった裁判所は、著しい損害または遅滞を避けるために必要があると認めるときは、申立てまたは職権により、他の管轄裁判所（後に提起された裁判所）に移送することができる（会社835条3項）。

「著しい損害または遅滞を避けるため」を要件とするのであり、「著しい損

害」とは先に訴えが提起された裁判所で審理することにより、当事者に著しい経済的負担を強いることになる場合であり、「遅滞を避けるため」とは先に訴えが提起された裁判所で審理することが、裁判所および当事者の負担となり訴訟の遅滞となる場合である。

### (5) 弁論等の必要的併合

専属管轄の定めにより、会社の組織に関する訴えの管轄裁判所は、被告会社の本店所在地を管轄する地方裁判所となるが、同一の請求を目的とする訴訟が、複数の原告により提起される場合がある。この場合は、複数の訴訟が同時に係属することになるが、請求（訴訟物）は同一である。

このような場合について、会社法は、弁論および裁判は併合してしなければならないとした（837条）。その趣旨は、同一の請求を目的とする訴訟を、別異に審理し判決することの必要性がなく、訴訟経済に反するばかりか、弁論に矛盾が生じ、また相反する判決がなされるおそれがあるからである。そこで裁判所は、必ず弁論を併合し、同一の訴訟手続で審理し、1つの判決をしなければならないとしたのである。合一確定の必要があるから、必要的共同訴訟の取扱いをして弁論および裁判を併合し、1つの判決でなければならないのは当然である。この場合、同一の請求を目的とする会社の組織に関する訴えについての併合であるから、訴訟形態は類似必要的共同訴訟となるであろう。

なお、同一の請求を目的とする訴訟が、同時に係属しないときは併合の問題は生じない。しかし、前訴の請求認容（勝訴）判決については、対世効との関係で後訴は提起し得ないことになる。前訴の請求棄却（敗訴）判決については、原告は異なることから、前訴判決の既判力に抵触しないものとして、後訴の提起は可能であるとも解されるが、同一の請求を目的とする会社の組織に関する訴えであることから、前訴判決により後訴は提起できないものと取り扱うのが妥当であろう。

もっとも、設立無効の訴えを除き、提訴期間は6カ月であり、前訴が問題の行為の直後に提訴され、直ちに口頭弁論が開かれた場合でも、確定判決に至るまでには、通常、6カ月以上を要することから、提訴期間内に後訴が提起されるのは、実際上、前訴が取り下げられた場合以外は考えられない。

*35*

第1章　会社法と会社訴訟の基礎

## ⑹　悪意の提訴と担保提供命令

### ㋐　担保提供命令

#### (A)　担保提供命令の意義

会社の組織に関する訴えであって、株主または設立時株主が提起することが
できる訴訟については、裁判所は被告の申立てにより、提訴株主または設立時
株主に対し、相当額の担保を立てることを命じることができる。ただし、当該
株主が取締役、監査役、執行役もしくは清算人であるとき、または設立時株主
が設立時取締役もしくは設立時監査役であるときは、この限りではない（会社
836条1項）。

この規定は、会社の組織に関する訴えであって、債権者が提起することがで
きるものについて準用される（会社836条2項）。

旧商法は株主総会決議取消しの訴え（旧商249条）、新株発行無効の訴え（同
法280条ノ16）等について悪意の疎明と担保提供を規定していた。会社法はこれ
を承継し、会社の組織に関する訴えについて、概括的に担保提供規定を設けた
のである。

株主等が提起する会社の組織に関する訴えは、不当訴訟とされる場合がある。
この場合、原告株主等が、被告会社等に対して損害賠償責任を免れない場合が
ある（会社846条参照）。そこで、被告に生ずる損害を担保するために、被告の
申立てにより原告に対し担保提供を命じるのである。これは、悪意の疎明を要
する担保規定であって、民事訴訟法上の担保提供命令（民訴75条）の特則であ
るが、手続的には民事訴訟法の担保提供命令の規定を準用することになる（同
法81条）。

#### (B)　担保提供命令の機能

この担保は訴訟上の担保である。担保は、提訴が不法行為を構成する場合に、
被告に生じた損害賠償請求権を担保するためのものであるが、副次的には濫訴
の防止機能をも有している。原告が敗訴したからといって、提訴が直ちに不法
行為を構成するものではない。不法行為を構成するのは、請求に理由がないこ
とを知りながら提訴するとか、不当な目的を達成する手段として提訴するとい
うように、提訴権の濫用あるいは提訴の不当性が認められる場合である。そこ
で、提訴があれば直ちに担保提供の申立てをなしうるものではない。安易に担

**36**

保の提供を命じることは、原告株主等の提訴権を不当に制限することになりかねない。

　　(C)　担保提供命令における裁判所の役割

　裁判所の担保提供命令は、被告の申立てによりなされるのであり、職権で担保の提供を命じることはできない。担保の提供は決定手続によりなされるが、担保の提供を命じるか否かは裁判所の裁量による。担保提供命令を発令する場合は、担保額を定めなければならない。担保の提供を命じるか、担保額をいくらにするかは、裁判所が裁量により決定することになる。この場合、被告に生じるおそれのある損害額を合理的に算定して決定すべきであるが、原告の提供能力を無視すべきではないにしても、これを基準に担保額を決定すべきではない。

　　(D)　担保提供命令の対象

　会社の組織に関する訴えの提起は、合併・会社分割等については、これを承認しなかった債権者にも認められているが（会社828条2項5号〜11号）、この場合も、株主等による提訴の場合と同様に、不当訴訟による損害賠償責任が生ずる場合があることから、担保提供の対象になる（同法836条2項）。

　一方、会社の組織に関する訴えは、取締役、監査役、執行役、清算人、破産管財人にも提訴が認められる訴訟であるが、これらの者は機関的立場あるいは職務として提訴するのであるから、一般に、提訴権を濫用して不当提訴をすることは考えにくい。そこで、これらの者による提訴は、担保提供の対象とはされていない。

　次に、原告株主が、取締役、監査役、執行役もしくは清算人であるとき、または設立時株主が設立時取締役または設立時監査役である場合は、株主等による提訴として担保提供の対象とすべきであるか否かが問題になる。この場合、理論的には、いずれの立場で提訴したかを基準とすべきであるが、実際上、明確に分けて考えることはできないばかりか、担保提供の申立てに備えて、両方の資格で提訴するとか、取締役等の資格で提訴することになる。そこで会社法は、原告株主が取締役等である場合は、担保提供の対象にならないとして立法的に解決した（836条1項ただし書）。

　　(E)　担保提供命令と即時抗告

第1章　会社法と会社訴訟の基礎

被告会社は、担保提供申立ての却下決定に対し即時抗告を申し立てることができ、原告株主等は、担保提供命令に対し即時抗告を申し立てることができる（民訴81条、75条7項）。

　　⒡　原告が担保を提供しない場合

原告株主等が、裁判所の命じた担保を提供するまでは、被告は応訴を拒否することができるが（民訴75条4項）、さらに、原告が期間内に担保を立てない場合は、裁判所は被告の申立てにより、判決で訴えを却下することができる（同法78条）。

　　⒢　担保提供命令と株主代表訴訟

担保提供は被告に生ずるおそれのある損害を担保することを目的とし、濫訴の防止機能もあわせもっているが、株主代表訴訟についても認められる制度である（会社847条の4第2項・3項）。担保提供の申立ては、株主代表訴訟における被告取締役の対抗手段として多く用いられてきた。しかし、悪意の疎明との関係から、現在ではあまり用いられていない。

　⑷　悪意の疎明

担保提供命令は、原告にとって大きな負担となり、提訴または訴訟継続を断念しなければならないことにもなりかねない。そこで会社法は、担保提供の要件として、被告に原告の悪意の疎明責任を課すことにより、原告と被告の均衡を確保しようとする（836条3項）。被告は、原告の悪意を疎明しなければならないから、疎明が十分でない場合は担保提供の申立ては却下される。

「悪意」とは、請求に理由がないことを知りながらの提訴（不当提訴）、または不当な目的を達成するための提訴である（不当目的提訴）と解される。不当提訴とは、請求に理由がないことを知りながら、あえて提訴した場合であるから、故意による。この点、適正に提訴判断をすれば容易に請求に理由がないことを知りうるにもかかわらず、不用意に提訴したという重過失のある場合については疑問となるが、悪意は故意による不当提訴であるから、重過失の場合は含まないであろう。

しかし、提訴後に請求に理由がないことが明らかになったのに、訴訟を継続する場合は、この時点から悪意と認定し、不当提訴に準じた取扱いをするのが適正といえよう。「訴えを提起したとき」との趣旨は、提訴後直ちに担保提供

の申立てをしなければならないとするものではなく、また担保事由を知った後に弁論した場合は申立てをなし得ないという制限についても（訴訟費用の担保に関する民訴75条3項参照）、ある程度の審理を続けなければ、不当提訴または不当目的提訴であるか否かが明白にならず、悪意の疎明も難しい場合が多い。

　不当目的提訴は、個人的な目的を達成するためなど、会社の組織に関する訴えの本来の目的を逸脱した提訴であるが、不当提訴と不当目的提訴は、多くの場合、不可分的に結びつくであろう。

　悪意の疎明は必ずしも容易ではない。一般に、原告の属性、従来からの行動、推定される提訴目的などの間接事実により推認するという方法によらざるを得ない。しかし、担保の提供は、原告に著しい不利益を与えることから、被告が悪意の疎明責任を負わされるのはやむを得ないであろう。また、悪意の要件は本案の審理とも関係し、ある程度本案を審理しなければ明らかにならない場合が多いが、担保提供のための決定手続のために、本案の手続を停止するというやり方は適切ではない。

　また、現実的にみれば、被告の担保提供の申立ては、本来の趣旨を離れて、原告が担保を立てないことによる訴えの却下を狙ったものといえる場合が少なくない。そうすれば、担保提供のための裁判に長期間を要するよりも、本案で決着させるほうが適切な処理であるかもしれない。

### (7)　請求認容判決と判決効の拡張

　判決の効力の主観的範囲は、原告と被告間に限られるのが原則であるが、会社の組織に関する訴えについては、原告と会社間だけにとどまらず、他の株主その他の第三者に対しても、その効力を有するのでなければ目的を達成することができない。旧商法上の解釈としても、原告勝訴判決については、既判力の拡張理論によるか、反射効によるかはともかく、対世的効力を認めていた。

　これに対し、会社法は、会社の組織に関する訴えに係る請求を認容する確定判決は、第三者に対してもその効力を有するとし（838条）、明文により原告勝訴判決に対世効を認めた。もとより、対世効が認められるのは、原告勝訴判決（請求認容判決）に限られ、原告敗訴判決（請求棄却判決）の効力は原告と被告会社間にとどまる。

　会社の組織に関する訴えの場合、原告勝訴判決について合一確定の必要性が

第1章　会社法と会社訴訟の基礎

ある。会社をめぐる法律関係を画一的に処理するために、当事者間だけでなく、対世効（対第三者効）を認め、判決の効力が第三者に対しても及ぶとしなければならない。原告と被告の間で、判決の効力を認めただけでは、とうてい目的を達することができないからである。

　対世効により、原告（多くの場合、株主）と被告会社間の訴訟の判決の効力（既判力）は、他の株主その他すべての会社関係人に及ぶことから、それらの者は、判決に反する主張をすることができないことになるが、対世効が認められるのは原告勝訴判決（請求認容判決）に限られ、また会社の組織に関する訴えについては、一部請求の問題が生ずることもないから、第三者の利益が害されることはない。

(8)　無効または取消しの判決と遡及効の否定

　会社の組織に関する訴え（会社834条1号から12号、18号および19号に限る（持分会社を除く））に係る請求を認容する判決が確定したときは、当該判決において無効とされ、または取り消された行為（当該行為によって会社が設立された場合にあっては当該設立を含み、当該行為に際して株式または新株予約権が交付された場合にあっては当該株式または新株予約権）は、将来に向かってその効力を失う（同法839条）。遡及効を否定して当該行為は将来に向かってその効力を失うとしたのは、遡及効を認めると第三者が不測の損害を被ることになるばかりか、複雑な法的処理を必要とするからである。

　第1号から第12号までに掲げる訴えとは、①設立無効の訴え、②新株発行の無効の訴え、③自己株式の処分無効の訴え、④新株予約権発行の無効の訴え、⑤資本金の額の減少の無効の訴え、⑥組織変更の無効の訴え、⑦吸収合併無効の訴え、⑧新設合併の無効の訴え、⑨吸収分割無効の訴え、⑩新設分割無効の訴え、⑪株式交換無効の訴え、⑫株式移転無効の訴えである。

　当該行為について、原告勝訴の判決（請求認容判決）が確定した場合は、原則論によれば、判決により無効または取り消された行為は、問題の行為時までさかのぼって無効となる。しかし、会社の組織に関する訴えについては、原則どおりに遡及効を認めると、問題の行為時から判決確定時までになされた行為の効果が否定され、法律関係の安定性が害されることになる。

　そこで、この種の訴えについては、特則として、遡及効を否定して判決の効

力は将来に向かって生ずるとしたのである。そこで、問題の行為時から無効または取消しの判決の確定時までになされた行為の効力は、判決により影響を受けないことになり、将来に向かって消滅することになる。

たとえば、設立無効判決についていえば、会社の設立がさかのぼって無効となるのではなく、その間、会社自体が存在することを認めたうえで、判決確定時から将来に向かって会社が存在しないものとして取り扱い、解散の場合と同様に、清算手続という形で処理される。合併無効についても、判決確定時から将来に向かって、合併がない状態となり、合併により消滅した会社は復活し、新設された会社は消滅するのである。

### (9) 無効判決の確定と事後処理

会社の組織に関する訴えの認容判決に、遡及効を認めないとしても、事後処理を必要とする。そこで会社法は、当該請求の認容判決が確定した場合の処理について規定を設けている。

#### (ア) 新株発行の無効判決

新株発行の無効判決が確定すると、発行した新株は将来に向かって無効となるから、発行済株式数は減少し、新株発行前の株式数に戻ることになる。しかし、それまでの間になされた議決権の行使、剰余金の配当などは影響を受けない。

新株発行の無効判決の確定により、株式発行会社は、出資の返還義務を負うが、それは、新株の株金払込者に対してではなく、判決の確定時における当該株式の株主に対する返還義務である。返還額は、株式の時価とか取得価格ではなく、原則として、払込金額または給付を受けた財産の給付時における価額（現物出資）に相当する金銭である（会社840条1項前段）。返還義務は、原状回復の意味をもつものといえよう。

会社が株券発行会社であるときは、株券は効力を失うことになるが、二重の返還請求を受けることを回避するために、株主に対し金銭の支払いと引換えに、株券の返還を請求することができ、返還義務の履行と株券の返還請求とは、同時履行の関係にある（会社840条1項後段）。

出資の返還義務であるから、返還額は、払込金額または現物出資の価額となるが、この金額が判決確定時における会社財産の状況に照らして著しく不相当

第1章　会社法と会社訴訟の基礎

であるときは、裁判所は、会社または当該株主の申立てにより、金額の増減を命ずることができる（会社840条2項）。返還額が、会社財産の状況に照らして、著しく多額の場合においては、会社は減額を求め、著しく低額の場合には株主が増額を求めるのであるが、申立ては、判決が確定した日から6カ月以内にしなければならないから（同条3項）、期間経過後は原則どおり、返還額は払込金額または現物出資の価額ということになる。

　㈤　自己株式の処分の無効判決

　会社は、新株発行と同じ規制の下で、保有する自己株式を処分することができるが、それに違反する場合は、自己株式の処分は無効になる。そして、自己株式の処分の無効判決が確定すると、自己株式の処分は将来に向かって無効となる。その場合、自己株式の処分行為だけが無効となるのではなく、当該処分により交付された株式も無効となる。株式を無効としなければならない理由は、株式自体は有効（権利が会社に戻る）とすると、株券発行会社においてはそれを第三者が善意取得する等の事態が生じ、法律関係が混乱しかねないからである[7]。

　自己株式の処分無効判決が確定した場合、会社は、判決確定時における当該自己株式の株主に対し、譲渡対価として受けた金銭または対価として受けた現物出資の給付時における価額に相当する金銭を返還しなければならない。この場合、会社が株券発行会社であるときは、株主に対し金銭の支払いと引換えに、当該自己株式に係る旧株券を返還することを請求することができる（会社841条1項）。その趣旨は、旧株券は無効となっているが、これを回収しておかなければ、会社は二重の返還請求を受ける危険性があるからである。

　㈥　新株予約権発行の無効判決

　会社法は、新株予約権発行無効の訴えを規定し（828条1項4号）、無効の判決が確定すると、発行された新株予約権は将来に向かって無効となる。この場合、発行会社は、判決確定時における当該新株予約権者に対し、払込みを受けた金銭または給付を受けた財産の給付時における価額に相当する金銭を返還しなければならない（同法842条1項前段）。

---

7　江頭・株式会社法783～784頁。

これは、新株予約権を有償発行している場合に、新株予約権発行無効の判決が確定した場合の返還義務に関するものであるから、無償発行の場合は、会社は返還義務を負わない。会社が新株予約権証券を発行しているときは、新株予約権証券は効力を失っているが、二重の返還請求を受けることを回避するために、新株予約権者に対し金銭の支払いと引換えに、新株予約権証券の返還を請求することができ（会社842条1項後段）、返還義務の履行と新株予約権証券の返還請求とは、同時履行の関係にある。

　㈡　合併または会社分割無効判決

　㈠　合併無効判決

合併無効の訴えの被告は、存続会社または新設会社であるが（会社834条7号・8号）、合併無効の判決の効力は将来に向かって生じ、合併後その無効判決の確定の日までの間になされた、存続会社または新設会社とその株主および第三者との間の法律関係は影響を受けないとされている。

将来に向かって、吸収合併の場合は消滅会社が復活し、新設合併の場合は新設会社が解散し、消滅会社が復活する。この場合の処理として、合併後に存続会社または新設会社が負担した債務については、復活した各合併当事会社が連帯して弁済責任を負い（会社843条1項1号・2号）、合併後に存続会社または新設会社が取得した財産は、各当事会社（当該行為をした会社）の共有となる（同条2項）。

　㈡　会社分割無効判決

分割無効の訴えの被告は、吸収分割の場合は、分割会社と承継会社（吸収分割契約をした会社）、新設分割の場合は分割会社と設立会社である（会社834条9号・10号）。分割会社と承継会社または分割会社と設立会社をいずれも共同被告としなければならないが、合一確定の必要があることから、共同被告とする訴訟形態は、固有必要的共同訴訟となる。

分割無効の確定判決の遡及効が否定されることから、吸収分割については分割後に承継会社に帰属した財産は各当事会社の共有、債務は連帯債務となる（会社843条1項3号・2項〜4項）。新設分割については設立会社は解散することになるが、分割後に設立会社に帰属した財産並びに債務は、分割会社に帰属することになる（同条1項4号・2項〜4項）。

第1章　会社法と会社訴訟の基礎

　(オ)　株式交換または株式移転の無効判決

　株式交換または株式移転の無効判決には、遡及効がなく確定時から将来に向かって無効とされる。そこで、株式交換により完全親会社となったX社が、完全子会社となるY社の株主に交付したX社の株式は将来に向かって無効となり、X社が有するY社株式は、無効判決の確定時点のX社株式の株主（株式交換でX社株式の交付を受けた者）に交付される（会社844条1項前段）。

　株式移転の無効判決の場合は、X社は解散に準じて清算する。この場合、X社が有するY社株式は、無効判決の確定時点において、株式移転において発行されたX社株式の株主に交付される（会社844条1項前段）。

(10)　**裁判所書記官による嘱託登記**

　会社の組織に関する訴え等の一定の訴訟について、請求を認容する判決（原告勝訴判決）が確定したときは、裁判所書記官は、職権で、遅滞なく、会社の本店の所在地を管轄する登記所にその登記を嘱託しなければならない（会社937条）。職権で登記を嘱託する場合として、設立無効の訴え、新株発行（募集株式の発行）または新株予約権の発行の無効またはその不存在確認の訴え、株主総会等の決議について原告が勝訴した場合であり、職権による嘱託登記事項は極めて多い（同条1項～4項）。

(11)　**敗訴原告の損害賠償責任**

　(ア)　**損害賠償責任の要件**

　会社の組織に関する訴えを提起した原告が、敗訴した場合において、原告に悪意または重大な過失があったときは、被告に対して連帯して損害賠償責任を負わなければならない（会社846条）。これは、提訴の不法行為責任の規定であるが、会社の組織に関する訴えの責任基準を、一般の不法行為責任の要件である故意または過失とすることは敗訴原告に酷であり適切でないので、悪意または重大な過失があることを責任要件としたのであり、一般の不法行為責任の場合とは異なった取扱いをしている。

　悪意とは、請求に理由がないことを知りながら、不当に提訴した場合であり、重大な過失とは、通常人としての注意義務を尽くせば、請求に理由がないことを知り得るのに、相当の調査と検討をすることなく提訴した場合である。

　数人が共同で提訴した場合でも、悪意または重大な過失は各人ごとに判断す

べきであるから、1人について悪意または重大な過失がある場合は他の原告は責任を負わない。

判例は、提訴が不法行為にあたるとする基準として、原告が敗訴した場合において提訴が相手方に対する不法行為となるのは、原告の主張した権利等が、事実的・法律的根拠を欠くものであり、かつ原告がそのことを知りながら、または通常人であれば容易に知り得たといえるのに、あえて訴えを提起したなど（原告に悪意・重大な過失がある場合など）、訴えの提起が裁判制度の趣旨・目的に照らして著しく相当性を欠くと認められる場合に限られるとする。その理由として、訴えを提起する際に、原告において、自己の主張しようとする権利等の根拠につき、高度の調査・検討が要請されるとすると、裁判制度の自由な利用が著しく阻害される結果となるからであるとしている（最判昭和63・1・26民集42巻1号1頁）。

このように、判例は、裁判制度の自由利用の妨げとなる等を理由に、提訴の不法行為性の認定を厳格に解している。会社法は、会社の組織に関する訴えの原告が、敗訴した場合の不法行為基準を、原告に悪意または重大な過失があったときとしているのは、前掲最判昭和63・1・26を基準としたものと考えられる。そこで、敗訴が証拠上の理由とか法解釈の相違を原因とするときは、原告に悪意・重大な過失があるとはいえない。

⑷　損害賠償責任の立証責任

会社の組織に関する訴えについての提訴の責任は、原告が敗訴した場合の責任であるが、敗訴した場合とは、敗訴判決が確定したことをいう。被告会社は、原告の提訴が不法行為にあたるとして、別訴で損害賠償責任を追及することになるが、当該訴訟の原告（損害賠償請求訴訟の被告）に悪意または重大な過失があることの立証責任は、当該訴訟の被告（損害賠償請求訴訟の原告）が負うことになる。

損害の発生と損害額についても、損害賠償を請求する原告（会社）が負うことになる。それは、会社が不当な会社の組織に関する訴えの提起に応訴したことにより生じた損害であるが、弁護士報酬その他訴訟の遂行のために支出した必要な費用でもある。損害額には提訴により会社の業務に生じた損害、信用を傷つけられた損害も含む場合があると考えられる。

第1章　会社法と会社訴訟の基礎

　会社の組織に関する訴えの原告が賠償責任を負うのは、敗訴判決が確定した場合であるから（不当訴訟であるとして却下された場合を含む）、原告が訴えの取下げ（民訴261条2項による制限がある）、請求の放棄により訴訟を終了させた場合は賠償責任を負わない。しかし、その妥当性には問題があるので、事案によっては原告が敗訴した場合の規定（会社846条）を類推適用することも考えられる。

　㋑　損害賠償責任を負う原告

　担保提供の場合（会社836条1項・2項）と異なり、損害賠償責任を負う敗訴原告には、株主に限らず、取締役、監査役、執行役、清算人が含まれる。

　悪意または重大な過失の要件を満たす敗訴原告が、複数人存在する場合は、被告会社に対して連帯して損害賠償責任を負うのであるが、連帯の性質は不真正連帯債務である。

　㋒　悪意または重大な過失の要件

　悪意または重大な過失の有無は、提訴時を基準にすることを原則とするが、提訴の不法行為という趣旨から、訴訟の係属中に、原告の主張した権利等が、事実的・法律的根拠を欠くものであり、かつ原告がそのことを知りながら、または通常人であれば容易に知り得たといえるのに、訴えを取り下げることなく、訴訟を継続し敗訴した場合も、提訴の不法行為性という悪意または重大な過失の要件を満たすものと解される。

　㋓　担保提供規定との関係

　会社の組織に関する訴えについては担保提供命令制度がある（会社836条）。担保提供命令は代表訴訟についても認められている（同法847条の4第2項・3項）。そこで、担保提供命令の手続は代表訴訟との関連で解説する（第12章参照）。

　担保の提供は、会社の組織に関する訴えの提起が不法行為を構成し、原告（株主）が被告（会社）に対して損害賠償責任を負う場合に（会社846条）、損害賠償債務を担保するものである。担保提供の申立ては、提訴があった場合に比較的早い段階でなされるが、会社が株主に対する損害賠償請求訴訟に勝訴した場合に、担保から優先弁済を受けることを目的とするものである（質権の一種である）。さらに、担保提供規定は、副次的に濫訴防止の機能が認められるこ

*46*

とから（担保の不提供による訴えの却下）、不当訴訟の防止目的に用いることに関心が向いている。

## 5　会社の行為により株主でなくなった者と原告適格

### (1)　株主資格の喪失と原告適格

　会社の組織に関する訴え、株主代表訴訟等については、原告適格者として株主が法定され（会社828条2項、847条1項）、株主総会の決議の不存在または無効確認の訴えについては、原告が法定されていないが（同法830条）、実際上、株主が原告となる。

　すなわち、株主であることが原告適格である。原告が株主であることは、提訴の要件だけでなく、訴訟係属中も要求され、訴訟の係属中に株主でなくなれば、原告適格を失い訴えは却下されることになる。この典型例が、原告が株式の全部を譲渡した場合であるが、別段問題はない。一方で、会社の行為により原告が株主資格を失った場合は問題となる。会社の行為により原告が株主資格を失う場合には、一律に全株主の株主資格を喪失させる場合と、特定の株主の株主資格を喪失させる場合とがある。

　一律に全株主の株主資格を喪失させる場合として、100%減資による場合があげられる。原告は、訴えの提起時から口頭弁論の終結時まで、株主たる資格を有していなければならないから、株主代表訴訟や株主総会の決議訴訟の係属中に、民事再生手続に伴う100%減資により株主資格を失った場合は原告適格を失うことになる。この点、100%減資がなされるまで株主だった者は、再生手続において認可決定等に対し不服申立てを行い、再生計画について十分にその効力を争ったのであるから、減資により臨時株主総会における新株発行を決議した株主総会の決議取消し、新株発行無効の訴えの原告資格を失うとされている（東京地判平成16・5・13判時1861号126頁、東京地判平成16・10・14判タ1221号294頁）。すなわち、再生手続において十分に争う機会が与えられているので手続的保障の要件も満たされているから、原告適格を失うとしても公正を欠かないとされているのである。

　ところで、会社法の下では最低資本金制度がないことから、民事再生手続によることなく、全部取得条項付種類株式（会社108条1項7号・2項7号）を用

*47*

第1章　会社法と会社訴訟の基礎

いて、株主総会における特別決議により100％減資を行うことは可能であると考えられる。この場合についても、株主資格を失い、係属中の訴訟の原告適格を失うことになる。もっとも、株主総会における100％減資の決議自体に瑕疵があるとする総会決議の無効または取消しの訴えについては、決議により株主資格を失った株主も原告適格を有すると考えられる。けだし、当該決議が無効または取り消されることにより、株主としての地位を回復するのであるから、原告適格も訴えの利益も認められるべきであるからである。

## (2)　会社の行為による株主要件の喪失と原告適格（申請人資格）

原告株主が、その意思によらず株主でなくなった場合と原告適格の関係について、株主代表訴訟については、株式交換または株式移転、合併の場合には原告適格が承継する旨の規定があるが（会社851条1項）、それ以外の訴訟については規定がなく、原告適格を失い訴えが却下されるのはやむを得ないであろう。

この点、株主代表訴訟以外の訴訟についても、株主権を喪失した原因が株式交換または株式移転の場合については、訴えの利益が認められる限りは会社法851条1項を類推適用する余地がある。株式交換等の場合は、形式的に原告株主が完全親会社の株主になっただけで、その地位に実質的な変化はなく、投資関係は継続しているから原告適格は継続しているとの解釈は可能であろう。平成26年改正会社法は、代表訴訟の提起前に株式交換等が行われた場合に、完全親会社の株主になった者に代表訴訟の提訴権を認めたことから（会社847条の2第1項）、類推適用の余地は広がったといえよう。形式的な法人格の違いを理由として、原告適格が消滅したとするのは適正といえない。合併の場合は、包括承継であるから原告適格は失わないといえる。また、株主権の喪失原因が株式交換または株式移転の場合は、会社の実体に変化が認められないことから、原告適格が承継するとの解釈をとり得るが、それ以外の株主権喪失の場合は、訴訟の係属中に株主資格を失えば原告適格を欠くものとして訴えの却下は免れないであろう。

しかし、株主資格喪失の原因となる行為の効力を争うことにより、その地位を回復する可能性がある限り原告適格を失わない。たとえば、株主資格を失った原因が株主総会の決議による場合は、決議が取り消されれば株主の地位を回復する可能性があるから、当該決議の効力を争う訴えの原告適格が認められて

*48*

いた（東京高判平成22・7・7金判1347号18頁）。

平成26年改正会社法は株主総会の決議に基づきキャッシュ・アウトされ、株主資格を失った者に当該決議の取消しの訴えの提訴権を認めたことから（会社831条1項）、決議取消しの訴えの勝訴判決により株主資格を回復し、訴えの却下を免れることになるであろう。

次に、取締役解任の訴え（会社854条1項1号）、検査役の選任申立て（同法358条1項）のように、株主の権利行使について一定の議決権ないし持株数が要件とされている場合に、後に、株主の意思によらず、会社の行為によって議決権割合が低下した場合に、当事者適格（申請人資格）を失うかという問題がある。

総株主の議決権の3％以上を保有する株主が、会社の財務および財産の状況を調査させるために検査役の選任を申請したが（会社358条）、検査役が選任される前に新株引受権の行使により新株が発行され、申請人の議決権割合が3％以下になった場合は、株主の申請を妨害する目的で新株を発行したなどの特段の事情がない限り、申請人の適格を欠くものとして不適法となるとしている（最決平成18・9・28民集60巻7号2634頁、東京地決平成17・9・28金判1262号51頁）。

判旨は、後発的事情によって議決権比率が低下した場合でも、申請人の適格を欠くとするものであり、議決権比率の低下の理由を問わず申請人の適格を欠くものとしながら、特段の事情として、株主の申請を妨害する目的で新株を発行したなどの事情が認められる場合には、申請人の適格を欠くものではないとするのである。

しかし、申請人資格を3％以上の議決権を有する少数株主に限る趣旨は濫用防止のためである。また、会社法が申請人資格を3％以上の議決権を有する株主としたのは、申請後に、会社の行為という後発的事情により議決権比率が低下した場合まで想定したものとは考えられない。そうすれば、検査役選任の申請後に新株発行により議決権の比率が低下しても、濫用防止という法の目的が害されることはないから、申請人資格を喪失させなければならない理由はない。

そこで、このような後発的な事情により、議決権比率が低下した場合は（議決権の数自体には変化はない）、申請人資格を失わないと解すべきであろう。監督是正権の行使のための、検査役の選任請求の場合に、会社の事情により議決

第1章　会社法と会社訴訟の基礎

権比率が低下した場合まで、申請人資格を失うとするのは形式的すぎて公正ではない。申請人資格の継続を認めても、法の趣旨は達せられるし、それにより濫用の弊害が生ずるものではない。本案で決着をつけるべきである。

　株主の申請を妨害する目的で新株を発行したなどの、特段の事情が認められる場合は、申請人資格を失わないとするのであるが、例外的に信義則違反もしくは権利の濫用という理由で会社が申請人資格の喪失を主張することができないとの考え方もある。

　しかし、申請人資格の要件を、少数株主権行使の妨害目的、信義則違反などの実体法上の問題に係らせて判断すべきであるかは疑問である。検査役の選任手続で、妨害目的や信義則違反もしくは権利の濫用の認定を、どこまで審理し判断しうるかという問題のほか、議決権比率の低下により申請人資格を失うとすると、検査役の選任手続が短期間で終わるか日数を要するかにより、結論が異なることになりかねない。

　申請人の議決権比率の低下を図り、新株を発行する場合は、実体法上の差止めの問題として取り扱うべきであり、これと手続法上の申請人資格は別異の問題であろう。

## 6　役員の行為による会社の第三者に対する責任

　会社は、代表取締役その他の代表者が、その職務を行うについて第三者に損害を与えた場合について損害賠償責任を負う（会社350条）。これは、代表取締役等の職務執行上の不法行為について、会社に損害賠償責任を課すことにより、第三者（被害者）の救済を図るものであるが、理論的には代表取締役の不法行為が会社の不法行為となることによる。一般社団法人の代表理事等の職務執行上の不法行為について、一般社団法人が損害賠償責任を負う（一般法人78条）のと同趣旨である。

　会社法350条にいう「代表取締役その他の代表者」とは、代表取締役、代表執行役、およびその職務代行者、一時代表取締役・一時代表執行役であり、これらの者の職務執行上の不法行為について、会社が責任を負う。職務を行うについては、客観的に職務の範囲内にあればよく、また職務そのものでなくても、それに関連し付随するものが含まれる。

*50*

6 役員の行為による会社の第三者に対する責任

旧商法は、平成18年改正前の民法44条（削除。一般法人78条に相当）を準用して、代表取締役の行為について会社の責任を認めていた（旧商78条1項、261条3項）。民法44条は、法人は理事その他の代理人が、その職務を行うにつき他人に加えた損害を賠償する責任があるとしていたが（法人の不法行為能力）、これは代表機関（代表取締役）の不法行為であると解されていた。これに対し、会社機関の職務執行行為が不法行為となるのは、代表機関の場合以外では少ないが、代表機関に限る理由はないとの説がある。[8]

しかし、法人の不法行為能力は認められ、法人の不法行為は代表者の行為でなければならない、商法と会社法が「代表取締役その他の代表者」と規定していることから（旧商261条3項、会社350条）、代表者以外の不法行為について会社の責任を認めるのは難しい。そこで、代表権を有しない取締役（平取締役・使用人兼取締役）の不法行為についての会社の責任は、使用者等の責任規定（民715条）の類推適用によらざるを得ない。

もっとも、業務執行取締役または現場の責任者たる取締役（たとえば、工場長）は、代表者に準ずるものとして代表者に含まれると解される。この場合の会社の責任は、一般不法行為（民709条）だけでなく、土地の工作物等の所有者責任（同法717条1項）として問題になることが多いが、不法行為責任であるから被害者救済のために拡張解釈は許されよう。

会社に対し損害賠償を請求する第三者が、代表取締役等の職務執行上の不法行為により、損害を被ったことを主張・立証しなければならない。会社は、代表取締役等に対する選任・監督を怠らなかった（過失がない）ことを理由に、責任を免れないから無過失責任に近いものとなる。もっとも、代表取締役等の行為に過失がない（不法行為が成立しない）として責任を免れることができる。

会社が賠償責任を負う場合であっても、直接の不法行為者である代表取締役等が、第三者に対し賠償責任を負わなければならないのは当然であり（最判昭和49・2・28判時735号97頁）、会社と不真正連帯債務を負う関係になる。

取締役等が責任を負う第三者の範囲には従業員も含まれる。代表取締役の任務懈怠行為により、会社が解散のやむなきに至り従業員が解雇された場合につ

---

8　上柳克郎『会社法・手形法論集』52頁、法人の不法行為能力を認めないとの立場による。

*51*

第1章　会社法と会社訴訟の基礎

いて、任務懈怠行為と廃業との因果関係が認められたうえ、従業員が解雇されたことによる損害との因果関係が認められ、賃金逸失利益等について会社に対する損害賠償請求が認容された事例がある（名古屋高金沢支判平成17・5・18判時1898号130頁）。

## 7　株主名簿の記載と原告適格者

### (1)　原告適格と株主名簿の名義書換

　株主を原告とする訴訟において、原告となりうるのは株主名簿上の株主に限られるかという問題がある。もとより、実質的に株主であるが名義書換をしていない場合に関するものであり、実質的に株主でない者が株主名簿上の株主であるからといって、原告適格者となるという意味ではない。

　株主が会社に対抗するためには名義書換を必要とする（会社130条）から、原告となるのは株主名簿上の株主に限られると解するのが一般的である。しかし、原告適格を会社に対する権利行使、対抗力の問題として取り扱うべきかという問題がある。権利行使、対抗力の問題であるとすれば、会社が名義書換未了の株主を株主として取り扱うことができるから、会社が権利行使を認めれば原告適格を有することになるが、はたして、これが適切であるかという問題がある。原告適格を有するか否かは、会社に対する対抗力の問題ではなく、客観的に判断しなければならないから、会社が権利行使を認めれば、原告適格を有するということにはならない。

　当事者間で株式の譲渡がなされた場合において、株券発行会社の場合は株式譲受人の請求により会社が名義書換をする。名義書換は会社その他の第三者に対する対抗要件であるが（会社130条1項）、それは画一的処理の要請によるものであり、名義書換が対抗要件であることと原告適格は別の問題であるといえよう。

　そこで、株主名簿上の株主であれば、株主であるとの事実上の推定が働くから、その株主に原告適格を認めることができるが（株主名簿上の株主に原告適格を認める）、被告（会社・代表訴訟の被告役員）においてその者が株主であることを争えば、原告は自己が株主であることを立証しなければならない。反対に、株主名簿上の株主でなくても、自己が株主であることを立証すれば原告適格を

*52*

否定する必要はないであろう。

　もっとも、株主名簿上の株主または実質的株主を原告適格者と認めることが可能なのは、非上場会社の場合に限られる。上場会社の場合は、株主名簿上の株主が提訴権を有するのではない。振替制度の下では、提訴権（原告適格）は、株主名簿の記載により決するのではなく、実質的に株主であるか否かによって決められることになる。従来、原告適格者を株主名簿上の株主に限るとしたのは、株主は単独で名義書換を請求することにより、株主名簿上の株主になれることを前提としていた。しかし、振替株式については、株主の請求により名義書換がなされるものではない。

　このように、上場会社の株式（株券）は振替株式であることから、株主名簿上の株主が当然に提訴権者となるのではない。したがって、株主名簿上の株主が提訴権者（原告適格者）となるのは、振替制度の不採用会社（非上場会社）の場合についてである。そこで、原告となりうるのは、株主名簿上の株主に限られるか否かという論議は、上場会社では有意なものではないことになる。

## (2)　振替株式と原告適格者

### (ア)　株式振替制度の概要

　株式振替制度は株券の電子化（株券の不発行・ペーパーレス化）との関係で生まれた制度である。振替株式とは、社債株式等の振替に関する法律（社債株式振替法）により株式振替制度を利用している会社（株式振替制度利用会社）の株式である。上場会社は振替株式制度を採用しなければならないから（平成16年社債株式振替法改正附則7条、6条1項）、上場会社の株式は、譲渡制限株式を除きすべて振替株式である。

　株式振替制度は、振替機関（証券保管振替機構）、口座管理機関（証券会社）、口座管理機関に口座を開設した顧客（加入者）の3者からなる。口座管理機関は、顧客口座および自己の口座を振替機関に開設する。株主（投資家）は口座管理機関に振替口座を開設する。振替機関の振替口座簿には、各株主が有する株式の種類、数等が記載され、口座管理機関は顧客の口座を設け、口座には顧客の有する株式の種類、数等を記載する。

　振替株式の譲渡は、証券会社間の売買としてなされる。売方証券会社から買方証券会社への株式の譲渡は、振替機関の振替口座によってなされ、株式の帰

第1章　会社法と会社訴訟の基礎

属は振替機関と口座管理機関（振替機関等）の振替口座簿の記載または記録により定まる（社債株式振替128条1項）。振替機関が振替口座に保有株式数の増減を記載・記録することにより、当事者間では株式譲渡の効力が生ずるのであり、口座簿の記載が株式譲渡の効力要件となる（同法140条）。

　このように、株券不発行会社のうち振替株式の譲渡は、権利の帰属は振替機関と口座管理機関（以下、「振替機関等」という）の振替口座簿の記載・記録によって定まる。振替の申請は譲渡人が行うが、市場取引の場合は売方金融商品取引業者から買方金融商品取引業者への株式の譲渡は、振替機関の振替口座簿の口座振替によりなされる。そして、振替機関による譲渡人の口座の保有欄の減少、譲受人の口座の保有欄の増加の記載等により株式譲渡の効力が生ずる（社債株式振替128条1項、132条、140条）。それにより譲受人は権利を取得するが名義書換は行われない。

　　㈡　株主名簿の名義書換手続

　振替株式については、株主名簿の名義書換は株式譲受人の請求によるのではない。振替機関は一定の時点（基準日）における株主を確定させるために、総株主通知として振替口座に記載された株主の氏名、保有株式数等を発行会社に通知し（社債株式振替151条）、発行会社はそれに従い定時に名義書換（株主名簿の更新）をするのであり（同法151条、152条）、当事者の請求による株主名簿の名義書換は行われない（譲受人に名義書換請求権はない）。

　基準日の株主が株主名簿上の株主となるが、基準日から次の基準日までの間に株式の譲渡がなされても名義書換は行われないから、株主名簿の記載は変更されない。それゆえ、その間に株式の譲渡がなされることがあるから、株主名簿上の株主が現時点での株主とは限らず、会社は次の基準日まで誰が株主であるかを知り得ない。また、他の株主が株主名簿を閲覧したとしても、その時点での株主を知り得ないことになる。

　　㈢　株主の権利行使と提訴権

　振替株式であっても、基準日株主（会社124条1項）の権利行使（議決権・利益配当請求権）に関しては、株主名簿の記載により権利を有する者との推定を受け、会社に対抗することができるから、会社に対し権利行使をすることができる（社債株式振替143条）。しかし、少数株主権の行使は、株主名簿の記載に

よることはできない。少数株主権とは、会社法124条1項に規定する権利（基準日株主の権利）以外の株主の権利である（社債株式振替147条4項）。会社法上の、総株主の議決権の一定割合等以上を有する株主が行使できる権利とは異なる。

　少数株主権の行使のためには、会社法130条1項の規定の特例として、株主（加入者）の申出により振替機関が会社に対し、その者が口座上の株主であることを通知（個別株主通知）することが必要である（社債株式振替154条）。個別株主通知は少数株主権行使のための会社に対する対抗要件である。個別株主通知は、株主が口座管理機関（証券会社等）を経由して、振替機関に対し自己が有する振替株式の種類、数、それが記載された日等の所定事項を通知するよう請求し（同条3項〜5項）、それを受け振替機関が発行会社に通知するという手続である。それにより、発行会社は現時点の株主が誰であるかを知ることができる。

　株主の各種訴えの提起、提案権の行使等は少数株主権の行使にあたり、また、上場会社は振替株式制度を採用しているから、当該株主が提訴権等を有するか否かは、株主名簿の記載により決まるのではなく個別株主通知により決まることになる。株主が提訴権等を行使するためには、発行会社に対し個別株主通知がなされなければならない。

## 8　平成26年改正会社法と会社訴訟の概要

### (1)　平成26年改正会社法による会社訴訟関係規定

　平成26年改正会社法（平成26年法律第90号）による改正事項は多岐にわたっているが、直接、会社訴訟・仮処分に関係する規定は以下のとおりである。

#### (ア)　株主総会決議取消しの訴えの原告適格者の拡張

　会社法は、株主総会決議によりその地位を失った取締役、清算人、監査役、清算人であった者に、総会決議取消しの訴えの提訴権（原告適格）を認めていたものの、総会決議に基づき株主の資格を失った者については、当該決議取消しの訴えの原告適格を認める規定はなかった（旧会社831条1項）。しかし、総会決議により株主の資格を失った者は、当該総会決議の取消しにより株主の地位を回復することから、決議取消しの訴えの提訴権を認めるべきである（東京

第1章 会社法と会社訴訟の基礎

高判平成22・7・7金判1347号18頁）。

　そこで、平成26年改正会社法は、株主総会の決議に基づきキャッシュ・アウトされ、株主資格を失った者に当該決議取消しの訴えの提訴権を認めた（会社831条1項）。これにより、当該人は決議取消しの訴えに勝訴することにより、株主資格を回復することになる。

　　(イ)　旧株主による責任追及訴訟の新設

　株主代表訴訟の係属中に株式交換等が行われ、原告が完全親会社の株主となった場合、原告適格の継続が認められていたが（会社851条1項）、代表訴訟の提起前に株式交換等が行われ、株主が親会社となった場合は、当該会社の株主でないとして代表訴訟の提訴権は認められなかった。

　しかし、株主代表訴訟の提起と株式交換等のいずれが先になされたかによって取扱いを異にするのは妥当でないから、平成26年改正会社法は、取締役の任務懈怠により会社に損害が生じた後に、株式交換等が行われた場合は、株式交換等により完全親会社の株主となった者に代表訴訟の提訴権を認めた（会社847条の2）。この代表訴訟は、多重代表訴訟ではなく通常の代表訴訟である。

　　(ウ)　多重代表訴訟制度の創設

　平成26年改正会社法は、最終完全親会社の株主による特定責任追及の訴え（多重代表訴訟）を創設した（会社847条の3）。この訴訟は、親会社の株主が、子会社の取締役等の子会社に対する責任を追及するものである。

　平成26年改正会社法が規定する多重代表訴訟は、完全親子会社関係が多重的（多段階的）に形成されている場合に、最上位にある株式会社（最終完全親会社）の少数株主（議決権等の1％以上を保有）が、対象子会社の取締役等の特定責任を追及する訴訟であり、複雑な訴訟構造であり提訴要件も厳格に規制されている。

### (2)　会社訴訟に関係する改正事項

　　(ア)　払込みを仮装した株式引受人等の義務

　会社法は、設立時募集株式の引受人または発起人が、所定の期日までに出資義務を履行しない場合は当然に失権するとした（会社36条3項、63条3項）。

　一方、仮装払込みの場合は有効な払込みがないにもかかわらず、外形上、払込みがなされているとして株式が発行され、失権したはずの引受人等が株主と

*56*

なるという不都合が生じる。そこで、平成26年改正会社法はそれに対処するために、払込みを仮装した設立時募集株式の引受人と発起人は、会社に対して払込金額の全額の支払義務を負うとした（会社102条の2第1項、52条の2第1項）。

　募集株式の発行の場合も、払込期日等に出資の履行をしない引受人は失権するが（会社208条5項）、払込みが仮装された場合は設立時募集株式と同様の問題が生ずるので、払込みを仮装した募集株式の引受人は、会社に対し、仮装した払込金額全額の支払義務を負うとした（同法213条の2第1項）。

　(イ)　株主名簿の閲覧等請求の拒絶事由の改正

　会社法は、株主名簿の閲覧等請求の拒絶事由として、実質的に競争関係にある事業を営む者等を規定していた（旧会社125条3項3号）。しかし、実質的に競業関係にあるというだけの形式的理由で、一律に拒絶事由とするのは適正でないので、平成26年改正会社法はこれを削除した（旧会社125条3項3号削除、4号・5号繰り上げ）。

　(ウ)　組織再編の差止請求権

　組織再編（合併・会社分割・株式交換等）について、無効の訴えが規定されているが（会社828条1項7号～12号）、加えて、平成26年改正会社法は組織再編について、法令・定款に違反し、当事会社の株主が不利益を受けるおそれがあるときは、当該株主は組織再編の差止請求をすることができるとして（同法784条の2、796条の2、805条の2）、株主の事前的救済措置を設けた。

　(エ)　株式併合の差止め

　株式併合により、株主の持株数は減るが株式の実質的価値に影響しない。全株式について一律になされることから、持株数の減少自体は株主の不利益にあたらない。しかし、併合比率について規制がないことから、少数株主の排除を目的として極めて多数の株式を1単位とする適正ではない株式併合が行われていた。

　そこで、株式の併合が法令・定款に違反し、株主が不利益を受けるおそれがあるときは、株主は株式併合の差止めを請求できることとした（会社182条の3）。

　法令違反として手続違反（総会決議違反、開示違反等）が考えられるが、株主平等の原則に反する著しく不公正な内容の場合をいう。

第1章　会社法と会社訴訟の基礎

　　(オ)　会社分割における債権者の保護

　残存債権者を害する会社分割が横行していたが、それに対しては、詐害行為取消権（民424条）で対応するほかなかった。そこで、平成26年改正会社法は承継会社に承継されない債務の債権者（残存債権者）の保護のために、分割会社が残存債権者を害することを知って会社分割をした場合は、承継会社が残存債権者を害することを知らなかったときを除き、残存債権者は承継会社に対し、承継した財産の価格の限度内で、債務の履行を請求できることとした（会社759条4項、764条4項。なお、詐害的事業譲渡については23条の2第1項、詐害的営業譲渡については平成29年改正商法18条の2第1項参照）。

　　(カ)　企業集団における業務の適正を確保するための体制の法制化

　会社法は、グループ内部統制システム（企業集団における業務の適正を確保するための体制）を、直接、会社法に規定することなく会社法施行規則に規定していたが（旧会社348条3項4号、362条4項6号、旧会社施規98条1項5号、100条1項5号）、平成26年改正会社法は、グループ内部統制システムを直接会社法に規定した。

　企業活動は企業集団（グループ）により行われていることから、グループ内部統制システムの重要性が認識されている。そこで、平成26年改正会社法は、取締役の職務の執行が、法令および定款に適合することを確保するための体制その他株式会社の業務並びに「当該株式会社及びその子会社から成る企業集団の業務」の適正を確保する必要性から、法務省令で定める体制の整備として、グループ内部統制システムを会社法本体に規定した（会社348条3項4号、362条4項6号）。これにより、親会社取締役の子会社に対する管理・監督義務と責任を理由づけることが容易になった。

## 9　民法改正に伴う平成29年商法等改正

### (1)　平成29年民法改正

　平成29年改正民法（平成29年法律第44号）は、債務者の負担を軽減するために、法定利率と消滅時効期間について見直し改正している。民事法定利率は年5分であるものを（民404条）、年3％とし、変動制を併用している（改民404条2項・3項）。消滅時効期間については、権利を行使することができる時から進

行する、債権は10年間行使しないときは消滅する（民166条1項、167条1項）とするほか、短期の消滅時効期間を定めていたが（同法169条〜174条）、これを、一律に、権利を行使することができることを知った時から5年、または行使することができる時から10年とした（改民166条1項）。

### (2) 平成29年商法・会社法改正

平成29年改正民法の成立に伴い、同年商法および会社法が改正された（民法の一部を改正する法律の施行に伴う関係法律の整備等に関する法律に伴う改正）。

商法改正により、法定利率と消滅時効期間について民法の規定によることに統一された。そして、改正民法の施行にあわせて施行されることになっている（2020年4月1日施行予定）。

現行商法は、商事法定利率を年6分（商514条）、消滅時効の期間を5年としている（同法522条）が、平成29年改正民法の規定によることとしたことから、これらの規定は削除された。その結果、商行為によって生じた債務の法定利率は年3％となり、消滅時効の期間は権利を行使することができることを知った時から5年となる。

現行会社法は、詐害事業譲渡に係る譲受会社に対する債務履行の請求、詐害的会社分割に係る承継会社に対する債務履行の請求について、消滅時効期間等を請求ができることを知った時から2年、除斥期間を効力発生日等から20年と定めているが（会社23条の2第2項、759条6項、761条6項、764条6項、766条6項）、平成29年改正会社法は除斥期間を10年に短縮した。時効期間の2年は民法所定の5年より短期であり、改正されていない。

会社法は、株式価格の決定等に関し、裁判所の決定した価格に対する年6分の利率により算定した利息を支払わなければならない（会社117条4項、119条4項、172条4項、179条の8第2項、182条の5第4項、470条4項、778条4項、786条4項、788条4項、807条4項、809条4項）、除名に係る持分の払戻しについて、除名の訴えの提訴日後年6分の利率により算定した利息を支払わなければならない（同法611条6項）として、年6分の利率により算定した遅延損害金の支払いを規定している。これに対し、平成29年改正会社法は「法定利率による利息の支払」いと改めたことから、年3％の遅延損害金の支払いとなる。

会社は商人であるから、会社の行為は商行為となる（商503条1項）。現行商

第1章　会社法と会社訴訟の基礎

法では、商行為によって生じた債務の法定利率（商事法定利率）は、年6分である（同法514条）。また、商行為によって生じた債権の消滅時効（商事消滅時効）は5年であるから（同法522条）、会社の行為についても法定利率は年6分、消滅時効期間は5年であるが、改正法によれば、平成29年改正民法所定の法定利率は年3％、消滅時効期間は5年となる。

商事消滅時効の適用を受ける商行為によって生じた債権は、特定の商行為により生じた債権だけでなく、その債権の実質的効力の範囲内と認められるものも含むから、債務不履行により生じた損害賠償請求権、原状回復請求権、主たる商行為債務が民事債務であると否とを問わず、商行為によって生じた債権も含まれ[9]（最判昭和47・5・25判時671号83頁）、これらも、法定利率につき年6分で計算され、消滅時効期間は5年であったが、平成29年改正民法により、法定利率（遅延利息・遅延賠償）は年3％となる。なお、消滅時効期間は、従来と同様に5年である。

取締役等の責任（取締役等の会社に対する任務懈怠、第三者に対する責任）については、民法の規定によることから、改正前は遅延損害金につき法定利率年5分、消滅時効期間は10年であったが、平成29年改正民法により遅延損害金は法定利率年3％で計算した額であり、時効期間は5年となる。

## 10　会社訴訟と証拠の収集手続

### (1)　会社訴訟と証拠収集の困難

会社訴訟の多くは、株主が原告となり会社を被告とする訴訟であるが、訴訟資料と証拠（書類）の多くは会社に存在している。株主代表訴訟のように会社を被告としない訴訟においても同様であり、会社訴訟は証拠が偏在する訴訟である。しかし、一般的に会社（被告）は原告の証拠収集に協力的ではない。原告（株主）は訴えの提起と訴訟の遂行のために、会社書類を使用する場合があるが、そのための手段（方法）として、会社法は株主に会社書類の閲覧・謄写請求権を認めているが、民事訴訟法は文書提出命令を規定するほか、提訴前の訴訟資料と証拠収集手続について規定している。

---

9　西原寛一『商行為法〔増補版〕（法律学全集29）』144頁。

会社法は、株主に株主総会議事録、取締役会議事録、会計帳簿、計算書類の閲覧・謄写請求権を認めているから、これにより提訴前に証拠と訴訟資料を収集することができるが、会社が閲覧等を拒否すれば閲覧等仮処分によらざるを得ない。提訴後は、株主は、文書提出命令の申立てをすることになる（民訴221条1項）。

## (2) 会社法と会社書類の閲覧等請求

### (ア) 株主総会議事録（会社318条4項）

株主総会議事録には、総会の日時・場所、議事の経過・概要・結果、総会で述べられた特定事項に関する意見、発言、議事録を作成した取締役の氏名などが記載されるから（会社施規72条3項・4項）、総会決議の効力を争う訴えについて閲覧等が必要である。

### (イ) 取締役会議事録（会社371条2項）

株主は権利を行使するために必要なときは、取締役会議事録の閲覧等を請求することができるが、監査役設置会社、監査等委員会設置会社、指名委員会等設置会社については、裁判所の許可を得なければならない（会社371条4項）。また、親会社の株主は、裁判所の許可を得て子会社の取締役会議事録の閲覧等を請求できる（同条5項）。裁判所の許可を必要とするのは、閲覧請求の適正を確保するためである。

取締役会議事録には、取締役会が開催された日時・場所、議事の経過・概要・結果、取締役会において述べられた意見・発言の内容の概要、議事録を作成した取締役の氏名などを記載し、出席した取締役と監査役は署名等をしなければならないから（会社369条3項、会社施規101条3項・4項）、取締役会決議の効力を争う訴えについて必要となる。また、議事録に異議をとどめなかった者は、その決議に賛成したものと推定されるから（会社369条5項）、取締役の責任を追及するために有効である。

### (ウ) 会計帳簿（会社433条1項）

総株主の100分の3以上の議決権を有する株主または発行済株式の100分の3以上を有する株主（議決権制限株式の株主等）は、請求の理由を明らかにして、会計帳簿とその付属書類の閲覧等請求をすることができる。

取締役の違法行為は会計を通じて行われることが多いから、会社の財務と会

第1章　会社法と会社訴訟の基礎

計が適正に行われているかの確認をするために、会計帳簿の閲覧が取締役の責任を追及するために必要となる。

　(エ)　計算書類（会社442条3項）

　会社は、計算書類等を定時株主総会の日の1週間前から5年間、本店に備え置かなければならないが（会社442条1項）、その間、株主および債権者は、計算書類等の閲覧と謄本または抄本の交付を請求することができる（同条3項）。会計帳簿の閲覧等請求の場合と異なり、少数株主であることを要件とせず、債権者にも閲覧請求権が認められている。また、謄写請求権は認められないが、費用を支払って謄本等の交付請求をすることができる。

　(オ)　株主の会社書類の閲覧等請求権と文書提出命令の申立て

　会社法が、株主に会社書類の閲覧等請求権を認めている場合でも、会社がこれを拒否した場合は閲覧仮処分によるが、提訴後は民事訴訟法上の文書提出命令の申立てによることになる（民訴221条1項）。監査役設置会社等の取締役会議事録の閲覧等請求には裁判所の許可を要し（会社371条3項）、会計帳簿の閲覧等請求には総株主の議決権等の3％以上を有する少数株主（同法433条1項）であることが必要である。この点、議決権等の3％以上という要件は文書提出命令申立てについても必要であるから（民訴220条2号による場合）、この要件を備えない株主は申立てをなし得ない（同条4号による場合は、この要件は不要となる。下記(3)(ア)(A)参照）。

## (3)　民事訴訟法による証拠収集方法

　(ア)　文書提出命令の申立て

　　(A)　文書提出命令の要件

　証拠書類の多くは会社に存在するから、会社に対する文書提出命令の申立ては重要な証拠収集の手段である。文書提出命令は、裁判所が当事者の申立てにより、文書の提出義務を負う所持者（訴訟の当事者または第三者）に対し文書の提出を命ずる。会社を被告とする訴訟においては会社を当事者とし、株主代表訴訟については会社を第三者として申立てをする。

　文書提出命令の申立ては、文書の所持者が提出義務を負う場合になされ、①当事者が訴訟において引用した文書を自ら所持するとき（民訴220条1号）、②挙証者が文書の所持者に対し引渡しまたは閲覧を求めることができるとき（同

**62**

条2号)、③文書が挙証者の利益のために作成され、または文書が挙証者と文書の所持者との間の法律関係について作成されたとき（同条3号）は、文書の所持者は提出を拒むことができない。会社法が株主等に閲覧等を認めている書類は、②の文書として提出を求めることになる。

さらに、④として、①〜③に掲げる場合のほか、文書が民事訴訟法220条4号に掲げるイ〜ホのいずれにも該当しないときは提出義務を負うとして、文書の一般的な提出義務を規定している。これが4号文書とよばれるものである。平成8年の新民事訴訟法（現行法）は、文書提出義務に関する旧規定（旧民訴312条1〜3号）を220条1〜3号に移すとともに、一般提出義務に関する同条4号を新設し、提出義務を負わない例外的な場合を定めた（4号文書）。これにより、文書の所持者は法定の事由がある場合（同条4号イ〜ホ）を除き、提出義務を負うこととなった。

株主は、株主名簿、株主総会議事録、取締役会議事録、会計帳簿、計算書類について閲覧等請求権を有するから（会社125条2項、318条4項、371条2項、433条1項、442条3項）、2号文書として文書提出を求めることができる（民訴220条2号）。株主の閲覧等の請求の対象でない文書についても、4号文書として提出を求めることができる（同条4号）。4号は文書の一般的提出義務を定めた規定であり、文書の所持人は法定の除外事由（同イ〜ホ）がなければ提出義務を免れることができない。

会計帳簿の閲覧等請求は、総株主の議決権等の3％以上を有することが要件であるが（会社433条1項）、この要件を満たさない株主も4号文書として提出を求めることができる（2号文書として提出を求める場合は、少数株主権を満たす必要がある）。また、取締役会議事録の閲覧等請求に、裁判所の許可を要する場合でも（会社371条3項・5項）、裁判所は提出命令の許否の裁判において、許可の判断をすればよいから、裁判所の許可を得ない文書提出命令の申立ては許されると解される。

(B)　文書提出命令の申立てと裁判

文書提出命令の申立ては書証申出の方法によってなされる（民訴219条）。申立ては口頭弁論または準備期日前にもすることができるので（同法180条2項）、緊急性を要する場合は提訴後直ちに申し立てることになる。

第 1 章　会社法と会社訴訟の基礎

　申立書（申立ては書面によらなければならない（民訴規140条 1 項））には、①文書の表示、②文書の趣旨、③文書の所持者、④証明すべき事実、⑤文書の提出義務の原因（民事訴訟法220条の何号に該当するか、およびその具体的事実）を記載しなければならない（民訴221条 1 項、民訴規140条 1 項）。①、②を明らかにすることが著しく困難な場合は、それに代えて、文書の所持者が申立てに係る文書を識別することができる事項を記載すれば足りる（民訴222条 1 項前段）。

　裁判所は、当該文書について取調べの必要と提出義務が認められる場合は、申立てに理由があるとして、決定により、文書の所持人に対して文書の提出を命ずる。文書に提出義務の対象とならない部分または必要がないと認められる部分を除いて提出命令を発することも可能であり（民訴223条 1 項）、そのために、 4 号文書についてはインカメラによる審理がなされる（同条 6 項）。

　第三者に対して文書提出命令を発するためには、相手方に意見を述べる機会を与え裁判所が判断の資料にするため、審尋しなければならない（民訴223条 2 項）。株主代表訴訟のような会社を被告としない訴訟については、会社は第三者として文書提出命令が発せられることになり、審尋を受けることになる。申立てに理由があるとして、文書の所持人に対してその提出を命じた場合は文書の所持人が、申立ての却下決定に対しては申立人が、即時抗告をすることができる（同条 7 項）。

　　(C)　自己利用文書

　会社訴訟における文書提出命令の申立ては、 4 号文書（民訴220条 4 号）としてなされる場合が多いが、「専ら文書の所持者の利用に供するための文書」（同号ニ）に該当する自己利用文書（自己専用文書）であるとして提出義務が争われる場合が多い。

　文書の一般的提出義務の規定（民訴220条 4 号）は、証拠の偏在する訴訟において真実発見と立証の公平化を図るために設けられたものである。そこで、自己利用文書該当性の判断は、真実発見のために証拠とする必要性、立証の公平性、開示により文書の所持者が被る不利益、訴訟の類型等を総合して行うべきである。会社訴訟は証拠が会社に存在する（証拠の偏在）訴訟であり、原告は立証のために会社に存在する（会社が所持する）文書を用いることが必要となるから、自己利用文書該当性は上記趣旨に沿って判断しなければならない。ま

**64**

た、問題のある場合は文書の一部開示によるべきである。

　自己利用文書は、外部者の使用に供すべきことを予定しない文書であるから、所持人は提出義務を負わない。自己利用文書に該当するか否かは解釈に委ねられているが、文書作成の目的、証拠としての重要性、提出により挙証者の受ける利益と文書の所持者の不利益等を比較し決定することになる。

　自己利用文書該当性の一般的基準は、①文書の作成目的、記載内容、現在の所持者が所持に至るまでの経緯、その他の事情から判断して、もっぱら内部の者の利用に供する目的で作成され、外部の者に開示することが予定されていない文書であって（外部不開示性）、②開示により個人のプライバシーの侵害、個人ないし団体の自由な意思形成が阻害されるなど、開示によって所持者の側に看過しがたい不利益が生ずるおそれがあり（不利益性）、③特段の事情がないことである（最決平成11・11・12民集53巻8号1787頁）。

　①は、意思形成の過程でそれを円滑、適切に行うために作成される文書であって、法令により作成が義務づけられるものではなく、もっぱら内部の利用に供する目的で作成され、外部に開示することが予定されていない文書との要件である。

　②の開示により法人内部における自由な意見の表明に支障を来し、自由な意思形成が阻害され、所持者に看過しがたい不利益が生ずるおそれがあるとの要件は、条文上の要件ではないが、自己利用文書該当性の重要な基準である。この不利益性の要件は、文書作成の目的、文書の記載内容、文書の所持者、申立人と所持者との関係、訴訟類型等を総合して判断しなければならない。

　③は、①、②の要件を満たした場合でも、文書の所持者が提出義務を免れない特段の事情が存在しないことをいうが、特段の事情を一般化することは難しく、具体的事案に応じて判断することになる。特段の事情は、①、②が認められた場合でも、文書の所持者が提出義務を免れない場合であるから、文書の提出を求める者（申立人）がその存在を立証することになる（所持者が提出義務を免れる①、②について立証した場合に、申立人が抗弁事由として③の存在を立証する）。

　前掲最決平成11・11・12は、金融機関の貸し手責任を追及する顧客が、被告金融機関が作成し保有する貸出稟議書の提出を求めたのに対し、貸出稟議書は、

第1章　会社法と会社訴訟の基礎

法人内部において、融資案件についての意思形成を円滑、適切に行うために作成された文書であって、法令により作成が義務づけられたものでなく、融資の是非の審査にあたって作成されるという文書の性質上、忌憚のない評価や意見も記載されることが予定されるものであるとして①、②の要件を満たした自己利用文書であるとした。文書の所持者は融資責任を追及されている被告であることから、自己利用文書とみるべきであり、また特段の事情が問題になる事案ではなかった。

　また、自己利用文書該当性は、現在の所持人を基準に判断すべきであるから、文書の所持人が作成者AからBへと移った場合に、Bに対して提出を求めることは、それにより自由な意思形成が阻害されるおそれという問題はないから、自己利用文書にあたらない（最決平成13・12・7民集55巻7号1411頁）。

　これは、預金保険機構が所持する貸出稟議書（破綻した信用組合が作成）の提出が求められた事案であるが、文書の所持者が作成者ではなく、文書の作成者は破綻し事業を継続しないから、開示により法人内部における自由な意見の表明に支障を来し、自由な意思の形成が阻害されるおそれはないとして、特段の事情があるとして提出義務を認めたが、文書の所持者について、②の不利益性の要件がないとみるべきであろう。

　　(D)　文書提出命令と文書の提出義務

　文書提出命令を受けた所持者は、文書の原本、正本または認証のある謄本を提出しなければならない（民訴規143条1項）。所持者が文書提出命令に従わないときでも、強制的に提出させることはできないが、文書提出命令の実効性を確保するために特別の措置がある。

　当事者が、①文書提出命令に従わないとき、または相手方の使用を妨げる目的で、提出の義務がある文書を滅失させ、その他使用することができないようにした場合は、裁判所は「当該文書の記載」に関する相手方の主張を真実と認めることができ（民訴224条1項・2項）、さらに、②それにより、相手方が、当該文書の記載に関して具体的な主張をすることおよび当該文書により証明すべき事実を他の証拠により証明することが著しく困難なときは、裁判所は、「その事実に関する相手方の主張」を真実と認めることができる（同条3項）。真実と認めることができるとは、裁判所の裁量によるという意味である。

多くの会社訴訟において会社は当事者（被告）であるから、会社が文書提出命令に従って文書を提出しないときは、①および②の不利益を受けることがある。

第三者が文書提出命令に従わないときは、20万円以下の過料に処せられるから（民訴225条1項）、株主代表訴訟の場合に会社が文書提出命令に従わなければ、上記処分が課される。会社が被告に訴訟参加した場合は、当事者と取り扱われると解されるから、当事者として文書提出義務を負う。

また、訴訟記録は、書記官が保管する事件の審理経過を記録する書類およびそれに編綴された書類であるが（裁判所法60条2項）、当事者やその関係者が提出した書類も含まれるから、文書提出命令により提出された文書も訴訟記録である。そこで、当事者は書記官に対し、提出された文書について、閲覧・謄写、正本・謄本・抄本の交付等を請求できる（民訴91条1項〜3項）。

文書提出命令は裁判所を通じた手続であるが、当事者の証拠収集手段であるから、文書の所持人が提出した文書の証拠調べは、口頭弁論に顕出されて当然に証拠資料となるのではなく、当事者が謄写または正本等の交付を受けて、書証として提出することにより証拠調べの対象となると解される。この場合、当事者の一方が不利な部分を提出しない場合は、他方がそれを提出すればよい。

(E)　会計帳簿等の提出命令と文書提出命令

(a)　会社法による会計帳簿等の提出命令

会社法は、裁判所は、申立てによりまたは職権で、訴訟の当事者に対し、会計帳簿・計算書類の全部または一部の提出を命ずることができるとして、会計帳簿等の提出命令を規定している（会社434条、443条。商業帳簿については商法19条4項）。提出命令の当事者は、訴訟の当事者（原告・被告）に限られるが（一方の当事者が他方に対し提出を求める）、株主が当事者の場合に限らず、また会計帳簿等の閲覧等請求権を有するか否かを問わない。

提出命令の対象者は、会計帳簿等を所持している訴訟当事者であるが、所持者は法的所持者に限らない。そこで、会計帳簿等の法的所持者は会社であるが、実際上、代表取締役等が会計帳簿等を所持・管理している場合は、訴訟の当事者である代表取締役等が提出命令の対象者となる。取締役の第三者に対する責任追及訴訟（旧商法266条ノ3、会社429条1項）において、被告代表取締役が所

第1章　会社法と会社訴訟の基礎

持する商業帳簿の提出を命じた裁判例があるが（東京高決昭和54・1・17判時919号95頁）、これは会社法の下における会計帳簿についても同様に考えられるから、取締役の第三者に対する責任追及訴訟や代表訴訟においては、現に、会計帳簿を所持し、管理している被告代表取締役等に対し提出命令が発せられることになる。

　会計帳簿等の提出命令は、当事者の申立てによる場合のほか、裁判所が職権で発することができる。裁判所が職権で会計帳簿等の提出を命ずるのは、訴訟において会計帳簿を証拠として使用することの必要性によるが、証拠の申出は当事者の申立てによるとの弁論主義の特則であることから、それを証拠とすることが特に必要な場合に限るべきである。この場合でも、なるべく当事者の申立てによるべきであるから、裁判所は釈明権の行使（民訴149条1項）、釈明処分（同法151条1項3号）を弾力的に用いることにより、会計帳簿の提出命令の申立てを促すべきであろう。

　会計帳簿等の提出命令の手続について規定はないから、申立てと提出命令の発令は、民事訴訟法の文書提出命令の規定により行い（民訴221条、223条）、文書提出命令に従わない場合の効果に関する規定（同法224条）も適用されることになる。会計帳簿等の提出の申立てがあれば、所持人（多くは会社）は必ず提出しなければならないとするのは、適切でないから、文書提出命令の場合と同様に法定の拒絶事由（同法220条4号イ〜ホ）があるときは、拒絶することができると解される。裁判所が職権で会計帳簿等の提出を命ずる場合も、拒絶事由の有無を考慮しなければならない。

　(b)　会計帳簿等の提出命令と文書提出命令

　会計帳簿の提出を求める方法として、①会社法の「会計帳簿等の提出命令」の申立てと、②民事訴訟法の「文書提出命令」の申立てとがある。①は、会計帳簿等の所持者が訴訟の当事者である場合に限られるから、会社が当事者でない訴訟（たとえば、代表訴訟）では用いることができないが、②によれば、第三者に対する文書提出命令の申立てとして可能である。また、②は申立てによるのであり、職権によることはできない。①の場合に、全部または一部の提出を命ずるとするのは、必要な部分に限り提出を命ずる趣旨であり、②についても、取り調べる必要がない部分を除き提出を命ずる（一部提出命令）のである

*68*

から（民訴223条１項）、その趣旨は同じである。

　①と②は別の制度（手続）であり、会社訴訟の多くは会社を被告とするから、いずれの方法によることも可能な場合が多いが、明確に規定の整備された文書提出命令の申立てによるべきであろう。

　(イ)　文書の送付嘱託

　当事者は裁判所に対し、文書の所持者に証拠となる文書の送付を嘱託することを申し立てることができる。法令により文書の正本または謄本の交付を求めることができる場合は申立てをすることができないから（民訴226条）、登記簿謄本等は文書送付の嘱託対象にならない。

　裁判所が文書の送付を嘱託するが、文書の所持者は官公庁等の団体に限られず、また、文書の提出義務を負うか否かも問わない。文書の送付嘱託は文書提出命令によらなくても提出が期待できる場合に利用するが、嘱託先に提出義務はなく、文書の送付に応じなくても制裁は受けない。法務局や公証役場に対する嘱託が多く、会社訴訟においても、法務局が保管している登記申請書類等が送付嘱託の対象となると考えられる。

　裁判所に送付された文書の証拠資料としての取扱いは、文書提出命令の場合と同様である。裁判所が保管している送付された文書（民訴227条）を、当事者が謄写または正本等の交付を受けて、口頭弁論において書証として提出することにより証拠となる。

　(ウ)　調査嘱託

　調査嘱託とは、裁判所が官公庁、商工会議所、取引所、その他の団体等に対し（自然人は対象にならない）、その専門としている事項（事実や経験則）について報告を求め（民訴186条）、それに対する回答を証拠資料とすることである。裁判所が職権で行うことができるが、多くの場合は当事者の申立てによる。嘱託を受けた団体はこれに応答する義務があるが応答しなくても制裁はない。

　文書提出命令や送付嘱託とは異なり、調査嘱託に対する回答はそのまま証拠資料となる。つまり、調査嘱託に対する回答書は、裁判所が口頭弁論に顕出し、当事者に意見陳述の機会を与えることにより回答書の内容が証拠資料となり、当事者の書証としての援用を必要としない（最判昭和45・3・26民集24巻3号165頁）。

**69**

#### (エ) 当事者照会

当事者は、訴訟の係属中、相手方に対し、主張または立証を準備するために必要な事項について、相当の期間を定めて、書面（回答書）で回答するよう、書面（照会書）で照会することができる。ただし、具体的または個別的でない照会、意見を求める照会等については、求めることができない（民訴163条、民訴規84条）。

照会書と回答書によるのは明確を期すためである。ファクシミリによる照会または回答も可能であるが（民訴規84条２項８号、47条１項）、準備書面によることは認められない。

照会と回答は相互にすることができるから、当事者Ａの照会に回答したＢは、Ａに対し照会し回答を求めることができる。複雑な事実関係の場合、照会とそれに対する回答により事実関係と争点を明確にし、立証の準備をすることが可能となり迅速な審理に役立つ。

会社訴訟の場合、当事者の一方（特に原告）が事実関係を把握することが難しく、株主代表訴訟の場合は関与した取締役、会社に発生した損害額などを把握することができない場合があり、当事者照会は重要な意味をもつ。しかし、株主代表訴訟においては、会社は当事者ではないから当事者照会はなし得ない。もっとも、会社が被告に訴訟参加した場合は当事者と取り扱われる。

当事者照会には相手方に対する強制力はないが、適法な照会に対して相手方は回答義務を負うから、正当な理由なしに回答を拒否し、虚偽の答弁をした場合は、訴訟遅滞により増加した訴訟費用の負担を命ぜられる場合があり（民訴63条）、また、裁判所により不利益な事実認定をされることがあり得る。

なお、弁護士会を通じて報告を求める制度がある（弁護士法23条の２）。これは提訴の前後を問わず利用できるが、会社訴訟にはあまりなじまない。

#### (オ) 証拠保全の申立て

##### (A) 証拠保全の必要性

裁判所は、あらかじめ証拠調べをしておかなければ、その証拠を使用することが困難となる事情があると認めるときは、申立てにより証拠調べをすることができる（民訴234条）。裁判所は、申立てに対し必要であると認めたときに、証拠保全の決定をしてこれに基づき証拠調べがなされる。

「あらかじめ」とは、本来の証拠調べ期日を待っていたのでは、その証拠を使用することが困難になる場合である。その証拠を「使用することが困難となる事情」とは、証人となるべき者が重病である場合、証拠となる書類が改ざん、隠匿、破棄されるおそれがある、文書の保存期間が経過するなどにより本来の証拠調べを待っていては証拠調べが不能または困難となる事情がある場合である。かかる場合に緊急の必要があるとしてあらかじめ証拠調べがなされる。

証拠保全の申立ては、書面（証拠保全申立書）により、相手方、証明すべき事実、証拠、証拠保全の事由を記載し、証拠保全の事由（あらかじめ証拠調べをする必要）は疎明しなければならない（民訴規153条）。なお、職権による証拠保全（民訴237条）は、裁判所が保全の必要があるとの心証を得たことにより実施される。

証拠保全の事由の疎明の程度は、改ざん、隠匿、破棄のおそれがあるという一般的な可能性では不十分であり、具体的に主張し疎明しなければならないが、具体的なおそれがあることまでは要求すべきでない。そこで、具体的な改ざん等のおそれがある事実をあげ、それを一応推認させる事実を疎明すればよい。たとえば、医師が相当な理由なく説明拒否、前後矛盾、虚偽の説明などの不誠実、責任回避的な態度に終始するときは改ざんのおそれが認められる（広島地決昭和61・11・21判時1224号76頁）。そうすれば、具体的なおそれがあることを推認するに足りる事実の疎明により、証拠保全の事由があるものとして証拠保全決定がなされる。

当事者は提訴の前後を問わず証拠保全の申立てをすることができるが、訴えの提起後（訴訟の係属中）は、裁判所は職権で証拠保全の決定をすることができる（民訴237条）。裁判所が証拠保全の必要があると判断した場合は、当事者の申立てを待たず証拠保全の決定をするのである。

申立ての管轄裁判所は、提訴後はその証拠を使用すべき審級の裁判所であり、提訴前は尋問を受けるべき者もしくは文書を所持する者の居所または検証物の所在地を管轄する地方裁判所または簡易裁判所である（民訴235条）。

証拠保全の決定に対しては不服の申立てはできないが（民訴238条）、却下決定に対しては抗告をすることができる（同法328条1項）。

証拠保全は証拠調べとしてなされるから、証拠保全に関する費用は訴訟費用

第1章　会社法と会社訴訟の基礎

の一部として敗訴者の負担となる（民訴241条、61条）。もっとも、提訴前の証拠保全がなされたが提訴がなかった場合は申立人の負担とせざるを得ない。

　証拠保全は、本来の証拠調べ以前に裁判所の行う証拠調べであり、裁判所はあらかじめ証拠調べをしておき、その結果を調書に記載して将来の証拠調べのために保存するが、証拠保全としての証拠調べも証拠調べ手続としてなされる。それゆえ、当事者双方に立会いの機会を与えるために、証拠調べ期日には、緊急を要する場合を除き、申立人および相手方を呼び出さなければならない（民訴240条）。

　証拠保全の決定に基づき文書や検証物についての証拠保全（証拠調べ）がなされる。現場で相手方から提出を受けて検証するという方法によるが、文書や検証物が現場に存在しなかったとか、相手方が提出（提示）に応じなかった場合には検証は不能に終わる。また、文書が電子化（電磁化）されている場合はプリントアウトする必要があるから、相手方の協力を得られないことにより検証が奏功しない場合もある。これらの場合について、証拠保全決定には文書や検証物の提出について強制力がないから、相手方が従わなかった場合は、申立人はあらためて文書提出命令の申立てをしなければならず、それにも応じない場合には、裁判所は本案訴訟において申立人の主張について真実擬制（民訴224条、232条1項）をすることができる。[10]

　証拠保全のための証拠調べが実施された場合、その裁判所の書記官は証拠調べに関する記録を作成し、本案訴訟が提起された場合、本案の訴訟記録の存する裁判所の書記官に証拠調べに関する記録を送付しなければならないから（民訴規154条）、その確実性を期すため、原告は訴状に手続を実施した裁判所と事件の表示および番号を記載するという取扱いがなされている。

　証拠調べ（検証）が奏功した場合、その結果は記録に記載され証拠となるが、それを本案訴訟で証拠とするためには、口頭弁論において裁判所が職権で顕出するか、当事者が陳述することが必要である。

　(B)　証拠収集目的の証拠保全

　証拠保全手続には提訴前の証拠開示機能がある。[11]証拠が偏在する事件などで

---

10　中野貞一郎ほか編『新民事訴訟法講義〔第2版補訂2版〕』350頁。
11　秋山幹男ほか編著『コンメンタール民事訴訟法Ⅳ』555頁。

*72*

は、事実関係が明瞭でないことが多いが、証拠保全により証拠が開示されることにより事実関係が明瞭になり、訴えの提起が容易になることがある。

しかし、提訴準備あるいは提訴後の証拠収集目的で、一方が他方のもつ証拠と資料を探索し、入手するために証拠保全手続を用いることには問題がないではない。証拠開示という副次的機能を模索的に利用するために証拠保全を用いるべきでないが、会社訴訟のような証拠が偏在する訴訟においては、主張・立証の公平を期すため、証拠保全を用いることも許されよう。

それは、申立書面に記載された証明すべき事実、証拠、証拠保全の事由、証拠保全の必要性の疎明により、証拠保全を認めるか否かを判断すべきであり、証拠開示目的が存在するからといって証拠保全を認めないとする必要はない。高度の疎明を要求するのは行き過ぎであろう。

平成15年民訴法改正前においては、提訴前の証拠と資料の収集方法がなかったことから、証拠開示目的での証拠保全が用いられていたが、提訴前の証拠と資料の収集のための事前的措置（事前照会、文書の送付嘱託、調査嘱託）を認めた改正後においても（民訴132条の2、132条の4）、照会に対する相手方の対応、事前の証拠収集処分では訴訟資料と証拠を収集することが困難な場合には、やはり証拠保全の証拠開示機能に頼らざるを得ない。

### ⑷　提訴前の証拠収集手続

#### ㋐　提訴の予告通知

会社訴訟のように証拠と訴訟資料が偏在する訴訟では、提訴を考えている者が証拠や訴訟資料に接することが困難な場合が多いが、提訴予定者が適切に提訴し、提訴後も計画的かつ迅速に手続を進めるために、提訴前に証拠と訴訟資料を収集する必要がある。そこで、平成15年の改正民訴法は、提訴前の証拠と訴訟資料の収集を可能とするために、提訴の予告通知（以下、「予告通知」という）をした者に提訴前の照会（民訴132条の2第1項）と提訴前の証拠収集処分（同法132条の4第1項）を認めた。

予告通知は、訴えを提起しようとする者（通知者）が、被告となるべき者（被予告通知者・相手方）に対し、書面（予告通知書）で訴えの提起を予告するものである。それは、被通知者に対し提訴前の照会を行い（民訴132条の2第1項）、裁判所に対し提訴前の証拠収集の処分の申立て（同法132条の4第1項）を

第1章　会社法と会社訴訟の基礎

するための要件である。

　書面には提起しようとする訴えに係る請求の要旨および紛争の要点を具体的に記載し、できる限り訴え提起の予定時期を明らかにしなければならない（民訴132条の2第1項・3項、民訴規52条の2）。予告通知により通知者の提訴の蓋然性を高め、被予告通知者にもどのような訴訟が、どのような事由により、いつ頃提起されるかを知り、その準備と対応をすることが可能となる。

　通知を書面でしなければならないのは、確実性を期すためであるが（ファクシミリや電子メールでもよい）、照会または証拠収集処分をなしうるのは通知日後4カ月以内であり、起算日（通知が相手方に到達した日である（民97条1項））を明確にするためにも配達証明付郵便によることが望ましい。

　相手方は予告通知に対し答弁義務を負わないが、請求の要旨に対し争うのであればその旨、紛争の要点については反論の返答をすることが望ましい。そこで、予告通知に対し返答をする場合は、答弁の要旨を具体的に記載した書面により行うことが必要である（民訴規52条の3）。返答をした場合は、予告通知者に対し、通知者がするのと同一要件の下に、通知者に対する照会（民訴132条の3第1項）、証拠収集処分の申立てをすることができる（同法132条の4第1項）。

　相手方が予告通知書に記載された請求の要旨および紛争の要点に対し、答弁の要旨を記載した書面により返答をしたときは、相手方にも照会を認めることにより、相互の照会によって提訴前に事実関係と争点が明確になり、提訴後の審理をあらかじめ計画しうるだけでなく、無用な提訴を防止することに加え、提訴前の紛争が話し合いにより解決する糸口にもなる。

　提訴の予告通知と当事者適格者の関係は、被告となるべき者（通知の相手方）は当該訴えについて被告適格を有することまで意味しないから、被告適格を有しない者に対する予告通知は適法である。そこで、取締役選任の株主総会決議取消しの訴えについて、当該取締役に対する提訴予告は適法であり、被予告通知者は回答義務を負い、予告通知に基づく証拠収集処分も認められるとされている。[12]

　しかし、被通知者が被告適格を有することまで要求されないにしても、株主

---

12　秋山幹男ほか『コンメンタール民事訴訟法Ⅱ〔第2版〕』593頁。

74

総会決議取消しの訴えの原告と被告となる者は法定され、訴えを提起しようとする者（原告となる者）が、被告となるべき者（被予告通知者・相手方）に対し通知するのであるから、被告適格のない者に対する通知は無意味であり、通知としては適法であるとしても通知の効力が有効に生ずるものではない。

予告通知は、通知者が提訴することが可能なことを前提とする制度であるから、原告適格を欠くものは予告通知をなし得ない。また提訴期間の定めのある場合は、期間経過後は提訴し得ないから予告通知をなし得ない。会社の組織に関する訴えは、原告適格者と提訴期間が法定されており（明文の規定がない場合でも、解釈上制限される）、これに反する予告通知は不適法であるから、相手方はかかる通知に基づく提訴前照会に応じる必要はないと解される。

　(イ)　提訴前の照会

予告通知者は被通知者（相手方）に対し、予告通知をした日から4カ月以内に限り、訴えの提起前に、訴えを提起した場合の主張または立証を準備するために必要であることが明らかな事項について、相当の期間を定めて書面で回答するよう書面で照会することができる（民訴132条の2第1項）。これを提訴前の照会（予告照会）といい、通知者が被通知者に対して直接行うものである。

提訴後の当事者照会（民訴163条）を、訴えを提起した場合の主張または立証を準備するために「必要であることが明らかな事項」であることを要件に提訴前についても認めるものである。書面による照会にはファクシミリや電子メールによることが可能なのは、提訴後の照会の場合と同様である。

予告照会が予告通知日から4カ月以内に限られるのは（民訴132条の2第1項）、相手方に長期間の回答義務を負わせ、不安定な状態におくことを避けるためである。予告通知者は、通知をした日から4カ月が経過したとき、またはその経過前であっても被予告通知者の請求により、通知に係る訴えの提起の有無、提訴の予定時期を明らかにしなければならない（民訴規52条の8）。

提訴後の当事者照会の拒絶事由（民訴163条1号～6号）に該当する照会、相手方または第三者の私生活についての秘密（プライバシー）に関する事項に関する照会、相手方または第三者の営業秘密（営業秘密は、不正競争防止法2条4項と同じである（民訴92条1項2号））に関する事項についての照会は認められないから（同法132条の2第1項ただし書）、相手方はそれを理由に回答を拒絶す

ることができる。

　予告照会は提訴前に限られるから、予告通知日から4カ月以内であっても通知後に提訴した場合には予告照会は認められない。予告照会をした後、相手方の回答以前に提訴した場合も同様である。照会の対象事項は、訴えを提起した場合の主張または立証を準備するために必要な事項であるが、たとえば、取締役会決議に賛成した取締役名、問題の取引に関与した取締役名、取締役の任務懈怠により会社に生じた損害額などが考えられる。

　相手方は、照会の要件を欠きまたは拒絶事由がない場合を除き、照会に対し回答義務を負うが、予告通知の記載事項に対して認否をするなど積極的に答弁する義務を負うものではない。回答しない場合（極めて不十分な回答を含む）は回答義務違反となるが、制裁はなく、また特別な法的効果も認められない。

　予告通知者の照会に対し相手方が誠実に回答することにより、予告照会は有効に機能し、適切な提訴判断と提訴後の円滑な訴訟の進行を期待することができる。相手方は、悪意の提訴であるとして担保提供を求める場合に悪意の疎明（会社836条）が容易になる。会社訴訟の多くは提訴者は直接関与していないことから、予告照会は提訴判断にとって重要であるだけでなく、無用の提訴を防止するという機能が認められる。

　　(ウ)　提訴前の証拠収集処分

　裁判所は、予告通知者または予告通知に対し所定の返答をした相手方の申立てにより、当該訴えが提起された場合の立証に必要であることが明らかな証拠となるべきものについて、申立人が自ら収集することが困難であると認められるときは、相手方または予告通知者の意見を聴いて、訴えの提起前に証拠収集処分をすることができる（民訴132条の4第1項本文）。申立人は自ら収集することが困難である事由を申立書に記載し、それを疎明しなければならない（民訴規52条の5第2項5号・6項）。

　証拠収集処分の申立ては、予告通知の日から4カ月以内に、書面により、申立人もしくは相手方または嘱託を受ける者の住所地等を管轄する地方裁判所に対してしなければならない（民訴132条の4第2項、132条の5、民訴規52条の6）。

　証拠収集の処分の申立てに対し、裁判所は申立てが要件を満たしている場合は証拠収集処分の決定をするが、その内容は、文書の送付嘱託、調査嘱託、意

見陳述の嘱託、現況についての調査を命ずることである（民訴132条の4第1項1号〜4号）。会社訴訟については、法務局に対する登記申請書と添付書類の文書送付嘱託、銀行の貸付状況の調査嘱託が考えられる。

申立てが不適法な場合は申立てを却下、申立ての要件の欠缺または疎明が不十分なときは申立てを棄却する。証拠収集の処分の申立てについての裁判に対し不服の申立てはできない（民訴132条の8）。

裁判所は処分の要件が認められる場合でも、収集に要すべき時間または嘱託を受けるべき者の負担が不相当なものとなること、その他の事情に相当でないと認めるときは、証拠収集処分をしないことができる（民訴132条の4第1項ただし書）。また、証拠収集処分をした後でも、前記事由により相当でないと認められるに至ったときは、その処分を取り消すことができる（同条4項）。処分後に生じた事情により、証拠収集処分を取り消すのであるが、この場合でも、申立人は、すでに発生している証拠収集の処分の裁判についての費用の支払義務を免れない（同法132条の9）。

証拠収集処分は提訴前に限られるから、提訴後の申立ては不適法であり、申立て後であっても処分決定前に提訴した場合も同様である。証拠収集処分の決定後に提訴した場合でも、証拠収集処分の効力は失われないから、提訴後であっても文書送付嘱託等の証拠収集処分に基づく行為は実施され、申立人と相手方は送付された文書等を閲覧することができる[13]。

証拠収集の処分後に、訴えが提起されなくても処分の効力に影響しないが、その意味がなくなることから、処分に際し提訴の可能性を慎重に判断しなければならない。予告通知日から4カ月以内の申立ての場合であっても、会社法が当事者適格者と提訴期間を法定している場合において、申立人または相手方が当事者適格を有しない、あるいは提訴期間の経過後に申立てをしたときは、本案訴訟を提起し得ない場合であるから証拠収集処分も認められない。また、提訴期間内の申立てであっても、証拠収集の処分がなされる前に提訴期間が経過すれば提訴はできないことから証拠収集処分も認められない。

裁判所は、証拠収集処分に基づく文書の送付嘱託等があったときは、申立人

---

13　秋山ほか・前掲（注12）622頁。

第1章　会社法と会社訴訟の基礎

および相手方に通知し、その利用に供するため1カ月間保管しなければならない（民訴132条の6第3項・4項）。申立人および相手方は、裁判所書記官に対し、保管に係る文書の閲覧・謄写、その正本・謄本・抄本等の交付を請求し（同法132条の7）、これを入手することにより、提訴後に証拠として使用することができ、当事者はこれを口頭弁論において書証として提出することになる。

これに対し、調査嘱託に対する回答は、提訴後の調査嘱託については裁判所が口頭弁論において顕出し、当事者に意見陳述の機会を与えることにより回答書の内容が証拠資料となり、当事者の書証としての援用を必要としない。一方で、提訴前の調査嘱託については、後に提訴された場合に同様に取り扱えるか疑問があり、当事者がこれを口頭弁論において書証として提出する必要があると考えられる。

# 第2章　会社仮処分の基礎

## 1　会社仮処分の概要

### (1)　会社仮処分の必要性と要件

#### (ア)　仮処分の必要性

　会社により株主の権利を害する行為が行われようとする場合、株主は当該行為を行わないことを求めて差止請求訴訟を提起することができる。しかし、差止めは行為がなされる前になされるべきであるから（緊急性の要請）、判決の確定を待っていたのでは目的を達することができない。しかも、訴訟の係属中に当該行為がなされ、または行為の効力が発生すれば差止請求権は消滅し、訴訟は訴えの利益がないものとして却下されるから、提訴にはあまり現実的な意味が認められないことになる。

　会社関係の争いは、仮処分で決着することが多いが、仮処分の対象となる権利法律関係は、財産権上のものに限らず、社団的（会社）法律関係でもよいから、会社法上の権利または法律関係に関する争いは仮処分の対象となる。会社仮処分は会社訴訟を本案訴訟とする仮処分であるが、必ずしも本案訴訟の提起を必要とするものでなく、また本案訴訟が考えにくい場合もある。その基本は株主権に基づく妨害排除請求権であると解される。会社法が差止請求権を認めていることが多いが、それは実効性確保のために仮処分によることになる。

　当該行為の効力が生じた後に、無効を主張して行為の効力を争う訴訟を提起することができるが、それは容易でないばかりか、判決により無効が確定するまでには長期間を要する。そこで、当該行為がなされる前に仮処分（仮の地位を定める仮処分）によりそれを阻止する必要がある。本案訴訟は会社法の定めているところによるが、被保全権利は概していえば、株主権に基づく妨害排除請求権であると解される。

　仮処分の必要性については、たとえば、募集株式の発行（新株発行）についていえば、以下のとおりとなる。

　株主が当該募集株式の発行が違法または不公正であるとして、差止めの訴え

を提起しても株式の発行を止めることはできない、株式の発行がなされてしまえば（払込期日に株式発行の効力が発生）、差止めの訴えは却下されることになる。株式発行の効力が生じた後は、募集株式の発行無効の訴えによることが可能であるが、無効の主張は認められる場合が限られており、不公正発行を無効の理由とすることは難しい。そこで、募集株式の発行差止仮処分により、株式の発行を事前に阻止する必要がある。

　　(イ)　仮処分の要件

　仮の地位を定める仮処分は、「争いがある権利関係について、債権者（仮処分申請人）に生ずる著しい損害又は急迫の危険を避けるためこれを必要とするとき」という要件を必要とする（民保23条2項）。

　会社仮処分は、仮の地位を定める仮処分であるからこの要件に従うことになる。そして、会社と争いのある権利関係は、継続的なものでなく1回的な権利関係でもよく、また、作為（会社の行為を求める）または不作為（差止請求）を求める株主の権利として、仮処分の対象となるのである。

　「争いがある権利関係」（被保全権利）とは、会社法が認める本案の権利関係であるが、経済的な利益ないし権利だけでなく、会社支配権や支配関係上の利益も含まれる。そこで、仮処分申請が認められる権利は、会社法に直接仮処分を認める根拠規定が存在する場合に限られるものではない。会社法は、株主等の保護の観点から、重要なものについて差止請求権という形で規定しているが、それ以外のものについては認めないという趣旨ではなく、会社法の下でも、旧商法当時の解釈と運用が承継されたと理解すべきである。

　「著しい損害または急迫の危険を避けるため」とは、保全（仮処分）の必要性の要件であるが、会社仮処分についていえば、「損害」とは、一般的にいえば、株主に発生することが予想される損害（金銭的損害）であり、「急迫の危険」とは、株主の権利と地位が侵害される危険が急迫であることを意味する。たとえば、株主の地位が奪われる（キャッシュ・アウト）、会社支配権が低下する（第三者割当ての募集株式の発行）などの危険である。

　会社仮処分については、株主に具体的な損害が発生する場合よりも、株主の権利と地位が侵害される危険がある場合に問題になることが多いが、著しい損害または急迫の危険を一体として、株主が著しい不利益を受けるおそれがある

*80*

ときと解すべきである。

そして、被保全権利と保全の必要性が認められる場合に仮処分が発令されるのであるが、その認定においては、一般の仮処分の発令基準によらず会社法律関係の特殊性に配慮すべきである。

　(ｳ)　会社仮処分の手続と特徴

民事保全の手続には、民事訴訟法の規定が準用されるから（民保7条）、会社仮処分の手続も民事保全法と民事訴訟法の規定に従うことになる。

会社法律関係においては、本案訴訟の確定を待っていたのでは目的を達することができない場合が多いので、本案訴訟の提起に先立ち、あるいは本案訴訟の提起後に、仮処分の申請をすることになる。

しかし、会社仮処分は、通常の民事紛争における仮処分とは異なり、仮処分（保全）命令の発令により、本案訴訟を待たずに争いが決着することが多く、本案の権利関係を仮処分で決着する仮処分であり、一般に本案に対する付随性が希薄であり、本案に代替する機能を有するということがいえる。

会社仮処分は、会社法上の権利を仮処分により実現することで仮の地位を定める仮処分であるから（民保23条2項）、被保全権利と保全の必要性（権利者に生ずる著しい損害または急迫の危険を避けるために必要とするとき）が存在することを要件とする。満足的仮処分（本案の権利を仮処分により実現する）であることも少なくないが、仮処分の仮定性、暫定性の要件を満たせば仮処分が発令されるが、被保全権利と保全の必要性については高度の疎明が要求される。

満足的仮処分であることから、本案に代替し仮処分の仮定性、随伴性が弱まる（仮処分の本案化現象）。たとえば、仮処分の発令後、株主総会期日など一定の日時の経過、会社書類の閲覧などは、仮処分により目的を達し本案の権利も消滅することになる。後に、仮処分を取り消しても原状回復が不可能であるという特色がある。

　(ｴ)　被保全権利の性質

上記(ｱ)～(ｳ)より会社仮処分における被保全権利、すなわち仮処分の対象となる実体的権利ないし権利関係は、①会社法に規定された権利または解釈上認められる権利であり、②本案による請求と仮処分による請求が同一であることが多く、本案請求を仮処分によって実現するという満足的仮処分である。

第 2 章　会社仮処分の基礎

### (2)　会社仮処分の特質

#### (ア)　原状回復不能の仮処分と仮処分の暫定性

　仮処分は、本案判決の確定により権利が保護されるまでの間、暫定的な措置を講ずることにより権利者の利益を保護するのであるから、本案付随性、暫定性を要件にするのであるが、会社仮処分についてはこれがそのままあてはまらない場合がある。

　一般に、仮処分により形成された仮の地位は、仮処分の暫定性・仮定性と矛盾しないと解されている。その理由として、本案判決によって得られる終局的な満足を得る法律上の地位を、この種の仮処分により実現し、しかも、それが将来現実的な回復の可能性がなく、仮処分が取り消されても原状回復が困難であるとしても、法律上はあくまでも暫定的効力を有するにすぎない。

　本案の敗訴によって原状の回復を得ることが事実上不能である場合でも、債務者は損害賠償請求等により法律上の回復を求めることが可能であるから、仮処分の仮定性は法律上の効力が仮定的なものと理解し、仮処分の発令判断の慎重さが要求されるにしても違法な仮処分とはいえない。このように、法律上の効力の暫定性・仮定性を根拠に、原状回復が無理な満足的仮処分であっても適法なものと認めることができる[1]。

　そして、会社仮処分は、仮地位仮処分であり、本案の執行を保全するのではなく、係争権利関係について現在の債権者の危険を防御するための暫定的調整であるから、その対象となる権利関係も必ずしも、本案のそれに限らない。また、仮処分命令の内容が、本案判決の内容の一部を構成しない場合も少なくない[2]。

#### (イ)　会社仮処分の許容性

##### (A)　適法性（許容性）

　会社仮処分の多くは満足的仮処分（本案の権利を仮処分により実現する）であり、会社法所定の権利に基づき、緊急の必要性に基づき発令される仮処分であるが、株主は仮処分によらなければ権利を実現することができない場合が多い。そこで、差し迫った事情と他に有効な手段がなく、本案判決を待てない緊急の

---

　1　柳川眞佐夫『保全訴訟〔補訂版〕』173頁、西山俊彦『保全処分概論〔新版〕』15頁。
　2　柳川・前掲（注1）196頁。

*82*

必要性がある場合に認められるべきである。

　仮処分の暫定性・仮定性を、法律上の仮定性ないし法律上の原状回復と理解し、現実の原状回復は損害賠償による救済によるべきであり、現実的回復は要求されないと理解することにより、現実的な原状回復が考えられない会社仮処分についても、仮定性・暫定性の要請を満たすものと理解できよう。このような理解に基づき、会社仮処分も適法とされるのである。

　もっとも、仮処分命令を取り消しても原状に戻すことが不可能であって、債務者会社に与える影響が大きい。そこで、仮処分の審理は慎重になされ、保全の必要性の疎明も高度なものが要求され、仮処分の発令のためには債務者の審尋が必要である（民保23条4項）。

　　(B)　本案代替化性

　仮の地位を定める仮処分は、本案と同様の満足を仮に与える本案代替化現象により、仮処分手続の段階で紛争が解決されてしまい、事実上本案訴訟が提起されることが少なくなってきている。これを正当化するためには、仮処分手続の充実が実質的に確保される必要がある[3]。特に、会社仮処分においては本案代替化現象の傾向が強いばかりか、特徴として、多くの場合、会社仮処分によって本案の権利をそのまま実現し、その後一定の日時の経過により、本案の権利そのものが消滅し、本案が存在し得ない場合も少なくない。そこで、所定の期間内で可能な限りの審理を行い発令判断をする必要がある。

　本案に提訴期間の定めがある場合は、仮処分もこの期間内に申請し、発令されなければならない。この期間が経過すれば、本案の権利が消滅するから、仮処分の被保全権利も消滅することになる。

　本案訴訟提起の要件は、仮処分の発令時に存在しなければならないが、上記のように仮処分の発令後の事情により、本案の権利自体が消滅し、本案の提起が不可能な場合に、仮処分の実質的効力が消滅したとして、仮処分を取り消すことに積極的な意味が認められない場合も十分に考えられる。この場合、本案付随性が著しく後退し、本案代替性が強くなる。それゆえ、会社仮処分は、本案を予定しない仮処分、あるいは本案化が進んだ仮処分といえよう。また、起

---

3　瀬木比呂志『民事保全法〔新訂版〕』39〜41頁。

第2章　会社仮処分の基礎

訴命令が意味のない場合が多いといえる。その典型が新株発行差止仮処分である。

本案付随性、暫定性というのも、法律上、本案訴訟が考えられるというのにとどまり、必ずしも、本案判決がなされることを要求するものではない。しかも、一定の日時の経過により、本案の権利が消滅するとともに、実質的効力が失われる性質の仮処分は多い。

　　　(C)　通常の仮処分との違い

会社仮処分の機能は、本案の権利の実現を保全するために、仮処分により暫定的な法律状態を形成する点で、現在の危険を排除するという通常の仮の地位を形成する仮処分とはかなり異なる。また、仮処分により一定の地位を形成するのも、本案の権利そのものを実現することが多く、仮処分の本案化が顕著な訴訟類型であり、しかも、本案を必要としない場合が多くあるという特殊性を有する仮処分であり、通常の仮処分に対する特異性が認められる。

## (3)　会社仮処分の申請の時期

権利または地位の保全の必要性は、これらが著しい損害の発生を避けるため、または急迫の危険を避けるため、本案の判決確定まで放置し得ない状況にあることである。たとえば、選任決議の効力が争われ、または解任訴訟が提起されている取締役に、裁判が確定するまで職務を執行させるのが適切でないとか、一定期日における会社の行為を差し止めなければ、目的を達成することができないなどの場合である。

会社仮処分の中には、取締役の職務執行停止の仮処分（実質的には、取締役の職務執行一般を差し止める）のように、本案訴訟が係属している限り、仮処分命令の効力が継続するものがあるが、会社仮処分の中心となるのは、新株発行差止仮処分のような差止仮処分である。会社法が株主や取締役に差止請求権を認め、また株主総会決議の禁止というように解釈上株主に認められている権利についても、一定の期日（日時）が経過すれば、差止請求権自体が消滅するのであるから、それまでに会社の一定の行為を差し止めなければならないことから、必然的に仮処分によらざるを得ない。

この種の仮処分の場合、仮処分により一定の行為を差し止めたならば、目的を達することになる。そして、一定の期日（日時）が経過した場合は、被保全

*84*

権利とともに保全の必要性もなくなることから、仮処分の効力は性質上一定期間内に限られる。反対に、仮処分が発令されることなく、一定の期日（日時）が経過すれば、被保全権利（差止請求権）は消滅し、仮処分申請も本案訴訟の提起もあり得ない。

すなわち、差止仮処分の多くは一定の日時における会社または役員の行為を差し止めるものであり、仮処分は特定の日時までに発令されなければならないが、発令され、特定日を経過すると仮処分は終極的な目的を達するとともに、本案請求権それ自体が消滅する。反面、発令された仮処分の保全異議（民保26条）、保全抗告（同法41条）による取消しも、その日時までに取り消されなければ、取消しの実効性がなくなることになる。

## 2 会社仮処分の申請と当事者

### (1) 当事者

通常、仮処分における被保全権利は本案の権利関係であり、仮処分の債権者は、本案訴訟の原告であるから、本案の適格がない者による仮処分の申請は、適格性および被保全利益を欠く仮処分申請となり却下を免れない。仮処分債務者についても、原則的に本案訴訟の当事者と一致するから、本案訴訟の被告とすべきである。

しかし、仮の地位を定める仮処分である会社仮処分においては、本案の被告でない者を仮処分の債務者にせざるを得ない場合があるから、上記要請に例外を認めざるを得ない。仮の地位を定める仮処分においては、仮処分の債務者と本案訴訟の被告が一致しない場合があり得るのは、仮処分の目的を達するためのやむを得ない手段にほかならないからである[4]。

たとえば、取締役の職務執行停止・代行者選任の仮処分についていえば、取締役の選任決議の瑕疵を争う訴訟の被告は会社である。しかし、仮処分の債務者は、会社および本案の被告でない当該取締役である。ただ、本案の被告である会社を、仮処分の債務者としない仮処分申請が認められるかは疑問である。会社を債務者としなければ、仮処分の効力との関係で実効性に問題があるばか

---

4 柳川・前掲（注1）198頁。

第2章　会社仮処分の基礎

りか、会社は保全異議（仮処分異議）、本案不提起による保全取消しの申立てを
なし得ないことになる。そこで、共同債務者とすべきである。

## (2)　会社仮処分の審理と疎明

### ㋐　会社仮処分の申請と審理

#### (A)　裁判管轄

保全手続における裁判所は専属管轄であり、手続に関しては民事訴訟法の規
定が準用される（民保6条、7条）。本案の管轄裁判所が保全手続の管轄裁判所
となり、被告会社の本店所在地を管轄する地方裁判所の専属管轄となる（会社
835条1項）。管轄のない裁判所に申し立てた場合は、裁判所は管轄裁判所へ移
送しなければならない（民保7条、民訴16条1項）。移送することなく仮処分命
令を発令した場合は、専属管轄違反になるが、当然に無効となるのではなく、
保全異議により取り消されるまでは効力を有する。取り消した場合は、仮処分
申請を却下するのではなく、仮処分申請事件（保全命令申立事件）を管轄裁判
所に移送することになる。しかし、会社事件の多くは、問題の期日（たとえば、
株主総会期日）が経過すると仮処分申請をすることが無意味になる。問題の期
日の経過後に仮処分命令が取り消された場合であっても、期日には仮処分命令
が有効に存在したから、後に取り消したからといって、期日になされた行為
（たとえば、株主総会決議）の効力は失われないと解される。

#### (B)　会社仮処分と審尋期日

保全手続に関する裁判は、口頭弁論を経ずに行うことができるから決定手続
によるものである（民保3条、23条4項、民訴87条1項ただし書）。任意的に口頭
弁論を開くことは可能であるが、実務上、口頭弁論が開かれることはない。し
かし、会社仮処分の審理は、仮地位仮処分であるから、債務者が立ち会うこと
ができる審尋期日を経なければならないのが原則である。複雑な事実関係と法
律関係が予想される会社仮処分については、債務者審尋を経て、仮処分申請に
対する判断がなされる。したがって、債務者の呼出しと審尋期日も踏まえて、
相当の余裕をもって仮処分を申請しなければならない。

審尋とは、決定手続において当事者その他の利害関係人に対し、書面もしく

---

5　西山俊彦『新版保全訴訟概論〔第2版〕』51頁。

は口頭で裁判所に意見を陳述する機会を与える手続であり、主張の整理あるいは補充のための手続であって、本案訴訟の弁論に相当し証拠調べの手続ではない。審尋は、実質的には証拠調べと同様の機能を果たしていることは否定できないが、あくまでも事件についての意見・弁解の陳述を求めるものであるから、もっぱら主張としての性質をもち、証拠調べとしての性質をもつものではない。[6]

(C) 仮処分命令申立書の記載事項

仮処分命令の申立ては、書面により、その趣旨並びに保全すべき権利または権利関係および保全の必要性を明らかにすることが要求される（民保1条、13条1項）。申立書には、申立ての趣旨および理由を記載しなければならない（民保規13条1項2号）。申立手数料は、一律2000円である（民訴費3条1項別表第1-11の2ロ）。

申立書に記載する申立ての趣旨は、本案の請求の趣旨に相当するものであるが、いかなる仮処分命令を求めるかを簡明に記載する。申立ての理由は、保全すべき権利または権利関係と保全の必要性を具体的に記載しなければならない（民保規13条2項）。また、保全すべき権利または権利関係は、会社法の規定によるどのような権利または権利関係によるのかを具体的にしなければならない。保全の必要性は、本案判決を待てない緊急性と保全を必要とする理由を記載する。

(イ) 疎明の内容

会社仮処分の場合も、被保全権利とそれに対する侵害行為、保全の必要性について疎明しなければならないが、立証を要する事由ごとに申立書に記載し、被保全権利と保全の必要性を疎明しなければならない（民保13条1項〜2項、民保規13条2項）。被保全権利については、会社法所定の訴訟による請求が認められる蓋然性を疎明することになる。保全の必要性は、本案訴訟の判決確定まで待っていては、回復困難な損害が発生するおそれがあることを疎明しなければならないが、会社仮処分についていえば、多くの場合、差止仮処分であり被保全権利について疎明されたならば、保全の必要性も認められるであろう。

被保全権利と保全の必要性の疎明の関係であるが、まず、被保全権利につい

---

6 西山・前掲（注5）88〜89頁。

第2章　会社仮処分の基礎

て判断し、次いで、保全の必要性について判断するという順序になる。もっとも、論理的には、被保全権利と保全の必要性との間に、判断の先後関係はなく、離れがたく一体となっている。そこで、保全命令手続の審理の対象は、保全を必要とする状態におかれた実体的権利関係であるとされている。[7]

(ウ)　仮処分の担保

会社仮処分の発令は、担保を立てることが必要であり、無担保ということはおよそ考えられない。担保は不当な仮処分申請を抑止するとともに、不当仮処分により債務者に生ずる損害賠償の支払いを担保し、債権者と債務者の公平を図るためである。加えて、担保は債務者に優先弁済権を与える趣旨であるから、債権者に不当仮処分による賠償責任を弁済する資力があっても、担保を不要とすることにはならない。

会社仮処分についても担保を必要とするが、金銭上の請求ではないから担保額の決定は難しい。金銭上の請求であっても、株主代表訴訟については、会社に対する給付を求めるという訴訟構造上、担保額の算定は困難である。

そこで、担保の額は、事件の内容と事実関係、会社の規模、債権者の属性、仮処分が不当と判断された場合に債務者会社に生ずるおそれのある損害額、疎明の程度などを総合して、裁判所の裁量により合理的な額を算定するしかないであろう。

## 3　会社仮処分の要件と手続

### (1)　仮処分発令のための手続

会社仮処分は仮の地位を定める仮処分であるから（民保23条2項）、民事保全の申立手続に従って行われる。裁判の形式は口頭弁論を開いたか否かにかかわらず決定である。被保全権利と保全の必要性の疎明の程度は、事件の内容と具体的事情によって異なるが、疎明がなされたか否かは裁判所の判断による。

仮の地位を定める仮処分であることから、会社（仮処分債務者）に与える影響が大きいため、口頭弁論（任意的口頭弁論）または仮処分債務者が立ち会うことができる審尋の期日を経なければ発することができないが（民保23条4項）、

---

7　瀬木・前掲（注3）153頁。

一般に、審尋が行われている。仮処分発令のための審理は、申立書、答弁書、陳述書、疎明資料などの書面に加えて債務者審尋が必要であるが、慎重な審理と判断を期すため双方審尋として行われることが多い。そこで、審尋のために必要な期間を見込んで仮処分申請をする必要がある。

　仮処分の審理についても、原則、弁論主義が通用し、主要事実は当事者が主張しない限り判断の基礎にできない。証拠も当事者の提出したものでなければならない。[8]審尋によるも、書面による証拠調べは可能であるから、債務者は、抗弁事由を主張書面および書証として提出しておくべきである。保全の必要性についても、債務者側の事情として配慮すべき事情を疎明する必要がある。

　仮処分の審理は、申請人が要件を満たした株主等であるか、一定の手続を要する場合はその手続を経ているか、仮処分によることが可能な請求であるか等の形式的要件についてなされ、次いで、実質的要件（被保全権利・保全の必要性）についてなされる。

### (2) 被保全権利の疎明

　被保全権利は争いのある権利関係であれば内容を問わず、継続的な法律関係である必要はなく、一回的な法律関係でもよいから、会社法上の権利も被保全権利となる。被保全権利を明確にできない場合は、株主権に基づく妨害排除請求権等とせざるを得ないが、本案訴訟を記載するという方法がある。

　争いがある権利関係（被保全権利）とは、会社が株主の権利の行使を拒否するなど、会社と株主との間に争いがある場合であるが、株主が会社を被告として、株主総会の決議取消訴訟等の会社の組織に関する訴えを本案訴訟とする場合にも多くみられる。被保全権利は、会社法の規定により株主等に認められる権利であり、多くの場合、本案の権利と一致する。

### (3) 保全の必要性の疎明

　「債権者に生ずる著しい損害又は急迫の危険を避けるためこれを必要とするとき」という保全の必要性とは（民保23条2項）、会社が株主の権利行使を拒否し、あるいは株主が会社を被告として会社の組織に関する訴えを提起したが、本案訴訟の判決を待っていたのでは、重大な不利益が生ずるという緊急の必要

---

8　瀬木・前掲（注3）206頁。

第2章　会社仮処分の基礎

がある場合をいう。必ずしも、損害が発生する場合に限られるものではない。

　会社仮処分の多くは、本案で勝訴した場合と同じ状態を生ずる満足的仮処分であり、しかも、後に仮処分を取り消しても、原状回復の困難な仮処分である。また、仮処分により本案の権利を実現したことにより、本案請求は消滅したものとして本案を提起し得ない場合もある（本案訴訟として考えられるのは、不当仮処分による損害賠償債務の不存在確認訴訟がある）。しかし、仮処分自体は仮定性・暫定性を備えたものであるから、その必要性が存する限り仮処分は認められる。もっとも、本案の権利を実現する以上の仮処分は許されない。

　満足的仮処分における保全の必要性の判断において、債務者に生ずるべき損害を考慮する必要があるとして、仮処分命令が発令されないことにより、債権者に生ずると予測される損害と、仮処分命令が発令されることにより債務者が被ると予測される損害とを比較し、債務者の被る損害のほうが大きいと認められる場合は、保全の必要性が認められないとするのが一般的基準である。

　判例には、企業再編（企業買収）に関してなされた基本合意（独占交渉権）に基づき、債務者に対して第三者との間で営業の移転等に関する情報提供や協議を行うことの差止めを求める仮処分申請において、債権者と債務者に生ずる損害を比較し、仮処分命令が発せられた場合に債務者の被る損害が相当大きく、債権者が被る損害は事後の損害賠償によって償えないほどのものとまではいえないとして、保全の必要性が認められないとしたものがある（最決平成16・8・30民集58巻6号1763頁）。

　この最高裁決定は、債務者に生ずる損害と債権者が被る損害とを比較するという利益均衡論を基本としながら、債務者の被る損害が相当大きく、仮処分命令が発せられない場合に、債権者の被る損害が事後の損害賠償によって償える場合をあげて申請を棄却しているが、これは、いずれの損害が大きいかは容易に比較できないためであったと考えられる。

　しかし、この最高裁決定について、債権者の被る損害が事後の損害賠償によって償えるのか疑問であるばかりか、債権者の被る損害が何かについても問題である。判例のような考え方によれば、保全の必要性が認められる場合は限定されることになる（債務者に義務違反があるのに、判例が保全の必要性を否定したのは事件の特殊性に配慮したものと考えられるが、これを一般化すべきではない）。

*90*

満足的仮処分における利益均衡論は、主として、賃金仮払い、明渡断行等の仮処分において形成された基準であると考えられるが、これを会社仮処分等の満足的仮処分について一般化させるのは適切とは考えられない。

保全の必要性の有無は、債務者側の事情としてこれを推認させる事実があるかどうかによるものであり、債務者に生ずる損害の有無そのものが、直接的に保全の必要性の判断に影響するとまではいえない。債務者に生じる損害については、担保の決定において考慮すべき事柄であり、保全の必要性の有無とは直接論理的に結びつくものではない。もっとも、現在の権利または権利関係の保全という観点から、債務者側の切迫した被害を考慮に入れる余地はある。そして、債務者に生じるべき損害が考慮されているようにみえる事案も、実際には、債務者に負担を強いるだけの切迫した必要性がないというにすぎない場合が多いとされている[9]。

保全の必要性の判断に際して、損害の比較論（利益の比較衡量論）によるのは適切とはいえない。株主の損害、会社の損害それ自体を明確にできないばかりか、損害の比較論によれば、会社に生ずる損害のほうが大きいとして、保全の必要性が否定される場合が多くなるが、これでは、会社仮処分そのものを否定することになりかねないことから、機械的にこの基準によるべきではない。仮処分を発令するか否かは、緊急の必要性の有無によるべきであり、会社に生ずる損害は緊急の必要性の判断において、衡量され斟酌されるべき事柄である。

## 4　会社仮処分の効力

### (1) 仮処分命令の発令と取消し

会社仮処分は民事保全法の手続により審理され、被保全権利と保全の必要性が疎明された場合に発令される。仮処分は決定の告知により効力を生じ（民訴119条）、仮処分命令（法的形式は仮処分決定）の正本の送達により債務者に拘束力が及ぶ（民保17条）。そして、会社仮処分の多くは形成的裁判であり、債務者に対する送達により目的を達し執行を必要としない。執行を要する場合には、保全執行は民事執行法の規定により行われるから（同法46条、52条1項）、会社

---

9　瀬木・前掲（注3）207～210頁、西山・前掲（注1）80頁。

第 2 章　会社仮処分の基礎

仮処分の執行もそれに従ってなされる。

　発令された仮処分は、保全異議（民保26条）、本案不提起による保全取消し（同法37条）、事情変更による保全取消し（同法38条）の規定により取り消すことができる。しかし、一定の日時の一定の行為を禁じる仮処分や会社書類の閲覧等仮処分は、その日の経過または閲覧後に仮処分を取り消しても、原状回復は不可能であり意味がない（損害賠償の問題となる）。

(2)　**仮処分と仮処分違反の行為の効力**

　仮処分違反の行為の効力について、会社法は職務代行者の権限外行為について規定している（会社352条2項）が、債務者（一般に会社）の違反行為の効力について類型的にみていかなければならない。この点について、各種会社仮処分ごとに検討するが、概していえば、債務者に不作為義務を課すにすぎない仮処分については、仮処分違反の行為は無効とならないであろう。これに対し、仮処分により会社が当該行為をなし得なくする、すなわち会社の執行機関の権限を暫定的にはく奪するとの仮の地位が形成される仮処分の場合は、仮処分違反の行為は無効となる。会社仮処分特に差止仮処分の効力については後者の立場が妥当であり、新株発行（募集株式の発行）差止仮処分違反の場合に限らず、仮処分違反の行為は無効とすべきであろう。無効としなければ、仮処分の実効性は確保することができない。

(3)　**仮処分命令発令後の事情**

　仮処分が発令され、本案訴訟も係属しているが、仮処分とは無関係の新事実（目的物の滅失、被保全権利の一定の存続期間の経過などによる被保全権利の消滅など）が発生した場合、本案訴訟に影響を及ぼすのは当然である。被保全権利は消滅していると解されるから、債権者が本案訴訟を提起しても、請求棄却判決を受けるだけである。したがって、債権者に対し本案の起訴命令を発するべきではない。[10]

　会社訴訟についていえば、一定の日時の経過により本案の権利関係は消滅し、被保全権利も消滅する場合があるが、この場合でも、仮処分の実質的効力はさかのぼって失われるのではなく、一定の時点を基準として、将来に向かって消

---

10　松浦馨「満足的仮処分と本案訴訟」手続法の理論と実践(下)568～569頁、574～575頁。

滅することになる。もっとも、仮処分命令を取り消さない限り、仮処分命令そのものは形式的に存続することになる。そこで、仮処分を取り消すためには、事情変更による仮処分命令の取消しが必要となる（民保38条1項）。

## 5　会社仮処分の執行と取消し

### ⑴　会社仮処分の執行

会社仮処分の執行も保全執行の手続による。執行期間は、保全命令の送達後2週間以内である（民保43条2項）。また、保全執行には民事執行法の規定が準用されるので（同法46条）、保全命令に表示された当事者に対しては、保全命令の正本に基づき行われ、執行文の付与を受けることは必要でない（同法43条1項）。しかも、保全裁判所が執行機関である場合は保全執行の申立てを必要としない。

会社仮処分の多くは、形成裁判的性格を有するものであり、一般に、仮処分の内容も不作為を目的とするものであるから、狭義の執行を予定していない。すなわち、債務者に送達されることにより、執行がなされたものとして債務者に対し拘束力が生じ、法律上その内容が実現されるので執行の問題は生じない。形成的な仮処分命令であることから、債務者に対し仮処分命令を送達することにより効力が生じる。送達により債務者の一定の行為が禁止され、狭義の執行という問題は生じないのである。

債務者に対する仮処分命令の正本の送達により、執行がなされ、かつ執行は終了したものと解される。後は仮処分の効力の問題として取り扱われるから、仮処分違反の行為については、仮処分違反の行為の効力として問題にされる。

送達をもって、仮処分の執行とみることができるのであるが、執行による仮処分の拘束力が持続している間は、理論的には執行停止を考える余地はある。

なお、職務執行停止の仮処分等の登記の嘱託という執行が規定されているが（民保56条）、これをもって、執行とみるかは検討を要する。

### ⑵　会社仮処分の取消し

仮処分命令の発令に対し、債務者は保全異議・保全抗告で争い仮処分の取消しを求めるのであるが、会社仮処分については、一定の日時までに判断がなされなければ意味をなさない場合が多い。本案の審理を必要としない満足的仮処

第2章　会社仮処分の基礎

分が多いことから、一定の日時に本案の権利を実現し、目的を達することで仮処分の実質的効力が失われる。その後、実現された権利が取り消されたとしても、さかのぼって仮処分がなかったものと取り扱うわけにはいかない。その意味で、原状回復は困難である。

　たとえば、募集株式の発行差止めの仮処分が認められた場合、募集株式発行の効力は払込期日に生ずることから、払込期日が経過することによって、当該募集株式の発行は行われないことに確定する。後に、仮処分が取り消されても、払込期日にさかのぼって募集株式の発行手続が再開されるものではない。また、仮処分により株主名簿を閲覧した後に、仮処分が取り消されても、閲覧しなかった状態に戻すことは不可能である。だからといって、この種の仮処分が認められないというものでもない。

　反対に、仮処分申請が却下された場合、債権者（株主・取締役等）は、告知を受けてから2週間以内に即時抗告をすることができるが（民保19条1項）、これも、特定の期日までに、即時抗告が認められ、仮処分命令が発令されなければ意味がない場合が多い。特定の期日が過ぎれば被保全権利が消滅し、仮処分申請自体が無意味なものとなるからである。

## 6　会社仮処分の現代的問題点

### (1)　株券不発行会社と仮処分

　旧商法は株券の発行を原則としていたから（旧商226条1項本文）、議決権行使に関する仮処分、株券に関する仮処分等は株券の発行を前提として議論されてきた。ところが、会社法は株券の不発行を原則とし、定款に定めることにより株券を発行できるとしたことから（会社214条）、株券の不発行会社（大多数の会社は株券の不発行会社）と株券の発行会社に分けて仮処分を検討しなければならなくなった。さらに、株券の不発行会社については、振替株式採用会社が存在する。

　各会社は、株式の譲渡方法、株式取得の効力要件、名義書換手続が異なり、それに応じて仮処分の内容と手続が異なることになる。また、振替株式（振替株券）は、提訴権について株主名簿の記載を基準とし得ないから、仮処分の申請資格者も株主名簿の記載によらない。このように、会社法の下では、議決権

94

行使に関する仮処分、株券に関する仮処分等は従前より複雑なものとなった。

### (2) 平成26年改正会社法による差止請求規定の新設

旧商法と会社法は株主の利益保護のために、募集株式の発行差止め、取締役の違法行為の差止めを認めていたが、差止めの手続は、民事保全法上の仮の地位を定める仮処分によってなされてきた。ところが、キャッシュアウト（排除）される株主の利益保護のための差止めを認める必要から、平成26年改正会社法は新たに差止請求権を認めた。それは現代型の差止請求権であり、差止仮処分によりなされることになる。

#### (ア) 組織再編の統一規定と差止仮処分

会社法は組織再編（合併・分割・株式交換）について、吸収合併、吸収分割、株式交換を吸収合併等（会社782条1項）として、新設合併、新設分割、株式移転を新設合併等（同法803条1項）とする統一規定を設け、組織再編無効の訴えを定めていた（同法828条1項7号～12号）。差止めに関する規定はなかったが、仮の地位を定める仮処分として差止仮処分は可能であると解されていた。

平成26年改正会社法は、組織再編により不利益を受ける株主の事前救済措置として組織再編の差止めを認め、吸収合併等の差止請求権（会社784条の2、796条の2）、新設合併等の差止請求権（同法805条の2）を設けた。これにより、当事会社の株主は、組織再編が法令・定款に違反し、不利益を受けるおそれのあるときは差止請求することができるが（簡易組織再編の場合は差止請求権が認められない）、差止請求は実際上仮処分によって行われる。

#### (イ) 平成26年改正会社法が認めたその他の差止請求

キャッシュアウト（排除）される株主の利益保護を図ることが現代の重要課題であるが、平成26年改正会社法は事前的救済措置として次のような差止請求権を認めた。これらの差止請求権は差止仮処分申請としてなされる。

##### (A) 全部取得条項付種類株式の取得差止請求

全部取得条項付種類株式の取得が、法令・定款に違反し、株主が不利益を受けるおそれがあるときは、株主は株式会社に対し取得をやめることを請求することができる（会社171条の3）。違法な全部取得条項付種類株式の取得によりキャッシュアウトされる株主の利益保護のためである。

##### (B) 株式併合の差止請求

第2章 会社仮処分の基礎

法令・定款違反の株式併合により、株主が不利益を受けるおそれがあるとき
は、株主は株式会社に対し株式併合をやめることを請求することができる（会
社182条の3）。

株式併合により保有株式数が少なくなること自体は、株主が不利益を受ける
おそれがある場合にあたらないが、キャッシュアウトの手段として、極めて多
数の株式を1株に併合して（たとえば、5000株を1株に併合する）、1株未満の
端数株をつくり出すような場合には、差止請求ができる。

(C) 売渡株主による売渡請求に係る株式等の差止請求

平成26年改正会社法は特別支配株主（総株主の議決権の10分の9以上を有する
株主）による株式等（株式・新株予約権）の売渡請求を認めた（会社179条1項）。
この売渡請求が法令に違反する場合等により、売渡株主が不利益を受けるおそ
れがあるときは、特別支配株主に対し売渡株式等の全部の取得をやめることを
請求することを認め（会社179条の7）、売渡株主の利益保護を図っている。

*96*

# 第3章　法人格否認をめぐる訴訟

## 1　法人格否認の法理の概要

　法人格否認の法理は、実定法に明文の根拠を有するものでなく、判例により認知され、確立されたものであり、適用の要件と効果も判例により形成されている。この法理はアメリカにおいて判例法上形成されたものであるが、法人格否認の法理（disregard of corporate personality, piercing corporate veil）とは、会社の法人格そのものを否定するのではなく、特定の事案について会社の法衣（veil）をはく奪しその実体に迫るものである。公正・合理的な解決をするために、実体に即して法人格がないものとする取扱いをして、背後者（個人または会社）の責任を追及することを認めるための法理論である。債権者が背後者に請求をすることができず公正でない場合に、この法理によって対処することを目的とする。実定法上、権利濫用・信義則違反などにより根拠づけがなされる。

　判例は、法人格が全くの形骸にすぎない場合（形骸型）、または法人格が法律の適用を回避するために濫用されている場合（濫用型）に、法人格否認の法理の適用を認めている（最判昭和44・2・27民集23巻2号511頁）。この法理は、形骸型、濫用型いずれの場合でも、各主体について経済的および法律的同一性、支配の同一性が要求され、会社別人格という法律論によることが適正でない場合に適用される。

　この法理の適用により、債権者は会社名義の取引を個人または他の会社の行為と認め、あるいは個人名義の取引を会社の行為として、いずれに対しても責任追及をすることが可能となる。もとより、この法理の適用により1個の法主体と認められるのではなく、A（当事者）とB（背後者）は別個の法主体であり、訴訟手続上も別異の当事者として取り扱われる。

　債務者Aの法人格を否認し、背後者Bの責任を認めるということは、Bが責任を負いAは責任を免れるということではない。AとBは、債権者Xに対し同一内容の債務（責任）を負うことになり、それは不真正連帯債務の関係にあると解され、XはAとBのいずれに対しても全額の支払いを請求すること

第3章　法人格否認をめぐる訴訟

ができる。しかし、XはAに対する債務名義（確定の勝訴判決）により、Bに対して強制執行をすることができるかについては難しい問題であり、これは執行力の拡張を認めるか否かに関係する。

　法人格否認の法理は、取引の相手方・債権者を保護することを目的とするから、法人格を否認される側が自らのために適用を主張することは許されない（東京高判昭和51・4・28判時826号44頁）。この法理の適用を主張する者が、形式的な別法人格により権利行使が妨げられていること、法人格の形骸化または濫用されている事実（法人格否認の法理の適用要件の存在）について主張・立証責任を負い、これに対し、相手方が適用要件の存在を争うことになる。

　法人格否認の法理は会社法に規定があるものではなく、適用要件は解釈に委ねられ、しかも、この法理が適用されるか否かは法的評価の問題である。また、個別具体的に判断せざるを得ないからこれを立法化することは難しく、判例の示した適用基準にあてはめていくことになる。

　この法理は会社法人格の独立性の原則に対する例外的措置であるから、ほかに相当な救済手段がある場合については利用すべきでないため、その適用範囲には限界がある。特に、形骸型の場合は適用要件を厳格に解し、個人と会社の実質的同一性が認められる場合に限られるであろう。

## 2　法人格否認の法理と実体法上の要件

### (1)　法人格否認の法理の類型と適用要件

　法人格否認の法理が適用される2類型のうち、形骸型の場合は、法人格が形骸化し、会社と個人、会社と別の会社が実質的に同一と認められる場合であり、個人財産と会社財産が分離していない、経営の主体が同じと認められるような場合である。濫用型は、会社法人格を法が認めた目的以外に悪用する場合である。債務の履行を免れるために実質的に同一の会社を設立するような場合がその典型である。濫用の認定基準として、違法または不当目的の存在（目的要件）と支配の継続（支配要件）があげられている。

### (2)　形骸型の法人格否認の法理

#### (ア)　形骸化の解釈

　株式会社がいわば藁人形にすぎず、法人格が全くの形骸であり、株式会社の

実質が個人企業と認められる場合には、取引の相手方は会社名義でなされた取引について、これを背後者たる個人の行為としてその責任を追及することができる。また、個人名義でなされた行為を会社の行為と認めることもできる。賃貸人AがBの個人企業であるC会社に店舗を貸している場合に、AとBとの間で右店舗を明け渡すとの裁判上の和解が成立したときは、和解はB名義でなされたにせよ、それはC会社の行為であると解しうるから、C会社はAに対し右店舗を明け渡す義務を負う（最判昭和44・2・27民集23巻2号511頁）。

　形骸化の解釈は、多くの個人企業が法人成りしているわが国の零細企業の実態に照らせば、法人格の形骸化の認定は容易ではない。形骸化の認定基準を緩くすると、多くの会社において法人格否認の法理が適用されることになるから、形骸化の判断は株式会社がいわば藁人形にすぎないような場合に限られることになろう。

　形骸型の法人格否認の法理は、元来、取引上（契約上）の債権者の保護を目的とする。公平な損害賠償という観点から不法行為による損害賠償請求にも及ぼすべきであるが（東京地判平成13・9・28判タ1140号227頁）、法人格否認の認定それ自体は緩やかにすべきでない。

　(イ)　経営者の交代と法人格の否認

　経営者の交代と法人格の否認の関係として、Aが経営の実権を握り、役員や従業員がAとその家族、知人で占められている小規模な有限会社が賃借人である場合に、右有限会社に活動の実体がなく、その法人格が形骸化しているような場合を除けば、持分の譲渡および役員の交替により実質的な経営者が交代しても、賃借権の譲渡（民612条）にあたらないとする判例がある（最判平成8・10・14民集50巻9号2431頁）。

　賃借人が有限会社であり、法人格否認の法理が適用されるような形骸化もみられない場合、持分の譲渡および役員の交代により実質的な経営者の交代があったとしても、有限会社としての法人格の同一性は保たれているから、賃借権の無断譲渡とみるべきでない。それは、賃貸借が賃貸人と会社代表者Aとの信頼関係に基づくものであっても、賃借人は有限会社でありAではないから、同様に考えるべきである。

第3章　法人格否認をめぐる訴訟

　(ウ)　親子会社における法人格否認の法理の適用

　親子会社における法人格否認の法理の適用が問題となる場合として、子会社の従業員が法人格の否認を主張して、親会社に対し賃金や退職金の支払請求、労働契約上の地位の存在を主張する場合がある。つまり、法人格否認の法理により親会社を労働契約上の使用者の地位にあると扱えるかという問題がある。

　親子会社間の法人格否認の法理の適用要件の認定は、子会社の独立性が弱く、子会社を親会社の事業部門の一つといえるほどに形骸化現象が認められるかによる。具体的には、親会社が子会社の経営を支配し、子会社の事業活動を現実的に管理支配しているか、財産と会計処理が混同しているかなどを総合して判断されることになる。

　裁判例として、親会社が子会社の業務と財産を一般的に支配するに足りる株式を有し、企業活動の面において子会社を現実的統一的に管理支配している場合には、従属的労働関係にある子会社の従業員のような労働債権者に対する賃金債務関係は、重畳的に親会社が引き受けている法律関係にあるとするもの（仙台地判昭和45・3・26判時588号38頁）、親会社が子会社の株式の全部または大部分を保有し、設立以来その主要役員等を兼任させ、子会社の従業員は親会社が一括採用して子会社に振り分け、子会社の経営に関してほぼ全面的に支配し、企業グループとして強い一体性を有するが、他方、子会社は独自の組織・財産を有し、独自の事業活動を営み、親子会社間で経理や会計処理において混同が認められないときは、法人格が形骸しているとはいえないとするもの（京都地判平成5・11・26判時1476号3頁）がある。

　一般に法人格の形骸化が認められるのは、個人と会社を同一視できる小規模な会社の場合であるが、親会社の労働契約上の地位が問題になるのは、親会社が子会社を通じて事業を展開する場合であり、ある程度の規模の会社であることが想定される。そうすれば、子会社が独自の組織・財産を有し、独自の事業活動を営み、親子会社間で経理や会計処理において単体として独立している場合は、法人格の形骸化にあたらないとする一般的基準は、従業員の労働契約上の地位に関する事例においては、労働者の救済の観点からは適切とはいえないであろう。

　なお、親子会社間で法人格の形骸化が認定される場合でも、子会社の従業員

*100*

が親会社に対し、労働契約上の地位の存在を主張することは難しいであろう。

### (3) 濫用型の法人格否認の法理

#### (ｱ) 濫用型法人格否認の法理の適用要件

濫用型の法人格否認の法理の適用が問題になるのは、会社法人格が濫用されていると認められる場合である。その多くは、中小規模の会社が債権者の責任追及を免れるために、新会社を設立し、会社財産を新会社に移転するという場合である。この場合、債権者は新会社（別会社）に対し請求し、その財産に対して強制執行をすることはできないから、会社の設立または財産移転行為を詐害行為として取り消し、当該会社が有する新会社の株式を差し押さえるという迂遠な方法によらなければならない。新会社の株式を差し押さえる場合でも換価することは容易ではない。

そこで、かかる場合に適切な対応をするために法人格否認の法理によることが必要となる。一方で、この法理によっても、判決の効力を新会社（別会社）に及ぼし、強制執行できるのかという判決効の拡張の問題がある。

濫用型における法人格否認の法理の適用要件は、①新旧両会社（別会社を設立した場合）または個人と会社の実質的同一性（個人企業を会社組織にした場合）、②違法・不当目的のための別法人格の利用（不当目的の要件）、③実質的に同一人による会社支配の継続が認められる場合（支配の要件）である。

①実質的同一性の要件における実質的同一性とは、新旧両会社または個人と会社の事業目的、会社財産、従業員、商号と事業所の同一性などの客観的要件を総合して判断することになる。

②不当目的の要件として不当目的の存在が必要であるが、それは、契約上の債務の免脱目的、強制執行の回避という債権者詐害目的で新会社を設立し、会社の資産や事業を新会社に移す場合が多いが、競業避止義務の回避、濫用的事業譲渡、労使関係における親会社の優越的地位の濫用、濫用的新設分割もこの類型に含まれる。

③支配の同一性の要件における経営支配権が継続しているか否かの判断基準は、株主構成と経営者についてすることになる。株主構成、主要株主が同じでなくても、新たな出資者が近親者であり、実質的には変わらない場合がある。また、近親者や経営者に近い者が新会社の経営陣に加わっても、単に名目的な

第3章　法人格否認をめぐる訴訟

ものであり、経営支配権に変更がない場合がある。要は、新会社の経営が旧会社の経営者によってなされているか、経営の実権が継続しているか否かにより判断すべきである。

　㈦　濫用型の法人格否認に関する判例

　濫用型の法人格否認を認める判例に、「形式的には新会社の設立登記がなされていても、新旧両会社の実質は前後同一であり、新会社の設立は旧会社の債務の免脱を目的としてなされた会社制度の濫用であつて、このような場合、会社は右取引の相手方に対し、信義則上、新旧両会社が別人格であることを主張でき」ない、としたうえで、取引の相手方からの債務履行請求の手続を誤らせ、時間と費用を浪費させる手段として、旧会社の営業財産をそのまま流用し、その商号、代表取締役、営業目的、従業員などが旧会社と全く同一の新会社を設立した場合は、新会社の設立は旧会社の債務の免脱を目的とする会社制度の濫用であり、会社は信義則上、新旧両会社が別人格であることを主張できないから、相手方は新旧両会社のいずれに対しても責任を追及することができる、としたものがある（最判昭和48・10・26民集27巻9号1240頁）。

　また、経営困難な状態にあったA（旧会社）が、債務の履行を免れる意図の下に、代表取締役の義兄Cの出資によりB（新会社）を設立し、BはAから営業設備一切および飼育中の豚を無償で譲り受け、従業員も引き継ぎ同一事業（養豚業）を行い、その後、Bの代表取締役にCが加わったが、BはAの役員であった者により経営されていた場合において、Xは、Aに対する債務名義（確定判決）によりBに対し強制執行をするために執行文付与の訴えを提起した事案がある。判旨は、Bの設立はAの債務の支払いを免れる意図の下になされたのであるから、債権者は法人格否認の法理によりAに対する請求をB新会社に対してすることができるとしたうえで、判決効（既判力および執行力）の範囲をBにまで拡張することは許されないとした（最判昭和53・9・14判時906号88頁）。

　このように、判例は、形式的には新会社の設立があっても、法人格が濫用され、新旧両会社の実質は同一である場合は、実体法上、法人格否認の法理により債権者は新旧両会社に対し債務の履行を請求できるとする。

*102*

（ウ）　濫用的会社分割が問題になるその他の事例

その他、濫用型事案において法人格否認の法理の適用が問題になるのは、次のような場合である。

競業避止義務を負う者が、会社を利用して義務の回避を図る場合は法人格否認の法理が適用されるが、反対に、競業避止義務を負う会社が、法律上の義務を回避する目的で株主を利用して競業行為を行う場合についても法人格否認の法理が適用される（名古屋高判昭和47・2・10高民集25巻1号48頁）。

経営を支配している親会社は、子会社が形骸化している場合は、子会社従業員に対する未払賃金の支払義務を負う（東京地判平成13・7・25労判813号15頁）、親会社が不当目的で子会社に対し解散を指示した場合、親会社は子会社従業員に対し損害賠償責任を負うが、雇用責任を負うかは問題のあるところであるが、積極的に解する裁判例がある（大阪高判平成19・10・26労判975号50頁）。

平成12年改正商法により会社分割が認められ、従来の新会社の設立と財産移転行為を要することなく会社財産の移転が可能となったことから、これを利用した債権者詐害目的の法人格の濫用が多発した。このような濫用的会社分割に対し裁判例の多くや判例（最判平成24・10・12金判1417号16頁）は、詐害行為取消権（民424条）により対処しているが、不当目的による会社分割制度の利用であり、設立会社は、信義則上、分割会社と別法人であるとして責任を免れることができないとして、法人格否認の法理の適用を認めた裁判例がある（福岡地判平成23・2・17金判1364号31頁）。

しかし、詐害的会社分割については、会社分割の濫用による分割会社の債権者の保護のために、平成26年改正会社法が分割会社の残存債権者の吸収分割承継会社に対する履行請求を認めたことから（会社759条4項）、詐害行為取消権や法人格否認の法理の適用をもち出す必要がなくなった。

# 3　法人格否認の法理と訴訟上の問題

## (1)　法人格否認の法理と訴訟当事者

法人格否認の法理の適用により、債権者Xに対し、債務者Aと背後者Bは同一の給付義務を負うことになるが、AとBは実体法上単一体ではなく別個の法主体であり、訴訟手続上も独立した訴訟当事者である。そこで、XがA

第3章　法人格否認をめぐる訴訟

とBに対し強制執行をするためには、誰を被告として提訴するかという当事
者に関する問題がある。

　Aを被告としたのでは目的を達し得ないから（Aに支払い能力がない等）、法
人格否認の法理を主張してBの責任を追及するのであるが、AとBのいずれ
を被告とするかの問題であるとともに、どの段階で法人格否認の法理の適用を
主張するかに関係する。

　　㈦　AとBを被告として提訴する場合

　提訴段階で、法人格否認の法理の適用を主張すべき事案であることがわかっ
ている場合は、AとBを共同被告として提訴する。原告は法人格否認の法理
が適用されれば、AとBに勝訴することになる。AとBに対する判決は、合
一的確定を要するので類似必要的共同訴訟となる。AとBに対する勝訴判決
により、原告はAに対してもBに対しても強制執行をすることができる。

　　㈧　Aを被告とする訴訟にBを被告として追加する場合

　Aを被告とする訴訟の係属中に、法人格否認の法理の適用を主張してBを
被告としなければ目的を達することができないことが判明した場合は、主観的
追加的併合によりBを被告に追加する必要がある。Bに対する請求はAに対
する請求と同一であり、AとBは類似必要的共同訴訟人（共同被告）となる。

　主観的追加的併合に関して、判例は、従来の訴訟状態を当然に利用できるか
について問題があり、訴訟を複雑化する弊害が予想され、追加的併合の時期に
よっては訴訟の遅延の原因となるとして、新訴の提起と弁論の併合によるべき
であるとして、主観的追加的併合に消極的なものがある（最判昭和62・7・17民
集41巻5号1402頁）。

　判例の事案のように従来の被告と新被告が別人であり、訴訟物も異なる場合
については、新被告に対し別訴を提起し弁論の併合を申し立てることになる
（民訴152条1項）。しかし、Aを被告とする訴訟の係属中に、法人格否認の法理
の適用を主張してBを被告に追加する場合（主観的追加的併合は、新訴の提起の
一類型であるから、訴えの提起という方式をとる）、Bは背後者であって実質上は
当事者であるから第三者とみるべきではなく、また、訴訟物も同一であり、A
とBは共同被告となる関係にあり判決も合一的確定となる。別訴の提起に比
べ訴訟の長期化・複雑化も生じない。そこで、原告はBに対して新たに提訴

**104**

して、係属中の A に対する訴えとの併合を求めるという方法によらず、端的に主観的追加的併合によることができると解される。

(ウ) B を被告として提訴する場合

A を被告として提訴し、勝訴しても目的を達せられないことが明らかな場合は、法人格否認の法理の適用を主張して B を被告として提訴する。この場合、法人格の否認が認められれば原告は勝訴するから、確定判決により B に対し強制執行をすることができる。

訴状の当事者（被告）として A と表示されているが、請求原因で法人格を否認し、B の責任を追及する旨の記載がなされている場合は、B を被告とする趣旨に理解することができ、あるいは A のほかに B も被告とする趣旨に理解することができる。そこで、B の責任を追及する訴訟なのか、A と B を共同被告とする訴訟なのかを明確にして審理し判決する必要がある。

そこで、裁判所はこれを明確にするために釈明権を行使すべきであるが（民訴149条1項）、原告の主張と立証に即し判決釈明（判決による釈明）により B を被告とすることも許されよう。

(エ) 最後まで A を被告とした場合

A を被告として提訴し、法人格否認の法理を主張して B の責任も追及したが、B を被告としなかった場合は、判決理由中で B の責任が認められても、B は訴訟の当事者でないから、A に対し給付を命ずる判決がなされることになり、B に対する判決ではない。そこで、一方に対する判決の効力が法人格の否認により他方に及ぶかという判決効拡張の問題が生ずる。

## (2) 法人格否認の法理の適用と判決効

法人格否認の法理が適用される場合、債権者 X が債務者 A と背後者 B（会社または個人）の双方を被告として同一債務の履行を請求した場合は、勝訴判決に基づき A と B に対し強制執行することができる。一方で、A（法人格を否認される者）のみを被告とした勝訴判決の場合には、既判力と執行力が B に及ぶかという判決効の拡張の問題が生ずる。

既判力の拡張を認めれば、B は自己を被告とする後訴において、A に対する前訴判決の既判力に反する主張をすることができないことになる。これに対し、執行力の拡張を認めれば、X は A に対する勝訴判決（債務名義）により、B に

第3章　法人格否認をめぐる訴訟

対し強制執行をすることができることになるが（承継執行文を必要とする）、Bの不利益は直接的なものとなる。そこで、判決効の拡張特に執行力の拡張を認めるか否かは、訴訟の当事者とされていないBが独自の訴訟手続上の利益を有するのか、Bに対し手続上の保障をする必要があるのかという観点から検討する必要がある。

　執行力の拡張に関し、Xは、旧会社Aに対する損害賠償請求訴訟において、法人格の濫用を理由とする法人格否認の法理の適用により、新会社Bの責任を認める勝訴判決（判決主文は、Aに対し支払いを命ずる判決であり、Bに対し支払いを命ずるものではない）を得たので、Aに対する勝訴判決（判決確定）の執行力は、法人格否認の法理によりBに及ぶとして、Bを被告として、執行文付与の訴えを提起した事例がある。

　原審は、A・B両会社は実質的に同一の法人格であるから、Aに対する判決の執行力はBに及ぶとして執行文の付与を認め、両会社の法人格が同一であるかどうかは、執行文付与の訴えにおいて判断するのが相当であるとした（大阪高判昭和50・3・28判時781号101頁）。

　これに対し、最高裁判所は、法人格否認の法理が認められる場合でも、権利関係の公権的な確定およびその迅速確実な実現を図るために手続の明確、安定を重んずる訴訟手続ないし強制執行手続においては、その手続の性格上Aに対する判決効（既判力および執行力）の範囲をBにまで拡張することは許されないとして、破棄差戻しをした（最判昭和53・9・14判時906号88頁、同旨最判昭和44・2・27民集23巻2号511頁）。結論としてBに対して強制執行をするためには、あらためてBに対する債務名義を得る必要があることになる。

　判例は、既判力および執行力の範囲の拡張をすることはできないとして判決効の拡張を明確に否定している。そこで、法人格否認の法理が適用されるのは、実体的な責任の帰属に限られることになる。この点、最高裁調査官解説において、判決効の拡張を認めなければ、法人格を否認する目的を十分に達成し得ないが、訴訟手続および強制執行手続には、制定法主義を基調とする手続の形式性と明確性が存在するからやむを得ないことであり、単に形式上の別人格が実質的に独立性を欠くという理由だけで、判決の効力を拡張することは許されない、実体的な同一性を直ちに訴訟法に反映させ、形式上存在する法人格を訴訟

*106*

手続の分野でも無視することは行き過ぎであるとされている。[1]

　執行力の拡張を認めないのであれば、原判決を破棄し、執行文付与の請求を棄却すべきであるが、前掲最判昭和53・9・14はそれをすることなく破棄差戻しをしている。これによりXは控訴審でBに対する執行文付与請求を、通常の給付請求に変更し、法人格否認の法理の適用を主張して勝訴し、新会社に対する債務名義を得ることが可能となるから、それを示唆するものといえよう。

　形式的当事者主義によれば（民訴115条1項、民執23条1項）、判例の立場は避けがたい帰結であるが、これでは、Aを被告とする訴訟において、法人格否認の法理によりBの責任が認められても、Aに対する勝訴判決によりBに対して強制執行をすることができず、あらためてBを被告として訴えを提起して、その勝訴判決を債務名義として強制執行をすることが必要となる。法人格否認の法理を認めた意味が半減することになる。

### (3)　判決効拡張の必要性

　判例の立場に対して、学説の多くは制定法主義による手続の形式性と明確性を理由に、判決効の拡張を認めないのは不十分であり、拡張が許されるかは事案に応じて判断すべきあり、それぞれの類型の要件を明確にすべきであるとする。実体法上法人格が否認される実質的理由はさまざまであり、実体法上法人格の否認が可能なケースにつき、訴訟法上も判決効の拡張を認めてよいか否かについてさまざまな場合がありうるから、それに即した判決効の拡張を認めるべきであり、判例のように一律に拡張を否定すべきでないとしている。[2]

　判決効の拡張は背後者の手続保障の必要性が関係するが、形骸型の場合は、AとBは実質的には同一であると認められるから、Bは独自の利益を有さず、訴訟は同一人により追行されているとみられ、Bに対する独自の手続保障を必要としない。そこで、Aに対する判決効をBに及ぼすことが可能である。その理由づけとして、Bは判決の効力の及ぶ当事者ではないが（民訴115条1項1号、民執23条1項1号）、債務名義に表示された当事者が他人のために当事者と

---

1　野田宏「判解」最判解民〔昭和44年度〕436頁以下、同旨奥山恒朗「いわゆる法人格否認の法理と実際」鈴木忠一＝三ヶ月章監修『実務民事訴訟法講座(5)』167頁。

2　福永有利「民事訴訟当事者論」470～471頁、中野貞一郎＝松浦馨＝鈴木正裕編『新民事訴訟法講義〔第2版補訂2版〕』500頁、江頭・株式会社法48頁、江頭憲治郎『会社法人格否認の法理』421頁。

第 3 章　法人格否認をめぐる訴訟

なった場合の他人（民訴115条 1 項 2 号、民執23条 1 項 2 号）にあたるとしている[3]。

　濫用型の場合は、詐害行為的に新会社 B が設立された場合であっても、B は濫用主体 A とは別個の主体である。そこで、A と関係のない株主や債権者が存在する場合には、その利益を考慮して判決効の拡張を認めるか否かを決するべきである。

### (4)　執行力の拡張と承継執行文

　法人格否認の法理の適用により執行力の拡張を認めれば、X は A に対する債務名義により B に対し強制執行をすることができるが、B は債務名義に表示された当事者ではないから、強制執行のためには承継執行文を必要とする。承継執行文を受けるためには、執行文付与機関に対し債務名義の執行力が B に及ぶことを証する文書（法人格否認の法理の適用要件を満たすことを証する文書）を提出しなければならない（民執27条 2 項、民執規17条 2 項）がこれは困難である。そこで、X は B を被告として執行文付与の訴えを提起し、その勝訴判決に基づき執行文の付与を受けることになる（民執33条 1 項）。

　執行力の拡張を認めても、X は B に対して執行文付与の訴え（通常の訴訟手続）を提起し、法人格否認の法理が適用されるとして執行文の付与を受けなければならない。そうすれば、執行手続の明確性や安定性を害することにならないし、B は法人格否認の法理の適用を争うことができるから、手続保障や実質的判断の要件を満たすことになる[4]。

　なお、既判力は訴訟物に対する判断（判決主文）との関係で生ずるから、前訴（給付訴訟）に対する判決の既判力は、執行文付与の訴え（訴訟物は執行文の付与請求）に及ばないから、B が執行文付与の訴えにおいて法人格否認の法理の適用を争うことは前訴の既判力に抵触しない。

### (5)　法人格否認の法理と第三者異議の訴え

　第三者異議の訴え（民執38条 1 項）は、X（執行債権者）が Y（執行債務者）の財産について強制執行を開始した場合に、第三者 Z が原告となり、X を被告として目的物が自己の所有に属するのに、X の強制執行により目的物に関する自己の権利が不当に侵害されると主張して、強制執行の不許を求める訴訟

---

3　中野貞一郎『民事執行法〔増補新訂第 6 版〕』133頁。
4　笠井正俊「第三者異議の訴えの原告についての法人格否認の法理の適用」リマークス33号157頁。

である。

　第三者異議の訴えと法人格否認の法理の適用は、背後者に対して判決効が及ぶか否かという訴訟上の問題ではなく、Z（原告）が目的財産について権利を有する第三者であるか否か、目的物が強制執行の対象となる責任財産であるか否かという実体法上の問題である。

　第三者異議の訴えについて法人格否認の法理の適用を認めた判例も、この訴えは、債務名義の執行力が原告に及ばないことを異議事由とするのではなく、執行債務者に対して開始された強制執行の目的物について、原告が所有権その他目的物の譲渡または引渡しを妨げる権利を有するなどを異議事由として、強制執行の排除を求めるものであるとしている（最判平成17・7・15民集59巻6号1742頁）。

　これは、Zが目的物に関する権利を有するとして提訴した場合に、X（被告）が法人格否認の法理の適用を主張して、Zは目的物に対して権利を有する第三者にあたらないから、執行債務者と別人格であるとして強制執行を免れることはできないとするものである。したがって、Xが第三者異議の訴えにおいて法人格否認の法理の適用を主張するのは、Zの第三者性を否定する抗弁の性質を有する。

# 第4章　会社の設立をめぐる訴訟

## 1　会社設立に関する発起人等の責任

### (1)　発起人等の現物出資等の不足額の支払責任

　会社の成立時における現物出資財産等の価額が、当該現物出資財産等について定款に記載等された価額に著しく不足するときは、発起人等（発起人・設立時取締役）は、会社に対して、連帯して、不足額を支払う義務を負う（会社52条1項）。

　この発起人等の価格填補責任について、旧商法は会社財産を確保するための法定責任であることから無過失責任としていたが（旧商192条ノ2）、会社法は、過失責任として発起人等（現物出資をした発起人または財産引受けの対象財産の譲渡人たる発起人を除く）は、次の場合には責任を負わないとしている。

　第1は、現物出資財産の価額と出資者に割り当てる株式数、財産引受けの対象財産とその価額等について裁判所の選任した検査役の調査を経た場合、現物出資財産の総額が500万円を超えない場合、価額が相当であるとする弁護士等の証明を受けた場合である（会社52条2項1号、33条10項）。これらの場合は、現物出資財産の価額等が適正なものと認められるから、発起人等がそれを信用することに過失はないとして価格填補責任を負わないのである。

　第2は、発起人等がその職務を行うについて注意を怠らなかったことを証明した場合である（会社52条2項2号）。これは、発起人等の価格填補責任を過失責任としたうえで、発起人等が無過失を立証した場合は、責任を免れるとするものであり、過失の立証責任を転換したものとされている。

　募集株式の発行の場合についても、取締役等（取締役・執行役）は価格填補責任を負うが、設立の場合と同様に免責規定が設けられている（会社213条2項・3項、212条1項2号）。そして、これら発起人等または取締役等の価格填補責任は、株主代表訴訟の対象となる（同法847条1項）。

## (2) 発起人等の任務懈怠責任

### (ア) 発起人等の任務懈怠責任

発起人等（発起人・設立時取締役・設立時監査役）は、会社の設立について、任務を怠ったときは、会社に対して、これによって生じた損害を賠償する責任を負う（会社53条1項）。

発起人は、設立中の会社の機関として、設立中の会社に対し善管注意義務を負うから、それに違反した場合は、設立中の会社、すなわち、成立後の会社に対して任務懈怠責任を負う[1]。

設立時取締役は、会社の設立に関する職務を行うから、その任務を怠り会社に損害を与えたときは損害賠償責任を負う。設立時監査役については、設立に関する監督機関であるから、監督義務を怠って会社に損害を与えたときは、任務懈怠による損害賠償責任を負わなければならない。

発起人等のこれらの責任は、任務懈怠による過失責任であるから、故意または過失がなければ責任を負わない。発起人等の責任追及は、会社による責任追及訴訟または株主代表訴訟によりなされる。この場合、原告は、発起人等の行為（任務懈怠）により、会社に損害が発生したこと、発起人等の行為と損害発生との因果関係について主張・立証をしなければならない。これに対し、被告発起人等において、故意または過失のないことを主張・立証しなければならない。

### (イ) 発起人等の第三者に対する責任

発起人等が、その職務を行うについて、悪意または重大な過失があったときは、発起人等は、これによって第三者に生じた損害を賠償する責任を負う（会社53条2項）。

発起人等の、設立中の会社または会社に対する任務懈怠につき、悪意または重大な過失があったときは、それと相当因果関係にある第三者について生じた損害についても、賠償責任を課すのであり、会社成立後の取締役等の第三者に対する責任と同趣旨である。

ここにいう第三者とは、会社以外の第三者をいうのであるから株主も含まれ

---

1 この間の法律関係は、設立中の会社と成立後の会社は、法人格の有無を除けば、実質的に同一であり、設立中の会社の権利義務は、会社の成立により当然に成立後の会社に移行すると説明される。

第4章　会社の設立をめぐる訴訟

る。第三者の損害は、間接損害（会社が損害を被った結果、第三者が損害を被った場合）と直接損害（会社の損害の有無を問わず、発起人等の行為により第三者が直接損害を被った場合）を含むのであるが、設立責任の性質上、直接損害の場合のほうが多いと考えられる。

第三者に生じた損害とは、たとえば、払込未済の株式があるのに、発起人が悪意または重過失で会社を設立させ、無効となった場合に生ずる会社債権者の損害、目論見書や設立時募集株式の申込みをしようとする者に対する通知の内容に虚偽があることを知らずに、株式の申込みをした設立時株主の損害である[2]。

立証責任であるが、原告（第三者）において、発起人等の任務懈怠行為により、会社に損害が生じ、その結果原告に損害が生じた、あるいは、直接、原告に損害が生じた事実と、発起人等の任務懈怠行為と損害の発生の間の因果関係の存在について、主張・立証責任を負う。

会社に対する任務懈怠について、悪意または重過失が要求されるが、会社に対する責任でなく、対第三者責任であるから、原告において、発起人等の会社に対する任務懈怠について悪意または重過失があること、および因果関係の存在を立証すべきであり、発起人等において、悪意または重過失がないことを立証する必要はない。

(ウ)　発起人等の連帯責任

発起人等が、会社または第三者に対して損害賠償責任を負う場合において、他の発起人等も損害賠償責任を負うときは、全員が連帯債務者となる（会社54条）。

連帯債務としたのは、会社または第三者がより確実に損害賠償を得ることができるようにするためであるが、連帯の性質は、不真正連帯とみるべきであろう。

発起人等間において、負担部分が考えられるから、賠償責任を果たした場合は、自己の負担部分を超えた分について、他の発起人等に対し求償することができる。

---

2　江頭・株式会社法113〜114頁。

⑶　**発起人等の賠償責任の免除**

　発起人等の不足額の支払責任、任務懈怠による会社に対する損害賠償責任は、総株主の同意がなければ免除することができない（会社55条）。

　責任免除について、総株主の同意を要求するのは、取締役の責任免除の場合と同様に、当該責任は株主代表訴訟の対象となるから（会社847条1項）、株主の代表訴訟提起権を確保するためであるが、不足額の支払責任については、会社資本の充実の要請から、特に厳格なものとしたとも考えられる。

## 2　会社の不成立の場合の発起人の責任

### ⑴　会社の不成立の法的意味

　会社は、本店所在地において設立の登記をすることによって成立する（会社49条）。会社の設立手続は定款の作成に始まり、次第に実体が形成され、設立中の会社として存在するに至るが、それが設立登記により法人格を取得することにより会社として成立に至るのであり、設立登記には創設的効力が認められる。

　これに対し、発起人による定款の作成後、設立時発行株式の全額について払込みがないとか、創立総会で設立廃止を決議するなどにより、設立登記に至らない場合が会社不成立であるが、それは実質的には、設立中の会社の解散を意味する。

### ⑵　会社不成立の場合の責任

#### ㈠　責任を有する者

　会社が不成立に終わった場合、すでに払い込まれた払込金の返還、設立手続として支出した費用の負担、負担した債務の弁済等の後始末を必要とするが、会社法は、過失の有無を問わず発起人に全責任を負わせるという方法で処理することにしている。

　すなわち、会社が成立しなかったときは、発起人は、連帯して設立に関してした行為についてその責任を負い、設立に関して支出した費用を負担する（会社56条）。

　設立に関してした行為とは、会社の設立を直接の目的とする行為であるが、責任は無過失責任である。それゆえ、発起人は、連帯して、設立時募集株式の

第4章　会社の設立をめぐる訴訟

引受人に対する払込金の返還につき責任を負う。

　　　(イ)　払込金の返還

　払込金は、払込取扱金融機関に払い込まれていることから、そこから払込金を取り戻す必要がある。この場合、実務の取扱いとして、払込取扱金融機関は、発起人から、会社の不成立を理由とする払込金返還依頼を受けると、株式引受人全員から会社不成立に関する同意書を提出させたうえで、発起人に交付するという方法のようであるが、発起人に交付することは疑問であり、直接に引受人に返還すべきであるとの指摘がなされている。[4]発起人には返還請求権がないからであろう。

　　　(ウ)　財産引受け

　財産引受け（会社28条2号）は、設立に関してした行為であるが、会社の成立を条件として、特定の財産を譲り受ける契約であり、会社が不成立に終わった場合は当該契約の効力は失われるから、発起人は責任を負わないと解される。もっとも、財産引受けによる財産の譲受けを回避するために、会社を不成立にした場合は、発起人は財産譲渡人に対し不法行為として損害賠償責任を免れない場合も考えられる。

　　　(エ)　定款に会社の負担する費用と規定した費用

　設立に関して支出した費用を発起人が負担することから、公証人に支払った定款の認証手数料、交通費、事務費等の会社の設立に関して支出した費用は、発起人の負担となる。たとえ、定款に会社の負担する設立に関する費用として記載している場合（会社28条4号）でも、発起人は、設立に関して支出した費用を負担しなければならない。会社が成立した場合は、会社の負担とできる費用も、会社が不成立に終わった場合は、発起人の負担となるのである。

## 3　払込仮装と設立時募集株式引受人等の支払義務

### (1)　会社法と出資義務違反による失権

　旧商法は、設立時の出資義務不履行の株式引受人について、失権手続を経て株主となる権利を失うものとすることができるとしていたが（旧商179条1項・

---

　3　江頭・株式会社法115頁。
　4　江頭・株式会社法116頁。

*114*

2項）、発起人の失権については規定がなかった。また、仮装払込みについては、発起人等の引受け・払込担保責任により対応していた（同法192条）。

これに対し、会社法は、払込期日等に払込みをしなかった設立時募集株式の引受人（会社63条1項・3項）、所定の期日までに出資を履行しない発起人は当然に失権するとした（同法36条3項）。そして、発起人等の引受け・払込担保責任の規定は廃止した。

会社法が、出資義務違反により当然に失権するとしたのは、失権を抑制する必要がないことによる。つまり、会社が設立に際して発行する株式の総数（設立時発行株式数）を定款の記載事項とすることなく（旧商166条1項6号参照）、設立に際して出資される財産の価額またはその最低額を定款の記載事項としたことで（会社27条4号）、失権した株式が生じても要件に合致しているときは、設立手続を続行できることから、当然に失権するものとしても手続に支障が生じないこととなった。その結果、引受け・払込みがない株式は設立前にすべて失権することから、会社成立後にその取扱いを問題とすべき株式は存在しないことになり、引受け・払込担保責任が問題にならないので、失権の明確化に伴う措置として、引受け・払込担保責任の規定（旧商192条）が設けられなかったのである。[5]

### (2) 平成26年改正会社法による出資の仮装の是正

#### (ア) 会社法による失権と出資の仮装

会社法は、設立時募集株式の引受人または発起人が、払込期日または期間内に出資を履行しない場合は当然に失権し、会社成立後に引受け・払込未済の株式は存在しないことになるとした。理論的にはそのとおりであるが、現実には仮装払込み（多くの場合は見せ金）の問題が生ずる。

仮装払込みを助長する大きな原因となったのは、会社法は発起人等の引受け・払込責任を規定せず、また、発起設立については、払込取扱金融機関に払込みをするが、払込金保管証明制度によらないことから（会社34条）、払い込まれた金額を証明するために、銀行口座の残高証明書や預金通帳の写しなどによる方法が可能となった（商登47条2項5号）ことによると指摘されている。

---

5 新・会社法の解説17〜18頁、相澤哲編著『一問一答　新・会社法〔改訂版〕』36頁。

第4章　会社の設立をめぐる訴訟

　仮装払込みは無効であるが、会社の成立後に払込みのない株式が存在することになり、有効な払込みがないのに、外観上、払込みがなされ、払込みをしていない引受人等が株主となるという不都合が生ずる。

　そこで、平成26年改正会社法はこれに対処するために、会社成立後の支払義務の規定を設けた（会社102条の2第1項）。支払義務の規定を設けた趣旨は、本来拠出されるべき財産が拠出されていないのに（法律的には失権しているのに）、出資が履行されたものとして株式が発行され、引受人に対して不当な価値の移転が生じることから、他の株主の利益を保護するために引受人等に本来拠出すべき財産を拠出させるのであり、他の発起人等が支払義務を負うのは、出資の履行の仮装についての帰責性によるものであるとされている。<sup>6</sup>

　(イ)　設立時募集株式の引受人等の支払義務

　払込みを仮装した設立時募集株式の引受人は、会社に対して払込金額の支払義務を負う（会社102条の2第1項）。引受人の払込仮装に関与した発起人・設立時取締役は、引受人と連帯して、会社に対して同人と同額の金銭の払込支払義務を負い（同法103条2項本文）、発起人とみなされる者（疑似発起人）も発起人と同様の義務を負う（同条4項）。この場合、発起人等（払込みを仮装した者を除く）が、注意を怠らなかったことを証明すれば支払義務を免れる（同条2項ただし書）。

　出資の履行を仮装した発起人は、会社に対し出資に係る金銭全額の支払義務または給付を仮装した財産全部（会社が請求した場合は、当該財産の価額に相当する金銭の全額）の給付をする義務を負う（会社52条の2第1項）。この場合、仮装に関与した他の発起人と設立時取締役は、出資の履行を仮装した発起人と同額の金銭の支払義務を負う（同条2項本文）。この場合、職務を行うについて注意義務を怠らなかったことを証明して、責任を免れることができる（同項ただし書）。

　これらの義務は株主代表訴訟の対象となり（会社847条1項）、総株主の同意がなければ免除することができない（同法55条、102条の2第2項、103条3項）。

---

6　坂本三郎編著『一問一答・平成26年改正会社法』138頁、142頁、146頁。

*116*

（ウ）　権利行使の制限

　出資の履行が仮装の場合、発起人は自ら支払義務を履行し、または他の発起
人が支払義務を履行した後でなければ、当該設立時発行株式について、株主の
権利を行使することができず（会社52条の2第4項）、設立時募集株式の引受人
は自ら支払義務を履行し、または発起人等が支払義務を履行した後でなければ、
株主の権利を行使することができない（同法102条3項）。そこで、その者につ
いて、議決権行使禁止の仮処分の申請が考えられる。

　この場合でも、設立時発行株式の譲受人は、出資の履行が仮装であることに
ついて、悪意または重大な過失がなければ、株主の権利を行使することが認め
られる（会社52条の2第5項、102条4項）。

（エ）　支払義務の履行と法律関係

　払込期日等に出資を履行しなかった設立時募集株式の引受人等は失権するが、
払込みが仮装された場合は有効な出資がなされないままに株式が発行され、そ
の者が株主になるという現象が生ずる。そこで、これに対処するために、設立
時募集株式の引受人等に出資未済額全額の支払義務を課して、会社財産を確保
するのであるが、この場合の法律関係は、支払義務の履行により当該設立時募
集株式は有効に発行されたことになり、いったん失権した引受人等は、その時
から株主となる趣旨に解することができる。

　払込みを仮装した設立時募集株式の引受人や発起人が支払義務を履行したの
ではなく、他の発起人等が支払義務を履行した場合は、後者が株主となるので
はなく、前者が株主となる。この場合、後者は前者に対し、支払義務を履行し
た金額について不当利得返還請求権を有する（民703条）。

（オ）　募集株式の引受人の支払義務

　募集株式の引受人は払込期日等に出資の履行をしないときは失権するが（会
社208条5項）、払込みの仮装は会社成立後の募集株式の発行についても行われ
ることから、これに対処するために、平成26年改正会社法は、払込みを仮装し
た引受人は、会社に対し仮装した出資額の出資義務を負う（同法213条の2第1
項）、出資の履行の仮装に関与した取締役等（会社施規46条の2）も、会社に対
して払込みを仮装した引受人と同額の金銭の支払義務を負うとして（会社213
条の3第1項）、設立時の払込みの仮装の場合と同様の規制を設けている。

*117*

第4章　会社の設立をめぐる訴訟

そして、募集株式の引受人等の支払義務は、設立時募集株式の引受人等の支払義務と同様に株主代表訴訟の対象となる（会社847条1項）。

## 4　会社の設立無効の訴え

### (1)　設立無効の訴えの趣旨

株式会社の設立には、発起設立と募集設立による本来的な設立と、組織再編による新会社設立の場合（新設合併・新設分割・株式移転）とがあるが、会社法は、組織再編による設立については、株式会社の設立の特則として、本来的な設立と区別して規定している（会社814条1項）。ここで設立無効の訴えの対象とするのは本来的な設立の場合である。

会社が設立登記により成立した場合でも、設立の手続に手続的または実体的に重大な瑕疵があり、法定の要件を満たしていない場合は、設立は無効であるといわなければならない。しかし、無効主張の一般原則に委ねたのでは、会社をめぐる法律関係が不安定になる。そこで、設立無効の主張方法、主張者、主張の時期等を制限し、判決に対世効を認め、判決の遡及効を否定するなど、特別の措置を必要とすることから、会社法は設立無効の訴えの制度を設け、設立の無効は、設立無効の訴えによってのみ主張しうるとした（会社828条1項1号）。

このように、会社法は、設立無効の訴えを形成訴訟と位置づけ、無効判決について特別の取扱いをするのであるが、設立無効の原因については解釈に委ねている。

設立無効は、会社が設立登記により成立した場合にその成立を否定するのであるから、設立登記に至らない場合は、会社は不成立である。また、設立登記がなされているが、会社の実体がないときは会社は不存在である。これらの場合には、必要があれば会社の設立不存在確認の訴えを提起することができる。

持分会社（合名・合資・合同会社）については、社員の会社設立行為が無効であれば、設立の無効原因となり、設立無効の訴えによることになるが、これに加え、設立の意思表示の取消し、詐害的設立の場合について、設立取消しの訴えの制度がある（会社832条）。

## (2) 設立無効の原因

設立無効の原因となるのは、会社は設立登記により成立したが、設立手続に重大な瑕疵があり、法律上、有効な会社設立手続がなされたとは認められない場合である。理論的には、設立の取消事由と考えられる事項についても、これを含め一括して、設立無効事由（無効原因）とするのである。

### (ア) 実質的瑕疵

設立無効原因として、最も重大な実質的瑕疵は、設立に際して出資される財産の価額（その最低額）に相当する出資のない場合である。それは、発起人は、設立時発行株式の引き受け後、遅滞なく、出資に係る金銭の全額の払込みまたは金銭以外の財産の全部を給付しなければならず、所定の期日までに出資を履行しなければ失権し（会社34条1項、36条）、募集設立の場合には、株式引受人は所定の期間内に払込みをしなければ失権する（同法63条3項）。すなわち、財産の価額に相当する出資のない場合とは、発起人または株式引受人は失権し、出資の履行がないのに、出資が履行されたものとして設立登記がなされた場合である。

このような事態は、金銭出資については、「見せ金」の場合以外は考えられないが、発起人や設立時取締役の引受け・払込担保責任の制度が廃止された結果、払込みがなされていないものと取り扱わざるを得ないから設立無効の原因となる。この点、旧商法当時の解釈として、重大な引受け・払込みの未済の瑕疵がある場合は設立無効の原因になるが、発起人や設立時取締役が引受け・払込担保責任を果たしたことにより瑕疵が治癒された場合は、設立無効の原因はなくなり、設立は有効になるとされていた。

会社法は発起人の引受け・払込担保責任の規定を設けていないが、払込みが仮装の場合について発起人等が支払義務を履行した時は、無効の瑕疵が治癒されると解されるので、他の発起人等の支払義務は、引受け・払込担保責任と同様の機能を果たすということができる。

会社法は、引受け・払込担保責任を廃止したが、たとえば、会社成立後に払込みの無効が判明したような場合に、発起人や設立時取締役等が任意に払込みを行ったことにより、その瑕疵が治癒された場合は、会社法の下でも、やはり設立無効事由は消滅したと解すべきである。

第4章　会社の設立をめぐる訴訟

　現物出資については、出資される財産の価額が、当該現物出資財産等につい
て定款に記載等された価額に著しく不足するときは、発起人および設立時取締
役は、会社に対して、連帯して、不足額を支払う義務を負う（会社52条1項）。
そこで、出資される財産の価額に相当する出資のない場合であっても、設立登
記後（会社の成立後）に、発起人等が、不足分を会社に拠出した場合は、出資
は確保されたことになるから、無効の瑕疵は治癒すると解される。発起人等が
会社に拠出するための期間制限はないから、設立無効の訴えの事実審の口頭弁
論の終結時までは拠出が可能である。

　そして、発起人等が会社に拠出したことは、設立無効の訴えにおける被告会
社の抗弁事由であるが、それが認められると、無効の瑕疵は治癒したものとし
て、請求は棄却される。

　　(イ)　形式的瑕疵

　形式的瑕疵として、一般に考えられるのは、定款の絶対的記載事項が欠けて
いる場合、設立に際して発起人全員の同意による設立時発行株式に関する事項
の決定を必要とするが、それがなされていない場合、募集設立の場合について
創立総会が開催されていない場合などである。

　定款になされた発起人の署名が偽造である場合、定款が公証人の認証を得て
いない、有効な払込みがなされた証拠がない、無資格者による設立登記申請、
などの場合についても、設立無効原因とされているが、これらの形式的に判明
する瑕疵については、登記申請の段階で、登記官のチェックを受け、登記申請
が受理されないから、偽造文書による場合などを除けば登記されることがない
が、形式的審査主義の下では登記官が瑕疵を看過することもありうる。

　定款の絶対的記載事項が欠けているとか、定款が公証人の認証を得ていない
場合は、登記申請書類が受理されない。無資格者による設立登記申請というの
も、登記申請に際し、資格を証明する文書の添付等が必要とされている（偽造
文書による無資格者の設立登記申請は考えられる）。有効な払込みがなされた証拠
がないというのも、登記申請書には、払込取扱金融機関の払込金保管証明書の
添付を必要とするから、登記の申請が受理されない。

---

7　神田・会社法62頁。

(ウ) 瑕疵が軽微な場合

設立無効の瑕疵が極めて軽微の場合は、会社の設立を無効としないとするのが適正と考えられる。そこで、かかる場合は、設立無効の原因とはならないと解され、請求は棄却されることになろう。あるいは、訴訟法的には、設立無効の訴えの利益がないものとして、訴えを却下することが考えられる。

(エ) 仮装払込みと設立無効

発起人が、払込取扱金融機関から株式払込金として借受けを行い、それを会社の預金に振り替えるが、借入金を返済するまで当該預金を引き出さないとの約定をする「預合い」は、仮装払込みであり無効であるから、設立無効の原因となる。

これに対し、「見せ金」の場合は、発起人が、払込取扱金融機関以外から株式払込金を借り受け、これにより払込金を払込み、会社の成立後に直ちに引き出し、自己の借入金の弁済に充てるのであるから、発起人の行為を個別にみれば有効なようにみえる。しかし、全体としてみれば、払込みの仮装であり、資本充実の原則に反して無効であるから、ひいては設立の無効原因となると考えられる。判例も、外見上払込みの形式をとっただけであり、有効な払込みとはいえないから無効であるとしている（最判昭和38・12・6民集17巻12号1633頁）。そして、発起人の払込担保責任を規定しない会社法の下では、設立の無効原因になる。なお、「見せ金」を仮装払込みであり無効とした場合、「見せ金」による払込金保管証明を用いて設立登記をした場合は、公正証書原本不実記載にあたる（最判昭和40・6・24刑集19巻4号469頁）。

この場合、払込取扱金融機関が「見せ金」であることを知り、または重大な過失により知らなかった場合は、保管証明責任を負うかが問題になる（会社64条2項）。払込取扱金融機関は、「見せ金」であることを知っていた場合は、払込金を受け入れるべきではないが、受け入れた以上、保管証明を交付しなければならないだけでなく、会社の成立後に受け入れた払込金を払い戻さなければならないから、現実に受け入れ、払い戻した場合は、払込取扱金融機関は保管証明責任を負わないとも解される。保管証明責任を負うとした場合、保管証明責任を果たした場合は、これにより会社に資金が存在することから、有効な払込みがなかったとの瑕疵が治癒され、設立無効が救済されるかという問題が生

第4章　会社の設立をめぐる訴訟

ずる。

(オ)　払込未済による失権と設立無効

　会社法は、設立時募集株式の引受人が払込期日等に払込みをしなかった場合、発起人が所定の期日までに出資を履行しない場合は、当然失権するとしたが（会社63条3項、36条3項）、この場合でも、他の出資者が出資した財産の価額が定款所定の要件（同法27条4号）に合致しているときは、設立無効の原因とはならない。しかし、要件を満たさなければ、追加的に引受人の募集をしない限り、設立をすることができず、設立された場合は設立無効の原因となるとしている。[8]

　なお、発起人は設立時株式を1株以上引き受け（会社25条2項）、株主とならなければならないから、発起人が失権して1株も取得しなかった場合は、設立無効の原因となる。[9]

## (3)　設立無効の訴えの提起と判決の効力

(ア)　設立無効の訴えの提起

(A)　設立無効の主張

　会社法は、設立の無効は、会社の設立の日から2年以内に、訴えをもってのみ主張しうる（会社828条1項1号）とする。設立の無効は訴えによってのみ主張しうるのであるから、訴訟外で主張することはできないばかりか、会社から提訴された場合に、抗弁によるとか、反訴として設立の無効を主張することはできない。設立無効の訴えの原告勝訴判決の確定により、会社の設立は無効となり、対世効を認め画一的処理をしている。それゆえ、設立無効の訴えは形成訴訟である。

(B)　当事者

　当事者適格者が法定され、原告は株主等（株主・取締役・清算人・監査役・執行役）であり（会社828条2項1号）、被告は設立する会社である（同法834条1号）。

　清算人に提訴権を認めたのは、清算中の会社についても設立無効の訴えが認められることに対応するものである。

---

8　新・会社法の解説17頁。
9　新・会社法の解説17頁。

悪意の株主または設立時株主が提訴した場合には、担保提供命令が発せられる（会社836条）。旧商法には設立無効の訴えについて担保提供規定はなかったが（旧商428条1項参照）、会社法は会社の組織に関する訴えにおいて株主または設立時株主が訴えを提起する場合について担保提供規定を設けたことから（会社836条1項）、設立無効の訴えについても担保提供の対象となった。

### (C) 管轄・複数の訴えの取扱い

管轄裁判所は、被告となる会社の本店所在地の地方裁判所であり（会社835条1項）、同一の請求原因に基づく設立無効の訴えが、数個同時に係属するときは、弁論を併合して、併合審理し、判決も1つでなければならない（同法837条）。迅速な審理という訴訟経済上の理由と、矛盾する判決を避けるためである。

### (D) 主張・立証責任

設立無効の原因となる事実については、原告が主張・立証責任を負うが、瑕疵が認められる場合でも、それが設立無効事由となるか否かは、多くの場合、法的評価の問題である。原告主張の無効の瑕疵が認められる場合でも、設立無効の瑕疵が治癒されたとの主張は、被告会社において行う抗弁事由である。

### (イ) 設立無効判決の効力

原告勝訴の判決（設立無効判決）は対世効が認められ、会社以外の第三者との関係でも設立は無効となり（会社838条）、画一的な処理がなされる。

また、設立無効判決は遡及効が否定され、将来に向かって設立が無効となる（会社839条）。この場合、無効判決の確定に伴う事後処理は、解散の場合に準じて、清算手続により行われる（同法475条2号）。

---

**【記載例1】 株式会社設立無効の訴え**

## 請 求 の 趣 旨

1 被告会社の設立を無効とする。
2 訴訟費用は被告の負担とする。

## 請 求 の 原 因

第4章 会社の設立をめぐる訴訟

1 被告会社は，平成××年××月××日に設立された株式会社であり，原告は
被告会社の××株を有する株主である。
2 被告会社は，平成××年××月×日，創立総会を開催し，所定の手続と決議
がなされた旨の議事録が作成され，設立登記がなされているが，上記議事録に
係る創立総会は開催されていない。
3 被告会社の設立に係る定款には，発起人として甲の署名があるが，甲は定款
に署名したことはない。発起人甲の署名は偽造であるが，上記定款により設立
登記がなされている。

## 5 会社設立不存在確認訴訟の検討

設立登記により会社は成立したのであるが、その瑕疵が重大であり、とうて
い会社が成立したとはいえない場合は、会社設立は不存在であるということが
できよう。そこで、この場合、設立無効の判決を待たず、方法のいかんを問わ
ず、会社の不存在を主張し得るかという問題がある。

極端な場合は、会社の不存在を認める場合もあろうが、法律関係の安定の観
点から、簡単にそれを認めるべきではない[10]。しかし、設立登記はされているが、
手続的にも、実体的にも会社設立行為が適法に行われていない場合については、
会社設立は不存在といわなければならない。

そこで、株主総会の決議不存在であるとか、新株発行不存在の制度を参考に
して、解釈上、会社設立不存在確認訴訟を認め、判決効の拡張による画一的処
理と、遡及効の否定により法律関係の安定確保を図るべきであろう。もとより、
株主総会の決議不存在、新株発行不存在の場合と異なり、会社法人格のはく奪
という重要な意味をもつことから、不存在の認定は、より慎重を期すことが要
求される。

払込金の全額が「見せ金」によるものであり、有効な払込みがなされていな
い場合、定款になされた発起人の署名が偽造であるなど、実体的または手続的
に有効な会社設立行為がなされず、物理的にも、法律的評価においても、設立
登記はなされているが、とうてい会社の設立手続が有効になされたと認められ

---

10 江頭・株式会社法117頁。

ない場合は、設立無効の訴えによるのではなく、会社設立不存在確認訴訟を認めるべきであろう。もっとも、不存在事由は限定されることになろう。

　もとより、誰でも、いつでも、どのような方法によっても、会社設立の不存在を主張することができるが、確認の利益がある限り訴えにより主張できるというのではなく、会社設立不存在確認訴訟によってのみ、会社設立の不存在を主張することができるのであり、手続と判決の効力については、設立無効の訴えに関する規定を類推適用すべきである。

　不存在事由となるような重大な瑕疵のある場合でも、設立無効の原因に含めることができるのに、会社設立不存在確認訴訟を認める実際上の必要性は、立証関係のほか、提訴期間経過後の株主の保護にあると考えられるが、設立無効の訴えの提訴期間は2年以内と長期である。そこで、会社設立不存在確認訴訟の場合も、会社の成立した日（設立登記日）から、原則2年以内に提訴することが必要であろう。いかに、会社設立が不存在と認められる場合でも、実際上、会社が存在するものと扱われ、長期間にわたり事業活動を継続し、法律関係が安定した後に、不存在を認めて、それを覆すのは妥当ではないからである。

# 第5章　株主権と株式の帰属に関する訴訟

## 1　会社法における株券の発行・株式譲渡・名義書換

### (1)　会社法と株式に関する規定

　株主の地位に関する争いは、株主と主張する者相互間の争いと、会社と株主間の争いがあるが、株券の発行、株式の譲渡方法、名義書換手続との関係を整理し検討する必要がある。

　旧商法は株券の発行を原則としていたので（旧商227条1項）、株式の譲渡方法、名義書換手続、株式譲渡の対抗要件はそれを前提として組み立てられていた。これに対し、会社法は株券の不発行を原則としたことから（会社214条）、現在大多数の会社は株券不発行会社である。そこで、株式の譲渡、名義書換請求、株式譲渡の対抗要件などに大きな変化が現れている。

　会社法上、株券発行会社と株券不発行会社があり、さらに株券不発行会社には、社債、株式等の振替に関する法律（以下、「社債株式振替法」という）による株式振替制度採用会社（上場会社の株式は振替株式である）がある。そして、これら3種の会社について、株式の譲渡方法、名義書換手続、株式の取得による対抗要件が異なっている。このことから、3種の会社について、株主の地位に関する争いに関する訴訟も異なったものとなる。

　株式の発行が有効であるためには、引受けと払込みが有効になされていなければならない。株式引受人が引き受けた株式について全額の払込み等をした場合は、発起設立の場合は会社の成立（設立登記）により設立時発行株式の株主となり（会社102条2項）、募集設立の場合は、払込期日または払込期間内に全額の払込みまたは現物出資財産を給付した引受人はそれを履行した日に株主となる（同法208条1項・2項、209条1項）。

　そして、会社はその者を株主名簿に株主として記載し、株券発行会社の場合は遅滞なく株券を発行しなければならない（会社215条1項）。しかし、払込みの仮装など有効な払込みがなく、また他人名義による引受けなど、株主名簿に

記載された者が株主でない場合が生ずることがあり、これにより株主権をめぐる争いが生ずる。

　また、譲渡制限株式は、会社（株主総会または取締役会）の承認が会社との関係での譲渡の効力要件であるから、これがなければ名義書換請求をなし得ないので（会社134条）、名義書換請求との関係で譲渡承認の有無が問題になる。

### (2)　株券発行会社

#### (ア)　株券の発行と株券による処理

　会社は、定款に定めることにより株券を発行することができるが（会社214条）、株券を発行する会社（株券発行会社）とした場合、株券不所持の申出がある場合（同法217条）を除き、株式の発行が効力を生じた後、遅滞なく株券を発行しなければならない（同法215条1項）。

　株式の譲渡と名義書換請求は、株券の占有移転、株券の提示により行われるから、会社が株券の発行を拒否または遅滞している場合は、株主に株券の発行請求が認められるほか、解釈上特別の措置によることを必要とする。

#### (イ)　株式の譲渡方法

　株式の譲渡は株券の交付により行い（会社128条1項）、株券の交付が株式譲渡の効力要件であるが、現実の占有移転だけでなく、簡易の引渡し、占有改定の方法によることも可能である。株券の占有者は権利者と推定されるから、譲受人には善意取得が認められる（同法131条2項）。

　会社が株券の発行を拒否し、または遅滞している場合は、意思表示により譲渡し得るが、この場合は二重譲渡の可能性が生じる。

#### (ウ)　名義書換請求手続

　名義書換請求は株式の取得者が株券を提示して（実務の取扱いは、名義書換請求書に株券を添付する）行う（会社133条1項、会社施規22条2項1号）。会社は株券の占有者による名義書換請求に対し、請求者が無権利者であることを立証しなければ拒否できないが、名義書換に応じた場合は請求者が無権利者であることについて、悪意または重大な過失がなければ責任を負わない。

　会社が株券の発行を拒否し、または遅滞している場合は、株式の譲渡は意思表示で行い、株式の取得者は株式を譲り受けたことを立証して、株券を提示することなく名義書換請求をすることができると解される。

株主名簿の名義書換は、会社に対する対抗要件であり（会社130条2項）、第三者に対する対抗要件は占有していることによる。

### (3) 株券不発行会社

#### ㋐ 株式の譲渡方法

株券不発行会社の場合は、株券が存在しないから株式の譲渡は意思表示（譲渡契約）により行われる。この場合、譲渡人は自らが株主であることを証する必要があるが、それは、会社から株主名簿記載事項証明書の交付を受けて（会社122条1項）、それを示すことにより行う。この場合でも、株主名簿上の株主が株主（権利者）でない場合は、取得者（譲受人）は権利を取得することはできない。

株券が存在しないので善意取得は生じないことから、譲渡人が無権利者であった場合には譲受人は権利を取得できない。反面、二重譲渡の可能性が生ずる。

#### ㋑ 名義書換請求手続

名義書換請求は株券の提示によらないことから、無権利者による請求がなされるおそれがある。その防止のため、名義書換請求は、原則として、株式の取得者と株主名簿上の株主またはその一般承継人の共同請求によることが必要としている（会社133条2項）。ただし、名義書換請求をすることを命ずる確定判決による場合など、利害関係人の利益を害するおそれがない場合は、共同請求によらなくてもよい（会社施規22条2項1号～11号）。

株式取得者は単独で名義書換請求をすることができないので、譲渡人（株主名簿上の株主）が共同請求に協力しない場合は、同人を被告として共同して名義書換請求をすることを求める訴訟を提起し、それを命ずる判決（意思表示を命ずる判決）を得て、その正本を添付して単独で名義書換請求をすることになる（会社施規22条1項1号）。判決による以外にも所定の書面を添付して単独で名義書換請求をすることができる場合がある（同項2号～11号）。

株主名簿上の株主が名義書換の共同請求をした後に（一般に、譲受人との連名による名義書換請求書による）、名義書換請求の拒否事由が発生した場合は、会社が名義書換をする前であれば名義書換請求を撤回することができる。

株主名簿の名義書換は、会社および第三者に対する対抗要件である（会社130条1項）。会社に対する対抗要件（資格）であることは、株券発行会社の場

合と同様であるが、株券の占有がないので第三者に対する対抗要件としたのである。

### (4) 振替制度の対象株式

#### ㈦ 株式の譲渡方法

振替株式の譲渡は、譲渡人の請求により、振替機関等（振替機関・口座管理機関）が譲受人の振替口座簿の保有欄に株式数の増減を記載するという口座振替の方法により行われ、これにより譲渡の効力が生じる（社債株式振替132条、140条）。口座に増加の記載を受けた加入者（取得者）は、悪意または重大な過失がない限り、当該振替株式について増加の記載等に係る権利を取得するとして善意取得が認められている（同法144条）。

#### ㈤ 名義書換請求手続

株主の請求による名義書換は行われない。振替機関から定期的（基準日）になされる総株主通知により発行会社が行う（社債株式振替151条、152条）。

そのため、次回の名義書換までの間、株主名簿の名義人は固定されるため、その間に株式譲渡がなされることにより株主名簿の株主が実質的株主でない場合が生ずる。この場合、議決権と利益配当請求権を有するのは株主名簿上の株主であるが、その他の権利（たとえば、提訴権）の行使については、個別通知によることが必要となる。

## 2 株主の地位をめぐる争いと訴訟

### (1) 株主権確認訴訟

株式の帰属をめぐる争いは、流通を予定していない閉鎖的な中小規模会社において株主間での対立が生じた場合に生ずることが多く、それに伴う訴訟も支配権争奪の手段として用いられる。株式の取得者は限定されることになるが、株式の取得に際し相当の調査義務を負うことが要求されよう。

株主権確認訴訟は、株主の地位（株主権）をめぐって争いがある場合に、自己が株主であると主張する者が原告となり、それを争う者を被告として提起する訴訟である。会社と株主間の争いの場合と株式の帰属をめぐる当事者間の争いの場合とがあるが、確認の利益がある場合に提訴が認められる。

この訴訟は確認訴訟であるから、弁論主義、処分権主義が適用され、原告勝

第5章　株主権と株式の帰属に関する訴訟

訴判決の効力も確認判決の一般原則によることから当事者間に限られることになる。

株主権確認訴訟に勝訴することによる原告の実益について判決の実効性が問題になる。また、当事者相互間の株主権確認訴訟について、会社を共同被告とできるのか、共同被告としない場合は判決の効力は会社に及ばないことから、確認の利益が認められるのか、株主権確認訴訟によるのではなく、具体的な請求訴訟（給付訴訟）によるべきではないかという問題もある。

株主権確認訴訟は、会社と株主間の訴訟と当事者相互間の訴訟の場合とでは、原因（要件）が異なるため分けて考える必要がある。

## (2)　会社と株主との株主権確認訴訟

### ㈠　株主権確認訴訟の類型

会社と株主との争いは、会社が当該株主を株主と認めず、株券の発行と株主名簿への記載をせず、権利の行使を認めず、または株主名簿の名義書換に応じない場合である。類型的には、①株式自体が有効に発行されていないから、当該人は株主にならない場合、②株式は有効に発行されているが、当該人は名義人にすぎないから原始的に株主とならない場合、③当該人は有効に株式を譲り受けていない（有効な株式譲渡契約がない）から、株式を取得していないとする場合が考えられる。

①は、会社が払込みは有効になされていないから（会社資金を用いた払込みなど払込みの仮装）、株式は有効に発行されていないとして、原告（株主であると主張する者）が株主でないとする場合である。原告は、払込みがなされたこと、および当該株式が有効に存在することを主張・立証する必要がある。もっとも実際には会社も当該株主もかかる主張をしないと思われるが、他の株主による新株発行無効の訴え（一部無効の主張になろう）の提起は考えられる。

②については、原告が株式引受人として払込み株式を有効に取得して、株主となったことを主張・立証する必要がある。

③の場合は、原告において有効に株式を取得したこと、具体的には、株式譲渡の合意があったこと、株券が発行されている場合は株券の引渡しを受けたことを立証しなければならない。

株主権確認訴訟と株主名簿の名義書換の関係であるが、名義書換は会社に対

する対抗要件であるから、原告が会社に対して株主権確認訴訟を提起するためには名義書換を経る必要がある。しかし、原告は株式を取得したことを立証すれば足り、名義書換を経ていることを主張・立証する必要はなく、会社が抗弁として名義書換未了を主張した場合に、適法な名義書換を請求したにもかかわらず会社がこれを拒否したことを主張すればよい（再抗弁）とされている[1]。

しかし、名義書換は会社に対する権利行使のための要件であるから、株主権の確認訴訟と結び付ける必要があるのか疑問がある。つまり、株主名簿上の株主でなければ、株主権確認訴訟を提起できないことになるが、そもそも株主名簿上の株主であれば株主の権利行使をすることができるのであるから、わざわざ株主権確認訴訟を提起する必要はないのではないか。

株主権確認訴訟を提起するためには、名義書換を経ることが必要であるとした場合、名義書換を経たことは提訴の要件であるから、原告において名義書換を経た、名義書換請求が拒否されたことを主張・立証すべきであり、これに対し、被告会社が、原告は実質的権利者でない、あるいは名義書換請求手続は適法になされていないこと（会社の抗弁）を主張・立証することになると考えられる。

株主権確認訴訟は、原告が株主であることを争う場合に提起するのであるから、会社が原告の株主権を争っていない場合は、確認の利益が認められず提起できないといえよう。

しかし、株主権が争われる多くの場合は、会社の経営権をめぐり株主間に対立が生じ、経営者側が反対派の株主の株主権を認めない場合であることが多いことから、会社が株主権をめぐる争いに無関係とはいえないことに加え、判決の効力を及ぼす必要性があるという実際上の理由から、会社を原告の株主権を争う者と共同被告にすることができると解される。

もっとも、会社は原告の株主権を争い、権利行使を拒否していることから、確認訴訟では目的を達し得ない。そこで、会社を被告として、株券の発行請求、自己を株主として株主名簿に記載することの請求、株主名簿の名義書換請求など直接の効力が期待できる訴訟（給付訴訟）によるほうが直接的効果を期待す

---

1 類型別会社訴訟Ⅱ796頁、商事関係訴訟26〜27頁。

第5章　株主権と株式の帰属に関する訴訟

ることができる。

### 【記載例2】　株主権確認訴訟（株主と会社を共同被告とする場合）

## 請 求 の 趣 旨

1　被告らは，原告が被告会社の普通株式×千株を有する株主であることを確認する。

2　訴訟費用は被告らの負担とする。

## 請 求 の 原 因

1　原告は，平成××年×月×日，被告Aから被告会社発行の普通株式×千株を買い受けて被告の株主となった。

2　被告Aは，株式売買契約は錯誤により無効であるから（筆者注：平成29年改正民法の施行後は，「株式売買契約を，錯誤を理由に取り消したから」），右株式は自己のものであるとして，原告が株主であることを争っている。

3　被告会社は被告Aの主張に従い，原告が被告会社の右株式を有する株主であることを争っている。

4　よって，原告は被告らに対し，原告が請求の趣旨記載の株式を有する株主であることの確認を求める。

　　(イ)　他人名義による株式の引受けの取扱い

　他人名義で株式の引受けと払込みをした場合、会社との関係で株主となるのは名義貸与者、名義借用者いずれかという問題がある。会社の画一的処理の必要性から名義貸与者が株主となるとの立場があるが（形式説）、株主となるのは実際に株式を引き受け、払い込んだ者であると考えられる（実質説）。

　X会社の代表取締役Aは、従業員Bの承諾を得て名義を借用して新株を引き受け、B名義で払込みをしたが、株券はAに対して発行されていた。ところが、払込みはBに対し特別賞与として支給した金銭により行われたことになっていたが、実際は金銭の支給はなく社内に留保している状態で新株の発行が行われたという事実関係の下で、BがX会社に対し株券の発行を求めて提訴した事案において、控訴審は、請求を株主権の確認、株券の引渡請求に変更

*132*

し、控訴審は株主となるのは名義貸与者でなく、実質上の引受人である名義借用者であるとして控訴を棄却した（東京高判昭和41・11・22下民集17巻11・12号1111頁）。最高裁判所も、株主となるのは名義貸与者ではなく、実質上の引受人である名義借用者であるとして、株式の引受けと払込みは一般法律行為の場合と同様に、真に契約の当事者として申込みをした者が、引受人としての権利を取得し、義務を負うとして実質説によりＢの上告を棄却した（最判昭和42・11・17民集21巻9号2448頁）。

なお、争点にならなかったが、この株主権に関する争いは、ＢとＡとの株主権の帰属に関する争いとの面があるので、Ａも被告とすべきではなかったのかという問題がある。また、会社資金による払込みであり、払込みの仮装として株式の発行が無効となり（新株発行の一部無効）、ＢもＡも株式を取得することができないのではないかという問題が生ずる。

実質説によるも、払込金の出処・原資は問わないことから、株式名義人が単なる名義貸与者にすぎないのか否かという事実認定の問題がある。この場合、いずれが権利者（実質的株主）であるかは、名義貸与がなされた経緯と理由、振込金の拠出者、名義貸与に際してなされた約定、名義貸与者の利益配当金授受と議決権行使の状況等を総合して判断することになる。

### (ウ) 株主権確認訴訟の勝訴判決の効力

原告が株主権確認訴訟の勝訴判決により株主と認められても、それだけでは株主名簿上の株主ではないから、会社に対し権利行使をすることができない（会社130条）。権利行使のためには、株主名簿に株主として記載してもらう（株式名義の移転）必要があるが、株式の譲渡による場合ではないから、株主名簿の名義書換手続によることはできない。そこで、明文の規定はないが株主名簿の名義人を変更（訂正）するということになろう。この場合、会社が勝訴判決を尊重して株主名義の変更をすることは許されるが、会社が株主名義の変更に応じない場合は、株主名簿の名義人の変更請求訴訟の提起によることになろう。

### (3) 当事者相互間の株主権確認訴訟

株式の帰属をめぐる当事者間の争いであるが、原告は自己が株主であるとする者であり、被告はそれを争う者である。かかる訴訟が提起されるのは会社の経営権をめぐり株主間に対立が生じた場合が多い。それは、株式会社の大半は

*133*

第5章　株主権と株式の帰属に関する訴訟

株券が発行されていない中小規模の会社であり、株主名簿も完全に整備されて
おらず、他人の名義を使って株式を引き受けることが多く、株主名簿上の株主
と実質的株主が異なる場合が多いことに起因する。当事者相互間の株主権確認
訴訟には、①他人名義による株式引受けがなされた場合に、原始的に当該株式
が自己に帰属し、被告は株主でないとする場合と、②株式譲渡の効力が争われ
る場合とがある。

　①において原告は、被告は株式引受名義人にすぎないこと、払込資金は原告
が出したのであるから原告は自己が実質的な株主であることを主張し、それを
立証する必要がある。会社は誰が株主であるかに無関係ではないから、会社を
共同被告として提訴する必要があると考えられる（合一確定を要する）。

　②の場合は、ⓐ株式の譲渡がなされた（譲渡契約が存在する）、株券発行会社
については株券の引渡しを受けたことにより（簡易の引渡し・占有改定を含む）、
原告が株式を取得したことを主張する場合と、ⓑ株式譲渡契約は無効である、
取消し・解除の意思表示をした、株券の返還がないことを主張する場合（譲渡
人が原告の場合）がある。ⓐの場合はⓑが抗弁事由となる。いずれの場合も、
それを主張する者が当該事実を立証する必要がある。

　②の場合、会社は当事者間の株式の帰属に関する争いとは無関係であるから、
会社を被告とする必要はないが、会社を被告としなかった場合は、判決の効力
が会社に及ばないことから確認の利益が問題になる。この点、判例は、有限会
社の持分権確認訴訟において、会社との合一確定を要しないとして（必要的共
同訴訟による必要がない）、会社を被告としない提訴は適法であるとしている
（最判昭和35・3・11民集14巻3号418頁）。これは、株式会社についても同様に考
えることができる。

　もっとも、当事者間の訴訟で原告を株主と認める勝訴判決が確定しても、会
社に判決の効力は及ばないから、会社から株主として扱ってもらえるという実
際上の効果が期待できるだけであり、直接実体法上の効果は生じない。そこで、
株券の引渡請求訴訟、名義書換請求訴訟などによることが必要となる。

*134*

## 3 名義書換請求訴訟等の提起

### (1) 株主権に基づく争いと名義書換請求等訴訟

会社に対する株主権確認訴訟または株主相互間の確認訴訟に勝訴しても、株券の発行、株券の引渡し、名義書換を受けることができない。そこで、株主権確認訴訟と併合し、あるいは株主権確認訴訟とは別に、給付訴訟である①株券発行請求訴訟、②名義書換請求訴訟、③株券の引渡請求訴訟によることが必要となる。

しかし、これらの訴えに勝訴しても、①、②は非代替的作為を命ずるものであるから、強制執行による執行方法は間接強制によるしかない（民執172条）。③については、株券の引渡しの執行として、執行官が債務者（被告）から取り上げて債権者（原告）に引き渡すという方法により強制執行を行うことが可能であるが（同法169条1項）、これも、債務者（被告）が株券を占有している場合でなければ奏功しない。そこで、事前に株券の処分禁止・執行官保管の仮処分を申請する必要がある。

### (2) 株券の発行請求訴訟

会社は定款に定めることにより、株券を発行することができる（会社214条）。株券発行会社は、株式の発行日以後、遅滞なく株券を発行しなければならない（同法215条1項）。これは、株式の併合または株式の分割の場合についても同様である（同条2項・3項）。しかし、非公開会社については、株主の請求があるまで株券を発行しないことができる（同条4項）。

また、株主は会社に対し株券の所持を希望しないことを申し出ることができる（株券不所持の制度。会社217条1項）。この場合、株券は発行されず、発行済みの株券は無効となる。これは、株券の紛失などを防止するための株主の意思に基づく株券の不発行であるが、株主の請求があれば会社は株券を発行しなければならない（同条6項）。

株式の発行または株主の請求があった場合、会社が速やかに株券を発行しなければならないのは、株式の譲渡と名義書換請求には株券が必要であるからである。したがって、会社が株券の発行を遅滞している場合は、株主は会社に対し株券の発行を請求することができる。

**135**

第5章　株主権と株式の帰属に関する訴訟

　株券発行会社の株式の譲渡は株券の交付が効力要件であり（会社128条1項）、株券発行前の株式譲渡は会社に対して効力を生じないから（同条2項）、会社が株券を発行しない限り株式を譲渡することができない。

　しかし、この原則論によると、会社が株券の発行を遅滞し、または不当に拒絶している場合、明らかに不合理である。そこで、この原則論によるのは株券を発行するために必要な合理的期間内に限られ、会社が株券の発行を遅滞し、または不当に拒絶している場合は、株券発行前の譲渡は有効であり、会社に対しても効力が生ずるものとし、会社は株券発行前であっても、譲受人を株主として扱わなければならない（最判昭和47・11・8民集26巻9号1489頁）。

　会社が株券の発行を不当に遅滞し、または拒絶している場合は、意思表示によって株式を譲渡できるとしても、このようなことを連続的に認めることは妥当でないから、原始株主または譲受人は株券の発行を受ける必要がある。そこで、自己が株主であることを主張し、会社に対する株券発行請求訴訟を認めるべきである。

　株券発行請求訴訟に勝訴しても、株券を発行させるための執行方法としては、間接強制によるほかないから判決の実効性確保に問題が残る。もっとも、会社法の下では株券発行会社は少ないことから、株券発行請求訴訟の提起は多くないであろう。

### (3)　名義書換請求訴訟

#### ㈎　名義書換の意義

　株式取得者は株主名簿の名義書換を受けなければ、会社に対抗することができないから（会社130条）、権利行使をするためには名義書換を受けなければならない。株式譲受人が名義書換請求をしなかった場合は、会社が権利行使を認めないのは当然であるが、株式譲受人からの名義書換請求があった場合に、会社が拒絶事由（請求者は権利者でない、名義書換請求手続が適法でない場合など。なお、支配権取得目的や会社荒らし目的が認められることなどは拒絶事由とはならない）がないのに、対応しない場合は不当拒絶となる。名義書換の不当拒絶の場合、取締役等は100万円以下の過料に処せられる（同法976条7号）。

　この点、①会社が過失により名義書換をしなかった場合は、会社は株式譲受人を株主として取り扱うことを要し、株主名簿上の株主である譲渡人を株主と

**136**

して取り扱ってはならない（最判昭和41・7・28民集20巻6号1251頁）、②会社が正当な理由がないのに、名義書換に応じない場合は、新株主が株主名簿に記載されていないという事由を主張することは許されないから、その者に対する招集通知を欠く招集手続は違法である（最判昭和42・9・28民集21巻7号1970頁）、との解釈が定着している。

しかし、この事案は、①株主割当ての新株発行において、割当基準日以前に株式の譲渡がなされ、名義書換請求もされていたのに、会社が過失により名義書換をしなかった場合に、新株の割当てを受けるのは株式譲受人なのか、株式名義人なのか、②誰に株主総会の招集通知をすべきであったか、について、株主でない者が決議に加わったとして株主総会の決議取消訴訟との関係で問題にされたものであり、株式譲受人が直接権利行使することを認めた事案ではない。

名義書換は、株券発行会社では会社に対する対抗要件であり（会社130条2項）、第三者に対する対抗要件は株券の占有であるが、株券不発行会社においては会社と第三者に対する対抗要件である（同条1項）。そこで、会社が過失により名義書換をしなかった場合または名義書換を不当拒否した場合は、名義書換がなくても会社には対抗しうるが、第三者にも対抗しうるかが問題になる。積極的に解することも考えられるが、名義書換を怠りまたは不当拒否したのは会社であるから第三者に対抗できるとまではいえないのであり、株式取得者も第三者もお互いに対抗できない関係にあると考えられる。そこで、株式取得者は譲渡人に対し、株式の処分禁止、名義書換請求禁止の仮処分により対処すべきであろう。

(イ) 名義書換請求訴訟の提起

会社が過失により名義書換を怠り、あるいは不当拒絶した場合は、株式譲受人は株主名簿の書換えなしに会社に対抗できる、会社は株式名義人を株主として取り扱ってはならない（前掲最判昭和41・7・28）。しかし、株式譲受人はどのように権利を行使するべきか。この点、直接的な方法はなく、株主総会の決議取消訴訟など事後的に争うしか方法がない（この場合、株主名簿の株主でない者に提訴権が認められるかという問題も生ずる）。

株式譲受人が会社に対し権利を行使するためには、会社から株主名簿の名義書換を受ける必要がある。そこで、会社を被告として名義書換請求訴訟を提起

第5章　株主権と株式の帰属に関する訴訟

し、株主の地位を保全するための仮処分を申請することになる。

　名義書換請求訴訟においては、原告は株式を取得して株主となったこと、適法に名義書換請求をしたが会社がこれに応じなかったことを主張・立証しなければならない。適法な名義書換請求とは、株券発行会社の場合は、株券を提示して名義書換請求をしたことであり（会社131条1項、会社施規22条2項1号）、株券不発行会社の場合は、原告は株主名義人と共同して名義書換請求をした場合（会社133条2項）、または株主名義人に対し名義書換請求をすることを命ずる確定判決（会社施規22条1項1号）等を添えて名義書換請求をした場合である。

　名義書換請求は会社を被告として提起するのであるが、株式名義人や株式譲渡人など名義書換に法律上の利害関係を有する者は、会社に補助参加することができる。

　　(ウ)　譲渡制限株式と名義書換請求訴訟

　株式の取得者は会社に対し名義書換を請求できるが（会社133条）、譲渡制限株式（同法2条17号）については、名義書換請求をするためには会社（株主総会または取締役会）の譲渡承認を得ることが必要であるから（同法134条）、株式取得者は譲渡承認が得られなければ、会社が譲渡承認をしないことが信義に反するなど特段の事情がある場合（たとえば、1人会社または経営者である支配株主による株式譲渡の場合）を除いて、名義書換請求をすることができない。

　譲渡承認を得ることは名義書換請求の要件であるから、原告が譲渡承認を得たことを主張・立証すべきであり、会社が承認をしていないことを主張する必要はないと解される。

【記載例3】　株主名簿の名義書換請求

## 請　求　の　趣　旨

1　被告は原告に対し，別紙目録記載の被告の株式について，原告名義に株主名簿の名義書換手続をせよ。
2　訴訟費用は被告の負担とする。

請 求 の 原 因

1 　原告は，平成××年×月×日，Ａから被告発行の別紙目録記載の株式×万
　株を買い受けて被告の株主となった。
2 　原告は，平成××年×月×日，Ａと連名で被告に対し，右株式について被
　告の株主名簿を原告名簿に書き換えるよう（名義書換）請求したが，被告はこ
　れに応じない。

### (4) 株券の再発行請求手続

　株券の喪失（盗難・紛失）により株券の占有を失った場合は、株券失効制度
により当該株券を無効とし、再発行を受けなければならないから、株券の処分
禁止や名義書換禁止の仮処分によることはできない。

　株券失効制度によれば、所定の手続により株券を無効とした後でなければ株
券の再発行をすることができない。従来、株券を喪失した場合は、公示催告・
除権判決によっていたが、平成14年改正の商法（旧商法）は株券失効制度を導
入し、株券を公示催告・除権判決の対象としないこととし、会社法はそれを承
継した。

　株券失効制度は株主が株券を喪失した場合の制度であるから、株券が発行さ
れ有効に存在することが必要である。そこで、株券喪失登録の対象となる株券
がいつ発行されたかが問題となる。株券の効力が生ずるのは会社が所定の要件
を記載した株券（書面）を作成し、株主に交付した時であるから（最判昭和40・
11・16民集19巻 8 号1970頁）、それ以前は株券の善意取得は成立せず、また株券
失効制度の対象にはならない。

　株主に交付した時とは、株券を株主に直接交付した場合だけでなく、家族等
が受け取ったなど株主の支配下に入った場合も含まれる。これに対し、会社が
株券を郵便等により発送したが、途中、事故などにより株主に届かなかった場
合は株券が発行されたことにならない。

　株券を喪失した者は、会社（または株主名簿管理人）に対し当該株券につき
株券喪失登録簿に記載（株券喪失登録）することを請求することができる（会
社223条）。請求を受けた会社は、所定の事項を記載した株券喪失登録簿を作成

第5章　株主権と株式の帰属に関する訴訟

し、利害関係人の閲覧・謄写に供しなければならない（会社221条、231条）。また、会社は、遅滞なく株主名簿上の株主（株券喪失登録者が株式名義人と異なるとき）と株式喪失登録者に通知する（会社224条）。

　喪失登録された株券を所持する者は、登録日の翌日から起算して1年を経過するまで、会社に対し株券を提出して株券喪失登録の抹消申請をすることができる。抹消申請を受けた会社は、株券喪失登録者に通知し、2週間後に喪失登録を抹消する（会社225条）。

　喪失登録されている株券の株式については、登録が抹消された日または登録日の翌日から起算して1年を経過した日の、いずれか早い日まで名義書換ができず（会社230条1項）、また喪失登録者が株主名簿上の株主でない場合は、登録抹消日までの間、当該株主は議決権の行使ができない（同条3項）。

　喪失登録が抹消されることなく、登録日の翌日から起算して1年を経過した日に当該株券は失効し（無効になる）、会社は登録者に対し株券を再発行しなければならない（会社228条）。会社が再発行しないときは、株券の再発行請求訴訟によることになる。

　株券の再発行と名義書換は別の手続であるから、株券喪失登録者が株主名簿上の株主でない場合は、株券の再発行を受けた後に名義書換請求をすることになる。当該株式が譲渡制限株式である場合は、譲渡承認を得てから名義書換請求をしなければならない。

　株券喪失登録がなされても、株券が無効とされるまでの間、株券は有効に存在するから第三者が善意取得することがある。この場合、株券喪失登録制度は株券に関する実質的権利関係に影響するものではないから、株券が無効になったことにより善意取得者は権利を失わない。そこで、善意取得者は株券の再発行を受けた株券喪失登録者に対し新株券の引渡しを請求することができる。このように、株券喪失登録制度により喪失株券を無効とすることができても、善意取得者の権利を否定することはできない。

　株券喪失登録者が新株券の引渡しを拒む場合は、株券の引渡請求訴訟、株券の処分禁止等の仮処分によることになるが、その裁判において旧株券についての善意取得の有無が争われることになる。

**140**

### ⑸ **株券の引渡請求訴訟**

株式譲渡契約がなされたのに譲渡人が株券を引き渡さない場合、株式譲渡契約が無効または取り消された場合または解除されたのに譲受人が株券を引き渡さない場合、株券を担保目的で預けていたところ被担保債権が消滅したのに株券の返還がない場合など、無権利者が株券を占有している場合は、株主はその者に対し株券の引渡し、返還請求訴訟を提起できる。これは通常の給付訴訟である。

株券の占有者（所持人）が他に譲渡する可能性がある場合は、株券の処分禁止・執行官保管の仮処分、名義書換禁止の仮処分の申請が必要である。

## 4　名義書換禁止の仮処分

### ⑴　**名義書換禁止の仮処分の必要性と問題点**

当事者間で株主権または株券の帰属について争いがある場合、株主権確認訴訟や株券の引渡訴訟により決着すべきであるが、本案判決が確定するまでに名義書換がなされてしまえば、本案訴訟で勝訴しても権利を回復することが困難となる。そこで、自己が権利者であると主張する者が、それを争う者を相手に、仮処分により名義書換の禁止を求め、株主名簿上の株主を固定する必要がある。

名義書換禁止の仮処分が必要なのは、譲渡人が売買代金の支払いを受けながら株券を交付せず、または名義書換手続をせず、他に譲渡する可能性がある場合、株式（株券）を担保に供したが被担保債権が消滅したのに担保権者が返還に応じず第三者に譲渡する可能性がある場合、株式譲渡契約の無効等により株式（株券）の返還義務を負う買主が返還することなく他に譲渡する可能性がある場合等である。これに対し、株券の紛失または盗難の場合は、株券失効制度により当該株券を無効にして株券の再発行を受けるべきであるから（会社221条〜232条）、名義書換禁止の仮処分によることはできない。

名義書換禁止の仮処分については、本案訴訟、被保全権利、債務者、仮処分の効力、争いの対象でない会社（株式の発行会社）の位置づけなど理論的、技術的に問題が存在する。さらに、株券発行会社、株券不発行会社、振替株式制度採用会社により、株式の譲渡方法、名義書換手続が異なるから、名義書換禁止の仮処分もそれに対応したものであることが必要となり、さらに複雑な問題

第5章　株主権と株式の帰属に関する訴訟

が生ずることになる。

　名義書換禁止の仮処分は、旧商法においては、株券の発行が原則であったことから（旧商226条1項）、株券が発行されている場合を前提として議論されてきたが、この仮処分の許容性についての見解に対立があった。

### (2)　株券発行会社と名義書換禁止の仮処分

　旧商法当時、株券が発行されていることを前提として議論されていた（株券の未発行会社も多く存在したが議論の対象としていなかった）。

　当事者間の株主権に関する争いを株券の帰属に関する争いと考え、本案訴訟は株券の返還請求権（引渡請求権）とされていた。したがって、株券の占有者を債務者とする係争物に関する仮処分（民保23条1項、旧民訴755条）手続をとることになるから、株券の処分禁止、執行官保管による仮処分によるべきであるとして、名義書換禁止の仮処分に対しては否定的な見解が有力であった。現在でもこの考え方は引き継がれている。

　ところが、株券の引渡請求権を本案とする係争物に関する仮処分では、仮処分の効力は、債務者が株券を処分することを禁止することが認められず、債務者の任意の履行を期待するにすぎないものとなる。また、執行官保管の仮処分による場合も、執行時に債務者が株券を占有（所持）していなければ奏功しないから、これでは、仮処分の目的を達し得ない。そこで、名義書換禁止の仮処分によることが必要とされる。

　名義書換禁止の仮処分には、会社を第三債務者として（債務者とすることも考えられる）、特定の債務者の請求による名義書換を禁止する特定禁止型、債務者を特定することなく名義書換を禁止する一般禁止型がある。特定禁止型の場合は、仮処分の効力は特定の債務者にしか及ばないから、会社はそれ以外の者による名義書換請求に応じなければならない。これに対し、一般禁止型の場合は、広く名義書換の請求を禁止できるものの株券の善意取得者による請求も拒否することになるとして批判が強い。

　一般に認められている仮処分は、株券の占有者を債務者（被申請人）、会社を第三債務者とする特定禁止型の仮処分であるから、株券の占有者が特定されている場合でなければ仮処分は不可能である。そこで、会社を債務者として、特定の株券について名義書換をしてはならないとの一般禁止型の仮処分による

*142*

ことが必要とされるが、株券の善意取得者との利益調整を必要とする。

### (3) 名義書換禁止の仮処分の許容性

　株券発行会社について、被保全権利を株券の返還請求権であるとして、名義書換禁止の仮処分が許されるのか否かが問題にされている。裁判実務では一般禁止型の仮処分が散見されるが、特定禁止型の仮処分を認め、

①　債務者は、別紙目録記載の株券について、譲渡その他の処分をしてはならない。

②　債務者は、右株券の占有を解いて執行官に引き渡さなければならない。執行官に右株券の保管を命ずる。

③　会社は前記株券について、債務者の請求により名義書換をしてはならない。

とするのが従来からの取扱いであった。

　ところが、①は係争物に関する仮処分であり、②のうち執行官保管部分は仮の地位を定める仮処分とも解される。③は仮の地位を定める仮処分である。このように、係争物に関する仮処分と仮の地位を定める仮処分が錯綜しているが、その根本は本案訴訟をどう考えるかに関係する。学説は、名義書換禁止の仮処分を認めないのが多数説であるが、一般禁止型の仮処分を認めないことでは一致している。

### (4) 名義書換禁止の仮処分を認めない立場（消極説）

　旧商法当時（会社法の下でも株券発行会社については同様に考えることができる）名義書換禁止の仮処分を違法とする多数説は、①本案は株券の返還（引渡し）訴訟であるから、名義書換禁止の仮処分は仮処分の限界を超える、②株式の譲渡は株券の交付により行うから、名義書換の禁止により株券の移転を阻止できない、名義書換は会社に対する対抗要件であり、株主名簿の記載は当事者間の株券の帰属の紛争とは無関係である、③株主権に対する妨害排除を被保全権利としても、会社は株式がどちらに帰属するかについて利害関係を有さず、当事者間で決まったところに従うしかないから、名義書換禁止の仮処分は許されない、④会社は株券を占有する者による名義書換請求に応じなければならないから、仮処分によってそれを禁ずることは認められない、⑤名義書換禁止の仮処分の執行として、債権執行に準じて会社を第三債務者とするのも、被保全

権利は株券の引渡請求権であり第三債務者の存在を考えられる権利ではないから、債権執行に準じる余地はない、ことを理由としている。[2]

これに対し、会社を第三債務者とする特定禁止型の仮処分を認める立場は、仮処分により、債務者（株券の占有者）は株式の処分をすることを禁じられ、名義書換請求をすることもできない。そして、会社（第三債務者）は債務者に対する仮処分により、債務者の請求による名義書換ができないから、名義書換をしても無効であるとする。つまり、債務者に対し処分を禁ずる仮処分は会社に対し効力を生じ、会社は反射的に制限を受けることになるものであり、会社が名義書換を禁じられるのは債務者に対する仮処分の当然の結果であり、名義書換の禁止は仮処分の執行方法である。しかし、公示方法がないことから、処分禁止にかかわらず第三者の善意取得は認められ、善意取得による名義書換を拒否できないとする。[3]

### (5) 消極的立場の検討

消極説は本案訴訟を株券の返還請求権として、仮処分は株券の処分禁止という係争物に関する仮処分であることを基調とするが、株券の帰属に関する争いは、物としての株券の争いのほか、株券が表章している株主権についての争いでもある。そうすれば、本案訴訟は株券の返還請求だけでなく、株主権の確認請求でもあり、また会社に対する株主権確認訴訟、名義書換請求（給付訴訟であるから、会社が拒否したことを要しないであろう）を本案とすれば、会社を債務者とする仮の地位を定める仮処分（民保23条2項、旧民訴760条）である名義書換禁止の仮処分も認められることになる。

その根拠を以下のとおりあげている。

① 本案訴訟を株主権確認請求、被保全権利を株主権に対する妨害排除請求権とすれば、名義書換禁止の仮処分は認められ、仮処分の限界を超えることにはならない。株券に対する処分禁止・執行官保管の仮処分では目的を達し得ないことから、名義書換禁止の仮処分を必要とするのであるから、

---

2 大隅健一郎「株主権にもとづく仮処分」同『商法の諸問題』225〜226頁、新堂幸司『経営訴訟〔経営法学全集19〕』133〜134頁、中野貞一郎「名義書換禁止の仮処分」仮処分の研究(下)173頁以下、中島雅弘「株式をめぐる仮処分」中野貞一郎ほか編『民事保全講座(3)』270頁以下。

3 沢栄三『保全訴訟研究』287〜289頁。

処分禁止等の仮処分が認められることは名義書換禁止の仮処分を必要とし
ない理由にならない。

② 株式の譲渡は株券の交付により行うので、名義書換の禁止により株券の
移転を阻止できない、名義書換は会社に対する対抗要件であり、株主名簿
の記載は当事者間の株券の帰属の紛争とは無関係であるとするが、名義書
換禁止の仮処分は名義書換を禁止することにより、暫定的に株主名簿上の
株主を固定するのであるから、株券の移転の阻止、株券の帰属の紛争とは
無関係であるのは当然である。これは、株券の処分禁止の仮処分の効力の
問題である。

③ 会社は株式がどちらに帰属するかについて利害関係を有さず、当事者間
で決まったところに従うしかないとしても、暫定的に仮処分命令に従わな
ければならないから、名義書換禁止の仮処分は許されないとする理由には
ならない。そして、会社は名義書換請求との関係で第三債務者に準ずるか
ら、会社を第三債務者とする仮処分（仮処分の執行方法といえる）は許され
る。

④ 会社は株券の占有者による名義書換請求に応じなければならないとして
も、仮処分により名義書換を禁じられるのは、債務者（占有者）の請求に
よる場合に限られる。しかも、会社の名義書換義務は絶対的なものではな
く、名義書換請求者が無権利者であるなど正当な理由があれば拒絶できる。
名義書換禁止の仮処分により、請求者（株券の占有者・債務者）は無権利
者となるから（仮処分により権利を失う）、会社は名義書換を拒否しなけれ
ばならないことになる。

　このことは、会社法の下でも、株券発行会社については同様に考えるこ
とができる。株券不発行会社については（振替株式を除く）、株式の取得者
が株主名簿上の株主と共同で名義書換請求をしてきた場合でも（会社133
条2項）、会社は名義書換禁止の仮処分が発令されていることから、名義
書換請求に応じてはならない。

⑤ 被保全権利は株主権に基づく妨害排除請求権であるから、名義書換禁止
の仮処分の執行として、債権執行に準じて会社を第三債務者とすることは
可能である。

**145**

第5章　株主権と株式の帰属に関する訴訟

以上のように、消極説の理由は絶対的なものではないから、会社を第三債務者とする特定禁止型の名義書換禁止の仮処分は可能であると考えられる。

次に、前記積極説の趣旨は、仮処分により債務者（株券占有者）は株式の処分が禁止される結果、会社は反射的に制限を受けるから、名義書換をなし得ないと解されるが、仮処分により債務者が禁止されるのは、株式の処分であり、会社が反射的に制限を受け名義書換をなし得ないというためには、申請の趣旨に「債務者は名義書換請求をしてはならない」を加えるのが適切であろう。

### ⑹　名義書換禁止の仮処分と検討課題

#### ㋐　一般禁止型の仮処分の必要性

特定禁止型の仮処分は、株券の占有者が判明し特定できる場合でなければ不可能である。また、債務者が株券の処分禁止の仮処分に違反して株券を譲渡しても譲渡は有効であり、譲受人が株券を善意取得する可能性がある。仮処分の効力は債務者以外の者に及ばないから、会社は譲受人による名義書換請求を拒否し得ず、特定禁止型の仮処分では実効性が十分でない。

名義書換禁止の仮処分が発令された場合、仮処分の効力を回避するために、債務者は株券を第三者に譲渡し、または第三者名義で名義書換を求める場合が想定される。そこで、債務者を特定しない一般禁止型の仮処分の必要性が生ずるが、反面、善意取得者による名義書換請求も拒否することになるから、問題がある。

しかし、一般禁止型の仮処分であっても禁止の対象者を広げるだけであり、株式取得者の実質的権利関係に影響を与えるものではない。善意取得者の権利を否定するものではなく、一時的に名義書換を拒否して（仮処分の暫定性）、株主名簿上の株主を固定するにすぎない。そして、最終的には債権者と株式取得者との間で株式の帰属が決着することになる。しかも、現実には善意取得の成立そのものが争われる場合が多いと考えられるから、一般禁止型の仮処分を認めることを検討する必要がある。

債務者が特定されていないから、株式取得者は起訴命令の申立ても、保全異議の申立てもできないが、第三者異議の訴えによって仮処分命令による執行（観念的な執行）を排除することができ、また、不当仮処分であるとして損害賠償を請求することができる。もとより、この仮処分は株式取得者に与える影響

が大きいから、被保全権利と保全の必要性について高度の疎明が要求され、担保の額も高額になろう。

### (イ)　会社法と名義書換禁止の仮処分

会社法の下では、株券を発行する会社（株券発行会社）、株券を発行しない会社（株券不発行会社）、株式振替制度採用会社があり、それに応じ株式の譲渡方法、名義書換手続が異なることから、名義書換禁止の仮処分もそれに応じたものとなる。株券の不発行が原則であり、多くの会社で株券が発行されないから、係争物に関する仮処分ではなく、また善意取得者の利益との調整の問題は生じない。

株券発行会社については、株式の譲渡と名義書換は旧商法と同様の手続によるから、株式の譲渡は株券の交付により行い（会社128条1項）、名義書換請求は株式の取得者が株券を提示して行う（同法133条1項、会社施規22条2項1号）。

そこで、名義書換禁止の仮処分も旧商法時の解釈によることになる。株券の処分禁止・執行官保管の仮処分によるべきであるとして、名義書換禁止の仮処分に懐疑的な考えが強く、現在の裁判実務では、会社に対して名義書換を禁止することは、株券引渡請求権を保全する目的を超えるものとして認めない傾向にあるが、株券の処分禁止の仮処分は債務者の任意の履行を期待するほかなく、執行官保管に奏功した場合でなければ仮処分の実効性が乏しいものとなる。

そこで、本案訴訟を株券の引渡請求に加え株主の地位確認訴訟とし、被保全権利を株主権に対する妨害排除請求権とすることで、会社を第三債務者として名義書換禁止の仮処分を認める。この場合、株式取得者は仮処分により名義書換ができなくなるだけであり、仮処分は権利の得失に関係しないから、いずれが権利者であるかは債権者と株式の取得者の間で決着をつけることになる。

仮処分申請の趣旨は、「債務者は、別紙目録記載の株券について、譲渡その他の処分をしてはならない。右株券の占有を解いて執行官に引き渡さなければならない。執行官に右株券の保管を命ずる。債務者は、右株券について名義書換請求をしてはならない」、「会社は、債務者の請求により右株券について名義書換をしてはならない」となるであろう。

もっとも、会社法は株券を発行しないことを原則とし（会社214条）、大多数の会社は株券不発行会社であるから、株券の帰属をめぐる争いが生ずることは

第 5 章　株主権と株式の帰属に関する訴訟

少なく、名義書換禁止の仮処分が現実化することは少ないであろう。

### (7)　株券不発行会社と名義書換禁止の仮処分

　株券が発行されないことから、株式譲渡は株券の交付という方法によらないため、仮処分と善意取得者との利益調整という最大の関門はなくなったが、二重譲渡の可能性が生じる。すなわち、株主名簿上の株主 A が持株を B に譲渡しながら、名義書換請求に協力しないで C に譲渡し、名義書換請求をするおそれがある。この場合、B は A を被告とする株主権確認請求または名義書換手続請求訴訟を本案とし、株主権に対する妨害排除請求権（B は譲受けにより株主となっている）を被保全権利として、名義書換禁止の仮処分を申請することが必要になる。それ以外にも、X は自らが株主であり、Y は単なる株式名義人にすぎないと主張して、Y が株式を Z に譲渡し、名義書換請求をするおそれがあるとして、名義書換禁止の仮処分を申請する場合が考えられる。

　株主名簿上の株主は、利益を害される株主名簿の名義書換については、名義書換の共同請求に協力しなければよいのであるから、不当に株主名簿の名義書換請求がなされることはない。そこで、株主名簿上の株主は名義書換禁止の仮処分を申請する必要はなく、仮処分の申請人適格を欠く。

　債権者（株式の譲受人など自己が権利者であるとする者）は、株主名簿上の株主を債務者として、名義書換請求禁止の仮処分を申請することができる（必ずしも、株式取得者を共同債務者とする必要はないと解される）。名義書換は株主名簿上の株主と譲受人の共同請求によることが必要であるから、前者を債務者とすることにより仮処分の目的を達することができる。この場合、仮処分の効力はすべての株式取得者に及ぶことになるが、善意取得は生じないから支障はない。

　株式取得者は第三者異議により仮処分を争う余地があるほか、原告（債権者）と被告（株主名簿上の株主・譲渡人）間の、株主権確認訴訟または名義書換手続請求訴訟に補助参加することが考えられる。

　名義書換をするのは会社であるから、仮処分の効力を及ぼすために、会社を第三債務者（または共同債務者）とする必要がある。この点、株券が発行されている場合は、株券の占有移転禁止・執行官保管の仮処分によるべきであるから、会社を第三債務者とする仮処分を認めないとの立場によることになる。一

*148*

方で、株券不発行会社の場合についてはこれがあてはまらないから、会社を第三債務者とする名義書換禁止の仮処分は許されるとされている。[4]

仮処分申請の趣旨は、別紙目録記載の株式について、「債務者（株式名義人）は、譲渡その他の一切の処分ならびに名義書換請求をしてはならない」、「会社は、債務者の請求により名義書換をしてはならない」、となる。

### (8) 振替株式と名義書換禁止の仮処分

振替株式の名義書換は当事者の請求によるのではなく、振替機関の総株主通知に基づき発行会社が行うことから、株式の帰属について争いが生じた場合でも、名義書換禁止の仮処分によるのではなく、振替機関に対し振替口座に株式数の増減の記載（口座振替）をすることを禁止する仮処分によることになる。

そこで、振替株式の帰属について争いが生じた場合は、自己が権利者であると主張する者が、振替機関等と譲渡人（口座名義人）を債務者として、口座振替禁止の仮処分を申請することになる。口座振替は譲渡人（口座名義人）の申請により行われるから、株式譲渡の効力に争いがある場合は、譲渡人は口座振替の申請をしなければよいから、譲渡人が債権者となって口座振替禁止の仮処分を申請する必要はない。

口座振替禁止の仮処分を必要とするのは、譲渡人AがBに振替株式を譲渡しながら、口座振替の申請をすることなく、Cに対し譲渡し（二重譲渡）、口座振替の申請をする可能性がある場合、あるいは自己が権利者であり口座名義人Dは単に名義人にすぎないと主張するEが申請する場合である。

BまたはEが債権者となり、AまたはDを債務者として口座振替禁止の仮処分を申請するのであるが、口座振替をするのは振替機関であるから、振替機関を第三債務者にする必要がある。振替社債等に関する仮差押えの執行は、振替機関等に対し振替および抹消を禁止する方法により行い（民保規42条1項）、振替社債等に関する仮処分の執行は、仮差押えの執行または強制執行の例によることから（同規則45条）、振替機関を第三債務者としうることが明白である。

口座振替の禁止は口座振替をすることの差止めであるから、口座振替がなされる前に仮処分命令が振替機関に送達されなければならない。送達により振替

---

4 菅野博之＝田代雅彦編『民事保全の実務』164頁〔堀内元城〕。

機関は口座振替を行い得ないことになるから、仮処分に違反してなされた口座振替は無効である。口座振替がなされた後は、振替機関に対する総株主通知の禁止、発行会社に対する名義書換禁止の仮処分が考えられるが、現実には難しいであろう。

なお、口座振替禁止の仮処分は、当事者間で株式売買が行われ（相対取引）、譲渡人が振替の申請を行う場合に限られ、金融商品取引業者を介し証券市場での株式の買付けの場合は、当事者間で株式の帰属に関する争いは生じないから、仮処分は問題にならない。

### ⑼ 名義書換禁止の仮処分の申立てと効力

#### ㈠ 小 括

名義書換禁止の仮処分は、当事者間で株式の譲渡または帰属について争いがある場合に、自己が権利者であると主張する者が債権者（申請人）となり、それを争う者を債務者（被申請人）として申請する仮処分であり、会社または振替機関等を第三債務者とする仮処分であるが、株券が発行されている場合は、特定禁止型の仮処分である。

本案訴訟は株主権確認訴訟、名義書換手続請求訴訟、被保全権利は株主権に基づく妨害排除請求権であると考えられる。保全の必要性は名義書換がなされれば、債権者に回復しがたい損害が発生するおそれがあることである。

会社は当事者間の争いに関係しないから、本案訴訟の被告とならないが、名義書換をするのは会社であるから、仮処分の効力を会社に及ぼすために、会社を第三債務者とする必要がある。口座振替機関についても同様である。

会社を第三債務者とするのは、会社と株主の関係は債権・債務関係の一面を有するから、名義書換請求権を会社に対する債権（金銭債権）に準じたものと考えるものである。仮処分の執行は仮差押えの執行または強制執行の例によるが、金銭債権の差押命令は、債務者に対し債権の取立てその他の処分を禁止し、第三債務者に対しては債務者への弁済を禁止するのであるから（民執145条1項、民保50条1項、52条1項、民保規42条1項、45条）、これに従い債務者に対し名義書換請求を禁じ、会社（第三債務者）に対しては名義書換を禁止するのである。口座振替機関についてもこれと同様の取扱いをする。いささか便宜的ではあるが、仮処分の効力を会社に及ぼすための工夫として許される。

*150*

（イ）　仮処分の申立てと仮処分の効力

　名義書換禁止の仮処分は、仮の地位を定める仮処分であるから、管轄裁判所は、本案の管轄裁判所である被告の所在地を管轄する裁判所となり（民訴4条1項、民保12条1項）、専属管轄である（民保6条）。

　仮の地位を定める仮処分であるから、原則として、口頭弁論または債務者が立ち会うことができる審尋の期日を経なければ発令できない（民保23条4項）。一般に審尋によるが、債務者となる株式名義人、株式の譲渡人等を審尋しなければならず、そのために必要な期間を見込んで余裕をもって申請する必要がある。

　仮処分命令（裁判の形式は決定）は告知により効力を生じるが（民訴119条）、仮処分命令の正本を当事者に送達しなければならないが（民保17条）、第三債務者があるときは、第三債務者に対しても送達しなければならない。そして、当事者と第三債務者に送達されたときに、仮処分の効力が生ずる。名義書換禁止の仮処分についていえば、仮処分命令の執行（狭義の執行）は考えられないから、送達により執行された状態が生ずる（一般に、会社仮処分については、狭義の執行は考えられない）。そして、名義書換禁止または口座振替禁止の仮処分命令の正本が、第三債務者（会社または口座振替機関）に送達されることにより、第三債務者は名義書換または口座振替が禁止されることになる。

　名義書換禁止・口座振替禁止の仮処分の性質は差止仮処分であるから、それがなされる前に発令され、会社に送達されなければならないが、送達により、会社は名義書換ができなくなり、口座振替機関は口座振替ができなくなる。その結果、仮処分命令に違反してなされた名義書換または口座振替は無効となる。

　名義書換禁止の仮処分に対し、債務者（株式名義人・株式取得者）は仮処分が違法または不当であるとして損害賠償請求をすることができるが、保全異議（民保26条）、本案不提起による取消しの申立て（同法37条3項）、事情変更による取消しの申立て（同法38条1項）により仮処分の取消しを求めることができる。

　株式取得者が債務者とされていない場合は、上記の争い方はできないが、第三者異議の訴え（民執38条1項）によることは可能であると考えられる。会社または振替機関は、第三債務者であり債務者でないから仮処分を争うことはできないが、仮処分を争う実質的な利益もない。

# 第6章　株主総会と決議に関する訴訟

## 1　議決権を行使しうる株主

### (1)　基準日の制度の趣旨

　株主としての権利を行使できるのは株主名簿上の株主であるが、どの時点の株主名簿上の株主であるかを明確にしなければならない。そこで、会社は一定の日（基準日）を定めて、基準日における株主名簿上の株主（基準日株主）を、権利を行使することができる者と定めることができることから（会社124条1項）、多くの会社において、定款により基準日を設け、権利を行使しうる株主は基準日株主としている。

　基準日の趣旨は、一定の日時から株主総会期日までの間に株主の変動があった場合に、会社の事務処理との関係で画一的な処理の必要性に基づき、基準日株主を権利行使者とする制度である。基準日株主を定めた場合、基準日以後に株式を取得した者は、株主名簿上の株主であっても権利を行使することができなくなる。基準日以後に株式を取得した者とは、基準日以後に、株式を譲り受けた者（相続・合併は除く）、会社の保有する自己株式の処分として譲り受けた者、募集株式の発行を受けた者、新株予約権を行使した者が考えられるが、これらの者は、基準日株主ではないから権利行使をすることはできない。

### (2)　基準日後に株主となった者の議決権行使の許容

　基準日後に株主名簿上の株主となっても、株主としての権利を行使することはできないが、会社法は特則を設けている。基準日株主が行使できる権利が、株主総会または種類株主総会における議決権である場合は、会社は、当該基準日後に株式を取得した者の全部または一部を議決権を行使させることができる者と定めることができる。ただし、当該株式の基準日株主の権利を害することはできないとしている（会社124条4項）。

　これは実務上の要請に基づくものであるが、会社が基準日後に株主名簿上の株主となった者に議決権行使を認めるという趣旨である。基準日後株主に議決

権行使を認める必要があるのは、基準日後の第三者割当てによる募集株式の発行、自己株式の処分として株式を譲り受けた者、新株予約権を行使した者、組織再編により株主となった者である。そして、議決権行使を認める必要が現実化する多くの場合は組織再編や敵対的買収防衛策としてである。

買収防衛策としての議決権行使との関係であるが、基準日後に、買収防衛策として急ぎ第三者割当ての募集株式の発行を行うとか、新株予約権の行使がなされた場合は、新株主は基準日後株主であるから議決権を行使し得ないことになる。しかし、これでは防衛策としては役立たないことになるから、会社の判断で新株式の株主に議決権の行使を認めることができるとしたのである。

会社は、裁量により基準日後に株式を取得した者の全部または一部に議決権を行使させることができるのであるが、恣意的に特定の株主についてのみ議決権行使を認めるような定めをすることは株主平等の原則に反する。[1]

かかる株主の全員について議決権行使を認める場合であっても、株主総会において、会社支配権の争奪が生ずると予想される場合に、取締役会の多数派が自派に第三者割当ての方法による株式発行を行ったうえで、議決権の行使を認めることは株主平等の原則に反し違法になる可能性がある[2]が、新株予約権を発行するという方法による場合も同様である。このような場合は、かかる新株主に議決権を行使させることにより不利益を被る株主は、当該新株主による議決権行使を差し止める議決権行使禁止の仮処分を申請することができると考えられる。

### (3) 基準日後の株式取得者と議決権行使

基準日後に株式を取得した者に議決権行使を認める場合であっても、当該株式の基準日株主の権利を害することができないとの制約がある（会社124条4項ただし書）。基準日後に株式の譲渡があっても、株主総会において議決権を行使することができるのは基準日株主（譲渡人）である。そこで、基準日後に株式を譲り受けて株主となった者に議決権行使を認めることは、基準日株主の権利を害することになるから許されない（もっとも、すでに株式を譲渡し、株主の地位を失っている者に議決権行使を認めないことが、株主の権利を害するというこ

---

1　相澤哲編著『一問一答　新・会社法〔改訂版〕』66頁。

2　江頭・株式会社法216頁、中西敏和ほか『会社法現代化と実務への影響』41頁。

第6章　株主総会と決議に関する訴訟

とになるのかという本質的な問題がある）。

　そうすれば、基準日後に株主となった者で議決権の行使が認められるのは、募集株式の発行を受けた者、自己株式を取得した者、新株予約権を行使した者、組織再編に伴い株式の交付を受けた者ということになる。しかし、基準日後に株主となった者に議決権行使を認めるのは、敵対的買収防衛策の実効性確保のためという実際上の理由による場合であっても、基準日後に株式を買い増した敵対的買収者に議決権行使を認めないのと不均衡が生ずる。

　そこで、少なくとも、第三者割当ての募集株式の発行または敵対的買収防衛策の新株予約権発行が不公正発行に該当する場合は、基準日後に株主となった者に議決権を認めるべきでない。

## 2　株主総会決議の瑕疵を争う訴訟

### ⑴　株主総会決議を争う訴訟とその特徴

　株主総会の決議の効力を争う訴え（決議訴訟）は、会社訴訟の中でも多く提起される訴訟類型である。それは、中小規模閉鎖会社（非公開会社）における同族株主間での経営権争いの手段として提起されることがほとんどであるが、大規模上場会社においても提起される場合がある。

　株主総会は、法令および定款に定められた事項について決議する会社の機関であるが、決議事項は役員の選任と解任をはじめとして極めて重要な事項である。株主総会決議の内容や手続に瑕疵がある場合、そのまま放置できないが、瑕疵を理由に個別的に株主総会の決議の効力を否定すると、決議が有効であることを前提として形成された法律関係が覆され、株主その他の利害関係人に重大な影響を与える。

　そこで、会社法は、決議不存在確認の訴え、決議無効確認の訴え、決議取消しの訴えの規定を設けるとともに、法律関係の早期画一的な処理のために、原告、被告、提訴期間、対世効を認めるなど特別の規定を設け、一般民事訴訟と異なる取扱いをしている。

　株主総会の決議の効力を争う訴訟は、単に、決議に瑕疵があるというだけで提訴しうるのではなく、決議に基づく外観を除去するなど特に必要がある場合に提起される。決議訴訟の提訴権の共益権的性格から、株主が自己の個人的利

益とか復讐目的などで提訴することは許されない。かかる場合は、提訴権の濫用となる。普段は問題にしない決議の瑕疵を、株主間で経営権争いが生じた場合に取り上げて、訴訟を提起することが少なくない。

　株主総会の決議の効力を争う訴えが提起された場合、被告会社は、原告が当該会社の株主であることを否認し、原告の当事者適格を争うことが多い。同族株主による中小規模会社の場合、一括出資して持株数を適当に振り分けていることが少なくない。出資関係が極めて不明瞭であるばかりか、株主名簿が明確に整理されていないことが多いという実情から、会社が原告の株主資格を否認し、適格性を争ってきた場合、原告は、自己が株主であることを立証することが困難な場合があるのが、この訴訟の特徴である。

　株主総会の決議の効力を争う訴えの管轄は、被告会社の本店の所在地を管轄する地方裁判所の専属管轄であること（会社835条1項）、弁論と裁判は併合して行い、統一して審理し判決しなければならないこと（同法837条）、原告適格（同法831条）、被告適格（同法834条）の法定、提訴期間の制限（同法831条）、原告勝訴判決の対世効（同法838条）と形成的効力、当該決議に基づき登記がなされ決議訴訟について原告勝訴判決が確定した場合は（和解による訴訟が終了した場合は含まない）、裁判所書記官は会社の本店所在地の登記所にその登記を嘱託しなければならない（同法937条1項1号ト(1)(2)）ことなどは、会社訴訟の特徴としてすでに述べたとおりである（第1章参照）。また、原告敗訴（請求棄却）の判決には、対世効はなく判決の効力は原告と被告会社との間にとどまる。

### (2)　決議後株主と継続的株主

　株主総会で瑕疵ある決議がなされた後に、株主となった者にも原告適格が認められる。それは、提訴権の共益権的性格によるものである。しかし、株主であるという原告の適格要件は、提訴時において充足していれば足りるのではなく、訴訟の係属中のどの時点においても要求される（株式の継続的所有）。したがって、訴訟の係属中に持株の全部を譲渡し、株主ではなくなると原告適格を失い、訴えは却下されることになる。

　株主でなければならないというのは、もとより当該会社の株主でなければならないという意味であることから、A会社の株主Xが、A会社を被告として訴訟を提起したが、訴訟の係属中に株式交換または株式移転があり、A会社

がB会社の完全子会社になり、XもB会社の株主となった場合、株式の継続的所有との関係で原告適格が問題になる。

　同種の問題として、株主代表訴訟の係属中に株式交換あるいは株式移転がなされた場合、Xは原告適格を失い、訴えは却下されるかが問題にされた。裁判例は、Xの原告適格を否定したが、解釈論として原告適格の継続を認めることは可能であるとの見解が有力であった。この点、会社法は、原告適格を喪失しないという形で立法的に解決した（会社851条1項1号）。

　株主総会の決議の効力を争う訴訟については規定がないが、株式交換あるいは株式移転により、Xは自己の行為によらず、親会社たるB会社の株主になったのであり、しかも、A会社もB会社もその実体は変わらないから、会社法851条1項1号を類推適用し、Xは原告適格を失わないと解すべきであろう。

### (3)　株主名簿の記載と原告適格

#### ㈦　名義書換未了の株主と原告適格

　原告となる株主は名簿上の株主に限られるのか、それとも名義書換未了の株主を含むのかという問題があるが、株主名簿上の株主に限るとするのが通説的見解である。しかし、提訴するのであれば、株主名簿の名義を書き換えればよいから、原告適格が認められないという形式論にとどまらず、名義書換未了の株主（実質株主＝実質的権利）に、提訴権（原告適格）が認められないかを訴訟法上の適格性の問題として検討する必要がある。

　名義書換未了の実質的株主が新株発行無効確認の訴えを提起した場合において、原告は被告に対し名義書換を請求したことがないことを理由に、仮に、原告が被告の株式を譲り受けていても、原告は、商法206条1項（現会社法130条）により、被告（会社）に対して株式の取得を対抗することができないとして原告適格を否定した判決（東京地判平成2・2・27金判855号22頁）や、株式交換無効の訴えについて、株主名簿の名義書換を経なければ、会社その他の第三者に対抗できないから（会社130条1項）、株主名簿の名義書換を経ていなければ、実質的な株主であっても、株主であることを会社に対抗することができず、株主としての原告適格も認めることはできない、会社が名義書換未了の株主を株主と認め、権利行使を容認することができるとしても、その者を株主として取り扱わなければならない義務を負うものではない、もっとも、会社が従前、当

該名義書換未了の株主を株主と認め、権利行使を容認してきたなどの特段の事情が認められる場合には、会社が訴訟において名義書換の欠缺を指摘して株主たる地位を争うことが、信義則（禁反言）に反して許されない場合がありうる、しかし、会社は本件原告の株主としての権利行使を認めたことはないのであるから、会社が名義書換の欠缺を主張することは信義則（禁反言）に反するものではない、として名義書換未了株主の原告適格を否定し、訴えを却下した判決がある（名古屋地一宮支判平成20・3・26金判1297号75頁）。

　株主名簿の名義書換を経なければ、会社その他の第三者に対抗できないのは（会社130条1項）、会社法律関係の画一的処理の要請によるものである。名義書換の実体法上の効力であり、名義書換は会社に対する権利行使の資格の問題である。そこで、名義書換をしなければ、議決権行使、利益配当支払請求、会社書類の閲覧請求等の株主としての権利行使ができないことになる。一方で、会社は、自己の危険で株主名簿上の株主でない者に権利を行使させることは可能であり（最判昭和30・10・20民集9巻11号1657頁）、会社が名義書換を遅延するとか拒絶した場合は、株主は名義書換なしに権利行使をすることができることになる（最判昭和41・7・28民集20巻6号1251頁）。また、会社は、株主名簿上の株主であっても、実質的な株主でない者（無権利者）の権利行使を拒絶できるが、それは名義書換の効力の問題ではなく、その者が実質的権利者でないことによるのである。

　名義書換は会社に対する権利行使の要件であり、名義書換未了の株主に提訴権を認めるか否かとは別の問題である。原告適格者を株主名簿上の株主とした場合、会社が名義書換を不当に拒否した場合でも、名義書換未了の株主は提訴できなくなる（名義書換の不当拒否の場合は、名義書換なしに会社に対抗できるという実体法上の効力は認められても、これにより原告適格を認めることは困難であろう）。反対に、会社が名義書換未了の株主の権利行使を認めることができるとしても、それにより原告適格まで認めることは無理であろう。

　提訴権者を株主名簿上の株主に限るとした場合、多くの会社は株券不発行であり、名義書換のためには株主名簿上の株主の協力を要するから、協力が得られない場合は、提訴権も認められないことになる。

　原告適格は、株主名簿上の株主であるか否かではなく、その者が実質的に株

第6章　株主総会と決議に関する訴訟

主であるか否かにより判断すべきであり、会社が権利行使を認めたから、ある
いは名義書換を不当に拒絶したから、原告適格が認められるという性質の問題
ではない。また、原告適格を、信義則違反（禁反言）により理由づけすること
は疑問である。原告適格は、会社が争わないとか、会社に信義則違反があるか
ら認められるというものではない。実体法上の権利行使が可能であるか否かと、
訴訟法上の原告適格は区別すべきである。

　また、株主名簿の記載は、会社に対する権利行使の資格であるが、これは事
務処理上の便宜によるものであり、原告適格という訴訟上の要件と同一視すべ
きではない。もとより、株主名簿上の株主であっても実質的な権利者でなけれ
ば原告適格は否定されるべきである。

　したがって、名義書換未了の株主についても原告適格を認めるという解釈が
妥当であるから、会社法828条2項および831条1項の株主は名義書換未了の株
主を含む。また、新株発行等の不存在確認の訴え（会社829条）、株主総会等の
決議の不存在または無効確認の訴え（同法830条）については、原告適格者が法
定されておらず名義書換未了の株主が含まれると考えることも可能であるから、
会社法828条2項等の株主に名義書換未了の株主を含めることは十分に説明が
つく。もっとも、原告適格が争われた場合は、原告において自己が実質的な株
主（権利者）であることを立証しなければならない。

　このことは、訴えの利益についてもあてはまると考えられる。すなわち、株
主名簿に記載されなければ株主は会社に対抗できないから、株主名簿に記載さ
れていない株主は、原則として確認の利益を有しない。しかし、会社が株式の
譲渡を認め譲受人を株主として扱うことは許され、かかる場合は名義書換未了
の株主にも原告適格が認められ、また会社が名義書換を不当拒絶した場合等は、
名義書換未了の株主であっても株主であることを主張しうるから、確認の利益
が認められるとする見解がある[3]。しかし、確認の利益を、名義書換の有無によ
り判断し、また、会社が権利行使を認めたとか、名義書換の懈怠または不当拒
絶をしたことから認められるとするのは理論的に疑問がある。これが認められ
るのは、会社を被告とする株主権の確認訴訟や名義書換請求訴訟の場合であり、

---

3　江頭憲治郎＝門口正人編集代表『会社法大系(4)』309～310頁〔真鍋美恵子〕。

会社の組織に関する訴えにはあてはまらない。原告適格や訴えの利益は客観的に一律に判断されるべきものであり、具体的事情により決定されるものではない。

(イ)　他人名義・架空人名義による名義書換と原告適格

　他人名義や架空人名義で株主名簿の名義を書き換えた者にも、提訴権が認められるかという問題がある。株主名簿上の名義書換は、本名または通称によらなければならないから、他人名義や架空人名義で名義書換を経た者には、提訴資格（原告適格）が認められないとの考え方もありうる。この立場によれば、架空人はもとより名義人も権利者ではないから、株主総会の決議に関する訴訟の原告適格を有しないことになる。そこで、当該株式については株主総会の決議に関する訴訟を提起しうる株主がいないことになる。

　当該株式の権利者は、他人名義の他人や架空名義人ではなく実質的に株式を取得した者であり、提訴資格は会社に対する権利行使の問題ではないから、実質上の株主について、自己が権利者であることを立証することにより、提訴資格を認めてもよいのではないかと考えられる。特に、架空人名義の場合については、「乙こと甲」との表示により提訴資格を認めてもよいのではなかろうか。

　提訴資格は、実質的に株主であるかどうかにより判断されることから、株主名簿上の名義にそれほどこだわる必要はないであろう。譲渡制限株式でない場合については、株主名簿上の株主が他人名義やストリート・ネームであることが少なくなく、会社に対する権利行使の必要が生じた場合に、名義書換請求をすることが多い。そこで、株主名簿上は他人名義や架空人名義の実質的株主についても、実質的株主であることを立証させることにより、提訴資格を認めることは許されるであろう。

　これに対し、実質的株主は保有株式をいつでも自己名義に書換えをすることができるから、名義書換のうえで提訴すべきであるとの考え方もあり得る。しかし、それならば、権利の帰属の問題であるから、名義書換にあまりこだわる必要がないのではないか、との反論もあり得る。

*159*

第 6 章　株主総会と決議に関する訴訟

## 3　株主総会決議取消しの訴え

### ⑴　訴訟当事者と取消原因

　会社法は、株主総会決議取消しの訴えの提訴権者（原告）は、株主・取締役・監査役・清算人・執行役であり（会社831条 1 項）、被告適格者は当該会社である（同法834条17号）として当事者を法定している。そして、決議から 3 カ月間という提訴期間内に、訴えをもって当該決議の取消しを請求できるとしている（同法831条 1 項）。

　　㋐　原　告

　決議取消しの訴えの提訴権者（原告適格者）は、株主、取締役（清算人）、監査役、執行役である。決議取消しの訴えは形成の訴えであるから、原告適格者は法定されている。決議取消しの訴えを提起するのは、多くの場合株主であるが、保有議決権数や保有株式数を要件とせず（単独株主権）、株式の保有期間も問わない。議決権のない株式の株主にも提訴権が認められる。

　当該決議の取消しにより、株主、取締役（清算人）、監査役となる者にも提訴権が認められている。会社法には、当該決議により株主資格を失った株主について規定はなかったので、株主資格を失った者は提訴することができなかったが、平成26年改正会社法により株主資格を失った者の提訴権が認められた（会社831条 1 項）。

　当該決議の取消しにより、株主、取締役（清算人）、監査役となる者とは、決議取消訴訟の勝訴判決の確定により、さかのぼってその地位を失わなかったことになる者（その地位を回復する者）という意味である。

　解任決議により解任された取締役等は、解任決議の取消しにより解任されなかったことになる。任期満了により退任した取締役等については、自己を再任しなかった選任決議が取り消されると、新取締役等の選任がなかったことになるから、退任した取締役等は、後任者が就任するまでの間、引き続き取締役等の権利義務を有する（会社346条 1 項）。そこで、当該決議について決議取消しの訴えの提訴権が認められるのである。

　従前、総会決議により特定の株主の株主権（株主資格）を奪うことは想定できなかったが、商法改正および会社法により、全部取得条項付種類株式の取得

や組織再編により特定の株主を排除すること（キャッシュ・アウト）が可能となった。

そこで、株主の地位を奪われた者の利益保護のために、自己の株式資格を奪った総会決議について、決議取消しの訴えの提訴権を認める必要がある。総会決議に基づき株主資格を奪われた者は、総会決議が取り消されれば、その地位を回復できるから、当該総会決議の取消しの訴えの提訴権を認めるべきであるとした裁判例がある（東京高判平成22・7・7金判1347号18頁）。このような状況の下で、平成26年改正会社法は総会決議により株主資格を奪われた者に、当該決議の取消しの訴えの提訴権を認めたのである（会社831条1項）。

株主でなくなることは原告適格の喪失事由となる。決議取消しの訴えの原告適格である株主要件は、提訴時だけでなく訴訟の係属中を通じて必要とされるから、訴訟の係属中に株主たる地位を失えば原告適格を喪失するのが原則である（最判昭和45・7・15民集24巻7号804頁参照）。しかし、これは、株主が株式を譲渡したとか、差し押さえられたというように株主の事情による場合を前提としたものである。会社の行為により株主でなくなった場合については同一に取り扱うことには問題がある。特に、株主たる地位を奪うことになった決議の取消訴訟については、株主の地位を奪われた者にも原告適格を認めるべきであることはいうまでもない。

原告株主が、決議取消訴訟の係属中に死亡した場合、提訴権は共益権であるとしても、相続人が被相続人の地位を包括的に承継するから、相続人が、原告たる地位を承継することができる（前掲最判昭和45・7・15）。原告が破産した場合は、破産管財人が訴訟を承継すると解される。

決議取消しの訴えは株主総会において議決権を行使しうることを前提にする権利であるから、議決権制限株式特に議決権のない株式の株主には提訴権を認める必要はないとの考え方があるが、決議取消しの訴えの提訴権と議決権を必ずしも結びつける必要はない。提訴権は議決権から派生するものと考える必要はなく、決議取消しの訴えの提起は、株主総会決議の適正を確保するための監督是正権的な面があることから、議決権制限株式の株主にも提訴権を認めるべきであろう。

株式の共有の場合は、株主総会にあたり議決権を行使する者を定めて会社に

第6章　株主総会と決議に関する訴訟

届け出る必要があることとの関係で、この手続要件を満たさない共有者は原告適格が認められないとするのが一般的である。しかし、議決権行使者を定めることと、決議取消しの訴えの提訴権は必ずしも結びつけて考える必要がないばかりか、提訴は一種の保存行為とみることができるから、議決権行使者を定めている場合を除けば、共有者による提訴を認めるとの解釈は成り立ちうるであろう。

　(イ)　被　告

　被告は、常に当該会社である。取締役選任決議取消しの訴えの対象となる取締役であっても被告とはなり得ない。取締役を被告とする訴えは不適法である（会社と取締役を共同被告とした場合は、取締役に対する訴えは却下される）。しかし、取締役選任決議取消しの訴えについて、最も利害関係を有するのは、選任決議の対象となった取締役である。そこで、当該取締役は、被告会社に訴訟参加することが認められる。この場合の参加形態であるが、被告は会社に限られるから、取締役は被告会社に共同訴訟参加（民訴52条）することはできない（最判昭和36・11・24民集15巻10号2583頁）ので、補助参加または共同訴訟的補助参加となる。

　(ウ)　手続と効果

　「訴えをもって当該決議の取消しを請求することができる」（会社831条1項）とは、決議の取消しは必ず取消しの訴えによるべきであり、訴え以外の方法で主張できないとの意味である。そして、取消原因が法定され、認容判決には対世効が認められていることから、決議取消訴訟は形成の訴えである。

　提訴期間は、決議から3カ月以内と極めて短いが、この期間内に決議取消しの訴えを提起することなく、3カ月間が経過すれば決議の瑕疵は治癒され、決議は有効なものに確定する。これは、決議取消訴訟の場合は、一般に瑕疵が小さいことから、早期に法律関係を安定させるためであるとされている。

　決議取消しの訴えが認容された場合、判決に対世効が認められるが（会社838条）、会社法は遡及効を否定しないから、決議時にさかのぼって当該決議の効力が失われる。そこで、事実上の取締役によるなどその間になされた法律行為の安定を確保するための解釈上の努力を必要とすることになる。

　この点、役員の選任決議のように、決議を前提として社団的行為あるいは取

*162*

引的行為が進展する場合に、会社関係の法的安定確保のために遡及効を否定する判決があるが（有限会社に関する広島高岡山支判昭和42・12・22高民集20巻6号556頁）、解釈論としては難しいであろう。

　㊁　取消原因

　会社法は、①株主総会の招集手続または決議の方法が、法令もしくは定款に違反し、または著しく不公正なとき（会社831条1項1号）、②決議の内容が定款に違反するとき（同項2号）、③株主総会の決議について、特別の利害関係を有する者が議決権を行使したことによって、著しく不当な決議がなされたとき（同項3号）、を決議の取消原因と規定しているが、決議取消事由の解釈については旧商法当時の解釈が通用するであろう（下記(2)参照）。

## (2)　招集手続または決議方法の法令・定款違反

　株主総会の招集は、取締役会決議または取締役の決定を経て、招集権限がある取締役が株主に対して招集通知を発することによりなされるが（会社299条）、この手続に瑕疵があれば、招集手続の法令違反として決議取消しの原因となる。法令違反とは、会社法およびその付属法令違反であり、定款違反とは、会社が定款に定めた招集手続または決議方法に違反することである。当該取消事由が決議方法の法令違反か、著しい不公正かが判然としない場合があるが、いずれも同一法条の問題であるから、強いて区分する必要もないであろう。

　招集手続または決議方法の法令・定款違反として、下記のような場合が考えられるが、いずれも手続的瑕疵であることから、違反の事実が重大でなく、かつ決議の結果に影響を及ぼさないものとして、裁判所の裁量棄却（会社831条2項）の対象となる場合が少なくないと考えられる。反面、株主総会決議の不存在事由との限界が明確でない場合もある。

### ㋐　取締役会による招集決議を欠く場合等

#### (A)　招集権限のある取締役による招集の場合

　取締役会の招集決議がなくとも、招集権限のある代表取締役が株主総会を招集したときは、招集権者による招集であり、取締役会の招集決議の有無は外形的に明らかでないから、招集手続違反の瑕疵は当然に無効となるのではなく、招集手続の法令違反として決議の取消事由になる（最判昭和46・3・18民集25巻2号183頁、東京高判昭和30・7・19下民集6巻7号1488頁）。

*163*

第6章　株主総会と決議に関する訴訟

(B)　招集権限のない取締役による招集の場合

取締役会の招集決議がなく、しかも、招集権限のない取締役が招集した株主総会は、法律上の株主総会とはいえないから、外形的事実を考慮しても、決議は不存在といわざるを得ない（最判昭和45・8・20判時607号79頁）。

(C)　取締役会による招集決議は経たが、招集権限のない取締役による招集の場合

取締役会による招集決議を経たが、招集権限のない取締役が招集した株主総会については、適法な招集決議がなされているのであるから、招集権限のない取締役が招集したとしても、招集手続の法令違反として決議取消事由とみるべきであろう。

㈑　株主に対する招集通知もれ

(A)　取消原因か不存在原因か

株主に対する招集通知もれは、招集手続の法令違反となり決議の取消原因となる。招集通知を欠いた議決権ある株式数が大きいときは、決議の取消原因ではなく不存在事由となる。どの程度の招集の通知もれがあれば、決議の不存在となるのかの基準はそれほど明白ではないが、裁判例の分析によると、議決権ある株式数全体の4割を超える場合は、決議取消事由ではなく決議不存在事由となるとされている[4]。

だとすれば、4割を超えなければ決議取消事由とみることができるが、最低どの程度の招集通知もれがあれば、決議取消事由となるであろうか。会社の規模とか決議の内容とか決議時の状況などの具体的な事情にもよるが、議決権ある株式数全体の1割超程度とみるべきではなかろうか。もっとも、決議の取消事由にあたるというだけであり、招集通知を欠いたことが決議の効力に影響しないような場合は、裁量棄却（会社831条2項）の問題として処理すべきであろう。

招集通知もれが、決議の取消事由または不存在事由となるか否かの判断において、議決権数だけでなく、株主数をも考慮すべきかであるが、株主総会決議は資本多数決によるから、株主数を考慮する必要はないといえよう。このこと

---

4　商事関係訴訟65頁。

から、多数の議決権を有する少数の株主に対する招集の通知もれが、決議不存在事由となることも十分ありうる。

(B) 自己以外の株主への招集通知もれがあった場合

原告株主は、決議の取消原因として自己に対する招集通知もれがなくても、他の株主に対する招集がないことを招集手続の瑕疵として、招集手続の法令違反を理由に決議取消しの訴えを提起することができる（最判昭和42・9・28民集21巻7号1970頁）。これは、ある株主に対し招集通知がなされないということは、全株主に対する関係において取締役の義務違反となる（最判平成9・9・9判時1618号138頁）との考え方を前提にするものであろう。

(C) 会社が株主名簿の書き換えに応じず、実質株主に招集通知もれがあった場合

会社が正当な理由がないのに、株主名簿の名義書換に応じない場合は、当該株主は名義書換なく会社に対して株主権を主張できるのであるから（前記2(3)(ア)参照）、当該株主に対する株主総会の招集通知を欠くときは、決議の取消原因となる（前掲最判昭和42・9・28）。

(D) 株主総会の定足数を満たさない場合

株主総会において、決議をするためには定足数を満たしていなければならない。法令・定款所定の定足数を満たしていない場合は、決議の不存在といえない場合でも、招集手続または決議方法の法令・定款違反として決議の取消原因になると考えられる。

(E) 株主総会の開催に株主全員の同意がある場合

一人会社の場合は、招集手続を必要としないから、その一人株主が出席すれば、株主総会は成立する（最判昭和46・6・24民集25巻4号596頁）。一人会社以外についても、招集権者による招集の手続が欠けていても、株主全員が開催に同意して出席し決議したときは、決議は有効に成立する（最判昭和60・12・20民集39巻8号1869頁）。

株主全員が開催に同意して出席した場合（全員出席総会）は、株主の総会出席権の確保目的の招集手続を省略しうるのであり、招集通知を受ける権利を放棄したものと解される。しかも、株主総会の決議事項にも同意して決議しているのであるから、手続に瑕疵はないといえよう。かく解することは、小規模会

社の実情に適するものである。

この点、会社法は、株主全員の同意があるときは、招集の手続を経ることなく株主総会を開催することができる（ただし、株主が書面または電磁的方法によって議決権を行使することができる場合は除く（下記(オ)(F)参照））としている（会社300条）。

　　(F)　株主総会招集権者が取締役の職務代行者の場合

仮処分により取締役の職務代行者が選任された場合、職務代行者の権限は会社の常務に限られるから（会社352条1項）、代表取締役の職務代行者は臨時株主総会を招集することはできない。職務代行者が招集した臨時株主総会は、法律上の株主総会とはいえないから、その決議は不存在と考えられるが、この点、判例は決議の取消事由とみている（最判昭和39・5・21民集18巻4号608頁）。

　　(ウ)　議決権を行使し得ない株主による議決権行使

議決権を有しない株主が総会決議に参加した場合は、決議方法の法令違反として決議取消しの原因になる（会社831条1項1号）。議決権を有しない株主として問題になるのは、議決権制限株式（同法108条1項3号、115条）の株主が決議に加わった場合のほか、自己株式等（自己株式、相互保有株式、子会社が有する親会社株式）議決権を行使できない株主が決議に加わった場合である。

自己株式とは、株式会社が有する自己の株式であるが（会社113条4項カッコ書）、会社はその保有する自己株式について議決権を有しない（同法308条2項）。相互保有株式についても、原則、議決権を有しない（同条1項カッコ書、会社施規67条1項）。これは、A社の議決権総数の4分の1以上を他の会社（B社）が有する場合に、A社はその有するB社の株式（相互保有株式）について議決権を有しないことになる。

子会社による親会社株式の取得は原則として禁止されているが（会社135条1項、976条10号）、実際上の必要と弊害のない場合について例外的に取得を許容されている（同法135条2項、会社施規23条）。取得が認められる場合でも、相当の時期に子会社は有する親会社株式を処分しなければならない（会社135条3項）。この間、子会社が有する親会社株式について議決権は認められない（同法308条1項、会社施規67条1項）。

このように、自己株式等については議決権を行使し得ないが、自己株式等の

取得は当該会社の計算により取得した場合であるから、第三者名義で取得した場合も自己株式等の取得となる（違法取得）。そこで、第三者は議決権を行使することができない。

(エ) 招集通知を発する時期・方法・記載事項

(A) 招集通知を発する時期に違反のある場合

招集通知は、会議の目的たる事項を記載して、会日より2週間前に（非公開会社の場合は1週間前であるが、取締役非設置会社の場合は、定款によりさらに短縮できる）、株主に対して書面または電磁的方法により通知しなければならない（会社299条1項・2項）。

2週間前に、書面または電磁的方法により通知しなければならないのは、株主が出席するか否かの判断をするのと、出席するための準備をするためである。そこで、この期限を守らず、あるいは書面または電磁的方法によらない招集通知は招集手続の瑕疵となり、決議の取消原因となる。

(B) 株主全員の同意のある場合の招集手続を怠った場合

会社法は、株主の全員の同意があるときは、招集手続を経ることなく、株主総会を開催できるとした（会社300条）。これは、旧商法の解釈上認められていた全員出席総会を成文化したものであるが、書面による議決権行使を認めた場合または電磁的方法による議決権行使を認めた場合は、株主の全員の同意があるときでも、招集手続を経なければならない。よって、この場合は、株主全員の同意があっても招集手続を怠った場合は、決議取消事由となる。

(C) 日時・場所の欠缺のある招集通知を発した場合

招集通知書には、必ず株主総会開催の日時、場所、株主総会の目的である事項を記載しなければならない（会社299条4項、298条1項）。したがって、株主総会開催の日時や開催場所の記載のない招集通知書では、招集通知の目的を達し得ないから、適法な招集通知とはいえず決議取消事由となりうる。

(D) 本店所在地以外の場所での株主総会の場合

会社法により、本店所在地以外の場所で、株主総会を開催することが可能となったが（その理由は、会社の企業活動の中心は登記簿上の本店ではなく、東京などの大都市であることに加え、株主の多くも本店所在地に居住していないので、株主総会に出席することが困難であるという事情を配慮したことにある）、多数の株

第6章　株主総会と決議に関する訴訟

主の出席を困難とする開催場所は、適正な開催場所ではないから、招集通知書に記載されていても、招集方法が著しく不公正であるとして決議取消事由となりうる。

　　(E)　株主総会の目的である事項を欠缺した招集通知を発した場合

　株主総会の目的である事項とは、株主総会の議題であるが、これを招集通知書に記載するのは株主がどのような議題（決議事項・議事日程）であるかを知り、出席をするかどうかを判断し、株主が出席をする場合は、決議事項に賛成するか否かに備えるためである。そこで、株主総会の議題の記載のない招集通知書は有効なものとはいえないから決議取消事由となる。この場合、招集通知に記載すべき株主総会の目的である事項は、当該総会の議事日程である事項が何であるか了解することができるに足りる記載をしなければならない（大決明治35・7・8民録8輯7巻51頁）。

　すなわち、株主総会の議題を記載させる趣旨から、可能な限り具体的に記載すべきであり、特に会社の組織に関する重要事項である合併や組織変更については、できる限り具体的に記載すべきである。

　　(F)　招集通知に記載されていない事項を株主総会で決議した場合

　取締役会設置会社において、株主総会の議題として招集通知に記載されていない事項を決議した場合は、決議方法の法令違反と解するのが判例であるが（最判昭和31・11・15民集10巻11号1423頁）、当該決議事項が議題として記載されていないのであるから、招集手続の法令違反とみるべき余地もある。

　　(G)　計算書類や事業報告の送付に不備があった場合

　取締役会設置会社の場合は、定時株主総会の招集通知とともに、計算書類や事業報告を送付しなければならないが（会社437条）、これは定時株主総会の招集通知と一体として、株主に判断のための情報を提供するものであるから、これを怠りまたは不備であれば、決議取消事由となるであろう。また、これらの書類の内容に不備がある場合は、程度にもよるが決議取消事由となりうる。

　　(H)　株主の議決権行使を妨げた場合

　違法な議事運営により株主の議決権行使を妨げた場合は、決議方法の法令違反であるが（東京高判平成4・11・16金法1386号77頁）、決議方法の不公正と解することもできよう。株主平等の原則に違反する議決権行使をさせた場合も同様

**168**

である。

　　(オ)　株主総会前の計算書類備置の懈怠

　取締役は、株主総会の1週間前から5年間、株主および債権者の閲覧に供するため、計算書類等を本店に備え置かなければならないが、これを怠った場合は株主総会の招集手続の法令違反となり、この招集手続の瑕疵は軽微とはいえないから、株主総会決議は取り消されるとした裁判例がある（宮崎地判平成12・7・21判タ1063号180頁）。

## (3)　議事運営の問題

　　(ア)　議長と議事運営

　株主総会の議事運営は議長によりなされるが、誰が議長になるかは一般に定款またはその付則に定められている。そこで、少数株主が裁判所の許可を得て株主総会を招集した場合を除き、定款で定められた者（通常、代表取締役）が議長になるが、定款により定められていない場合は株主総会で議長を選任する。

　議長の定めに関する定款の規定に違反して選任した議長が、株主総会の議事運営をし、決議をした場合は、決議方法の法令・定款違反となる。しかし、定款の規定に従って選任された議長が議題について十分な審議を尽くすことなく、一方的に審議を打ち切り、閉会を宣言して他の取締役とともに退席した場合は、定款で定めた議長が自らの職務を放棄したのであるから、定款の規定にかかわらず、株主総会で議長を選出して総会を続行することが許され、決議方法の法令違反とはならない。

　議長が正当な理由なく定刻に現れず、しかも、定款所定の次順位者も株主総会を開会しないとか、議長の議事進行をめぐり紛糾し、議長不信任案が提出され混乱が生じている場合は、株主総会において適時、適正な方法で仮議長を選び、審議を続行すること、また延期続行を決議することは許される。

　株主総会の議長は、総会秩序の維持と議事を整理し、その命令に従わない者その他総会の秩序を乱す者は退場させる権限を有している（会社315条1項・2項）。しかし、その権限を濫用し、不公正な議事運営を行い、または退場させるほどの秩序違反が認められない株主を退場させて決議した場合は、法令・定款違反または著しく不公正な決議方法の瑕疵を帯びる。また、議長が適正な総会運営と審議を行うことなく、一方的に審議を打ち切り決議を行ったときは、

決議方法の法令違反となる。

#### (イ) 従業員株主と議事運営協力

経営陣が、総会運営を円滑に進めるために従業員株主に協力を求め、あるいは従業員株主が、株主総会の議事運営について執行部（経営陣）に協力することは差し支えないが、それにはおのずから限度がある。一般株主を排除するために、従業員株主を株主席の前方に着席させ、株主の発言を妨げたり、決議を急がせ、審議打ち切りの動議をさせることが許されないことはいうまでもない。許容性の限度を超えれば決議方法の法令違反になりかねない。

総会運営に対する従業員株主の過度な協力は不公正な議事運営となり、また、従業員株主がリハーサルどおりに行為をする会社主導型の総会運営というのも、内容によっては著しく不公正な議事運営となり決議方法の法令違反となる。まして、総会屋を用いて総会運営を行うことなど許されることではなく、決議方法の法令違反となる。

会社主導の株主総会と称して、従業員株主等を用いて議事進行についてリハーサルを行い、株主総会の会場において、従業員株主等が出席し、リハーサルどおりに議事進行に協力することがある。これが、すべて決議方法の不公正とはいえないが、時代遅れで適切な方法ではないであろう。

従業員株主等がリハーサルどおりに議事進行に協力したことをもって、著しく不公正な決議方法ではないとした裁判例があるが（大阪地判平成10・3・18判時1658号180頁）、一般の株主から質問の機会を奪うことになりかねないばかりか、株主総会を形骸化させるおそれが大きい。一般の株主の利益について配慮することが不可欠であり、従業員等の協力を得て株主総会の議事を進行させ、株主の質問の機会が奪われるような場合は、決議の方法が著しく不公正である場合がありうるとしている。

一部の特殊な株主による議事妨害が予想される場合には、従業員株主を利用するのではなく、議長の秩序維持権や議事整理権を適切に行使し、退場命令等を行使しても収拾がつかないような場合に備えて、あらかじめ警察に対し臨場要請をするなどにより対処すべきであろう。[5]

---

5 渡邊顯「株主総会の瑕疵」新・裁判実務大系(11)41頁。

(ウ) 著しく不公正な開会時刻の遅延

株主総会の開会時刻が社会通念上、是認できる程度に遅延しただけでは、手続上の瑕疵にならないが、3時間以上も遅延した場合は、定刻に参集した株主の出席を困難ならしめるものとして、その手続は著しく不公正である（水戸地下妻支判昭和35・9・30下民集11巻9号2043頁）。

(エ) 説明義務違反

(A) 株主の質問権と取締役等の説明義務

株主は、株主総会において経営陣（代表取締役）に対し説明を求める権利（質問権）を有し、代表取締役はそれに対し説明義務を負う。それは、代表取締役が議案の提案者によることを主たる理由とするから、株主提案の場合は、提案者株主が説明義務を負い代表取締役は説明義務を負わない。

取締役の説明義務の範囲であるが、不必要あるいは濫用的な質問に答える必要はない。この点、会社法は、株主総会において、株主から特定の事項について説明を求められた場合には、取締役は必要な説明をしなければならないと規定する（会社314条本文）。ただし、当該事項が株主総会の目的である事項に関しないものである場合、その説明をすることにより株主の共同の利益を著しく害する場合、その他正当な理由がある場合として法務省令で定める場合はこの限りではない（同条ただし書）としている。

これにより、株主総会の目的事項と関係のない質問、あるいは、質問に対する説明が企業秘密に関するものであるなど、説明をすることにより株主の共同の利益を著しく害する場合には説明義務がない。また、その他法務省令で定める説明義務がない場合としては、①説明をするために調査をすることが必要な場合（株主が、株主総会の日より相当期間前に当該事項を通知した場合、および調査が著しく容易である場合を除く）、②説明をすることにより会社その他の者の権利を侵害することとなる場合、③株主が、当該株主総会において、実質的に同一の事項について繰り返して説明を求める場合、④その他、株主が説明を求めた事項について、説明をしないことにつき正当な理由がある場合であり（会社施規71条）、取締役等はそれに該当する具体的な理由を示したうえで、回答を拒否することができる。質問事項の一部について回答拒否事由がある場合は、その部分についてのみ拒否しうる。

第6章　株主総会と決議に関する訴訟

### (B)　取締役等の説明義務違反の基準

株主の質問権は、株主総会の目的（議題ないし議案）と関連する事項に限られるが、あまり厳格に関連性を要求すべきでなく、説明義務の範囲の問題として処理すべきである。説明義務の範囲は、議案との関連において、議案内容を理解し、決議に賛成すべきか否かを判断するために必要と客観的に認められる程度で足りる。この程度の説明をすれば説明義務を尽くしたといえるが、反対に、この程度の説明をしない場合は、説明義務違反として決議方法の法令違反となる。

説明義務を尽くしたか否かは、具体的な状況により判断しなければならないが、一般的に、平均的な株主を基準とし、議案と決議内容との関連の程度、重要性と必要性、質問時間などを総合して、客観的に判断されるべきである。

質問事項が複数であるとか、複数の株主から重複する質問がなされたという場合は、株主総会の時間的制約から一括回答をすることが許される。一括回答だからといって説明義務違反になるのではなく、株主の質問事項に対応し適切・的確に回答しているか否かが基準となるのである。

説明義務違反を理由に、決議方法の法令違反があるとして争われた場合、被告会社において説明を拒否しうる正当事由の存在を主張・立証しなければならない。

### (4)　**株主提案権と会社の不当拒否**

#### (ア)　株主提案権の趣旨と類型

株主総会で決議できる事項（総会決議事項）は、議題（総会の目的）に含まれる議案（決議すべき内容）である。それは招集権者（会社・取締役会）が決定し、招集通知に記載される。総会で決議できる事項は会社が決定した議題とそれに関連する議案に限られる（会社298条1項、309条5項）。そのため、株主が、会社提出の議題または議案と異なる事項を総会の議題とし、それに関する議案を提出するためには、少数株主による総会の招集手続によらざるを得ない（同法297条1項・4項）。

そこで、会社法は、会社が招集する株主総会を利用して、株主が議題の提出または議案の提案をすることができるよう株主提案権を認めた。株主の提案が総会において承認されることは少ないにしても、招集通知や株主総会参考資料

*172*

に記載され株主に開示されることから、他の株主の関心を集め、適正な内容であればそれを経営者は無視することは困難であるから、総会決議の健全化のために役立つばかりか、形骸化（形式化）した総会を活性化する機能を有する。反面、無用の提案がなされることについて防止する必要がある。

株主提案権には、議題提案権（会社303条）、議案提案権（同法304条）、議案の要領の総会招集通知に記載することの請求権（総会前の議案提案権）がある（同法305条）。

議題は総会の目的（目的事項）であり、議案は目的事項を具体化した提案である。総会決議は議案についてなされるが、株主総会で決議しうる事項（議案）は、議題に関するものに限られる（会社309条5項）。たとえば、議題は、取締役何名選任の件であり、議案は、具体的な候補者名であり、その略歴等が株主総会参考資料に記載される。そして、議題は総会の招集通知に記載されるが（同法299条4項、298条1項2号）、議案は株主総会参考資料（議案内容の説明書）に記載される（同法301条1項、会社施規73条）。

(イ) 株主の議題提案権

(A) 株主による議題の提案請求

株主総会で決議される議案は議題の範囲内であることから、株主が議題の範囲外の事項について議案を提出するためには、株主に議題提案権を認める必要がある。そこで、株主は、取締役（代表取締役、代表執行役その他会社を代表する取締役）に対し一定の事項（当該株主が議決権を行使することができる事項に限る）を株主総会の目的とすることを請求すること（議題の追加請求権）を認めている（会社303条1項）。

提案議題を当該株主が議決権を行使できる事項に限ったのは、当該株主が議決権を行使できない事項について提案を認める必要がないからである。もとより、提案議題は総会において議題としうる事項に限る（たとえば、会社が決定した議題に、取締役の選任議題を追加するなど）。

取締役会設置会社（多くの会社は取締役会設置会社である）の場合は、議題提案権を有するのは、総株主の議決権の100分の1以上の株式を、6カ月前（公開会社でない場合は、6カ月前という要件はない）から引き続き有する株主に限られる（同条2項・3項）。そして、議題の提案請求は株主総会の日の8週間前

*173*

第6章　株主総会と決議に関する訴訟

までにしなければならないが（同条2項）、8週間前の段階では株主は、総会の会日、会社の提出する議題を知り得ない。そこで、従来からの慣例により会日を推測し、会社が提案しないと考えられる議題を総会の目的とすることを請求することになる。なお、非取締役会設置会社については提案請求の期限について制限がないことから、株主は総会の場において議題を提案することができる。

　⒝　株主の提案権行使と会社の措置

　適法な議題提案請求を受けた会社（取締役）は、それを総会の議題とし株主提案として招集通知に記載しなければならないから、それを怠れば不当拒否になる。しかし、提案された議題が総会の決議事項でない場合、法令・定款違反の場合、無意味な多数の議題の提案などは権利行使の濫用であるから応ずる必要はない。また、株主の請求が会社の提案する議題と同じ場合はそれに応ずる必要はない。

　この場合、株主総会の議題とすることを拒否した会社において、株主の提案議題を総会の議題としない事由の存在を立証しなければならない。

　㉄　株主の議案の要領の記載請求権

　⒜　株主による議案の要領の記載請求の趣旨

　株主が、会社提出の議案に対し修正議案または追加議案を出す場合、または議題の提案にあわせて議案を提案する場合（議題の提案は、議案についても提案しなければ目的を達し得ない）、あらかじめ他の株主に議案の内容を通知することが必要である。そこで、株主に議案の要領の記載請求（議案の事前提案）が認められている（会社305条1項）。

　株主総会会場における議案の提案事項は、他の株主の予測可能性、書面投票または電子投票との関係で制限を受けるが、事前に議案の要領を株主に通知することにより、事前に他の株主に対し提案議案に関する情報を与え、また書面投票または電子投票をする株主に対して賛否の判断をする機会を与えることから提出議案は制限されないことになる。

　加えて、議案の事前提案により他の株主の賛同を得ることを期待することができる。もっとも、現実には、株主提案により総会決議を成立させることは難しいことから、自己の提案した議案について、委任状の勧誘（会社310条1項、

**174**

金商令36条の2）をすることが必要である。

　総株主の議決権の100分の1以上の株式を、6カ月前（公開会社でない取締役会設置会社については、6カ月前という要件はない）から引き続き有する株主は、取締役に対し、総会の日の8週間前までに、総会の目的である事項（議題）につき、当該株主が提出しようとする議案の要領を招集通知に記載させ、会社の費用をもって株主に通知すること（通知書面への記載または電子招集通知への記録）を請求することができる（会社305条1項・2項）。

　議案の要領の記載請求は事前提案の意味をもつ。そこで、議案の要領が招集通知（株主総会参考書類）に記載され、他の株主に通知されたときは総会の議案となるから、請求株主が総会に欠席した場合でも議案として決議しなければならない。

　　(B)　株主の請求に対する会社の措置

　会社は、当該請求に係る議案が、①法令・定款に違反する場合、②実質的に同一の議案につき、株主総会における総株主の議決権の10分の1以上の賛成を得られなかった日から3年を経過していない場合については、株主の請求を拒否することができる（会社305条4項）。①は、たとえば、欠格者を役員の候補者とする議案、剰余金がないのに配当を求める議案であり、②は、株主総会で多数の賛成を得ることが望めないような提案を繰り返し行うことを防止するためである。

　会社は、拒否事由（会社305条4項）がない場合は、株主総会の招集通知（株主総会参考書類）に、会社提出の議案と株主が記載を請求した議案の要領（株主提案である旨を明示する）を併記して株主に通知する。記載事項は、①株主の提出に係る議案であること、②議案に対する取締役会の意見があるときはその内容、③株主の提案理由、④取締役等の選任議案の場合は、候補者の略歴等の株主から通知された事項である（同法301条、302条、会社施規93条1項1号〜4号）。③、④に関しては、株主総会参考書類にその全部を記載することが適切でない場合は、その趣旨を損なわない程度にそれを要約して概要を記載することができる（会社施規93条1項柱書）。

　　(エ)　株主の議案提案権

　株主は、株主総会において、総会の目的である事項（議題）に関し、議案を

提出して総会決議を求めることができる（会社304条）。これは、総会における
議案提案権であるが、修正動議または追加動議としてなされる。単に、会社提
案に反対するにすぎない場合は、議案として取り上げる必要はない。

　議案提案権は保有議決権数等を問わず、事前予告をすることなく総会におい
て提出することができる。総会の議場において、株主が議案を提出した場合、
議長は迅速にそれが法定の拒否事由（会社304条ただし書）にあたるか、適法な
内容のものであるか否かを判断し、拒否事由にあたらないと認められる場合は、
提案株主に提案の趣旨を説明させ議案として決議することになる。

　議案提案権の範囲については、議題の範囲内という制限はあるが、保有議決
権数等を問わず、事前予告も必要としない。そこで、株主が総会で提案できる
議案は、他の株主の予測可能性の範囲内という制限を受けることになる。つま
り、招集通知に記載され株主に通知されている議案から予測可能な範囲内に限
って（たとえば、配当金の増額請求）、株主は総会において議案の提案をするこ
とができるものと解される。

　他の株主は、招集通知に記載された議案をみて、議決権行使を判断すること
から、株主が提案することができる議案は、通知された議案から合理的に予測
できる範囲内のものに限られることになる。[6]そうでなければ、他の株主は情報
に接していないことから、突然の議案の提案に対し適切に対処し得ないという
不都合が生ずる。

　特に、書面投票（会社311条）、または電子投票（同法312条）による議決権行
使は、総会日時の直前の営業時間の終了までにしなければならないが（会社施
規69条、70条）、それは、株主総会参考書類記載の議案に対してなされる。そこ
で、株主が総会で提案できる議案について制限を受けないとすると、書面投票
または電子投票をした株主にとって、株主の提案議案に対して賛否を表明する
機会を与えられないことになる。

　株主の議案提出として許されるか否かが問題となる代表的な場合として、人
事議案（選挙提案）があげられる。株主が、総会当日、議題として通知された
員数内で、会社提案の取締役候補者を変更しまたは追加する提案をした場合、

---

6　大隅健一郎＝今井宏＝小林量『新会社法概説〔第2版〕』150頁。

書面投票または電子投票で議決権を行使した株主には株主提案について賛否の判断をする機会がないばかりか、総会に出席した株主も判断のための資料を事前に与えられていない。

株主総会参考書類に記載される議案には、取締役候補者に関する事項が記載されることから（会社施規74条）、株主は取締役の候補者の情報を得ることができる。これとの兼ね合いからも、取締役候補者の変更または追加する議案の提案を認めるべきではない。

また、配当金の増額請求であっても、会社の遊休資産の売却、内部留保金（積立金）を取り崩したうえでそれを配当財源として高額配当を求めるような場合は、他の株主は、会社提案の配当議案の合理性、会社の長期利益の確保などの見地から、株主提案の議案に賛成するか否かを決するのであるから、予測可能の範囲内の議案というわけにはいかないであろう。

(オ) 株主提案の不当拒否と対応措置

会社が株主の提案を不当に拒否した場合、あるいは議長によって議案の提案（総会場における提案）が拒否（無視）された場合（会社法304条違反）については、仮処分申請をする余地はない。しかし、株主の議題提案または議案の要領の記載請求の不当拒否については、総会日以前の拒否であるから、株主は提案権を確保するために仮処分によることができる（民保23条2項）。

仮処分命令は、会社は、「株主提案の議題Aを総会の議題としなければならない」、「株主の請求に係る議案Bの要領を株主総会の招集通知（株主総会参考書類）に記載しなければならない」となろう。この場合、会社が株主総会の招集通知を発した後であれば、株主提案の議題または議案の要領を記載した招集通知を再度、発しなければならないことになる。

会社が仮処分命令に従わない場合は、適切な執行方法がなく（間接強制によるしかないであろう）、しかも、仮処分命令の効力も総会決議の時までに限られるから、仮処分の実効性は十分でない。そこで、成立した総会決議について、仮処分に違反した決議として決議の無効を主張することを検討する余地がある。

会社（取締役）が株主提案の議題を不当に拒否し、総会の議題としない場合は、代表取締役等は100万円以下の過料に処せられることにより（会社303条1項・2項、976条19号）、株主の議題提案権の実効性を確保することになる。なお、

177

第6章　株主総会と決議に関する訴訟

株主の提案権の不当拒否は不法行為を構成する（民709条）。

　㋕　株主提案権の不当拒否と総会決議の効力

　　(A)　株主の議題提案の不当拒否

　会社が株主の議題提案権を拒否して議題としなかった場合（招集通知に株主提案の議題として記載しない）は、不当拒絶であるが総会の議題とならず、したがって、決議の対象となる議案はないから、決議取消しの問題は生じないことになる。

　　(B)　株主の議案提案の不当拒否

　株主が総会において提案した議案について、会社が議案として決議しないことは議案提案権の不当拒絶となる。しかし、議長が株主の提案議案を議案として取り上げず、決議しなかったのであるから、決議取消しの対象となる決議は存在せず、したがって、当該請求議案について決議取消しの問題は生じない。

　この場合、株主の提案議案を無視して、会社提案の議案（原案）について決議したのであるから、決議が成立した議案について、決議方法の法令違反または著しい不公平として決議取消しの原因となると考えられる（会社831条1項1号）。そして、提案株主は成立した決議について効力停止の仮処分申請をすることが可能である。

　多くの場合、訴訟は裁判所の裁量棄却（会社831条2項）となると思われるが、決議取消しの訴えが提起されるというリスクを考えれば、会社は、株主提案の法令・定款違反が明白な場合（同法304条ただし書）を除き、議案として取り上げて否決する対応が望ましい。

　　(C)　議案の要領の記載請求の不当拒否

　会社が、株主の議案の要領の記載請求に対し、法定の拒否事由がないのに、株主総会参考書類に記載しなかった場合は、それは総会の議案にならないから決議されることはない。そこで、当該請求議案については決議取消しの問題は生じないことになる。

　しかし、株主の議案の要領の記載請求を拒否し、会社提案の議案（原案）について決議を成立させたのであるから、会社提案の議案に係る成立した総会決議について、招集手続の法令違反、決議方法の法令違反として決議取消しの原因となるだけでなく、株主総会参考書類に記載しないということは、株主が事

前に会社に提案した議案について決議しないことになるから、決議方法の法令違反または著しい不公平として決議取消しの原因となると考えられる（会社831条1項1号）。そして、成立した決議について効力停止の仮処分を申請することが考えられる。

### (5) 議決権の代理行使・書面投票

株主は、代理人によって議決権を行使することができるが、議決権の代理行使をするためには、代理権を証する書面を会社に提出しなければならない（会社310条1項）。議決権の代理行使が認められるのは、株主の議決権行使の機会を確保するためである。そこで、定款により議決権の代理行使を禁止することはできないが、代理人資格を株主に制限することは可能であるかが問題となった。

多くの会社では、定款により代理人資格を当該会社の株主に限るとの規定を設けている。その効力が問題にされたが、判例は、かかる定款の規定による相当程度の制限は、株主総会が株主以外の第三者によって撹乱されることを防止し、会社の利益を保護する趣旨であると認められ、合理的理由による相当程度の制限ということができるから有効であるとした（最判昭和43・11・1民集22巻12号2402頁）。以後、定款による代理人資格の制限は有効なものとして定着しているが、それ以上の制限は認められないから、代理人を一定数以上の株式を有している株主に制限することはできない。しかし、かかる定款の規定を設けても、代理人となる者は、最低限必要な株式を保有しているのが通常であるから、その実効性は疑問である。

議決権の代理行使を制限する定款の規定は有効とされたが、この場合においても常に、非株主は代理人となり得ないのかという問題がある。この点、株主である県・市・会社が、株主でない職員または従業員に、議決権の代理行使をさせることは定款の規定に違反しないとする判例（最判昭和51・12・24民集30巻11号1076頁）がある。また、弁護士については、株主総会が撹乱されるおそれがあるとは一般的に認めがたいとして、合理的な相当程度の制限の範囲ではないとする立場がある（神戸地尼崎支判平成12・3・28判タ1028号288頁）が、弁護士とはいえ非株主であるのに入場を許すとすると、判断に明確な基準がなく受付事務を混乱させるおそれが高いとしてこれを認めない立場もある（宮崎地判

平成14・4・25金判1159号43頁)。

　定款による制限を有効とする限り、弁護士であるとの理由で、株主総会を撹乱する一般的な危険がないとして、非株主に議決権の代理行使を認めうるかは疑問であり、画一的な取扱いはやむを得ないであろう。議決権行使は総会において、当該議案に賛成するか反対するかであるから、弁護士を代理人にするほどの必要はない。しかし、株主が重病で総会に出席できないが（書面投票制度を採用していない会社）、代理人とする他の株主がない場合は、弁護士を代理人にせざるを得ない。また、株主提案権について趣旨説明をする必要があるなど、弁護士を代理人にする必要のある場合は、例外的に特段の事情として、弁護士を代理人にすることを認めるべきであろう。

　県・市・会社が職員を代理人にする場合は、指揮命令下にある職員または従業員を用いなければ、議決権の代理行使が困難な場合が多いことを理由とする例外的取扱いである。

　代理人資格を制限することは好ましいことではないばかりか、株主であれば、持株数や株式保有期間を問わず代理人になりうるから、実効性にも疑問がある。そこで、かかる代理人資格の制限規定は廃止するのが望ましいといえよう。

　議決権を代理行使するためには、代理権を証する書面（委任状）を会社に提出しなければならないが、これは会社が送付した書面に限らず、株主が作成した私製の委任状であっても差し支えない。そこで、委任状の真正を確認するための印鑑照合等の手続をとることなく、私製委任状であるとして委任状の受け取りを拒否するのは株主権の侵害として違法となるとの裁判例がある（前掲宮崎地判平成14・4・25）。

### (6)　決議方法の著しい不公正

　株主総会に出席する株主について、合理的な理由がない限り平等な取扱いをすべきであるから、一般株主とは別に従業員株主を先に入場させ、株主席の前方に着席させる措置は、公正な取扱いとはいえないから適切ではない。しかし、これだけでは具体的な株主の法的利益が侵害されたとまではいえないとした判例がある（最判平成8・11・12判時1598号152頁）。

　これは、差別的取扱いによる損害賠償請求事案であるが、決議取消訴訟として提起された場合、従業員株主が、前列に座り意識的に議長の議事進行に協力

し、他の株主の質問や発言を封じ、決議を急がせたという特段の事情があるときは、決議方法の著しい不公正として決議の取消原因となる。

　また、株主総会に参集した株主に議決権行使の機会を与える措置をとらず、株主が、議案として修正動議を提出しているにもかかわらず、それを無視し議長がこれを取り上げることなく決議した場合は、決議方法の著しい不公正なものとして決議取消しの原因となる（大阪地判昭和49・3・28判時736号20頁）。

　このような場合に備えて、総会検査役の制度がある（会社306条1項）。

### (7)　決議内容の定款違反

　決議内容が定款に違反する場合は決議の取消原因となる（会社831条1項2号）。決議内容の法令違反の場合は決議無効原因となるのに対し（同法830条2項）、定款違反の場合は、会社の自治規則の違反として違法性が弱いということを理由とするのであろうが、定款違反の場合も、瑕疵が重大で、法令違反の場合と違法性の度合いが違わない場合もある。

　定款違反の例として、定款所定の員数を超える数の役員の選任決議、定款記載に反する株主総会の招集手続と総会運営などが考えられるが、今後は、会社法が定款自治を広く認めたことから、定款違反の事例が多くなることが予測できよう。

### (8)　特別の利害関係と著しく不当な決議

　株主総会の決議において、決議に特別の利害関係を有する株主が議決権を行使することは認められるが、これにより著しく不当な決議がなされたときは、決議の取消原因となる（会社831条1項3号）。この点、取締役会の決議については、特別利害関係を有する取締役は決議に加われないとするのと対照的である（同法369条2項参照）。

　決議に特別の利害関係を有する株主が、議決権を行使することを認めるか否かは、立法論的に問題のあるところであるが、議決権行使を認めても、必ずしも不当な決議がなされるとは限らないし、かかる株主の議決権を排除した場合は、かえって不公正な決議がなされるおそれがある。そこで、会社法は特別利害関係を有する株主の議決権行使を認め、それにより、著しく不当な決議がなされた場合には、決議の取消原因となるという形で調整したのである。

　著しく不当な決議とは、特別利害関係を有する株主が参加した決議により、

第6章　株主総会と決議に関する訴訟

許容性の限界を超えた不当な決議がなされた場合である。換言すれば当該株主が決議に参加しなければ、容易に成立しない決議であり、必ずしも経済的に不当な場合であることを要しない。そして、不当な決議を理由とする取消請求においては、原告が、特別利害関係を有する株主が決議に参加したこと、それにより著しく不当な決議が成立したこと、決議内容が著しく不当なことを立証しなければならない。

　特別の利害関係を有する株主とは、取締役の解任決議における、その対象者が考えられる。ほかには、取締役の責任免除または責任軽減（一部免除）決議における免除の対象者、会社事業の全部または重要な一部の譲渡承認決議における譲受人たる株主などが考えられる。

　特別利害関係にあたるか否かは、その株主が決議に加わることにより決議の公正が害され、著しく不当な決議がなされるおそれがあると認められるか否かで判断される。

　会社法は、特別利害関係を有する株主の決議参加を認めていることから、著しく不当な決議が成立したとの解釈は広く認める必要があろう。取締役の責任免除決議についていえば、それが著しく不当であるか否かは、当該取締役の会社での地位や権限、経営についての関与の有無と度合い、当該行為について果たした役割、当該行為が会社に与える影響などの諸事情を考慮して、取締役の責任を免除することが一般的に不合理であるか否かの観点から判断すべきである（大阪高判平成11・3・26判時1065号8頁）。

　株主代表訴訟の1審判決で、取締役の損害賠償責任が認められた後、取締役の責任免除の株主総会決議において、当該取締役である株主が議決権を行使したために責任免除決議が成立し、また同人が議決権を行使したために取締役の退職慰労金の支払決議が成立した事例がある（神戸地判平成10・8・21判時1662号148頁）。この場合、責任免除決議については、特別利害関係人といえるであろうが、退職慰労金の支払決議については、従来から、一定の基準により算出された退職慰労金が支払われてきたのであれば、それの支払いに関し、特に特別利害関係人とまではいう必要はない。

### (9)　提訴期間と期間経過後の取消原因の追加

　株主総会決議の効力をできるだけ早期に安定させ、株主総会の決議が覆るこ

とを防止するために、株主総会決議取消しの訴えは、提訴期間を決議の日から3カ月以内に制限し、提訴期間の経過後は提訴し得ないとする（会社831条1項）。

3カ月という提訴期間は不変期間であり、これを延長または変更することは認められない。3カ月という提訴期間は実体法上の期間であり、訴訟上の期間ではないため、期間経過後に提起された訴えは、却下されるのではなく、取消権のない請求であるとして棄却されるべきであると解されている[7]。しかし、提訴期間は実体法に定められているが、提訴の適法要件としての手続規定であるから、提訴期間の経過後の提訴は、請求に理由があるか否かを問わず不適法なものとして却下されるべきであろう。

なお、3カ月という提訴期間が遵守されているか否かは、通常、訴状の提出日と請求の趣旨から明らかであるから、提訴期間が遵守されていない場合は、裁判所は被告の指摘（本案前の抗弁）を待たず、提訴の不適法を理由に却下すべきであろう。

提訴期間は不変期間であるが、この期間の経過後に取消原因を追加しうるかという問題がある。この点、判例（前掲最判昭和51・12・24）は、提訴期間の経過後に、新たな取消事由を追加主張することは許されないとしている。

その理由が、株主総会決議の効力の早期安定の確保にあるというのであれば、原告の提訴により、すでに株主総会決議の効力の早期安定性の確保は遮断されている。また、新たな取消事由というのは、訴訟物としての別個の取消原因の意味か、それとも、新たな攻撃方法（訴訟物を1つとみる）をいうのかという意味がある。前者であれば、新たな訴えの提起として訴えの追加的変更になるから、提訴期間経過後に新たに追加主張し得ないことになる。これに対し、後者に解すれば、新たな取消事由の追加ではなくその原因を攻撃方法として主張するのであるから、許されるという解釈になる。

原告が、3カ月以内に資料を収集して、すべてを主張することは困難であることから、訴訟物をどうみるかに関係なく、訴訟を著しく遅延させるおそれのない場合は、期間経過後の追加主張を認める弾力的な取扱いが必要であろう。そうでなければ、原告は3カ月以内に概括的な事実主張をし、後に主張を整理

---

7　相澤哲「株主総会決議取消しの訴えと取消事由の追加・株主総会決議不存在確認の訴えから決議・取消しの訴えへの変更」新・裁判実務大系(11)29頁。

**183**

するという手法をとらざるを得ないことになる。

　判例が、取消事由の追加を認めないのは、判決に対世効と遡及効があることを考慮し、法的安定性を確保すべきであるとの考慮によるものと考えられる。もっとも、ある程度弾力的な取扱いをし、決議無効原因として主張された瑕疵が決議取消原因に該当し、しかも、決議取消訴訟の原告適格、出訴期間等の要件を満たしているときは、たとえ決議取消しの請求が出訴期間経過後になされても、決議無効確認訴訟提起時から提起されているものと同様に取り扱うべきであるとする（最判昭和54・11・16民集33巻7号709頁）。

　これに対し、決議不存在事由として主張された事実が不存在事由にあたらない場合に、決議不存在確認請求に当初から当然（訴えの変更手続を待つまでもなく）予備的に決議取消請求が含まれているものとして、審理・判決すべきであるとするのは、主張事実が決議取消事由に該当する場合であっても相当でないとする裁判例がある（東京高判昭和59・4・17判時1126号120頁）。この点、原告に対し、予備的に決議取消請求をするのかどうかの釈明を求め、原告が決議取消請求が予備的請求であると釈明した場合は、出訴期間が遵守されている限り、予備的請求である決議取消請求について審理・判決することになる。

### ⑽　役員の退任と訴訟の帰すう

　役員選任の株主総会決議取消しの訴えの係属中に、当該決議により選任された取締役等の全役員が任期満了により退任した場合、当該決議取消しの訴えは訴えの利益を欠き却下されるかという問題があるが、判例は、特別の事情がない限り、訴えの利益を欠くに至ると解されるとしている（最判昭和45・4・2民集24巻4号223頁）。

　そこで、訴えの利益の存否は特別の事情の有無にかかることになるが、特別の事情と考えられるのは、当該取締役の在任中の行為について、会社の受けた損害を回復することを目的とする場合、報酬の支払いによる損害の回復の場合などであり、この場合は、訴えの利益は失われないと考えられる。その他、退任した取締役が招集した株主総会で、新取締役を選任した場合、新取締役選任決議の効力が争われることにならないのか、これとの関係で、訴えの利益を欠くに至らないのではないかという疑問がある。

　決議取消しの訴えが提起されても、上訴を含めれば訴訟の係属中に取締役の

任期が満了することは少なくない。そうすれば、訴えの利益として問題にする限り、取締役選任決議取消しの訴えはあまり意味がないことになる。取締役の任期が満了するとか、取締役が任期中に辞任したからといって、選任決議の瑕疵を争う利益が消滅するといえるのか疑問である。

　辞任により訴えの利益がなくなるとすれば、訴えが提起されたならば、いったん辞任し、再選するという訴訟戦術を助長することになりかねない。

　役員選任決議の瑕疵以外でも、役員退職慰労金贈呈の株主総会決議（第1の決議）の取消しの訴えの係属中に、第1の決議と同一の内容で、かつ第1の決議の取消判決が確定した場合に、さかのぼって効力が生ずるものとされている第2の決議が有効に成立したときは、仮に第1の決議を取り消したとしても、第2の決議が第1の決議に代わってその効力を生ずることになるので、特別の事情がない限り、決議取消しの訴えの利益は失われるとされた事例がある（最判平成4・10・29民集46巻7号2580頁）。

　第1の決議の取消判決が確定した場合に、さかのぼって効力が生ずるとの同一内容の決議が成立している以上、第1の決議を取り消してみても、特に意味はないから、訴えの利益が消滅したとするものであり是認することができる。しかし、決議取消しの訴えが提起された場合、新決議をすることにより、決議取消しに係る訴えの利益が消滅するとの手法を一般化させることは好ましくない。

### ⑾　決議の瑕疵と裁量棄却

　株主総会の招集手続または決議の方法が、法令・定款に違反するときでも、裁判所は、その違反する事実が重大でなく、かつ、決議に影響を及ぼさないものであると認められる場合は、請求を棄却することができる（会社831条2項）。これは裁量棄却とよばれている。決議取消事由のうち、招集手続または決議の方法の法令・定款違反の場合に限られるから、招集手続または決議方法が著しく不公正なとき、決議内容の定款違反、著しく不当な決議は裁量棄却の対象とならない。

　招集手続または決議の方法が、法令・定款に違反するときでも、裁判所は、その違反する事実が重大でなく、かつ、決議に影響を及ぼさない場合は、訴えの利益がないとか、提訴権の濫用を理由に訴えを却下することは理論上可能で

*185*

第 6 章　株主総会と決議に関する訴訟

ある。会社法はこれを明確にし、決議取消しの請求を棄却することができると
したのであるが、濫訴防止目的と解される。

　裁判所の裁量棄却というが、請求を棄却するためには被告にこれを抗弁とし
て主張させるのが適正な処理である。しかし、裁量棄却事由は訴えの利益に関
連するものであるので、被告が主張しない場合でも、裁判所は裁量により棄却
することが可能である。もとより、法文上も請求を棄却することができるとあ
るように、裁判所は請求棄却の判決をしなければならないのではない。

　裁量棄却の要件としては、招集手続または決議の方法の法令・定款違反があ
っても、違反の事実が重大でなく、かつ、決議に影響を及ぼさないことである。
手続上の瑕疵があっても、決議を有効なものとして存続させるのであるから、
違反の事実が重大でなく、かつ、決議に影響を及ぼさないとの双方が要件とし
て備わらなければならない。したがって、招集手続または決議方法に重大な瑕
疵がある場合は、決議の結果に影響を及ぼさない場合でも、会社法831条 2 項
による裁量棄却は認められない（最判昭和46・3・18民集25巻 2 号183頁）。

　また、事業譲渡についての株主総会の承認決議に関し、招集通知にその要領
を記載すべきものとしているのは、議案に反対の株主が株式買取請求をするこ
とができるようにするためであるから、その記載を欠いた招集通知の違法は重
要でないとはいえず（最判平成 7・3・9 判時1529号153頁）、裁量棄却は認められ
ない。

　反対に、発行済株式総数が 1 万株の会社で、2700株を有する株主に対する招
集通知の発送と株主総会期日までの期間が法定期日に 6 日足りなかったが、そ
の株主は以前から議題を聞いており、しかも、自己の居住する建物にある会社
事務所で株主総会が開催されることを熟知しながら、わざと留守にして株主総
会に出席しなかったが、総会決議は他の株主全員一致でなされている場合は、
上記瑕疵は決議の結果に影響を及ぼさないものとして、裁量棄却するのが相当
であるとしてこれを認めた例がある（最判昭和55・6・16判時978号112頁）。

　発行済株式総数が 1 万株の会社で、2700株を有する株主に対し、招集通知の
発送と総会期日までの期間が法定期日に 6 日足りなかったことは決議取消原因
と考えられるが、原告がわざと株主総会に出席しなかったこと、株主総会決議
は他の株主全員一致でしているという事情を考慮して、判旨は瑕疵が重大でな

く、決議の結果にも影響を及ぼさないものとしたのである。事前に議題を聞い
ており、株主総会に出席しようとすればできたのであるから、原告の行動に問
題ありといえるのであり、棄却の実質的理由は信義則違反であるとみることが
できるから、提訴権の濫用法理が適用されてもよい事例であった。

#### ⑿　他の会社法上の訴えとの関係

　株主総会の決議取消しの訴えと、当該決議に基づく会社の行為の効力を争う
別訴（他の類型訴訟）との関係が問題となる。これは、特に、別訴が訴えをも
ってのみ無効を主張することができ、しかも、提訴期間に制限のある場合に問
題になる。

　たとえば、株主以外の者に対し新株引受権を与える旨の株主総会決議に対す
る決議取消訴訟の係属中に、当該決議に基づいて新株が発行されてしまった場
合、新株の発行が効力を生じた日から、6カ月以内に新株発行無効の訴え（会
社828条1項2号）を提起しなければならないのか、決議取消訴訟を継続すれば
よいのかが問われる。この点、新株発行無効の訴えの提訴期間が、新株発行が
効力を生じた日から6カ月以内と法定されていることから、この期間内に新株
発行無効の訴えを提起しなければならない。これは、決議不存在確認訴訟また
は決議無効確認訴訟の場合でも同様に考えることができよう。この場合、決議
訴訟と新株発行無効の訴えは、訴訟類型を異にするが、問題の株主総会決議の
効力に関係することから、請求の基礎を共通にするものとして、新株発行が効
力を生じた日から6カ月以内に、訴えの変更を認めることができないか検討の
余地がある。

　決議訴訟の係属中に、新株発行無効の訴えを別訴として提起した場合、決議
訴訟の帰すうが問題になる。この点、新株発行の無効は無効の訴えをもっての
み主張しうるのであり、新株発行に関する株主総会の決議の効力だけを問題に
しても意味がない。また、株主以外の者に新株引受権を与えるための株主総会
の決議取消訴訟が係属中に、上記決議に基づき新株発行がなされてしまった場
合は、新株発行無効の訴えを提起すべきであり、決議訴訟（取消の訴え、無効
の訴え）は訴えの利益を欠くものとして却下される（最判昭和37・1・19民集16
巻1号76頁、最判昭和40・6・29民集19巻4号1045頁）。

　合併についても同様であり、合併契約承認決議に瑕疵がある場合でも、決議

第6章　株主総会と決議に関する訴訟

の取消しまたは無効確認のみを独立して訴求することは許されず、これを争うためには合併無効の訴えを提起しなければならない（東京地判昭和30・2・28下民集6巻2号361頁）。

　このように、問題の決議が新株発行決議または合併契約承認決議である場合は、決議取消しの訴えまたは無効の訴えによるのではなく、新株発行無効の訴えまたは合併無効の訴えによらなければならない。同様に株式交換・株式移転の瑕疵も、その無効の訴え（会社828条1項11号・12号）によらなければならないと考えられる。

### ⒀　訴訟係属中の株主の地位の移動

　株主総会決議取消訴訟の係属中に、原告が株主でなくなれば原告適格を失うことになるが（決議の無効確認・不存在確認の場合も同じ）、原告の死亡・合併（包括承継）の場合は、訴訟は中断し、相続人、合併後存続会社が訴訟を承継する（最判昭和45・7・15民集24巻7号804頁）。これに対し、株式譲渡の場合は、承継人は株主の地位を承継するにとどまり（特定承継）、原告たる地位を承継するものではなく訴訟を承継しないから、訴えは却下とならざるを得ない。

　株式交換等が行われ、原告が完全親会社の株主となった場合、株主代表訴訟のように原告適格の継続を認める規定（会社851条）はないが、原告株主の地位に実質的変更はなく、出資が継続しているとみることができるから、右規定を類推適用して原告適格を失わないと解するのが妥当であろう。

【記載例4】　株主総会決議取消訴訟

<br>

### 請　求　の　趣　旨

1　被告会社の平成××年×月×日の臨時株主総会における，A，B，Cを取締役に，Dを監査役に各選任する旨の決議を取消す。
2　訴訟費用は被告の負担とする。

### 請　求　の　原　因

1　原告は，被告会社の株式1000株を有する株主である。
2　被告は，平成××年×月×日，本店において臨時株主総会を開催し，請求の

趣旨記載の決議がなされたとして，同年×月××日，その旨の登記がなされた。
3　しかし，上記総会の招集手続および決議の方法には，次の瑕疵があり取消し
を免れない。
(1)　上記総会の招集通知は，株主××名（議決権数×××）に対して発せられ
ない招集通知もれがある。
(2)　上記総会の招集通知は，平成××年×月×日に株主に対して発せられたが，
株主総会の開催日は同年×月×日であるから，招集通知には2週間の法定期
間が設けられていない。
(3)　上記総会には，被告の株主でないXが出席し，議決権を行使した。
(4)　上記総会の招集通知には，取締役3名の選任は記載されていたが，監査役
の選任は記載されていなかった。
(5)　上記総会における原告の質問に対し，代表取締役兼議長であるAは答え
ることなく，一方的に質疑を打ち切り，上記選任決議を採決した。

## 4　株主総会決議不存在確認の訴え

### (1)　決議不存在確認の訴えの意味

　決議の不存在とは、株主総会の決議がなされたという外観はあるが、決議が
全く存在せず、あるいは、決議はなされたが手続的瑕疵が著しく、法的評価と
して株主総会の決議とは認められない場合である。この点、手続的瑕疵がある
が、一応決議が存在するのが決議取消しの問題である。いずれに該当するかは
瑕疵の程度によるが、現実に区別することが容易でない場合がある。そして、
決議の不存在が現実に問題になるのは、小規模な非公開会社の役員選任決議に
ついてである。

　株主総会決議がその成立要件を欠いているにもかかわらず、その決議の内容
が商業登記簿に登記されているときは、その効力のないことの確認を求める訴
えは適法であるとして（最判昭和45・7・9民集24巻7号755頁）、判例は決議不存
在確認の訴えの適法性を認めていた。そして、旧商法はこの訴えを立法化し
（旧商252条）、会社法はこれを承継した（会社830条1項）。

　決議不存在確認の訴えを認める必要があるのは、決議がなされたとの外観を
判決の効力により除去することにある。取締役の選任決議不存在についていえ

第6章　株主総会と決議に関する訴訟

ば、株主総会を開催して選任決議をすることなく、あるいは一部の株主のみで選任決議をして、有効な選任決議がなされたとの議事録を作成し、取締役選任（就任）の登記をした場合である。かかる行為は、刑法上公正証書原本不実記載の罪（刑法157条）に該当するが、登記という外観を除去するためには、決議不存在確認訴訟の確定判決に基づき裁判所書記官による嘱託登記によることが必要であるから（会社937条1項1号ト(1)）、訴訟によらなくては目的を達しない。

　会社法は、株主総会等（株主総会、種類株主総会、創立総会）の決議について、決議が存在しないことの確認を、訴えをもって請求することができるとして（会社830条1項）、決議不存在確認訴訟という訴訟類型を認めた。そして、実際上、決議の不存在は訴えをもって請求しなければ目的を達することができない。

　決議不存在確認訴訟について、無効確認訴訟と同様に、確認訴訟であるとしたうえで、決議の瑕疵が大きいから、不存在の確認は、確認の利益がある限り、誰でも、いつでも、不存在確認訴訟を提起できるばかりか、訴えによらずに不存在を主張することができるとするのが通説である。

　しかし、決議取消しの訴え（会社831条）と決議不存在確認・無効確認の訴え（同法830条）の法的性質を、法条の規定の仕方により区別するのは適切とはいえず、提訴権者と提訴期間の法定も決定的なものではない。確認の利益を有する者が提訴権を有するといっても、実際上、決議取消しの訴えの提訴権者と同一であり、提訴期間の法定も瑕疵の大きさの違いによるものであり決議不存在確認・無効確認の訴えであっても、おのずから提訴期間の制限がある。

　そうすれば、この訴えは、判決により決議が有効に存在しないことを宣言し、表見的事実の存在しない状態を形成するものであり、訴えの提起と原告勝訴判決によることが必要であるから、形成訴訟とみることができる。[8]

　決議取消訴訟と取扱いを変え、訴えによらず不存在を主張することができるとしても、実際上、決議不存在の主張は、訴訟によらなければ目的を達することができない。特に、役員の選任登記の抹消についていえば、訴訟外で不存在を主張しても意味はない。訴えによらなくてもよいということは、抗弁で主張

---

8　西原寛一「株主総会決議不存在確認の訴えの特質」同『商事法研究第2巻』191～192頁、松田二郎『会社法概論』205頁。

しうるというのかもしれないが、多くの問題点がある。もとより、会社を当事者とする別訴において、相手方に決議不存在を主張させるべきではない。このことは、決議無効の主張の場合にも共通する。

決議不存在確認訴訟の原告勝訴判決についても、法律関係の画一的処理が要求されるが、会社法は対世効を認めている（会社838条）。手続的にみても、専属管轄、弁論と裁判の併合、担保提供命令等について決議取消訴訟と共通している。これらは、決議不存在確認訴訟が形成訴訟であるとすることにより無理なく理解することが可能となる。そうであれば、決議取消しの訴えと、決議不存在確認の訴え、決議無効確認の訴えを統一的に理解し、これらの訴えはいずれも形成の訴えと理解すべきであろう。そこで、可能な限り、決議取消訴訟に関する規定を準用ないし類推適用し、同様の取扱いをすべきである。

決議取消訴訟は、提訴期間を３カ月と短期に制限しているが、これは、不存在確認訴訟との瑕疵の程度の差異によるものである。両訴の差異は法定の提訴期間の有無にあり、決議不存在確認訴訟は３カ月という提訴期間の制限を受けない。しかし、解釈上、合理的な期間内に提訴することが要求されるのは当然である。

### (2)　決議の不存在事由

株主総会の決議不存在とは、決議の外観はあるが、決議が全く存在しないとか（決議の事実上の不存在）、決議は存在するが、手続的瑕疵が大きいために法的には株主総会決議とは認められない場合（決議の法律上の不存在）である。具体的に問題となるのは、株主総会の決議は存在しないのに、決議に基づく登記がなされているとか、議決権を有する株主の４割近くの株主に招集通知がなされていない場合、株主でない者あるいは議決権を行使することができない株主が議決権を行使しその割合が極めて高い場合、株主総会の招集のための取締役会の決議がなく、しかも、招集権限のない取締役により株主総会が招集された場合などである。

たとえば、株主数９名、発行済株式総数5000株の会社において、代表取締役が自分の実子である２名の株主にのみ口頭で招集を通知し、他の６名の株主（持株数2100株）に招集通知をしなかった場合、３名よってなされた株主総会決議は、株主総会が成立し、決議がなされたものとは認められない（最判昭和

*191*

33・10・3民集12巻14号3053頁)。

招集決定がなく、招集権者による招集もなく開催された株主総会による決議は、決議の不存在となるのであるが、株主全員が株主総会の開催に同意し、出席した場合（全員出席株主総会）の決議は、有効とみられる（最判昭和46・6・24民集25巻4号596頁)。また、書面による議決権行使を認めた場合を除き、議決権を有する株主の全員が招集手続をとらないことを同意している場合は、招集手続を経ることなく株主総会を招集できるから（会社300条)、この場合は、招集手続違反とならない。なお、後任取締役が選任され、就任登記がなされた後に、それ以前にすでに退任している取締役の選任決議不存在確認を求める利益は認められないが（最判昭和43・4・12判時520号51頁)、選任決議不存在確認訴訟の係属中に、当該取締役が退任したときは原則として確認の利益を欠くに至るとするのが一般的な見解である。

### ⑶　決議不存在確認の訴えの提起

#### ㋐　提訴の手続的要件

決議の瑕疵を理由とする会社の組織に関する訴えであり、確認の利益を有する者は限定されることから、一般債権者には原告適格が認められない。また、対世効による画一的処理が必要であるから、提訴期間を除き訴訟手続は決議取消訴訟に準じるべきである。したがって、決議不存在確認の訴えは形成訴訟とみるべきである。裁判外で決議の不存在を主張してみても、ほとんど実益はなく、たとえば、取締役選任による就任の登記を抹消するためには確認判決を必要とする。また、会社を当事者とする別訴において、相手方は、会社の組織に関する決議の不存在を抗弁として主張することは認められない。

提訴期間の制限はないが、解釈上、提訴は合理的期間内に限られるべきであり、長期間が経過して、法律関係が安定してから提訴することは提訴権の濫用となるであろう。

株主総会が全く開かれていない場合は別として、決議取消訴訟となる場合と、決議不存在確認訴訟となる場合の手続的瑕疵の程度の限界はそれほど明白ではない。そこで、原告は、予備的請求として決議取消請求をなしうるし、決議不存在確認の訴えにおいて決議取消訴訟の提訴期間内に取消事由にあたる事実を主張しておけば、提訴期間経過後においても決議取消訴訟に訴えを変更するこ

とも可能である。また、原告が予備的請求として取消しを求めた場合、裁判所は決議不存在事由にあたらないと判断した場合は、決議取消事由の有無について審理し判決すべきである。この点からも、決議不存在確認訴訟は、できるだけ決議取消訴訟に準じた取扱いをすることが要請される。

　㋑　決議の不存在と主張・立証責任

　決議の不存在の形態として、①決議の事実がなく、事実上存在しない場合と、②決議は一応存在するが、瑕疵が著しく大きく、法律上、決議が存在すると認められない場合、つまり決議取消事由と瑕疵の程度に差がある場合とに分けることができる。

　①の場合は、債務不存在確認訴訟の場合と同様に、不存在の事実の主張であるから、原告は、「当該決議がなされたとされ、○○○の外観はあるが、決議は存在しない」と主張すれば足りる。これに対し、被告会社において、決議が存在する具体的事実を主張し、立証する責任がある。したがって、決議の存在することが抗弁事由となる。

　②の場合は、決議が一応存在することから、原告は、「当該決議には、○○○という重大な瑕疵があり、総会決議が存在したとはいえない」ことを主張し、立証しなければならない。

　㋒　取締役の退任と訴えの利益

　決議不存在確認の訴えの係属中に、当該決議により選任されたとされる取締役が、辞任または任期満了により退任した場合は、訴えの利益がなくなるとされている。しかし、かく解することに問題がないわけではない。辞任または任期満了により退任した取締役は、後任の取締役が就任するまで引き続き取締役としての権利義務を有し（会社346条1項）、その間は退任の登記もできない（最判昭和43・12・24民集22巻13号3334頁）。

　そこで、選任決議の効力が争われている取締役が退任しても、後任の取締役が就任するまでは引き続き取締役としての権利義務を有するのであるから、この間は訴えの利益が存在すると考えられる。しかし、退任（代表）取締役が、新取締役選任のための株主総会を招集し、その株主総会において新取締役を選任した場合、新取締役の選任決議についても、不存在または取消しの瑕疵があり、玉突き的に訴訟が連続する可能性が否定できない。そこで、問題の取締役

第6章　株主総会と決議に関する訴訟

の辞任または任期満了による退任により、訴えの利益がなくなるとみるべきかについては、なお検討を要する。

この点、判例は、取締役選任決議をめぐり、先行総会の決議不存在確認訴訟の係属中に、その株主総会で選任されたと称する取締役により構成される取締役会で選任された代表取締役が招集した後行総会の決議不存在確認訴訟が提起され、後行総会の決議の存否を決するためには、先行決議の存否が先決問題となるから、その判断をすることが不可欠である。両者の決議がこのような関係にある場合は、先行決議不存在確認訴訟に後行決議不存在確認訴訟（後訴）が併合されているときは、後訴について確認の利益があることはもとより、前訴についても民事訴訟法145条1項の法意に照らして確認の利益があるとする（最判平成11・3・25民集53巻3号580頁）。

後訴については、招集権者による招集ではないとして決議の不存在をいうのであるから、先行決議の存否が先決問題となり、両者は不可分の関係にあるから、後行決議がなされたからといって、前訴の訴えの利益がなくなるものではない。「訴訟の進行中に争いとなっている法律関係の成立又は不成立に係るとき」（民訴145条1項）との趣旨により前訴の訴えの利益は存続するものと解される。このことは、現に、後行決議不存在確認訴訟が併合されているときに限らず、後訴提起の可能性がある場合を含めるべきである。

ただ、後行決議の効力を問題にする場合、後行決議をした株主総会が先行決議により選任されたとする取締役の招集によらず、全員出席総会によるものであれば、先行の取締役選任決議不存在確認の訴えの利益は消滅することになると考える。もっとも、原告株主を含めた全員出席株主総会は、現実には難しいであろう。

【記載例5】　株主総会決議不存在確認の訴え

請 求 の 趣 旨

1　被告会社の平成××年×月×日の臨時株主総会における，A，B，Cを取締役に，Dを監査役に各選任する旨の決議は存在しないことを確認する。
2　訴訟費用は被告の負担とする。

請 求 の 原 因

1 原告は，被告会社の株式1000株を有する株主である。

2 被告は，平成××年×月×日，本店において臨時株主総会を開催し，請求の
趣旨記載の決議がなされたとして，同年×月××日，その旨の登記がなされた。

3 しかし，被告において，上記日時に株主総会が開催されたことはなく，した
がって，上記決議がなされた事実はない。

4 仮に，総会決議がなされたとしても，発行済普通株式総数10万株のうち，7
万株を有する株主に対する招集通知がなく，ために上記株主は総会に出席する
ことができなかった。発行済普通株式総数の大部分に対する招集通知を欠いた
株主総会決議は，不存在といわなければならない。

## 5 株主総会決議無効確認の訴え

### (1) 決議無効確認の訴えの性質

会社法は、株主総会の決議の内容が、法令に違反することを理由に、決議が
無効であることの確認を、訴えをもって請求することができるとしている（会
社830条2項）。

決議無効確認の訴えの性質を、確認の訴えであると解して、無効の主張は、
裁判外でも抗弁でも主張しうるばかりか、原告適格者の制限はないから、何人
でも確認の利益がある限り無効を主張しうるとし、また、提訴期間の制限もな
いとするのが通説である。かなり以前の裁判例であるが、決議無効確認の訴え
が提起された場合に限って、その認容判決の効力を第三者に及ぼすのであり、
決議無効原因が存在し、かつ、それを主張する一般原則上の利益が存する限り、
何人でもいつでもこれを主張し得るものであって、決議無効の主張方法は、必
ずしも訴えによることを要せず、抗弁その他いかなる方法でもよいとするもの
がある（東京地判昭和30・11・11下民集6巻11号2365頁）。

しかし、決議内容が法令に違反するときは、決議無効確認の訴えによりその
効果を形成的に滅却するのであるから形成の訴えとみるべきである。[9]決議無効

---

9 松田二郎「いわゆる株主総会決議無効確認の訴えについて」岩松裁判官還暦記念『訴訟と裁判』
204頁。

第6章　株主総会と決議に関する訴訟

確認訴訟によらず、無効を主張してもほとんど意味はない。他の訴えにおいて、抗弁その他の方法で決議の無効を主張するのは（たとえば、相手方または会社が決議は無効であると主張して履行を拒絶する場合）、履行拒絶のための請求原因または抗弁であって決議無効確認訴訟ではないため、決議が無効であるとの判断がなされても既判力も対世効も生じない。

　当事者、判決の効力の関係からみても、会社法は立法的な措置は講じているが、確認訴訟といっても、通常の確認訴訟とは異なり極めて形成訴訟的性格が濃厚である。特に、瑕疵が大きいからといって、提訴期間に制限を設けていないことには問題を残しており、原告株主が敗訴した後においても、敗訴判決には対世効がないから、他の株主が無効を主張して提訴することも可能となる。もっとも、たとえば、合併無効の訴え等のような、具体的な無効の訴えについては、別途、提訴期間を制限しているから、このようなことは起こり得ないであろう。

　抗弁による主張を認めるとの意味であるが、会社を当事者とする別訴において、相手方に決議の無効を主張させる必要があるのか疑問である。相手方が決議の無効を主張し、履行を拒絶し、あるいは履行した物の返還を求めるのが妥当かという問題がある。また、会社が決議の無効を主張し、履行の拒絶あるいは履行した物の返還を求めることにも疑問がないわけではないが、その必要があることは否定できないであろう。しかし、この場合は、決議の無効主張は、個別事件における抗弁事由であって、会社の組織に関する訴えとしての決議無効とは異なり、判決理由中において決議の無効が認められるにすぎず、対世効が認められるものではない。

(2)　**原告適格**

　原告適格者の制限は、法文上ないことから、通説は、提訴権者を制限することなく、確認の利益がある限り誰でも提訴できるとしているが、会社の組織に関する訴えであることから、提訴権者は決議取消訴訟の場合に準ずるべきであろう。実質的に考えても、総会決議の無効は、会社および株主の利益確保のための制度であり、第三者保護の制度ではなく、むしろ、第三者は株主総会決議が無効とされないことに利益を有するのである。だとすれば、債権者や取引の相手方に無効を主張させる必要はないというべきである。

*196*

たとえば、欠格者を取締役に選任したというように（会社331条1項参照）、株主総会の決議内容が法令に違反し無効である場合は、絶対的無効である。しかし、確認の利益がある限り、一般の無効確認訴訟として、何人でも決議の無効確認の訴えを提起しうるのではなく、会社の組織に関する訴えとして当事者は限定されると解される。会社法は、決議を無効とする原告勝訴判決に対世効を認め、すべての法律関係で無効とする画一的処理を明確にした。しかし、この訴えによらず、各人が随時決議の無効を主張し、あるいは抗弁や先決事項として無効の主張をしたのでは、とうてい、会社法律関係の安定は確保できない。そこで、決議取消訴訟に準じた取扱いをすべきである。

### (3) 提訴期間

決議無効確認の訴えは、決議取消訴訟のような提訴期間の制限はない。瑕疵が単に手続違反ではなく、決議内容の法令違反であることから、短期の提訴期間を設け、期間の経過により無効の瑕疵が治癒するというわけにはいかないからである。提訴期間について法律上制限はないが、会社の組織に関する訴えであるから、法律関係の安定確保との関係で、解釈上、合理的期間内という期間制限を受けるのは当然である。長期間が経過し、法律関係が安定してから後の提訴は認めるべきではないであろう。あまりにも長期間が経過した後の提訴については、提訴権の濫用とか、訴訟上の信義則違反、あるいは裁量棄却に関する規定（会社831条2項）を類推適用すべきである。また、取引安全の確保のために、無効な決議を基礎として形成された法律行為については、会社は善意の第三者に対しては無効を主張し得ない、などの工夫をすべきであろう。

### (4) 無効原因

#### ⑦ 概　要

決議の無効原因について、原告が立証責任を負うことは、決議取消しの訴えと同様である。無効の原因は決議内容の法令違反であるが、たとえば、取締役として欠格事由のある者を取締役に選任した場合、株主平等の原則に違反する場合が考えられる。そこで、たとえば、株主総会が資本減少（現行では資本金の額の減少）に関する決議として、株主間に不平等の結果を生ずるおそれのある株式消却の方法を用いたときは、減資方法を定めた決議並びに減資決議は、株主平等の原則に反し無効となる（大判大正11・10・12大審民集1巻581頁）。

第6章　株主総会と決議に関する訴訟

### ㈠　取締役の報酬・退職慰労金

取締役の報酬や退職慰労金の支払いについて、支払額や時期を取締役会に一任するという決議がなされることが多い。これに対し、報酬や退職慰労金は職務執行の対価としての性格をもつことから、定款に定めない場合は、取締役の報酬や退職慰労金の額は株主総会の決議によらなければならないとする規定（会社361条）との関係から、各人ごとに個別に開示し、決議しなければ違法ではないかが問題とされてきた。

各人ごとの報酬や退職慰労金の額を開示して、各人ごとに株主総会の決議を経ることは好ましいばかりか、これが原則であると考えられる。しかし、無条件に一任するのではなく、会社が支給する報酬総額を株主総会で決めて、分配を取締役会に一任するというのも、特段の事情でもない限り法令違反とする必要はないであろう。判例も、会社が支払う総額は確定しているのであり、分配額の問題であるから、かかる場合に法令違反はないとする（最判昭和48・11・26判時722号94頁）。

退職慰労金についても、取締役会に白紙委任（一任）することは、違法となるが、会社に具体的な金額、支払時期、支払方法等について、明示的または黙示的な基準とか内規がある場合は、取締役会にこの基準に従って支給額の決定を委ねることは許されるであろう。

### ㈢　定款変更決議

公開会社においては取締役は株主でなければならないとする定款変更決議は無効であるが（会社331条2項）、取締役は日本人でなければならないと定めた場合、これが合理的な制限の範囲内か否かが問題になる。合理性の範囲を逸脱したものと解せば、かかる定款変更決議は無効となる。

### (5)　株主総会決議無効確認の訴えによるべきでない場合

会社法が、当該行為について無効の訴えによることを規定している場合は、総会決議無効確認の訴えによることはできない。たとえば、新株発行に関する総会決議に無効原因があっても、新株発行無効の訴え（会社828条1項2号）によらなければ新株を無効にすることができず（最判昭和40・6・29民集19巻4号1045頁（旧商法当時の事例））、合併承認決議に瑕疵がある場合でも、合併無効の訴え（同項7号・8号）によらなければならない（東京地判昭和30・2・28下民集

6 巻 2 号361頁（旧商法当時の事例））。

【記載例6】 株主総会決議無効確認の訴え

---

### 請 求 の 趣 旨

1 被告会社の平成××年×月×日の臨時株主総会における，
 (1) Aを取締役に選任する旨の決議が無効であることを確認する。
 (2) 取締役は，被告会社の株主でなければならないとする定款変更決議が無効
   であることを確認する。
2 訴訟費用は被告の負担とする。

### 請 求 の 原 因

1 原告は，被告会社の株式1000株を有する株主である。
2 被告は，平成××年×月×日，本店において臨時株主総会を開催し，請求の
  趣旨(1)，(2)記載の決議をした。
3 しかし，(1) Aは成年被後見人であるから，同人には取締役の欠格事由があ
  る。欠格事由があるAを取締役に選任したことは，決議内容の法令違反に該
  当する。
   (2)は，取締役が株主でなければならない旨を定款で定めることはできないか
  ら，決議内容の法令違反に該当する。

---

## 6 組織に関する訴訟と決議訴訟との関係

　合併、会社分割、株式交換等、新株発行（募集株式の発行）の有利発行など
の組織上の行為は、その前提として株主総会の特別決議を必要とする。そして、
これらの組織上の行為が効力を生じた後にその効力を否定するためには、合併
無効、会社分割の無効、株式交換等の無効、新株発行の無効等の訴えによらな
ければならない。

　この場合、行為の前提となった株主総会決議について、当該決議の取消しま
たは無効の原因があり、あるいは決議が不存在と認められる場合は、当該決議
の取消訴訟、無効確認訴訟、不存在確認訴訟を提起して、当該決議の効力を争

うことができるかが問題となる。それは、当該決議に瑕疵があるとして行為の前提となる決議の効力が否定されることにより、合併等の効力を失わせることになるからである。

株主総会の決議を争う訴えと、合併等の無効の訴えとの関係をどう取り扱うか。この点、会社法は合併等の無効の訴えを規定し、必ず無効の訴えによることを要求し、それを形成訴訟と位置づけていることは、他の方法により合併等の無効の主張を許さない趣旨に解される。それゆえ、合併承認決議等の株主総会の決議に瑕疵があっても、合併等の無効の訴えによらなければならないことになる。そこで、株主総会の決議に瑕疵があるとして決議訴訟を提起しても、訴えの利益がないものとして取り扱われる。

このように、組織上の行為の無効の主張は、無効の訴えによらなければならないが、決議の瑕疵は無効原因となるのであるから、この意味からも決議訴訟を独立して認める必要はない。

## 7 会社の破産と役員の選任決議を争う訴訟

取締役等の選任決議を争う訴訟の係属中に、会社が破産宣告を受けた場合に訴えはどうなるかという問題がある。取締役と会社の関係は委任関係であるから、会社に破産手続開始決定があれば委任は終了し（民653条2号）、取締役ではなくなるから、係属中の訴訟は訴えの利益が消滅することになるはずである。

しかし、破産手続の開始決定により、取締役は財産管理処分権を失うが、非財産関係上の権利も失うかという問題があり、これは、破産管財人の権限とも関係する。そこで、破産手続の開始決定により取締役等はその地位を失うから、訴えの利益が消滅するということにはならない。

破産手続の開始決定があれば、取締役は会社財産の管理処分権を失い、それは破産管財人に帰属することになる。しかし、役員の選任または解任のような破産財団に関する管理処分権限と無関係な会社の組織に係る行為は、破産管財人の権限に属するものではなく、破産会社が自ら行うものであるから、破産手続の開始決定により、会社と取締役の委任関係は終了するものではなく、会社の組織に係る行為については依然として取締役が権限を行使しうる。したがって、取締役の解任または選任決議の瑕疵を争う訴訟の係属中に破産手続の開始

決定があっても、当然に訴えの利益は消滅しないことになる（最判平成16・6・10民集58巻 5 号1178頁、最判平成21・4・17判時2044号74頁）。

このように、破産手続の開始決定があっても、会社の組織に係る行為は破産管財人の権限に属するのではなく取締役の権限に残ることになり、取締役と会社との委任関係は終了しないことから訴えの利益は消滅しないことになる。

# 第7章　株主総会と仮処分

## 1　株主総会開催禁止・決議禁止の仮処分

### ⑴　株主総会開催禁止・決議禁止の仮処分の問題点

#### ㈎　仮処分の必要性

　違法な決議がなされるおそれのある場合に、それを事前に阻止するためには、仮処分手続による必要がある。違法な決議とは、招集権者でない者による招集、総会の招集手続または決議方法が法令・定款違反または著しく不公正な場合、特別利害関係がある者が決議に参加する場合、株主でない者の決議参加または正当な株主を決議に参加させない場合などであり、決議内容の法令・定款違反とは、総会の決議事項でないことを決議した場合、決議内容が違法な場合である。

　株主総会の決議に瑕疵があり違法な場合でも、確定判決により決議の効力が否定されるまでは、効力を有するものとして取り扱われ、少なくとも決議は有効であるとの外観を呈している（決議の無効・不存在の場合は、当然に効力が認められないから、どのような方法でも主張できるといってみても、決議の効力を否定し、決議があったとの外形を画一的に除去するためには、判決によらざるを得ない）。いかに瑕疵のある決議でも、いったん決議され、あるいは決議されたとの外観を呈した場合は、判決によらなければ、それを覆すことは容易ではない。たとえば、取締役の選任（就任）登記のように、決議が有効になされたとして、商業登記簿に登記（記録）されると（会社907条、商登1条の2第1号）、それを中心に法律関係が形成されるばかりか、登記を抹消することも容易ではない。

　総会決議の効力を争い、これを本案として決議に基づく執行の停止の仮処分、取締役の職務執行停止の仮処分によることができるが、総会開催前または決議前から違法な決議がなされ、その効力が否定される可能性が認められる場合に、それにより不利益を被るおそれのある者は、決議がなされることを事前に阻止するために、総会の開催禁止または決議禁止の仮処分を必要とする。

　しかし、この仮処分は会社の総会開催権限、総会決議をする権能を一時的に

はく奪する満足的仮処分であり、その効果は対世的に生ずるばかりか、総会期[1]
日後に仮処分を取り消しても原状回復は不可能である。

　多くの場合、決議の効力を否定するためには、決議訴訟（決議の無効・不存
在確認、取消訴訟）の判決確定を待たなければならないから、それは長時間を
要するばかりか、その間違法状態が継続することは好ましくない。そこで、総
会開催禁止、決議禁止の仮処分により、決議がなされることを事前に阻止する
必要がある。仮処分が認められるのは、このまま株主総会を開き決議をすれば、
決議の無効事由や取消事由が存在すると認められる場合である。

　もとより、総会開催禁止、決議禁止といっても、特定の株主総会または特定
の決議事項（議案）について決議を禁止するものであり、一般的な禁止を意味
するものでないことはいうまでもない。決議禁止の仮処分は、特定の決議を禁
止するものであるが、総会開催禁止の仮処分は、株主総会の開催自体を禁止す
るものである。

　そして、会社法が具体的な差止めを認めている場合は、それを根拠に差止仮
処分を申請すべきであり、かかる場合には、決議禁止の仮処分によるべきでは
ない。

　　(イ)　仮処分の許容性

　総会開催禁止の仮処分は、株主総会の開催自体を禁止するものであるが、こ
れに対しては、株主総会の開催を禁止しなくても、特定の決議の禁止または決
議の効力を停止すれば足りるのではないかという指摘のほか、この種仮処分に
は理論的な問題点があるとして、許容性そのものを否定する見解がある。

　消極説は、株主総会招集手続に違法があるとして、総会開催禁止の仮処分を
認めることは、仮処分の目的を超越するとか（大阪高判昭和38・5・29判時342号
16頁）、決議後に決議取消しの訴えを提起できるにしても、決議以前に総会開
催自体の禁止を求めることは、本案の目的を超えることになるばかりか、決議
取消請求権はこの種仮処分の本案となり得ない（東京高判昭和62・12・23判タ
685号253頁）ことを論拠とする。

　しかし、会社の株主総会開催権を制限することになるが、決議前の仮処分で

---

1　宮脇幸彦「株主総会開催停止の仮処分」仮処分の研究(下)195頁。

あるから決議の瑕疵を本案訴訟とできず、被保全権利は、当該総会の開催をしてはならないとの差止請求権または妨害排除請求権であると考えれば、この種仮処分は認められると考えられる。株主総会の決議事項の全部について、決議を禁止するのであれば、株主総会を開いてみてもおよそ意味がないから、総会の開催を禁止するほうが合理的である。

①総会開催禁止の仮処分によるか、②総会決議の禁止の仮処分によるかの選択の基準であるが、瑕疵が一部であるか全部であるかによる。①はすべての議題との関係で違法の瑕疵があるから、総会開催自体を禁止するのに対し、②は一部の議題に違法の瑕疵がある場合であるから、総会開催を禁止する必要はないとするのである。

そうすれば、決議事項が1つの場合はいずれの仮処分も可能であるが、決議事項の全部を禁止すれば、総会開催禁止の仮処分と実質的には変わらないことになる。実際には、すべての議題または議案が違法であることは少なく、特に定時株主総会においては、すべての議題または議案が違法であるとされる場合はまず考えられない。そこで、上記基準は必ずしも明白でない。

そこで、総会招集手続に重大な瑕疵があり、総会を開催して決議してみても、とうてい総会決議とは認められないとの瑕疵がある場合（決議の不存在）は総会開催禁止の仮処分によることになるが、決議の内容に法令違反、取消事由がある場合は決議禁止の仮処分によるべきであろう。

株主による、取締役の違法行為差止請求権（会社360条）を本案として、臨時株主総会の開催禁止の仮処分が申請された場合について、総会開催禁止仮処分申請自体は適法なものと認めたが、株主総会が開催されることによって、会社に回復困難な重大な損害を被らせることについて疎明がなく、また株主総会の開催を禁止する緊急の必要性についての疎明もないから、旧商法272条（当時）および民事保全法23条2項の要件を欠くとして仮処分申請を却下した事例がある（東京地決平成17・11・11金判1245号38頁）。

決議に基づく取締役の違法行為に対する差止請求権（会社360条）を被保全権利として、総会の開催または総会決議の差止めを求めることができると解されている。しかし、取締役の違法行為の差止請求権は、株主が会社のために、会社に代わって会社の権利を行使するものであるから（株主代表訴訟と同様の構造

であろう）、債務者は会社ではなく、招集者たる取締役となる。

また、会社自身が差止めをすることができることを前提とするから、会社が代表取締役による総会開催または総会決議の差止めを求めることができるのか、当該総会決議により会社に著しい損害または回復できない損害が生ずるのか、債権者となるのは6カ月前から引き続き株式を有する株主に限られるなど（会社360条1項・3項）、違法行為の差止請求権を被保全権利とすることには検討課題が残されているといえよう。

決議禁止の仮処分は、当該総会における決議事項が複数ある場合に、その一部についての決議を禁止するものである。

定時株主総会の場合は、決議の全部を禁止することはまず考えられないが、臨時株主総会の場合については十分に考えられる。決議の全部を禁止する場合は、総会開催禁止の仮処分の申請によるべきであろう。

　(ウ)　仮処分の発令の時期と効力

総会開催禁止・決議禁止の仮処分は差止仮処分の性質を有し、違法・不当・不公正な決議がなされることを防止するものであるから、株主総会期日までに仮処分が発令され、債務者である会社に送達されなければならない。送達により禁止の効力が生じ、単に、会社に対し不作為義務を課すのでなく、株主総会の開催または決議をしてはならないとの仮の地位が形成されることから、会社は株主総会の開催または決議をなし得なくなる。

招集通知から株主総会期日までの期間は2週間である（非公開会社の場合は1週間前であるが、取締役会非設置会社の場合は、さらに定款により短縮できる）から（会社299条1項）、この短期期間内に仮処分を申請し、仮処分命令が発令されなければ、債権者は目的を達成することができない。反対に、仮処分命令に対し債務者が異議を申し立てても、株主総会期日までに仮処分が取り消されなければ、株主総会の開催または決議をなし得ないことになる。

株主総会期日が経過すると仮処分は目的を達する。そこで、この種仮処分は、本案の内容を実現する満足的仮処分であって本案付随性は観念的なものである。しかも、株主総会期日が経過すると、招集通知の効力は消滅し、仮処分の効力も実質的に消滅するばかりか本案自体も意味を失う。そこで、株主総会期日後に保全異議、本案の起訴命令などで仮処分の取消しを求めてもあまり意味がな

い。もとより、仮処分命令は形式的には存在するから、仮処分の取消しという問題は生ずる。この点、株主総会期日後にも異議の利益を認め、株主総会期日後は仮処分を求める利益がないとして、仮処分命令を取り消し、仮処分申請を却下した事例があるが（大阪高判昭和32・1・24下民集 8 巻 1 号88頁）、株主総会期日後に仮処分命令を取り消してみても意味がないから、株主総会期日後の仮処分の事後処理と理解すべきである。

## (2) 仮処分の審理と仮処分命令の発令

### (ア) 被保全権利（本案訴訟）と保全の必要性

#### (A) 被保全権利

　総会開催禁止・決議禁止の仮処分は、決議の瑕疵を争う決議訴訟を本案として申請するものではない。また、募集新株の発行差止め（会社210条）、取締役の違法行為の差止め（同法360条 1 項）のように、会社法上に明白な根拠規定がある場合とは異なり、本案訴訟（被保全権利）が何であるかは明白ではない。この点、被保全権利は、法令・定款に違反する株主総会が開催され、決議がなされることを防止するために、株主総会の招集者に対しては、株主総会を開催してはならない、会社に対しては、当該決議をしてはならないことを求める差止請求権ないし不作為請求または妨害排除請求権であると解されている[2]。そうすれば、本案訴訟を予定しない仮処分と理解することも可能である。

　上記請求権を被保全権利とする場合、かかる請求権を認め実体法上の根拠として、これを取締役の違法行為の差止めの規定（会社360条、旧商272条）の類推適用に求める見解がある。この見解は、株主総会が権限のある者によって招集された場合でも、株主総会の招集手続に瑕疵があり、または法令・定款違反あるいは著しく不公正な決議がなされるおそれがある場合も、旧商法272条（当時）の取締役の違法行為の対象となるから、株主には、招集者が取締役である場合は同条により差止請求権が認められ、招集者が取締役でない場合も同条の類推適用により差止請求権が認められるとする[3]。また株主総会が招集権限のない者によって招集された場合は、本来の招集権者は、自己の招集権限に対

---

2　大隅健一郎「株主権にもとづく仮処分」保全処分の体系(下)664頁、新堂・仮処分153頁、山口和男編『会社訴訟・非訟の実務〔三訂版〕』386頁。

3　大隅・前掲（注 2 ）661～662頁。

する妨害排除請求権として総会開催禁止の仮処分を申請できるとしている。[4]

　本来の招集権者が、妨害排除請求権として総会開催禁止の仮処分を申請することは考えられるが、多くは株主による仮処分申請であろう。しかし、取締役の違法行為の差止めの場合のように、取締役の違法行為により、会社に著しい損害が発生するおそれがあるという要件はあてはまらない。そこで、端的に、健全な会社運営に係る株主の利益を根拠として、これに対する妨害排除請求権を被保全権利とすべきであろう。

　　(B)　審理期間と保全の必要性の判断

　被保全権利は、違法または不当な決議がなされるおそれに対する妨害排除請求権であるが、保全の必要性は、違法または不当な決議がなされることにより、株主等に重大な損害または不利益が生じるおそれがあり、後に決議の瑕疵を争ったのでは目的を達しないという緊急性が存することである。

　この種仮処分は、会社をはじめ株主その他の会社関係人の利害に関係し、重大な影響を与えるばかりか、実際上、仮処分により決着がつくことが多いことから、慎重な審理と厳格な疎明が要求される。しかし、株主総会期日までの2週間以内という切迫した期間内で仮処分の申請がなされ、しかも、この期間内で審理し、仮処分の発令判断をしなければならない。さらに、非公開会社の場合は招集通知期間が短縮されていることから、仮処分の申請は実際上不可能に近い。

　株主総会期日の直前に仮処分が申請された場合でも、裁判所は債務者が立会うことができる審尋期日を設けなければならず、審尋期日を設ける余裕がない場合や裁判所が十分に審理できないような場合は、疎明不十分として申請が却下されてもやむを得ない。仮処分が発令されるためには、保全の必要性という要件を満たさなければならないが（民保23条2項）、決議事項の重要性、緊急性、決議が会社や株主（仮処分債権者）に及ぼす影響の大きさは、その判断要素となる。[5]

　この種仮処分発令の必要性は高いが、発令された場合は株主総会期日までに取り消すことは困難であるから、疎明の程度に応じて、保証金（担保）の額も

---

4　新堂・仮処分153頁。
5　中島弘雅「株主総会をめぐる仮処分」中野貞一郎ほか編『民事保全法講座(3)』317頁。

第7章　株主総会と仮処分

高額になるのは避けがたい。担保額の算定は、あらためて株主総会を招集する場合に必要な費用となるが、予定されていた株主総会の決議がないことにより、事業経営上において生ずると見込まれる損害額も考慮して決定されると解される。

　(イ)　仮処分の当事者

　被保全権利を、株主の妨害排除請求権と解せば、仮処分債権者（申請人）は、違法または不当な株主総会決議がなされることにより、損害または不利益を受けるおそれのある株主であるが、本来の招集権者たる取締役も、妨害排除請求権として開催または決議を差し止める権利があることから、債権者適格を有するであろう。また、その他の取締役や監査役にも会社運営の適正を確保する職責があることから、債権者適格を認めるべきであろう。

　決議禁止の仮処分の債務者（被申請人）は会社であるが、総会開催禁止の仮処分の債務者は、会社なのか招集権者なのかという問題がある。株主総会の招集と開催は招集権者によって行われ、決議は議長の主催によりなされるのであるが、通常は同一の代表取締役によってなされている。違法行為の面を強調すれば、債務者は招集権者となるが、会社の総会であることから、会社と招集権者の双方を債務者とすべきであろう。

## (3)　仮処分の効力と仮処分違反の決議の効力

　(ア)　仮処分の効力

　仮処分命令（決定）が総会開催時までに発令され、債務者に送達されることにより、仮処分命令が債務者を拘束し、株主総会の開催または決議をすることはできなくなるのであり、狭義の執行を必要としない。仮処分命令の送達により、債務者は株主総会の開催または決議をしてはならないとの仮の地位が形成されるのである。

　仮処分命令に対し、債務者は保全異議の申立てをするとともに、仮処分命令の取消原因となることが明らかな事情および仮処分によって償うことができない損害を生ずるおそれのあることを疎明して、執行停止の申立てをすることは可能である（民保26条、27条1項）。しかし、仮処分命令が取り消されなければ、株主総会の開催または決議をなし得ない状態で株主総会期日が経過し、招集手続の効力は消滅する。仮処分は当該総会に関するものであるから、手続をやり

*208*

直し、新たな招集手続によりやり直すことは差し支えない。反対に、株主総会期日に執行停止がなされた状態であれば、予定どおり株主総会の開催または当該決議をなし得るから、株主総会期日の経過により仮処分命令の実質的効力は失われる。この場合、仮処分の効果は形式的に残存することになるが、事情変更により取り消されることになろう（民保38条）。

⑺ 仮処分違反の決議の効力

株主総会の開催禁止または決議禁止の仮処分に違反した決議の効力は、この種仮処分の効力の理解の仕方と関係する。この種仮処分は、招集権者に対しては株主総会を開催してはならない、会社に対しては当該決議をしてはならないとの不作為義務を課すのにすぎないとの立場（東京高判昭和62・12・23判タ685号253頁）によれば、仮処分違反だけを理由に無効とするのは、仮処分命令に本案の目的以上の効果を与えることになる。そればかりか、公示性に欠ける仮処分命令の違反に、違反行為の効力を否認するような法律状態を形成する強い効力を認めたのでは、多数利害関係を有する会社法律関係の安定性を害することになるとして、仮処分違反の決議は決議の無効原因とはならず、仮処分違反の責任が生ずるにとどまることになる。

この見解については、仮処分の性質を、このように理解することが適切であるか疑問であるばかりか、仮処分の実効性確保という点から問題となる。

しかし、公示方法がない会社仮処分は決議等禁止仮処分の場合に限らないから、これを理由に仮処分違反の決議を有効とするわけにはいかない。第三者保護は別途検討すべきである。仮処分により債務者は総会の開催または決議をすることができない仮の地位が形成されるのである。

そこで、仮処分は総会開催権能または決議権能を一時的にはく奪するものであるから、仮処分違反の決議は法律上の決議とは認められないとして、仮処分違反を理由に決議は無効であるとしなければならない[6]（東京地判昭和36・11・17下民集12巻11号2745頁）。無効とは、仮処分違反の決議は総会決議とは認められないから決議は不存在という意味に理解すべきであろう。

すなわち、この種仮処分は、会社等に対し単純不作為義務を課すのではなく、

---

6 大隅・前掲（注2）663頁、宮脇・前掲（注1）186頁。

第7章　株主総会と仮処分

仮処分により、会社の総会開催権能または決議権能を停止し、株主総会開催また決議をなし得ない状態が形成されるから、仮処分に違反してなされた決議は、決議の外観を呈していても決議として存在せず、法律上の決議とは認められず無効である。仮処分の形成力により株主総会の招集権と決議権限を奪い、あるいはそれを一時的に停止させるのであるから、仮処分が公示性に欠けるといえども仮処分違反の決議は無効といわざるを得ない。このことは、仮処分の発令事由が、取消原因の存在であるか、不存在・無効原因の存在であるかを問わず、仮処分違反の決議の効力として問題にすべきである。そして、仮処分違反の決議の無効は、後に仮処分が取り消されたとしても瑕疵は治癒しないと解される。

　この場合、決議を基礎として形成された法律関係の安定確保の問題が生ずるが、仮処分違反の決議であることを知らなかった第三者の保護については、仮処分違反の無効は、善意の第三者には対抗できないなどの解釈上の工夫を必要とするであろう。

【記載例7】　株主総会開催禁止等の仮処分

## 申 請 の 趣 旨

1　債務者A株式会社は，債務者Bが平成××年×月×日付で招集した平成××年×月××日開催予定の，別紙目録（略）記載の会議事項のための臨時株主総会を開催してはならない。
2　債務者A株式会社は，上記平成××年×月××日開催予定の，臨時株主総会において，別紙目録記載の会議事項について決議してはならない。

## 申 請 の 原 因

1　債務者Aは，××を目的とする株式会社であり，債務者Bは同会社の取締役である。債権者は，同会社の株式1000株を有する株主である。
2　債務者Aは，平成××年×月×日，取締役会を開催し，取締役会の決議があったとして，平成××年×月×日付で申請の趣旨記載の臨時株主総会を招集する招集通知書を発送した。
3　しかし，上記取締役会が開催された事実はなく，株主総会の招集権限のない

債務者Bが，虚偽の取締役会議事録を作成した上で，代表取締役名義を用い
て独断で上記株主総会の招集手続をとったものである。
4　債権者は，近く債務者会社の上記臨時株主総会の開催禁止の本案訴訟を提起
　する予定であるが，同臨時株主総会が開催され，別紙目録記載の会議事項につ
　いて決議されてしまえば，回復困難な損害を被るおそれがある。

## 2　議決権行使禁止・行使許容の仮処分

### (1)　議決権行使に関する仮処分の許容性

#### (ア)　議決権に関する仮処分の問題点

　議決権行使禁止の仮処分が申立てされる多くの場合は、株主間に対立があり、
当該株式の議決権が決議の結果に影響する場合であり、仮処分により一時的に
株主名簿の記載と異なった取扱いをするのである。本案訴訟は、株式が有効に
発行されていないことを理由とする場合は新株発行無効確認訴訟であり、株式
の帰属が争われる場合は株主権確認訴訟である。被保全権利は株主権に基づく
妨害排除請求権と考えられる。

　株主の議決権行使に関する仮処分には、議決権行使禁止仮処分と行使許容仮
処分がある。その類型としては、①株式の帰属に争いがある場合、②新株発行
（募集株式の発行）の効力が争われる場合とがある。

　①は、株式は有効に存在するが、当事者間で株式の帰属に争いがある場合に、
自己が実質上の株主（真の株主）であると主張する者（債権者）が、株主権に
基づく妨害排除請求権を被保全権利として、株主名簿上の株主等の議決権の行
使禁止を求めるものである。この場合、議決権の行使禁止だけでは目的を達す
ることができないなど、特に必要性が認められる場合は、自己の株主権を被保
全権利として、あわせて議決権行使の許容を求める仮処分を申請することがで
きる。②は、新株発行（募集株式の発行）の効力を争い、株式が有効に存在し
ないとして、新株発行の無効を本案として申請される場合であるが、もとより、
新株の株主の議決権行使を禁止（停止）する仮処分に限られる。

　議決権行使に関する仮処分には、非公開会社など中小会社の経営権争いに関
して道具として利用されることが多い。特に、申請される多くの場合は、問題

第 7 章　株主総会と仮処分

の株式の議決権が決議の結果を左右し、株主総会決議の帰すうを決するような場合である。そして、仮処分の許容性が問題になるのは、株式の帰属に争いがある場合である。

　株式の帰属が争われている場合について、裁判例および多くの学説は議決権行使に関する仮処分を認めているが、株主名簿の記載とは異なる取扱いをすることから、仮処分の許容性として株主名簿に関する会社法の規定との整合性の問題が生ずる。すなわち、株主名簿上の株主の議決権行使を拒絶し、株主名簿上の株主でない者に議決権の行使を認める仮処分が、株主名簿の制度と調整しうるかが問題となる。

　(イ)　仮処分の許容性

　株主の議決権行使に関する仮処分は、株主名簿の記載と異なる取扱いをすることにより、債権者に本案判決と同様の満足を与えるが、株主総会決議に重大な影響を与え、他の株主の利益にも大きく関係する。のみならず、株主総会決議後に仮処分が取り消されても、当然に株主総会決議の効力に関係しないことから、実務上、利用すべき場合が多くあるが、許容性という点について多くの問題点を残している。

　仮処分命令は、「債務者会社は、株主 A に当該総会において議決権を行使させてはならない。B に議決権を行使させなければならない、B は議決権を行使することができる」として、不作為義務または作為義務を課すような表現を用いる。しかし、この仮処分は、債務者に対し不作為義務または作為義務を課すものではなく、議決権を行使しうるはずの株主名簿上の株主に議決権の行使を禁止し、反対に、株主名簿上の株主でない者に議決権を行使させるという仮の地位を形成するのであるが、仮処分により株主名簿とは異なる取扱いをすることから、理論的にかなり難しい問題が存在する。このことから、決議後に決議の効力を争えば足りるから、疑問の多い議決権行使に関する仮処分によるべきではないとの考え方もある。

　この仮処分に対し、消極的な立場は、会社経営権の得喪という重大事を仮処分により実現させ、しかも、それは債務者にとって回復が困難な内容であるから仮処分の仮定性に反する。加えて、本案訴訟の敗訴により仮処分を取り消しても、当該決議により選任された取締役の地位は当然に失われるのではなく、

*212*

それをはく奪するためには決議取消しの訴えによらなければならないが、決議から3カ月の経過後はこれができない。また、仮処分を原因として形成された取締役の地位が、仮処分の取消しにより影響を受けないとするのは、仮処分の本質に反する。さらに議決権行使に関する仮処分によらなくても、決議後に取締役の職務執行停止等の仮処分により同一の目的を達するから、重複して、問題の多い仮処分を認める必要はないとして仮処分の許容性を否定する[7]。

消極説は傾聴すべきであるが、結果が重大で回復不能または困難な仮処分は多くあり、議決権行使に関する仮処分特有の問題ではない。そこで、厳格な疎明を要求し、仮処分の発令に慎重を期すべきであるとしても、この仮処分を認めないとする理由にはならない。仮処分の取消しは決議の効力に影響しないとしても、仮処分の暫定性の要件を満たしている。

取締役の地位をはく奪するためには、決議取消しの訴えを必要とするが、3カ月間という提訴期間を問題にし、この期間経過後に仮処分を取り消しても、もはや決議取消しの訴えを提起することができないというのは所論のとおりである。この点、仮処分の取消し時から3カ月以内の提訴を認める見解があるが[8]、決議の日から3カ月間と法定されていることから（会社831条1項）、解釈論としては難しい。

むしろ、決議取消訴訟では仮処分の当否を問題にすべきではなく、決議取消しの訴えを提起するためには、仮処分の取消しを必要としないから、決議後直ちに決議取消訴訟を提起することにより、3カ月という期間を遵守することができる。さらに、決議後に取締役の職務執行停止等の仮処分申請が認められることは、事前的救済措置としての議決権行使に関する仮処分を認めないことの理由とはならない。

株主名簿の記載は、会社に対する権利行使の資格であって（会社130条）、権利の実質に関係するものではない。株式名義人に議決権行使を認めることは、その者が実質的権利者でない場合にも議決権の行使を認めることを意味しないから、仮処分により株主名簿の記載という議決権行使の資格と異なる取扱いを

---

7　長谷部茂吉「議決権行使停止又は行使許容の仮処分に対する疑問」鈴木忠一ほか編『会社と訴訟（上）』259～265頁、西山俊彦『保全処分概論〔新版〕』385～387頁。

8　松浦馨「株主の議決権行使に関する仮処分」北沢正啓編『商法Ⅰ（判例と学説5）』173頁。

第7章　株主総会と仮処分

して、株式名義人の議決権行使を禁止し（議決権行使の禁止）、必要に応じ真の権利者に議決権行使を認める（議決権行使許容）ことは可能となる。

決議後に決議の効力を争ったのでは、回復困難な損害が発生するおそれがある場合には、仮の地位を定める仮処分により、株主名簿上の株主の議決権行使を禁止し、加えて仮処分を申請した者の議決権行使を許容する必要があることは否定できない。そこで、新株発行の効力が争われ、また株式の帰属が争われている場合、そのまま議決権の行使を認めた場合には、著しい不利益が発生する場合は、仮処分により議決権行使を禁止することは仮地位仮処分として認めるべきであろう。会社に対し、名義書換請求訴訟を提起し、検査役選任目的の少数株主権を行使するために、これを本案として、仮に株主たる地位を定める仮処分を認めたのがこの種仮処分の先例とされているが（大決昭和12・6・25大審民集16巻1009頁）、以後、判例・通説とも、名義書換請求訴訟を本案とする場合に限定せずに、議決権行使に関する仮処分を認めている。

次に、議決権行使禁止の仮処分は認められるが、行使許容の仮処分は認められないとの考え方もありうる。これは、仮処分によって会社法の原則に反してまで、議決権の行使を認めるべきではないとするものであり、許容性という観点からみれば適正であろう。しかし、株式の帰属に争いがある場合は、議決権行使禁止と行使許容は表裏一体の関係にあるから、行使許容の仮処分が認められないとはいえない。そこで、特に必要性が認められる場合は、より厳格な疎明が要求されるが、行使許容の仮処分も認めるべきであろう。

議決権行使に関する仮処分命令は、株主総会決議までに発令され、債務者に送達されなければならない。そして、仮処分は議決権の行使を禁止する効力を有するが、その効力は、決議時までに限られ、以後、実質的効力は消滅することになろう。

　(ウ)　仮処分の取消しと決議の効力

仮処分に従った決議がなされた後に、仮処分が取り消されても、決議は取り消されるまで有効であり、かつ取消しの判決に遡及効がないから、決議の効力に影響を与えないと解されている。これに対し、仮処分の効力は暫定的なもの

---

9　大隅・前掲（注2）652頁、今井宏「議決権行使禁止の仮処分」姫路法学2号65頁、新堂・仮処分137頁。

であるから、決議の効力が本案敗訴による仮処分の取消しによっても影響されないとするのでは、仮処分に不当に強い効力を与えることになる。そこで、仮処分を許容することは後に議決権の行使が不当であるとして、決議の効力を争えないことまでも意味しない、との見解がある。[10]

これは、仮処分が取り消された場合に、決議の取消原因になるかという実体法上の問題と、仮処分の効力という手続上の問題に関係する。会社が仮処分に従い、株主名簿上の株主の議決権行使を禁止し、株主名簿上の株主でない者に議決権行使を認めたが、株主総会後に仮処分が取り消された場合、結果的には、議決権を行使できる株主の議決権行使を認めず、議決権を行使できない者に議決権を行使させたことになる。

そこで、実体法的にみれば、決議方法の法令違反として決議取消しの原因になると考えられるが（会社831条1項1号）、決議当時、仮処分は有効に存在し、会社は仮処分に従って議決権行使について対応したのである。そうすれば、会社が株主名簿上の株主の議決権行使を認めず、株主名簿上の株主でない者に議決権行使を認めたのは適法であり、しかも、仮処分の取消しには遡及効がないことから、後に仮処分が取り消されたからといって、総会決議当時議決権を行使できる株主の議決権行使を認めず、議決権を行使できない者に議決権を行使させたことにはならないから、決議取消しの原因になると解することはできない。

決議取消しの原因になるとしても、それは、仮処分の取消し後の問題となる。しかし、多くの場合、仮処分の取消しが確定するのは、決議取消しの訴えの提訴期間である3カ月の経過後であるから、決議取消しの訴えを提訴できなくなる。

反対に、会社が仮処分命令に違反して、株主名簿上の株主の議決権行使を認め、債権者の議決権行使を認めなかった場合は、仮処分により議決権を行使できない株主に議決権を行使させ、議決権を行使できる債権者に議決権を行使させなかったことになり、決議方法の法令違反として決議取消しの原因になる。この場合、仮処分の取消しにより、結果的には会社の処理が間違っていなかっ

---

10　松浦馨「株主の議決権行使に関する仮処分が不当であった場合と株主総会決議の効力」公証法学6号22頁。

第 7 章　株主総会と仮処分

たことになるが、仮処分に違反した処理として決議取消しの原因になると考えられる。

### (2)　議決権行使に関する仮処分の類型と問題点

#### ㋐　株式の帰属に争いがある場合

##### (A)　議決権行使に関する仮処分

株式が有効に存在することを前提にして、株式の帰属に争いがある場合は、自己が株主であると主張している者が債権者として、会社の株主名簿上の株主など自己の株主権を争う者を債務者として、議決権行使に関する仮処分を申請するのであるが、判例はこの仮処分を認めている（最判昭和45・1・22民集24巻1号1頁）。

##### (B)　仮処分の要件と当事者

###### (a)　当事者間の争いの場合

自己が権利者（株主）であると主張する者が、権利者であることを疎明して、株主名簿上の株主は権利者でないとして仮処分により議決権行使の禁止を求め、株式売買の効力が争われる場合に用いられることが多い。

　AがBに株式を譲渡し名義書換もなされたが、Aが売買契約の無効や解除を理由に自己が株主であると主張して、Bを債務者として株主権確認訴訟を本案として、株主権に基づく妨害排除請求権を被保全権利として、Bの議決権行使を禁止し、Aの議決権行使を認める仮処分を申立てするような場合である。

　会社は株主間の争いに無関係であるが、仮処分の効力を会社に及ぼすために、債権（金銭）執行に関する差押命令の場合に準じて（民執145条1項）、会社を第三債務者とする仮処分となる。仮処分命令が会社に送達されることにより、執行された状態になり会社に対し効力が生じる（同条3項・4項、民保52条1項）。そこで、会社は株主名簿上の株主Bに議決権を行使させてはならず、Aに議決権を行使させなければならない。

###### (b)　会社が争いの当事者である場合

　A・B間の株式の帰属に関する争いであるのに、会社もAの議決権行使を拒み、または株主名簿の記載をA名義にすることを拒む場合は、Aは、会社とBを債務者として議決権行使禁止等の仮処分を申立てする必要がある。この問題は、AがBに株式を譲渡しながら、名義書換請求に協力しない場合に

も生ずる。

これらの場合、株主名簿の記載がなくても議決権行使について会社に対抗する地位にあることが必要であるから、実質的権利者であるだけでは足らず、名義書換の不当拒絶、株主名簿の記載の不当抹消・変更の疎明を必要とするとされている。[11]

しかし、実質的権利者の問題であるから、仮処分が可能なのは名義書換の不当拒絶、株主名簿の記載の不当変更の場合に限られないであろう。これを要求すれば、会社法の下では、名義書換は株式名義人との共同申請を必要とする（株式譲渡の効力が争われている場合に、株式名義人が共同申請をすることは考えられない）から、会社による不当拒絶は少ないことになろう。

(C) 仮処分の債務者

仮処分債権者は、株主名簿上の株主ではないが、自己が権利者（株主）であると主張する者である。債務者については、権利の帰属を争っている者（相手方）とすべきである。会社については、債権者が株主であることを争っていないばかりか、仮処分命令の反射効により命令の効力は会社に及ぶとの説（相手方債務者説）、会社は議決権を行使する者が誰かについて重大な関心を有するから、株主と会社間の議決権行使の関係を、債務者その他第三債務者である関係ととらえ会社を第三債務者とする説（会社第三債務者説）、会社は当事者間の仮処分命令に拘束されず、独自の立場で議決権を行使する者を定めることができ、会社が債権者を株主と認めなければ意味がないことから、会社との関係で仮処分を得る必要があるとする説（会社債務者説）がある。

しかし、株式の帰属に争いがある場合、争いの相手方を債務者とするのは当然であるが、会社法律関係は対会社関係で問題にすべきであるばかりか、対立当事者間で議決権行使に関する仮処分を得てみても特別の意味がないから、会社を形式的債務者とすべきである。このことにより、仮処分の効力を会社に及ぼすことができる。そこで、株式の帰属を争う相手方と会社を共同債務者とすべきであり[12]（前掲最判昭和45・1・22）、実務も一般的にこの方法によっている。

---

11　西迪雄「議決権行使停止の仮処分」仮処分の研究(下)207〜208頁、類型別会社訴訟Ⅱ888頁。ただし、会社が債権者の議決権行使を拒んだ場合であるかどうかについて明確ではない。

12　大隅健一郎＝今井宏『新版会社法論(中)Ⅰ』69頁。

第 7 章　株主総会と仮処分

### (イ)　新株発行の効力が争われる場合

　新株の発行（募集株式の発行）の効力が争われ、株式（議決権）自体が存在しないとして、当該株式の議決権行使の禁止を求めるのであり、議決権行使許容の仮処分は問題にならない。本案訴訟は新株発行の訴えと新株発行不存在確認の訴えであり、仮処分の当事者は本案の当事者に一致する。

　新株発行の効力が問題になる多くの場合は、会社に支配権争いがある場合である。株式買占めまたは公開買付け（TOB）に対抗するために、新株の発行権限を有する現経営陣が、買収側の議決権割合の低下を目的として新株を発行するのに対し、発行前においては募集株式の発行差止め（新株発行差止め）で対抗し（会社210条）、新株の発行後には、発行新株に議決権を認めたのでは、回復困難な損害を被るおそれがあるとして、新株発行無効の訴え（同法828条1項2号）を本案として、当該株式が有効に存在しないこと（新株発行の無効）を理由とする、議決権行使禁止の仮処分を申請する。新株発行の無効を被保全権利とするのであるから、被保全権利は本案の請求と同一である。

　この場合の議決権行使禁止の仮処分は、新株発行に無効の瑕疵があるのにもかかわらず、発行された新株に議決権を認めたのでは、回復困難な損害を被るおそれがあると主張する株主（債権者）が、新株発行無効の訴えを本案にして、仮処分により当該新株の議決権行使の阻止を図るものである。

　新株発行無効の訴えの判決に遡及効がないのに、仮処分によって本案判決以前に、新株発行無効の法律状態をつくり出すことになるとして、この種仮処分に否定的な見解もあるが、何も仮処分によって新株発行無効の法律状態をつくり出すのではなく、暫定的に議決権を行使できない状態を形成するにすぎないから、本案判決に遡及効がないことを理由に、この仮処分は認められないとする理由はない。

　新株発行無効の訴えを本案とするのであるが、新株発行の無効原因が制約されていることから、仮処分が発令される場合も限定されるといえよう。たとえば、不公正発行は新株発行の無効原因とみられないから、不公正発行を本案としては議決権行使禁止の仮処分は認められないであろう。

　この種仮処分は、株式の帰属に争いがある場合のように、特定の株主の議決権行使を禁止するのではなく、一律に発行株式の議決権行使を禁止するのであ

る。もっとも、新株発行に一部無効がある場合は、その一部について議決権行使を禁止することになる。

新株発行無効の訴えを本案とすることから、本案の提訴期間である6カ月以内に、仮処分の申請と発令がなされなければならない。提訴期間を経過すると、本案提訴権が消滅するから、それを被保全権利とする仮処分の申請もできなくなる。

仮処分債権者は、新株発行無効の訴えの原告適格者であることから、株主・取締役・清算人（監査役設置会社にあっては監査役を、委員会設置会社の場合は執行役を含む）である（会社828条2項2号）。

新株発行無効の訴えを本案とする、議決権行使禁止仮処分の債務者は本案訴訟の被告たる会社である。新株の株主は議決権行使に利害関係を有するにしても、本案の被告ではなく、新株の株主たる地位は全面的に会社に依存し、会社を通じて確保されるのであるから債務者とならない。もとより、本案訴訟において、新株の株主は会社に補助参加（共同訴訟的補助参加）することができるから、仮処分訴訟においても補助参加することは可能である。そして、補助参加をするか否かにかかわらず、会社に対して発せられた仮処分の効力は新株の株主に及ぶ。

(ウ) 議決権行使禁止の仮処分と行使許容の仮処分

債務者（株主名簿上の株主）の議決権行使を禁止する仮処分（行使禁止の仮処分）と、債権者に議決権行使を認める仮処分（行使許容の仮処分）との関係について、行使許容の仮処分は行使禁止の仮処分を前提とするから、行使許容の仮処分だけを認めることはできないが、行使禁止の仮処分を認める場合は、行使許容の仮処分を認めなければならないかという問題がある。

積極説は、債権者の権利行使に対する妨害排除として、債務者の議決権行使を禁止する場合、行使禁止と行使許容は表裏一体の関係にあるから、当然に債権者の議決権行使を認める必要があるとする。その理由について、これを認めなければ、当該株式について議決権を行使する株主がいなくなるし、仮処分の暫定性からすれば、議決権行使の禁止にとどめ、行使許容の仮処分を認めない[13]

---

13　西・前掲（注11）209頁、鴻常夫『商法研究ノートⅠ』223〜224頁。

第7章　株主総会と仮処分

ことも可能であるが、これではどちらの当事者も議決権を行使し得なくなる中途半端な仮処分となり、いずれの当事者も権利保全の目的を達しないから、行使禁止の仮処分には議決権行使を認めるべき命令を含んだものと解すべきとする[14]。

　これに対し、一般的な見解は、行使禁止と行使許容は表裏一体の関係にあるとしても、仮処分の暫定性と必要性から両者を常に発令しなければならないものではなく、行使禁止の仮処分だけに限ることができるから、行使許容の仮処分まで発令する必要がない場合はこれを却下することになるとする[15]。

　理論的には行使禁止と行使許容は一体的に考えるべきであるから、行使許容の仮処分も申立てしている場合は、両方の仮処分を発令すべきであるが、仮処分の暫定性と必要性という見地からみて、行使禁止の仮処分に限り発令することは可能である。行使許容の仮処分については、被保全権利についても保全の必要性についても行使禁止の仮処分より高度の疎明が必要であるから、疎明が不十分な場合は、申請が却下されるのはやむを得ない。

　議決権行使禁止の仮処分と定足数算定の関係（会社309条）について、株式の存否が争われ議決権の行使が禁止された場合は、暫定的措置として当該株式が無効なものとされるのであるから定足数に算入しないことになる（神戸地判昭和31・2・1下民集7巻2号185頁）。株式の帰属についての争いの場合は、議決権自体は有効に存在するから定足数算定の議決権総数に算入することになるとされているが、議決権行使が認められない場合は、当該株式について議決権を行使し得ない状態になるから、定足数算定の議決権総数に算入することは疑問がないではない。

　平成26年改正会社法は、出資が仮装払込みの場合は、新株引受人は支払義務の履行後でなければ株主の権利を行使できないとしたことから（会社209条2項）、その者に対する議決権行使禁止の仮処分を申請することができるが、当該株式は議決権を行使できない状態にあるから、定足数算定の議決権総数に算入されない。

---

14　新堂・仮処分140頁。
15　たとえば、類型別会社訴訟II 893頁。

### (3) 議決権行使の濫用と仮処分による議決権の排除

#### ㋐ 議決権を濫用する株主の議決権の排除

議決権の濫用は、株主総会における多数決の濫用として問題になる。多数議決権を有する株主が、個人的利益を図る目的で、会社および他の株主の犠牲の下に、決議を成立させるような場合である。議決権の濫用は、決議方法の法令違反または著しく不公正なときに該当するものとして、決議取消しの訴えの原因となるから、議決権の濫用が懸念される場合は、それにより回復困難な損害を被るおそれのある株主は、自己の株主権に対する妨害排除として、あるいは、事前的救済措置として、仮処分により問題の株主の議決権を排除することは可能であると考えられる。

会社が、議決権の濫用により、会社および他の株主の利益が害されるおそれがあると考える場合は、当該株主の議決権行使を拒否すれば足りるとして、かかる仮処分を認める必要はない、仮処分を認めても株主総会の混乱を防止するための事実上の効力しかないとの考え方もありうる。しかし、仮処分なしでは、当該株主の議決権行使を拒否する根拠が明白にならないばかりか、株主総会期日において会社が議決権行使を拒否すれば、議決権の濫用の有無と拒否事由の正当性をめぐり、株主総会に混乱が生じるおそれがあるから、法律上、それを防ぐために仮処分による必要性が認められる。まさに、現在の危険を回避するためという要件に適合するといえよう。

#### ㋑ 議決権排除の要件

もとより、議決権の濫用を理由に、仮処分をもって多数株主の議決権行使を禁止するためには、議決権行使の濫用（本来の目的を逸脱した議決権の不当行使）の認定を厳格にしなければならないが、議決権の濫用になるか否かの認定は容易ではない。また、保全の必要性についても強度の疎明を必要とする。

単に個人的利益を図る目的を有するというだけでは、議決権の濫用であるとして、株主の基本的な権利である議決権行使を排除することはできない。議決権の濫用というためには、許容性の限度を超えた議決権の不当行使であることを必要とする。そして、議決権の濫用（多数決の濫用）と認められる場合は、損害を被るおそれのある株主等は、議決権の濫用を阻止するために、株主権に対する妨害排除請求権を被保全権利として、保全の必要性がある限り、会社お

第7章　株主総会と仮処分

よび当該株主を債務者とする、議決権行使禁止の仮処分を申請することができる。

　(ウ)　当事者

　議決権の濫用に備え、議決権行使に関する仮処分を申請する場合、株主が債権者となり、会社と株主名簿上の株主を債務者として仮処分を申請するのであるが、これとは異なり、会社が債権者となり、株主名簿上の株主を債務者として、議決権行使を禁止するという特異な形態の仮処分が発令された事例がある（国際航業に関する、東京地決昭和63・6・28判時1277号106頁）。

　これは、株式を買い占め、高値で買戻請求を目的とする株主の議決権行使に対し、議決権の濫用による不当な決議の成立の阻止と、株主総会の混乱防止という会社の妨害排除請求権を被保全権利とし、特定の株主総会における議決権行使を禁ずることを内容とする仮処分である。この場合、仮処分の許容性を問題とする立場があるが、被保全権利も保全の必要性も認められるから、この仮処分は適法である。

　(エ)　効　果

　仮処分により、事前に当該株主の議決権行使を禁止すれば、当該株主は総会で議決権を行使し得ないのであるから、株主総会において議決権の濫用の有無を問題にすることなく、議決権を行使し得る株主を排除することが可能となる。その意味で、この種仮処分は許容されるべきである。

　仮処分により当該株主の議決権行使を禁止すれば、株主総会が混乱することが避けられる。そこで、会社が債権者となり、株主を債務者とする特殊な形態の仮処分についても、これを認めることは可能である。

## 3　株主総会決議の効力停止の仮処分

### (1)　保全の必要性と仮処分の効力

　株主総会の決議がなされたが、その決議に無効または取消しの瑕疵がある場合、あるいは決議が不存在とされる場合に、そのまま株主総会の決議の効力を認めることは適正ではない。そこで、決議取消しの訴え等により決議の効力を争うことになる。しかし、決議取消訴訟の判決の確定までには相当期間を要することから、その間の暫定的な措置として、決議取消訴訟を本案として、仮処

分により、①決議の効力を停止する（決議の効力発生を停止する）、②代表取締役が当該決議に基づく執行をすることを停止する必要がある。もっとも、総会決議により直ちに効力が生じる場合や、執行の余地のない株主総会決議に対しては、この仮処分は考えられない。仮処分により株主総会決議の効力を停止する必要がある（保全の必要性）。

本案訴訟は株主総会の決議の効力を争う訴訟であるから、仮処分の債権者は本案の原告となる者である。債務者については、①、②の場合のいずれも本案の被告である会社であるが、②の場合は、現実に停止行為の対象となる取締役（代表取締役）も債務者とすべきである。被保全権利は、当該行為による執行をしてはならないとの差止請求権または株主権に基づく妨害排除請求権である。

被保全権利が認められるためには、株主総会決議に瑕疵があり、決議の取消し等が認められる可能性が高いことが必要であるが、その程度は総会決議がなされた後であるから、総会決議禁止の仮処分の場合より高度の疎明が要求される。

保全の必要性は、総会決議の効力を発生させ、あるいは決議に基づく代表取締役の執行行為により、債権者（株主）に重大な不利益が発生することであるが、一般に、決議の取消し等が認められる（被保全権利が認められる）可能性が高い場合には認められるであろう。

## (2) 株主総会決議の効力停止の仮処分の類型

株主総会決議の効力停止の仮処分として、次の場合を考えることができる。

### (ア) 役員の選任決議に瑕疵がある場合

この場合は、取締役等職務執行停止、代行者選任の仮処分によることになるが、かかる仮処分の許容性については問題がなく、会社法もそれを予定している。取締役等の職務執行停止の仮処分は、取締役等の選任決議の効力を停止するとともに、仮処分により取締役等の職務執行権限を一般的に停止するという前記①、②の性格を有するものである。

### (イ) 株主総会決議に基づく行為を禁止する場合

株主総会の決議がなされたが、それに法令・定款に違反する違法の瑕疵がある場合、そのまま執行させるわけにはいかない。そこで、株主総会決議に基づき会社の執行機関がそれを執行することを禁止（差止め）する必要がある。取

第7章　株主総会と仮処分

締役等は、法令・定款に違反する違法な行為をなし得ないが、それは株主総会の決議に基づく場合も同様に考えられる。株主総会決議を順守しなければならないことは、違法な決議に基づく執行までしなければならないことを意味するものではない。そこで、たとえば、第三者割当てによる新株発行が総会で承認された場合でも、それが違法な場合には代表取締役はそれを実行してはならないことになる。

しかし、取締役等に株主総会決議が違法であるか否かを判断し、執行を差し控えることを求めることは、難しい判断を強いることになるばかりか、議案を株主総会に提出した取締役等に、決議に基づく執行を中止することを期待すること自体ほとんど無意味である。そこで、株主による取締役等の違法行為の差止め（会社360条）仮処分申請という方法によらなければならない。株主総会決議に基づく取締役等の行為であっても、株主総会決議が違法な場合は違法な取締役等の行為であるとして差止めの対象となると考えられる。

(ウ)　株主総会決議後一定の期間の経過等により効力が生ずる場合

たとえば、合併の承認決議がなされても、合併契約の内容に重大な瑕疵がある場合は合併の無効原因となる。しかし、合併の無効は、株主等が合併の効力が生じた日から6カ月以内に訴えをもって主張しなければならない（会社828条1項7号・8号・2項7号・8号）。そして、合併の無効は、無効判決の確定により、将来に向かって無効となることから、合併が効力を生じた場合は、株主等は重大な損害を被るおそれがある。

そこで、株主は株主総会における合併決議の無効を理由として、会社を債務者として、合併の効力が生じるまでの間に、合併の効力の発生停止の仮処分により、合併の効力発生日に効力の発生を阻止する必要がある。

吸収合併の効力は、合併契約に定めた日に合併の効力が生ずる（会社749条1項6号）からその日までに、新設合併の効力は、新設会社の設立の登記により合併の効力が生ずるから（同法754条1項）、その日までに仮処分が発令され、債務者会社に送達されなければならない。

仮処分申請の趣旨は、「債務者が、平成○○年○月○○日の株主総会決議により承認された合併契約に基づき、手続中の合併を仮に差し止める」とか、「債務者は、平成○○年○月○○日の株主総会決議により承認された合併契約

に基づく、合併手続を進めてはならない」ということになろう。

株式交換または株式移転についても同様の問題が生じるが、その効力が発生するまでの間に（会社768条1項6号、774条1項）、合併の場合と同様に、仮処分により効力の発生を阻止することは可能であると考えられる。そこで、平成26年改正会社法は法令・定款に違反する組織再編により株主が不利益を受けるおそれがあるときは、株主は組織再編の差止めを求めることができると規定したことから（会社784条の2等）、この規定に基づき、合併、会社分割、株式交換等について、株主は差止仮処分によることができる。

## 4　会社の申請による株主総会に関する仮処分

### (1)　会社の申請による仮処分の許容性

株主総会に関する仮処分は、実質的株主（自己が権利者であると主張する者）が、会社と株主名簿上の株主を債務者として、議決権行使等に関する仮処分を申請するのであるが、会社が債権者となり、株主名簿上の株主を債務者として議決権行使等に関する仮処分を申請する必要がある場合があり、現に、この種の仮処分が発令されている。

株主の総会への出席や、議決権行使を認めるのは会社であるから、会社が問題の株主の総会出席や議決権行使を認めなければよいから、かかる仮処分は許容されないとの考え方もできる。しかし、株主総会の受付において株主名簿上の株主の入場を阻止したり、総会場において議決権行使を認めないというのは難しく、また、株主総会の混乱防止、円滑な総会運営という点に仮処分の必要性は認められる。すなわち、会社法の一般論では処理できない場合に関するものといえ、新株が有効に発行されたか（株式の存在自体が争われる）、株主が誰であるか（株式の帰属をめぐる争い）について争いがある場合における当事者が申請する仮処分とは性格的にも機能的にも大きく異なるものである。

この仮処分は、現実の必要性から認められるのであるが、この仮処分命令により、後に、株主総会決議の瑕疵をめぐる争いを事前に防止することができる。被保全権利は、会社の円滑に株主総会を運営する権利、株主総会に対する妨害排除権であり、それを認める緊急の必要性が認められる場合に仮処分が発令されるのである（民保23条2項）。そして、仮処分命令に基づき、会社または株主

*225*

第7章　株主総会と仮処分

総会の議長は問題の株主を総会から排除することができる。

## (2)　議決権行使禁止の仮処分

　会社が議決権行使禁止の仮処分を申請する場合がある。私的独占の禁止及び公正取引の確保に関する法律（独占禁止法）違反の株式取得の効力が争われている場合に、会社の申立てにより株式名義人を債務者とする議決権行使禁止の仮処分が認められた例がある（東京地判昭和28・4・22下民集4巻4号582頁）。これは、同法違反の株式取得が無効であれば（当時、同法違反の株式取得の効力について確定的な見解はなかった）、株式名義人は株主でないことになるから、その者が決議に加われば決議取消しの原因となることを事前に防止するという意味が認められる。

　買い集めた株式を会社側に高値で買い取らせる目的で、あるいは自己の意のままになる経営者に交代させるために、名義の書換えを受けているものの実質上の株主でない者が、その手段として株主総会で議決権を行使することが、権利の濫用にあたるとして議決権行使禁止の仮処分が発令された事例として国際航業議決権行使禁止の仮処分事件がある（前掲東京地決昭和63・6・28）。

　株主が、不当な目的で議決権を行使することは議決権の濫用であるが、会社がそれを理由に議決権の行使を拒否することは容易ではない。また、名義の書換えを受けていても、実質上株式を取得していないものは株主ではないから、会社はそれを証明してその者の議決権行使を阻止することはできるが、会社が、株主総会の開催に先立ち議決権行使を阻止することは現実に困難であるばかりか株主総会の混乱は避けられない。そこで、仮処分によりその者の議決権行使を排除するのである[16]。

　もっとも、議決権を武器としても、支配権の争奪のために株式を大量に取得し総会会場で正式に争うのであれば、現経営者に反対して議決権を行使することは議決権の濫用にはならない[17]。そこで、会社が議決権の濫用を理由に、株主の議決権行使を禁止できるのは、不当な目的で議決権や各種の経営監督権を濫用し、議決権を背景に会社に対して圧力をかけ不当な要求をする場合である。

---

16　この仮処分決定に関しては、新谷勝「株主の議決権行使に関する仮処分と議決権の濫用」判タ771号4〜12頁参照。

17　実方正雄「少数株主権の濫用」末川先生古稀記念『権利の濫用(中)』156頁。

保全の必要性は不公正な決議がなされることの事前防止であるが、この仮処分には株主総会に対する総会の混乱防止、妨害排除、不規則発言禁止という実際上の意味が認められる。

## ⑶ 株主総会出席禁止の仮処分

会社には、株主総会を混乱させることなく、議事を円滑に運営し、終了させる権限があるから、株主総会の開催前において必要な措置を講ずることができる。そこで債務者等が、本件株主総会においても、前年度と同様に株主としての正当な権利行使の範疇を超えた妨害行為に出て、株主総会の議事を円滑に運営し、終了させる権限を侵害する蓋然性が高いものと認められる場合においては、会場内における株主総会の円滑な進行を妨げる行為を個別具体的に禁止するだけでは足らず、株主総会への出席自体を禁止する必要性が高い。そこで、株主総会に出席することの禁止が必要な措置として認められるとして、仮処分決定を認可した例がある（京都地決平成12・6・28金判1106号57頁）。

株主の総会出席自体を仮処分により排除し、議決権の行使を含めて株主が株主総会に出席する権利を奪うことになるから、被保全権利および保全の必要性について慎重な判断が必要である。この点、現実の総会の混乱を防止することを目的とすることから、上記認定事実に基づけば仮処分命令を認可した決定は妥当であるといえよう。

## ⑷ 所持品検査を認める仮処分

株主総会関係の仮処分として、会社による所持品検査を受けることとし、武器または人に危害を加えるおそれのある物を所持しないことを証明しない限り株主総会に出席してはならないとするものがある（岡山地決平成20・6・10金判1296号60頁）。

会社は、特定の株主が総会を混乱させ、出席者の生命身体に危害を加えるおそれがあると予測される場合には、株主総会開催前においても、総会秩序維持権に基づき、妨害予防請求権を行使できる。会社ないし株主総会の議長が、自らの警備体制の下で、債務者の言動を監視し、臨機応変に対応することにより、債務者による株主総会出席者に対する加害行為を未然に防止することは難しいことから、そのために必要な処置として発せられた仮処分である。

所持品検査を受け、武器または人に危害を加えるおそれのある物を所持しな

第7章　株主総会と仮処分

いことを証明した場合に株主総会の出席を認めるという条件付の仮処分である
が、株主の総会出席権を不当に制限するものではなく、所持品検査を要求する
だけであるから、仮処分の許容性を超えたものではない。会社限りの権限によ
り所持品検査を徹底することが困難であることから、仮処分によりその根拠づ
けをするものと解される。

**【記載例8】　議決権行使禁止・行使許容の仮処分の申請の趣旨**

　債務者Bは，平成××年×月×日開催のC社の株主総会において，××に関
する議案について議決権を行使してはならない。
　債務者C社は，右株主総会において，××に関する議案についてBに議決権
を行使させてはならない。
　債務者C社は，右株主総会において，××に関する議案について債権者Aに
議決権を行使させなければならない。

（注）　Aが、株主名簿上の株主BとC会社を共同債務者として、議決権行使禁止・
　　行使許容の仮処分を申請する場合。

*228*

# 第8章 取締役・取締役会をめぐる訴訟

## 1 会社を代表する取締役

### (1) 代表取締役と代表執行役

会社法は、取締役が会社を代表することを基本とし、他に代表取締役その他会社を代表する者を定めた場合はこの限りではないとしている（会社349条1項）。そこで、代表取締役を定めた場合（同項）および取締役会設置会社の場合（同法363条1項1号）は、代表取締役が会社を代表することになる。

代表取締役の選任方法であるが、取締役会設置会社以外の会社にあっては、定款、定款の定めに基づく取締役の互選または株主総会の決議によって、取締役の中から代表取締役を定める（会社349条3項）。そして、取締役会設置会社については、取締役会が代表取締役を選定する（同法362条3項）。多くの会社は取締役会設置会社であるから、取締役会で選定された代表取締役が会社を代表する。なお、会社法においては、代表取締役が2人以上ある場合は、各自、会社を代表するものとし（同法349条2項）、旧商法下での共同代表に関する規定（旧商261条2項）を削除した。

指名委員会等設置会社については、取締役はその資格で業務を執行することができないのであり（会社415条）、代表取締役も存在しない。業務を執行するのは取締役会の決議により選定された執行役であり（同法418条）、会社を代表するのは取締役会により選定された代表執行役である（同法420条1項）。代表執行役の代表権の範囲については、代表取締役に関する規定が準用され（同条3項）、取締役の場合と同様に、株主により執行役の行為は差し止められる（同法422条1項）。

### (2) 取締役と会社間の訴訟と会社代表者

会社と取締役間の訴訟については、代表者の定めに関する一般規定によらない。会社と取締役間の訴訟は利益が相反する行為であることから、当該取締役が代表取締役か否かを問わず、取締役間の特殊関係から馴合訴訟を防止するた

*229*

めに、代表取締役に会社を代表させるのは適切ではないとして代表取締役の代表権限が制限される。

　株式会社と取締役間の訴訟について、会社を代表する者は会社の組織形態により異なるが、概していえば、監査役設置会社については監査役であり（会社386条1項）、監査等委員会設置会社では、監査等委員が訴訟の当事者である場合は取締役会が定める者、それ以外の場合は監査等委員会が選定する監査等委員である（同法399条の7第1項）。指名委員会等設置会社では、監査委員が訴訟の当事者である場合は取締役会が定める者、それ以外の場合は監査委員会が選定する監査委員である（同法408条1項）。

　このように、会社と取締役間の訴訟について、会社を代表する者の定めは複雑であるが、多くの場合は、従来型の監査役設置会社であるから監査役が会社を代表する。

　ただ、代表取締役の選定決議の無効確認訴訟（取消し・不存在を含む）については、当該決議により選定された代表取締役が被告会社を代表して訴訟を担当しても、利益が相反するとはいえないから、かかる代表取締役が会社を代表すると解される。

### (3) 代表取締役の権限

#### (ア) 代表取締役の権限踰越行為の効力

　代表取締役の代表権は、会社の業務に関する一切の裁判上または裁判外の行為に及ぶ包括的なものであり（会社349条4項）、代表権限の制限を超えた行為は、権限濫用による権限外の行為であるが、会社がその権限に制限を加えても、善意の第三者に対抗することができない（同条5項）。

　代表取締役の代表権の範囲は、当該行為が客観的に業務執行に必要な行為と認められるか否かによる。それが、外観的かつ客観的に権限の範囲内に属する限り、権限を濫用して自己のためになした場合でも、会社は善意の第三者に対抗することができない。この点、判例は、代表取締役の権限濫用の場合、代表取締役が、自己の利益のため表面上会社の代表者として法律行為をした場合、相手方が代表取締役の真意を知り、または知りうべきであったときは、民法93条ただし書の規定を類推し、上記の法律行為は効力を生じないとしている（最判昭和38・9・5民集17巻8号909頁）。そこで、会社は、相手方の悪意、つまり代

表取締役の行為が会社のためのものではないこと（代表権限の濫用の事実）を知っていたか、または知らないことについて重過失があることを立証しなければ責任を免れない。

　(イ)　取締役会の決議を欠く行為の効力

　代表取締役が会社を代表して行為をするために、取締役会の決議を必要とする場合がある。それは、代表取締役の権限行使を内部的に抑止し適正を期するためである。

　取締役会の決議を要する事項につき、決議が無効である場合でも、それに基づき代表取締役がその権限の範囲内でなした行為は、取締役会の決議が無効であることにより影響されないと解される。取締役会の決議が無効であることは、相手方に知り得ないことであるからである。しかし、相手方に悪意または重過失のある場合まで保護する必要はないから、会社は相手方の悪意または重大な過失を立証し、履行を拒絶することができる。

　重要な財産の処分および譲受け、多額の借財など取締役会の決議を要する法定事項について（会社362条4項）、取締役会の決議を経ることなく代表取締役が取引（重要財産の譲渡など）した場合の効力につき、判例は、代表取締役は会社の業務に関し一切の行為をする権限を有するから、代表取締役が取締役会の決議なしで、対外的取引行為をした場合も、その取引行為は内部的意思決定を欠くにとどまり、原則として有効であって、ただ相手方がその決議を経ていないことを知り、または知ることができるときに限って無効になるとしている（最判昭和40・9・22民集19巻6号1656頁）。

　取締役会の決議なく代表取締役が対外的取引行為をした場合は、内部的意思決定を欠くにとどまり原則として有効となる。ただ、相手方が上記決議を経ていないことを知っている場合、または知らないことについて重過失がある場合は、相手方を保護する必要はないから無効とすべきである。そこで、相手方が、会社に対し代表取締役がなした行為に基づき履行を求めた場合、会社は、当該行為は取締役会の決議を要するのに決議を経ていないこと、それについて、相手方は悪意または重過失であるから無効であるとして、履行請求を拒絶することができる。

　相手方は、取締役会の決議の有無を調査する義務があるか、どの程度の調査

第8章　取締役・取締役会をめぐる訴訟

義務があるかであるが、たとえば、取締役会議事録の写しを確認する義務があるかとして問題にされる。取締役会議事録の提出要求を代表取締役（会社側）が拒否したが、他に、取締役会決議がないことを疑わせるような事情のないときは、相手方に（重）過失がないといえよう。

　A会社の代表取締役Bが、取締役会の決議なく、金融会社Cから多額の借財をし、A会社の財産に抵当権を設定した場合、取締役会の決議がないとして抵当権の設定登記の抹消が請求された事案において、C会社の過失が問題になった。第1審判決は、A会社の取締役会の決議の有無について、取締役会議事録の提出を求めず、契約締結の際に同席していたA会社の総務部長に対しても確認しなかったことから、取締役会の決議がなかったことを知りうべきであるとして、C会社に過失があるとしたが（那覇地判平成9・3・25判時1617号131頁）、控訴審判決は、Bは地元における最有力企業の代表取締役であり、商工会議所会頭でもあることから、当然A会社の内部手続を経ているであろうし、わざわざ確認するのは失礼であると考え、C会社が、同人に対し取締役会の決議がなされているかどうかの確認をしなかったことをもって、C会社に過失があるとはいえないとした（福岡高那覇支判平成10・2・24金判1039号3頁）。

　第1審判決のいうように、金融会社Cが多額の貸付けと担保設定に際し、取締役会の決議の有無を確認しなかったのは、重大な過失があるといわなければならない。控訴審判決は、Bは地元の最有力企業の代表取締役であり、商工会議所の会頭でもあることから、当然A会社の内部手続を経ているであろうし、わざわざ確認するのは失礼であると考えて確認しなかったのであるから、確認をしなかったことに過失はないとするのであるが、このような事情が、当然に、金融会社であるCに過失がなかったとはいえないであろう。議事録の提出を求めないにしても、少なくとも口頭による確認は必要である。

　株主総会の決議事項（特に、特別決議事項）については、株主総会の決議を経ない場合は、相手方等の保護を考慮しても無効とせざるを得ないが、取締役会の決議を経ていない場合については、多数人が関係する会社の組織などに関する行為と、重要財産の処分というような相対的な通常の取引行為とを分けて考えるべきである。

　新株の発行や社債の発行のように会社の組織に関する、あるいは、相手方保

護の要請が強く働く場合は、取締役会の決議を欠くという内部的な手続違反の瑕疵をもって、無効原因と考えるべきではない。一方で、重要な財産の処分のような取引行為の場合は、無効とすることを原則とするが、善意（当然行うべき調査を行い、相当の注意義務を尽くしている場合）、かつ無重過失の第三者は保護されるべきである。この点、金融機関の場合は、相手方に対し取締役会議事録またはその写しの提出を求めるべきであり、よほどの事情でもない限り、相手方の取締役会の決議を経たとの言を信じたというだけでは過失がないとはいえない。

## 2　取締役会決議の無効確認訴訟

### (1)　取締役会決議の瑕疵

#### (ア)　招集手続

　取締役会は、必要に応じて招集権者が各取締役および監査役に対し、1週間前に通知し招集することにより開催されるが、全員が同意すれば招集手続を省略することができる（会社368条1項・2項）。そこで、あらかじめ全員で定めた定例日に開催する場合は、招集手続を必要としない。招集通知は、取締役全員に対してしなければならず、名目的な取締役である者に対しても通知をすることが必要であるから（最判昭和44・12・2民集23巻12号2396頁）、名目的な取締役に対し招集の通知をしなかった場合は、取締役会の招集手続の瑕疵となる。

　判例は、一部の取締役に対する招集通知もれは、招集手続違反の瑕疵となるから、特段の事情がない限り、取締役会決議は無効であるが、その取締役が出席してもなお決議の結果に影響がないと認められる特段の事情があるときは、決議の効力に影響がないものとして、決議は有効となるとしている（前掲最判昭和44・12・2）。すなわち、招集通知もれは、取締役会決議の無効原因としながら、その取締役が出席しても、なお決議の結果に影響がないと認められるときを特段の事情として、それがあるときは決議は無効にならないのであるが、この特段の事情の存在は被告会社の抗弁事由である。その取締役が出席しても、なお決議の結果に影響がないと認められるときとは、単に、多数決の問題ではなく、その取締役が出席して意見を述べた場合でも、決議の結果が異なっていなかったことを立証する必要がある。

**233**

第 8 章　取締役・取締役会をめぐる訴訟

　(イ)　取締役会の決議方法

　取締役会の決議は、議決に加わることができる取締役の過半数（定款で加重することができる）が出席し（定足数）、出席取締役の過半数で決定する（会社369条 1 項）。旧商法上の解釈として、取締役会決議の省略、持ち回り方式の決議は認められなかったが（最判昭和41・8・26民集20巻 6 号2301頁）、取締役全員が、業務執行について協議決定したときは、特に招集手続を省略する旨の明示の同意がなくても、適法に取締役会の承認を得たと解されていた（最判昭和31・6・29民集10巻 6 号774頁）。

　この点、会社法は、定款に定めることにより、議決に加わることができる取締役全員が書面（または電磁的記録）により議案に係る提案に同意する意思表示をした場合は、取締役会決議があったものとみなすとして、取締役会決議を省略することを認めている（会社370条）。これは、取締役が多数いる会社の場合、会議体の形をとることが困難であることを理由とする。

　取締役会が決議をするためには、定足数を満たしていることが必要である。定足数を欠いた取締役会の決議は無効であるが、定足数は開会時に充足しているだけでは足らず、討議、議決の全過程を通じて維持されなければならない（最判昭和44・11・27民集23巻11号1289頁）。

　取締役会決議は 1 人 1 議決権で行い、代表取締役も社外取締役もすべて平等であるが、株主総会の場合と異なり、委任状により他の取締役に議決権行使を委任することはできない。必ず、自身で出席して決議に加わらなければならない。

　取締役会の決議は、決議に加わることができる取締役の過半数が出席し（定足数）、出席取締役の過半数で決するのであるから（会社369条 1 項）、可否同数の場合は、議長が決するとの取締役会規定は、法定の決議要件を緩和するものとして許されず（大阪地判昭和28・6・19下民集 4 巻 6 号886頁）、議長が決した決議は無効である。ただ、慣例により議長が決議に加わらない場合については、議長が決するとの定めも有効と解すべきである。

　全取締役は、取締役会の決議に参加できるのであるが、決議の公正を期するために、決議について特別の利害関係を有する取締役は、当該決議に参加できない（会社369条 2 項）。たとえば、代表取締役の解職に関する取締役会決議に

**234**

ついては、当該代表取締役は特別利害関係人にあたるから決議に参加できない（最判昭和44・3・28民集23巻3号645頁）。また、取締役と会社間取引の承認について、当該取締役は特別利害関係人にあたると解される。

決議について特別利害関係人として決議に参加できない取締役は、決議に参加できないだけでなく、議長になりうるかが問題になる。議長資格に欠けないとも解されるが、公正を確保するために、当該決議事項については、議長として議事を主宰する権限を有しないと解される。そこで、かかる者が議長となり取締役会決議を成立させても、取締役会決議は無効である（東京高判平成8・2・8資料版商事151号143頁）。

### (2) 取締役会決議の無効確認訴訟

#### ㋐ 取締役会決議無効の訴えの許容性

旧商法上、取締役会決議無効確認の訴えに関する規定がなかったが、判例はこの訴えを認め（最判昭和47・11・8民集26巻9号1489頁）、学説上もこの訴えの許容性を否定する見解はみあたらなかった。そして、実務上の必要性も加味され、判例・学説により理論的な問題点について解決の方向が示されていた。

会社法も、取締役会決議無効確認の訴えに関する規定を設けていないが、この訴えの許容性自体には争いがなく、旧商法上の判例・学説理論がひとしく通用するであろう。ただ、無効の主張は、訴えによらなくても可能であるとしても、請求を容認する判決には対世効が認められ、合一確定と法律関係の早期安定確保、代表取締役選定登記の抹消等の事後処理などとの関係から、実際上、訴えによらなければ目的を達することができないであろう。また、訴訟形態としては、形成訴訟的性格が濃厚な訴訟である。

会社法は、取締役会決議の瑕疵を争う訴訟を規定していないので解釈によらざるを得ない。そこで、通常の確認訴訟のように解されているが、できるだけ株主総会決議の瑕疵を争う訴訟に準じるべきである。理論的には、取締役会決議の内容に、法令違反がある場合は決議の無効原因となり、定款違反の場合は取消原因となる。また、取締役会の招集手続または決議方法が法令・定款に違反する場合は決議の取消原因となる。

次に、取締役会の決議が全くなされていない（物理的に不存在）場合、または決議はなされているが、瑕疵が著しく、とうてい決議が存在するとはいえな

第8章　取締役・取締役会をめぐる訴訟

い場合がある。これが決議不存在であり、この確認を求める訴訟が、取締役会決議不存在確認訴訟とよばれるものである。このような場合は、取締役会決議が無効の場合の一種であるが、無効は決議が存在するがそれに重大な瑕疵がある場合であるのに対し、不存在は取締役会決議が存在するとは認められない場合である。

　取締役会決議を争う訴えは、類型的には取消しの訴え、無効確認の訴え、不存在確認の訴えが考えられるが、会社法には特別な規定がないことから、一体として取締役会決議無効確認の訴えとして取り扱われる（決議不存在確認の訴えは、無効確認の訴えに含まれる）。決議無効確認の訴えは、通常の確認訴訟でなく形成訴訟的性質を有していることから、無効判決の効力には対世効が認められる。

　　(イ)　取締役会決議無効の訴えの立法化論議

　会社法に至るも、取締役会決議の無効確認の訴えを規定していないが、この訴えの立法化について議論がされたことがあり、これは、現在でも、この訴えについて解釈上の有益な示唆を与えるものといえよう。昭和53年12月、法務省民事局参事官室が公表した「株式会社の機関に関する改正試案」は、株主総会決議の無効確認の訴えに準ずる訴えの制度の導入を検討事項としていた。

　それは、取締役会決議の無効確認の訴えは、①法令または定款に違反する内容の決議がなされたとき、②または、取締役会の招集の手続または決議の方法が、法令または定款に違反し、または著しく不公正であった場合（その瑕疵が軽微で、決議の結果に影響を及ぼさない場合を除く）に提起することができるとし（第217a）、②の場合は、取締役または監査役のみが提起することができる（第217b）、無効の判決は、第三者に対してもその効力を有する（第217c）。取締役会決議の無効は、決議無効確認の訴えによらず主張することができる（第217〔注(2)〕a）、とするものであった。その趣旨は、決議無効確認の訴えを、当時の株主総会決議の無効・取消しの訴えに準ずるものとして取り扱い、②の場合については、瑕疵が軽微で、決議の結果に影響を及ぼさない場合は提訴できないとし、提訴権者も取締役または監査役に限ったのである。

　上記改正試案が取締役会決議無効の訴えを規定しようとしたのは、提訴の要件、判決の効力等について解釈上不明確な点があったことから、これを立法的

**236**

に解決しようとしたものである。決議の無効、取消しを一体にして決議無効の訴えを認めようとしたものであるが、決議不存在の場合を除外する必要はない。取締役会の招集の手続または決議の方法の瑕疵は、瑕疵が軽微で、決議の結果に影響を及ぼさない場合には提訴を認めず、取締役または監査役のみが提起することができるとして、株主による提訴を認めなかった。原告勝訴の判決は、会社と原告の間で無効とするのではなく、画一的処理の必要から、対世効を認めたのである。

以来、数次の商法改正でも取締役会決議無効確認の訴えの制度は採用されず、会社法にも特別の規定はなく、判例理論と解釈に委ねている。

(ウ)　取締役会決議無効の主張方法

会社法は、株主総会の決議の場合と異なり、取締役会の決議については、特別の訴えの制度を設けていない。取締役会決議に手続上または内容上の瑕疵がある場合はその決議は無効であるが、この点、旧商法上の解釈をそのまま引き継ぎ、決議に瑕疵がある場合はその性質いかんにかかわらず、当然に無効であり、誰からでも、いつでも、いかなる方法によっても無効を主張でき、必要な場合は民事訴訟法の一般原則により、決議無効確認の訴えを提起することができる。ただ、軽微な手続上の瑕疵の場合は、当然に無効とはならないし、無効の決議に基づく代表取締役の行為が当然に無効となるものではないとして調整を図っているが、なお、検討すべき問題が多くあるといえよう。[1]

会社法は、株主総会決議の瑕疵に関しては訴えの制度を用意しているが、取締役会決議については何も規定していないことから、決議の無効原因、取消原因、不存在事由を一括して無効原因とし、一般原則により無効を主張することになるが、会社法律関係の画一的処理の必要上、被告を会社としたうえで、瑕疵の類型に応じできる限り株主総会決議の瑕疵に関する規定に準じた取扱いをすべきである。

決議の瑕疵の問題は、代表取締役の選定または解任（解職）決議、代表取締役のなした対外的行為の効力が争われる場合との関連で問題とされるが、取締役会の招集手続または決議方法の違反という無効の場合は、無効事由はできる

---

1　大隅健一郎「取締役会決議無効確認の訴えについて」手続法の理論と実践(下)628頁参照、江頭・株式会社法425頁。

第8章　取締役・取締役会をめぐる訴訟

だけ制限的に解すべきであり、軽微な瑕疵は無効原因とすべきではない。

前記改正試案は、取締役会決議無効確認の訴えに関する規定を設けていたが、決議無効確認の訴えによらずに主張することを認めたことは、瑕疵のある取締役会決議は無効であるから、無効原因があれば、当然に無効であるとするものであり[2]、無効は訴えに限らず、いかなる方法によってもこれを主張できるが、必要があれば、無効確認の訴えを提起することができるとする。無効の理論からいえばそのとおりであるが、裁判外で無効を主張させても、実効性に乏しく、また、法律関係の画一的取扱いの必要上、訴えによらざるを得ない。

取締役会決議無効確認の訴えを認める趣旨は、判決の効力を第三者に及ぼすために対世効を認めることに加え、登記による外観を除去することである。取締役会決議の効果の有無には多数の利害関係人が関係し、画一的に確定する必要があることから、訴えにより主張し、原告勝訴判決には対世効を認めるべきである。

　㈍　取締役会決議の無効原因

　　⒜　無効原因

無効事由は、決議の内容または手続上の瑕疵がある場合であるが、決議内容の瑕疵としては、法令・定款違反、決議内容の著しい不公正、株主総会の決議に反する決議などが考えられる。手続上の瑕疵には、招集権のない者による招集、招集通知期間の不足、招集通知もれ、定足数の不足、審議の不十分、特別利害関係人の決議参加などが考えられる。

適法になされた株主総会決議に反する決議は、全員が賛成したか否かにかかわらず無効とせざるを得ない。

招集権者以外の取締役が招集した場合は、取締役の全員が同意して出席した場合は有効な取締役会と認められる。

招集通知もれがあった場合でも、招集通知を受けなかった取締役が、議案と提案の概要を知ったうえで取締役会に出席した場合は、手続的瑕疵は治癒されるといえよう。また、取締役の一部に招集通知を欠く場合は、招集手続の瑕疵として決議の無効原因となるのであるが、判例は、このような場合であっても、

---

2　田村諄之輔「取締役会決議無効確認の訴え」金判572号（会社機関改正試案の研究）110頁。

*238*

その取締役が出席しても、なお決議の結果に影響がないと認めるべき特段の事情があるときは、決議は有効になると解されるとしている（前掲最判昭和44・12・2）。

　(B)　決議が有効になる特段の事情

　前掲最判昭和44・12・2は、一般論としては妥当であるが、問題は、決議の結果に影響がないと認められる特段の事情の解釈と、これを会社が抗弁としてどのように立証するかである。決議の結果だけをみて、当該取締役が出席して反対しても決議を成立させるだけの取締役の賛成があったというだけでは十分でない。これで足りるというのであれば、反対する取締役を除外して取締役会決議をすればよいとの風潮を助長することになりかねない。当該取締役が出席して反対すれば、決議の結果がどうなっていたかわからないという場合もある。そこで、議案と決議時の状況、会社規模と取締役数などの事情を総合して、特段の事情の有無を判断すべきである。

　(C)　取締役会決議の不存在事由

　取締役会決議の不存在とは、招集権者による招集がないとか、定足数を満たさないだけでなく、出席取締役数が極めて少ない場合の決議のように、とうてい取締役会の決議があったとは認められない場合とか、全く取締役会の決議がなされていないのに、決議がなされたような外観がある場合であるが、一人会社の場合については取締役会決議が不要であるとして（最判平成5・3・30民集47巻4号3439頁）、決議の不存在としない立場がある。しかし、一般的に、一人会社であっても会社の重要事項は取締役会決議で決めるべきであり、株主が1人であるということと、取締役会決議の要否は別問題であろう。

　(D)　取締役会における議案の提案時期

　取締役会の決議は、あらかじめ示された議案に関する提案についてなされるが、株主総会決議の場合のようにそれに限定されるのではない。定款において取締役会規定に、取締役会の招集は会議の目的事項を記載した書面ですべきことを規定している場合であっても、取締役会において上記通知書に記載されていない事項について審議または決議をすることを禁じるものとは解されないから、招集通知書に記載されていない事項について審議または決議をすることが認められる。そこで、招集通知に議題として記載されていない事項である代表

第8章　取締役・取締役会をめぐる訴訟

取締役の解任（解職）・新代表取締役を選任する取締役会決議などは違法ではない。

　代表取締役の選定・解任（解職）といった議案は、緊急動議として提出されることが多いであろう。取締役会の席上、緊急動議として提案された事項について決議しても、一概に決議方法の違反として無効とはいえない。株主提案が認められていることとの対比において、取締役に緊急動議として提案することを認めざるを得ない場合もある。緊急動議であっても、出席した全取締役がそれについて同意した場合は認めてしかるべきであるが、その必要性があれば、出席取締役の過半数の賛成があれば、動議として採用すべきである。取締役会の議長を務める（代表）取締役が、動議を採用しない場合は、出席取締役の過半数で議長を選出して審議すべきであろう。

　代表取締役の解職決議と新代表取締役の選定決議に関する取締役会決議が争われる場合は、取締役会決議の無効確認訴訟にあわせ、新代表取締役の職務執行停止・代行者選任の仮処分の申請が検討されよう。

　　(E)　特別利害関係人

　代表取締役の解職決議については、対象者は特別利害関係人として決議（議決）に参加できないが（会社369条2項）、決議前の審議にも参加できないか、審議には参加できるが決議には加わらないかは規定上明らかでない。審議前に退席させ、十分な弁明の機会が与えられず、また、他の取締役についても、十分な検討の機会がなかった場合は、予想外の行為により審議不十分であり決議方法の不公正または違法の問題が生ずる。また、本人が退席した結果、決議をなすための定足数に欠けるという問題も生ずる可能性がある。

　当該決議について、特別の利害関係を有する取締役は決議に加わることができないので、決議に加わった場合は、決議の無効事由になる。当該取締役を除外しても決議が成立した場合は、無効にならないとの考え方もあるが、具体的な事情にもよるがその影響からみて一般的にはとり得ない。特別の利害関係人たる取締役が、招集し議長を務めた場合、決議は無効である。

　　(F)　取締役に欠格事由がある場合

　取締役会の決議に法令違反があり、実体法上の効力が認められない場合、たとえば、取締役として欠格者である者（その前提として、株主総会の決議が無効

2　取締役会決議の無効確認訴訟

である）を代表取締役に選定し、または執行役に欠格者を選定した場合は（会社331条1項・3項参照）、取締役会決議は当然無効であるが、この場合でも、訴訟外で主張しただけでは目的を達することができない。

　(オ)　訴訟の当事者等

　原告となるのは、会社の決議をめぐる争いであることから会社関係者に限られるが、この訴訟を確認訴訟とみる多数説によれば、確認の利益を有するものであれば提訴できることになる。一方、形成訴訟とみれば（対世効、画一的処理等の関係から、形成訴訟とみるべきであろう）、原告となるのは株主総会決議取消しの場合（会社831条1項）と同様に考えられる。もっとも、多くの場合、取締役会決議の無効確認の訴えを提起するのは、株主または取締役であるから結論は変わらない。

　被告となるのは会社である。提訴される多くの場合は、代表取締役の選定決議または解職決議であるが、この場合は取締役と会社との間の訴訟ではないから、代表取締役が会社を代表して訴訟を追行する。

　取締役会決議の無効確認の訴えが、代表取締役または執行役（代表執行役）の選定決議を争うものであっても、代表取締役等は被告とならないが、被告会社に補助参加することができる。管轄裁判所は、会社の組織に関する訴えとして、被告となる会社の本店所在地を管轄する地方裁判所となる（会社835条1項）。

**【記載例9】　取締役会決議無効確認の訴え**

## 請　求　の　趣　旨

1　被告会社の平成××年×月×日開催の取締役会における，
　(1)　Aを代表取締役から解職する旨の決議が無効であることを確認する。
　(2)　Bを代表取締役に選定する旨の決議が無効であることを確認する。
2　訴訟費用は被告の負担とする。

## 請　求　の　原　因

1　原告は，被告会社（取締役会設置会社）の株主であり，かつ同社の取締役である。
2　被告は，平成××年×月×日，取締役会を開催し，請求の趣旨記載の各決議

*241*

をしたとして，同日付で被告会社の商業登記簿にその旨の登記がなされている。
3　しかし，上記期日に取締役会は開催されていない。仮に，取締役会が開催され，上記各決議がなされたとしても，取締役会の招集は定款上招集権限のないBによりなされたものであり，かつ上記取締役会には取締役8名中3名しか出席していないから，会社法369条1項所定の定足数を満たしておらず，上記各決議は無効である。

## 3　取締役の解任決議と解任の訴え

### (1)　取締役の解任決議

#### (ア)　解任決議と取締役の地位の喪失

##### (A)　解任決議の方法

　会社法は、取締役等の役員（取締役・会計参与・監査役）は、任期中に理由を問わず、いつでも、株主総会の決議により解任することができるとし（会社339条1項）、解任は普通決議で行うとしたうえで、定款により加重することができるとしている（同法341条）。定款により加重できるとは、特別決議事項とすることができるとの趣旨である。それ以上の要件を課すことは、普通決議を基本とする趣旨に反するばかりか、役員の地位を固定し、多数株主の信任を失っても、なおその地位にとどまることになり適切ではないからである。もっとも、累積投票により選任された取締役については、定款の定めの有無にかかわらず、解任は特別決議事項である（同法309条2項7号、342条6項）。これは、普通決議で解任を認めたのでは、累積投票を認めた趣旨を没却するからである。

##### (B)　解任の時期——告知の有無

　取締役の解任は、解任決議により直ちに効力を生ずるのか、告知を必要とするか問題となる。会社と取締役間の委任関係を終了させるのであるから、法律論としては告知を必要とするであろう。もとより、現実には黙示の告知ということが考えられる。選任決議の場合は就任承諾を必要とすることから、解任についても告知を要するであろう。ただ、株主総会の議長たる取締役（通常、代表取締役）や、所在不明の取締役の解任の場合、告知方法などの点で実際上難しい問題があることから、弾力的な取扱いを認めるべきである。

取締役の解任は、多くの場合、代表取締役あるいは業務担当取締役について行われるが、代表取締役の解職は取締役会で行うことから（会社362条2項3号）、取締役会の解職決議により代表取締役あるいは業務担当取締役はその地位を失う。この場合、解職決議により代表取締役の代表権限が当然消滅するのであって、告知を待って解任の効力が生ずるのではないとするのが判例（最判昭和41・12・20民集20巻10号2160頁）である。

これは、取締役が株主総会で選任されてその地位につくのとは異なり、代表取締役は取締役会で互選され、その地位が取締役会に依存するからであり、しかも、告知は形式的なものにすぎず、告知の有無をめぐり争いが生ずることを避ける意味からも、解職決議により直ちに解職の効力を生ずるとすべきであるが、当該代表取締役が解職決議を知らない場合は告知を必要とするであろう。

　(C)　株主総会における取締役の解任

取締役の解任が株主総会の議案となるのは、どうしても当該取締役が辞任に応じない場合に、会社が解任議案として提出する場合が考えられるが、経営者に反対する株主側から株主提案権としてなされる場合、あるいは少数株主が裁判所の許可を得て招集した株主総会において（会社297条4項）、解任議案を株主総会の議題に付す場合も考えられる。この場合、取締役の解任は経営支配権争いの手段的色彩が濃くなる。

なお、当該取締役が就任に際し、解任しないとの特約をしていても、かかる特約は株主総会の取締役解任権限を制限するものとして無効である。

　(イ)　解任決議と正当事由

　　(A)　解任決議

取締役は、株主総会の決議または種類株主総会の決議（種類株主総会で選任された取締役）によりいつでも解任することができる。それは、取締役の地位は多数株主の信任の上に成り立ち、会社は取締役との委任関係を終了させる解任は自由であるから、適法な手続を経て解任する場合は、正当な理由を必要としない。

しかし、株主総会の決議によりいつでも解任できるということは、取締役に経済的な損失を甘受せよということにはならない。そこで、会社法は、これを調和するために、解任につき正当な理由がある場合を除き、会社に対し損害の

第8章　取締役・取締役会をめぐる訴訟

賠償を請求できるとした（会社339条2項）。これは、正当な理由がなくても、解任は有効になしうるが、正当な理由がない場合には、会社に損害賠償責任を課するという形で濫用的な解任を防止している。

解任の自由を損害賠償責任という形で調整するのであり、賠償額は残任期の報酬相当額と解されるが、賠償責任は債務不履行責任ではなく、法定責任であろう。

(B)　正当事由

解任は自由であるが、正当な理由がないときは損害賠償責任を負う。解任についての正当な理由とは、概していえば、委任契約を解約するための合理的な理由、解任がやむを得ないとされる理由であるが、正当事由を厳格に要求すべきではない。当該取締役に、会社業務の執行を任せられないような事情がある場合は、正当事由があるといえよう。心身の故障、職務に対する著しい不適切、重大な法令・定款違反行為、経営能力に欠けているなどは解任の正当事由であるが、株主構成の変化に伴う信頼関係の喪失も、解任の正当事由といえるかが、損害賠償との関係で問題になる。

とすれば、正当事由と認められないのは、代表取締役や支配株主の主観による信頼関係の喪失、いやがらせなどの明らかに合理性に欠ける場合である。この場合、賠償責任額を残任期に相当する報酬とみれば、政策的に正当事由を狭く解して、解任取締役の利益を確保する必要があるといえよう。もとより、解任された場合でも、退職慰労金については、従来の慣例に従い支払請求をすることは可能であるが、支払請求のための手続に問題を残している。

代表取締役の解職については、取締役会の経営判断事項であり、会社法339条2項を類推すべきではないから、正当事由がなくても損害賠償責任を生じないと解すべきであろう。

(C)　正当事由の主張・立証責任

正当事由の有無は、損害賠償責任との関係で問題とされる。正当事由の存否に関する主張責任であるが、解任の正当性は会社の主張・立証責任との見方もできるが、解任には正当事由を必要としないことを原則とし、正当事由がないときに賠償責任を負うのであるから、損害賠償請求訴訟において、正当事由がないことは、解任された取締役が主張・立証責任を負うことになろう。もっと

*244*

も厳格な立証責任分配論によるのではなく、正当事由の存否は総合的な判断によることになる。そして、賠償責任額は残任期に相当する報酬額を基準にして算定される。

解任に際し、当該取締役の名誉を害する行為をした場合は、慰謝料の支払いが問題になるが、それは、ここでいう損害賠償の問題ではなく、一般の不法行為責任である。

(D) 敵対的買収後の解任決議

敵対的買収は、経営支配権の奪取という形でなされることから、買収が成功すれば経営者はその地位を失うことになる場合が多い。しかし、任期中の解任は正当事由がないとされる場合があり、この場合は、残任期に相当する報酬額の支払いを受けることは保障されるであろう。正当事由のない解任による損害賠償責任とは別に、買収の結果、退任を余儀なくされる場合に備え、多額の退職金を支払うことを会社との間で約するゴールデン・パラシュートとよばれる方法が検討されていたことがある。

これは、実質的には解任に伴う一種の支払損害賠償額の予約のようなものであるが、退職金の性質を有することから、定款に定めまたは株主総会の決議という支払手続を経れば有効に支払われるかもしれないが、相当額の範囲内に限られるであろう。防衛策として、解任するなら多額の退職慰労金を支払うなどの約定をすることは、株主の解任権を制約し経営者の利益を確保する手段にすぎないものとして、株主構成の変化に応じ取締役の交代を予定する株式会社制度との整合性を欠くことになる。

(ウ) 解任決議と決議の瑕疵

株主総会で、取締役の解任議案が可決された場合、当該取締役や株主は決議に瑕疵があるとして、会社を被告として、決議の取消訴訟、無効確認訴訟、決議不存在確認訴訟により解任議案の効力を争うことができる。

解任決議の効力を争う解任された取締役が株主でもある場合は、株主として提訴することは可能であるが、当該訴訟との関係では、元取締役としても原告適格を有する。もとより、決議の瑕疵を理由とするものであるから、解任について正当事由がないことを理由に、決議の効力を争うことはできない。それは、解任による損害賠償の問題として処理すべきである。多数決の濫用の法理も、

第8章　取締役・取締役会をめぐる訴訟

取締役の地位が多数株主の信任の上にあることから難しいであろう。

　解任された取締役は、解任決議の効力を争う訴えを本案として、「仮に取締役としての地位を有する」との地位保全の仮処分を申請し得るか。理論的には可能性を否定し得ないが、解任決議によほど明白かつ重大な瑕疵がある場合に限られるであろう。しかも、多くの場合、後任の取締役選任の株主総会の決議に瑕疵があるとして、後任の取締役の職務執行を停止しなければならないであろう。

　解任決議の効力を争う訴訟の係属中に、当該取締役が任期の満了により退任し、または辞任した場合は、解任決議は取締役の残在任期間中の地位を奪う性質を有することから、訴えの利益がなくなると解されるが、解任決議から退任時までの報酬の支払請求との関係、あるいは、取締役の数が欠けた場合は、後任の取締役が選任されるまで取締役としての権利義務を有するから、解任決議の効力を争う訴訟はその間については訴えの利益がなくなったといえないであろう（東京高判平成7・3・30金判985号20頁）。

　取締役の解任決議または取締役会における代表取締役の解職決議の無効確認訴訟は、過去の法律関係の確認を求めるものとして、確認の利益があるかが問題にされるが、現存する紛争を解決するために決議無効確認を求める訴えは、有効・適切かつ必要であるとは認められないとして、訴えを却下した判決がある（名古屋高判平成10・7・8判タ1023号248頁）。

　一方、決議無効確認訴訟は、過去の法律関係の確認を求めるものであるが、それが現存する法律紛争の直接かつ抜本的な解決のために、有効・適切と認められる場合は確認の利益が認められるとして確認の利益を認めながら、本件において現存する紛争とは、当該解任決議後になされた株主総会における取締役の選任決議の瑕疵の有無、解任されなければ存続しているはずの代表取締役の地位の有無および解任されなければ得ていたはずの代表取締役の報酬の存否と考える見解がある。

　これは、決議無効確認訴訟は、過去の法律関係の確認を求めるものであるが、それが現存する法律紛争の直接かつ抜本的な解決のために、有効・適切な場合は確認の利益を認めるものである。しかし、現存する法律紛争の直接かつ抜本的な解決のためという、確認訴訟について一般に要求される確認の利益を、そ

**246**

のまま決議無効確認訴訟に適用することは疑問である。これをいえば、多くの場合、過去の事実の無効確認を求めるものとして確認の利益が否定されることになりかねない。そこで、現存する法律紛争の解決という確認訴訟の一般的要請に加え、決議訴訟の特性、特に決議無効確認訴訟は、奪われた取締役の地位回復という形成訴訟的性質をも有していることから、一般の確認訴訟とは別異に取り扱う必要がある。

### (2) 取締役の解任の訴え

#### (ア) 解任の訴えの意味

取締役等の職務の執行に関し、不正の行為または法令・定款に違反する重大な事実があったにもかかわらず、当該取締役等を解任する旨の議案が株主総会において否決されたとき等について、少数株主（総株主の議決権の100分の3以上の議決権等を有する株主）は、株主総会の日から30日以内に、当該取締役等の解任の訴えを提起できる（会社854条1項）。この規定は、昭和25年改正商法257条3項として設けられたものであるが、会社法はこれを承継したものである。

株主総会で、多数決により解任決議が成立しなかった場合に、一定の要件の下に少数株主に提訴権を認め、株主総会決議を修正し是認することを目的とする。提訴権を有するのは解任議案を提出した株主に限らないし、解任決議に反対した株主にも提訴権が認められる。この訴えは、解任決議が成立しなかった場合に、少数株主に提訴を認め、判決により当該取締役を排除する制度である。そして、性質上、形成訴訟であると解される。

解任の訴えは、決議に瑕疵があるとして選任決議を争うのではなく、取締役が有効に選任され、現存することを前提にして、判決により取締役の地位を残存任期についてはく奪し、将来にわたりその地位を失わせるという形成的効果をもつものである。それゆえ、すでに退任した取締役については、解任の訴えは問題にならず、また、訴訟係属中に対象取締役が退任した場合も、解任の対象（目的）が消滅したことになり、訴えは却下されることになる。

もっとも、訴訟係属中の任期満了、あるいは訴訟回避目的で辞任して訴訟を終わらせ、再任するという方法をとった場合は、解任の訴えの原因となる違法行為が再任後も継続し、しかも、原告株主らの反対を押しきって多数派株主が再選を認めたような場合は、当該取締役の地位は実質的に継続しているといえ

第8章 取締役・取締役会をめぐる訴訟

るから訴えの利益は消滅しないといえる。[3]

取締役の解任請求訴訟は、会社と取締役を共同被告とし（会社855条）、判決により当該取締役の取締役たる地位をはく奪する形成訴訟であり、勝訴判決には対世効が認められる。

取締役解任の訴えの提起により、当然に職務の執行が停止されるものではないから、取締役の職務執行停止・代行者選任の仮処分の申請を必要とする。このことは、退任した取締役が、後任の取締役が就任するまでの間、取締役としての権利義務を有する場合（会社346条1項）も同様に考えられる。

 (イ) 解任の訴えの提訴要件——株主総会での解任決議の否決

解任決議が否決されたことが、提訴の前提条件であるから、解任決議が議案として取り上げられ、採決されることが必要である。そこで、会社が当該取締役を解任する旨の議案を株主総会に上程しない場合は、少数株主は、裁判所の許可を得て株主総会を招集して（会社297条1項・4項）、取締役を解任する議案を上程するか、提案権を行使して株主総会の議題および議案とし（同法303条～305条）、議案として採決させなければならない。会社が採決しないときは、否決したものと扱うべきである。

また、解任の議案が株主総会で否決されたことが必要である。そこで、解任決議を提案しても、取締役側が議決権の多数を支配することから、否決されることが見込まれる場合でも、解任決議の否決が必要であり、解任決議を省略することはできない。しかし、定足数不足で流会した場合を含むと解されている。[4] これを認めなければ、当該取締役派が欠席して株主総会を流会にすることが考えられるからである。しかし、流会が表決による否決と同視しうる場合でなければならないが、それは、個別具体的な事情を総合して判断しなければならない。[5]

この点を明確にした決定が現れている（高松高決平成18・11・27金判1265号14頁）。株主総会で否決されたときとは、議案とされた解任決議が成立しなかった場合をいい、多数派株主の欠席により定足数が不足したり、定足数を満たし

---

3 大隅健一郎＝今井宏『会社法論(中)〔第3版〕』79頁。

4 商事関係訴訟119頁、類型別会社訴訟Ⅰ13頁。

5 岩井伸晃「取締役の解任」新・裁判実務大系(11)49頁。

*248*

ているにもかかわらず、議長が一方的に閉会を宣言するなどして流会となった場合を含むとしている。

なお、株主総会で当該解任決議が成立したが、拒否権付種類株主の承認拒否により解任決議が効力を生じない場合も（会社323条）提訴の要件を満たすことになる（同法854条）。

　(ウ)　解任の訴えの提訴要件──提訴による解任事由

解任決議の否決または拒否権付種類株主の承認が得られなかったことにより、解任できなかっただけでは提訴できない。解任の訴えにおける解任事由は、否決された解任議案で問題になった事実（事由）であり、解任決議時に存在する事由であっても解任議案で問題にならなかった事実は、株主総会で判断されていないから解任事由とはならない。株主総会で解任議案が否決され、または拒否権付種類株主の承認が得られなかったことに加え、提訴要件として、職務の執行に関し不正行為または法令・定款に違反する重大な事実があったことが必要である（会社854条1項本文）。訴訟によって解任を求めるためには、厳格な提訴事由を必要とするのである。

「職務の執行に関し」とは、職務の執行行為だけに限らず、職務の執行に関連するもので、会社に損害を与える可能性のある不適切な行為を広く含めるべきであろう。不正行為とは、取締役が会社資金を着服したなど不法行為や犯罪行為の場合が典型的であるが、取締役会の承認を得ることなく利益相反行為（競業取引・自己取引）をした場合なども含まれる。

法令・定款の違反については、法令・定款に違反する重大な事実があったことを必要とする。取締役が、職務を遂行するについて、法令・定款違反行為をすることがあっても、重大な違反があることを要件とし、取締役として遵守すべき法令・定款のうち、若干の法令・定款違反では提訴の要件を欠く。株主総会が解任を否決しているのであるから、判決による場合もそれ相当の要件を課すべきであり、軽微な法令・定款違反を提訴の要件とすべきではない。当該取締役を、取締役の地位にとどめおくことが不適切である程度の法令・定款違反を必要とする。

取締役が職務の執行に関し不正行為をしたとき、または法令・定款に違反する重大な事実があることが提訴の要件であるが、その趣旨は請求が認容される

ための要件である。原告は、請求原因として、提訴の要件である不正行為または法令・定款に違反する重大な事実があることを主張し、それを立証しなければならない。その主張と立証を欠くときは請求棄却となる。もっとも、法令・定款に違反する行為が重大であるか否かは法的評価であるから、立証を尽くしたうえで裁判所の判断に委ねることになる。

もとより、取締役の解任事由である不正行為や重大な法令・定款違反行為（会社854条1項）は、辞任とその後の再任とが一体として少数株主による解任の訴えを免れる目的をもってなされたなど特段の事情がない限り、当該役員の任期中に発生したものでなければならないのであり、取締役に就任する前の不正行為は解任事由とならない（京都地宮津支判平成21・9・25判時2069号150頁）。

解任決議が否決された後の行為をもって、解任の訴えの解任事由となし得ないが、当該議案の審理の過程で提案事由を追加・変更することができるから、当該株主総会の開催までに生じた事由だけでなく、決議が否決された時点までに生じた事由をもって解任事由とすることができるとする裁判例がある（前掲高松高決平成18・11・27）。

　　(エ)　役員の権利義務者に対する解任の訴え

取締役を解任する訴えは、現に取締役である者からその地位を奪うものであるから、当該取締役が辞任すれば、訴えの利益を欠き、訴えは却下されることになる。ところが、任期満了または辞任により退任した役員が、新たに選任された役員（一時役員の職務を行う者を含む）が就任するまでの間、役員としての権利義務を有する場合については（会社346条1項）、訴えの利益が認められるのではないかという問題がある。

難しい問題ではあるが、辞任によりその者は取締役ではなくなり、会社法の規定により取締役としての権利義務を有するにすぎないから、訴えの利益は認められないということになる。辞任した取締役が職務を遂行することに不都合が生ずる場合は、一時取締役の職務を行う者の選任申立てを裁判所にするべきである（会社346条2項）。

株主AとBが、それぞれ発行済株式総数の50％を有している会社において、任期満了により取締役を退任したBが、会社法346条1項により、取締役としての権利義務を有し（役員権利義務者）、取締役としての職務を引き続き行って

いた。ＡとＢの持株比率が同じであることから、株主総会を開催しても新取締役が選任される可能性がなく、その期間は２年半に及んでいる。そこで、ＡはＢを解任する訴えを提起した。

原審は、すでに退任している取締役は、取締役としての地位を有するものでないから、解任の訴えは不適法であるとして却下した（名古屋高判平成19・6・14金判1295号47頁）。

最高裁判所も、役員の解任の訴え（会社854条）は、役員権利義務者を含む規定ではないとする。そこで、役員権利義務者に不正行為があるが、役員を新たに選任することができない場合は、一時役員の職務を行うべき者（仮役員）の選任を裁判所に申し立てることができる（同法346条２項）。そして、新たに選任された役員には仮役員が含まれるから、株主は仮役員の選任を申し立てることにより役員権利義務者の地位を失わせることができるから、役員権利義務者に対し、会社法854条を適用または類推適用しての解任請求は許されないとして上告を棄却した（最判平成20・2・26民集62巻２号638頁）。

退任した取締役に対し解任の訴えを提起することはできない。そこで、その者を役員権利義務者から排除するためには、一時役員の職務を行うべき者（仮役員）の選任を申し立てるべきであるとしたのである。

　㋑　解任訴訟の当事者

　　(A)　持株要件（原告適格）

原告適格者は、当該取締役の解任議案を提出した株主に限らないが、訴え提起６カ月前から、引き続き総株主の議決権の３％以上または発行済株式の３％以上（他の株主とあわせて３％以上でもよいが、この場合は共同原告となる）を有する株主であることが要求される。少数株主権としての原告の適格要件である。なお、３％以上の要件を定款で緩和することができる。３％以上の計算にあたり、解任議案について議決権を行使することができない株主、当該請求に係る役員である株主の持株は計算から除外される（会社854条１項１号イ・ロ）。また、公開会社でない会社については、６カ月間という要件は課せられない（同条２項）。

提訴権者は、６カ月前から引き続き、総株主の議決権の100分の３以上の議決権等を有する株主であるが、決議前６カ月と規定されていないことから（会

第 8 章　取締役・取締役会をめぐる訴訟

社854条 1 項 1 号・ 2 号）、この 6 カ月の意味するところは株主総会の日ではなく、訴え提起の日から起算する。株主総会の日から30日以内に提訴しなければならないことから、株主総会の決議前 6 カ月を要求したのでは、提訴することが困難な場合があることに配慮したものと考えられる。

　解任議案について議決権を行使することができない株主は提訴権を有さないが（会社854条 1 項 1 号イ）、このような株主でも、発行済株式の100分の 3 以上の株式数を 6 カ月前から有する場合は提訴権が認められる（同項 2 号）。

　持株（議決権）要件または期間要件を満たしていない株主が提訴した場合、原告適格がないものとして訴えが却下になる。もとより、 3 ％以上という所有の要件は、提訴時に満たせば足りるというものではなく、訴訟係属中もこの要件を満たすことが必要である。そこで、訴訟係属中に持株を処分してこの要件を欠くことになれば訴えは却下される。

　株主総会で解任決議を否決後、会社が募集株式の発行、新株予約権の行使により新株を発行したことにより、議決権の 3 ％以上等を有していた当該少数株主の保有議決権比率が、 3 ％以下に低下したため、提訴権を有しないとするのは問題であるが、提訴要件（原告適格者）として 3 ％以上の基準が法定されている（会社854条 1 項）ことからやむを得ない。これに対し、適法に提訴された訴訟が、その後、会社が新株を発行したことにより、要件を満たさなくなったために不適法になった（原告適格の喪失）というのは明らかに妥当性を欠く。当該少数株主の会社に対する投資や有する議決権数は何らの変化もないのであり、会社の行為により議決権数（保有株式数）が減少したにすぎないことから 3 ％以上等とする原告適格者要件は提訴時を基準とするのが適切である。

　 3 ％以上の議決権等を有する少数株主を提訴権者とする趣旨は、解任の訴えの濫用を防止するためであると解されるが、会社の行為により持株比率の要件を下回ることになっても、濫用防止の趣旨とは何ら関係しない。会社の行為により基準を下回った場合、当事者適格を欠くとの解釈をとれば、解任の訴えだけでなく、少数株主権とされている他の権利についても同様に考えざるを得ないことになり、少数株主権の基準を無視することになりかねない。

　したがって、提訴後に、会社による新株の発行により議決権等の基準を欠くに至ったことに伴って原告適格を失うとすることはできない。これは、新株発

252

行が少数株主権の行使を封じるとか、提訴妨害目的等の不正目的で行われたか否かを問わない。取締役解任の訴えを規定した昭和25年商法改正当時から、とられていた見解である[6]。

⒝　解任訴訟の被告と裁判管轄

　会社法は、会社の組織に関する訴えの被告は、会社であることを基本としながら、取締役等の解任の訴えについては、会社および当該取締役の双方を被告とした（会社855条）。これは、この訴訟は、判決により取締役の地位を残存任期についてはく奪するとともに、会社と当該取締役間の法律関係を終了させることを目的とするから、訴訟の結果に最も利害関係を有するのが当該取締役であり、しかも、会社と当該取締役の双方に判決効が及ぶことを明白にするために、双方を共同被告としたのであろう。

　会社と当該取締役を共同被告としなければならないが、これは固有必要的共同訴訟である（民訴40条）。すなわち、請求の趣旨は、「被告Aを、被告B株式会社の取締役から解任する」となる。

　管轄裁判所は、会社を被告とし、当該会社の本店所在地を管轄する地方裁判所の専属管轄である（会社856条）。取締役解任の訴えは、会社と当該取締役を共同被告とすることから、管轄の競合が生じないように、会社の本店所在地を管轄する地方裁判所の専属管轄としたのである。

⒞　提訴期間の法定

　解任決議が成立しなかった日から30日以内に提訴しなければならない（会社854条１項）。法律関係の早期安定のために、提訴期間を株主総会の日から30日以内に制限したのである。提訴期間を30日とし、訴え提起６カ月前からの株式保有を要件とするから、その結果、原告は問題の否決決議当時の株主に限られ、決議後に株式を取得し持株要件を満たしても提訴することができない。

　提訴期間を、解任決議が成立しなかった日から30日以内として短期の定めをしているが、30日という提訴期間は訴訟要件であるから、提訴期間経過後の提訴は不適法却下となる。そこで、再度、株主総会で解任の議案を提出し、否決を待って提訴するしかない。

---

6　松田二郎＝鈴木忠一『條解株式会社法㊤』271頁。

第8章 取締役・取締役会をめぐる訴訟

提訴期間内に解任の訴えを提起した後、提訴期間の経過後に取締役の不正行為、法令・定款違反行為につき、追加・変更をなしうるかが問題となる。この問題は、株主総会の決議取消しの場合（提訴期間は3カ月以内）にも生ずるが、提訴期間が30日以内と短いことに加え、総会決議取消訴訟の場合と異なり、解任の訴えの要件事由の存否については詳細な調査と検討を必要とする場合も少なくない。そこで、提訴期間を遵守していれば、ある程度弾力的な取扱いをし、訴訟を著しく遅延させる場合でなければ、請求の原因の追加・変更を認めるべきであろう。解任決議を否決した株主総会も、解任事由の存否についてそれほど詳細に調査・検討してなされるわけではないからである。

　(カ)　取締役の退任と訴えの却下

取締役解任訴訟は、当該取締役の地位を残存期間についてはく奪し、将来に向かって取締役の地位を失わせることを目的とする。そこで、解任訴訟の係属中に、被告取締役が辞任または任期満了によって退任した場合、訴えは目的を喪失し、訴えの利益がなくなるから訴えは却下となる。株主総会において同一人が取締役に再任された場合であっても、再任を待たず訴えの利益が消滅しているのであるから訴えは却下となる[7]（大阪高判昭和53・4・11判時905号113頁）。もとより、再任された場合はあらためて株主の信任を得たのであるから、特別の事情がない限り訴えの利益が消滅することはいうまでもない[8]（神戸地判昭和51・6・18下民集27巻5＝8号387頁）。

【記載例10】　取締役解任の訴え

請　求　の　趣　旨

1　被告Aを被告会社の取締役から解任する。
2　訴訟費用は被告等の負担とする。

請　求　の　原　因

1　原告は，被告会社の総株主の議決権の100分の3以上に当たる××株を6カ

---

7　岩井・前掲（注5）51頁。
8　江頭・株式会社法401頁。

月前から有する株主である。

2　被告会社の代表取締役Ａは，平成××年×月ころ同会社の資産を××千万円でＢに売却したが，売却代金を同会社に入金せずこれを着服横領した。

　　そこで，原告は，被告取締役Ａの職務の執行に関し不正行為があるので，Ａの取締役解任の株主総会招集を被告会社に求めたところ，平成××年××月×日株主総会は開催されたが，上記議案は否決された。

3　被告取締役Ａには，上記不正行為があるのに株主総会は多数をもって取締役解任決議を否決したのであるが，取締役Ａは上記売却代金を一時会社から借用しているにすぎないとの弁解を続け，また同人は多額の負債を抱えている状況にあり，このまま放置すれば会社に回復できない損害を被らせるおそれがある。

# 4　取締役の地位不存在確認請求訴訟と地位確認請求訴訟

## ⑴　取締役の地位不存在確認請求訴訟

株主等が、取締役選任決議の瑕疵を理由に、当該取締役がその地位にないことを主張するのとは逆に、取締役等のほうから自己は取締役等でないとして、就任登記の抹消を請求することが少なくないが、この場合の訴訟関係や執行関係に関しては必ずしも明確にされていない。

取締役に就任していないのに、あるいは辞任または任期満了により退任したにもかかわらず、会社が取締役として取り扱っているので、会社に対し就任登記の抹消手続や退任登記の手続をすることを請求したにもかかわらず、会社がこれに応じないことがある。このような場合、取締役とされた者は、第三者から取締役の責任（多くの場合、監視義務違反の責任）を追及されかねない。そこで、明文の規定はないが、会社を相手に取締役の地位にないことの確認を求める利益があるとして、取締役の地位不存在確認訴訟を提起する必要がある。

原告は、取締役ではないのに会社から取締役として取り扱われている者であり、被告は会社である。請求の趣旨は、「被告は、原告が被告会社の取締役でないことを確認する」となるであろう。管轄裁判所は、取締役の地位に関連する訴訟であることから、画一的処理をするために当該会社の本店所在地を管轄する地方裁判所ということになる。

原告勝訴の判決は、原告と会社との間で既判力を認めれば足りるものではなく、既判力を拡張するか、株主総会の決議訴訟の場合と同様に対世効を認める必要がある。そこで、取締役の地位不存在確認訴訟の勝訴判決に、株主総会の決議訴訟の判決の効力の規定を類推し、対世効と形成効による画一的処理を必要とする。

しかし、取締役の地位不存在確認判決では、登記の抹消を請求できないと解されるから、終局的な目的を達することはできない。

### (2) 登記抹消請求訴訟

#### ⑺ 取締役の退任と変更登記請求権

取締役の氏名は登記事項であるから、取締役が退任等（辞任・解任・任期満了）によりその地位を失った場合、会社はその旨を登記する必要がある（会社911条3項13号、915条1項）。この点に関して、商業登記法は明確な規定を設けておらず、判決による登記手続に関する規定もないが、判例は、登記の変更を求める利益を有する者に登記請求権を認めている（最判平成7・2・21民集49巻2号231頁。ただし、宗教法人に関する事案）。

実際上の必要から、取締役を退任したにもかかわらず、取締役としての氏名が登記記録上残存している場合は、会社に対し、取締役を退任した旨の変更登記を請求することが認められる。その根拠を、会社の委任契約終了に伴う原状回復義務、会社は登記変更事項が生じた場合、それに合致するよう変更登記をすべき義務などに求めている。それは、実体関係を商業登記記録の記載と符合させるための措置として、不実の登記の抹消と変更登記を必要とする趣旨である。

しかし、取締役の地位不存在確認訴訟に勝訴しても、会社の行うべき登記の申請者は当該会社であるから、自ら取締役就任登記の抹消登記手続または取締役退任登記手続をすることはできない。そこで、取締役の地位不存在確認訴訟にあわせ、または別訴として会社を被告とする取締役の登記手続請求訴訟を提起する必要がある。

株主総会の選任決議に基づき、取締役等として登記された場合は、決議訴訟の原告勝訴の確定判決により、裁判所書記官が登記を嘱託することにより抹消される（会社937条1項1号ト）。これに対し、取締役等の就任登記の抹消登記

手続または取締役退任登記手続については、勝訴判決に基づいても、職権で嘱託登記はできないし、登記申請手続についても規定がない。会社が登記申請手続をしない場合は、原告が登記手続請求訴訟の認容判決により、自ら登記申請手続をせざるを得ないが、手続上の問題があることが指摘されていた。

この点、会社を被告として、取締役就任登記抹消請求や退任登記手続請求の訴えを提起し、登記手続請求訴訟の確定判決を得た場合、当該判決は、意思表示をすべきことを命じる判決であるから、それにより、会社が変更登記申請の意思表示をしたものとみなされ（民執174条）、登記申請を命じる判決により、登記申請についての代理権の授与が強制されることになり、原告は会社の代理人として、変更登記等手続をすることができるとされている。[9]

　⑷　任期満了または辞任した場合と変更登記請求権

登記した事項に変更が生じ、またはその事項が消滅したときは、当事者は、遅滞なく、変更の登記または消滅の登記をしなければならない（会社909条）。そこで、会社関係の登記事項に変更が生じまたは消滅したときは、会社は遅滞なくそれに応じた登記申請をしなければならない。

取締役の辞任についていえば、取締役は会社に対する意思表示によりいつでも辞任しうるから（民651条1項、540条1項）、取締役等が辞任した場合は、会社は辞任による退任の登記申請手続をしなければならない。それにもかかわらず、会社が辞任登記の申請手続をすることを拒否し、または懈怠した場合、登記上の取締役等として第三者から責任追及をされるおそれがある。そこで、会社が辞任登記の手続をしない場合には、辞任した取締役等は退任を理由に、会社を被告として辞任登記申請手続を求めることができる（千葉地判昭和59・8・31判時1131号144頁）。そして、会社に対する「辞任の登記をせよ」との確定判決に基づき、民事執行法173条の規定により登記権利者として、登記の申請をすることができる（昭和30・6・15民甲1249号局長回答）。

しかし、取締役が、任期満了または辞任により退任したことにより、会社法または定款所定の取締役の員数を欠く場合については、会社法は、退任した取締役は、新しく選任された取締役が就任するまでの間は、取締役としての権利

---

9　商事関係訴訟106頁、110頁～111頁、類型別会社訴訟Ⅰ79頁。

義務を有するから（会社346条1項）、当該退任取締役は、退任による変更登記手続を請求することはできないと解される。

そこで、この場合は、会社法所定の登記事項の変更（会社915条1項）が生じていないから、原告が退任登記手続の勝訴判決を得て登記申請をしても、法務局は後任取締役が就任するまでは登記申請を却下することになる。この関係で、後任取締役が就任するまでは、裁判所は退任登記手続請求を認容できるかが問題になるが、会社との委任契約が終了しているから、会社には、原状回復義務として退任登記手続義務が生じているばかりか、後任取締役の選任を怠っている場合に、その不利益を退任取締役に負わせるべきではないから、後任取締役の選任までは退任登記はできないにしても、退任登記手続請求は認容すべきである。[10]

(ｳ)　不実登記の抹消登記請求

取締役に就任した事実がないのに就任登記がされている場合、あるいは取締役を辞任していないのに、辞任を理由に退任登記がされている場合がある。これらは不実の登記であるが、不実の就任登記により取締役に就任したことになっている者は、会社を被告として、不実の就任登記の抹消請求をすることができ、不実の解任登記がされている場合は、解任登記の抹消登記請求をすることができる。

そして、抹消登記請求の確定の勝訴判決により、原告は抹消登記申請手続をするのであるが、その手法は、上記(ｱ)の取締役の退任と変更登記請求権の場合と同様である。

### (3)　取締役の登記の不当抹消

(ｱ)　不当な変更登記と取締役の対抗策

取締役が他の取締役を排除するために、当該取締役の知らないうちに取締役の退任（辞任・解任・解職・任期満了）登記と、新取締役の就任登記をすることがある。これは登記申請が代表取締役により行われ、申請手続は形式的要件を満たし書類が添付されていれば足りることに起因する。

これに対し、当該取締役は株主総会決議不存在確認の訴えを本案として、新

---

10　商事関係訴訟109～110頁。

取締役の職務執行停止等の仮処分で対抗することができるが、端的に、自己が取締役であることの地位確認、登記記録上の新取締役に就任した者が取締役でない（取締役の地位にないことの確認）との仮処分も考えられる。

　もっとも、取締役の地位にあることを仮に定める、取締役の地位にないことを仮に定めるという仮処分は、取締役の職務権限を回復し、相手方の職務権限を停止させるものではなく、また仮処分決定に基づき登記申請をなし得るものではないから、仮処分の効力としては十分でない。そこで、登記実務上の対応が必要となる。

　(イ)　取締役の変更に関する登記実務の取扱い

　取締役の知らないうちにされる退任の登記、新取締役就任の登記がなされるという事態を回避するために、登記実務上必要な措置が講じられている。

　(A)　役員全員の解任を内容とする登記申請があった場合

　役員全員の解任を内容とする登記申請があった場合は、①速やかに当該会社に連絡する。解任されたとする役員に申請書・添付書類の閲覧を認め、申請書の写しを交付することができる、②登記完了前に、解任されたとされる代表者から、当該申請に係る申請人が代表者の地位にないことを仮に定める内容の仮処分決定書が提出された場合は、当該決定書を登記申請の審査の資料とすることができる、③登記完了後に、解任されたとされる代表者が、代表者の地位にあることおよび登記に係る代表者は代表者の地位にないとの仮処分決定書を添付して当該登記の抹消申請をしてきた場合は、当該登記の抹消登記をすることができる[11]。

　役員全員の解任を内容とする登記申請については、速やかに当該会社に連絡し、解任されたとする役員に申請書等の閲覧等を認め、速やかに対処する機会を与えるのである。仮処分決定書が、登記完了前に提出された場合は、それを登記申請の審査の資料として申請を却下することができ、登記完了後に、解任されたとされる代表者が、仮処分決定書を添付して当該登記の抹消の申請をしてきた場合は、当該登記を抹消できることとして、仮処分による救済手続の活用を促すものと解される。

---

11　「役員全員の解任を内容とする登記申請があった場合の取り扱い」平成15年5月6日付け民商第1405号法務省民事局商事課長通知。

第8章　取締役・取締役会をめぐる訴訟

もっとも、裁判実務の取扱いとして、登記の完了前であれば現状維持を求めるものであるから、被保全権利が疎明されれば比較的柔軟に仮処分申請が認められるが、登記の完了後は現状変更を求めるものであるから、被保全権利の疎明が強く求められ、保全の必要性も厳格に審理されることになり、これが認められることは、実際上、少ないとされている。[12]

(B)　解任された代表者から申請人が代表者の地位にないことを仮に定める内容の仮処分の申立てを行った旨の上申書が提出された場合

登記申請から相応の期間内に、解任されたとする代表者から申請人が代表者の地位にないことを仮に定める内容の仮処分の申立てを行った旨の上申書（仮処分申立書の写し添付）が提出された場合、当該仮処分について決定がなされるまでの間、登記を留保する取扱いをすることができる。[13]

これは、登記申請から相応の期間内に、仮処分を申立てした旨の上申書が提出された場合（仮処分申請書と裁判所の受理証明の添付を要するであろう）、仮処分についての決定がなされるまでの間登記を留保し、仮処分申請が却下された場合は登記手続を進め、発令された場合は登記申請を却下することになる。

(C)　役員の登記の申請

役員の登記（取締役・監査役等の就任、代表取締役等の辞任）の申請について、①登記申請書に当該取締役の印鑑証明書を添付する場合を除き、就任承諾書に記載された氏名および住所と同一の氏名および住所が記載されている市区町村長その他公務員が職務上作成した証明書（住民票の写し等）の添付を必要とし（平成27年改正商登規61条5項）、②代表取締役の辞任登記の申請をするときは、辞任届に当該代表取締役の実印が押印された辞任届に、印鑑証明書の添付または登記所届出印による押印が必要であるとしている（同条6項）。

これは、不正な登記申請を防止するために、本人確認のための措置、代表取締役の認識しない辞任の登記がなされることを防止するための措置である。

### (4)　取締役の地位確認請求訴訟

株主総会で有効に選任されていない者が、取締役として登記され、あるいは取締役として振る舞っている場合は、株主等は取締役選任決議を争う訴えを提

---

12　類型別会社訴訟II 919頁。
13　平成19年8月29日付け民商第1752号民事局商事課長回答。

*260*

起することができる。一方で、株主総会で選任されたにもかかわらず、株主等がかかる訴えの提起をすることなく、訴訟外で当該取締役が取締役であることを否認し、会社も当該取締役を取締役と認めず、その職務の執行を拒むことがある。この場合、当該取締役は、株主総会で有効に取締役に選任されたとして、会社を被告として、就任（選任）登記の申請請求訴訟の提起、報酬請求訴訟の提起をすることができるが、これに加えて、取締役であることの確認（取締役の地位にあることの確認）請求訴訟を提起することができる。

　自己が株主総会において選任された取締役であるのに、会社が取締役と認めない場合には、確認の利益が認められ、会社を被告として取締役であることの確認請求訴訟を提起することができる。この訴えは会社の組織に関する争いの一種であるから、管轄裁判所は、会社の本店所在地を管轄する地方裁判所である。

　この訴訟は決議訴訟とは異なり、当該取締役が取締役であることを認めない会社を被告とする通常の確認訴訟であり、原告勝訴判決の主文は、「原告が、当該会社の取締役であることを確認する」となることから、対世効を認めることは無理であろう。もっとも、かく解しても、原告が取締役であることを争う被告会社との間で、取締役であることを確認すれば目的を達するばかりか、株主等の会社関係者は会社の受けた判決の効力に拘束されることになる（反射効）から不都合はないであろう。

　加えて、必要に応じ、当該取締役は会社を債務者として、取締役の地位に基づく妨害排除請求権を被保全権利として、「債務者は、債権者を取締役として取り扱わなければならない」、あるいは「債務者は、債権者の取締役としての職務執行を妨げてはならない」、との趣旨の仮処分申請をすることも可能であると考えられる。

## 【記載例11】　取締役資格不存在確認・辞任登記請求訴訟

### 請　求　の　趣　旨

1　原告が被告会社の取締役でないことを確認する。

2　被告会社は原告に対し，原告が被告会社の取締役である旨の抹消登記手続を

第 8 章　取締役・取締役会をめぐる訴訟

せよ。
3　訴訟費用は被告の負担とする。

## 請 求 の 原 因

1　原告は，被告会社の平成××年×月×日開催の定時株主総会において取締役
　に選任され，同日取締役に就任した。
2　原告は，平成××年××月××日，取締役の任期中に被告会社の取締役を辞任
　した。
3　被告会社は原告の辞任を認めず，原告の取締役辞任による変更登記をしない。

# 5　取締役の報酬と退職慰労金の支払請求訴訟

## (1)　取締役の報酬支払請求訴訟

### (ア)　取締役の報酬の意味

　会社法は、取締役の報酬に関する旧商法の規定（旧商269条 1 項）を承継した
うえで、報酬等の意義について規定を設けている（会社361条 1 項）。

　報酬等とは、報酬、賞与その他の職務執行の対価として会社から受ける財産
上の利益であるとし、報酬に限らないとしている。そこで、名称のいかんを問
わず、職務執行の対価として会社から支払われる財産上の利益は、報酬等とし
て報酬規制に服することになる。賞与、退職慰労金も職務執行の対価として支
払われるのであれば報酬等である。賞与については、従来の慣行としては、利
益処分として取り扱われていたが、会社法ではこれは報酬に含まれることにな
る。

　しかし、使用人兼務の取締役が、使用人（従業員）として受ける給与は報酬
ではない。これは、職務執行の対価ではなく、雇用契約に基づいて支払われる
給与である。そこで、使用人として支払われる給与の体系が明確に確立されて
いる場合は、別に使用人として給与の支払いを受けることを予定して、取締役
としての報酬額のみを株主総会で決議することも許される（最判昭和60・3・26
判時1159号150頁）。

　取締役と会社の関係は、委任と準委任の複合契約である。委任は無償である
ことを原則とするが（民648条 1 項）、取締役については、小規模会社について

は、無償の取締役が存在することがあるが、通常、報酬の支払いが約されるから有償契約である。

　　(イ)　取締役の報酬等の支払決定

　　　(A)　取締役の報酬の支払根拠

　取締役が就任に際し、報酬の支払約定がなされていても、報酬等を受けるためには、定款にこれを定めるか、株主総会で決議をしなければ具体的な報酬支払請求権は発生しない（最判平成15・2・21金法1681号31頁）。この場合、就任契約で一定額の報酬の支払いが約されている場合でも、支払請求ができないのであるが、取締役は委任契約を解除して辞任することは可能であろう。

　もっとも、一人会社については、当該株主の判断をもって総会決議に代えることができる。

　決議事項は、額が確定しているものについてはその額、額が確定していないものについては具体的な算定方法、金銭でないものについては、その具体的な内容である（会社361条1項）。額が確定しているとは、総額が確定している場合で足りる。額が確定していないとは、退職慰労金の支払いなどの場合であり、金銭でないものとはストック・オプション（インセンティブ報酬としての新株予約権）の付与などが考えられる。

　このように取締役の報酬は、定款に定めるか、株主総会の決議によらなければ支給できないのであるが（会社361条）、定款で定めることは極めて少ないことから（定款で定めれば、報酬額の変更は定款変更手続が必要である）、株主総会の決議がなければ支給することができない。さらに、報酬額の総額を定める株主総会の決議に基づき、取締役会の決議により、各人について具体的な支給額を決定することが認められているから、この場合は、取締役会の決議により具体的な報酬金額を会社に対して請求できることになる。そこで、株主総会の決議があっても取締役会の決議がなければ、取締役は具体的な報酬請求権を有しないことになる。

　判例は、取締役は定款または株主総会の決議によって報酬の金額が定められなければ、具体的な報酬請求権は発生しないから、取締役は会社に対して報酬を請求できないとして、金額が定められていない場合の報酬請求権を否定している（前掲最判平成15・2・21）。

*263*

第8章　取締役・取締役会をめぐる訴訟

　かく解することが、取締役の報酬規制の趣旨に適合し、また、取締役と会社の関係は委任または準委任であることから、報酬の支払約束がなければ報酬請求権は発生しないとの規定（民648条1項）との整合性を確保することができる。

　さらに、その趣旨からすれば、一般的には、取締役は就任に際し報酬の支払いを受けるとの黙示の約定がなされているとみられ、無償ということはまず考えられないこと、報酬額はポスト（役職）に応じて決定され、しかも、報酬額は一度株主総会の決議で決定されたならば、変更されない限り決議は不要であると解されるから、株主総会が取締役を選任した以上、報酬についての決議がない場合でも、株主総会は従来の決議に基づいて報酬を支払うとするのが合理的な解釈とも考えられる。報酬規制はお手盛り防止の趣旨によるものであるから、このように弊害のない場合は、弾力的に解しても差し支えないであろう。

　監査役の報酬についても、定款でその額を定めていないときは、株主総会の決議により定めるが（会社387条1項）、完全子会社などの一人会社の場合は、一人株主の決定により株主総会決議に代えることが許される。そこで、一人株主が決めた報酬額の支給は適法である（東京地判平成3・12・26判時1435号134頁）。

　　　(B)　定款による報酬額の決定

　定款により取締役の報酬の総額を定めた場合は、各人に対する分配額は取締役会に一任することができるが、報酬の総額を増減する場合は定款変更手続によることになる。しかし、指名委員会等設置会社の場合は、報酬委員会が取締役および執行役の報酬を各人別に決定するのであり（会社404条3項）、一括して報酬額を定めることはできない。

　　　(C)　株主総会による報酬額の決議

　株主総会の決議による場合は、株主総会決議で支払報酬額が決定されたならば、毎事業年度ごとに報酬決議をする必要はなく、増額または減額する場合にのみ報酬決議をすればよい。取締役の退任と新取締役の就任により、取締役の交代があった場合も同様である。

　そこで、株主総会において月額総額〇〇〇万円以内とするとの承認を得ている場合は、以後、この金額の範囲内で支払うことができるのであり、支払金額を変更する場合に株主総会決議にかければよい。

***264***

株主総会の報酬決議は、報酬の支払われる前になされることが必要である。そこで、報酬決議なく報酬を支払うことは違法である。この場合、事後に株主総会の決議（追認）をすることにより、報酬の支払いが有効になるかという問題がある。疑問がないではないが、お手盛り防止の趣旨からすれば、事後決議を認めても差し支えないであろう。

　この点、判例も、お手盛りの防止と取締役の報酬額の決定を株主が自主的判断により決定するとの趣旨に反しない限り、事後の株主総会決議であっても適法かつ有効であるとの立場をとっている（最判平成17・2・15判時1890号143頁）。事後的にせよ株主総会が支払いを承認している以上、これを無効とする理由はない。株主総会の決議のない報酬の支払いは無効であるとすると、いったん、返還させて、あらためて報酬決議を経て支払う（相殺ということになろう）という煩雑な手続となるので、これを省略するという実際上の意味もある。

　株主総会の決議なく報酬を支払ったことにより、取締役の任務懈怠責任が生ずる。後に、株主総会で報酬決議がなされた場合、取締役のすでに生じた損害賠償責任がどうなるかという問題がある。この点、さかのぼって取締役の責任が生じなかったことになると考えるよりも、取締役の責任が消滅すると解すべきであろう。

　　(D)　報酬総額を定めることの是非

　定款により取締役の報酬を定める場合は、職責に応じて報酬額を定めるのが望ましいが、個々の取締役の報酬額を定めるのではなく、総額を定めることも許される。株主総会の決議による場合も、各取締役ごとに報酬額を決定するのが報酬額の開示という点で望ましいが、会社が取締役全員に支払う報酬の総額について決議すれば、会社の支払負担額は特定されることから、具体的な配分を取締役会の決定に委ねることは許される（前掲最判昭和60・3・26）。

　配分額を決定する取締役会決議については、すでに総額について株主総会決議により決定されているから、各取締役は特別利害関係人にあたらないので、配分額決定の取締役会決議に参加することができる。また、取締役会は配分額を決定することなく、具体的な配分額の決定を代表取締役に一任することも可能である。

　会社の負担すべき取締役報酬について、総額を決定すればお手盛りの弊害は

第8章　取締役・取締役会をめぐる訴訟

防止できるが、各取締役がいくらの報酬を受けているかについて株主は知り得ないから、開示すべきであるとの要求は強い。しかし、わが国の企業経営者には、報酬の個別開示を敬遠する傾向がある。なお、取締役の責任減額の場合は、報酬等を基準とするから、報酬の個別開示が避けられない。

　　(E)　指名委員会等設置会社における報酬決定

　指名委員会等設置会社については、取締役の報酬は定款の定めまたは株主総会の決議（会社361条1項）によるのではなく、報酬委員会が執行役等（執行役・取締役）の個人別の報酬等の内容を決定する（同法404条3項）。報酬委員会は、執行役等の個人別の報酬等の内容に係る決定に関する方針を定め、その方針に従って報酬等の内容を決定することになる（同法409条1項・2項）。

　執行役等は報酬委員会が決定した個人別の報酬等に従い、報酬等の支払いを受けることになる。

　　(F)　報酬が支払われない場合

　定款または株主総会の決議により、報酬の支払いが可能になったのにもかかわらず、会社が支払わない場合は、会社を被告として報酬支払請求訴訟を提起することができる。取締役の任用契約は、会社の商人性から附属的商行為と解されるから（会社5条、商503条）時効期間は5年、遅延損害金は年6分である（商522条、514条）。ただし、平成29年改正商法の施行後は、商行為によって生じた債務についても、法定利率（遅延損害金）は年3％となる。

　(ウ)　取締役の報酬の減額と不支給

　　(A)　在任中の報酬減額の可否

　定款記載または株主総会の決議により、支払いが決定された報酬総額につき、取締役会決議により定められた分配額について、取締役は会社に対して具体的な報酬支払請求権を有し、これは取締役と会社との契約の内容となり、当事者双方を拘束するから、株主総会の決議によっても、任期中その同意なしに減額することはできない。会社が業績不振に陥ったとしても、それだけでは不利益変更（減額）の理由にならない。取締役の報酬が在任中減額されないのは、任期が2年または1年と短期であることから是認されよう。報酬減額後に、再任もしくは新任された取締役については、新たに減額された報酬額で就任することになるから報酬の減額にあたらない。

**266**

もっとも、報酬が役職ごとに定められており、役職の変更に連動して当然に一定の報酬が減額されることが慣行である場合は、任期中に役職の変更があった場合、当然に変更後の役職について定められた報酬額が支払われるようになる。こうした報酬の定め方および慣行を了知したうえで取締役に就任した者は、報酬の減額が予測可能であり、取締役に就任する際に、黙示的にこれに同意したものとみることができるから、会社は当該取締役の役職の変更を理由に、報酬額を減額することができる（東京地判平成2・4・20判時1350号138頁、福岡高判平成16・12・21判タ1194号271頁）。

それ以外にも、明示的または黙示的に報酬の減額に同意していると認められる場合、報酬を企業業績と連動させることにしている場合は、事情変更の原則により取締役会の決議等により相当額を減額することは可能である。

このような場合でなくても、定款により取締役の任期が10年以内とされた非公開会社については、任期中の一切の報酬減額を認めないというのも硬直すぎるから、相当期間の経過後は、合理的な理由がある場合は、同意なく報酬を減額することが許されると解される。

(B)　無報酬とする旨の株主総会決議の効力

判例は、定款または株主総会の決議（株主総会において総額を定め、取締役会において各取締役に対する配分を決議した場合を含む）により、取締役の報酬額が具体的に決定された場合は、その報酬額は会社と取締役間の契約内容として、会社と取締役の双方を拘束する。そこで、後に株主総会において当該取締役の報酬を無報酬とする旨の決議をしても、その同意がない限り、当該取締役は報酬請求権を失うものではない。この理は取締役の職務内容に著しい変更があった場合でも同様であるとする（最判平成4・12・18民集46巻9号3006頁）。

取締役に報酬を支払うことを約し、具体的な支払額も決定され契約内容となった後に、当該取締役の同意なく無報酬とすることは、株主総会の決議によるも、不当に取締役の報酬請求権を奪うものとして、とうてい是認できるものではない。そこで、会社は、取締役の承諾なしに、株主総会の決議によるもかかる報酬額の不利益変更はできないから、無報酬とすることはできない。

(エ)　取締役の報酬の減額と訴訟

具体的に決定された取締役の報酬の支払いは、会社との契約となっているか

ら、特定の取締役についてのみ、無報酬あるいは減額することは、株主総会の決議や取締役会の決定によってもなし得ない。しかし、健康状態を害したことなどにより職務遂行能力が著しく低下した場合についても変更し得ないというものではない。合理的な理由があれば、事情変更の原則により相当額の変更をすることは可能である。

職務内容が変わった場合（降格人事）については、報酬は、通常、職務内容や役職と結びついているから、取締役会がその任に適しなくなった取締役の職務内容を変更したときでも、次の報酬改定期まで従前どおりの報酬額を請求するというのは不合理であるから、職務内容や役職に変更があれば、減額することは許されると解される。

もとより、降格人事そのものが合理的な理由によりなされたことを必要とする。社内抗争や派閥争いなどで閑職に追いやられた場合については、無報酬あるいは減額とすることは認められないであろう。

取締役副社長であった者が、非常勤取締役に降格され、取締役の役職が変更されたことに伴って報酬が減額された場合に、それが慣行によるものかどうかという形で争われた事案がある。裁判所は、その報酬を変更後の役職の報酬額まで減額する旨の慣行があったかどうかについて、役職が取締役の報酬額決定の基準の１つとなっており、役職の変更に連動して当然に一定額の報酬が減額される場合のように、取締役にとって報酬の減額が予測可能なものであり、そのような変更について取締役就任の際に当該取締役の黙示の同意があったと推認できる程度の場合であって初めて慣行の存在が認められるが、本事案の場合はそのような慣行は認められないから、報酬の減額が従前からの慣行によるものとは認められないと判示した（前掲福岡高判平成16・12・21）。

これとは別に、会社の業績不振等により役員報酬が不相当になるに至った場合は、株主総会の決議により、役員全員の報酬を一律に引き下げることは合理的なものとして許されるであろう。

---

14　龍田節『会社法大要』87頁。

## (2)　退職慰労金の支払請求訴訟

### ㈦　退職慰労金の支払い

#### (A)　退職慰労金の性質

　取締役に対する退職慰労金も、退職慰労金が職務執行の対価の性質を有する限り、定款の規定がない場合は、株主総会の決議がなければ支払うことができない（会社361条１項）。在職中の功労に報いる部分や生活保障金的な部分が含まれていても、両者は一体となっているから、報酬規制に従わなければならない。旧商法上においても、判例は、退職慰労金が、職務執行の対価として支給されるものである限り、報酬に含まれるものであるとして報酬規制の対象としていた（最判昭和39・12・11民集18巻10号2143頁）。わが国の企業の多くは、慣例的に退職慰労金を支給してきたが、それには報酬の後払的な部分が含まれていることから、退職慰労金制度を廃止し、報酬に一本化する企業が増えている。

　取締役に対する退職慰労金は、すでに退職している取締役または取締役の退職に際して支払われるものであるが、在職中の職務の対価の性質を有するばかりか、退職したといっても直ちに取締役会に対する影響を失ったとはいえず、お手盛りの危険性があるから報酬規制の対象とし、定款に定められていない場合は、株主総会の決議に基づき支払われるのであり、いかに支払い約束をしていても、定款の定めまたは総会決議がなければ支払いを受けることはできない。株主総会の決議により、支給額を取締役会に一任することも可能であるが、無条件一任は認められないのであり、一定の支給基準が定まっていることが必要である。そして、具体的な支払額が決まった場合に、退職慰労金の支払請求が認められることになる。

#### (B)　株主総会の決議に代わる一人株主の決定

　株主総会決議等の要件を満たさない限り、会社に退職慰労金の支払義務はない。そこで、支給の手続を経ることなく、退職慰労金の支給を受けた者は不当利得の返還義務を負う。しかし、事前の株主総会決議なしに支払われた場合であっても、事後に株主総会で承認された場合は有効なものと認めてもよい。また、株主総会決議に代え、一人株主である代表取締役の決済により退職慰労金を支払うことは有効と解してよい。

　従前から株主総会決議に代えて、発行済株式の99％以上を保有する代表取締

第 8 章　取締役・取締役会をめぐる訴訟

役の決済により退職慰労金を支払ってきた会社の場合は、その決済による退職
慰労金の支払いは有効なものと解される。そして、会社が代表取締役の決済は
なかったが内規に従って退職慰労金を支払い、その直後に、代表取締役が支払
いの事実を知ったにもかかわらず黙認し、退任取締役が代表取締役の決済を得
たと信じるに無理からぬ事情がある場合には、会社が 1 年以上も経過してから、
不当利得を理由に返還を請求することは信義則に違反するとした判例がある
（最判平成21・12・18判時2068号151頁）。

判旨は、代表取締役の決済はなかったが、内規に従って支払われたことを代
表取締役が知ったのに黙認した場合であり、退任取締役が代表取締役の決済を
得たと信じたのに相当の理由がある場合は、不当利得を理由に返還請求をする
ことは信義則に違反するというのであるが、代表取締役が知ったのにもかかわ
らず黙認した場合は、黙示の追認と解すれば、支払いは有効となり不当利得の
返還の問題は生じない。

　(C)　弔慰金・退職慰労年金の受給権・保険金請求権の付与

死亡した取締役に対する弔慰金の場合も、純然たる香典の性質を有する低額
なものでなければ、在職中の職務の対価の性質を有する退職慰労金と同様に、
報酬規制に服することになる。したがって、定款に定めがない限り、株主総会
の決議がなければ支払うことはできない。

弔慰金は対象取締役の死亡により支払われるのであるが、定款に定めのない
限り、株主総会の決議により支払いが決定される。したがって、相続財産とは
ならない。そこで、誰に支払うかは株主総会または取締役会が決定することに
なるが、相続人を受給者とするのが慣例であろう。

取締役に、退職慰労年金の受給権・保険金請求権を付与する場合は、金銭で
ない報酬等として処理することになるが（会社361条 1 項 3 号）、会社が負担す
る保険料を金額が確定している報酬等（同項 1 号）とする取扱いが考えられる。

支給中の退職慰労年金を減額しうるかという問題がある。判例は、株主総会
の決議を経て、内規に従って支給中の退職慰労年金について、取締役会におい
て内規を廃止し、退職慰労年金の支給を打ち切った事例において、株主総会の
決議と取締役会の決定に基づき、具体的な退職慰労年金を取得したものである
から、集団的、画一的処理が制度上要請されるという理由のみにより、取締役

*270*

会決議により内規を廃止しても、それをすでに退任した取締役に及ぼすことは許されないから、その同意なく退職慰労年金を失わせることはできないとしている（最判平成22・3・16判時2078号155頁）。

退職慰労年金は、会社法361条1項にいう報酬にあたることから、株主総会の決議を経て確定した年金額を支給しているのであり、それを、一方的に廃止または減額することは、契約理論によれば認められないといえる。しかし、企業業績が悪化し、企業再建中の会社の場合は、年金の支給が重荷になり再建が困難な場合については、企業が再建されるまでの間、年金の支給の停止や年金の減額も、具体的な事情の下で合理性が認められる場合は、許されてもよいと考えられる。

(D) 退職慰労金の支給取り止め・減額

代表取締役の就任中に、会社の経営成績が著しく悪化した場合、在任中の功績に報いるためとの支給の趣旨からして、支給を取り止め、従来と比べ支給額を減額することも許されるべきである。そこで、かかる場合において、株主総会が退職慰労金支給議案を否決することは、公序良俗に反し無効であるということはできない（東京地判平成9・8・26判タ968号239頁）。

(E) 使用人兼務取締役における双方の地位を失う場合

判例は、使用人兼務取締役が、取締役の辞任のほか退職により従業員の地位を失う場合に、退職慰労金が従業員にも共通に適用される退職慰労金支給規定に基づいて算出すべきものとされている場合でも、退職慰労金は報酬にあたり、定款で定めていない場合は、株主総会の決議により定めなければならないとしている（最判昭和56・5・11判時1009号124頁）。

取締役として受ける退職慰労金と使用人として受ける退職金が、共通に適用される退職慰労金支給規定に基づいて算出されることから、退職慰労金と退職金が一体化し、報酬規制の対象となる報酬か否かの識別が難しくなるばかりか、退職慰労金の報酬規制を潜脱するおそれがあることから、株主総会の決議により定めなければならないとして、全部について報酬規制の対象としたのであろう。しかし、退職慰労金と退職金を明確に区別し、別個の支給規定に基づいて算出されるものである場合は、退職慰労金の部分についてのみ報酬規制の対象とする取扱いは可能であろう。

第8章　取締役・取締役会をめぐる訴訟

　(イ)　株主総会で支払決議をしない場合

　　(A)　救済方法

　定款に定めのない場合は、株主総会の支払承認決議がない限り、退職取締役は退職慰労金の支払いを受けることができない。経営陣特に代表取締役と対立して退任した取締役に対しては、株主総会の決議がないことを理由に支払いを拒絶することがある。

　内規や慣行により、従来から相当額の報酬が支払われているとか、会社と取締役間で退職慰労金の支払い約束がある場合は、取締役会（代表取締役）は、退職慰労金に関する議題を株主総会の決議に付す義務がある。そこで、正当な理由（たとえば、内規に定めた不支給事由が存在する場合）がないのにこれを怠った場合、あるいは不当に株主総会で否決させた場合は、不当に退職慰労金の支払手続を怠ったという不法行為が成立することから、退職取締役等は、代表取締役に対して損害賠償請求をすることが可能であり（会社429条１項、民709条）、また、会社に対しては、代表取締役がその職務を行うについて第三者に加えた損害を賠償する責任を負うとの会社の損害賠償責任規定（会社350条）により、損害賠償請求をすることが可能となる。損害額は、退職慰労金の支払いを株主総会に付議していたら決議されていた退職慰労金相当額ということにな[15]る。

　慣例とか内規によって、従来、退職する役員に退職慰労金が支払われていた場合に、特定の退職役員に退職慰労金が支払われない場合がかなり見受けられる。多くは、代表取締役との不仲に原因するが、この場合でも、支払手続がなされない限り、信義則違反を理由としても、退職慰労金の支払請求はできないから、退職役員の救済措置は損害賠償請求ということになる。

　会社または代表取締役に対し、損害賠償責任を課すことは、恣意的に株主総会の決議に付さないという不当な措置がなされることを防止することにつながる。しかし、支給するか否か、いくらの金額を支給するかは株主総会の専権決定事項であるから、退職慰労金相当額の損害の主張・立証は困難である。この点、内規、従来の支払状況、報酬、具体的な状況を総合して、退職慰労金相当

---

15　商事関係訴訟154〜156頁。

額の損害を主張・立証することになる。

　(B)　支払決議が否決・減額された場合

　退職慰労金を支給するか、いくら支給するかは、株主総会の専権決定事項であるから、内規があっても、支給金額を含め株主総会決議がない限り、退職慰労金を請求する具体的な権利は発生しない。また、内規とは異なる株主総会決議もありうる。そこで、会社と取締役間の支払約束、内規や慣行にかかわらず、支給するとの議案を否決し、また、修正動議により議案とされた金額よりも減額した低額の決議をすることも可能である。この場合、退職取締役は、退職慰労金の支給を受けることができないか、または低額の退職慰労金を受けざるを得ないことになるが、内規や従来の慣行に反するばかりか、理由もなく他の退職取締役に比べ不利益な取扱いを受け不公正である場合が考えられる。

　この場合の救済方法を考えなければならない。端的に、オーナー取締役が退任取締役に対し、事前に支払い約束をした場合、株主総会で決議を成立させる旨の一種の議決権拘束契約がなされたとみて、その義務を懈怠すれば損害賠償責任を負うとの見解がある。[16]　しかし、オーナーが議決権の過半数を有する場合には妥当するであろうが、それ以外の場合については、かかる約束は株主総会決議が成立することを条件になされた約定であり、オーナーは議案として株主総会に提出する義務はあるが、株主総会決議を成立させることまでも約束しうるかは疑問である。しかし、代表取締役が主導したことにより、支給決議の否決または減額決議に至った場合は、損害賠償の問題が生ずる。

　また、代表取締役の在任中の業績悪化を理由として、退職慰労金の支払議案を否決するとか、支払金額を減額することが許されるとしても、理由なく支給決議が否決され、または減額されたのは、多数決の濫用であるとか、不公正な決議であるなどを理由に、株主総会の決議の取消しを求めることが考えられる。もとより、決議取消判決により退職慰労金の支払いを受けることはできないが、決議取消しとなるような不当な決議をしたことは不法行為になるとして、会社に対し損害賠償請求をすることは可能である。

---

16　江頭・株式会社法465頁。

第8章　取締役・取締役会をめぐる訴訟

### (ウ)　株主総会の支払決議と支払決定

　株主総会において支給金額を定めて支払決議をすれば、退職取締役は確定債権として具体的な金額の支払いを請求できる。しかし、上場会社などの大規模会社においては、「在任中の功労に報いるため、従来の慣例に従い、当社の定める基準に従い、相当額の範囲内で退職慰労金を贈呈いたしたく、その具体的金額、贈呈の時期、方法などは、取締役会に一任する」、というように退職慰労金の支払いに関する基準を示して決議し、報酬の場合とは異なり総額を明示することなく、具体的な支払金額等は取締役会に一任するのが実務の運用である。そして、無条件に、株主総会は支払金額や支払方法を取締役会に一任することはできないが、内規と慣行に従い適正に決定され、株主もその額を推知できるような状況であれば有効である（最判昭和44・10・28判時577号92頁）。

　そこで、株主総会が退職慰労金の金額、時期、方法を取締役会に一任し、取締役会が会社の業績、退職役員の勤続年数、担当業務、功績の軽重等から割り出した一定の基準により慰労金の金額を決定する以上、株主総会の支給決議はその金額等に関する一定の枠が決定されたものとして、有効である（前掲最判昭和39・12・11）。また、株主総会でその金額について、従来の基準に従い、相当額の範囲内とし、具体的金額等の決定は取締役会に一任する旨の決議がなされ、その後取締役会で金額等の決定を代表取締役に一任する旨の決議がなされた場合、上記総会決議と取締役会決議は、報酬規制に違反するものではない（最判昭和58・2・22判時1076号140頁）。

### (エ)　取締役会が金額等を決定しなかった場合

　株主総会が、総額について承認したうえで、具体的金額等の決定を取締役会に一任する旨の決議がなされた場合、取締役会（取締役会設置会社でない場合は取締役）は、速やかに内規と従来の慣行に従って、金額などを具体的にして、支払決定をしなければならない。

　取締役会または取締役会が一任した代表取締役等が決定しない場合、退職取締役は、退職慰労金の支払請求をなし得ない。そこで、取締役会等が、正当な理由がないのに合理的期間内に支払決定をしない場合は、会社に対する任務懈怠になるだけでなく、退職取締役に損害を与えたことになる。

　そこで、支払懈怠を理由に会社に対する損害賠償請求、支払決定と支払いを

*274*

怠った取締役に対して、取締役の対第三者責任による損害賠償請求をなしうるとして、損害賠償請求の問題として処理することになる。[17]

損害賠償請求による場合、賠償金額は取締役会が適正に支給手続を行っていれば支給されたであろう金額を基準として計算することになる。会社と取締役の任用契約は附属的商行為とみられるから（商503条）、現行法の下では、報酬等請求権の消滅時効期間は5年、遅延損害金は年6分であるが（同法522条、514条）、ここでは、報酬請求ではなく不法行為による損害賠償請求であるから、消滅時効期間は3年、遅延損害金は民事法定利率の年5分（民724条、404条）となる。

この点、平成29年改正商法の施行（2020年4月1日の予定）後は、同年改正民法の定めるところにより、法定利率（遅延損害金）は一律年3％となる。

しかし、株主総会により支払承認決議がなされているのであるから、合理的期間内に支払決定をしない場合は、取締役会の義務違反を理由に、会社に対し、内規と従来の慣行に従って計算した相当額の退職慰労金の支払請求をなしうると解することもできるであろう。

　㈠　退職慰労金等支払請求訴訟

　　(A)　事実の概要

被告会社は、平成18年5月26日の定時株主総会において、原告（元社長）に対して支給する退職慰労金について、「会社内規に従い、金額・時期・方法について、後日開催する取締役会に一任する」旨の承認決議をした。退職慰労金内規には、①取締役に対する退職慰労金は株主総会の決議に基づき、本内規の定めに従って取締役会の決議により支給する、②退職慰労金は役員在任中の各役位別年数に、所定の各役位別定額（150万円）を乗じ合計額とする（計算によれば、退職慰労金は2250万円となる）、③特に功労のあった取締役に対しては、取締役会の決議により、所定の金額と同額を限度として功労金を加算することができる、④退職慰労金の支給時期は、原則として株主総会の決議後1カ月以内とする等の規定があるが、退職慰労金の減額または不支給を定めた規定はない。その後、被告会社は、平成19年7月30日の臨時株主総会において、本件退

---

17　商事関係訴訟151頁。

第8章　取締役・取締役会をめぐる訴訟

職慰労金決議を撤回する旨を決議し、退職慰労金の支払いを拒否した。

　これに対し、原告は、株主総会における取締役会への一任決議は単に計算を委ねる意味しかなく、退職慰労金決議によりすでに退職慰労金の内容は具体的に確定しているとして退職慰労金の支払請求をし（主位的請求）、予備的請求として、原告が退職慰労金の支給を受けられないのは、原則として決議後1カ月以内に退職慰労金を支給しなければならないのに、被告の代表取締役その他の取締役の任務懈怠により、退職慰労金に関する取締役会が開催されていないことによるものであり、原告は被告の代表取締役の違法行為によって退職慰労金相当額の損害を被ったとして不法行為による損害賠償請求をした。

　　(B)　判　旨

　第1審判決は、本件退職慰労金決議の内容と退職慰労金内規に照らすと、本件決議は内規に従って、支給時期、方法だけでなく、功労加算するか否かを含めて退職慰労金の金額の決定についても取締役会に委任したものと解されるから、退職慰労金請求権の内容が具体的に確定していないとして、退職慰労金請求という主位的請求を棄却した。

　そして、取締役は、速やかに、取締役会を招集して基準に従い退職慰労金を決定する義務があるのに、正当な理由なく、合理的期間を経過しても退職慰労金を決定しないという、取締役の善管注意義務違反があり、それにより、原告に退職慰労金が支給されなかったという損害が生じたから、被告会社は原告に対し不法行為（会社350条）に基づく損害賠償として、退職慰労金相当額を支払う義務があるとして予備的請求を認容した（東京地判平成19・12・19判タ1294号159頁）。

　控訴審判決（被告が控訴、原告が附帯控訴）は、本件株主総会において、内規に従い退職慰労金を支給することを決めた以上、基本的退職金部分については当事者間の合意の内容として確定的なものとなり、自動的に算定され、取締役会にはその額の増減という裁量の余地はない。取締役会が裁量判断をなしうるのは、主として、基本的退職金部分に上積みして功労加算をするかどうかという点である。退職慰労金決議により基本的退職金部分の支給が確定し、その支払時期も決議から1カ月以内に確定したというべきである。これを別の株主総会の決議により一方的に撤回することはできない。そうすると、控訴人は被控

**276**

訴人に対し、退職慰労金とこれに対する商事法定利率年6分の割合による遅延損害金を支払う義務を負うとして、主位的請求を認容する。なお、予備的請求を認容した原判決主文部分は、主位的請求が認容されたため当然に失効するとした（東京高判平成20・9・24判タ1294号154頁）。

(C)　検　証

本件退職慰労金請求権は、定時株主総会の決議により被控訴人と控訴人との合意内容となっているのであれば、これを別の株主総会の決議により一方的に撤回することはできないことはいうまでもない。問題は、内規に従い退職慰労金を支給することを決めた趣旨が、退職慰労金の金額の決定について取締役会に委任したものと解されるか、退職慰労金決議により基本的退職金部分の支給が確定し、当事者間の合意の内容となるとともに、その支払時期も決議から1カ月以内に確定したと解するかの違いである。前者であれば、退職慰労金の支払いが具体的に確定していないから、会社法350条（代表者の行為についての会社の損害賠償責任）に基づく損害賠償として請求するしかない。

これに対し、後者によれば、退職慰労金決議により基本的退職金部分の支給が確定しているから、確定した基本的退職金部分の請求をすることが可能である。いずれに解するかは、事実認定の問題であるが、退職慰労金決議は、支給する退職慰労金について、「会社内規に従い、金額・時期・方法について、後日開催する取締役会に一任する」旨の内容であり、内規により自動的に計算すればよいから、基本的退職金部分については決議により、支払いが確定したとみるのが自然であろう。

なお、主位的請求を棄却した部分は不当であるとして、これを取り消して主位的請求を認容した場合、予備的請求を認めた原判決をどう取り扱うかであるが、主位的請求が認容された場合、予備的請求を認容する判決はその効力を失う。そこで、当然に失効することから、あえて予備的請求の認容判決を取り消す必要はないと解されるが、手続重視の立場から、取り消すことも差し支えない。

*277*

第 8 章　取締役・取締役会をめぐる訴訟

【記載例12】　取締役報酬請求訴訟

## 請 求 の 趣 旨

1　被告は原告に対し，金×××円及びこれに対する訴状送達の日の翌日から支払済みまで年 6 分の割合による金員を支払え。
2　訴訟費用は被告の負担とする。
3　仮執行宣言

## 請 求 の 原 因

1　被告会社は，××を目的とする株式会社であるが，原告は，被告会社の平成××年×月×日開催の定時株主総会において取締役に選任され，同日取締役に就任した。
2　被告会社は上記株主総会において，取締役の報酬総額を年額×××万円とし，各取締役への報酬配分については，取締役会の決定に一任する旨の決議をした。
3　被告会社の取締役会は，平成××年×月×日開催の取締役会において各取締役の報酬配分について決議したが，原告に配分された報酬額の月額は金××万円と定められた。
4　被告会社は，原告に対し上記月額報酬を平成××年××月××日まで支給したが，翌月以降業績不振を理由に報酬を支給しない。

*278*

# 第9章 取締役の職務執行停止等仮処分

## 1 取締役の職務執行停止等仮処分の概要

### (1) 会社法と職務執行停止等の仮処分

　会社法は、旧商法271条（同法70条ノ2）を承継し、民事保全法56条（法人の代表者の職務執行停止の仮処分等の登記の嘱託）に規定する仮処分により選任された取締役または代表取締役の職務代行者は、仮処分命令に別段の定めがある場合を除き、会社の常務に属さない行為をするには、裁判所の許可を得なければならないとして職務代行者の権限を定めるとともに、職務代行者の権限外の行為の効力を規定している（会社352条）。そして、これを執行役または代表執行役の職務代行者に準用している（同法420条3項）。しかし、被保全権利ないし本案訴訟については解釈に任せ、仮処分の要件や手続などについては、仮の地位を定める仮処分の一般規定（民保23条2項）によっている。持分会社（合名会社・合資会社・合同会社）についても、職務代行者規定が設けられ（会社603条）、業務執行を行う社員の職務執行停止の仮処分が認められている。

　取締役の職務執行停止等の仮処分は、最も利用度の高い会社仮処分であって、職務代行者の権限の範囲に関し判例も多数存在しているが、実際上、代表取締役と業務執行取締役について問題になる。職務執行停止等の仮処分は、職務執行停止の仮処分と職務代行者選任の仮処分からなる。取締役選任決議を争う訴え、取締役解任の訴え、設立無効の訴えが提起されても、取締役は職務執行権限を失わないが、このような取締役にそのまま職務の執行をさせることは、会社ひいては株主に重大な損害を与えるおそれがあるから仮処分により職務執行を停止し、それに伴う会社業務の停滞を回避するために職務代行者を選任し会社の常務行為を行わせるのである。

　職務執行停止とは、取締役の特定の業務執行だけが停止されるのではなく、職務執行の全部について停止されることになる。この点で、取締役の違法行為の差止め（会社360条）とは異なるのである。つまり、仮処分により停止される

第9章　取締役の職務執行停止等仮処分

のは、業務執行行為と会社代表だけでなく、株主総会に出席する、取締役会の
決議に参加するなど一切の職務が禁止される。反面、取締役としての職務上の
義務を負わないから、他の取締役の業務執行を監視する義務はないと解される。

(2)　職務執行停止等の仮処分の経緯

　旧商法は、取締役の職務執行停止・職務代行者選任の仮処分に関する規定を
設け、本案訴訟として、取締役選任決議の無効または取消しの訴え（解釈上、
決議不存在確認の訴えも本案訴訟と認められていた）、取締役解任請求訴訟を規定
していたが（旧商270条）、平成2年の改正によりこれを削除し、商法70条ノ2
（業務代行者の権限に関する規定）を、取締役の職務代行者に準用するとした
（旧商271条、旧有限32条により有限会社に準用）。

　その結果、取締役の職務執行停止・職務代行者選任の仮処分は、民事保全法
上の仮の地位を定める仮処分（民保23条2項）として行われることになり、特
殊仮処分でないことが明確になった。本案訴訟は解釈に委ねられることになっ
たが、改正前に本案訴訟と規定されていた訴えが、本案訴訟であるとの解釈が
維持されていた。そして、職務代行者の権限について規定し、合名会社の業務
代行者の権限の規定を準用したことから、その権限は常務行為に限られたが、
常務行為の範囲、常務行為以外の行為をしたときの効力などに解釈上問題を残
していた。

　会社法は、基本的に旧商法271条（職務代行者の権限）を承継したうえで、代
行者の権限と違反行為の効力などについて規定し（会社352条2項）、職務執行
停止・職務代行者選任の仮処分を民事保全法による仮の地位を定める仮処分に
よることとし、本案訴訟については、旧商法271条と同様に解釈に委ねたが、
従来の解釈が維持されている。

(3)　職務執行停止等の仮処分の許容性

　取締役の職務執行停止の仮処分は、仮処分により本案の権利を実現する満足
的仮処分であるが、学説・判例は一般にこれを肯定してきた。職務代行者選任
の仮処分（選任命令）は、本案の権利を超える内容の仮処分であることから許
容性が問題になるが、判例はこれを許容し、学説の多くもこれを認めている。
仮処分の暫定性も本案判決の確定時までということから要件を満たしている。

　職務代行者選任の仮処分は、職務執行停止の仮処分に付随し、これを補充す

るものとして適法であると考えられる。非訟事件的性格が濃厚であることに加え、取締役の職務執行停止の仮処分により、会社に業務を執行する取締役がいなくなり、会社業務に支障が生じることを防止するものであるから、著しい損害または急迫の危険を避けるためとの要件も満たしている。

　もとより、職務代行者選任の仮処分だけが単独で発令されるものではなく、職務執行停止の仮処分の発令を前提として、これに付随するものとして、必要に応じ発令されるのである。職務執行停止の仮処分が発令された場合でも、常に職務代行者選任の仮処分が発令されるのではなく、会社に業務を執行する取締役がいなくなり、会社業務に支障が生じるとか、法令・定款所定の取締役の員数を欠くことが要件となる。そして、職務執行停止の仮処分が取り消される場合は、特段の事情がない限り、職務代行者選任の仮処分も取り消される。

## 2　仮処分の申請と発令

### (1)　仮処分の対象となる取締役

　旧商法の下では、株式会社の業務執行（職務執行）は代表取締役によりなされていたから、職務執行停止等の仮処分は、実際上、代表取締役についての問題とされていた。これに対し、会社法では、株式会社の業務執行と会社代表は、取締役または代表取締役（取締役会設置会社）が行うことから、職務執行停止等の仮処分も、取締役会非設置会社については取締役、取締役会設置会社については業務執行を行う代表取締役と業務執行取締役が職務執行停止の仮処分の対象となる。

　もとより、代表取締役の職務執行を停止されたことにより、当然に取締役の職務執行が停止されるものではない。

　もっとも、取締役会設置会社についても、平取締役が取締役会決議に参画することを禁止するという意味で職務執行停止の仮処分が認められないわけではない。また、取締役ではないが取締役として活動している者（事実上の取締役・表見取締役）に対しても、必要に応じ取締役の地位にないことの確認を求める訴えを本案として、この仮処分申請をすることが考えられる。監査役については、業務を執行しないから、職務執行停止の仮処分の必要は少ない。

　指名委員会等設置会社の場合は、業務の執行は執行役が担うから（会社418

*281*

第9章 取締役の職務執行停止等仮処分

条2号）、執行役および代表執行役が職務執行停止の仮処分の対象となる（同法420条3項、917条1号、民保23条2項、56条）。本案訴訟は、執行役は取締役会の決議により選任されるから（会社402条2項）、執行役選任の取締役会決議の瑕疵を理由とする選任決議の無効確認の訴えであるが、これ以外の場合でも、当該（代表）執行役が法令・定款違反または不当な業務執行を行い、またはそのおそれがあり、会社に重大な損害が生ずるおそれがある場合は、職務執行停止の仮処分が認められる。

本案訴訟の係属中に、職務執行を停止された取締役が任期満了により退任または辞任すれば、仮処分の実質的効力が失われることから、事情変更により仮処分が取り消される。

職務執行停止等の仮処分の発令、変更・取消しの場合は、本店の所在地において登記しなければならないが（会社917条）、裁判所書記官により嘱託登記される（民保56条）。登記嘱託は、嘱託書に、仮処分命令またはこれの変更・取消決定の決定書（または、これに代わる調書の謄本）を添付してなされる（民保規43条）。

嘱託登記は仮処分の執行の性質を有するとともに（したがって、民事保全法43条2項の2週間という執行期間の対象となる）、対抗要件でもある。対抗要件については、会社法908条の定めるところによるから、職務執行停止等仮処分の登記をしなければ、会社は仮処分をもって善意の第三者に対抗できないと解される。

### (2) 仮処分の必要性

取締役選任決議取消しの訴え等、取締役解任の訴え、設立無効の訴え、代表取締役選定の取締役会決議の無効確認訴訟が提起されても、当該取締役は職務執行権限を失わないから引き続き職務を執行することができる。しかし、その地位を争われている取締役または代表取締役に、そのまま職務の執行をさせることは適当でないばかりか、会社ひいては株主に重大な損害を与えるおそれがある。そこで、本案判決の確定までの間に生ずる回復しがたい損害が発生する危険を除去するための暫定的措置として、仮処分により当該取締役の職務執行を停止するのである。

とすれば、職務執行を停止させるためには、取締役選任決議の瑕疵、解任事

282

由等の存在を疎明することに加え、会社の業務執行の不適切、経営能力の不足、不正行為のおそれの存在など、そのまま取締役としての職務の執行を続けさせるべきでない事由（保全の必要性）を疎明しなければならない。

　職務代行者選任の仮処分は、職務執行停止の仮処分が発令されたならば、当然にそれに付随して発令されるのではない。職務執行停止の仮処分により、会社の業務を執行する取締役がいなくなり、会社業務に著しい支障が生ずるなどの場合に、会社業務の停滞を回避するために、特に必要性が認められる場合に仮処分により職務代行者を選任するのである。

　職務代行者は仮処分命令によりその地位につき、仮処分命令の取消しによりその地位を失う。債権者が、職務執行停止の仮処分だけを申請した場合でも、職務代行者選任の仮処分は、職務執行停止の仮処分を補足し、職務執行停止の結果、会社に生ずる業務上の障害を防止することを目的とするものであり、非訟事件的な性格が強いことから、裁判所は、特に必要と認める場合は、職務代行者選任の仮処分を発令することができると解される。

## 3　仮処分申請手続

### (1)　本案訴訟

　旧商法（平成2年改正前商法270条）は、本案訴訟として、取締役選任決議の無効・取消し（解釈上、決議不存在確認の訴えも含む。東京地判昭和30・7・8下民集6巻7号1373頁）、取締役解任請求訴訟を規定していたが、代表取締役選任の取締役会決議の無効確認訴訟、設立無効の訴えも含まれると解されていた（大決昭和6・2・23大審民集10巻82頁参照）。

　平成2年の改正商法は、本案訴訟に関する規定を削除したが、改正前と同様に解されていた。そして、これが会社法に引き継がれた。

　会社法の下でも、これらの訴えを本案とし、仮の地位を定める仮処分として（民保23条2項）、職務執行停止の仮処分を申請することになるが、本案訴訟の係属前でも、速やかに、対象取締役の職務執行を停止しなければならない急迫を要する事情がある場合は、本案の提起前でも仮処分を申請しうる。もとより、本案訴訟の提起が可能であることを必要とするから、単に、取締役が法令違反の行為などの不正行為をするおそれがある、経営能力が劣る、このままでは会

社に損害が発生する危険性があるというのでは、仮処分を申請することはできない。

　取締役解任の訴えを本案にするためには株主総会で解任決議が否決されたことが必要である。そこで、本案訴訟を提起できない段階で、仮処分を申請することができるのか、仮処分が発令されるまでに株主総会で解任決議が否決されなければならないのか、株主総会で解任決議が否決されない段階においても、仮処分を発令することが可能であるのかという特有の問題がある。

　株主総会で解任決議が否決され、取締役解任の訴えの提起が可能となるまでは、仮処分の申請ができないというのは硬直すぎるであろう。これでは、そのまま、放置すれば会社に重大な損害を与える可能性があるのに、定時株主総会を待って取締役の解任を提案し、または取締役解任のための臨時株主総会を招集し、解任議案が否決されるまでは、仮処分を申請し得ないことになり、目的を達することができないことから、保全の必要性、緊急性に対応することができない。

　そこで、株主総会で解任決議が否決されることを待たず、仮処分の申請は可能であり、解任事由の存在、このまま放置すれば会社および仮処分債権者に回復困難な損害が発生する危険があること（保全の必要性）を疎明したときは、仮処分の発令時において、解任決議が否決されていなくても仮処分は発令されるべきである。もっとも、取締役解任のための臨時株主総会の招集請求または取締役の解任を議案とする株主提案をしていることが望ましい。

　仮処分の発令後に、株主総会で解任決議が否決されたときは、仮処分命令は有効なものとして存続するのであるが、発令があってから相当期間が経過したが、依然として解任決議が否決されなかった場合は、仮処分命令の取消しの問題が生ずる。この場合は、被保全権利が存在しないことを理由に取り消すのではなく、発令後においても解任決議が否決されなかったので、発令後に被保全権利が消滅した場合に準じて、事情変更による取消し（民保38条）によるべきであろう。

### (2)　仮処分の当事者

#### (ア)　仮処分債権者

本案訴訟の原告が仮処分債権者になるが、一般に、株主が原告であることか

ら、株主が債権者になる場合が多い。取締役・監査役も、本案訴訟の原告とな
る場合には債権者となることができる。株主が債権者になる場合、たとえば、
取締役解任の訴えを本案とする場合についていえば、原告は、総株主の議決権
の100分の３以上、または発行済株式の100分の３以上を有する株主でなければ
ならないから（会社854条１項）、かかる株主でなければ仮処分債権者になり得
ない。仮処分の発令後においても、本案の係属中にこの持株要件を欠けば、原
告適格を欠くものとして訴えは却下されるが、発令された仮処分命令も、債権
者適格の喪失による事情変更により取り消されることになろう。

　㈡　仮処分債務者

　職務執行停止仮処分の債務者は、基本的には、本案の被告である会社という
ことになる。取締役解任の訴えを本案とする場合は、本案の被告は会社と当該
取締役であるから（会社855条）、会社と当該取締役を共同債務者とすればよい。

　それ以外の本案訴訟の被告は会社であるから、会社を債務者にすべきである
が、この仮処分は（代表）取締役の職務執行を停止することから、当該取締役
を債務者とする必要がないかが問題となる。この点、債務者について、取締役
説、会社説、会社と取締役の双方説があるが、学説は双方説が有力であり、実[1]
務も双方説で固まっているといえよう。

　取締役説は、対象取締役を債務者とする立場であるが、本案の被告と仮処分
事件の債務者が一致しないことになるばかりか、会社は仮処分事件の当事者で
はないので異議や取消しの申立てができないという問題点がある。会社説は、
仮処分手続の本案に対する付随性、会社に異議や取消しの申立権が認められ明
快ではあるが、対象取締役が当事者ではないから、手続保障との関係で問題が
あるばかりか、仮処分命令の実効性に疑問を残している。

　そこで、これらの問題点に対処するためには、会社と取締役の双方を債務者
とするのが妥当である。理論的にみても、取締役の職務執行権限を暫定的にせ
よはく奪するものであるから、取締役と会社との法律関係に変更が加えられる
ことになり、他人間の法律関係を変更することを目的として、第三者が申請す

---

1　大隅健一郎＝今井宏『会社法論�中〔新版〕』257頁、新堂・仮処分144頁、竹下守夫「取締役の職
　務執行停止と職務代行行為」鈴木竹雄ほか編『新商法演習２会社(2)』83頁、宍戸達徳「職務執行停
　止仮処分の実務についての二、三の考察」鈴木忠一編集代表『会社と訴訟㈡』468頁以下。

第9章　取締役の職務執行停止等仮処分

る仮処分手続であるから、両者を共同債務者とすべきである。[2]

　双方説に対し、本案の被告である会社は、職務執行停止について直接の利害関係を有しないから、共同債務者としなければならない理由はない。会社は、仮処分申請の却下に、実質上重大なる利害関係を有するから、仮処分訴訟に関与したいときは参加すればよく、会社を当事者とする必要はないとの見解がある。[3] しかし、会社は職務執行停止について重大な利害関係を有するばかりか、本案の被告でもある。参加という手段があることは、共同債務者となり得ないことを意味するものではない。しかも、参加は会社の自由意思によるとすると、常に参加が期待できるものではない。そこで、会社法律関係の画一的処理のために、会社を共同債務者とすべきである。

　仮処分命令の効力を合一的に双方に及ぼし、かつ手続的保障の観点から双方を共同債務者として、「甲会社は、取締役乙に職務を執行させてはならない、取締役乙は、甲会社の職務を執行してはならない」との、2つの仮処分命令を併用するのが、理論的にも実際上も適切であるばかりか、この仮処分の性格に適合するといえよう。本案の被告でない取締役を共同債務者とすることも、仮の地位を定める仮処分にあっては、仮処分の内容と本案の権利関係が厳密に一致することまでは要求されないことから、本案の被告と仮処分の債務者が一致することは要請されない。そこで、当事者について本案訴訟と仮処分訴訟の整合性を欠くとまではいえない。

　なお、職務代行者選任の仮処分については、会社を債務者とすることに異論はないであろう。

### (3)　職務執行停止等仮処分と疎明

#### (ア)　職務執行停止の仮処分

　本案訴訟は、取締役選任決議の無効確認・取消し・決議不存在確認訴訟、取締役解任の訴え、代表取締役選任の取締役会決議の無効確認訴訟、設立無効の訴えである。被保全権利は、選任決議に瑕疵があるとして、取締役の地位に争いがある取締役による会社の業務執行の禁止、あるいは、解任の訴えが提起されている取締役による不適正な業務執行により、会社に生ずる損害の防止であ

---

2　末永進「職務執行停止・代行者選任仮処分」裁判実務大系(3)101～104頁。

3　柳川眞佐夫『保全訴訟〔補訂版〕』197頁。

*286*

り、直接的には債権者に生ずる損害の防止ではない。

しかし、選任決議の効力を争う訴えの提起、取締役解任の訴えの提起、設立無効の訴えの提起だけで、被保全権利が疎明されたというものではない。株主総会の瑕疵の存在、解任事由となる法令違反等があることを具体的に主張し、それが存在する可能性が高く、本案で原告の主張する事実が認められる蓋然性が高いことが必要であるが、この仮処分が会社および被職務停止取締役に与える影響の重大性から、高度の疎明が要求される。

　　(イ)　職務代行者選任の仮処分

職務執行停止の仮処分の発令により、当然に代行者選任の仮処分が発令されるものではない。代行者の選任の仮処分は、職務執行停止の仮処分が発令された結果、法令または定款に定めた取締役の員数が欠けるとか、代表取締役に対する職務執行停止の仮処分の結果、会社を代表する取締役がいなくなったというように、会社業務に重大な支障が生ずるおそれがある場合でなければならないが、所定の定足数を欠き取締役会を開けないとか、会社を代表する取締役がいなくなった場合は、会社業務に支障が生じるとして仮処分の必要性が認められる。

## (4)　保全の必要性の判断

保全の必要性は被保全権利との関係から、会社の利益を中心にして考えるべきである。それゆえ、会社に損害が発生する危険性が存在することが仮処分発令の要件であると解されている（東京高決昭和52・11・8判時878号100頁）。そうすれば、債権者に生ずる著しい損害または急迫の危険（民保23条2項）とは、会社に生ずる著しい損害または急迫の危険に読み替えなければならなくなる。しかし、この仮処分においては、会社は当該取締役とともに債務者になる。そこで、債務者（会社）に生ずる著しい損害または急迫の危険を避けるために、仮処分が発令されるという極めて異例な仮処分となり、会社は形式的な当事者にすぎないとでもしなければ説明が困難である。

会社に生ずる著しい損害または急迫の危険というのは、回復しがたい経済的損害をいうが、具体的には、①会社の信用が従前の代表取締役個人の信用に基礎をおいており、現在の自称取締役では対外的信用が失墜するおそれがある場合、②現在の自称取締役に経営能力がない場合、③現在の自称取締役が会社の

*287*

第9章　取締役の職務執行停止等仮処分

重要な財産を個人の利益を図る目的で処分しようとする場合などに分類できる
が[4]、このような場合は、急迫の危険という要件も満たしていると考えるべきで
あろう。

　しかし、保全の必要性を、会社の利益確保のみを基準として判断することが
妥当であるか、仮処分債権者の利益を考慮する必要がないかという問題がある。
職務執行停止の仮処分は、会社の支配権争いがある場合に利用されることが多
いが、会社の利益確保のみを目的として仮処分を申請せよというのは、あまり
現実的ではないばかりか、この仮処分に保護される者には、会社だけでなく仮
処分債権者も含まれている。そこで、保全の必要性の判断において、仮処分債
権者の利益も考慮すべきであろう。

　当該取締役に職務執行をさせたのでは、会社に重大な損害が発生するおそれ
があること（保全の必要性）が発令の要件となるが（民保23条2項）、それを具
体的に主張することが困難な場合は、損害発生の可能性で足りるであろう。取
締役解任の訴えを本案とするときは、被保全権利が疎明されることにより、保
全の必要性が認められる場合が多いであろう。経済的な損害に限らず、会社の
信用を害する、会社の事業活動に支障を来すような場合も含まれる。

　仮処分の発令により会社が倒産するとの主張が債務者よりなされた場合、保
全の必要性は、仮処分の発令により得られる利益と発令により失われる利益を
比較し、前者が優越する場合に認められるから、会社の倒産は会社に生ずる損
害の最たるものであることより、会社の倒産が予測されるような場合は保全の
必要は認められない[5]。このように、職務執行停止の仮処分についても、仮地位
仮処分の発令に関する利益衡量論が適用されるのである。

## 4　職務執行停止等仮処分の効力

　職務執行停止の仮処分は、取締役の地位をはく奪するものではないが、暫定
的にその職務権限を全面的に停止させるものである。単に、債務者取締役に対
し、不作為義務を課すのではなく、また、取締役の個々の行為を停止するので
はなく、仮処分により、取締役から職務執行権を一般的に奪うことにより、取

---

4　本間健裕「取締役らの職務執行停止・代行者選任の仮処分」新・裁判実務大系(11)243頁。
5　本間・前掲（注4）245頁。

締役が職務を執行することが禁止される状態が形成されるのである。仮処分は暫定的なものであり、その効力は、本案判決の確定時までとされるが、取締役の残任期・辞任等の関係から、実際はこれより短い場合が多いであろう。

仮処分命令が会社と被職務停止取締役に送達されることにより（民保17条）、被職務停止取締役は職務の執行ができない、会社はその者に職務の執行をさせてはならないという仮の地位が形成される。

被停止取締役の行為は、第三者との関係でも無効と解さざるを得ない。後に、仮処分が取り消された場合でも同様である（最判昭和39・5・21民集18巻4号608頁）。もっとも、善意の第三者に対しては、会社は無効を主張できないとの解釈はありうる。

仮処分の効力は、仮処分手続の当事者間にとどまらず、第三者に対する関係においても効力を有する[6]。職務執行停止の仮処分には対世効が認められることから、被職務停止取締役のなした仮処分違反の職務執行行為は絶対に無効であり、単に仮処分債権者や善意の第三者に対抗できないというものではない。また、後に、仮処分が取り消されても、さかのぼって有効となるものではない（前掲最判昭和39・5・21）。

職務執行停止の仮処分により、取締役は職務権限を停止されるが、取締役としての地位を失うものではない。仮処分をもってしても、取締役の地位を奪うことはできない。それゆえ、仮処分命令が取り消された場合は職務執行権限が復活する。また、当該取締役の辞任・任期満了退任、株主総会による解任は、仮処分命令に抵触するものではない。

職務執行を停止された取締役であっても、報酬等の支払請求権を失わない。当該取締役の同意なしに、報酬等を減額しうるかという問題があるが、職務を執行しないのであるから、相当額の減額は許されるであろう。

## 5 職務執行代行者選任の仮処分

### (1) 職務執行代行者選任の仮処分の必要性

職務代行者選任の仮処分は、職務執行停止の仮処分の発令により、必ず職務

---

6 松田二郎＝鈴木忠一『條解株式会社法(上)』327頁。

第9章　取締役の職務執行停止等仮処分

代行者を選任しなければならないのではなく、職務執行停止の仮処分により会
社業務に支障が生ずることに備えて、職務代行者を選任する必要に応じて発令
される付随的仮処分である。それが必要とされるのは、多くの場合、代表取締
役の職務代行者である。

　職務代行者選任の仮処分は、職務執行停止とは別の仮処分であるが、職務執
行停止の仮処分に付随するものであり、職務代行者選任の仮処分を単発に発動
することはできない。また、職務執行停止の仮処分を取り消すときは、職務代
行者選任の仮処分も取り消さなくてはならないが、職務執行停止の仮処分を取
り消すことなく、職務代行者選任の仮処分だけを取り消すことは可能である。

　職務代行者選任の仮処分により被選任者はその地位につき（被選任者の承諾
は必要である）、選任の仮処分の取消しによりその地位を失うが、後任の取締役
が就任し、職務執行停止の仮処分が取り消されても、当然にその地位を失うも
のではなく、職務代行者選任の仮処分が事情変更により取り消されることによ
り（民保38条）、代行者はその地位を失うことになる。

　職務代行者選任の仮処分は、選任の仮処分命令と特定人を職務代行者に選任
する執行命令からなる。執行命令として誰を代行者に選任するかは裁判所の裁
量に委ねられ、代表取締役の職務代行者は、取締役の中から選任しなければな
らないという制約はない。なお、裁判所から職務代行者に指名された弁護士は、
正当の理由がなければ就任を拒否できない（弁護士法24条）。

　特定人を代行者に選任するのは、仮処分命令そのものではなく、仮処分命令
に併記された執行命令である。そこで、裁判所は執行命令を取り消し、職務代
行者を交代させることは可能であるから、職権で職務代行者を解任し、後任の
職務代行者を選任することが可能である。

　被職務停止取締役に代わり、職務代行者のみが職務を執行するのであるが、
職務代行者がその権限としてなした行為の効力は、後に、仮処分命令の取消し、
職務代行者の解任により影響を受けない。

　職務代行者は、裁判所が決定した報酬の支払いを会社から受けるが、職務代
行者の地位は仮処分によることから報酬ではなく執行費用である。

　職務代行者は、仮処分により定められた会社業務の臨時の執行者であるが、
その地位は、仮処分によるものであり会社と委任関係にはない。そこで、職務

*290*

代行者は一種の公職とする説があるが、裁判所が、後見的に職務代行者を選任し、その監督の下で取締役の職務を代行させることから、仮処分により形成された執行の補助機関であり、その職務執行は仮処分命令の執行とみる立場が妥当であろう。かく解することによって、委任事務の対価とみることができない職務代行者の報酬を執行費用と説明することができる[8]。

職務代行者に支払う報酬は、執行費用として債権者に予納させるのであるが（民執14条1項）、職務代行者は執行の補助機関ないし執行上の管理人であるから、執行費用として裁判所が決定した額を会社に負担させることになる。そこで、会社を共同債務者とすれば、この間の説明が容易になる。しかし、執行費用であることから債務者取締役に全部または一部を負担させることも可能である。

## (2) 職務代行者の権限と権限逸脱行為

### (ア) 職務代行者の権限

会社法は、仮処分命令により選任された取締役または代表取締役の職務代行者について、仮処分命令に別段の定めがある場合を除き、会社の常務に属しない行為をするには、裁判所の許可を得なければならないとし（会社352条1項）、職務代行者の権限に関する規定は、清算人に準用される（同法483条6項）。

取締役または代表取締役の職務代行者は、仮処分による臨時の職務代行者である。そこで、その権限は、原則として、会社の常務に属する行為に限られる。会社の非常務行為は、本来の取締役等が行うべきであり、仮処分による職務代行者が行うことに親しまないからである。職務代行者が非常務行為をなしうるのは、仮処分命令に別段の定めがある場合を除き、裁判所の許可を得なければならないことになる。

常務とは、会社が日常業務として行っている行為であり、会社の営業目的等の具体的な事情を考慮しながら、行為の客観的性質により決すべきであるが、新株発行、新株予約権の発行、合併契約の締結、株式分割などは非常務行為である。定時株主総会の招集は常務に属すると解されるが、臨時株主総会は非常

---

7　松田＝鈴木・前掲（注6）327頁。

8　吉川大二郎「仮処分による取締役代行者に関する若干の問題点」菊井維大先生献呈論集『裁判と法(上)』318〜319頁。

第9章　取締役の職務執行停止等仮処分

務行為であるから、裁判所の許可を得て招集すべきである。取締役の解任を目的とする臨時株主総会の招集は、少数株主の請求に基づく場合でも、常務に属さない（最判昭和50・6・27民集29巻6号879頁）。

　職務代行者が、裁判所の許可を得ることなく、臨時総会を招集し決議した場合の決議の効力であるが、判例は（有限会社に関する事例）、臨時社員総会の招集は常務とはいえないが、当然に無効ではなく、決議の取消原因になるとしている（最判昭和39・5・21民集18巻4号608頁）。裁判所の許可を得ていないことを、手続違反とみるのであろうが、常務外行為であるから招集権限のない者による招集とみて、決議は不存在とすべきであろう。

　職務代行者の職務権限は常務に限定されることを別にすれば、その権限行使は本来の取締役と異ならない。しかし、その地位と職務権限は取締役会に由来するものではなく、仮処分により付与されたものであるから、裁判所の監督には服するが取締役会の監督は受けない。そこで、職務代行者は取締役会に出席することができるが、その決議に拘束されない。[9]

　　(イ)　職務代行者の権限逸脱行為

　職務代行者が、仮処分命令に別段の定めがないのに、裁判所の許可を得ることなく非常務行為をした場合、その行為は無効であるが、会社はこれをもって善意の第三者に対抗できない（会社352条2項）。

　これは、平成2年改正前の商法が、職務代行者が非常務行為禁止の規定に違反した場合でも、会社は善意の第三者に対してその責めに任ず（同改正法により削除された商法271条2項）、としていたのと同趣旨である。そして、旧商法271条2項の解釈において、善意の第三者に過失があるか否かを問わないとされていた。[10]

　平成2年商法改正により、旧商法271条2項が削除された後、職務代行者が職務権限外の非常務行為をした場合、その効力は解釈に委ねられたが、統一した解釈に至っていなかった。そこで、会社法は無効であるとしたうえで、善意の第三者に対抗できないとした。仮処分によりその地位についた職務代行者が法定の職務権限外の行為をした場合の無効は、絶対的に無効であると考えられ

---

9　松田＝鈴木・前掲（注6）329頁。

10　松田＝鈴木・前掲（注6）328頁。

*292*

るのであるが、善意の第三者の利益保護のために、善意の第三者に対抗できないとして、立法的に解決したのである。

この立場は、職務代行者が、仮処分命令に別段の定めがなく、また裁判所の許可を得ることなく、会社の常務外の行為を行った場合は、仮処分命令により付与された権限の範囲外の行為であり、職務代行者の権限濫用とみているようである。

非常務行為は無効であるが、会社は第三者が悪意でなければ無効を主張し得ない。この場合の善意の第三者とは、職務代行者の行為が非常務行為であるとは知らなかった、仮処分命令に別段の定めがなされていると思った、裁判所の許可を得ていなかったことを知らなかったということになろう。そうすれば、多くの場合、善意者ということになり、会社は無効を主張し得なくなる。

そこで、法条に規定されていないが、善意の第三者の重過失を問題にし、仮処分命令に別段の定めがあるか、裁判所の許可を得ているかについて調査または質問もしていない場合は、重過失ありとして保護の対象としないとの解釈も成り立ち得る。問題の行為が非常務行為の場合であるから、第三者に過酷であるとはいえないであろう。

善意の第三者に対抗し得ないという場合の、主張・立証責任であるが、会社が相手方の悪意を主張すべきであるように解されるが、非常務行為は無効であることを基本とするから、相手方において善意であることを主張すべきであろう。なお、法文上、第三者は、直接の相手方に限るのか、広く第三者を含むのか判然としない。

　(ウ)　職務代行者の責任

職務代行者は、会社と委任関係になく、常務外行為を行えないとしても、それ以外についての権限は本来の取締役と同じである。そこで、職務代行者が任務を怠り、会社に損害を与えた場合は、裁判所により解任されるのとは別に、役員等の会社に対する損害賠償責任の規定（会社423条1項）を類推適用し、会社に対し責任を負わなければならない。さらに、悪意または重大な過失がある場合は、対第三者責任の規定（同法429条）を類推適用し、第三者に対しても責任を負わなければならないと解される。

*293*

### (3) 職務執行停止の仮処分と本案訴訟等の会社代表者

職務執行停止の仮処分に対して、会社を代表して異議を申立て、本案訴訟で会社を代表するのは、被職務停止代表取締役であるのか、職務代行者であるのかという問題がある。前者とする裁判例があるが（東京高決昭和52・9・22判タ870号103頁）、判例は後者であるとしている（最判昭和59・9・28民集38巻9号1121頁）。形式的には、仮処分により代表取締役は一切の職務執行権限を停止されるから、職務代行者が会社を代表すると考えられる。

しかし、この仮処分は当該代表取締役の職務執行により、会社に回復しがたい損害が生じることを防止する趣旨であるから、必要にして十分な範囲にとどめるべきである。すなわち、仮処分異議や本案訴訟で被職務停止代表取締役に会社を代表させても会社に損害を与えることはないから、会社を代表するのは被停止代表取締役であるとの説は理論的であるといえる。[11]

職務執行停止の仮処分について、重大な利害関係を有するのは被職務停止取締役であることから、形式的に職務代行者に会社を代表させるのが適切とはいいきれない。被職務停止代表取締役に会社を代表させても、会社に損害を与える可能性は少ないから、異議訴訟や本案訴訟で会社を代表するのは、仮処分の効力を直接受ける被職務停止代表取締役というべきであろう。

本案訴訟が解任の訴えである場合は、当該代表取締役は本案の被告となるから、起訴命令の申立てをして本案で争うことができるが、本案がそれ以外の訴えの場合は、会社の異議申立てや起訴命令の申立てに依存し、本案の被告である会社に補助参加するしかない。しかし、職務代行者が異議申立てや起訴命令の申立てをしない場合は、これを争う方法がないが、職務代行者が仮処分異議の申立て等をすることはあまり期待できない。

## 6 仮処分命令の取消しと執行停止

### (1) 仮処分命令の取消し

取締役の職務執行停止の仮処分も、保全異議（民保26条）、本案不提起（同法37条）、事情変更による取消し（同法38条）の対象となる。実際上、多くの場合

---

11 西山俊彦『保全処分概論〔新版〕』398〜399頁、松田二郎『会社法概論』231頁。

に問題となる事情変更による取消しとは、仮処分発令後の被保全権利または保全の必要性の消滅、その他の事情の変更による仮処分命令の取消しというように、仮処分発令後の後発的事情による取消しである。

職務執行停止の仮処分は、当該取締役の地位を奪うものではないから、当該取締役は依然として取締役の地位にとどまり、任期満了、辞任、死亡などにより退任することがある。被職務停止取締役が退任し、後任の取締役が就任した場合、職務執行停止・代行者選任の仮処分の実質的効力は消滅するが、当然に仮処分命令が失効するものではなく、職務代行者の権限が消滅するものではないから、後任の取締役は職務の執行を制限され、後任の代表取締役も仮処分の存続中は代表取締役の権限を行使することができない。

そこで、債務者会社（理論的には退任取締役も）は、後任の取締役が選任されたことを理由に、事情変更による仮処分の取消しを求め、仮処分命令の取消しにより、初めて代行者の権限が消滅し、後任の取締役は職務権限を行使しうることになる（大判昭和8・6・30大審民集12巻1711頁、最判昭和45・11・6民集24巻12号1744頁）。

### (2) 仮処分命令の執行停止

取締役の職務執行停止等の仮処分は、会社支配と会社業務に重大な影響を与えることから、誤って不当な仮処分が発令された場合には、早急に債務者の救済手段を講じる必要がある。そこで、債務者が、保全異議（仮処分異議）を申し立てるとともに（民保26条）、保全執行の停止を申し立て、保全命令の取消しの原因となることが明らかな事情および保全執行により償うことができない損害が生ずるおそれがあることを疎明することにより、保全執行の停止またはすでになした執行処分の取消しを求めることができる（同法27条）。

裁判所が、保全執行の停止または執行処分の取消しを命ずるために、保全命令の取消しの原因となることが明らかな事情があること、保全執行により償うことができない損害が生ずるおそれがあることの疎明を要求するのは、容易に仮処分の執行停止または執行処分の取消しを認めたのでは、仮処分の意味が失われるからである。この理は、職務執行停止の仮処分についてもあてはまるが、職務執行停止の仮処分には狭義の執行はないから、仮処分命令の執行停止または執行処分の取消しというのは、仮処分命令の効力の一時停止の意味に解され

*295*

第9章　取締役の職務執行停止等仮処分

る。

【記載例13】　職務執行停止・代行者選任の仮処分申請

---

## 申　請　の　趣　旨

1　本案判決の確定に至るまで，債務者会社の代表取締役兼取締役 A，取締役 B，同 C，監査役 D の各職務の執行を停止する。
2　上記職務執行停止の期間中，代表取締役，取締役および監査役の各職務を行わせるため，裁判所が選任する者をそれぞれ職務代行者に選任する。

## 申　請　の　原　因

1　債務者会社は，××を目的とする株式会社であり，債権者は，同会社の株式 1000株を有する株主である。
2　債務者会社は，平成××年×月×日開催の株主総会において，A，B，C を取締役に，D を監査役に選任する旨の決議がなされ，同日取締役会を開催し，A を代表取締役に選定する決議がなされたとして，その旨の登記がなされている。
3　しかし，上記株主総会が開催された事実はなく，上記各決議は存在しない。したがって，上記取締役による取締役会決議も無効であり，A は代表取締役たる地位を有しない。
4　債権者は，上記株主総会決議の不存在確認の訴え，代表取締役選任の取締役会決議の無効確認（不存在確認）の訴えを提起したが，判決が確定するまでの間，このまま放置することにより，債務者会社はその資格のない取締役および監査役により運営されることになり，会社に回復困難な損害が生ずるおそれがあるので，本案判決の確定に至るまで上記代表取締役，取締役および監査役の各職務を停止し，その職務代行者選任を求める。

---

## 7　取締役の地位保全の仮処分

　一般に、株主総会における取締役等の選任決議を争う訴訟、あるいは取締役等の解任請求訴訟を本案として職務執行停止の仮処分が申請される。これとは、反対に、取締役等が辞任していないのに辞任の登記がなされ、解任されていな

いのに解任の登記がなされ、会社が取締役等の職務執行を拒否する場合は、当該取締役等は地位確認訴訟を本案として、取締役または代表取締役の地位にあることを定める地位保全の仮処分、職務執行を許容する仮処分、報酬の支払いを求める仮処分を申請することができると解される。

　訴訟の係属中に、当該取締役の任期が満了した場合は、訴えの利益は消滅すると解さざるを得ない。仮処分については、被保全権利が消滅したことにより事情変更を理由に仮処分を取り消すべきであろう。もっとも、任期満了により退任した取締役は、後任の取締役が就任するまでの間、取締役としての権利義務を有するから、この間は、訴えの利益と被保全権利の消滅はないと解される。

# 第10章　内部統制システムの構築義務

## 1　内部統制システムの概要

### (1)　内部統制システムの意義

　内部統制システム（internal control system）とは、企業経営者の経営戦略や事業目的等を組織として機能させ達成していくためのしくみであるとともに、企業がその業務を適正かつ効率的に遂行するために、社内に整備・構築する体制（システム）である。それは、システムの構築と運用、それに対する監視（モニタリング）により事業目的等を達成させるとともに、違法行為の防止、早期発見と是正措置を講ずることにより業務の適正を確保する。

　企業規模が大きくなり、事業の多角化と複雑化に伴い、代表取締役等の監視義務では対応し得ないし、代表取締役等が違法行為をすることを抑止し得ないことから、システムによりこれを行うことが必要となる。そこで、会社法は、大会社等について、法務省令で定める体制の整備を義務づけ、取締役会で体制の整備について決定（決議）しなければならないとするが（会社348条3項4号、362条4項6号・5項）、「体制の整備」と規定し、「内部統制システム」という用語を用いていない。また、内部統制システム（体制）の整備についての決定を義務づけているが、構築義務までは規定していない。構築と運用は、代表取締役等が行い、それは善管注意義務の内容となるのである。

　法務省令で定める体制の整備として、会社法施行規則は業務の適正を確保するための体制として、5つの体制（システム）を定めている（会社施規98条1項1号〜5号、100条1項1号〜5号）。そこで、取締役の職務の執行が法令・定款に適合するための体制（会社362条4項6号）とあわせ、内部統制システムは6類型のシステムからなっている（内部統制システムは6つのシステムの総称である）。つまり、取締役会で体制の整備を決定するということは、6類型のシス

---

1　経済産業省・企業行動の開示・評価に関する研究会「コーポレート・ガバナンス及びリスク管理・内部統制に関する開示・評価の枠組みについて（平成17年8月）」5頁。

テムについての整備を決定することである。整備の決定とはシステムの大綱を決定することであり、決定に基づき、代表取締役・代表執行役が業務の執行として各体制（システム）を構築するのである。

　取締役（代表取締役）に内部統制システムの構築義務を課し（構築義務は善管注意義務の内容となる）、それが適正に構築され運用されていれば、企業不祥事の発生を防止することができ、企業不祥事が発生しても取締役は善管注意義務違反の責任を免れる。反対に、内部統制システムの構築が不十分な場合は、取締役はシステムの構築と運用義務違反の責任を負うことになる。

　内部統制システムは企業経営の効率化と健全化を図ることを目的とするが、主要な機能は、企業リスクの回避とコンプライアンス経営の確保である。企業不祥事の発生と違法行為が多発したことから内部統制システムの必要性が唱えられるようになったことから、特にコンプライアンス体制の構築が中心となる。

　また、企業不祥事が発生する要因は、ガバナンスが機能していなかったことにあるといわれる。ここにいうガバナンスとは、主として、経営監視機構の意味に解されるが、コーポレート・ガバナンス（企業統治）は会社法には規定されておらず、指針と実務の運用により具体化に向かっているが、抽象的な内容にとどまっている。

　従来、取締役の任務懈怠責任の多くは、経営判断の誤りによる善管注意義務違反の責任として問題にされてきたが、経営判断の原則が適用されることにより重大な過失がない限り、取締役は責任を負わないとの考え方が定着している。むしろ、取締役（執行役）が責任を負う場合は、コンプライアンス違反（法令違反行為等）の場合が多いが、自ら違法行為をした者が責任を負うのは当然のことである。そこで、取締役（執行役）が違法行為をすることを防止しなかった他の取締役や監査役の監視義務違反の責任に関心が移っている。

　これは、個別的な監視義務違反の責任として問題にするのではなく、内部統制システムの構築と運用に対する監視義務違反の責任として問題にするものである。そこで、内部統制システムは監視義務違反の責任との関係でも重要な意味をもつことになる。

　現在では、取締役の任務懈怠責任（特に、法令違反の責任）は、システムの構築と運用義務違反の責任として、さらには、システムの構築と運用に対する

監視義務違反による責任として認識されている。

内部統制システムの構築義務等違反の責任追及訴訟において、原告が内部統制システムの構築義務違反を主張し、その具体的事実を立証する必要があるが、被告取締役等はシステムの構築義務違反はないと主張するだけでは不十分であり、内部統制システムの構築義務を尽くしているから過失はないと主張することが必要である。

### (2) 大和銀行株主代表訴訟と内部統制システムの構築義務

#### (ア) 事件の概要

企業組織が大きくなると、企業不祥事の発生の防止と、取締役の個別的な監視義務違反の責任追及では十分に対応できないことから、旧商法当時から内部統制システム（リスク管理システム）の構築の必要性がいわれていた。そのような状況の下で、内部統制システム構築の必要性を説示し、構築のための手順を示したうえで、それが善管注意義務の内容となることを本格的に示したのが、大和銀行株主代表訴訟事件の第一審判決（大阪地判平成12・9・20判時1721号3頁）である。

事件の概要は、①ニューヨーク支店の一担当者に、証券ディーリングを任せきりにしていたことから、長年にわたり米国財務省証券の不正取引が行われ銀行に多額の損害が発生した、②代表取締役等は不正取引の事実を知った後に、米国当局に届出をせず、虚偽の報告をしたことにより罰金が科せられ、銀行に巨額の損害を与えたというものである。

①については、リスク管理体制が整備されていなかったとまではいえないが、米国財務省証券の残高の確認方法については、実質的に機能していなかったとして、ニューヨーク支店長である取締役の責任を認めた。

②については、不正取引を知りながら、米国当局に適正に届出をしなかった頭取、副頭取には善管注意義務違反の責任があり、ほかの取締役等も、頭取、副頭取に対し届出をするよう働きかけるべきであったが、それをしなかったのは取締役としての善管注意義務に違反するとした。

#### (イ) 内部統制システムの構築と善管注意義務

判旨は、内部統制システムの構築について、①一定規模の株式会社においては、健全な会社経営を行うためには、目的とする事業の種類、性質等に応じて

生ずる各種リスクを正確に把握し、適切に制御するために、会社が営む事業の規模、特性等に応じたリスク管理体制（内部統制システム）を整備することを要する、②重要な業務執行は取締役会で決定することを要するから、会社の根幹に係るリスク管理体制の大綱は取締役会で決定する、③業務執行を担当する代表取締役および業務担当取締役は、大綱を踏まえ、担当する部門におけるリスク管理体制を具体的に決定し構築すべき職務を負う、④取締役は、取締役会の構成員として、あるいは代表取締役または業務担当取締役として、リスク管理体制構築義務が履行されているか否かを監視する義務を負う。そして、これらは取締役の善管注意義務の内容をなすものである、⑤どのような内容のリスク管理体制を構築すべきであるかは、経営判断の問題であり取締役に裁量権が認められている、とした。

この判決は、内部統制システム構築義務の法定化の契機となり、会社法が規定した内部統制システムに多大な影響を与えるとともにそのベースになった。学説の多くも判決と同じ立場に立ち、内部統制システムの構築が必要であるとしていた。

(ウ) 判決とその他の重要な意義

その他、この判決は、①取締役の責任軽減化規定（会社425条、427条）、②代表訴訟の係属中に株式交換等がなされ、原告が完全親会社の株主となった場合も、原告適格の継続を認める規定（同法851条）を設ける契機となった。

①は、賠償責任額につき、とうてい、支払うことのできない巨額であったことから、責任の一部免除を認める必要があったことによる。②は、代表訴訟の係属中に株式交換等がなされ、原告が当該会社の株主でなくなれば、原告適格を失い訴えが却下されることに関係する。本件は、控訴審の係属中に株式移転が行われ、第一審で勝訴した原告が大和銀行の株主でなくなり、訴えが却下される可能性が現実化したことから、急きょ和解したという事情がある。

(3) **会社法と内部統制システムの整備**

従来から、一定規模の会社においては業務の適正を確保するために、内部統制システム（リスク管理システム）の整備・構築が必要であるとして、代表取締役に業務執行の一環としてシステムの構築を義務づけ、それを善管注意義務の内容としていた。旧商法ではその立法化を図り、委員会等設置会社について、

*301*

第10章　内部統制システムの構築義務

取締役会は、監査委員会の職務の執行のために必要なものとして法務省令で定める「事項」を決定しなければならないとして法制化し（旧商特21条の7第1項2号）、その内容として6つの事項を規定していた（旧商施規193条）。それを会社法は、「業務の適正を確保するための体制」と規定し（会社362条4項6号）、システムの具体的内容も「体制」としている（会社施規100条1項）。

　会社法は、大会社（会社348条4項、362条5項）、監査等委員会設置会社（同法399条の13第2項）、指名委員会等設置会社（同法416条2項）について、内部統制システムの整備に関する決定を義務づけている。これ以外の会社についても、内部統制システムを構築することが好ましいことはいうまでもない。

　内部統制システムについて、会社の組織形態別に、取締役会非設置会社（会社348条3項4号、会社施規98条1項5号）、取締役会設置会社（会社362条4項6号、会社施規100条1項5号）、監査等委員会設置会社（会社399条の13第1項1号ハ、会社施規110条の4第2項）、指名委員会等設置会社（会社416条1項1号ホ（執行役）、会社施規112条2項）に分けて規定している。会社の組織形態にかかわらず、システムの内容と整備・構築の手続は共通している。取締役会非設置会社は、取締役が内部統制システムの整備を決定し、構築するが、それ以外の会社では、取締役会でシステムの整備を決定し、決定に基づき代表取締役または代表執行役がシステムを構築し、運用することになる。

　内部統制システムは、会社の業務等の適正を整備するための体制（システム）であるが（会社362条4項6号、会社施規100条1項1号〜5号）、各々のシステムの整備の基本方針（大綱）を取締役会で決定しなければならない。内部統制システムの構築とは、各々のシステムを構築することであるが、その中で最も重要とされるのが取締役および使用人の職務の執行が法令・定款に適合することを確保するための体制（コンプライアンス・システム）であり（会社362条4項6号、会社施規100条1項4号）、多くの企業不祥事はこれの構築と運用が十分でないことによる。

　会社法は、取締役会の業務執行として、内部統制システムの整備の決定義務を規定しているが、直接、構築義務までは規定していない。取締役会によるシステムの大綱の決定に基づき、代表取締役その他の業務執行取締役がシステムを構築し、運用していくのである。そして、代表取締役および取締役は、シス

*302*

テムの構築と運用について監視義務を負う。システムの構築、運用、これに対する監視は取締役等の善管注意義務であるから、これを怠れば善管注意義務違反の責任が生ずることになる。

また、内部統制システムは単一の会社におけるシステムであるが、企業集団（親子会社）を対象とするグループ内部統制システムの重要性も認識されている。会社法は内部統制システムとグループ内部統制システムを一括して規定している（会社362条4項6号）。

## 2 取締役の内部統制システムの構築等義務

### (1) 内部統制システムの整備についての決定義務

会社法は、取締役会の内部統制システムの整備を義務づけている。体制（システム）の整備は、重要な業務執行の決定であるから、取締役会設置会社、監査等委員会設置会社、指名委員会等設置会社については取締役会決議で決定しなければならない（会社362条5項、399条の13第2項、416条2項）。なお、取締役会非設置会社については、取締役の過半数により決定しなければならない（同法348条2項・3項）。

取締役会決議で決定しなければならないのはシステムの大綱（基本方針）であり、システムの細部を決定し、構築するのは代表取締役等が業務執行として行う。内部統制システムの整備の決定をしなければ、法令違反となり取締役の責任が生ずる。取締役会でシステムの整備について決定すればよいということではなく、それに基づき、代表取締役等の業務執行機関はシステムを構築し運用する義務を負う。

取締役会は、毎年、内部統制システムの整備の決定をしなければならないというわけではなく、一度決定すれば有効なものとして存続することから、変更がなければ決議する必要はない。しかし、会社をめぐる状況は変化するから、定期的に点検と見直しを行い、現時点の状況下では不十分であると認めるときは、それに応じて変更決議によりシステムを変更する必要がある。これを怠り、不十分なシステムを放置すれば、内部統制システムの構築義務違反の責任が生ずる。

**303**

## (2) 内部統制システムの構築等義務違反の責任

代表取締役等の業務執行者は、取締役会におけるシステム（体制）の整備のための大綱（基本方針）の決定に基づき、内部統制システムを構築し運用しなければならない。システムの構築と運用は業務執行の性質を有することから、これを怠れば代表取締役の会社に対する善管注意義務違反の責任が生ずる。

取締役と監査役は、内部統制システムの構築と運用が適正になされているかどうかについて監視義務を負い、それを怠り代表取締役または従業員が違法な行為をし、会社に損害が生じた場合は監視義務違反の責任を負う。

システムの整備について決定すべき事項（構築すべき事項）は、会社法施行規則により定められているが（会社施規100条1項、98条1項、110条の4第2項、112条2項）、具体的にどのような内容のシステムを構築すべきかの判断は各会社に委ねられており、構築すべきシステムの内容と程度については、取締役に裁量権が認められる経営判断事項である。

しかし、内部統制システムは、業務の適正性を一般的に確保するしくみを通じて、違法または不当な行為がなされることを防止するとともに、それがなされた場合の事後的責任追及のための重要な機能を果たすものであるから、形式的に構築すればよいというものではない。それゆえ、代表取締役等は、構築したシステムが不十分で有効に機能しない場合（相当なシステムが構築されていない場合）は構築義務違反の責任を負い、構築されたシステムが有効に機能していない場合は、システムの運用義務違反の責任を負う。そして、代表取締役と取締役はシステムの構築と運用に関して監視義務を負い、これを怠れば監視義務違反の責任を負うことになる。

内部統制システムは形式的に構築されていればよいというものではなく、有効に機能することが要求され、適正に運用されることが必要である。企業不祥事が発生した会社においても、形式的には内部統制システムを構築していたが、実質的に機能していなかったのである。

内部統制システムの構築義務等の責任は、構築義務等違反により、直ちに責任が生ずるのではなく、それらに起因して取締役や従業員による違法あるいは

---

2　吉本健一「会社法における内部統制システムの意義と機能」森淳二朗＝上村達男編『会社法における主要論点の評価』175頁。

不当な行為がなされた場合（企業不祥事の発生）に、代表取締役等のシステムの構築と運用に関する善管注意義務違反の責任、取締役の監視義務違反による善管注意義務違反の責任として問題にされるのである。もとより、内部統制システムの構築等義務違反に起因する損害が会社に生じた場合である。

取締役等の内部統制システムの構築義務違反等の責任は、会社に対する善管注意義務違反の責任であるが、第三者に対する責任（会社429条1項）としても問題になる。すなわち、内部統制システムの構築義務違反等について、悪意または重大な過失がある場合は、第三者に対しても責任を負う。第三者には債権者や従業員が含まれる。

さらに、代表取締役等が第三者に損害を与えた場合、それが内部統制システムの構築等が不十分であることに起因するときは、会社の第三者に対する責任（会社350条）が生ずることもある。

## 3　構築すべき内部統制システム

### (1)　構築すべき内部統制システムの内容

会社法は内部統制システムの整備を義務づけているが、整備について決定すべきシステムの内容は、法務省令に委ねている（会社362条4項6号）。そして、会社法施行規則は、取締役会で決議すべき事項を次のように定めている。

①取締役の職務の執行に係る情報の保存と管理体制、②損失の危険の管理に関する規程その他の体制、③取締役の職務の執行が効率的に行われることを確保するための体制、④使用人の職務の執行が法令・定款に適合することを確保するための体制、⑤株式会社、その親会社および子会社からなる企業集団における業務の適正を確保する体制（グループ内部統制）として、ⓐ子会社の取締役等の職務の執行に係る事項の当該株式会社への報告に関する体制、ⓑ子会社の損失の危険の管理に関する規程その他の体制、ⓒ子会社の取締役等の職務の執行が効率的に行われることを確保するための体制、ⓓ子会社の取締役等および使用人の職務の執行が法令・定款に適合するための体制、である（会社施規100条1項）。これらに会社法本体で定める取締役の職務の執行が法令および定款に適合することを確保するための体制（会社362条4項6号）をあわせ、内部統制システムは6つのシステムからなる。

**305**

第10章 内部統制システムの構築義務

これらについて、整備の決定をしなければならないが、その中で、特に重要なのが、取締役および使用人の職務の執行が法令および定款に適合することを確保するための体制（コンプライアンス体制）である。

取締役の内部統制システムの構築等義務違反の責任が問題になる多くの場合は、コンプライアンス体制に関するものであるが、近年、⑤のグループ内部統制の重要性が認識されるとともに、それに違反した場合の責任に対する関心が高まっている。

## (2) コンプライアンス体制の構築義務

法令違反行為は企業に多大な損失を与えるだけでなく、企業活動にとって致命的な障害となることがあることから、法令遵守は極めて重要な意味をもつ。そこで、企業コンプライアンス（compliance）体制を構築し、適正に運用することは企業不祥事が行われることを防止する。会社の業務執行のすべてが代表取締役等によって行われるのではなく、部下である従業員によって行われることから、従業員の職務の執行が適正に行われるための体制の構築が必要である。

法令違反行為を防止するために、社内にコンプライアンス体制を構築し、取締役と従業員に周知徹底するための方策が必要である。そのための体制づくりとして、コンプライアンスに関する基本方針を定め、それに基づき企業行動規範を定め、それを実践していくために、コンプライアンスの統括部署および責任者をおき、各部門においても責任者を定めるなどする。

それにあわせて、法令遵守規程やマニュアルの作成、社員教育と研修の義務づけなどにより、遵法経営を徹底し不正が行われないような体制をつくるとともに内部通報制度を確立し、コンプライアンス違反の事実を発見した場合の報告の義務づけも必要である。

コンプライアンスは企業の法令遵守を意味するが、法令の範囲は広く、会社法、金融商品取引法、私的独占の禁止及び公正取引の確保に関する法律（以下、「独禁法」という）、食品衛生法、廃棄物の処理及び清掃に関する法律等企業が遵守すべきあらゆる法令が含まれ、明文による法令だけではなく企業活動に伴う社会秩序も含まれる。近年、法令違反行為に関し、取締役のコンプライアンス体制の構築等義務違反の責任が追及される事件が多い。

## ⑶ 内部統制システムの実効性確保

### ㈦ 内部通報制度の整備

　法令違反行為を防止するためには、法令違反行為が行われないようにする内部統制システムの構築が必要であるが、それにあわせて、違法行為を早期に発見し、中止するためのシステムを構築することが重要である。そのために、現場従業員らの声を社内で吸い上げる「内部通報制度」の整備が必要である。これは、組織内で不正を把握し早急に対処するための施策であり導入が進んでいる。

　しかし、内部通報制度が実質的に機能していない場合が多い。近時、多くの有名企業において企業不祥事が明るみに出ているが、内部通報制度が形骸化していたことが原因といえる。この点、平成26年改正会社法施行規則は、監査役設置会社の監査役への報告に対する体制の整備を義務づけている（会社施規98条4項4号・5号、100条3項4号・5号）。

### ㈧ 内部統制システムの開示

　会社法は、内部統制システムの整備についての決定内容の概要を、事業報告に記載または記録して開示すべきであるとしている（旧会社施規118条1項2号）。開示が要求されるのは、整備の法定義務を負う会社だけに限らず、システムの整備を決定したすべての会社である。さらに、平成26年改正会社法は、運用状況の概況を事業報告に記載等しなければならないとした（会社施規118条1項2号）。これは、運用の適正化を図り実効性を確保するためである。

　監査役設置会社では、事業報告は監査役の監査を受けなければならないことから（会社436条1項、会社施規117条2号）、内部統制システムの整備の概要、運用状況の概要も監査報告の内容となる。そこで、監査役はそれが相当でないと認めるときは、その旨および理由を監査報告に記載しなければならない（会社施規129条1項5号、130条2項2号）。

　金融商品取引法にも、内部統制報告制度（内部統制報告書の提出）が規定されているが（金商24条の4の4第1項、25条）、これは投資家保護の観点から適正な財務と企業情報の開示を確保するためであり、その趣旨と目的は同じではない。会社法は業務全般を規制の対象とするのに対し、金融商品取引法の規制は財務報告に限られる。しかし、財務報告の信頼性は会社業務の適正性の確保

第10章　内部統制システムの構築義務

のためのシステムを前提とするものであるから、財務報告に係る内部統制の有効性は会社法上の内部統制システムの有効性と結びつき両者は有機的に関連している。

## 4　取締役等の内部統制システムの構築等義務違反の責任追及

### ⑴　代表取締役の内部統制システムの構築・運用義務違反の責任

内部統制システムの構築等義務違反は、抽象的にシステムの構築等義務に違反したというのではなく、6つのシステム（体制）のうち、いずれのシステムについて構築等義務の違反があるのかという形で問題にされるが、多くの場合、コンプライアンス体制の構築義務違反である。また、システムの構築等義務に違反したことにより、直ちに、代表取締役等の責任が問われるのではない。違法行為や企業不祥事、管理体制の不備などにより会社に損害が生じた場合に、それがシステムの構築等義務の違反によるものとして問題にされるのである。そして、システムの構築等義務違反（システムを構築せず、またはシステムが不十分な場合）が認められた場合に、代表取締役等の善管注意義務違反の責任（システムの構築等義務は善管注意義務の内容となる）が問われるのである。そして、他の取締役や監査役は、システムの構築等義務に対する監視義務（システムが構築され、機能しているかを監視する）違反の責任として問題にされるのである。

取締役が任務懈怠行為をした場合、当該取締役は会社に対し任務懈怠の責任を負うが、ほかの取締役の任務懈怠については監視義務違反の責任を負う。使用人により違法行為がなされた場合には、代表取締役や業務執行取締役の監督義務違反の責任が生ずる。これらは、従来型の個別的な監視義務違反または監督義務違反の責任である。

これに対し、内部統制システムの構築等義務違反の責任として問題にする場合は、取締役の任務懈怠行為や使用人の違法行為がなされた場合において、内部統制システムの構築または運用義務違反がなかったか否かとして問題にされ、それが認められる場合は、代表取締役等のシステムの構築と運用義務違反（システムの構築と運用の不十分）として責任が認められる。

そこで、システムの構築と運用義務違反の過失の有無が争点となる。この場

合、システムの構築と運用義務違反がないと認定されれば責任が否定されることになる。その意味で、システムの構築と運用義務を尽くしていれば責任を免れるから、代表取締役にとってもシステムの構築と運用は重要な意味がある。

構築すべきシステムの程度について、業種・企業規模等に応じた相当なものであることが要求され、それが不十分であれば構築義務違反の責任を免れない。システムが不十分であるか否かは、システムの構築時を基準とすべきであり、また予見できないリスクに対しては、構築義務違反の責任を問うべきでない。

### (2) 取締役の監視義務違反の責任

取締役会は取締役の職務の執行を監督することから（会社362条2項2号）、取締役会の構成員である取締役は、代表取締役の内部統制システムの構築と運用を監視する義務を負う。この構造は個別監視義務の場合と同様である。

取締役（執行役）相互の監視義務、代表取締役・業務執行取締役の従業員に対する監督義務により、単独の違法行為だけでなく組織としてなされる違法行為を防止する。

社外取締役も、内部統制システムの整備を決定する取締役の決議に参加するほか、構築された内部統制システムについて監視義務を負う。そこで、相当の監視義務を尽くさなかった場合は善管注意義務違反の責任が生ずる。

取締役の監視義務は、監視が可能なことを前提とするから、従来型の個別監視義務では企業規模の拡大と複雑化に対応し得ないので、実際上、監視義務違反の責任を追及できない場合が多いが、内部統制システムの構築と運用に対する監視義務の場合は、一般的にこれを可能とする。しかし、すべてが内部統制システムの構築と運用に対する監視義務（以下、「内部統制監視義務」という）により対応し得るものではないから、個別監視義務を不要とするものではない。

監視義務違反の責任を追及する場合、原告にとって内部統制監視義務違反の責任として追及するほうが主張・立証しやすいといえる。反面、被告にとっては内部統制監視義務を尽くしていれば、監視義務違反の責任を免れることから（監視義務違反の過失はない）、取締役にとって有利に作用する。

取締役は、代表取締役等の内部統制システムの構築と運用に対する監視義務を負うが、違法行為（企業不祥事）が行われた場合に、それがシステムの構築と運用義務違反と認められる場合において、システムの構築と運用に対する監

*309*

第10章　内部統制システムの構築義務

視義務違反となる。

　内部統制システムに対する監視義務は、調査義務と是正義務からなるが、常時、監視義務を尽くすことが要求されるものではなく、一方で、取締役会の上程事項、報告を受けた事項、監査役や従業員から報告を受けた事項について、問題があると認めた場合に、受動的に調査すればよいというものではない。また、その程度と範囲は代表取締役や業務執行取締役、非業務執行取締役（平取締役）、社外取締役によって異なる。

　代表取締役や業務執行取締役は、業務として内部統制システム違反が行われていないか監視する義務がある。非業務執行取締役（特に社外取締役）については、相当の注意を払って監視する義務があるが、代表取締役等を信頼することは許されることから、事実を知ったとき、あるいは疑念をもつに至った場合に、積極的に調査義務を尽くすことが必要となる。

(3)　**内部統制システムと監査役の監視義務等**

　監査役は、内部統制システムの構築（整備）と運用の概要を監査報告に記載しなければならないから、構築（整備）と運用状態について調査する必要がある。また、取締役の職務の執行の監査を通じて（会社381条1項）、内部統制システムの構築等について監視義務を負い、それを怠ったことにより取締役の違法行為が行われた場合は、監視義務違反の責任が生ずる。もとより、この責任は代表取締役等の内部統制システムの構築等義務違反により、取締役の任務懈怠行為が行われたことにより生ずる。

　監査役の監視義務は、取締役の職務執行を監視し、取締役の違法または不当な行為（任務懈怠行為）を防止するとともに、取締役の任務懈怠行為を発見したときは、必要な是正措置を講ずることを内容とするものである。たとえば、代表取締役が不当に会社財産を流出させたことを知り、しかも、それが繰り返し行われることを予見できる場合においては、代表取締役に対しそれをやめるよう意見を述べ、代表取締役がそれに従わない場合は、取締役会に対し、このような行為を防止するための体制を直ちに構築すること、代表取締役の解職決議および取締役の解任決議を目的とする臨時株主総会を招集することを勧告する義務がある。したがって、これらの勧告をしないことは監査役の善管注意義務違反となる（大阪地判平成25・12・26判時2220号109頁）。

監査役は監視義務を尽くすために、いつでも取締役、支配人その他の使用人に対し、事業の報告を求め、自ら会社の業務および財産の調査をすることができる（会社381条2項）。

また、監査役がその職務を行うためには補助すべき使用人が必要であるから、独立した使用人に関する定め、情報提供等体制の実効性を確保するために、情報収集のための定め、監査役の職務の執行のために要する費用に関する定めが必要である。そこで、平成26年改正会社法施行規則により、内部統制システムには、監査役がその職務を補助すべき使用人をおくことを求めた場合における当該使用人に関する事項、当該使用人の取締役からの独立性に関する事項、監査役の当該使用人に対する指示の実効性の確保に関する事項、取締役・使用人等の監査役に報告するための体制、報告者が不利な取扱いを受けないことを確保するための体制、監査役の職務の執行について生ずる費用前払いまたは償還の手続等に関する事項等を定めなければならない（会社施規100条3項1号～7号）としている。

### (4) 内部統制システムの構築等義務違反と責任追及訴訟

代表取締役等は内部統制システムの構築と運用義務を負い、取締役（代表取締役を含む）は、システムが適正に構築され運用されているか否かについて監視義務を負う。そして、これらは善管注意義務の内容となる。監視義務違反の責任は、構築と運用義務の違反が認められる場合に問題となる。構築と運用義務違反の責任を負う代表取締役等、監視義務違反の責任を負う取締役と監査役の責任は連帯責任である（会社430条）。

内部統制システムの構築等違反の責任は、被告取締役等の善管注意義務違反の責任であるから、単に、内部統制システムの構築等義務違反を主張するだけでは不十分であり、具体的に、どの類型の体制（システム）に、どう違反するのかを具体的に主張しなければならない。そこで、原告（会社または代表訴訟の原告）において、請求原因として被告取締役等の内部統制システムの構築等違反となる事実、損害の発生および因果関係の存在を立証しなければならない。

原告が請求原因事実を立証した場合には、被告において過失のないことを立証しなければならないが（取締役等の責任は受任者の責任であり、無過失は取締役等が立証することになる）、内部統制システムの構築義務違反について過失がな

第10章　内部統制システムの構築義務

いことは、構築義務違反の事実がないことと不可分であることから、被告にお
いて構築等違反の事実がないことを立証すべきである。

　被告は、構築義務違反の事実はないとして否認するのにとどまらず、原告が
構築義務違反の事実を概括的に主張し、立証した場合は、被告は構築義務違反
の事実はないことを積極的に主張・立証して、構築義務違反の事実が認定され
ないようにする必要がある。内部統制システムの構築義務違反の事実が認めら
れる場合は、過失が認められる場合が多いが、被告において構築されている内
部統制システムの内容を明確にして、構築義務違反の事実はないことを立証す
べきである。

　また、第三者により、内部統制システムの構築等義務違反の責任追及がなさ
れた事例は少なくない。取締役等が内部統制システムの構築等義務違反により
第三者に生じた損害について賠償責任を負う場合は、会社に対する善管注意義
務違反について悪意または重過失があることが要件となるが（会社429条1項）、
これについての立証責任は第三者（原告）が負うことになる。

### (5)　内部統制システムの構築等義務違反を認めた事例

　㋐　大阪地判平成14・2・19判タ1109号170頁〔新潮社フォーカス事件〕

　法廷内で週刊誌の記者により盗撮され、肖像権を侵害されたとして、出版社
Xの代表取締役Yに対し損害賠償責任を求めた事件において、大阪地方裁判
所は、Yは、X社の代表取締役として、会社業務の全般について執行権限を
有するから、従業員による違法行為を防止する注意義務を負うとして、X社
の本件写真週刊誌については違法行為が反復され、法務局等からも各種の勧告
を受けていたことから、X社の代表取締役として本件写真週刊誌による違法
行為の続発を防止することができる社内体制を構築・整備する義務があったの
に、それに違反したとして損害賠償責任を認めた。

　会社法制定前の事案であるが、このような事実関係の下では、内部統制シス
テム（コンプライアンス体制）構築義務違反の責任を免れないことになる。

　㋑　名古屋高判平成25・3・15判時2189号129頁

　商品先物取引を行うX社の従業員による違法行為について、X社の代表取
締役Yに対し顧客が損害賠償を請求した事案である。X社は長年にわたり顧
客との間で多数の紛争を抱え、適合性原則違反や特定売買の違法行為を認める

*312*

多数の判決があり、行政当局からも業務改善命令を受け、日本先物取引協会から過去3度の過怠金の支払いを含めた制裁を受けていた。

名古屋高等裁判所は、Yは、従業員が適合性原則違反などの違法行為により、顧客に損害を与える可能性を十分に認識しながら、法令遵守のための従業員教育、懲戒制度の活用等の適切な措置をとらないばかりか、従業員による違法行為を抑止し、再発防止のための実効的な方策や内部統制システムを適切に整備構築することを怠ったのであるから、業務の執行またはその管理の懈怠に重過失があるとして、取締役の第三者に対する責任を認めた。

㋒　東京地判平成19・11・26判時1998号141頁、東京高判平成20・6・19金判1321号42頁〔日本システム技術事件〕

X社はソフトウェアの開発・販売等を目的とする会社であり、Yは同社の代表取締役である。Aは平成16年9月に同社の株式600株を買い付けた株主である。X社の事業部長兼営業部長Zは、高業績を達成し自らの立場を維持するために、平成12年9月、部下の営業担当者に対し、後日、正規の注文を得ることができる可能性が高い案件について、取引先である販売先会社の印鑑、注文書、検収書等を偽造し、注文前に売上げがあったように装い架空売上げを計上するよう指示した。営業担当者は右指示に従い平成16年12月頃までの間、売上総額11億4000万円を架空計上するという不正行為を行った。

架空の売上債権は必然的に滞留することになるが、Zは取引先の事情を滞留理由としたほか、他の回収金を付け替えることで処理するなど、巧妙な手口で隠ぺい工作を行っていた。そのため、X社は不正行為を約4年間見抜くことができなかったので、有価証券報告書に虚偽記載を行う結果となった。

X社には、伝票を確認するBM課とソフトの稼働を確認するCR部が設けられ、BM課が受注を確認して検収書を取引先に渡し、CR部の担当者が取引先でソフトの稼働を確認する検収を行った後に、BM課が検収書を回収して財務部経由で売上計上するしくみである。そして、財務部および監査法人は、定期的に取引先に書類を送付して売掛金の残高を確認していたほか、回収期日を過ぎた債権については、財務部が営業担当部署に滞留の理由を報告させていた。

不正行為を知ったX社は、平成17年2月10日、右事実を公表した。そこで、東京証券取引所は直ちにX株式を管理ポストに移した。それが翌日の新聞に

第10章　内部統制システムの構築義務

報道されたことから、X株式は急落した。Aは同月18日にX株式をすべて売却したが、売却損が生じた。そこで、X社の代表取締役Yに内部統制システムの構築義務違反があるとして、X社に対し損害賠償請求（会社350条）をした。

　第一審と控訴審判決の判旨は、本件不正行為当時、Z等が企図すれば容易に不正行為が行われるリスクが存在していたのに、Yは組織体制や事務手続を改変するなどの対策を講じなかったから、各部門の適切なリスク管理体制を構築する義務を怠った過失があるとして、X社はAに対し損害賠償責任を負うとした。

　これに対し、最高裁判決は、①通常想定される架空売上げの計上等の不正行為を防止しうる程度の隔離体制を整えていたが、本件不正行為は、通常、容易に想定しがたい巧妙な方法によるものである、②債権回収の遅滞につき、Zのあげていた理由は合理的なもので、販売先との間で過去に紛争が生じたことはなく、監査法人も財務諸表につき適正意見を表明していたのであるから、財務部が販売先から適正な売掛金残高確認書を受領しているものと認識し、直接、販売先に売掛金債権の存在を確認しなかったとしても、財務部のリスク管理体制が機能していなかったとはいえない、③本件以前に、同様の手法による不正行為が行われたなど、Yに本件不正行為の発生を予見すべき特別の事情もみあたらないから、YにZによる不正行為を防止するためのリスク管理体制の構築義務に違反した過失はないから、X社に損害賠償責任はないとした（最判平成21・7・9判時2055号147頁）。

　最高裁判決と第一審判決・控訴審判決とで結論が分かれたのは、リスク管理体制（コンプライアンス体制）が構築され機能していたかについての評価の違いである。本件は巧妙な方法による不正行為であるが、通常、容易に想定しがたいものであるとしても、内部統制システムが適正に構築し運営されていれば、見破れたのではないかが問題となる。定期的な内部点検をしていれば、不正行為を早期に発見することが可能であったと思われ、Zの説明した理由を疑いもせず信用していたことにも問題がある。

　現場従業員による短期的な不正行為ではなく、事業部長と営業部長を兼任しているZの指示により、営業部をあげての不正行為が4年間も行われていた

*314*

ことから、内部統制システムの構築と運営が不十分であったとみるべきであろう。

なお、本件は、平成16年改正証券取引法（現金融商品取引法）施行前の事案であるから、代表取締役の内部統制システムの構築義務違反と会社の不法行為責任（会社350条に相当する民法709条、当時の民法44条1項）を組み合わせて請求したものであるが、金融商品取引法の下では、Aは直接X社の責任を追及することができることから（金商21条の2第1項）、内部統制システムの構築義務違反を持ち出す必要はない。

### (6) 内部統制システムの構築等義務違反を認めなかった事例

(ア) 東京地判平成16・5・20判時1871号125頁〔三菱商事カルテル事件〕

国際カルテルにより、米国当局に独禁法違反で起訴され、巨額の罰金や和解金を支払ったことにより会社に生じた損害につき、監督義務違反の責任を追及した代表訴訟において、会社は、各種業務マニュアルの制定、法務部門の充実、従業員に対する法令遵守教育の実施等、独禁法の法令遵守体制を構築していることが認められ、会社による組織的関与は認められない、とした。

(イ) 東京地判平成17・2・10判時1887号135頁〔雪印食品食肉偽装事件〕

現場従業員による牛肉の産地偽装を防止しなかったのは、取締役の善管注意義務（監督義務）違反であるとして代表訴訟により責任が追及された事案において、牛肉の産地偽装工作は現場従業員により短期集中的に行われたが、緊急対策事業が行われたのは初めてであり、担当部門役員が部下がそのような違法行為を行いあるいは行う可能性があることを認識し、これを防止する方策をとらなかったことをもって、取締役の善管注意義務違反と認定するには無理がある、とした。

本件は、雪印食品によるBSE（狂牛病）関連の牛肉産地偽装事件であり、重大なコンプライアンス違反である。発覚により雪印食品は解散に追い込まれ、親会社の雪印乳業にも重大な影響を与えた。会社法により内部統制システムが定められた以前の事案であり、それほど内部統制システムの構築が広く意識されていなかった当時（平成13年）の事件であることを考慮して、個別監視義務違反の問題としてみれば判旨のとおりであろうが、コンプライアンス体制の構築義務、それについての監視義務としてみれば検討の余地がある。

**315**

第10章　内部統制システムの構築義務

しかし、現行会社法の下では、担当取締役の内部統制システムに基づく監督義務違反だけでなく、代表取締役の内部統制システムの構築と運用義務違反、さらには、親会社である雪印乳業の取締役の子会社に対するグループ内部統制システムに基づく監視義務違反の責任も問題になろう。

(ウ)　東京地判平成元・2・7判タ694号250頁〔日本ケミファ事件第一審〕、東京高判平成3・11・28判時1409号62頁〔同控訴審〕

Ｘ社とＹ社は製剤の共同開発に合意し、共同申請により厚生大臣（当時）から製剤の製造承認を受けた。ところが、Ｙ社が試験データを捏造していたことが発覚し、厚生省から製品の回収と製造中止の処分を受けた。それによりＸ社に損害が生じたことから、Ｘ社は、Ｙ社に対し債務不履行責任、Ｙ社の代表取締役Ｚに対して損害賠償責任（取締役の第三者に対する責任）を追及した。

第一審判決は、Ｚの責任について、従業員による広範かつ組織的データ捏造は、社内の管理体制が確立されていればたやすく防止できた、代表取締役にはデータ捏造等の重大な違法行為が行われないよう管理体制を整備すべき義務があるのに、これに違反したことにより、データ捏造等を発見できなかったという重大な過失があるとして、ＺのＸ社に対する責任を認めた。

これに対し、控訴審判決は、データ捏造等の不正が行われず、また不正を看過しない社内の管理体制を整備すべきことは当然であるが、一般的な製薬会社の組織として、Ｙ社の当時の新薬開発管理の体制が、捏造等防止の点で同業他社に比べ特に劣っていたと認めるに足りる証拠はない。ほかに特段の事情が認められないから、開発部門でデータ捏造等が行われ、社内的にこれを防止または発見できなかったことについて、Ｙ社の代表取締役Ｚに職務執行の重大な過失があると認めることはできない、とした。

当時は、内部統制システムの構築はそれほど重視されていなかったが、第一審判決と控訴審判決はともに社内の管理体制を整備すべき義務としてとらえている。しかし、結論が分かれたのは、捏造等防止のための社内の管理体制の整備がなされていたか否かについての評価の違いである。第一審判決は管理体制を整備すべき義務違反を認め、控訴審判決は義務違反を認めなかったが、それは評価の違いによるものである。

なお、本件は第三者（Ｘ社）によるＹ社の代表取締役Ｚの責任追及訴訟で

*316*

あったことから、控訴審判決は、Ｚに重大な過失が認められないとして責任を否定したが、Ｙ社がＺの責任追及する訴訟（または代表訴訟）であれば、重大な過失は要求されないから、Ｚの責任が認められる可能性がある事案である。

　㈡　東京地判平成16・12・16判時1888号３頁〔ヤクルト本社代表訴訟事件第一審〕、東京高判平成20・5・21判タ1281号274頁〔同控訴審〕

　資金運用業務担当取締役がデリバティブ取引（先物取引、オプション取引等の金融派生商品取引）に失敗して、会社に巨額の損害を与えたとして、右取締役を含む取締役および監査役に対して提起された代表訴訟において、判旨は、担当取締役は、独自の判断でリスク管理体制による制約のうち、元本の限度額の規制に実質的に違反する取引をしたのであるから、善管注意義務違反の責任がある、他の役員については、デリバティブ取引に関して社内で一応のリスク管理体制がとられており、担当取締役が巧妙な態様で制約事項に違反する取引を行っていたという事実関係の下では、監視義務の違反は認められない、とした。

　社内のリスク管理体制が整備されていたが、担当取締役が巧妙な態様で制約事項に違反する取引を行っていたという認定の下では、判旨は妥当である。

　㈢　大阪地判平成17・2・9判時1889号130頁〔ダスキンの肉まん事件〕

　ダスキンの経営する「ミスタードーナツ」が、平成12年５月から12月にかけて販売した「肉まん」に、食品衛生法上使用が認められていない添加物が含まれていた。担当取締役は、取引先から指摘を受け右添加物が含まれていることを知ったが、口止料を支払って在庫がある限り販売を継続した。平成14年５月、保健所の立入検査を受けた後、ダスキンは右事実を公表したが、それにより、加盟店の売上げが減少したので補償金を支払ったことから、多額の損害が生じた。そこで、同社の株主が担当取締役を含む取締役等の責任を追及する代表訴訟を提起した。

　判旨は、担当取締役の善管注意義務違反の責任は認めたが、他の取締役については、取締役はリスク管理体制を構築すべき善管注意義務を負うが、食品取扱会社として食品衛生法上使用が許されない添加物が食品に使用されないようにする相応のリスク管理体制を構築していなかったとはいえず、本件販売について認識がなかった代表取締役等の責任を否定した。そして、添加物が含まれていることを知った後に、公表するなど適切な措置をとらなかったことについ

て、善管注意義務違反の責任を認めた。

　代表取締役等の内部統制システムの構築等義務違反の責任を否定したものの、事実を知った後に、公表するなど適切な措置をとらなかったことについて、善管注意義務違反を認めている。しかし、これも事後的に適切な措置を講じて、損害の発生を最少限度に抑えるべきであるとの内部統制システムの構築等義務違反と考えられる（当時は、委員会設置会社以外については、内部統制システムの構築等は義務づけられていなかったが、リスク管理体制の構築を不要とするとは解されない）。

### (7)　内部統制システムの構築等義務違反の判断基準

　内部統制システムの構築義務は、抽象的に問題とされるのではなく、違法行為（不正行為）が行われた場合に、それが、具体的にどのシステムの構築と運用義務に違反するか否かという形で問題にされる。構築されるべきシステムの内容と水準は、企業規模や業種により一般的基準が要求されるが、具体的にどのようなシステムにするかは、個別企業によって異なるから取締役に裁量権（経営判断）が認められる。そして、違法行為が行われた場合、構築されたシステムが一般的基準を満たしているか、取締役の裁量権の範囲内であったか否かという形で問題にされる。

　判例・裁判例は、相応の内部統制システムを構築していれば、内部統制システムの構築義務に違反しないから、巧妙な偽装工作による場合は、それを疑わせる事情がない限り、構築義務の違反はないとすることを基本とする。しかし、形式的にシステムを構築すればよいというのではなく、有効に機能するシステムを構築し、適正に運用しなければならない。企業不祥事が生じた場合に、相応のシステムが構築され、有効に機能しているかが構築義務違反の判断の基準となる。

　内部統制システムの構築と運用に対する監視・監督義務も、適正にシステムが構築され、運用されている状態の下であれば、取締役は担当取締役や使用人が適正な職務執行をしているものと信頼することが許されるのである。

　適正な内部統制システムの構築というためには、①整備を決定して構築した当時において、当該会社の想定されるリスクに適応した相当のシステムであり、②定期的または適時にシステムを点検し、システムに問題はないか、有効に機

4 取締役等の内部統制システムの構築等義務違反の責任追及

能しているかを確認し、問題があれば是正することが可能であることである。

　そして、③不正行為が行われた場合に、それが内部統制システムの構築が不十分であることに起因するのか、問題の行為が通常想定可能であったか、④想定外である場合でも、それを予測できる特別の事情がなかったか、⑤想定外の不正行為がなされた場合であっても、早期発見と是正措置を講ずるためのシステムが整備されていたか否かが、内部統制システムの構築義務違反の責任の判断基準になる。

**【記載例14】　内部統制システムの構築等義務違反による責任追及**

<h3 style="text-align:center;">請 求 の 趣 旨</h3>

1　A，B，C，D は，原告に対し，連帯して金××億円及びこれに対する訴状
　送達の日の翌日から支払済まで年5分の割合の金銭を支払え。
2　訴訟費用は被告らの負担とする。
3　仮執行宣言

<h3 style="text-align:center;">請 求 の 原 因</h3>

1　原告（X）は，土木建築工事等を目的とする資本金額50億円の株式会社であ
　り，A は代表取締役，B は業務執行取締役，C・D は取締役である。
2　X は甲県が発注した道路工事について，Y・Z と入札談合をしたとして（B
　が部下従業員イ・ロと行ったものである）不当な取引制限に違反するとして，
　平成××年×月×日，公正取引委員会から課徴金××億円の納付を命じられ，
　同月××日，全額納付した。これにより，X に××億円の損害が発生した。
3　A には，内部統制システムの構築と運用義務の違反がある。
　　X は入札談合の行われる可能性のある業種であることから，A は，それを
　防止するために独占禁止法コンプライアンスのシステムを構築し適正に運用す
　る義務があるが，その基準は高度のものが要求される。
　　入札談合を防止するために，社内監視体制，報告・通報制度の整備，同業他
　社との不必要な接触の禁止などにより，入札談合が行われないような体制，内
　部監査の徹底，監視（モニタリング）システムの構築を必要とする。それは，
　違反行為の早期発見と結果回避のための方策を策定し，公正取引委員会の立入
　検査以前の対応，リニエンシー（課徴金の減免）の利用など損害の発生を最小

*319*

限に食い止めるための措置を講ずる体制の構築などを内容とする。

　ところが，Aによる独占禁止法コンプライアンスのシステムの構築は不十分であり，形式的に構築していても有効に機能していなかったばかりか，それの運用も十分でなかった。

4　Bは，システムの構築と運用に対する監視義務を怠るとともに，業務執行取締役として部下従業員とともに自ら入札談合を行うという任務懈怠行為をした。

5　C・Dは取締役としてシステムの構築と運用に対する監視義務違反がある。監視義務を尽くしていれば，本件入札談合を防止し，知り得たはずであるから是正措置を講ずることができたのに，監視義務を尽くさずこれを看過した過失がある。

## 5　グループ内部統制システムの構築

### (1)　グループ内部統制システムの必要性

　企業活動がグループ企業（親子会社）により展開されるようになると、単一の企業内の内部統制システムだけでは不十分であり、グループ内部統制システムの構築が必要となる。

　グループ内部統制システムとは、当該会社および子会社からなる企業集団の業務の適正を確保するための体制である。内部統制システムは単一の会社における業務の適正を確保するための体制であるのに対し、グループ内部統制システムはグループ企業（親子会社）における業務の適正を確保するための体制である。

　企業活動が企業グループ（企業集団）により行われる場合、親会社とその株主にとって、利益の源泉である子会社の経営の効率性と適法性を確保することが重要である。また、特に、持株会社形式の会社経営の場合、親会社株主の利益が子会社の経営に係る場合が多いが、親会社取締役は子会社を適切に管理し、監視（監督）していくことが必要であるが、監視権限と監視義務の根拠が明白でない。

　親会社株主は子会社に対し、直接、監督是正権を行使し得ないから（株主権の縮減現象）、親会社取締役を通じて行使するしかない。そして、親会社株主の監督是正権は、親会社取締役の子会社に対する監視義務（監督義務）違反の

責任を追及することで確保される。しかし、監視義務の法的根拠がなければ、親会社株主が親会社取締役の監視義務違反の責任を追及することは難しい。

親会社取締役の子会社に対する監視義務（監督義務）は、一般に肯定されているにしても、これに関する規定がないことから法的根拠が必ずしも明白でない。そのため、親会社取締役の子会社に対する監視義務を否定する裁判例も存在する（東京地判平成13・1・25判時1760号144頁〔野村証券事件〕）。そこで、監視義務を法的レベルに引き上げることが必要であるが、会社法には親会社取締役の監視義務に関する規定はない。

グループ内部統制システムの機能は、グループ企業により行われる経営の健全化を図ることであるが、それにより、親会社取締役の子会社管理権と監督権、子会社に対する監督義務を根拠づけ、その結果、親会社株主が親会社取締役の子会社に対する監視義務違反の責任追及を容易にするなど親会社株主の保護のための制度であるといえる。

グループ内部統制システムは子会社を対象とするものであるが、多数の事業分野を抱える企業は、企業内で独立採算性をとる企業内グループ企業制度（社内カンパニー制）を採用している。社内カンパニーは子会社ではないが、グループ内部統制システムに準じた取扱いをすることが必要である。

### (2) 平成26年改正会社法によるグループ内部統制システムの法定化

平成26年改正前会社法では、内部統制システムに関して、「取締役の職務の執行が法令及び定款に適合することを確保するための体制その他株式会社の業務の適正を確保するために必要なものとして法務省令で定める体制」と規定しており（旧会社362条4項6号）、グループ内部統制システムについては、会社法施行規則で定めていた（旧会社施規100条1項5号）。

これに対し、平成26年改正会社法は、「取締役の職務の執行が法令及び定款に適合することを確保するための体制その他株式会社の業務並びに当該株式会社及びその子会社から成る企業集団の業務の適正を確保するために必要なものとして法務省令で定める体制」として、グループ内部統制システムを会社法本体に規定した（会社362条4項6号）。そして、会社法施行規則により具体的な規定を設けている（会社施規100条1項5号）。

規制の対象は、当該株式会社とその子会社であるが、会社法施行規則では、

第10章　内部統制システムの構築義務

従来どおり、当該会社の親会社を含めている（会社施規100条1項5号）。しかし、子会社の子会社（当該株式会社の孫会社）はシステムの対象とならない。また、子会社は完全子会社に限られない。

　会社法は、グループ内部統制システムの重要性と必要性の認識の下に、これを会社法本体に規定した（法定化）のであるが、それは、当該会社とその株主にとって、子会社の経営の効率性と適法性の重要性が増しているという現状を踏まえて、当該会社の株主保護という観点から、その会社と子会社からなる企業集団について、規則から法律に格上げして会社法に規定したのであり、従来から、認められていた子会社に対する監視義務や子会社に対する管理責任が変更されたものではなく、単に明確化のために会社法本体に明文化されたものである。つまり、その内容と程度が変わったわけではない。ただ、これにより、親会社取締役には子会社を監督する責任は原則としてないとの考え方はとりにくくなったとの解説がある。[3]

　しかし、グループ内部統制システムの法定化は、親会社取締役の子会社に対する監視義務の根拠をより明確にすることにより、親会社取締役の子会社に対する監視義務違反の責任追及を可能にするものとして重要な意味をもつ。また、子会社に対する監視義務や子会社に対する管理責任は、実質的に何ら変更がないというわけではなく、構築すべきグループ内部統制システムの程度、システムを通じての子会社に対する監視責任とシステム構築義務違反の認定基準は強化されたとみるべきである。そうでなければ、単に、会社法に規定されても特に意味が認められないことになる。

　グループ内部統制システムの法定化の経緯は、会社法の改正論議において、親会社株主の保護のために、多重代表訴訟に代わる案として親会社取締役の子会社に対する監督責任の法定化が議論されたものの、多重代表訴訟が創設されたことにより、監督責任の法定化は見送られた。しかし、それと並行してグループ内部統制システムの法定化の必要性が主張され、これを会社法に直接規定することは、親会社株主の保護を主眼とするものであり、それにより、親会社取締役の子会社に対する監督（義務）と責任の内容のレベルは高くなったとい

---

3　岩原紳作ほか「改正会社法の意義と今後の課題（下）」商事2042号4頁〔岩原紳作発言、坂本三郎発言〕。

うべきであろう。

### (3) グループ内部統制システムの構築等義務

グループ内部統制システムは、内部統制システムの一環をなすことから、その整備についての大綱を取締役会において決定し、代表取締役等がシステムを構築し運用する義務を負い、代表取締役および取締役はそれに対して監視義務を負う。システムの構築に不備があり、または適正に運用されていないことにより、子会社において違法または不適正な行為がなされ、子会社に損害が生じ、その結果、当該会社（親会社）に損害が生じた場合は、親会社取締役のシステムの構築または運用義務違反の責任が生ずる。

整備・構築すべきグループ内部統制システムは、①子会社の取締役等の職務の執行に係る事項、当該株式会社（親会社）への報告に対する体制、②子会社の損失の危険の管理に関する規程その他体制、③子会社の取締役等の職務の執行が効率的に行われることを確保するための体制、④子会社の取締役等および使用人の職務の執行が、法令・定款に適合することを確保するための体制である（会社施規100条1項5号イ〜ニ）。

①は、親会社（取締役）が子会社の取締役等の職務の執行の状況を把握し、適正な管理を行うことを目的とする。そのために、必要な親会社に対する報告の体制を整備するのである。子会社管理として、たとえば、ⓐ子会社は定期的または必要に応じ、親会社（管理部署）に業務状況を報告し、親会社は必要に応じて子会社と協議する、ⓑ子会社は決算・業務内容など重要事項を親会社に報告する、ⓒ重要財産の処分、一定の限度を超える取引については、親会社の事前の承認を受けるなどである。親会社（取締役）の子会社に対する管理権、監督義務を根拠づける基本規程であるが、子会社の経営に対する過剰な制限を課すものであってはならない。

②は、子会社の損失の危険（リスク）の管理に関する体制の整備である。リスク管理のための基本方針を定め、予想されるリスクに対処するための規程を設け、それに従い、子会社の管理部門が必要なリスク管理を行う。

③は、子会社の取締役等による非効率的な経営を排し、効率的な経営により、企業グループ全体の利益確保と発展を目的とする。緊密な連携により、子会社経営の円滑かつ効率化を図るものであるが、過度な効率性、利益第一主義を求

めるものであってはならない。

④は、子会社の取締役等および使用人のコンプライアンスに関する体制（グループ・コンプライアンス）であり、グループ内部統制システムの中で最も重要な体制の整備である。コンプライアンス体制の整備は、グループ全体で行う必要があるから、企業集団全体としてのコンプライアンス体制の整備が必要とされ、親会社はそれを整備・構築しなければならない。これにより、子会社の取締役と使用人の適正な職務執行を確保し、不祥事の発生を防止するとともに、不祥事が発生した場合には速やかに対処し、損害が親会社やグループ企業に及ぶことを防止することができる。

体制の整備の例としては、ⓐグループ・コンプライアンスに関する基本方針を定め、ⓑ子会社のコンプライアンスを確保するために、必要な部署と責任者を定め、違反行為が行われないよう、また違反行為の早期発見を可能とする体制の整備をする、ⓒ子会社における違法行為を防止するために、親会社は問題のある行為については子会社に報告を求める、ⓓ必要に応じて子会社の業務および財産状況を調査できる、ⓔ子会社において継続的にコンプライアンス教育と研修を行い、コンプライアンスの重要性を認識させるなどがある。

子会社が独自にコンプライアンス違反の行為をするだけでなく、親会社の指示によって問題となる行為を子会社が行うことがあるから、これを防止するためにグループ・コンプライアンスの整備が必要とされるのである。

これが不備であるために、子会社においてコンプライアンス違反の行為がなされた場合、親会社並びにグループ企業に多大な損害が生じることがある。この場合は、親会社取締役のグループ・コンプライアンス体制の構築義務違反、監視義務違反の責任が生ずる。

グループ企業（子会社）ではないが、大規模会社においては事業部門別の独立採算制（社内カンパニー制）がとられ、各カンパニーに統括責任者（カンパニーの社長）をおき、事業運営に関する権限を委譲し、子会社に類する扱いをする形態をとる企業がある。そこで、カンパニーをグループ内部統制システムに含めた体制の整備が必要である。

⑷　グループ内部統制システムの効力

グループ内部統制システムは、親会社が整備し構築したシステムであるが、

親会社と子会社を含めたグループ全体のシステムである。それは、親会社のシステムであり、親会社としてどのような方針で臨むかを定めるものであって、子会社の内部統制システムの具体的内容を直接決定するものではない。親会社が子会社の内部統制システムを整備する義務や、子会社を監督する義務までも定めるものではなく、子会社の内部統制システムの整備と構築は、子会社の業務執行機関が行う。[4]

　親会社取締役は子会社に対して管理権を有し監視義務を負い、子会社取締役は親会社の策定したグループ内部統制システムに従わなければならないことは、事実上認められるところであるが、グループ内部統制システムは当然に子会社に効力が及ぶものではない。親子会社関係にあっても、法律上、親会社は子会社の株主にすぎないから、親会社の取締役による子会社に対する管理権や監視義務の理由づけをすることは難しい。これは、グループ内部統制システムが法定化されても、依然、解決していない。

　親会社取締役は親会社の利益のために、企業グループを運営することが求められることから、そのために必要な子会社の管理を行う。その一環として、適切なグループ内部統制システムを構築し、運用していくことは親会社取締役の善管注意義務であるが、[5]これは親会社に対する善管注意義務であり、そこから、子会社に対する管理権や監視義務を導き出せるかは、疑問である。

　親会社取締役は、その有する子会社株式の価値を維持するために、子会社に対して管理権や監視義務を有するとの説明も、法律的には漠然としているばかりか、子会社株式の価値を維持すべき義務というのも、親会社に対する義務であることから、これにより、親会社取締役の子会社に対する管理権や監視義務を導き出すことは難しい。親会社取締役が、グループ経営の効率性と適法性の確保のために子会社を管理し、子会社の経営を監視することは必要であり、実際上、行われているが、子会社管理権と監視義務の根拠が明白でない。これを、グループ内部統制（企業集団内部統制）システムにより根拠づけをしようとするのである。

---

4　坂本三郎ほか「平成26年改正会社法の解説〔Ⅵ〕」商事2046号12頁、齊藤真紀「企業集団内部統制」商事2063号18頁。

5　齊藤・前掲（注4）21頁。

第10章　内部統制システムの構築義務

　もちろん、グループ内部統制システムは親会社のシステムであるから、直接、子会社に対し拘束力が及ぶものではない。そこで、子会社との間でグループ内部統制システムによるとの契約（経営管理契約等）をするとともに、子会社も親会社のシステムとの統一性と整合性を保つシステム（子会社の独立性と独自の利益を確保する内容でなければならない）を整備することが必要である。

　もとより、親会社が子会社の経営に不当に介入したり、子会社の独立性と自主性を害してはならない。子会社取締役は、親会社の違法な指示、明らかに子会社の利益に反する指示には従わなくてよい。そのため適正な管理・監視の基準を設定する必要がある。

　親会社取締役の子会社に対する管理権と監視義務を根拠づけることによって、子会社取締役の任務懈怠行為により親会社に生じた損害について、親会社取締役は監視義務違反の責任を負うことが明確になる。

### (5)　親会社取締役の管理権限と監視義務の根拠

#### (ア)　親会社取締役による子会社への監視義務の具体化

　親会社のグループ内部統制システムは、企業グループを構成する各社が連携してグループ経営における業務の適正の確保と経営の効率化のための、基本的事項を定めるものである。これにより、子会社の業務執行を適切に管理し、適正なグループ経営を実現することができる。また、子会社の業務と経営は親会社株主の利益に関係するが、親会社株主は直接子会社に対し監督是正権を行使し得ない。そこで、親会社取締役の子会社に対する経営管理権、監視義務によって、監督是正権を実現することになり、親会社取締役がそれを怠った場合は、親会社に対して善管注意義務違反の責任を負う。しかし、会社法には子会社取締役に対する監視義務に関する規定がないから、理論的に難しい面があるが、グループ内部統制システムの構築と子会社がそれに従うとの意思を表示することにより、親会社取締役の子会社に対する監視義務を根拠づけることができる。

　親会社は必要な子会社管理規程を定めるなどして、子会社の適正管理、親会社と子会社の役割分担などを定める必要がある。具体的には、①子会社における業務の適正を確保するための議決権行使の方針、②子会社との情報交換、人事交流など子会社との連携・協力体制の確立、③子会社を統括する部署の設置など子会社の監視体制の確立とそれに関する子会社管理規程等の定め、④子会

社に対する不当な指示や不当な取引の要求をすることを防止するための体制などである。もとより、子会社の独立性と自主性を害するものであってはならない。

⑷　子会社のグループ内部統制システムの内容

子会社も独自のグループ内部統制システムを整備すべきであるが（子会社が内部統制システムの構築義務を負わない会社であっても、子会社のグループ内部統制システムを構築すべきである）、親会社の定めたグループ内部統制システムに従って、親会社と連携するといった内容が中心となる。子会社は親会社の指示・監督を受ける旨の規程を設けるが、子会社の自主性を確保するものでなければならない。

そのため、①独自の利益を確保するための体制、②親会社からの独立性を確保し、不当な取引の強要や指示に対する予防体制、③親会社との兼任役員についての子会社に対する忠実義務の明確化、④不正行為に利用されることを防止するための体制などが、子会社のグループ内部統制システムの内容となる。

⑷　親会社取締役の責任

そして、親会社と各子会社は、親会社のグループ内部統制システムと子会社のグループ内部統制システムに基づき、親会社は子会社を管理し、子会社の経営を監視することができる、子会社は親会社のグループ内部統制システムに基づき、親会社の指示に従う等の内容の契約、覚書を交わすという実務的対応によらざるを得ないであろう。

これにより、親会社取締役はグループ内部統制システムを通じ、子会社に対する管理権と監視義務を有することになり、子会社の取締役等の任務懈怠行為（違法行為・善管注意義務違反行為）がなされた場合、構築すべきシステムが不備・不十分な場合は構築義務違反の責任、監視義務を尽くしていないときは、監視義務違反の責任を負うことになる。

---

6　江頭憲治郎＝門口正人編集代表『会社法大系⑶』168頁〔小舘浩樹〕、鈴木克昌ほか『会社法・金商法下の内部統制と開示』34〜35頁。

## 6　グループ企業と親会社取締役の責任

### (1)　親会社取締役の監視義務違反の責任

　親会社取締役は、グループ内部統制システムおよび子会社とのグループ経営管理契約等に基づき、子会社の業務を管理し、子会社取締役の職務執行を監視する義務を負う。子会社取締役の任務懈怠行為により子会社に損害が生じ、その結果、親会社に損害が生じた場合、それがグループ内部統制システムが不十分であることに起因するときは、親会社取締役にシステムの構築義務違反の責任が生ずるが、多くの場合は、監視義務違反の責任として問題とされる。

　福岡魚市場株主代表訴訟は、子会社の役員を兼任している親会社取締役が、子会社に対する救済融資に失敗し、親会社に損害を与えたとして善管注意義務違反の責任を追及された事案であるが、子会社の経営不振の原因が不適正な循環取引にあり、被告らはそれに関する情報に接していたという特殊性がある。

　第一審判決は、「個別の契約書面の確認、在庫の検品や担当者からの聴取り等のより具体的かつ詳細な調査をし、又はこれを命ずべき義務があった」のにそれを怠ったとして、被告取締役の善管注意義務違反の責任を認めた（福岡地判平成23・1・26金判1367号41頁）。

　判旨は、親会社取締役の子会社に対する監視義務違反をいっているようでもあるが、子会社の経営が破綻に瀕しているのに、十分な調査をすることなく救済融資をしたのは、善管注意義務違反であるという趣旨に解される。ここで調査義務というのは、子会社の業務に対する監視義務の意味ではなく、融資判断のための調査義務と解すべきであろう。

　親会社取締役の監視義務違反は、子会社の取締役等の違法行為が行われた（不祥事の発生）場合に、それは、親会社取締役の監視義務違反の責任によるものであるとして、責任が追及されるのである。しかし、本件はこのような場合ではなく、融資判断のために必要な子会社に関する調査を怠った場合であるから、親会社取締役の子会社に対する監視義務違反の責任に関する事案ではない。

　グループ内部統制システムに基づく監視義務違反の責任について、監視義務違反の責任を追及する原告が、監視義務違反の具体的事実を立証するのに対し、被告取締役において監視義務違反について過失がないこと（無過失）を立証す

るのであるが、原告において監視義務違反の事実を概括的に主張・立証した場合は、被告は監視義務違反の事実がないことを立証すべきであろう。

　親会社取締役の子会社に対する監視義務違反の責任が問題になる場合でも、親会社が取締役の監視義務違反の責任を追及することは考えにくいことから、株主が代表訴訟により責任を追及することが多いであろう。また、違法行為をしたのは子会社取締役であるから、子会社取締役の責任は子会社が追及すべきであり、それをしないときは親会社が、代表訴訟により責任を追及することになるがこれは期待できない。そこで、親会社の株主が多重代表訴訟により、子会社取締役の責任を追及することになる。また、親会社の取締役が代表訴訟により子会社取締役の責任を追及しないことは、親会社に対する善管注意義務違反にあたるとして、親会社の株主が親会社取締役の責任を代表訴訟で追及することも考えられる。

## (2)　是正措置を講じなかった親会社取締役の責任

　子会社取締役（代表取締役）の違法行為など子会社に企業不祥事が発生した場合、親会社取締役は速やかに対応し、損害の発生を最小限度に抑えるとともに、企業グループの信用や評価を落とさないための措置をとり、必要に応じて公表することが必要である。

　是正と損害の発生を最小限度に食い止めるための措置として、子会社取締役に対して違法な業務執行行為の中止を指示し、それに従わない場合は子会社に対し、当該代表取締役の解職（会社362条2項3号）を指示すべきである。また、臨時株主総会を開催して取締役を解任（同法339条1項）することも必要である。

　違法または不当な業務執行により、会社に回復困難な損害が生ずるおそれのあるときは、親会社は株主として、子会社取締役の違法行為を差し止める（会社360条1項）ことが必要である。そして、緊急を要する場合は、差止仮処分（民保23条2項）によることも必要である。

　子会社取締役の違法行為につき、必要な措置をとることを怠り親会社の損害を拡大させた親会社取締役は、親会社に対し善管注意義務違反の責任を負うが、これも監視義務違反の責任に含まれる。

## (3)　子会社の業務執行に関与した責任

　子会社の業務執行は子会社取締役が行うことから、親会社取締役はどこまで

*329*

第10章　内部統制システムの構築義務

子会社の経営に関与できるかという問題がある。親会社取締役の指示または関与の下に子会社取締役が業務執行したが、それが失敗した場合に、不適切な指示等をした親会社取締役は、親会社に対し善管注意義務違反の責任を負わなければならない場合もある。

すなわち親会社取締役が、子会社の取締役に対し違法または不当な行為をすることを指示した場合は、親会社に対し任務懈怠の責任を負う。代表的な事例として、自己株式の取得規制に違反して、子会社に自己株式（親会社株式）を取得するよう指示し、子会社取締役がそれを行ったことにより子会社に損害が生じ、それによって、親会社に損害が生じた場合に、親会社取締役の親会社に対する責任を認めた三井鉱山事件（最判平成5・9・9民集47巻7号4814頁）と片倉工業事件（東京高判平成6・8・29金判954号14頁）がある。

この場合、子会社取締役の子会社に対する責任、親会社取締役の子会社に対する責任も問題となる。旧商法時代の事例であるが、会社法の下では、グループ内部統制システムの構築と運用義務違反の責任としても問題になる。

# 第11章　取締役の責任追及訴訟

## 1　取締役の会社に対する責任

### ⑴　取締役と会社の関係

#### ㋐　取締役の就任と辞任

取締役（役員）と会社の関係は、委任および準委任契約関係にあるが、会社法はこれを明確にしている（会社330条）。そこで、株主総会で取締役に選任された者は、受諾の意思表示をすることにより取締役に就任する。

一般に、取締役は会社から報酬の支払いを受けるから、取締役と会社との関係は有償委任契約関係である。しかし、取締役に就任しただけで当然に報酬が支払われるのではなく、別途、報酬に関する規制に従う。報酬額は、定款に定められていればそれに従い、株主総会の決議によるときは、報酬を増額しない限り、従来の総会決議により定められた額の支払いを受けることになり、それは契約内容となるから、原則として、一方的に減額されるようなことはない。

取締役と会社の関係は委任契約であるから、いつでも会社に対して意思表示をすることにより辞任することができ、会社の承諾は必要としない。しかし、辞任した場合でも、これにより所定の取締役数が欠けることになる場合は、新たに選任された取締役が就任するまで取締役としての職務を行わなければならない（会社346条1項）。したがって、この間、辞任に伴う登記をすることができない。

解任については、いつでも株主総会の決議によりすることができる（会社339条1項）。

辞任の意思表示は、代表取締役に対してなすべきであるが、代表取締役たる取締役が辞任するときは、他の代表取締役に対し、他に代表取締役がいないときは、取締役会を招集し、取締役会に対し辞任の意思表示をしなければならない（東京高判昭和59・11・13判時1138号147頁）。

#### ㋑　会社または取締役の破産

委任者または受任者の破産は委任の終了原因となることから（民653条2号）、

第11章　取締役の責任追及訴訟

会社が破産した場合は、取締役はその地位を失う（最判昭和43・3・15民集22巻3号625頁）。反対に、取締役が破産した場合、取締役はその地位を失うかという問題がある。

旧商法は、破産宣告を受け、復権していない者を取締役の欠格者としていたことから（旧商254条ノ2第2号）、任期中に破産宣告を受けた場合は当然に取締役としての地位を失った。これに対し、会社法は破産者を取締役の欠格者としていない（会社331条参照）。そこで、破産者を取締役とすることは可能であるが、任期中に破産手続開始決定を受けた場合の取扱いは解釈に委ねられる。

この点、破産は委任契約の終了原因となることから（民653条2号）、破産者でない者を取締役に選任したとしても、任期中に破産手続開始決定を受けた場合は、取締役はその地位を失うが、破産手段開始決定によりその地位を失った取締役を、再度、取締役に選任することは差し支えないと解される。しかし、会社法が、破産者を取締役の欠格者としないことは、破産者を取締役に選任することができるだけでなく、任期中に破産手続開始決定を受けても、当然に取締役はその地位を失わないと解すべきであろう。

## (2)　善管注意義務と忠実義務

取締役と会社との法律関係は委任契約であることから、取締役は会社に対し、職務執行に際し善管注意義務を負う（民644条）。これとは別に、会社法は、取締役は、法令・定款並びに株主総会の決議を遵守し、会社のために忠実にその職務を行わなければならないとして忠実義務を規定している（会社355条）。

そこで、善管注意義務と忠実義務との関係が問題にされるのであるが、判例は、忠実義務に関する規定（旧商254条ノ3）は、民法644条に定める善管注意義務を敷衍し、一層明確にしたのにとどまるのであって、通常の委任関係に伴う善管注意義務とは別個の、高度な義務を規定するものではないとする（最判昭和45・6・24民集24巻6号625頁）。

アメリカでは、忠実義務（duty of loyalty）は、取締役と会社との利害が対立する可能性がある場合に、取締役は自己の利益のために行動してはならないとする義務であるが、このほかに、一般的な職務執行上の義務として注意義務（duty of care）があり、別個の義務とされている。旧商法の解釈として、これと同様に解し、忠実義務は善管注意義務と異質の義務であるとの立場があり、

この立場は、会社法の下でも両者の義務は異質であるとの立場を維持すると考えられる。

しかし、わが国では、両義務を区別する実益はなく、その義務違反はいずれも損害賠償責任である。しかも取締役が、法令・定款並びに株主総会の決議を遵守し、会社のために忠実にその職務を行うのは当然のことである。そうすれば、忠実義務は、善管注意義務に含まれるのであって、委任契約上の義務と矛盾するものではない。

忠実義務は、善管注意義務とは異なる異質の義務ではないが、取締役と会社間の利害対立状況において、私利を図らない義務のみを忠実義務とよぶことは用語として便利なので、その意味で忠実義務という語を用いるにすぎない。[1]裁判例には、忠実義務ないし善管注意義務違反という表現を用いている場合が少なくないが、特別の意味はないであろう。忠実義務違反にせよ、善管注意義務違反にせよ、いずれも任務懈怠の過失責任であり、立証責任においても異ならないと解されるし、いずれの責任も損害賠償責任である。

忠実義務違反については、経営判断の原則が適用されないから、忠実義務と善管注意義務を区別する必要があるとの立場があるが、これは忠実義務違反が問題になるような場合は、もともと経営判断の原則が適用されるような事実関係ではないということを意味しているにすぎない。しかも、忠実義務違反の場合には、絶対に経営判断の原則が適用されないと、断言してもよいのかという疑問もある。

会社法は、競業避止義務、利益相反取引規制などを設け、忠実義務違反に対処すべく予防的規定を設けているから、あえて、一般的に、忠実義務は善管注意義務とは異質の義務であるとする必要はない。忠実義務は善管注意義務を敷衍するものであり、善管注意義務とは異なる別異の高度な義務を規定したものでないとする旧商法時の判例（前掲最判昭和45・6・24）は、会社法の下でもひとしく通用するであろう。

---

1　江頭・株式会社法434～435頁。

## 2 取締役の任務懈怠責任

### (1) 会社法と任務懈怠責任

#### (ア) 旧商法と取締役の法令・定款違反の責任

旧商法は、取締役の会社に対する責任原因の1つとして、取締役の法令または定款に違反する行為をあげていた（旧商266条1項5号）。そして、ここにいう法令には、具体的な法令のほか、善管注意義務と忠実義務を含んでいた。法令違反に善管注意義務違反が含まれたのであるが、取締役の会社に対する責任の多くは、善管注意義務違反の責任であったから、実際上、法令違反の責任といえば、善管注意義務違反の責任であった。

具体的な法令の範囲については、解釈上、あらゆる法令を含むとするのが、判例・通説であったが、法令の範囲を制限的に解し（商法と関係法令）、それ以外の法令は善管注意義務違反の問題として処理すべきであるとの立場もあった。

#### (イ) 会社法と取締役の任務懈怠責任

##### (A) 任務懈怠責任

会社法は、役員等（取締役・会計参与・監査役・執行役・会計監査人）は、その任務を怠ったときは、会社に対し、これにより生じた損害を賠償する責任を負うとして、取締役の任務懈怠責任を規定した（会社423条1項）。この規定は、取締役の会社に対する委任契約上の債務不履行責任に関する包括的な一般規定であるが、取締役の会社に対する責任の根拠規定である。そして、任務懈怠責任の中心となるのが、善管注意義務違反と法令・定款違反であり、実質的には旧商法下における取締役の責任の範囲と異ならない。

##### (B) 旧商法と会社法での取締役の責任の異同

会社法が、取締役の任務懈怠責任という包括的な一般規定を設けた結果、法令・定款違反行為は任務懈怠責任に包含されるようになった。その一方で、会社法は、旧商法が、取締役の責任規定としていた他の取締役に対する金銭の貸付け、利益相反取引による責任（旧商266条1項3号・4号）については、任務懈怠責任として処理し、違法配当と違法な利益供与に関する責任（同項1号・2号）は、別途規定した（会社462条、120条）。

しかし、取締役と会社の関係は委任契約関係であるから、取締役としての任

務を怠り（その性質は不完全履行による損害賠償責任）、会社に損害を与えた場合は任務懈怠の責任が生じる。善管注意義務違反・忠実義務違反は任務懈怠であるが、当然、法令を遵守することも取締役の任務であるから、法令違反は取締役の任務懈怠となる。旧商法は取締役の法令違反の責任を規定し（旧商266条1項5号）、法令には善管注意義務・忠実義務が含まれると解されていた。しかし、法令違反行為は任務懈怠行為であるから、会社法所定の任務懈怠責任には法令違反の責任が含まれることになり、取締役の責任となる行為は規定の仕方は逆になったが、会社法と旧商法とで実質的に違いがない。

　(C)　任務懈怠責任の類型

　任務懈怠責任は取締役の会社に対する責任の一般規定であるが、これを類型化すると、経営責任、法令違反の責任、監視・監督責任（リスク管理体制の構築に関する責任）に大別することができる。

　一方で、競業避止義務および利益相反行為は、任務懈怠行為の経営責任類型に含まれるが、他の任務懈怠行為とは異なり、忠実義務違反の性質を有することから、別途、株主総会または取締役会の承認を要するとして規制している（会社356条1項、365条1項）。もとより、承認を得た場合でも、会社に損害を与えたならば任務懈怠責任を免れないが、承認を得ていない場合は法令違反の類型の責任となる。

　(D)　任務懈怠責任と過失要件の有無

　いずれにせよ、取締役の責任は、任務懈怠責任であるから、善管注意義務違反、忠実義務違反、監視・監督義務違反、法令・定款違反を問わず過失責任としたうえで、無過失の立証責任を被告取締役に課すという法構造である。ただ、株主の権利行使に関し利益を供与した取締役の責任のように、特に無過失責任とされている場合があることに注意すべきである。

　そして、一般的に、代表取締役を除き、取締役の任務懈怠（善管注意義務違反）の責任が問われる多くの場合は、自らの行為に対する責任というよりも、他の取締役や従業員に対する監視・監督義務違反の責任であるが、これについては、経営判断は関係しないから、経営判断の原則の適用はないことに注意すべきである。

### (2) 善管注意義務の基準

取締役は会社に対し善管注意義務を負うが、善管注意義務の内容と基準は、個別取締役の具体的な能力や注意力によるのではなく、一般に、通常の企業人として取締役に要求される注意義務基準によるべきである。それは、会社の規模、業種、状況、そしてどのような地位にある取締役（代表取締役・業務担当取締役・平取締役・社外取締役）か、担当業務などの具体的事情を加味して設定されるべきである。

このような注意義務基準に照らし、注意義務違反が認められる場合は、責任を免れない。取締役に要求される注意義務の基準は、通常の企業人に要求される注意義務基準によらなければならない。この基準によらなければ、注意深い取締役が責任を負わなければならないのに、そうでない取締役が責任を免れるという不合理な結果が生じかねない。そして、取締役に認められた経営判断に係る裁量権を逸脱しなければ、善管注意義務違反はないとして、経営責任は生じないといえよう。

しかし、通常の企業人に要求される注意義務を基準にするにしても、特に、専門的能力があるとして、取締役に選任された者については、当該事項に関して、より高度の注意義務が課せられることが考えられる。

旧商法上、取締役の経営責任を追及する訴訟で、取締役の責任が認められた事例は少なく、責任が認められたのも重大な違法行為が行われた場合であり、経営判断上の過失だけを理由として責任が認められることは極めて少なかった。この傾向は、会社法の下でも引き継がれている。ただ、従来、裁判所が取締役の経営責任を認めることに消極的であったのは、取締役の責任免除のためには、総株主の同意を要するとの厳格な規定に配慮し、取締役の過失責任を否定したとも考えられよう。しかし、会社法では取締役の責任の一部免除が認められる（会社425条）ことから、裁判所の過失の認定に変化が生ずることが予測される。

### (3) 経営判断の原則

#### (ア) 経営判断の原則の意義

取締役が、経営判断に基づき行った業務行為が、結果的に失敗に終わり、会社に損害（損失）が生じたとして、任務懈怠責任が追及された場合、経営判断上の過失が問題になるが、それとの関係で問題にされ、取締役を経営判断上の

過失に対する過酷な責任から救済するのが経営判断の原則（business judgment rule）である。

　従来、わが国では、経営判断の原則は、取締役の経営判断上の過失に関するものであるから、経営判断を伴う場合にのみ適用が問題となるとしながらも、取締役の経営判断の内容についても裁判所の判断がなされることから、アメリカのように司法審査を排除するものではないとの基本的理解では一致をみていた。しかし、過失との関係が明確でなく、この原則は過失責任を軽減するとの理解もなされていた。

　しかし、現時においては、取締役の経営判断は、将来の不確実な成果に関するものであるから、判断時において適正な経営判断であれば、結果責任を問うべきではないとする。それは、取締役の過失を認定するに際し考慮する原則であって、過失責任を軽減するものではなく、この原則が適用される場合は過失責任は存在しない、つまり過失の認定判断において作用するものであると理解されるに至っている。

　(イ)　経営判断の原則の適用基準

　経営判断に誤りがあるかどうかは、判断時を基準にして検討しなければならない。そして、適正な経営判断であるとして、経営判断の原則が適用されるためには、まず、第1段階として、経営判断に至る過程において十分な情報を収集し、分析・検討したことが必要であり、これを前提として、第2段階において、経営判断（意思決定）の内容自体が合理的なものであることが要求される。

　この点、経営判断の原則の適用に関する裁判ルールについていえば、当初は、実際に行われた取締役の経営判断そのものを対象とし、その前提となった事実の認識について不注意な誤りがなかったかどうか、また、その事実に基づく意思決定の過程が通常の企業人として著しく不合理でなかったかどうかという観点から審査を行うべきであるとして、経営判断に至る過程のみを問題にしていた。これは、経営判断の原則に関するアメリカ的なものであったが、次いで、審査は、当該判断時において、判断をするために合理的な情報収集と分析・検討がなされたか否か、これらを前提とする判断の過程および内容が、明らかに不合理なものであったかどうかについても判断をするようになった。そして、その結果、前提となった事実認識に不注意な誤りがあり、または意思決定の過

程と内容が著しく不合理であったと認められる場合は、取締役の経営判断は許容される裁量の範囲を逸脱したものとして、善管注意義務または忠実義務に違反するものとするに至り（東京地判平成5・9・16判時1469号25頁、東京地判平成14・4・25判時1793号140頁参照）、意思決定に至る過程と意思決定の内容を審査の対象とする二段階構成をとっている。

経営判断の原則を、取締役の経営判断の許容性と裁量の範囲として問題にするのであるが、公序良俗に反する内容の経営判断は、裁量権の範囲を逸脱するものとして、経営判断の原則を適用することはできない。

法令違反の経営判断についても、法令に違反する経営判断は、裁量の範囲を逸脱したものであるから尊重すべきでないとして、経営判断の原則の適用を排除する見解が支配的である。しかし、故意による法令違反の経営判断については、経営判断の原則が適用されないのは当然であるが、過失による法令違反について、全面的に経営判断の原則の適用を排除するのは、必ずしも適正とはいえない。法令の種類、法令違反の過失を伴う経営判断がなされた具体的事情も考慮して、この原則を適用すべきであるか否かを決するべきであろう。

(ウ) 経営判断の原則の適用が問題になる場合

(A) 通常の取引行為の場合

新規事業への進出は、十分な市場調査を経たうえで、資金調達、収支予測等を検討し、会社の長期利益にかなうものと合理的に判断することが要求される。そしてかかる要件の下に新規事業に進出した場合は、結果的に失敗しても任務懈怠責任を負わない。

新規貸付けについても、融資先企業に対する十分な調査、資金の使途、返済計画、融資金の返済確保のための担保の有無等を調査し、検討したうえで、貸付けを行うに問題なしと判断した場合は、その判断は尊重されるべきであるが、十分な調査と検討をすることなく、融資を実行した場合は任務懈怠といわざるを得ない。金融機関の取締役には、より高度の注意義務が課せられるといえよう。

(B) 投機行為の場合

会社が不動産取引や株式取引という投機行為をすることが禁止されるわけではない。しかし、これは、事業遂行上必要な行為とはいいがたく、また会社財

産を毀損するおそれのある危険な取引であり、最悪の場合は会社の存続自体を危うくするおそれがあるから、より高度な注意義務が課せられるといえよう。

会社が多額の遊休資産を有している場合に、それを利用して不動産取引や株式取引をする場合も、投機行為の危険性を考慮し十分な情報と予測の下に、それを実行すべきであることが要求されるのである。これに対し、会社に株式投資に振り向ける自己資金がないのに、会社資産を担保にして多額の借入れを行い、借入金で株式投資をすることは、極めて危険な行為であるから、株式投資の危険性と将来の予測を踏まえて、さらに十分な検討を必要とする。それにもかかわらず、株式ブームに乗り、十分な調査と検討をすることなく株式投資を行い、運用も投資顧問会社に任せきりにし、十分な指示・監督をしていなかったことにより、会社に過大な損害を発生させた場合は、経営判断の原則は適用されず、任務懈怠の責任を免れないであろう（東京地判平成5・9・21判時1480号154頁〔サンライズ事件〕）。

そこで、投機行為の危険性から、当該投機行為について正確な情報を収集し、その必要性、危険性、収益性を把握し、これを会社の財務や事業収益の状況に照らし、資金運用方法として考えられる選択肢の比較、リスクヘッジの方法等を十分に検討し、慎重に判断すべきである。そして、当該投機行為により、回復困難な損失を出す危険性があり、かつ、危険性について予見可能である場合は、実施を中止すべきであり[2]、また、投機行為の開始後においては、問題が生じ損失が生ずるおそれがあり、または損失が拡大する危険性がある場合は、速やかに取引を中止するなどの措置を講じなければならない。かかる義務に反し、漫然と取引を開始し、開始後においては、投資顧問会社に対し、適切に指示と監督をすることを怠るなど、十分な運用管理を行うことなく取引を継続した場合は、経営判断の原則は適用されず、任務懈怠の責任を免れない。

(C) 経営不振会社の救済

取締役の経営判断の原則が適用されるか否かについて、難しい場合として、業績不振の子会社や取引先に対する、救済融資、追加融資の実行判断がある。救済融資、追加融資をした場合、子会社や取引先の経営破綻により、融資金の

---

2 商事関係訴訟200～201頁。

第11章　取締役の責任追及訴訟

回収が不能になる危険性がある。しかし、傷口を大きくしないためには、救済融資、追加融資をしなければよいという結論になるのではない。融資をしなかったことが、かえって任務懈怠責任を問われることも否定できないからである。

　救済融資、追加融資を実行することにより、子会社や取引先を再建することが、当該会社の継続的利益になり、過去の融資金などの債権を回収することができることになるばかりか、企業の社会的評価につながり、総合的にみてプラスになることも十分に考慮すべきである。

　そこで、十分な調査を踏まえ、総合的な観点から十分に検討すべきである。業績不振の子会社や取引先に対して、救済融資、追加融資を実行するためには、子会社や取引先の業績不振の原因を分析し、将来、業績が改善する可能性があるのかを、市場調査を含め十分に調査検討し、救済融資、追加融資を実行することにより、業績改善が見込まれるから、ここで融資を打ち切り倒産させるより、融資を実行することにより再建にかけるべきであるとの判断の下に、融資を実行したのであれば、たとえ、結果が失敗に終わったとしても、合理的な経営判断であるとして経営判断の原則が適用され、任務懈怠の責任は生じないであろう。

　　(D)　起死回生的事業展開

　企業業績不良の会社、事業目的が斜陽化している会社など、とうていこのままでは、経営の立て直しができないばかりか、倒産に至る危険性があるという状況にある場合、取締役は、成功すれば企業を再建できるとの見込みの下に思いきった方策に出ることがある。しかし、失敗すれば企業は一気に破綻に向かいかねないという危険性をはらんでいる。

　取締役は、会社の現状と将来の業績について調査・検討をし、このままではどうにもならないと判断すれば、思いきった事業展開をすることも許されるであろう。しかし、危険性を伴う事業への転向・転換など、新たな事業の展開には危険が伴うことから、成功の可能性について十分に調査し、検討の結果、成功の可能性が大きいという結論に達した場合は、危険な事業を行ったとしても、経営判断の原則が適用され、任務懈怠の責任はないといえよう。

　　㈢　欠損会社の政治献金と取締役の責任

　通常の経営判断とはかなり意味が異なるが、政治献金や寄付についての取締

役の経営判断が問題にされる場合がある。

業績不振で欠損会社である熊谷組が政治献金をしたことに対し、同社の株主が最終決済した代表取締役に対し、善管注意義務違反などを理由として損害賠償の請求を求める株主代表訴訟を提起した事例がある。

第一審判決は、会社の具体的な経営状況を踏まえて寄付を実施すべきか否かを検討した形跡はなく、寄付の額や時期についても、要請があった額や時期をそのまま応諾しており、その可否・範囲・数額・時期等につき厳格な審査を行い、欠損の解消にどの程度の影響があるか、株主への配当に優先して寄付を行う必要があるかを慎重に判断することなく実施したもので、その判断過程はずさんであり、取締役の裁量を逸脱したもので、取締役の善管注意義務に違反する行為であるとして、損害賠償を命じた（福井地判平成15・2・12判時1814号151頁）。

これに対し、控訴審判決は、政治献金をなすにあたり合理的な範囲内で金額等を決すべきであり、この範囲を超えて不相当な寄付をすれば、取締役の善管注意義務違反となるが（最判昭和45・6・24民集24巻6号625頁参照）、熊谷組は建設業界の中でも企業規模や経営実績は上位に位置するものであり、本件寄付金額も政治資金規正法の限度額と比較してかなり低額にとどまっており、献金額は年々減額されているなどの事情を考慮すれば、本件献金額は合理的な範囲内にあり、不相応な寄付とまではいえないから、取締役に善管注意義務違反があったとはいえないとして、原判決を取り消し、請求を棄却した（名古屋高金沢支判平成18・1・11判時1937号143頁）。そして、最高裁判所は、原告の上告は、所定の上告事由に該当しないとして上告を棄却した（最決平成18・11・14資料版商事274号192頁）。

確かに、第一審判決のいうことには理由がある。しかし、取締役の善管注意義務違反の責任との観点から検討すれば、欠損会社が政治献金をすることは好ましいことではないが、会社規模、献金額等を考慮すれば、厳格な調査と検討をすることなく相当額の献金をしたことをもって、取締役の善管注意義務に違反するとまではいえないであろう。政治献金をするか否かは、相当額（合理的な金額）の範囲内であれば、取締役の経営判断事項であり、経営判断の原則が適用されると解される。もっとも、他の観点からは問題にされる余地はある。

第11章　取締役の責任追及訴訟

### ㈤　事業再編行為と経営判断の原則の適用

　経営判断の原則の適用は、元来、取引行為に関するものであるが、それだけに限らず適用範囲は広く、事業の再編計画に関する取締役の経営判断に関係しても、それを適用することが可能である。これに関して次のような事例がある。

　Ａ社は持株会社による事業再編計画を策定していたが、取締役Ｘらが出席した経営戦略会議で、子会社Ｂ社を完全子会社とすること、Ｂ社株式を可能な限り任意の合意で払込金額と同額の１株５万円で買い取ることを決定し、Ｂ社の株主から総額１億5800万円で買い取った。その後に、監査法人等に依頼した株式交換比率の算定書によれば、１株の株式評価額は約9700円であった。

　そこで、Ａ社の株主が、１株５万円で買い取ったことにより、Ａ社に損害が発生したが、それはＸらの善管注意義務違反によるものであるとして、Ｘらの責任追及の株主代表訴訟を提起した。

　判旨は、経営上の専門的判断に委ねられているグループの事業再編計画の一環として行われる株式の取得の方法や価格については、取締役において、株式の評価額、取得の必要性、会社の財務上の負担、株式の取得を円滑に進める必要性の程度等をも総合考慮して決定することができ、その決定の過程、内容に著しく不合理な点がない限りは、取締役の善管注意義務に違反するものではないとし、本件についていえば、任意の合意に基づいて株式を買い取ることは、円滑に株式取得を進める方法として合理性があり、買取価格についてもＢ社の設立から５年が経過しているにすぎないことからすれば、払込金額である５万円を基準とすることには、一般的にみて相応の合理性がないわけではなく、Ｂ社の株主にはＡ社が事業の遂行上重要であると考えていた加盟店等が含まれており、買取りを円満に進めて加盟店等との友好関係を維持することが事業遂行上有益であることや、非上場株式であるＢ社の株式の評価額には相当の幅があり、事業再編の効果によるＢ社の企業価値の増加も期待できたことからすれば、上記株式の評価額や実際の交換比率が上記のようなものであっても、買取価格を１株５万円としたことが著しく不合理であるとはいえないとした（最判平成22・7・15判時2091号90頁）。

　事業の再編計画に関する取締役の判断について、経営判断の原則の適用を認めたものであるが、最高裁判所が初めて経営判断の原則の適用を正面から認め

た事例として注目される。なるほど、株式評価額が約9700円程度の株式を5万円で買い取るという経営判断には問題があるが、払込金額が5万円である株式をA社の都合で円滑に買い取る場合において、株主（出資者）に対し円滑に売り渡しを求めるには、会社の設立から5年しか経過していないことから、株式の実価値ではなく払込金額で買い取ることもやむを得ない。

買取りを円満に進めて加盟店等との友好関係を維持することが、事業遂行上有益であることや、事業再編の効果によるB社の企業価値の増加も期待できたこと、非上場株式であるB社の株式の評価額には相当の幅があることからすれば、十分に調査と検討を加えたうえでの決定であれば、単なる、金額だけの問題ではなく、著しく不合理な経営判断とはいえないから、経営判断の原則を適用して、取締役に善管注意義務の違反はないとしたのは是認できる。

　(カ)　融資以外の方法によるグループ企業の救済と経営判断の原則

経営不振に陥っているグループ企業を救済するために、救済融資などの資金援助をしたが、それが失敗に終わった場合に、会社に損害を与えたとして損害賠償請求された場合には、経営判断の原則の適用が問題になるのが一般的である。

事後的な損害賠償請求とは類型を異にするものとして、A社が、経営不振に陥っているグループ企業B社を支援するために、B社の優先株式を引き受けることは、A社の取締役の善管注意義務に違反するとして、商法272条（当時。会社360条）に基づき、優先株式の引受けの差止仮処分を申請した場合について、経営判断の原則の適用が問題にされた事案がある。

A社はB社と企業グループを形成し、B社の株式を多数保有し、年間取引も多額であることから、B社の支援を行うとの取締役会の経営判断には合理性がある。そして、事実関係の解明と支援の緊急性のバランスをとりつつ、どのタイミングで支援決定を行うかについては取締役に裁量があるから、取締役がこの段階で支援決定をすることには善管注意義務違反は認められない。また、再生計画は妥当なものと評価され、B社が再生する可能性があるとの判断の下に支援する場合と、支援しない場合のデメリットを比較して、支援の規模と内容を決定した判断には善管注意義務違反は認められないとして仮処分申請を却下した（東京地決平成16・6・23金判1213号61頁）。

**343**

第11章　取締役の責任追及訴訟

　善管注意義務違反は、事後に、取締役の損害賠償責任の追及としてなされるのが一般的であるが、善管注意義務を理由に違法行為の差止めとして仮処分により行為の差止めを求めた点に特徴がある。取締役は会社に対して善管注意義務を負い（民644条）、法令違反には善管注意義務違反が含まれるから（旧商266条1項5号、会社423条1項）、善管注意義務違反は法令違反として違法行為の差止めの対象となる。

　A社はB社の株式の多数を有するだけでなく取引関係も親密である。そこで、B社の経営不振に至った原因に問題があるとしても、B社を再建することが、A社およびグループ全体の利益になるとの判断の下に、再生計画は妥当なものと評価し、企業規模に応じた支援として優先株式を引き受けることは、支援決定、決定時期、支援の規模と内容からみて、経営判断の合理性が認められるものとして、善管注意義務の違反は認められないといえよう。そうすれば、優先株式の引受けの差止仮処分申請を却下したのは妥当であろう。

　　(キ)　経営判断の原則と訴訟上の取扱い

　経営判断の原則と訴訟上の取扱いについては、あまり議論がされていないが、過失が存在しないという点については、被告取締役が主張しなければならないと解される。また、経営判断の原則が適用されることも、被告が主張しなければならない。この原則は取締役の責任を否定する機能を有することから、抗弁とみるべきであろう。

　被告側において、故意または過失など自己の責めに帰する事由がないことに準じて、この原則が適用されるための要件となる事実を主張すべきであるから、この原則を適用すべきことは、被告取締役の抗弁事由であろう。これに対し、原告側において、この原則が適用されるべきでない事実を積極否認として主張することになる。もっとも、経営判断の原則が適用されるか否かは総合的判断によることから、原告においても、この原則が適用されるべきでない具体的事実について、主張・立証することが必要であると解される。

## (4)　法令・定款違反行為と過失責任

　　(ア)　法令の範囲

　　　(A)　旧商法下での法令の範囲

　旧商法下での取締役の法令違反行為には、善管注意義務違反や忠実義務違反

という一般的法令違反の行為と具体的な法令違反の行為とが含まれていた。そして、具体的な法令違反の場合について、法令の範囲に関し解釈が分かれていた。取締役の責任原因となる法令違反になる法令とは、旧商法と関係法令を指し、それ以外の法令違反行為は、善管注意義務違反の問題として処理すべきであるとの立場があったが、法令の範囲を限定することなく、取締役が遵守すべきあらゆる法令を含むとするのが判例（最判平成12・7・7民集54巻6号1767頁）および通説であり、実務は法令違反の対象となる法令の範囲を限定しないとして、無制限説に従っていた。

　(B)　会社法下での法令の範囲

　会社法は、任務懈怠の責任に法令・定款違反の責任を含むとの立場をとった。そこで、当該責任が法令・定款違反の任務懈怠か、それ以外の任務懈怠かという問題は生ずるが、法令の範囲に関する旧商法の解釈は、会社法の下においてもひとしく通用するであろう。

　そこで、旧商法の解釈を引き継ぎ、法令の範囲は、取締役を名宛人として、取締役が職務執行上遵守しなければならない法令だけでなく、会社の業務執行の意思決定並びに業務を執行する任にある取締役は、会社が法令に違反しないように行為するのも取締役の職務上の義務であるから、会社を名宛人として、会社が業務執行上遵守しなければならない法令も含むと解される。

　このように、法令の範囲を無制限に解し、法令違反の行為により会社に損害を与えた取締役は、任務懈怠責任を負わなければならないのであるが、証券取引所の規則などの自主ルールも法令に準じて取り扱うべきであろう。

　(イ)　故意・過失

　取締役が法令違反行為により責任を負うためには、法令違反について故意または過失があることを必要とするが、故意または過失がないことは取締役の抗弁事由となる。法令違反の過失は、法令を知らない場合と、法令の内容を誤解した場合（解釈上の誤り）とがあるが、法令違反の過失について、善管注意義務違反の場合の過失と同程度のものを要求すべきかどうかは問題である。法令の範囲を限定しないことを前提とすれば、法律家でない取締役に、善管注意義務違反の場合と同一基準で過失を認定すべきではないであろう。また、法令違反の違法性の認識を欠くことに相当の理由が認められる場合は、過失を認める

**345**

べきではないと思われる。

取締役には、法令違反行為を行う裁量権がないから、たとえ、会社の業績向上に役立つとの認識の下に法令違反行為を行った場合でも、法令違反の任務懈怠責任が生ずるとの見解が見受けられる。[3] 確かに、この見解は、故意による法令違反行為については妥当である。しかし、過失による法令違反行為について、常に妥当するかは疑問である。

また、法令違反の場合には経営判断の原則が適用されないと解されている。しかし、法令の範囲につき無制限説をとり、かつ経営判断の原則は過失の有無の認定に際して機能する判断基準であると解すれば、法令違反の場合には、一律に経営判断の原則が適用されないとすることは妥当でないと解される。

　　(ウ)　定款違反行為

定款違反行為とは、取締役が会社の定款所定の目的（会社27条1号）の範囲を超える行為をするとか、定款の定めに違反し、または、定款に定めることが要求されている場合に、定款に規定のない行為をした場合である。

定款上、明文の定めのない目的事項に関する行為をした場合に、それが定款記載の目的の範囲内に含まれるか否かという観点から問題にされることが多い。定款違反の任務懈怠行為の責任であるから、原告が、定款記載の目的に反することを主張・立証しなければならないが、被告取締役において、定款違反の事実を否認し、定款違反がないことを基礎づける事実（積極的否認）を主張したうえで、故意・過失という帰責事由が存在しないこと（抗弁）として主張・立証することになる。[4]

## (5)　賠償責任額の算定

　　(ア)　取締役の賠償責任額

取締役は、任務懈怠と相当因果関係にある会社に生じた損害について責任を負う。原告（会社または代表訴訟の原告株主）は、被告取締役の任務懈怠に該当する具体的事実、損害額、任務懈怠と損害との因果関係について主張・立証しなければならない。これに対し、被告取締役は任務懈怠を争い、反対事実を主張・立証し、故意または過失がないことを主張し、責任がないことを立証する

---

3　商事関係訴訟184頁。
4　商事関係訴訟184頁、181頁参照。

のである。

　取締役に任務懈怠があり、故意または過失があるとされた場合、任務懈怠と相当因果関係がある全損害額について、取締役は賠償責任を負わなければならないが、この原則論によって、取締役に、会社に生じた全損害額について賠償責任を課すのは必ずしも公平ではない場合がある。そこで、過失相殺、損益相殺による賠償責任額の減額が図られる必要があり、また、取締役の連帯責任は必ずしも適正でないから、寄与分に応じた一部連帯責任などの解釈上の工夫が検討されるべきである。

　　(イ)　過失相殺による賠償責任額の減額

　取締役に任務懈怠の責任が認められるが、被告取締役の任務懈怠に、会社側にも帰責事由がある場合に、それを考慮して取締役の賠償責任額を軽減することは、損害賠償責任の公平（公正）化ということから必要であると考えられる。特に、他の取締役にも責任原因があるのに、特定の取締役（多くの場合、退任した元代表取締役、代表取締役に批判的な立場の取締役）を狙い撃ちした提訴の場合に問題は深刻となるであろう。

　そこで、賠償責任額の軽減のために過失相殺の可否を検討することが必要となる。

　問題は、取締役の任務懈怠責任の追及訴訟において、会社側の過失とは何か、どのような場合が会社側の過失といえるかであるが、被告取締役のほかに他の取締役や従業員にも責任原因がある場合と、従来から欠陥のある会社の組織と管理体制を引き継いでいた結果、会社に損害が生じた場合が考えられている。しかし、これが会社側の過失であるといえても、相殺に適する会社側の過失といえるかとなると大いに疑問である。

　他の取締役に過失があるのに、当該取締役だけの責任を追及するのは明らかに不合理であるが、これを、直ちに会社の過失と結びつけるのは困難であろう。また、会社の組織と管理体制に欠陥がある場合でも、取締役はそれを改善すべきであるから、それを怠りながら被告取締役が過失相殺を主張することを認めることは、内部統制システム構築義務と矛盾するのではないかという疑問が生ずることは避けられない。

　しかし、理論上の問題はともかく、賠償責任の公平化という観点から、これ

第11章　取締役の責任追及訴訟

らの場合は、会社側の過失ととらえ、過失相殺の規定（民418条）を類推適用するのが妥当な取扱いというべきであろう。

　会社側の過失として、過失相殺の法理により責任額を軽減した場合、理論的には、会社の損害賠償請求権が減少し（一部消滅）、会社の全損害が回復されないことになる。そこで、会社側の過失というのも、実は他の取締役の過失であるとして、相殺により請求が減額されても、会社は相殺相当分の損害賠償請求権を失わず、他の取締役に対して、別途、請求できるとするための理論的な工夫を検討することが必要となる。そこで、たとえば、会社は相殺により対抗された相当額分については、他の取締役に請求することができるなどを考えるべきである。

　次に、取締役の違法行為により会社に発生した損害が拡大した場合、拡大した損害額について取締役に責任を負わせることが妥当でない場合がある。この点、損害が拡大した部分について、因果関係がないとして処理できない場合については、会社は抑止可能な損害の拡大を防止すべきであるのに、それを怠り適切な防止行為をしなかったことにより、損害が拡大したとして、公平の原則あるいは信義則により、会社は賠償請求ができないと考えるべきであろう。

　　(ウ)　会社が利益を得た場合と損益相殺

　　　(A)　取締役の任務懈怠行為により会社が利益を得た場合

　取締役の任務懈怠行為により会社に損害が生じたが、反面、会社がそれと相当因果関係にある利益を得ている場合は、賠償責任の公平という観点から損益相殺を認めるべきである。因果関係にある利益をどう解するかであるが、賠償責任の公平という趣旨からは、因果関係をあまり厳格に要求すべきではない。ただ、会社の得た利益の額の算定が困難な場合が少なくないが、この場合は、裁判所が相当額を認定すべきであろう。

　裁判上の例として、退職年齢に達したことを看過し、従業員を従来どおりの労働条件で勤務させたため、会社に損害が生じたとしても、それにより従業員の勤労意欲が向上し、会社に利益を与えたと認められる場合は、相当額について損益相殺を認められるとする事例（東京地判平成2・9・28判時1386号141頁）、取締役に、違法行為がなければ支払われていた退職慰労金について、会社が支払いを免れたことを理由に、損益相殺を認めた事例がある（福岡地判平成8・

1・30判タ944号247頁）。

　いずれも、公平の観点からの結論といえよう。これらの場合は、厳格にいえ
ば、損益相殺の対象となる因果関係が認められるか疑問であるが、会社が利益
を得ていることから、賠償責任の公平を図るという趣旨に照らし、損益相殺を
認めたことは是認できるし、結論としても合理性に欠けるものとはいえない。

　⒝　取締役の著しい法令違反行為が会社に利益をもたらした場合

　次に、取締役の任務懈怠行為が、結果的に会社に多大な利益をもたらしたが、
それが単に法令違反にとどまらず、刑法犯を構成する程度の違法な法令違反が
あり、とうてい、是認することができない場合の取扱いが問題となる。

　賄賂を贈り、それにより工事を受注し、会社に利益をもたらした場合、賄賂
相当額を損害とする賠償請求事件において、会社が得た利益を損害額から控除
しうるかという問題である。損害額の算定においては、賄賂を贈ったことによ
るにせよ、工事を受注し、会社は利益を得たのであるから、因果関係にある利
益ということができる。そこで、当該取締役が刑事罰を受けるとか、会社の信
用を落とした、指名停止になった等これに起因して生ずる損害について、別途
賠償請求することは別として、会社の得た利益を損害額の算定において控除す
ることが可能との考え方も十分成り立ちうるであろう。

　一般論としては、いかに会社に利益をもたらしたとしても、贈賄行為は社会
的許容性の限界を逸脱した行為であるから、損益相殺の対象となる利益という
べきではないともいえよう。しかし、賄賂を贈らなければ、工事を受注できな
かったという事情の下で、会社の得た利益を考慮することなく、違法に支払っ
た額を損害とする取扱いが、損害賠償責任の性質からみて、適正であるかとい
う疑問は残る。

　この点、裁判例は、損益相殺の対象となる利益は、違法行為と相当因果関係
にある利益であるとともに、当該違法行為による会社の損害を直接填補する目
的ないし機能を有する利益であることを要する。そうすれば、贈賄行為により
工事を受注できた結果、会社が利益を得たとしても、その利益は工事の施工に
よる利益であって、賄賂が返還された場合のように、贈賄による損害を直接に
填補する目的・機能を有するものではないから、損害の原因行為との間に相当
因果関係はないとして（東京地判平成6・12・22判時1518号3頁）、因果関係の問

第11章　取締役の責任追及訴訟

題として処理している。しかし、結論は別にしても、この因果関係論には疑問が生ずるであろう。

また、賄賂が返還されたのであれば、損害額の減少または損害がなくなったのであるから、損益相殺をもち出すまでもないであろう。

　㈋　寄与分に応じた連帯責任

任務を怠った取締役等は、会社または第三者に対して損害賠償責任を負うが、賠償責任額は任務懈怠と因果関係がある全損害であるから（会社423条1項、429条1項）、賠償額が巨額になりとうてい支払えない金額となることがある。また、取締役等の責任は連帯責任であり、責任のある取締役等全員が損害額全額について連帯して賠償責任を負うことから（同法430条）、会社または第三者は取締役等全員に対し、または一部に対し全額を請求することが可能であり（多くの場合、会社に対する責任について問題になる）、後は取締役等間の求償権の問題として処理することになる。しかし、この方法は、特定の取締役等を狙い撃ち的に被告とすることがあり、また資力との関係から求償権による問題として解決することが難しい場合がある。

そこで、損害額全額について形式的に連帯責任を負うとするのが適正であるか否かが問題にされるようになった。特に、監視義務違反の責任を負う取締役や監査役が、違法行為をした取締役等と連帯して、全額について賠償責任を負うとすることには問題があると思われる。

違法行為に対する関与の度合いが低く、あるいは継続的違法行為の一部についてしか関与していない取締役等、さらには監視義務違反の責任を問われる取締役や監査役が、会社に生じた損害の全額について責任を負わなければならないとするのは公正ではない。内部統制システムの構築等義務違反の責任についていえば、構築等の義務に違反した代表取締役等と、システムの構築と運用に対する監視義務違反の責任を負う取締役等が、全額について同額の連帯責任を負うとするのは公正とはいえない。また、損害発生の原因が当該取締役等の任務懈怠だけでなく、他にも原因がある場合に（たとえば、会社の経営自体に長年にわたり問題があった、他の取締役等の先行行為があったなど）、当該取締役等だけが責任を負うとするのも公正ではない。そこで、各人の賠償責任額を個別的に認定するとともに、連帯責任についても全部連帯とするのではなく、自己の

責任を負うべき賠償額の範囲内で連帯責任を負う（部分的連帯）とする解釈努力を必要とする。

この点、当該取締役等が会社の損害発生の原因となる行為にどれだけ関与したか、当該取締役等の行為によりいくらの損害が発生したか、会社の損害発生との因果関係などを問題にし、各自の関与に応じた賠償責任額を認定するという割合的因果関係論により、寄与度に応じた賠償責任額の認定という方法によることが必要であるといわれている。それは、責任を負う者が複数人の場合において、発生した賠償額を1として、各人の関与の度合いに応じて分割認定し、合計して1になるよう計算することにより賠償責任の個別化を図るものである。

裁判例は、この考え方を取り入れて、取締役各人の賠償責任額を個別的に認定し、責任の個別化と公平化を図っている（東京地判平成8・6・20判時1572号27頁、大阪地判平成12・9・20判時1721号3頁、大阪高判平成18・6・9判タ1214号115頁、東京地判平成29・4・27資料版商事400号119頁〔オリンパス事件〕）。

もっとも、上記判決は、賠償金総額を1として、関与の度合いに応じて、各人の賠償責任額を分割する本来の寄与度に応じた賠償責任額の認定ではなく、当該取締役の関与期間や損害発生との因果関係などを考慮して賠償責任額を分担するものである。そこで、会社に生じた損害全部について責任を負う者があれば、一部についてしか責任を負わない者もあり、各人の賠償責任額を合計しても、会社に発生した損害額とはならない場合もある。この手法は、本来の割合的因果関係論（寄与度に応じた賠償責任額の認定）ではないが、妥当な解決方法であり実務はこの方向で定着すると考えられる。

各取締役等は、自己の賠償責任額の範囲で他の取締役等と連帯責任を負うことになる。取締役等の責任を連帯債務とするのは（会社430条）、損害発生に対する各人の因果関係と賠償額を特定し立証することが困難であるという技術的なものと、会社に生じた損害の回復を容易にすることを目的とするものであるから、当該取締役の関与期間や損害発生との因果関係などを考慮して賠償責任額を認定することは許されないものではない。

取締役等の弁済能力との関係で、損害額が大きい場合は、そもそも全額を回復することは困難であるから、この処理方法によることはさして支障にならないであろう。

第11章　取締役の責任追及訴訟

【記載例15】　善管注意義務違反による損害賠償請求訴訟

### 請 求 の 趣 旨

1　被告は，原告に対し，金××万円及びこれに対する訴状送達の日の翌日から支払済まで年5分の割合の金員を支払え。

2　仮執行宣言

### 請 求 の 原 因

1　原告は，××を営業目的とする株式会社であるが，取締役会ならびに監査役を設置する。被告は，平成××年×月から同××年×月まで，原告の代表取締役の地位にあった者である。

2　被告は，原告の代表取締役であった平成××年×月，資金繰りに窮した原告の取引先である訴外A株式会社（以下，Aという）から，資金援助要請を受けた。

　その際，被告はAの経営状況，信用度，弁済能力等について十分に調査し，その上で資金援助をすることによりAが立ち直り，貸付金の回収も可能であるか否かを検討し，資金援助の決定をすべきであるのに，Aの一時的な資金難であるとの説明を軽信し，何ら調査と検討をすることなく資金援助を決定し，同年×月××日，無担保で金×××万円という多額の融資を行なった。

3　その後，Aは，同年××月××日，2度目の手形不渡りを出し事実上倒産状態に陥り，本件融資金の回収は不能となった。

4　本件融資当時，Aの経営状態はきわめて悪く破綻状態にあり，本件融資金の弁済など到底なしえない状態にあった。被告は，本件融資を実行するに当たり，Aの経営状況，信用度，弁済能力等について十分に調査すべきであるのにこれを怠り，Aの一時的な資金難であるとの説明を受け，取引先を救済すべく，無担保で金×××万円という多額の融資を行なったのであるから，原告に対し，会社法423条1項による取締役としての任務懈怠責任を免れない。

#### (6)　監視・監督義務違反の責任

##### (ア)　取締役の監視義務の根拠

　取締役は、他の取締役の職務執行を監視・監督する義務を負うが、その根拠は必ずしも明らかではない。取締役会設置会社においては、取締役会は、取締役の職務の執行を監督するとしている（会社362条2項2号）。これは取締役会

の権限であるとともに義務であると解されるが、そこから、取締役会の構成員たる各取締役の監督義務が導き出されるのである。取締役会非設置会社においても、取締役が複数存在するときは、取締役は他の取締役の職務執行を監視・監督する義務を負うが、その根拠は、取締役の業務執行権限に求めるべきであろう。いずれにしても、会社法に、取締役の監視・監督義務を明確にする規定を設けるべきであったと解される。

　取締役の監視義務と監督義務は明確に区別して使用されていないようである。一般的にいえば、他の取締役に対する監督義務を監視義務、従業員に対する監視義務を監督義務といっているようである。そこで、ここでもそのようによぶことにする。

　(イ)　監視義務の対象

　取締役会設置会社の場合、取締役の監視義務は取締役会に由来する。そこで、取締役会に上程された事項についてのみ監視義務を負うとの解釈も可能であるが、このように限定的に解する必要はなく、代表取締役または業務執行取締役の業務執行一般について監視義務を負い、取締役会を通じて取締役の違法な業務執行を是正することになる。

　しかし、多くの場合、監視義務は取締役会に上程された事項を中心として問題とされる。決議に基づき、代表取締役が執行した結果、会社に損害が生じた場合、決議に参加した取締役であって、議事録に異議を述べた旨が記載されていないことにより、決議に賛成したと推定される取締役（会社369条5項）は、決議に賛成したことにより任務懈怠責任を問われる場合がある。

　そうすれば、決議に参加しないほうが得策であるとして、取締役会を欠席した場合はどうなるかであるが、取締役会に上程される議案を知りながら、正当な理由がなく欠席した場合は、取締役会に出席して、議案に反対し決議の成立を阻止すべき義務を怠ったことになるから、やはり任務懈怠の責任を免れないのであり、決議に参加した取締役と連帯責任を負うことになろう。

　取締役が、代表取締役または業務執行取締役（会社363条1項2号）の業務執行一般について、監視義務を負うということは、何もすべてについて現実に監視義務を課すことを意味するものではない。取締役会に上程された事項以外については、代表取締役または業務執行取締役の業務執行の内容を知っていた場

合、および相当の注意を払えば、当然知り得た場合についてのみ、監視義務違反の責任を負うのであり、実際上、不可能な程度の監視義務を課すものではない。

　㈡　各取締役の監視義務の内容

　　⒜　業務執行を担当しない取締役

　社外取締役、非業務執行取締役（平取締役）は、取締役会に上程された事項および代表取締役または業務執行取締役の業務執行の内容を知っていた場合、あるいは当然知り得た事項についてのみ監視義務違反の責任を負う。

　　⒝　代表取締役の監視義務

　代表取締役の監視義務は、内容においても、程度においても他の取締役と同様に考えることはできない。代表取締役は、取締役会の構成員としての監視義務を有するだけでなく、代表取締役として業務全般について監視義務を負う。

　代表取締役は、会社代表権限を有するだけでなく、対内的にも会社の業務を執行する権限を有する（会社363条1項1号）。そこで、会社の業務全般について監視義務を負うのである。また、会社の業務執行の最高責任者として、他の取締役に対する指揮命令権と監視義務を負うことになる。

　代表取締役と他の代表取締役との間に、指揮命令関係がないにしても、代表取締役として相互に監視義務を負うものと解される。そこで、他の代表取締役を指揮できないとか、担当分野が異なるなどを理由に、監視義務の責任を免れるものではない。

　　⒞　名目的取締役と監視義務の問題

　取締役に就任するに際し、取締役としての職務を行わなくてもよい、責任を負わない、といったことが約されることがある（名目的取締役）。かかる取締役が監視義務を負うかであるが、名目的取締役であっても、法律上は取締役の地位にあるのであるから、監視義務を負うべきであるとの考え方もできる。しかし、会社の規模、取締役の年齢や能力、取締役に就任した経過、報酬の有無など具体的事情によっては、監視義務を負わず、また任務懈怠の責任を負わないとの約定を認める必要もある。

　会社から任務懈怠の責任を追及された場合、約定の存在を理由に免責を主張しうる場合を認めてもよいであろう。会社は、名目的取締役として就任を求め

ながら、損害が生じた場合に、自ら約定に反して任務懈怠の責任を追及することは信義則違反といえよう。

　旧商法の下においては、常に、株式会社においては3名以上の取締役を必要としたことから、実際上、名目的取締役を必要とした事情を無視することはできない。そこで、主として、小規模閉鎖会社において問題になったが、名目的取締役は責任を負わないとの約定の効力が認められる場合は十分に考えられる。そして、会社または破産管財人からの責任追及訴訟に対し、名目的取締役は約定の存在を抗弁として主張し、請求の棄却を求めることができる。

　しかし、対第三者責任については（会社429条1項）、同様に考えることはできない。名目的取締役の約定は会社との間でのみ効力が認められるから、第三者から責任を追及された名目的取締役は、会社との約定を理由に責任を免れることはできない。それゆえ、会社の業務を代表取締役に任せきりにし、その業務執行に関心をもたないため相当の注意を払うことなく、そのために、代表取締役の任務懈怠行為を見過ごしたような場合においては、それが重大な過失と認められる場合は、第三者に対し損害賠償責任を負わなければならない。

　多くの場合、名目的取締役が存在するのは、極めて小規模な閉鎖的な会社の場合であり、旧商法が3名以上の取締役と取締役会の設置を義務づけていたことに、実質的な理由があるといえる。この点、会社法は、取締役会を設置しない会社を認め、かかる機関設計をした場合は、取締役は1名以上ですむことから、名目的取締役の必要性は次第に減少していくであろう。

　　㈒　監視義務違反の責任

　監視義務違反による任務懈怠の責任を追及された取締役は、当該事実に係る取締役会決議に反対した事実を立証して任務懈怠の事実を争い、あるいは、取締役会に上程されていない事項については、代表取締役または業務執行取締役の業務執行の内容を知らなかったし、知り得なかったとして、過失がなかったことを抗弁として主張することになる。

　監視義務違反の責任は、代表取締役等の業務執行により会社に生じた損害のうち、監視義務違反と相当因果関係にある損害である。そして、監視義務違反の責任を負う取締役は、当該業務執行行為をした代表取締役または業務執行取締役と連帯責任を負うことになるが、かかる監視義務違反の責任を負う取締役

第11章　取締役の責任追及訴訟

が複数人存在するときは、かかる取締役も連帯して損害賠償責任を負う（会社
430条）。

(オ)　従業員に対する監督義務

　代表取締役は、会社の業務執行の最高責任者として、会社業務全般について
監視義務を負うのであるが、自ら、あるいは他の取締役または職制を通じて、
従業員に対して指揮命令権を有するとともに、監督義務を負うことになる。そ
して、従業員の不正行為等を事前に防止する義務を負う。もとより、不可能と
もいうべき個々の従業員に対する個別具体的な監督義務を負うのではなく、監
視システムを通じて監督義務を履行するのである。そして、監督義務の違反が
あれば任務懈怠の責任を免れない。

　業務執行取締役も、自己の部下従業員を用いて業務を執行するのであるから、
かかる従業員の職務執行が適正に行われ、不正行為が行われないように監督義
務を負っている。

**【記載例16】　監視義務違反による損害賠償請求訴訟**

請　求　の　趣　旨

1　被告は，原告に対し，金×××万円及びこれに対する訴状送達の日の翌日か
　ら支払済まで年5分の割合の金員を支払え。
2　仮執行宣言

請　求　の　原　因

1　原告は，××を営業目的とする株式会社であるが，取締役会ならびに監査役
　を設置する。被告は，平成××年×月から同××年×月まで，原告の代表取締
　役の地位にあった者である。そして，訴外Aは，被告が代表取締役として在
　任している間，原告の経理部門を担当する使用人兼取締役であった。
2　訴外Aは，平成××年×月から同年×月までの間，数回に渡り自らが管理
　している原告の銀行預金口座から金×××万円を引出し，これを着服横領し，
　原告に上記金額相当の損害を与えた。
3　被告は，代表取締役として，原告の銀行預金の管理が適正になされているか
　どうかについて監視・監督すべき地位にあったことから，訴外Aの銀行預金

の管理を監視・監督すべきであった。

被告が，適正に監視・監督義務を尽くしていれば，訴外Aの本件横領行為を未然に防止することができたのに，これを怠ったため訴外Aの本件横領行為を可能としたのであるから，代表取締役としての監視・監督義務違反の責任を免れない。

### (7)　内部統制システムの構築等義務違反の責任

取締役は、他の取締役に対する監視義務を負い、また代表取締役や業務執行取締役は従業員に対し監督義務を負うのであるが、会社が大規模化し組織が複雑になると、個別的な監視・監督義務では対応できないし、また、現実に不可能である。そこで、近年、内部統制システム（リスク管理システム）の構築の必要性がいわれるようになった。

それは、代表取締役は、取締役や従業員が適正に業務または事務を遂行し、不正な行為をしないようなシステムを構築する義務を負い、取締役はシステムが機能しているか否かについて監視するという義務を負うことを内容とする。そして、システムの構築義務、監視義務を履行していれば、監視・監督義務違反の責任を負わないというものである。

取締役の責任は、内部統制システムの構築等義務と違反の責任、それに対する監視義務違反の責任追及の方向性が強まったが、内部統制システムの構築等義務違反があったというだけで、取締役の責任が生ずるのではない。それにより、会社に損害が生じた場合にそれが任務懈怠責任として問題にされる。

内部統制システムの整備の決定を適切に行わない場合は法令違反の責任、代表取締役等が取締役会の決定に従い、システムを構築し運用することを怠り、またはそれが不十分な場合は構築等義務違反の責任、取締役と監査役がシステムの構築と運用に対する監視義務を怠った場合に責任（現在では、監視義務違反の責任はシステムを通じて問題にされる）が生ずるのであるが、これは任務懈怠責任である（会社423条1項）。そして、この責任は、第三者に対して負うこともある（同法429条1項）。

*357*

## (8) コンプライアンス体制の構築等義務違反の責任

　取締役の内部統制システムの構築等義務違反が問題になる多くの場合は、コンプライアンス体制（システム）の構築等義務違反の場合である。コンプライアンス体制とは、取締役や従業員（使用人）の職務の執行が法令・定款に適合することを確保するための体制（会社362条4項6号、会社施規100条1項4号）、つまり取締役や従業員による不正行為や違法行為が行われないことを確保するための法令遵守体制であり、内部統制システムの中心をなすシステムである。

　遵守すべき法令は、会社法に限らず事業活動に関する法令、企業活動上の倫理も含まれ、工業規格（JIS）だけでなく、顧客との約定に基づく基準を遵守することもコンプライアンスの内容となるから、法令に違反しない行為だから許されるというわけにはいかない。

　コンプライアンス体制が形式的に構築されていても、その違反がなくならないのは、利益第一主義と目標達成、上司の意向に逆らえないという企業体質にに加え、企業内での事業部門の独立（社内カンパニー）により、コンプライアンスに対する監視が行き届かないことにある。

　そこで、企業倫理、企業行動規範等を定めるなどしてコンプライアンス体制を整備し、積極的に開示し周知徹底するだけでなく、それを有効に機能させるために、モニタリング体制（監視体制）と社内通報制度の確立などが必要となるが、それに加え、利益第一主義と目標達成の重圧からの解放が必要である。

　そして、取締役はコンプライアンス体制の構築等の義務に違反した場合に、任務懈怠の責任を負うが、コンプライアンス体制とは取締役や従業員の法令遵守を確保する体制と、法令遵守がなされるよう監視する体制からなり、後者により、コンプライアンス体制の構築等の義務違反は、取締役の監視義務違反となると理解することができる。

　取締役は、代表取締役等（代表取締役・業務執行取締役）が、不適切な業務執行上の判断（経営判断）をしないよう監視する義務と、違法または不正な行為をしないよう監視する義務を負うが、監視義務違反の責任の多くは後者の場合である。代表取締役等は、部下従業員の違法または不正な行為を防止するためにコンプライアンス体制の構築等義務を負い、これを通じて監督することになる。従業員が違法または不正な行為をした場合、コンプライアンス体制の構築

等義務違反としての責任が問題になる。

　コンプライアンス体制による監視義務は、個別監視義務とは同じではないが、代表取締役等の業務執行や従業員の職務執行に違法または不正があると疑われるときは調査し、必要があれば是正措置を講ずる必要があることでは共通している。それは、決して過剰な監視義務を課すものではない。

### ⑼　コンプライアンス体制の構築義務違反がないとされた事例

　経済新聞を発行するA社の従業員Bが、A社が管理する公告に関する総合システム（アドバンス）内の情報を利用してインサイダー取引を行ったのに対し、A社の株主が、取締役として従業員によるインサイダー取引を防止することを怠ったとして、取締役の損害賠償責任を追及する代表訴訟を提起した（日本経済新聞インサイダー取引事件）。

　判旨は、取締役は、会社の事業の規模や特性に応じて、従業員による不正行為などを含めて、リスクの状況を正確に把握し、適切にリスクを管理する体制を構築し、その職責や必要の限度において、個別リスクの発生を防止するために指導監督すべき善管注意義務を負うとして、コンプライアンス体制の構築義務を認めた。そして、どのような管理体制を構築すべきかについては、当該会社の事業内容、情報の性質・内容・秘匿性、業務のあり方、人的・物的態勢など諸般の事情を考慮して、その合理的な裁量に委ねられているとした。

　本件についていえば、A社の従業員は、業務遂行上、インサイダー情報に接する機会が多いことから、A社の取締役は、一般的に予見できる従業員によるインサイダー取引を防止しうる程度の管理体制を構築し、また、その職責や必要の限度において、従業員によるインサイダー取引を防止するために指導監督すべき善管注意義務を負うものとした。

　ところで、A社の管理体制は、情報管理に関して一般的に合理的な管理体制であり、A社は、従業員がインサイダー取引を行うことを防止するために、就業規則の付属規定として「インサイダー取引規制に関する規定」を制定し、これら社内規定と各局における内規に基づき、従業員に対し、法令遵守に関する社内研修を実施して周知を図ってきた。そして、これらの施策を実施していることから、被告取締役は、本件インサイダー取引当時、一般的にみて、合理的な管理体制をとっていたものということができるとして、取締役に善管注意

義務違反の過失はなかったとした（東京地判平成21・10・22判時2064号139頁）。

このように、判旨は、一般論として、取締役はリスクの状況を正確に把握し、適切にリスクを管理する体制を構築し、また、その職責や必要の限度において、個別リスクの発生を防止するための善管注意義務を負うとして、コンプライアンス体制の構築義務を認めた。その内容については、当該会社の事情に応じて取締役の合理的な裁量に委ねられているとしている。そして、被告取締役は、本件インサイダー取引当時、一般的にみて、合理的な管理体制をとっていたものと認定したのである。認定した事実に基づけば、コンプライアンス体制の構築義務の違反はないといえる。

インサイダー取引規制の適用要件として、公開買付情報の実現可能性が規制の適用要件となるか否かが争われた刑事事件がある。第一審判決は、「買付けの実現の可能性が全くない場合以外は、インサイダー情報に当たる」、控訴審判決は、「買付けの実現の可能性が低ければ、重要事実に当たらない」との一般的基準を示したうえで、本件は、実現の可能性が全くない場合にあたらないばかりか、実現の可能性が低いとはいえないとして重要事実の該当性を認めた。

これに対し、最高裁判所は、平成23年6月6日付けで、「買付けの決定は、それだけで投資判断に影響があるから、買付けが実現する可能性が具体的に認められる必要はないから、買付けに向けた作業を会社業務として行う決定があれば足りる。そこで、実現可能性が全く、あるいはほとんどない場合を除き重要事実に当たる」との判断を示した（平成23年6月8日付け日刊新聞各紙）。

判決に対し賛否両論が予想されるが、この基準は公開買付情報（金商167条）に限らず、会社関係者の禁止行為に係る一般の重要事実に係る情報（同法166条）についても共通するものと考えられる。

## 3　取締役等の法令違反の責任

### (1)　取締役等の法令違反行為

会社役員（取締役、会計参与、執行役、監査役、会計監査人）は、会社に対して任務懈怠の責任を負うが（会社423条1項）、多くの場合、取締役と執行役（取締役等）の責任として問題になる。取締役等の任務懈怠責任には法令違反の責任が含まれるが、法令には会社法だけでなくあらゆる法令が含まれる。行

為者以外の取締役等の責任は、コンプライアンス体制の構築と運用義務違反、それに対する監視義務違反の責任（監査役の責任も問題となる）として問題になる。

コンプライアンス体制の構築等義務違反の責任が多発しているが、違反が問題になる法令は、食品衛生法、建設業法、産業廃棄物処理法、道路運送車両法など多岐にわたるが、いずれも、会社に巨額の損害を与え、会社経営や株主の利益に重大な影響を及ぼしている。その中で件数が多く深刻な問題が生ずるのが、金融商品取引法違反（有価証券報告書の虚偽記載）と独禁法違反（カルテルや談合）である。代表訴訟による責任追及が多いが、会社自身が責任追及する事例も増えている。

かかる法令違反行為が行われるのは、コンプライアンス体制の構築と運用、それに対する監視義務違反によることから、違法行為をした取締役はもとより、代表取締役その他の取締役は、コンプライアンス体制の構築等義務違反の責任を免れない。

## (2) 金融商品取引法違反行為

### ㈎ 有価証券報告書等の虚偽記載

金融商品取引法違反として問題にされる多くの場合は、有価証券報告書等の虚偽記載である。有価証券報告書等の虚偽記載は、粉飾決算に基づきなされることが多く、粉飾決算といえば有価証券報告書等の虚偽記載の意味に理解されている。

粉飾決算は、会社の業績が振るわず赤字（欠損）である場合の赤字隠し、赤字ではないが業績不良の会社が、利益が出ているように、あるいは赤字が少ないように装うために会計を不正に操作することである。粉飾が行われるのは、コンプライアンス体制の構築の不十分に起因する。粉飾は、架空売上げ、利益の水増し、損失の過少計上等によるが、その手口は、売上げ先行計上（来期に帰属する利益を前倒し、今期の利益と偽り計上する）、グループ会社を連結からはずし、内部取引利益を連結決算で利益計上する、資産の過大評価・不良債権の過少評価、売上原価の虚偽記載、工事進行基準（インフラ整備において、工事の完成度合い、進捗状況に応じた総原価と売上げを適正に見積もって計上し、工事の進捗状況に応じて売上計上する会計処理）の悪用などである。

*361*

第11章　取締役の責任追及訴訟

これらを組み合わせて複雑なものとしている場合は、内部監査部門で見破ることは難しい。また、大規模な企業が事業部門別に独立している場合（社内カンパニー制）、事業部門の会計不正を本社の統轄部門で見破ることも容易ではない（その意味で、グループ内部統制システムに準ずる体制の整備が必要である）。これらの事例は、外部監査によって看過する場合も十分考えられる。そのため、公認会計士による慎重な調査と検討が要求される。

粉飾決算に基づき作成された有価証券報告書等は、企業の実態を現しているものではなく、株主や投資家の信頼を害するだけでなく、それが発覚した場合に多大な損害を与えることから、それに関与した取締役等が責任を負うのは当然である。まして、経営トップが関与して企業ぐるみで粉飾決算がなされた場合、代表取締役の責任は重大であるが、関与していなくても、コンプライアンス体制の構築義務違反の責任を免れない。

### ㈤　有価証券報告書等虚偽記載と会社等の責任

#### (A)　虚偽記載の責任

有価証券報告書等の重要な部分に虚偽記載があると、提出者（提出会社）は、公衆縦覧の期間中に流通市場において株式を取得した者に対し、虚偽記載により生じた損害について損害賠償責任を負う（金商21条の2第1項）。発行会社の役員等（取締役・執行役・会計参与・監査役、これらに準ずる者）、監査証明をした公認会計士・監査法人も損害賠償責任を負う（同法24条の4、22条）。株式の取得者（株主）が、これらの責任を追及する訴訟は証券訴訟（投資家訴訟）とよばれている。

虚偽記載の責任は、従来、無過失責任とされていたが、平成26年の金融商品取引法改正により、虚偽記載により責任を負う者は、故意または過失がなかったことを証明したときは、賠償責任を負わないとして（金商21条の2第2項）、虚偽記載の責任を過失責任としたうえで、無過失を立証することにより責任を免れるとした（過失の立証責任の転換）。しかし、無過失の立証は容易ではない。

#### (B)　損害額の推定

株主等が責任を追及するためには損害額を証明しなければならない。しかし、株価の下落には多くの要因があることから、虚偽記載の事実の発覚による株価の下落額（損害額）の立証は容易ではない。

*362*

そこで、金融商品取引法は損害額の推定規定を設けている。請求者（原告）は、損害額を立証することなく、推定損害額によることができる。すなわち、虚偽記載の事実が「公表」されたときは、公表日前1年以内に株式等を取得し、公表日において引き続き保有しているときは、公表日前1カ月間の市場価格の平均額から、公表日後1カ月間の市場価格の平均額をもって虚偽記載による損害とすることができるとの規定である（金商21条の2第3項）。

したがって、この要件に該当する株式の取得者（株式等を処分済みの者を含む）は、他に株価下落の原因があっても、この推定損害額により損害を請求することができる（推定損害額によらず、実損害を立証して賠償請求をすることは可能である）。株式等の取得に際し、有価証券報告書等を閲覧したか否かは問わない。推定損害額であることから、被告（会社等）は虚偽記載により発生した損害を立証することで、推定損害額によらないと主張することは可能であるがそれは容易ではない。

(C) 虚偽記載の事実の「公表」

推定損害額によるためには、虚偽記載の事実が公表されたことが必要である。「公表」とは、当該書類の提出者（発行会社）または当該提出者の業務もしくは財産に関し法令に基づく権限を有する者により、虚偽記載の事実について、多数の者の知り得る状態におかれるという措置がとられた場合である（金商21条の2第4項）。

発行会社による公表、証券取引所の発表がこれにあたるが、「当該書類の提出者又は当該提出者の業務若しくは財産に関し法令に基づく権限を有する者」とは監督官庁、金融庁や証券取引等監視委員会をいうものと解される。その発表に信用性が認められるにしても、税務当局や犯罪捜査機関の発表まで含めるべきではないであろう。

この点、判例は、検察官が、複数の報道機関に対し、虚偽記載の容疑で捜査に着手する旨を伝達したことをもって公表にあたるとしている（最判平成24・3・13判時2146号33頁）。疑問であるが、株価の下落による株主保護のための拡大解釈と考えられる。

(D) 虚偽記載による損害

課徴金の納付等により会社に損害が発生することになる。金融商品取引法上

の課徴金処分は、違反行為をした者（発行会社）に対し、金銭的な負担を課すことにより、違反行為の防止を図るための行政処分であるが、有価証券報告書等の虚偽記載も対象となる（金商172条の4第1項）。そして、課徴金の金額は巨額化している。

課徴金の減算制度（リニエンシー）により、証券取引等監視委員会の検査または報告の聴取等の開始前に違反事実を報告すれば、所定の課徴金の額が半額に減額される（金商185条の7第12項）。それゆえ、減額を受けることにより、会社に発生する損害額を少なくすることができることから、そのための手続をとることが取締役の責務とみることができる。

東京証券取引所は、有価証券上場規程により粉飾決算に対し一定の処分ができるとし、上場契約違約金の支払いを請求できるとしている（上場規程509条1項1項）。そこで、粉飾決算をした会社は東京証券取引所の請求により違約金を支払わなければならない。

(ウ)　虚偽記載と取締役等の会社に対する責任

有価証券報告書等の虚偽記載により、会社が株主等による損害賠償請求訴訟に敗訴し（敗訴する可能性は高い）損害賠償金を支払ったときは会社に損害が発生するが、その他課徴金の支払い、上場契約違約金の支払い、調査に要した費用、会社の信用低下による損害等、会社に巨額の損害が発生するが、それが、有価証券報告書等の虚偽記載と因果関係のある損害と認められるときは、取締役等は会社に対し任務懈怠の損害賠償責任を負う（会社423条1項）。虚偽記載に関与した取締役等はもとより、それ以外の取締役等についても、コンプライアンス体制の構築と運用義務違反、それに対する監視義務違反の責任が問題になる。

(エ)　有価証券報告書等虚偽記載と刑事責任

重要な事項につき虚偽記載のある有価証券報告書等を提出した者は、有価証券報告書等虚偽記載の罪（粉飾の罪）となり10年以下の懲役もしくは1000万円以下の罰金、またはその併科に処せられる（金商197条1項、21条の2第1項）。両罰規定により、発行会社も7億円以下の罰金が科せられる（同法207条1項1号）。行為者は社長（代表取締役・代表執行役）であるが、関与した他の役員や従業員等も共犯として責任を問われることがある（刑法65条1項）。

有価証券報告書等虚偽記載の罪は、提出者が虚偽記載を行い、またはそれを指示した場合に成立するが、不正な会計処理が行われていることを知りながら、有価証券報告書等に記載した場合も含まれる。故意犯であることから、虚偽であること（違法な会計処理が行われている事実）の認識が必要であるが、それが有価証券報告書等虚偽記載の罪に該当することまでも認識したことを要しない。

東芝の不正会計処理についていえば、利益の水増し額は2248億円と多額であるが、達成困難な数値を掲げた「チャレンジ」が不正な会計処理を指示したものとまではいえないとされている。もっとも、パソコン事業部における「Buy-Sell」取引においては、社長らは不正な会計処理が行われていたことを認識していたとされている。Buy-Sell 取引とは、部品を製造委託業者に売り渡し、完成品を買い戻す契約であるがこれを悪用し、部品を上乗せした価格で売却し、上乗せ分を利益として計上し、完成品を上乗せ価格分を含めた価格で買い取るのであるが、その際、買取価格と上乗せ価格を相殺するという方法による。これによれば、売却時に利益として計上した利益は架空（みせかけ）の利益となる。

このような架空の利益を売却時に利益として計上したのであるから、取引自体が不正なものである。一連の流れを一体としてとらえれば、不正な会計処理であり公正な会計慣行に反する違法な取引による利益計上であると考えられる。取引自体は存在し架空のものではないから、不正な会計処理にあたらないとの見方はとり得ないであろう。取引は存在しても取引による利益が架空のものであれば、取引が実在したか否かの問題ではないから、不正な会計処理（粉飾決算）といわざるを得ないであろう。

### (3) 独禁法違反行為

#### (ア) 不当な取引制限規制違反の行為

##### (A) 独禁法の規制

独禁法は事業者による不当な取引制限を禁止しているが（独禁3条後段）、違反の多くは、カルテルや入札談合（談合）である（同法2条6項）。違反に対しては、公正取引委員会から課徴金が課せられる（同法7条の2第1項）。それにもかかわらず、依然、談合はなくならない。それは短期利益を目的とする会社のためという誤った考え方によるものである。その根本は、独禁法違反を防止

するためのコンプライアンス体制の構築等の義務違反である。

### (B) 課徴金制度

　課徴金制度は、違反者に対し課徴金を国庫に納付させる行政処分である。違反行為をしても割に合わないことを自覚させ、不当な取引制限を防止するための措置である。違反行為を抑止するためには、課徴金額を高く設定しなければ実効性が確保できない。課徴金額の算定は、違反期間の売上額に所定の率を乗じて計算されるが、大規模な製造業の場合は10％であるから、課徴金額は数十億円という多額になる場合がある。その結果、会社に生じた損害、したがって、取締役等の賠償責任も巨額となる。

### (C) 課徴金減免制度

　課徴金減免制度（リニエンシー）とは、カルテルや談合という違反行為をしたことを、公正取引委員会に申告することにより課徴金の減免を受けることができる制度である（申請による）。カルテルや談合は、複数の事業者（会社）によってなされることから、減免額は申告した順序により異なる。

　公正取引委員会の調査開始前の申告（公正取引委員会が把握していない違反事実）については、申請順位1番目は100％、2番目は50％、3番目から5番目は30％が減免される（独禁7条の2第10項・11項）。調査開始後も、3番目までは30％の減額の対象となるが、調査開始前の申告者とあわせて最大5事業者までに限られる（同条12項）。

### (D) 取締役の義務

　取締役の義務は、違反行為が行われた場合にそれを中止させるとともに、損害の拡大を防止する必要があるが、その1つとして、課徴金減免申請をすることがある。これをしなかったことにより、課徴金減免を受けなかった場合は、損害を拡大させたことにあたるとして、任務懈怠の責任を免れない場合も考えられる。

　ところが、課徴金減免制度の利用は早い者勝ちであるが、違反行為があるか否かが明白でない場合がある。そこで、違反行為の疑いがある場合は、速やかに調査を行い、違反行為が存在する蓋然性の高い場合は公正取引委員会に申請して順位を確保しておくべきであろう。もとより、調査の結果、違反行為がなければ課徴金は問題にならない。

(イ) 不当な取引制限規制違反行為と会社に生じた損害

　談合やカルテルといった不当な取引制限規制違反行為は、会社の利益にならないばかりか、会社に損害を発生させる。違反行為により会社に直接生ずる損害として、課徴金の納付による損害があり金額も巨額である。その他、被害を被った第三者に対する損害賠償金の支払い、指名停止による損害や社会的信用の低下による取引に支障が生じた損害などがある。

　違反行為を行った取締役、それを指示するなど関与した取締役は会社に対し任務懈怠の責任を負うが、賠償責任額の減額（会社425条1項）の対象にならないことから（監視義務違反の責任を負う取締役等の責任は減額の対象になる）、代表訴訟で責任を追及された場合は全額賠償義務を負うことになる。

　関与していない取締役については監視義務違反の責任、従業員による違反行為については、代表取締役等の監督義務違反の責任が生ずるが、これらは、独禁法違反行為が行われないようにするコンプライアンス体制の構築と運用義務違反、これに対する監視義務違反の責任が生じ、代表訴訟により責任が追及される。会社に生じた損害額は、とうてい、取締役の支払能力の限界を超えたものである。そこで、和解による減額という方法しかないが、被告の支払能力と早期解決を考えれば、適正な内容の和解により訴訟を早期終了させることが合理的な解決方法である。

　不当な取引制限に違反する行為をした者（行為者）は、5年以下の懲役または500万円以下の罰金に処せられるが（独禁89条1項）、両罰規定により法人（会社）に対しても5億円以下の罰金が科せられる（同法95条1項1号）。会社が罰金を支払ったことにより、会社に罰金相当額の損害が生ずるが取締役の賠償責任が問題になる。

## 4　取締役等の責任追及訴訟

### ⑴　取締役等の責任追及訴訟

#### (ア)　取締役等の追及される責任

　取締役等（取締役、執行役）が、その任務を怠ったときは、会社に対し任務懈怠の責任を負うのであるが（会社423条1項）、会社法は、剰余金の配当に関する責任（同法462条1項、461条1項8号）、違法な利益供与に関する責任（同

法120条4項)について別途規定している。これは、任務懈怠責任のうち性質上法令違反の責任に属するものであり、一般の任務懈怠責任とは性質を異にするからである。

　　㈠　提訴の内容・時効消滅期間・管轄

　会社は、取締役等の任務懈怠を原因として発生した損害と年5％の遅延損害金の支払いを求めて提訴できるのであるが、この損害賠償責任の消滅時効期間は、債務不履行責任であるから、一般の債権の消滅時効と同様に10年である（平成29年改正商法の施行後は、改正民法の規定により、遅延損害金は年3％、消滅時効期間は5年となる）。ここでいう取締役等の責任追及訴訟は、会社による責任追及をいうのであるが、会社法847条以下の株主代表訴訟による責任追及の場合も含まれる。そして、請求（訴訟物）自体は同一であり、管轄裁判所は、いずれも、会社の本店所在地を管轄する地方裁判所である。

　　㈡　当事者

　責任追及訴訟の原告は会社であり（株主代表訴訟の場合は原告株主）、被告は取締役等または取締役等であった者（在任中に責任発生行為に関与した者）である。この訴訟において、会社を代表する者は、株主総会で定めた者（会社353条）、取締役会が定めた者（同法364条）、監査役設置会社では監査役（同法386条）、取締役会が定める者または監査委員会が選定した監査委員（同法408条）である。

　旧商法の解釈として、現に取締役でなければ、取締役と会社間訴訟に関する代表者の定めは適用されないのであり、退任取締役に対する提訴については、代表取締役が会社を代表すると解されていたが、会社法353条等は明文をもって、取締役であった者を含むとしている。そこで、退任取締役に対する責任追及訴訟についても、会社法353条等の会社代表者の規定が適用されることになる。

## (2) 任務懈怠責任追及訴訟

　　㈠　任務懈怠責任と過失の立証

　取締役等の責任は、委任契約上の義務違反の責任である。任務を怠ったとき（任務懈怠）の責任であるから（会社423条1項）、不完全履行行為の過失責任である。そして、任務懈怠行為と因果関係のある会社の損害について賠償責任を

負う。

　委任契約上の義務に違反する任務懈怠の責任であることから、原告（会社または代表訴訟の原告株主）において、被告取締役等に任務懈怠があったこと、つまり不完全履行を基礎づける任務懈怠の具体的事実を主張・立証する。これに対し、被告取締役において、任務懈怠の事実を否認し、義務違反が存在しないことを基礎づける事実（積極的否認）を主張・立証する。そして、故意・過失という帰責事由が存在しないことを抗弁として主張・立証する。[5]

　取締役の責任追及訴訟において、過失の取扱いは抗弁であるから、被告取締役において、過失のないことを主張・立証することが必要である。もっとも、過失の有無に関する争いは、規範的事実に関する争いであるから、厳格な立証責任の問題ではなく、総合的に判断されるべきである。そこで、原告においても、被告取締役に故意または過失があることを積極的に立証すべきであろう。

　会社法は、取締役の責任を過失責任としたうえで、無過失を立証することにより、責任を免れるとするのが基本的態度であるが、元来、取締役の任務懈怠責任は、委任契約上の義務違反の責任であるから過失責任であり、無過失であることは被告取締役の抗弁事由であるから、会社法は当然のことを確認したのであり、特別の意味は認められないであろう。

　　(イ)　競業取引・利益相反取引と過失の推定

　株主総会または取締役会の承認なく、競業取引を行った取締役または執行役の責任については、当該取引により得た利益が会社に生じた損害と推定されるが（会社423条2項）、この場合の責任も過失責任である。承認を欠く違法な取引であるから、過失責任による場合よりも、故意による場合が問題になるが、この場合でも、無過失責任でないことに意味がある。なお、承認を得て行った競業取引でも、会社に損害が生じたときは、善管注意義務違反として任務懈怠の責任を負うが、この場合は過失責任であることは明らかである。

　利益相反取引等（競業取引・利益相反取引）によって会社に損害が生じた場合は、競業取引または利益相反取引をした取締役または執行役、当該取引をすることを決定した取締役または執行役、取締役会の承認決議に賛成した取締役は、

---

5　商事関係訴訟181頁。

その任務を怠ったものと推定される（会社423条3項）。その趣旨は、任務懈怠ないし過失の立証が容易でないことから、推定規定を設けたのであり、その結果、取締役または執行役は、無過失を立証しない限り、責任を免れることはできない。この場合、「356条第1項の規定に違反して」という文言がないことから、承認の有無にかかわらず任務懈怠が推定されるのである。

　㋑　責任を負うべき取締役等

　責任を負うべき取締役等は、責任原因となる問題の行為を行い、またはそれに関与した取締役等である。つまり、取締役等に就任してから退任するまでの間に行った行為に対する責任であるから、取締役等の就任前の行為については、何らかの形で当該行為に加担している場合でも、取締役等の任務懈怠責任を負わない。

　取締役等の選任決議に、瑕疵があるとして争われている取締役等であっても、取締役等に就任することを承諾し、現に取締役の職務を遂行している以上、取締役等として登記されているか否かにかかわらず、責任追及訴訟の対象となり、選任決議の瑕疵により決議が取り消される等によって、その地位を失った場合でも、それにより責任を免れることはできない。

　取締役等として在任中に、問題の行為に関与した場合は、退任後に会社に損害が発生しても、取締役等としての責任を負う。そして、取締役等の損害賠償責任は現行法では消滅時効期間である10年間存続し、取締役等が死亡したときは、その責任は相続人に引き継がれる。

　取締役の任務懈怠責任の原因となる行為は、固有の権限に基づく行為に限られるのではなく、一般的な権限の下に会社の業務に関して行った行為も含まれる。また、業務担当取締役または従業員兼任取締役が、業務担当者または従業員として担当する職掌内にある行為も含まれる[6]。反面、業務を担当しない取締役や社外取締役については、取締役会に上程された決議事項と監視義務違反以外については、ほとんど任務懈怠責任が生ずることはないであろう。

　損害賠償責任を負う取締役が、複数人存在する場合は連帯債務者とされるから（会社430条）、会社（または第三者）に対して連帯して賠償責任債務を負担す

---

[6]　商事関係訴訟182頁。

る。

利益相反取引については、取締役会の承認決議に賛成した取締役の責任規定があるが（会社423条3項3号）、取締役会設置会社については、それ以外の場合についても、代表取締役の行為が取締役会の承認決議に基づく場合、取締役会決議に賛成した取締役の任務懈怠責任が生ずる。

代表取締役の行為が、取締役会決議に基づくときは、決議に賛成した取締役は、任務懈怠（善管注意義務違反）の責任を負うことがあるが（旧商法266条2項は、決議に賛成した取締役は、行為をしたものとみなすと規定していたが、会社法はこれを削除した）、当該決議に賛成しなかった取締役も、取締役会の議事録に異議をとどめておかないと、決議に賛成したものと推定される（会社369条5項）。

決議に賛成したものと推定される結果、任務懈怠責任を課せられる場合がある。しかし、推定規定であるから、議事録に異議をとどめていなくても、取締役会で反対したことを立証して推定を覆すことにより責任を免れることは可能である。

### (3) 取締役等の責任免除と軽減

#### (ア) 責任免除・軽減の対象となる取締役等

責任の免除または一部免除の対象となるのは、任務懈怠により会社に損害を与えた取締役（または執行役）であるが、現行法の下では、取締役等の損害賠償債務の消滅時効期間は10年間と長く、取締役等が死亡したときは相続人が承継する。そこで、責任の免除または一部免除は、退任した元取締役等またはその相続人についてもなされるべきであり、それは可能である。

#### (イ) 取締役等の責任の全部免除

##### (A) 責任を免除する株主

取締役等の任務懈怠責任（会社423条1項）は、総株主の同意がなければ免除することができない（同法424条）。その趣旨は、株主が、取締役等の責任を追及するための代表訴訟の提訴権が、単独株主権として保障されているのに、多数決で取締役等の責任を免除することを認めたのでは、株主の代表訴訟の提訴権と衝突するからである。

免除には、株主総会決議ではなく総株主の同意を必要とすることから、議決

権のない株式の株主、単元未満株主の同意も必要である。総株主の同意は株主総会の決議という方式を必要としないから、会社と各株主の個別的な同意であってもよい。しかし、総株主の同意が得られるのは、実際上、中小規模の閉鎖的な会社に限られるから、株式上場会社の場合は免除をすることは極めて困難であろう。

(B) 免除される責任

会社法423条1項の責任は、任務懈怠責任であるから過失の場合を想定している。そこで、法律上（会社424条）は、取締役の423条1項の責任としていることから、免除の対象となるのは、過失責任の場合に限られ、故意の場合や、重大な法令違反・違法行為は免除の対象とならないかという問題が生ずる。

総株主の同意を必要とするということは、株主数の多い会社では、現実には不可能と思える要件を課すことから、免除の対象となる責任は、過失の場合だけでなく、故意の場合、重大な過失がある場合、法令違反の場合など一切の責任を含むと解される。そこで、違法な行為による責任も免除の対象になる。もとより、免除の対象は、すでに発生している具体的な損害賠償責任の免除であるが、判決や和解により具体的な支払義務が確定していることは要求されない。

(C) 免除の範囲

免除は、将来にわたり発生した損害について、取締役等は責任を負うことがないというような一般的な免除をいうのではない。この点、免除ではないが、中小規模会社の場合には名目的取締役に就任するに際し、代表取締役または主要株主との間で、取締役としての責任を負わない旨の約定がなされることが少なくない。会社との間でかかる約定の効力が認められる場合があるが、これは、機能的には責任の一般的免除となろう。

一般的な任務懈怠責任の場合（会社423条1項）だけでなく、株主の権利行使に関する利益供与に関与した取締役または執行役は、会社に対して、連帯して供与の額に相当する額の支払義務を負う（同法120条4項）。これは、法令違反の責任であるが、総株主の同意により免除することを認めている（同条5項）。

違法な剰余金の配当に関する責任は（会社462条1項6号、461条1項8号）、任務懈怠責任ではなく、資本充実・維持責任であるから免除することができないのであるが、特に、資本充実・維持の要請に抵触しない範囲内（剰余金の配

当を行った時点における分配可能額）で、総株主の同意により免除することが認められている（同法462条3項）。

取締役等の責任は連帯責任とされるが（会社430条）、取締役間ではその関与の度合いに応じた負担部分があり、求償権の問題として処理されている。そこで、責任を負うべき取締役等が複数いる場合、一部の取締役等についてのみ責任を免除した場合、連帯責任を負う他の取締役等は、免除された取締役等の負担部分について責任を免れることになる（現行民法437条）。

(D) 会社による損害賠償責任の放棄の可否

会社は、取締役等に対する損害賠償責任を放棄することは認められないと解される。放棄は会社の執行機関によりなされるが、これを認めたのでは、全部免除には総株主の同意を必要とするとの規定を潜脱することになるからである。

(E) 一人会社と取締役等の責任免除

取締役等が、自己が会社の一人株主（一人会社）である間になした行為に関しては、たとえ明示的な免除の意思表示がなくても取締役等の責任を負わないのか、また、一人株主の黙示の同意により取締役等の責任を免除しうるのかという問題がある。

取締役等の会社に対する任務懈怠の責任は、総株主の同意があれば免除することができるのであるが（会社424条）、一人会社の場合は、総株主の同意といっても、その株主の同意であるから、その同意があれば免除されることになる。それでは、一人株主が黙示の同意をしたと認められる行為をした場合はどうかという問題がある。

この点、一人会社の取締役等であっても、責任の免除は総株主の同意に加えて、会社による債務免除が必要である。一人株主が代表取締役であっても、会社は代表取締役とは別個の法人格を有する以上、両者の利害が常に同一であるとか、何らの利害対立関係も観念し得ないと解することはできない。そこで、それぞれの間に権利義務関係が発生するのであるから、これを消滅させる事由がなければ権利義務は消滅しないとした裁判例がある（東京地判平成20・7・18判タ1290号200頁）。

この問題が現実に生ずるのは、一人会社でなくなった場合、その者が代表取締役でなくなった場合である。それ以前に、一人株主が、自らまたは他の取締

第11章　取締役の責任追及訴訟

役等の責任を免除する意思決定をし、代表取締役として会社による債務免除の
意思決定をしていれば、おそらく債務免除の効力は生ずるであろう。

　会社に損害が発生している以上、会社と株主は別人格であり、一人株主は一
時的現象であることを想定すれば、会社として正式に債務免除を行っていない
場合は、債務免除の効力は生じないと解すべきであろう。

　　㈦　取締役等の責任の一部免除（責任の軽減）

　　　㈳　免除の要件

　取締役等の任務懈怠責任を免除するためには、総株主の同意を必要とするの
であるが、会社法は、さらに特則を設け、当該取締役等が職務を行うにつき、
善意かつ重大な過失がないときは、一定の手続と限度内での責任の一部免除を
認めている（会社425条1項、426条1項）。

　総株主の同意の下でなされる責任の免除は、悪意または重大な過失がある場
合でも可能であると解されるが、総株主の同意を必要としない責任の一部免除
の場合は、軽過失（通常の過失）の場合に限られる。

　　　㈴　免除の限度額

　免除の限度額は、会社に生じた損害を基準にして算定するのではなく、賠償
責任を負う額から、在職中に会社から職務執行の対価として受け、または受け
るべき財産上の利益（広義の報酬）の1年間あたりの額に相当する額について、
代表取締役（代表執行役）については6、取締役（執行役）については4、社
外取締役・監査役については2を乗じて計算した額を控除した額を限度として
免除するのである（会社425条1項、426条1項）。

　換言すれば、最低限責任を負わなければならないのは、広義の報酬を基準に
して、代表取締役（代表執行役）は6年分、取締役（執行役）は4年分、社外
取締役・監査役は2年分ということになる。

　　　㈵　免除の方法

　一部免除の方法として、株主総会の特別決議による免除（会社425条1項、
309条2項8号）、定款の定めに基づく取締役の過半数の同意（取締役会非設置会
社）または取締役会の決議（取締役会設置会社）という方法がある（同法426条
1項）。この場合、対象取締役等が、善意かつ重大な過失がないことは責任免
除を求める会社側が立証しなければならない。

*374*

株主総会の特別決議による免除の場合は、総会決議に瑕疵があれば、一部免除は無効となり、定款の定めに基づく場合は、取締役の過半数の同意がない場合や取締役会の決議に瑕疵がある場合も、一部免除は無効となる。

株主総会の特別決議による免除の場合は、責任の原因となった事実および賠償責任額、免除することができる額の限度および算定の根拠等を株主総会で開示しなければならず（会社425条2項）、どのような任務懈怠により、会社にどれだけの損害を与えたかの開示をするだけでなく、個別報酬の開示が要求されることから、株主総会の決議による一部免除はあまり行われないものと思われる。

これに対し、取締役等の過半数の同意または取締役会の決議による一部免除は、かなり行われることが予測される。しかし、この方法は、総株主の議決権の100分の3以上の議決権を有する株主が、所定の期間内に異議を述べた場合は、免除をなし得ない（会社426条7項）。したがって、免除の効果は、このような異議がないことを条件に認められる。

　⒟　免除の効果

適法な免除がなされると、取締役の賠償責任額は確定し、残余については支払いを免れるのである。反面、その分、会社の当該取締役に対する損害賠償請求債権は減少することになる。そこで、株主代表訴訟を提起する場合、請求額は減額後に取締役が賠償責任を負うことに確定した額となり、株主代表訴訟の係属中に責任が軽減された場合は、請求金額を確定賠償責任額まで減縮しなければならず、それをしなければ原告の一部敗訴となる。

賠償責任の一部免除は、すでに発生したとされる具体的な損害賠償責任についての免除であるが、判決や和解により具体的な支払義務が確定していることまでも要求されない。すなわち、一般に、一部免除を受けることは賠償責任額が減少することから、当該取締役の利益となるが、確定した賠償責任額の支払義務を負うことになり、確定した賠償責任とその額を争えないと解される。そこで、責任の一部免除については、対象取締役等の意思を無視すべきではないから、その意思に反して行うべきではない。

取締役としては、裁判で争えば責任自体が否定され、賠償責任がないとされる場合も考えられる。そこで、責任の一部免除をする場合は、判決で賠償責任

が確定した後か、訴訟の帰すうを見極めたうえでなすべきであろう。

　㊤　取締役等の責任軽減と和解

　株主代表訴訟においても訴訟上の和解は可能であり（会社850条3項）、和解により取締役等の責任は一部免除になるが、一部免除規制（同法425条）の適用はない。そこで、特に不公正な内容でなければ、免除の額にも制限がないことになる。もとより、取締役等の責任の全部を免除するにひとしい和解をすることは、請求の放棄と同じく、法定代位訴訟の性質上、原告株主のなしうるところではない。

　会社による責任追及訴訟の場合であるが、任務懈怠責任は、総株主の同意がなければ免除できないとの規定は（会社424条）、訴訟上の和解には適用されない（同法850条4項）。そこで、これを形式的に読めば、訴訟上の和解であれば、総株主の同意がなくても、取締役等の責任を全部免除するにひとしい和解が可能といえなくはない。しかし、会社による全部免除であるのに、訴訟上の和解という形式をとれば、株主の意思に関係なく免除しうるというのは適切でない。

　総株主の同意がなければ免除できないとの規定は、訴訟上の和解には適用されないというのは、会社は訴訟上の和解をなしうることを明らかにし、かつ訴訟上の和解は一部免除を想定するものであるという意味である。取締役の責任についても、一部免除が可能というものであり、和解によれば全部免除に近い免除が可能であるとの結論に結びつくものではない。そこで、責任の全部免除にひとしいような内容の和解は、不公正な和解として効力を認められないであろう。

　㊥　和解により賠償責任額を軽減する必要性

　取締役等の会社に対する賠償責任額は、任務懈怠と因果関係のある会社に生じた全損害である。それについて責任ある取締役等（監視義務違反の役員等を含む）は連帯して賠償責任を負う（会社430条）。そこで、会社に生じた損害が巨額の場合は、取締役等の賠償責任額も巨額になり、とうてい支払える額ではないが、損害の賠償責任としてはやむを得ないことであり、これは取締役等の賠償責任に限られることではない。しかし、支払不能の額について支払いを命ずるのは現実的ではないことから、多くの場合、和解により解決しており、その場合、賠償責任額は損害額に比べてかなり少額となる。

会社による責任追及訴訟だけでなく、株主代表訴訟の場合でも、各人の関与の度合いや支払能力を考慮して、損害額の一部について請求する場合が見受けられる。和解による解決を見越したものであり現実的であるといえる。しかし、適正な請求金額をどのように算定するのか、一部を請求するのであるから、残部をどうするのかという問題が残る。これは、和解条項において、残部を放棄する（請求しない）という形で処理するのは、はたして適正か、訴訟で請求していない部分について放棄することは、責任免除規制の潜脱とならないかなどが関係する。

そこで、会社に生じた全損害について請求すべきである（会社による請求の場合は、請求金額に応じ貼用印紙額が異なるがこれは考慮すべきではないであろう）。そして、和解により適正な額を支払うという解決方法によるべきである。

石原産業代表訴訟（産業廃棄物不法処分）では、大阪地方裁判所は、元役員らに対し約486億円の賠償を命じたが（大阪地判平成24・6・29資料版商事342号131頁）、大阪高等裁判所において、平成26年5月21日、元役員ら13人で5000万円を支払うとの和解が成立した。請求金額を大きく下回る金額による和解であるが、支払能力、被害者に元役員の遺族が含まれていたという事情を考慮したものとされている。[7]

## 5 利益相反行為の規制と責任

### (1) 競業避止義務

#### (ア) 承認を要する取引

##### (A) 競業取引規制と趣旨

取締役が、自己または第三者のために、会社の事業の部類に属する取引をしようとするときは、重要な事実を開示して、取締役会非設置会社においては株主総会の承認（会社356条1項1号）、取締役会設置会社においては取締役会の承認を得なければならない（同法365条1項）。

これは、取締役が自由に会社と競業取引をすることを認めたのでは、顧客情報やノウハウを用いて取引し、会社の利益を害するおそれがあるので、それを

---

7 報道各紙による。

防止するために事前的に規制を加えたのである。競業取引規制は、取締役が、会社の利益を害して自己または第三者の利益を図ってはならないという忠実義務を具体化したものであり、取締役の忠実義務違反を防止するための措置である。もとより、適法な競業取引であっても、任務懈怠の責任を免れるものではない。

(B) 承認の時期

それゆえ、承認は事前に得るべきであり、承認なき競業取引は違法であり、会社に損害が生じた場合は法令違反行為の責任を負う。違法な競業取引がなされた後に、当該競業取引を承認しても、事後の承認が全く認められないか否かを別にしても、さかのぼって適法な競業取引に変じるものではないであろう。

承認は会社の利益が害されることの防止であるから、事後の承認を認めるにしても追認の意味であり、その時から適法なものと取り扱われるのであり、過去にさかのぼって違法なものが適法になると解する必要はないであろう。

取締役が、承認を得ることなく競業取引をすることは違法であるから、会社は、事後に生じた損害の賠償請求をすることが可能であるが、競業取引が行われる前または競業取引の続行中であれば、会社は、適正な会社事業に基づく妨害排除請求権を被保全権利として、競業取引禁止（差止め）の仮処分を申請することができる。また、株主による取締役の違法行為の差止め（会社360条）の対象ともなると考えられるから、競業取引の禁止請求を本案訴訟として、競業取引禁止（差止め）の仮処分を申請することも考えられる。かかる仮処分は不作為仮処分であるが、それに違反すれば、故意による競業取引規定違反の行為とみなされるであろう。

(C) 承認の方法──重要な事実の開示

重要な事実の開示は、競業取引の中心的な事項、つまり、どのような競業取引をするのかについて内容、規模、場所、相手方等についてできるだけ具体的に開示することである。

(D) 会社の事業の部類に属する取引

競業取引の対象となる取引は、会社の事業の部類に属する取引であるが、それは定款記載の会社の事業目的を基準にして決められる。しかし、競業取引規制の趣旨から、競業というためには実際に事業を行っているか、近く開業また

は事業を再開する予定のある場合であり、定款に事業目的として記載している
が、全く事業として行わない場合には、競業取引の対象とはならない。

　また、会社の事業の部類に属する取引とは、現に会社が行っている取引である。地域的競合が要求されるから、会社が事業を展開していない地域では競業取引ではないが、東京都に所在する甲社が、一定の地域（A市）に進出することを決定し、具体的に市場調査等の準備を進めている段階で、甲会社の代表取締役が、A市における他の競業会社乙社の代表取締役として、その経営にあたるような場合は、第三者である乙社のために、甲会社の営業の部類に属する取引をしたことになる（東京地判昭和56・3・26判時1015号27頁）。

　　(E)　「自己又は第三者のために」とは

　「自己又は第三者のために」とは、いずれの名をもってするかを問わず、行為の経済上の利益が自己または第三者に帰属する場合をいうのであるが、取締役が第三者を実質的に支配する場合を含むものである。そこで、甲社の代表取締役が、乙社の事実上の主宰者としてその経営を支配し、乙社のために甲社の営業の部類に属する取引をすれば、競業取引規制に違反する（大阪高判平成2・7・18判時1378号113頁）。

　また、「第三者のために」とは、会社以外の者のためにするとの趣旨であるが、競業取引は、多くの場合、取締役が個人として行う場合よりも、取締役を兼任している場合に、競業会社間取引として問題になる。この場合、会社間で利害対立がない場合、たとえば、完全親子会社間の取引については、承認を要する競業取引とする必要はない。

　　(F)　規制の対象となる取締役

　規制の対象である取締役は、企業利益を害する危険な取引を防止するという趣旨から、代表取締役や業務執行取締役に限らない。

　取締役の退任後の行為は、一般に競業取引にならないにしても、在職中に会社の取引先との商権の奪取を企て、競業会社の設立を準備し、退任後に競業会社を設立して、会社と取引先との直接取引を停止するなどした行為は、競業取引にならないにしても、社会的相当性を欠く違法な行為として、会社に対し不法行為が成立する（大阪地判平成14・1・31金判1161号37頁）。

*379*

第11章　取締役の責任追及訴訟

(イ)　退任取締役の競業取引

退任取締役については、在任中から競業取引を計画し、退任の直後に、引き抜いた従業員を使用して競業取引を開始したような場合を除けば、自ら競業取引を行い、または別会社により競業取引を行っても、不法行為責任が生ずることは別にして、競業避止義務違反、任務懈怠の問題も生じないであろう。

しかし、取締役が退任したからといって（辞任・退任した取締役については、後任の取締役が選任されるまでは、引き続き取締役としての権利・義務を有するから、別異に考えるべきである）、競業避止義務の規制の全く対象外であるとして、自由に競業取引を行いうるとするのは問題である。

したがって、信義則上、競業取引を行い得ないと解されるが、それだけでは規制として十分であるとはいえない。そこで、取締役に就任する際、または退任に際し、会社と取締役の間で、競業取引をしない、競業取引を行っているライバル会社の、取締役または役職従業員などにならないなどの競業避止義務が約されることがある。それが、取締役の自由意思に基づくものであり、期間、地域を限定するなど合理的な内容のものであれば、公序良俗に違反するとはいえず、また職業選択の自由を侵害するものでもないから、有効であるといえよう。使用人兼任取締役の場合も同様に取り扱うべきであろう。

(ウ)　承認を得た取引と責任

承認を得たからといって、競業取引により会社に損害を与えた場合、責任を免れるというわけではない。承認を得ていても、競業取引が任務懈怠にあたる場合は責任を免れないが、この場合は、過失責任である。しかし、承認を得ていれば、任務懈怠の責任であるから責任軽減の事由になるばかりか、完全親子会社関係にある場合、系列会社関係にある場合などは任務懈怠責任が認められないことが多いであろう。

(エ)　承認を得ない取引と責任

(A)　損害の推定と立証責任

承認を得ていない競業取引の場合は、法令違反の任務懈怠責任となり、会社に対して責任を負う。この場合、通常の任務懈怠責任の場合と異なり、賠償額に関する特例があり、損害額について、取引によって取締役または第三者が得た利益の額を、会社の損害と推定されるから（会社423条2項）、原告会社は、

*380*

取引によって取締役、執行役または第三者が得た利益の額を立証すれば、損害額の立証をしなくてもよい。反対に、取締役等は推定を覆すためには、会社に生じた損害は取締役等または第三者が得た利益の額よりも少ないことを立証しなければならない。また、会社は、生じた損害は、取締役等または第三者が得た利益の額よりも大きいことを立証することにより、推定額以上の損害額の支払請求をすることができる。

(B) 主観的要件の立証責任

　承認を得ていない競業取引による責任も、任務懈怠（法令違反）の過失責任であるから、被告取締役が、故意または過失という帰責事由がないことについて主張・立証責任を負うが、多くの場合、承認を得なかったのは、承認を必要とする取引とは思わなかったという違法性の認識を欠いたということになろう。

　なお、承認を得て、適法に競業取引をしたが、会社に損害を与えた場合も、任務懈怠の責任を負うが、この場合の被告取締役の主張は、競業取引を行うに際し、会社に損害を与えないように注意を払ったから、過失はないということになる。

(オ) 取締役による従業員の引き抜き

　本来の競業避止義務の問題ではないが、退職後に会社と同一または類似の事業の部類に属する取引を行うことを計画している取締役が、在職中に部下従業員に対し、会社を退職して、自己の行う事業に参画することを勧誘することが、従業員の引き抜きとして、競業取引の制限規定に抵触するか、忠実義務違反とならないかが問題とされる事例が多い。

　在職中に、部下従業員に対して退職して自己の事業に加わることを勧誘することが、直ちに競業避止義務違反となり、任務懈怠の責任が生ずるというものではない。引き抜き行為自体は競業取引ではなく、引き抜いた従業員を用いて競業取引を行って初めて競業取引となる。もっとも、引き抜き行為が善管注意義務（忠実義務）違反となり、任務懈怠責任が生ずることはありうる。[8]

　取締役が、退任後引き抜いた従業員を用いて競業取引を行っても、直ちに競業避止義務違反とはいえず、場合によっては不法行為による損害賠償の問題と

---

8　商事関係訴訟190頁。

なるにすぎない。一方で、取締役が、在職中に競業取引を計画し、部下従業員に対し退職を勧誘し、退任後直ちに部下従業員が退職して、事業に参画することを計画し、実行した場合には、全体的にみて、競業避止義務違反とみることができる。

もっとも、この場合でも、取締役の退任後の競業は原則として自由であるばかりか、従業員にも勤務先選択の自由がある。加えて、閉鎖型会社についていえば、会社と取締役との利害対立の形をとっていても、実態は共同経営者間の争いであることを加味すれば、取締役と部下との従来の関係、その手段、方法、態様などの諸事情を考慮して、社会的相当性を逸脱した不当な態様の場合に限って義務違反になるとみるべきであろう[9]（東京地決平成7・10・16判時1556号83頁）。

そこで、義務違反と認められたのは、警備業務を営む会社の取締役がその在任中に会社の受注業務の乗っ取りを計画し、設立した新会社をして警備業認定を申請し、会社の従業員のほとんどを引き抜いてその計画を実行に移すような社会的相当性を逸脱する行為をした場合であり、かかる場合は、忠実義務違反および競業取引の制限に違反することになる（前橋地判平成7・3・14判時1532号135頁）。

取締役による引き抜き行為の多くは、在任中に計画し、退任にあわせて実行するのであるが、善管注意義務違反として問題になる。引き抜き行為が善管注意義務違反と認めるとともに、他の関係者の責任問題にも触れた次のような事例がある。

B社の代表取締役Xは、平成2年10月にA社の代表取締役に就任し、平成12年1月に辞任した。また、A社の取締役であったYは平成12年7月に退任した。Xは在任中から従業員の引き抜きを画策し、退任後の平成12年7月から平成13年1月頃にかけて、A社の従業員の大半を引き抜きB社に移転させている。

退職の勧誘の対象となったのは、A社の営業や技術を担当するほぼすべての従業員であった。従業員がこの勧誘に応じれば、A社は事業遂行ひいては

---

9 江頭・株式会社法443頁。

会社の存続に壊滅的な打撃を受けることは明らかであった。

　判旨は、以下、①〜④のとおりである（東京高判平成16・6・24判時1875号139頁）。

　①　取締役の従業員の引き抜きは、取締役が積極的に働きかけることをせず、従業員が自由意思で選択したような場合は善管注意義務違反にならないが、それ以外の場合において、会社の事業遂行に支障を来す場合は、善管注意義務違反の責任を免れない。取締役の退任後の行為であっても、退任後相当期間内になされた場合は同様である。在任中に引き抜きを計画し、退任後にそれを実行する場合は、善管注意義務違反の責任が生ずることはいうまでもない。

　②　Ｙについては、引き抜き行為についての責任を認めなかったが、Ｘの引き抜き行為を知ったのであるから、取締役としてＸの計画を阻止し、Ａ社に損害が発生することを未然に防止するために必要な義務を講じなければならないという善管注意義務違反の責任を認めた。

　③　Ｘの引き抜き行為は、ＸがＢ社の代表者として行ったものと認定して、代表者の行為による会社の責任として民法44条[10]によりＢ社の責任を認めた。

　④　Ｘの引き抜き行為により、Ａ社に損害が発生したことは認められるが、Ａ社が損害額を算定し、立証することは極めて困難な場合にあたるので、民事訴訟法248条により損害額を裁判所が認定した。

### (2)　利益相反取引

#### (ア)　利益相反取引の意味

##### (A)　利益相反取引規制と趣旨

　取締役が、①自己または第三者のために会社と取引をしようとするとき（会社356条1項2号）、②会社が取締役の債務を保証することその他取締役以外の者との間において、会社と取締役との利益が相反する取引をしようとするときは、重要な事実を開示して、取締役会非設置会社においては株主総会の承認（同項2号・3号）、取締役会設置会社においては取締役会の承認を得なければ

---

10　民法44条は、一般社団法人及び一般財団法人に関する法律の施行に伴い廃止されたので、現在では会社法350条によることになる。

ならない（同条1項）。

これは、取締役が、会社の犠牲の下に、自己または第三者の利益を図ることを防止するためである。それゆえ、承認は競業取引の場合と同様に、事前になされるべきである。

　　(B)　対象となる取締役

利益相反取引の対象となる取締役は、代表取締役だけでなく、すべての取締役を含むと解される。

　　(C)　直接取引と間接取引

上記(A)①は直接取引、②は間接取引であるが、株主総会または取締役会の承認を得た直接取引については、自己契約と双方代理の禁止規定（民108条）は適用されない（会社356条2項）。

旧商法は、取締役が、会社の製品その他の財産を譲り受け、会社の製品その他の財産を譲渡し、会社より金銭の貸付けを受け、その他自己または第三者のために会社と取引をするためには、取締役会の承認を受けなければならないとして直接取引について規制するとともに、会社が取締役の債務を保証し、その他取締役以外の者との間において、会社と取締役の利益が相反する取引をするときも同じであるとして、間接取引を含んでいた（旧商265条1項後段）。

判例も、利益相反取引は、取締役と会社の間の直接的な利益相反行為だけでなく、取締役個人の債務につき、取締役が、会社を代表して債権者に対し債務引受けをするとか、連帯保証契約をするというような、取締役個人の利益となり会社に不利益を与える行為を含むとしていた（最判昭和43・12・25民集22巻13号3511頁、最判昭和45・3・12判時591号88頁）。会社法は、旧商法265条1項後段とこれに関する判例を承継し整備して、356条1項において別号として規定したのであるが、金銭貸付けを利益相反取引として特に規定することをせずに、任務懈怠責任として処理することにしている。このような差異はあるが、旧商法265条1項に関する解釈は、会社法の下でも通用する。

　　(D)　「自己又は第三者のために」の意義

「自己又は第三者のために」とは、自己または第三者のいずれの名をもってするかを問わず、取引の経済的効果が自己または第三者に帰属することをいうが、取締役が第三者を実質的に支配している場合を含む（大阪高判平成2・7・

18判時1378号113頁）。そして、自己のために、とは、取締役が取引の当事者となることであり、第三者のために、とは、他人の代理人または代表者として取引をするとの意味である。

(E)　会社と利益が相反する取引の類型

　会社と利益が相反する取引の類型として、旧商法は、会社の製品その他の財産を譲り受け、会社の製品その他の財産を譲渡し、会社より金銭の貸付けを受けるなどの行為であるとしていたが、会社法の下においても同様に解される。そして、かかる取引が、利益相反取引にあたるかどうかは、具体的な事案において客観的に判断しなければならない。

(イ)　利益相反取引と承認

(A)　承認と会社の損害の関係

　承認なく利益相反取引を行い、会社に損害を与えた場合は、法令違反の責任を負うが、承認を得て利益相反取引を行った場合でも、会社に損害を与えた場合は、任務懈怠（善管注意義務違反）の責任を免れない。

(B)　承認を必要としない取引

　利益相反取引により会社の利益が害されることを防止するために承認を要することから、会社の利益が害されるおそれのない取引は承認を要する取引ではない。たとえば、取締役による会社に対する無償贈与（大判昭和13・9・28大審民集17巻1895頁）、会社の取締役に対する債務の履行（大判大正9・2・20民録26輯184頁）、会社に対する無利息、無担保の金銭の貸付け（最判昭和38・12・6民集17巻12号1664頁）などは承認を必要としないと解される。

　利益相反取引がなされた場合でも、当該取締役が会社の全株式を所有し、会社の営業が実質上当該取締役の個人経営のものにすぎないときは、上記取引によって両者の間に実質的に利害相反する関係が生ずるものではなく、取締役会の承認を必要としない（最判昭和45・8・20民集24巻9号1305頁）。また、取締役と会社との取引が株主全員の合意によってなされた場合には、上記取引につき別途取締役会の承認を必要としない（最判昭和49・9・26民集28巻6号1306頁）。

(C)　承認の手続

　利益相反取引をするためには、取引の内容など重要な事実を開示して、株主総会の承認または取締役会の承認（取締役会設置会社の場合）を受けなければな

らない。承認は、「しようとするとき」という文言が示すように、事前にしなければならないのであるが、取締役会の承認は、事前に限らず、事後になされたときは、当該法律行為ははじめから有効となるとして、事後の承認でもよいとの立場（東京高判昭和34・3・30東高民時報10巻3号68頁）もある。

　しかし、承認なしに利益相反取引をした場合は、違法であり、無効である。そこで、事後の承認は無効な行為の追認である。承認を欠くという理由で無効であるが、追認により有効なものと取り扱う趣旨であろう。

　　(D)　取締役の代表権の有無と承認

　利益相反取引を行おうとする取締役が会社を代表するか、他の取締役が会社を代表するかを問わず承認が必要である。取締役間の親密な関係から、他の取締役が会社を代表する場合でも、会社の利益が害される可能性があるからである。

　甲・乙両会社の代表取締役を兼ねている丙が、甲会社の第三者に対する債務につき、乙会社を代表して保証した場合（最判昭和45・4・23民集24巻4号364頁）や、甲会社の取締役丙が、乙会社の事実上の経営者としてこれを主宰し、甲会社との間で取引をする場合（前掲大阪高判平成2・7・18）、甲会社の取締役丙が、乙会社の代表取締役を務めているときは、甲会社が乙会社に対し約束手形を振り出す行為は、原則として、利益相反取引にあたるから（最判昭和46・12・23判時656号85頁）、利益相反行為として承認を要する取引である。これに対し、甲会社と、甲会社の取締役丙が代表取締役を務める乙会社との取引であっても、乙会社を丙以外の代表取締役が代表する場合は、乙会社については承認が必要であるが、甲会社については、承認は必要でないと解される。

　　(E)　継続的取引の場合の承認

　承認は、個別の取引についてなされるべきであるが、関連会社間の取引のように反復継続して、同種の取引がなされるときは、取引の種類・数量・金額・期間等を特定して包括的に承認することも可能である。[11]承認決議について、当該取締役は、特別利害関係人であるから、取締役会決議に加わることはできない。

---

　11　江頭・株式会社法446頁。

5　利益相反行為の規制と責任

(ウ)　承認を要する取引と要しない取引

　利益相反取引とは、会社と取締役間の利害の衝突を生ずる取引であるから、会社が取締役に対し約束手形を振り出す行為は、原則として、利益相反取引である（最判昭和46・10・13民集25巻7号900頁）。それは、会社は、原因関係とは別に、新たな手形債務を負担し、挙証責任の加重、人的抗弁の切断が生ずるばかりか、不渡処分の危険があり、原因関係上の債務よりも一層厳格な支払義務を負うからである。

　これに対し、会社が取締役から手形金と同額の金員の融資を受けて、手形を取締役に裏書譲渡することは、承認を要しないとしている（最判昭和39・1・28民集18巻1号180頁）。これは、裏書譲渡は振出しとは異なり、新たな債務を負担しないからであり、対価を受けて会社が手形を譲渡したからであろう。この限りでは、利益相反行為とはならないと解される。問題は、取締役が手形を第三者に譲渡した後に不渡りになった場合であるが、会社は遡求義務を負うことになる。この場合でも、会社は取締役に対し融資を受けた金員の返還義務を免れないのであれば、やはり問題が残るのではなかろうか。

　会社が、取締役の債務の保証、物上保証、債務引受けのように、会社と第三者間の取引の場合であっても、会社と取締役間で利害が相反する取引（間接取引）については、当該取締役が会社を代表するか、他の取締役が会社を代表するかを問わず承認を必要とするから、甲会社の取締役乙が代表取締役を務める丙会社の債務を保証する場合も、間接取引であるとして承認を必要とする（前掲最判昭和45・4・23）。

(エ)　承認なき利益相反取引の効力

　取締役は、承認を受けることにより、利益相反取引を有効になしうるのであり、自己契約または双方代理の規定は適用されない。もとより、この場合でも、会社に損害が生じれば、任務懈怠（善管注意義務違反）の責任を負う（会社423条1項）。承認を得ない場合は、違法な利益相反取引となり、法令違反の責任が生ずる。

　承認を得ない利益相反取引は違法であり無効であるから、直接取引についていえば、会社は、当該取締役または取締役が代理・代表した取引の相手方に対しては無効を主張できる。対第三者との関係であるが、判例は、会社が取締役

第11章　取締役の責任追及訴訟

に対して振り出した約束手形の譲受人という第三者との関係では、取引安全確保のために、譲受人（第三者）が、当該取引が利益相反取引であるにもかかわらず、承認を受けていないことを知って手形を取得したことを、会社が立証することにより、譲受人に対し無効を主張しうるという相対的無効説によっていると解される（前掲最判昭和46・10・13）。

　この場合、会社が取締役に対し約束手形を振り出す行為は、原則として、利益相反取引であるとすれば、会社が取締役に対し約束手形を振り出したことは、多くの場合、手形面上から明らかであり、利益相反取引であることは容易に推認することができるから、相対的無効説をもち出さなくても、承認を受けていないことを知っていたか否かが争点となる。もっとも、手形については、利益相反取引について承認を得ていないということは、手続違反として人的抗弁とみることができるから、手形理論によっても同一の結論に達することができる。

　間接取引の相手方との関係についても同様に、相手方が、当該取引が利益相反取引であるのに、承認を受けていないことを知って取引をしたことを会社が立証した場合は、相手方に対し無効を主張しうるという相対的無効説をとっている（前掲最判昭和43・12・25）が、取引安全確保の見地から是認せざるを得ない。

　利益相反取引について承認を要するのは、会社の利益保護のためである。したがって、承認のない取引の無効を主張しうるのは会社だけであり、会社が無効を主張しないのに、当該取締役または取締役が代理・代表した取引の相手方が無効を主張することは許されない。それゆえ、たとえば、会社が取締役に貸し付けた金員の返還を求めた場合、当該取締役は、取締役会の承認を受けなかったことを理由に、貸付けの無効を主張し得ない（最判昭和48・12・11民集27巻11号1529頁）。

　無効を主張しうるのは会社だけであり、第三者は無効を主張し得ないが、それは、会社と取引をした相手方は無効を主張し得ないというのであるから、会社債務の保証人については別異に解すべきである。会社が無効を主張できる場合は、会社が無効を主張しなくても、保証人は無効を主張して保証債務も無効であるとすることができると解される。

*388*

## 5 利益相反行為の規制と責任

㋒　利益相反取引の責任に関する特別規定

会社法は、利益相反取引に関する責任について、次のような特別の規定を設けている。

① 利益相反取引によって会社に損害が生じたときは、利益相反取引を行った取締役、利益相反取引を行うことを決定した取締役、当該取引に関する取締役会の承認決議に賛成した取締役は、その任務を怠ったものと推定する（会社423条3項）。

② 取締役が自己のためにした取引に関して特則を設け、利益相反取引をしたことによる任務懈怠責任は、任務を怠ったことが自己の責めに帰すことができない事由よることを理由に免れないとする（会社428条1項）。

これら特別の規定は、利益相反取引に関与した取締役の任務懈怠の責任に関する規定であるから、承認なしになされた取引の場合だけでなく、承認を得てなされた取引により会社に損害が生じた場合にも、ひとしく適用すべきであろう。

①については、利益相反取引に関与した取締役の任務懈怠責任は、不完全履行の責任であり、被告取締役が過失その他自己に帰責事由がないことを主張・立証しなければならないから（抗弁）、その任務を怠ったものと推定するとの規定は当然のことであり、解釈上、無過失を被告取締役の抗弁事由としていたのを、会社法は、任務懈怠を推定するとして法律上の推定規定を設け、立証責任の所在を明確にしたものにすぎない。

②は、利益相反取引に関与した取締役であっても、抗弁として過失その他自己に帰責事由がないことを立証した場合は責任を免れるのであるが、自己のために、直接会社と取引した取締役については、自己に帰責事由がない場合でも責任を免れないとして、無過失責任を課したのである。それは、取締役は、元来、会社と利益相反取引をすべきでないから、少なくとも、直接取引した取締役については、利益相反取引により会社に生じた損害について、過失の有無にかかわらず損害賠償責任を免れないという趣旨である。

*389*

第11章　取締役の責任追及訴訟

## 6　剰余金の配当と責任

### (1)　剰余金の配当（利益配当）

　会社は、株主に対して、剰余金の配当（分配）をすることができるが、自己株式については配当することができない（会社453条）。年に何回でも、随時配当することは可能であるが、実務上、従来どおり決算期ごとの配当および中間配当が続けられている。

　剰余金の配当は株主総会の決議で行うが（会社454条１項）、定款に定めることにより、一定の要件の下で取締役会の権限に移すことができる（同法459条）。

　株主総会の決議による場合は、定時株主総会でなくてもよく、現物配当の場合を除けば普通決議で行う。また、剰余金の配当権限を取締役会に授権することができるのであるが、取締役会で配当決議をするためには、監査役会設置会社で会計監査人を設置している会社の場合は、定款に取締役の任期を１年と定めることにより、指名委員会等設置会社の場合は、定款に取締役会決議で配当を行う旨を定めることにより、取締役会への権限の移動が可能となる（会社459条）。また、取締役会設置会社は、定款に定めることにより、一事業年度の途中で１回に限り、剰余金の配当（金銭配当に限る）をすることができる（同法454条５項）。

　配当は、分配可能額を算出し、その額の範囲内で、株主に対する配当およびその他の剰余金の分配として認められる（会社461条１項）。算定方式は、剰余金の額を会社法446条に従って計算し、そこから、同法461条２項による加算と減算をすることにより得た額を分配可能額とするのである。

### (2)　会社法と違法な剰余金分配に関する責任規定

#### ㋐　違法な配当議案の提出と責任

　違法な配当議案を株主総会に提案した取締役（指名委員会等設置会社の場合は執行役）は、違法配当についての責任を負うのであるが（会社462条１項６号）、これは、もとより、当該配当議案を株主総会に提出しただけで責任を負うとの趣旨ではない。株主総会が承認し、違法に剰余金が配当された場合の責任である。株主総会が、配当議案が違法であることを知りながら承認した場合でも、責任を免れないであろう。

*390*

しかし、株主提案による配当議案が承認された場合は、取締役の提案による違法配当議案は否決されたことになるから責任を負わない。株主総会において適法な内容に修正したうえで承認した場合も、提案した取締役は責任を負わない。

### (イ) 取締役の責任の過失責任化と責任免除の範囲

会社法は利益配当を剰余金の分配として取り扱うとともに、分配可能額を超えた剰余金の配当を禁止し（会社461条1項8号）、違法な剰余金の配当に関する責任を規定した。責任を負うべき業務執行取締役等について詳細な規定を設けたのであるが（同法462条1項）、旧商法では無過失責任と解されていたものを、過失責任であることを明確にしたうえで、業務執行取締役等がその職務を行うについて注意を怠らなかったことを証明したときは、責任を負わないとした（同条2項）。なお、違法配当を受けた株主の返還（支払）義務は無過失責任である。

違法配当議案を株主総会に提出したことなどにより、業務執行取締役等が責任を負うにしても、これを無過失責任とすることは必ずしも適正であるといえないばかりか、何らこれにより利益を得ていない業務執行取締役等に酷である。そこで、取締役等の責任の一般原則に倣い過失責任としたのである。これを挙証責任の転換と理解する見解があるが、過失責任である場合、無過失であることの立証責任は被告取締役等が負うのであるから、挙証責任の転換という必要はないであろう。

また、会社法は、違法な剰余金の分配に関する責任を免除することができないとしながら、分配可能額の限度では、総株主の同意があれば免除することができるとしている（会社462条3項）。違法な剰余金の配当（違法配当）は、その性質上、責任を免除することに適しないのであるが、分配可能額の限度では違法配当ではないから、一括して免除の対象となし得ないとすることは必ずしも妥当ではない。そこで、分配可能額の限度では免除を認めたのであるが、手続的には総株主の同意を要件にしたのである。分配可能額の限度での全部免除であるから、総株主の同意を要するとしたのは当然であると解される。

第11章　取締役の責任追及訴訟

### (3)　違法な剰余金分配の責任

#### ㋐　違法な剰余金分配

　分配可能規制に違反して、分配可能額がなく、または分配可能額を超えて剰余金を分配したときは、違法な剰余金分配となる（会社461条1項8号）。

　違法な剰余金分配であっても、有効であるとの立場が多数説であるが、その論拠は、当該行為が効力を生じた日と規定している（会社463条1項）ほかに、分配可能額による財源の統一的規定がなされている自己株式の取得の場合との整合性が指摘されている。[12]

　これに対し、無効であるとする立場がある。[13]しかし、理論構成において異なる点があるが、有効説によるか、無効説によるかを問わず、違法に分配された剰余金については、返還義務と支払義務があると解される。

#### ㋑　株主に対する返還請求

　違法配当を受けた株主は、不当利得として会社に対し受けた配当額（分配額）について返還義務を負うが（民703条）、会社法は、金銭等の交付を受けた者は、交付を受けた金銭等の帳簿価額に相当する金銭の支払義務を負うとするとして、返還義務を明確に規定するとともに、違法配当を受けた株主の支払義務（返還義務）と、取締役等の支払義務を連帯債務としている（会社462条1項）。

　株主は、受けるべきでない配当（分配）を受けたのであるから、それについて無過失の支払義務（返還義務）を負うが、会社が株主に支払（返還）請求をすることは、現実には難しい。そこで、違法配当に関係した取締役等の支払義務として処理することになるが、善意の株主は支払義務を果たした取締役等の求償請求に応じなくてもよい（会社463条1項）。

　違法配当金の返還請求の処理として、会社債権者は、会社に対して有する自己の債権額の範囲内で、株主に対し支払請求をすることができるとしている（会社463条2項）。これは、違法配当金は、元来、会社に返還させるべきであるが、債権者は、直接、自己に支払うよう請求することを認めるものであり、会社が返還請求をしないことに備えた債権者保護規定である。これにより、債権者は自己の債権額の範囲内で、会社の有する違法配当金の返還請求権を行使す

---

12　類型別会社訴訟I 157頁。

13　神田・会社法310頁。

*392*

ることにより、優先弁済を受けることが可能となる。

　債権者が、株主に対し違法配当の支払請求をするに際し、債務者（会社）の無資力を要件とするかが問題となる。この規定は、民法の債権者代位（民423条）の特則であるとともに、債権者代位権の行使により債権者が直接給付を求めることができるとする判例理論に従ったものであり、債務者の無資力を要件としないと説明されている。[14] 確かに判例は、抵当権者に所有者の権利の代位行使により、不法占有者に対する妨害排除請求権の行使を認め（最判平成11・11・24民集53巻8号1899頁）、不動産の買主に、売主の現登記名義人に対する移転登記請求権の代位行使を認めている（大判明治43・7・6民録16輯537頁）。これらの場合については、債務者の無資力を要件としていないが、これは債権者代位権の転用であり、一般債権（金銭債権）については転用は認められないから、債権者が権利行使（代位権行使）をするためには、債務者（会社）の無資力を要件とすべきであろう。

　そうすれば、会社債権者が違法配当を受けた株主に直接請求を認める意味は、違法配当金の返還請求権が債権者代位の対象となることを明確にするとともに、債権者は株主から受領した違法配当額を会社に支払う義務を負うが、権利行使の範囲を自己の債権額の範囲内に限ることにより、これと自己の債権とを相殺するという方法によらなくても優先弁済を受けることができるという点にある。善意の株主も返還義務を負うこととの関係からも、会社の無資力を要件としないことは、債権者に過剰な保護を与えたことになりかねない。

　もとより、会社が株主に対し違法配当の返還請求権を行使した後は、債権者は支払請求をすることができない。反対に、債権者が権利行使をした後は、会社は返還請求権の行使、譲渡等の処分をすることができない。

　違法分配を受けた株主は会社に対し返還義務を負うのであるが、これとは別に、業務執行取締役等に支払義務を課している。この場合、支払義務を履行した業務執行取締役等は、株主に対して求償しうるのであるが、善意の株主は求償に応じる義務はないから（会社463条1項）、取締役等は悪意の株主に対してのみ求償しうることになる。善意の株主とは、分配可能額を超えた違法な剰余

---

14　新・会社法の解説137頁。

金の分配であることを知らずに、剰余金の分配を受けた株主をいう。取締役等
から求償を受けた株主が、善意であることを立証して求償請求を拒絶しうると
解される。

　　㈻　取締役等の支払義務

　法定の分配可能額がないのに、または分配可能額を超えて剰余金の配当を行
った業務執行取締役等は、連帯して、金銭等の交付を受けた株主が受領した当
該金銭等の帳簿価額に相当する金銭（分配額）の支払義務を負う（会社462条1
項）。株主の返還義務と業務執行取締役等の支払義務との関係は、会社法は連
帯債務としているが、不真正連帯債務と解される。

　これにより、会社は、違法配当を受けた株主に対し返還請求ができるのであ
るが、その一方で、直ちに業務執行取締役等に対し支払請求をなしうることが
明確になった。これは、多数株主から返還させることは実際上困難であるばか
りか、手続的にも煩雑であることに加え、違法行為の抑止の観点によるもので
ある。[15]この業務執行取締役等の責任は、広義の任務懈怠責任に含まれるが、会
社法は法定の支払責任としている。

　支払義務を負うのは、当該行為に関する業務執行取締役、その他当該業務執
行取締役の行う業務の執行に職務上関与した者として法務省令で定める者、お
よび株主総会や取締役会に剰余金の分配議案を提案した取締役であるが（会社
462条1項各号、計算規160条、161条）、指名委員会等設置会社の場合は、剰余金
の配当を行うのは執行役であるから、執行役が支払責任を負う。

　それ以外の取締役については、取締役会を通じて、業務執行取締役や執行役
の職務執行を監視・監督する義務があるから、これを怠れば任務懈怠の責任を
免れない。また、取締役会における剰余金の分配議案に、賛成した取締役また
は議事録に異議をとどめない取締役も、決議に賛成したものと推定されるから、
任務懈怠の責任を免れない（会社369条5項、423条1項）。

　　㈼　事業年度末の欠損の発生

　会社が剰余金の中間配当を行ったが、その行為をした日の属する事業年度末
における計算書類において欠損が生じた場合、それに関与した取締役等は、会

---

15　商事関係訴訟167頁。

社に対して、欠損額と株主に対し交付した金銭等の帳簿価額の総額とのいずれか少ない額の支払義務を負うが、その行為をしても欠損が生じないと予測したことについて注意を怠らなかったことを証明した場合には、支払義務を免れる（会社465条1項）。

これは、資本維持の原則の一環として、剰余金の配当等に関与する取締役等に対して、事後に欠損が生ずる可能性があれば、剰余金の配当等をしない義務を課したものである。[16] 欠損が生じた場合の支払義務を過失責任としたうえで、無過失を証明したときは責任を免れるとして、立証責任を転換したのである。

なお、定時株主総会において決定した剰余金の配当の場合は、事業年度末において欠損が生じた場合でも、配当に関与した取締役等は支払義務を負わない（会社465条1項10号）。

**【記載例17】　違法配当に係る責任追及訴訟**

---

## 請 求 の 趣 旨

1　被告は，原告に対し，金×××万円及びこれに対する訴状送達の日の翌日から支払済まで年5分の割合の金員を支払え。
　　訴訟費用は被告の負担とする。
2　仮執行宣言

## 請 求 の 原 因

1　原告は，××を営業目的とする株式会社であるが，取締役会ならびに監査役を設置している。
　　被告は，平成××年×月から同××年×月まで，原告の代表取締役の地位にあった者である。
2　被告は，平成××年×月当時，代表取締役として，原告の第××期事業年度における剰余金の分配（利益配当）議案を，平成××年×月×日開催の第×回定時株主総会に提出し，その承認を得て，剰余金の分配（利益配当）を行った。
3　しかし，その後，社内調査の結果，原告の第××期事業年度における決算について，子会社との架空取引に基づく売上金と利益の付け替えにより総額×億

---

16　江頭・株式会社法〔第3版〕440頁。

第11章　取締役の責任追及訴訟

××万円が不正に計上されていることが判明した。
4　架空取引に基づく売上金と利益の付け替えによる計上を修正すると，原告の第××期事業年度における決算は××万円の欠損が生じていたことになり，株主に対してなされた利益配当金×××万円は違法な剰余金の配当となる。

　　そこで，被告は，原告に対し，違法な剰余金の分配に係る配当金の返還として，金×××万円の弁済責任がある。

## 7　株主の権利行使に関する利益供与と取締役の責任

### ⑴　株主の権利行使に関する利益供与禁止の趣旨

#### ㈠　禁止される利益供与

##### （A）　利益供与禁止規定と趣旨

会社法は、旧商法295条を承継し、利益供与の禁止規定を設け、会社は、何人に対しても、株主の権利行使に関し、会社またはその子会社の計算において、財産上の利益を供与してはならないとして、株主の権利行使に関する利益供与を禁止している（会社120条1項）。禁止の対象となるのは、会社による利益供与であるから、取締役が個人的に支払った場合は含まれない。しかし、取締役の報酬を上乗せし、それにより支払うなどした場合は、会社の計算による利益の供与である。

そして、会社が利益供与をした場合、それを行った取締役等は会社に対して責任を負い、利益供与相当額の損害が会社に生じたとして、その分の支払責任を負うのであるが、その性格は通常の任務懈怠による損額賠償責任とはかなり異なっている。

利益供与の禁止の趣旨は、会社資産の不当な費消の防止と、健全な会社運営の確保である。いずれに重点をおくかにより、会社に実質損害が生じなかった場合、つまり均衡がとれる対価の支払いがなされた場合に、利益供与の禁止規定違反となるか否かに関して解釈上差が生じる。

##### （B）　利益供与の相手方

「何人に対しても」、とされていることから、株主だけでなく、株主となろうとする者、株主に影響力を有する者に対する利益供与も、会社が、株主の権利

行使に関して、会社またはその子会社の計算において利益を供与する場合であれば、禁止された利益供与になる。

　(C)　利益供与の目的

　ここで禁止されるのは、会社による利益供与であるが、「株主の権利行使に関し」を要件としたのであるから、贈賄罪の場合のように立証が難しい不正の請託を必要としない。

　株主の権利というのは、議決権だけに限らず、株主に会社法または定款により認められた権利である。権利行使の態様は、積極的な行使だけでなく、権利の不行使を含むことはもとより、それ自体が権利行使といえない場合、将来行使される可能性のある場合も含まれる。そこで、株主権を行使させない趣旨であれば、株主とならないこと、名義書換請求をしないこと、株式の買戻しなどを含むと解される。もとより、株主の権利行使に関して（影響を与える目的）利益を供与すれば、株主が実際に権利行使をしたか、しなかったかは問わない。

　また、会社が、株式の譲受けの対価を支払った場合、対価が相当であれば、それ自体は違法な利益供与にはならないが、好ましくない株主が議決権等の株主の権利を行使することを防止することを目的として、当該株主から株式を譲り受けるための対価を供与する行為は、株主の権利行使に関し利益を供与する行為にあたる可能性を否定できない。この場合、対価が相当であり、会社に損失が生じたか否かは問わない。

　もっとも、会社の自己株式取得の対価が適正な場合に、譲渡人の代金返還義務、取締役の支払責任をどうみるかという問題がある。会社に損失が生じない限り、かかる民事責任はないといわなければならないであろう。もっとも、このような株主からの買戻しが、時価など適正価格によることは、まず考えられない。大幅にプレミアムを付けることが考えられるが、かかる場合に、プレミアム相当額について、返還責任、支払責任が生ずるといえよう。

　買収防衛策として会社が自己株式を取得することは利益供与となる可能性がある。しかし、経営支配権をめぐる株主間の紛争を解決するために、会社または一方が他方の持株をプレミアム付きで買い取ることが、すべて株主の権利行使に関する利益供与となるのではない。そこで、その限界をどう線引きするかという難しい問題が生じる。

*397*

第11章　取締役の責任追及訴訟

(D)　「会社の計算において」の意義

　禁止されるのは、会社または子会社の計算によりなされた場合に限られる。「会社の計算において」とは、実質的に会社の資金または財産を用いた場合であり、供与した者の名義を問わない。これは、利益供与の禁止規定は、株主の権利行使と、財産上の利益供与が結びつくことによって、会社資産の費消により、会社運営の健全性が害されることを防止する趣旨の規定であるから、財産上の利益の供与が、会社の計算においてなされたか否かの判断は、供与主体の形式的な名義によって判断すべきでなく、供与による損益が実質的に会社に帰属しているか否かによって判断すべきである（東京地判平成11・9・8判タ1042号285頁）。会社の計算によるのではなく、役員や株主が独自に、利益供与する場合は、株主の権利行使に関する利益供与の問題ではなく、株主の権利行使に関する贈収賄罪（会社968条）の問題となる。

　取締役が、個人として利益を供与する場合は、禁止の対象とならないが、その分を報酬に上乗せしている場合とか、自由に使える交際費により支払う場合は、会社の計算による利益の供与となると考えられる。

(E)　利益供与の形態

　利益供与の形態は、会社が直接利益を供与した場合だけでなく、会社またはその子会社が供与費用を負担しながら、会社が第三者を通じて（第三者により）利益を供与した場合を含む。もとより、会社による利益供与は、当該取締役等が自ら利益供与を行った場合に限られるのではなく、事情を知らない他の取締役を介して利益を供与する場合、使用人などに指示して利益を供与した場合なども含まれる。

(イ)　「株主の権利行使に関し」の意義

　禁止される利益供与は、株主の権利行使に関するものに限られる。この場合の株主の権利行使というのは、通常、議決権であるが、それだけに限られず、共益権か自益権かを問わず、株主が行使しうる権利一般を含むと解されている。それゆえ、株主提案権、会社書類の閲覧謄写請求権、株主総会決議取消訴訟の提訴権などが含まれる。

　「権利行使に関して」とは、権利行使または権利の不行使に影響を与える趣旨であり、権利行使に密接に関連する行為を含むとされている。それは、株主

の権利行使に影響を与える客観的可能性を認識しながら、利益を供与した場合であるが、かかる趣旨で利益を供与すれば、現実に、影響を与えたことを必要としない。そうすれば、取締役等の責任を過失責任としても、直接の供与者についていえば、責任が問題となる多くの場合は、故意による利益供与となるであろう。

権利行使のみならず権利の不行使も含むが、多くの場合、権利を積極的に行使する場合よりも、権利行使をしないように（権利の不行使）利益供与がなされるであろう。

「権利行使に関して」とは、対価の不均衡を要求しないことから、現に、経営支配権争いが生じた場合、議決権行使を目的として、第三者に対して新株や新株予約権を発行し、あるいは特定の株主に新株予約権を行使させることも、権利行使に関するとの要件に該当するのではないかを検討すべきであろう。買収防衛策として、新株発行や新株予約権の発行をする場合についても、この点に留意すべきである。

相手方（利益享受者）が、株主の権利行使に関する認識を欠いていた場合、相手方については返還義務が生じないが、この場合でも供与した取締役等は支払（弁済）責任を免れないと考えられる。

(ウ) 親子会社間等の取引と利益供与

親子会社間または支配従属関係にある会社間の取引について、利益供与の禁止規定を形式的に適用することは適切ではない。会社がその株主である他の会社と取引する場合、他の会社を優遇することは不可避である。そこで、株主の権利行使に関する場合であっても、会社相互間の結びつきの実情からみれば、利益供与でないとしなければならないであろう。

これを形式的に解して、利益供与であるとしたのでは、親子会社間または支配従属関係にある会社間の取引をなし得ないという事態に至ることにもなる。特に、完全親会社との取引については、株主の権利行使の問題がつきまとうのであるが、会社間の実体関係から、株主の権利行使に関する違法な利益供与とみるべきではないであろう。

---

17　上柳克郎ほか『新版注釈会社法(9)』242頁〔関俊彦〕。

もっとも、親子会社間等の取引が有利な条件でなされている場合であっても、それが子会社の取締役の任免に関する議決権行使との関係でなされるのであれば、違法な利益供与となると考えられる[18]。

### (2) 違法な利益供与となる場合

#### (ア) 利益供与の類型

違法な利益供与とは、株主の権利行使に関して、財産上の利益供与をすることであるが、財産上の利益とは、現金を供与する場合に限らない。債権等の権利の供与、債務の免除、施設の優先的利用など社会通念的にみて、利益の供与とみられる行為を含む。

##### (A) 自社製品・株主優待利用券の供与

利益供与の対象者は総会屋に限らないから、違法な利益供与になるか否かの判断において、社会通念上の相当性が問題にされる場合が少なくない。そこで、株主総会の出席者全員に、お土産として相当額の自社製品を渡すとか、持株に応じて株主優待利用券を配ることは、社会通念上、利益供与とみられない。しかし、合理的な理由がないのに、特定の株主に対してのみ株主優待利用券を配れば、利益供与となる可能性が高いであろう。

##### (B) 新株の割当て

利益供与の形態は問わないから、特定の第三者に対し、新株を割り当てることも、払込価格の問題とは別に、他の株主が手に入れることができない新株を割り当てること自体が、議決権の行使特に自己または第三者の支配権確保と関係する場合は、利益供与になることも十分に考えられる。

##### (C) 対価を伴う利益供与——特殊な新聞・情報誌・雑誌等の購読料

対価が支払われる場合に問題となるが、特殊な新聞・情報誌・雑誌等の購読料として支払われる場合のように、利益の供与が対価を伴うものであっても、合理性を欠く場合は、利益の供与となる。この点、会社が特定の株主に対して、無償で財産上の利益を供与したときまたは受けた利益が供与した利益に比べ著しく少ないときは、株主の権利の行使に関し、財産上の利益を供与したものと推定されることに注意しなければならない（会社120条2項）。

---

18 類型別会社訴訟 I 178頁。

(D) 対価を伴う利益供与——高額な発注・施設の利用

　会社が、特定人に対し、特に高額で発注しまたは施設を利用した場合は、適正価格との差額を利益供与とみるべきであるが、対価（支払価格）が適正であり会社に損害のない場合であっても、支払対価を利益供与とみるべきであろう。利益供与を禁止し、取締役に支払責任を課す趣旨は、会社に生じた損害の賠償だけでなく、株主権の適正行使の確保のために、取締役が利益供与をすることを禁じるのであるから、一般の損害賠償責任とは異なり、会社に実質的な損害が生じたか否かを問わず、取締役は支払責任を課せられるのである。この場合、支払対価を利益供与額とみて、取締役に支払責任を課すのである。

(E) 財産上の利益を伴う地位の供与

　単なる地位の供与だけでは、財産上の利益を供与したとはいえないが、財産上の利益の供与を伴う場合、たとえば、特定株主の関連企業に対して商品または役務を優先的に発注し、あるいは特定株主またはその関係者の経営する飲食店などの優先的利用など、対価が経済行為としての合理性を有する場合であっても、特定株主関連企業とか施設を優先的に利用すること自体が利益供与となるとみることが可能である。

(F) 優先的取引

　特に、その者を選んで取引すること自体が、優先的取引であれば、支払対価が適正な価格である場合でも、利益供与となると考えられる。これを利益供与とみないとするならば、禁止の趣旨が徹底されないことになる。実損害の発生を要件としないと解してこそ、利益供与禁止の趣旨に適合するばかりか、刑事責任との整合性を確保することが可能となる。

(G) 株式の譲渡

　株式の譲渡は株主たる地位の移転であるから、それ自体は株主の権利の行使という要件を備えない。しかし、好ましくない株主が議決権等の株主の権利を行使することを回避するために、当該株主から株式を譲り受けるための対価を第三者に供与する行為は、第三者が株式を取得することによって、好ましくない株主が株主としての権利行使することを事前に封じるものであるから、「株主の権利の行使」に関して利益を供与する行為にあたる（最判平成18・4・10民集60巻4号1273頁）。

**401**

第11章　取締役の責任追及訴訟

供与の相手方は第三者であり、しかも株式の取得資金であるから、直接的には、株主の権利行使という要件にあたらないが、第三者がその資金で好ましくない株主の持株を買い取り、その者が議決権を行使しないようにするのであるから、「株主の権利行使に関して」という要件を満たすのである。

　(イ)　株主の権利の行使に関する利益供与の推定

責任を追及する会社または代表訴訟の原告株主が、取締役等が、会社または子会社の計算で、株主の権利行使に関して財産上の利益を供与したことを主張・立証しなければならないが、「株主の権利行使に関して」という要件の立証は必ずしも容易ではない。しかし、この点については、会社法は、会社が特定の株主に対して、無償で財産上の利益を供与したときは、株主の権利の行使に関して、財産上の利益を供与したものと推定する。会社が特定の株主に対して、有償で財産上の利益を供与した場合において、その受けた利益が当該財産上の利益と比較して、著しく少ないときも同様とするとしている（会社120条2項）。

　これにより、会社または子会社の計算で、無償、または会社の受けた利益が、供与した当該財産上の利益と比較して、著しく少ない場合は、株主の権利行使に関する供与と推定されるから、被告取締役等は推定を覆すために、株主の権利行使に関するものでないことを立証しなければならない。

⑶　**株主の権利行使に関する利益供与をした責任**

　(ア)　取締役等の支払義務

会社が、株主の権利の行使に関し、財産上の利益を供与したときは、当該利益の供与を受けた者は、これを当該会社または子会社に返還しなければならない（会社120条3項）。そして、利益供与を受けた者の返還責任は株主代表訴訟の対象になる（同法847条1項）。

　しかし、会社は、一般的に利益供与の相手方に対し返還請求をしないし、返還請求をすることは実際上困難であり、刑事事件で起訴でもされない限り、返還を受けることは考えられない。そこで、会社法は、利益供与を受けた者の返還義務とは別に、会社が、株主の権利行使に関し、利益を供与したときは、当該利益の供与をすることに関与した取締役（委員会設置会社にあっては、執行役を含む）として法務省令で定める者は、会社に対し、連帯して供与した利益の

*402*

価額に相当する額を支払う義務を負うとした（会社120条 4 項）。

　法務省令で定める者とは、①利益の供与に関する職務を行った取締役および執行役、②利益の供与が取締役会の決議に基づいて行われたときは、決議に賛成した取締役、当該議案を提案した取締役および執行役、③利益の供与が株主総会の決議に基づいて行われたときは、株主総会に当該議案を提案した取締役、議案の提案に同意した取締役（取締役会設置会社の取締役を除く）、議案の提案が取締役会の決議に基づくときは、取締役会の決議に賛成した取締役、株主総会で当該利益の供与に関する事項について説明した取締役および執行役である（会社施規21条）。そして、会社法は、直接利益を供与した取締役等を除き、支払責任を過失責任としている。

　支払責任は、法令違反行為として、供与利益相当額の損害を与えたことによる損害賠償責任ではなく、会社資産の不正流失の防止と、違法な利益供与の防止を目的として、特に課せられた法定の責任であると解される。したがって、会社に実損害が発生したことを要件としない。

　㈡　従業員持株会と利益供与の関係

　従業員持株制度の採用と運営には、会社が従業員の自社株取得に関し何らかの資金的な支援をすることが不可欠である。しかし、資金的援助が従業員株主の議決権行使に影響を与えるような内容であれば、株主の権利の行使に関し、財産上の利益を供与したという要件に該当しかねない。会社は、何人に対しても、株主の権利行使に関して、利益を供与してはならないのであるから、従業員持株会または制度参加従業員に対する奨励金の支給も、議決権行使が関係してくると、利益供与となる可能性がある。

　しかも、会社が特定の株主に対し（株主となろうとする者を含め）、無償で財産上の利益供与をしたときは、株主の権利行使に関して、財産上の利益を供与したという推定を受けることから（会社120条 2 項）、従業員持株会または制度参加従業員に対する奨励金の支給も、株主の権利行使に関して、財産上の利益を供与したとの推定を受けることになる。そこで、この推定を覆すためには、株主の権利行使に関するものではないことを立証する必要がある。

　奨励金の支給と株主の権利行使に関する推定に関し、会社が従業員持株会に対してなした奨励金の支給が、違法な利益の供与であるとして、代表取締役の

*403*

責任が追及された事案において、奨励金の支給は無償で財産上の利益を供与することから、株主の権利行使に関して、利益を供与したとの推定を受ける。しかし、従業員持株制度は、従業員に対する福利厚生の一環とするものであるから、そのための奨励金の支給は、株主の権利行使に関してなしたものとの推定は覆されたとする熊谷組事件の判決がある（福井地判昭和60・3・29判タ559号275頁）。

　株主の権利行使に関してなしたものとの推定を覆すためには、単に、規約上、議決権行使の独立性が確保されているだけでは不十分であり、運用の実際においても、議決権行使の独立性が確保されていなければならない。つまり、従業員持株会の議決権行使が、経営者から実質的に独立していることが必要である。

### (4)　責任追及訴訟

#### (ア)　責任追及のための要件

##### (A)　直接利益を供与した取締役等の責任

　利益供与に関与した取締役は、連帯して、会社に対し、供与した利益相当額の支払責任を負う（会社120条4項）。このうち、利益供与を行うことを決定した取締役会決議に賛成するなど、利益供与に関与した者については過失責任としたうえで、立証責任の転換が図られているが、直接、利益供与をした取締役等の責任は、過失のなかったことを証明することによって免れないから、無過失責任である。

　しかし、責任要件は株主の権利行使に関する利益供与であるが、権利行使に関するとは、権利行使に関して影響を与える趣旨であることから、かかる趣旨で利益を供与することが必要である。そうすれば、株主の権利行使に関する利益供与であるとの認識を必要とするから、無過失責任であるといってみても、多くの場合、故意による利益供与となるであろう。そこで、無過失を立証しても責任を免れないといっても、利益供与の責任が問題にされる場合は、本来、故意による利益供与であって、過失あるいは無過失の場合はほとんど考えられないことになる。

　取締役等が、権利行使に関して影響を与える趣旨で利益を供与すれば、供与の相手方の認識いかんにかかわらず（片面的な認識）、取締役等の供与利益の支払責任は生ずるであろう。

*404*

供与を受けた者については、受けるべき理由のない利益の供与を受けたのであるから、返還責任が生ずるとも考えられるが、違法な利益供与であるとの認識がない場合は、返還責任は生じないと解される。もっとも、多くの場合は、その趣旨を了知して受けるものであるから、悪意であると推認されるであろう。

(B) 利益の供与関与者の責任

利益供与の関与者については、過失責任としたうえで、立証責任の転換が図られている。そこで、無過失責任を負う直接の利益供与者の責任とは、意味が異なるといえよう。

多くの場合、取締役は自ら利益供与行為をするのではなく、部下職員に利益供与を指示して行わせるのであるから、利益供与が取締役会の決議に基づきなされた場合は、決議に賛成したにすぎない者は利益供与の関与者とみられるが、それ以外の場合においては、直接の利益供与者か、利益供与関与者であるかは必ずしも判然としない。

だが、利益供与が過失によりなされることは多くの場合考えられず、故意による場合がほとんどであろうから、利益供与関与者が過失による責任を負うことは少なく、故意に賛成した場合に問題となるであろう。直接の利益供与者についても、多くの場合、故意による利益供与であるから、過失責任であるか、無過失責任であるかを議論する意味は少ないと解される。

利益供与関与者として責任を負う者としては、利益の供与が取締役会の決議に基づいて行われたとき、決議に賛成した取締役、当該議案を提案した取締役および執行役、利益の供与が株主総会の決議に基づいて行われたときは、株主総会に当該議案を提案した取締役、議案の提案に同意した取締役（取締役会設置会社の取締役を除く）、議案の提案が取締役会の決議に基づくときは、取締役会の決議に賛成した取締役、株主総会で当該利益の供与に関する事項について説明した取締役および執行役である（会社施規21条2号・3号）。しかし、これは、例示と解すべきであるから、これ以外の利益供与関与者が考えられないわけではない。

(イ) 責任を負う取締役と過失責任

取締役会の決議に基づき利益の供与がなされた場合は、決議に賛成した取締役、当該議案を提案した取締役等、株主総会の決議に基づき利益の供与がなさ

*405*

第11章　取締役の責任追及訴訟

れた場合は、株主総会に当該議案を提案した取締役、議案の提案に同意した取締役（取締役会設置会社の取締役を除く）、議案の提案が取締役会の決議に基づくときは、取締役会の決議に賛成した取締役、株主総会で当該利益の供与に関する事項について説明した取締役等の責任は、利益供与関与者として、直接、利益を供与した者と連帯責任を負う。

　指名委員会等設置会社の場合、直接、利益供与をした執行役は無過失の支払（弁済）責任を負うが、利益供与に関与した他の執行役の責任については過失責任としたうえで、過失がなかったことを立証することにより責任を免れることができるとしている（会社120条4項）。

　旧商法はこれらの者の責任について規定していなかったが、会社法は利益供与関与者の責任を規定したのである。それは、利益供与関与者は、利益を供与したとまではいえないから、決議に賛成するなどの行為が任務懈怠と認められる場合に責任を負うとして、過失責任であるが立証責任を転換している。そこで、責任を免れるためには、無過失を立証しなければならないとしたのである。

　すなわち、利益供与に関与した者が、当該利益供与が行われることについて過失がなかったこと（たとえば、取締役として通常要求される程度の注意義務をもってしても、利益供与を阻止し得なかった場合）を立証すれば責任を免れるとして、過失責任であることを明確にするとともに、過失に関する立証責任を転換したのである（会社120条4項）。

　問題は何をもって、過失がなかったといえるかである。抽象的にいえば、取締役会の決議に賛成した取締役等、株主総会に議案を提案することに同意した取締役等については、相当の注意を払ったが、違法な利益供与であることを知り得なかった場合であるが、取締役会において当該議案を提案した取締役、株主総会で当該議案を提案した取締役等および当該利益の供与に関する事項について説明した取締役等については、利益の供与は通常の取引とは異なるから、より内容を慎重に検討すべきであり、無過失の立証はより厳格であることが要求される。

　また、このように関与した取締役等とされていない取締役についても、監視義務違反として任務懈怠責任を免れない場合もある。

*406*

### (ウ)　無過失の立証による免責と支払義務の免除

#### (A)　無過失の立証による免責

　支払義務を負うべき者であっても、関与者についてはその職務を行うについて、注意を怠らなかったことを証明した場合は責任を免れる（会社120条4項）。関与者は支払義務を負うべきであっても、当該利益供与をすることにつき過失がない場合は免責されるのである。支払義務を過失責任としたうえで、立証責任を転換し、利益供与に関与した者については、無過失を立証することにより責任を免れるとして、無過失を抗弁としたのである。

　そして、利益供与に関与した取締役の責任は、総株主の同意により免除することが可能である（会社120条5項）。

　これに対し、直接、利益を供与した取締役については、無過失責任であって、過失のないことを立証することにより責任を免れることはできないという厳格な責任を課している。

　直接利益を供与した取締役または執行役の責任は無過失責任であるが、その他の取締役の責任については過失責任とするのである。その趣旨は、直接に利益を供与した取締役についても、無過失を立証することにより免責されるのは不都合であるとの理由で、国会の審議の過程で修正された結果である。

#### (B)　支払義務の免除

　取締役等の支払義務は、総株主の同意がなければ、免除することができない（会社120条5項）。このことは、総株主の同意があれば、直接利益の供与をした者を除き、故意・重過失・過失の有無を問わず、利益供与に関与した取締役等の責任は免除されることになると解される。

　一部免除については、直接の利益供与者の責任は、無過失責任であるから免除の対象にならないが、その他の利益供与関与者の責任は任務懈怠責任（過失責任）であるから、善意かつ重過失がないときは、一部免除の対象になると解される（会社425条）。

### (5)　支払義務の内容

　供与された額が、相当な対価であり経済行為としての合理性を有する場合であっても、利益を供与すること自体が違法な利益供与となる。取締役等の支払責任は、損害賠償責任ではなく供与した利益を会社に支払わせる特別の責任で

あるから、責任要件として会社に損害が発生していることを要件としない。また、利益供与を受けた側が、違法な利益供与と知らないことを理由に返還義務を免れるとしても、取締役等は支払責任を免れない。しかし、会社に損害が生じていないのに、民事責任を課すことの妥当性は疑問である。

利益供与を受けた者の返還義務と取締役等の支払責任の関係であるが、性質上、取締役等の支払責任は返還義務に対する２次的な責任であるとしても、会社に対しては不真正連帯債務の関係にあるから、取締役は、会社は、まず返還義務を請求すべきであるとは主張できない。

返還義務が履行された場合は、取締役の支払責任は消滅し、一部返還の場合は、取締役の支払責任はその限度で消滅する。反対に、取締役等が支払義務を履行したときは、元来、利益供与を受けた者が返還義務を履行すべきことから、取締役は、利益供与を受けた者に対し求償権を取得することになると解される。

### (6) 経営支配権争いと利益供与

#### (ア) 特定株主の議決権排除目的の自己株式の取得

会社（経営者）が買収者（株式の買占者）から株式を買い戻すことは、自己株式の取得として、株主総会の決議により一定の財源規制の下で可能であるとしても（会社156条１項、160条１項）、一般に、かかる取得は買収者に議決権行使をさせないことを目的とするから、「株主の権利行使に関し」てという要件を満たすものとして違法な利益供与となる可能性が否定できない。

買収者に議決権行使をさせない目的で、会社（経営者）が第三者に当該株式の取得資金を供与し、または貸し付けた場合も同様である。そこで、株式の譲渡自体は株主の権利行使に関するものではないから、会社が株式譲渡の対価として利益を供与し、または株式の譲渡について工作する者に対する利益供与は、直ちに株主の権利行使に関する利益供与に該当しない。しかし、利益供与の意図・目的が、敵対的買収者に対し議決権を行使させないことにある場合は、権利行使をさせない究極の手段として行うのであるから、株主の権利行使に関する利益供与になる。[19]

この場合、会社が第三者に株式の取得資金を供与するなどして、第三者を通

---

19 類型別会社訴訟 I 180頁。

じて株式を買い戻すことが利益供与にあたることは明らかである。第三者がその判断で株式を取得する場合でも、会社に買収者に議決権行使をさせない意図・目的がある場合は、利益供与は株主の権利行使に関するものであれば、何人に対してなされるかを問わないから、会社が事情を了知したうえで取得資金を援助した場合も、利益供与にあたると解される。

これ以外の場合でも、株主全員に対し、無償または極めて低額で新株予約権を発行するが、買収者の新株予約権については相当額の対価で強制的に買い上げ、買収者の議決権割合を引き下げるというしくみも、株主の権利行使に関する利益供与となる場合があると考えられる。

また、株式取得ではなく、新株の発行または新株予約権の発行であっても、議決権行使が関係するときは、特定の第三者に対する発行、または買収者を排除した発行は、事情によっては、株主の権利行使に関する利益供与となる場合が考えられる。

### (イ) 株式の買戻資金の提供が利益供与とされた事例

暴力団関係者と経営支配権が絡む特異な例であるが、X会社は暴力団関係者が大株主として会社経営等に干渉する事態となることをおそれ、これを回避する目的で約300億円をAに供与した場合について、判例（蛇の目ミシン株主代表訴訟上告審判決）は、株式の譲渡は、株主たる地位の移転であり、それ自体は株主の権利行使とはいえないから、会社が株式を譲渡することの対価として何人かに利益を供与しても、当然には違法な利益供与とはいえない。しかし、会社からみて好ましくない株主Aが、株主の権利を行使することを回避する目的で、Aから株式を譲り受けるための対価をBに供与する行為は、その実質は、将来Aから株式を取得する者の株主としての権利行使を事前に封じ、あわせてAの大株主としての影響力の行使をも封じるためのものであるから、株主の権利行使に関して利益を供与する行為というべきであるとした（最判平成18・4・10民集60巻4号1273頁）。

たとえ、暴力団関係者などが会社経営等に干渉することを排除するためであっても、適切な措置を講じて対応しない場合は任務懈怠になるばかりか、株主の権利を行使することを回避する目的で、Aから株式を譲り受けるための対価をBに供与する行為は、株主の権利行使に関して利益を供与する行為であ

第11章　取締役の責任追及訴訟

る。

　そこで、その動機において同情すべき事情があるにしても、株主の権利行使に関する利益供与とみられるから、経営者は法令を遵守すべきであり、たとえ圧力を加えられたり、脅迫されたとしても、警察に届けるなど適切に対応すべきであり、安易に株式を買い戻したり、株式買戻資金を供与するようなことがあってはならない。まして、自己保身目的でかかる行為をしてはならないことはいうまでもない。

　なお、利益供与は、取締役等の全くの自由意思による場合だけでなく、圧力または脅迫を受けた状態で行った場合も含まれる。脅迫を受けたことと、過失の有無は別問題であるから、脅迫による利益供与は過失がないとするわけにはいかない。脅迫を受けたことは他に選択の余地がなかったか否かの観点から問題にされるべきであるが、およそ法治国家である限り、他に選択の余地がなかったとはいえないから、違法な利益供与となることを否定し得ないであろう。また、かかる利益供与をすることには、脅迫を受けた以外にも自己保身目的が存在することは否定し得ないであろう。

### (7)　株主の権利行使に関する利益供与等と刑事責任

#### (ア)　概　要

　会社法は、民事責任については、会社は何人に対しても、株主の権利行使に関し、会社またはその子会社の計算において、財産上の利益を供与してはならないとして利益の供与を禁止したうえで、それを行った取締役等は会社に対して責任を負うとしており、会社が利益供与の主体であるとしている。

　これに対し、刑事責任の場合については、利益供与罪（会社970条1項）は、行為主体を、取締役、会計参与、監査役、執行役、取締役等の職務代行者、支配人等またはその他の使用人とする身分犯である。行為を、株主の権利の行使に関し、当該会社またはその子会社の計算において、財産上の利益を供与したときとする。受供与罪（同条2項）は、情を知って、利益を受け、または第三者に供与させた者とする。そして、罰則は3年以下の懲役または300万円以下の罰金である（同条1項・2項）。さらに、自己または第三者に供与させることを要求した場合（要求罪）も処罰の対象であるとしている（同条3項）。要求自体を罰金の対象にしているのも、民事責任のような結果責任を問うものではな

*410*

いからである。

　(イ)　主観的構成要件

　利益供与罪は故意犯であるから、株主の権利の行使に関し、当該会社または
その子会社の計算において、財産上の利益を供与することを認識のうえ、違法
な利益供与をしたことを要する。受供与罪についても、情を知って、利益を受
け、または第三者に供与させた者であることから故意犯である。

　(ウ)　贈収賄罪との関係

　株主の権利の行使に関することの認識は要するが、株主の権利行使に関する
贈収賄のように不正の請託を要件としない。しかし、会社またはその子会社の
計算において、財産上の利益を供与することが必要である。そこで、不正の請
託を受けて、会社またはその子会社の計算において、財産上の利益を供与した
場合は、株主の権利行使に関する贈収賄と株主の権利行使に関する利益供与と
の観念的競合になる。

　(エ)　利益供与と受供与の関係

　利益供与と受供与は、対向犯として必要的共犯の関係にあるのではないから、
受供与者が情を知らなかった場合は、故意がないものとして、受供与罪が成立
しない場合でも、利益供与罪が成立することはありうる。

　(オ)　保護法益と行為態様

　株主権の行使に影響を与える目的で、会社資産を費消することが禁止される
のであるが、保護法益との関係では、会社資金の流出の防止と、株主権行使の
適正の確保が考えられるから、会社に財産上の損害を与えていない場合にも本
罪は成立する。

　たとえば、取引価格が適正であるが、株主の権利行使に関し、特定の者を特
に選んだという場合を考えれば、特定の者を取引の相手方に選んだことにより、
受供与者が利益を得ることになれば、会社に財産上の損失が発生しない場合で
も、特に特定の者を取引の相手方に選んで、取引したこと自体が利益の供与に
なるといえよう。

　利益供与罪の成立に関し、会社資金の流出の防止つまり会社財産上の浪費を
保護法益とみれば、株主の権利行使に関する場合でも、会社に損害が発生しな
ければ、消極的に解すべきであるとの見解があるが[20]、株主権行使の適正の確保

*411*

第11章　取締役の責任追及訴訟

を保護法益と考えれば、取引価格（対価）が適正であり、会社に財産上の損失が発生しない場合でも、特にその者を選んで取引すること自体が、違法な利益供与と考えることができる。

　構成要件としては、会社資産の費消や損害の発生を必要とせず、単に相手方に違法な利益を供与することで足りるであろう。つまり、本罪は、利益供与を会社運営の健全性を害するおそれのあるものとして、処罰する趣旨であるから、保護法益は会社運営の健全性の保持であるとされるのである。[21]

　　㈹　「株主の権利行使に関し」の意義

　「株主の権利行使に関し」とは、株主の権利の行使に影響を与える趣旨との意味である。そうすれば、株主の信任の下に会社経営にあたっている取締役が、会社の負担において、株主の権利の行使に影響を与える趣旨で利益供与をすることは、会社の資金ないし会社業務が経営者支配のために使用されることになるから、株式会社の基本的なしくみに反することになる。[22]

　そうすれば、敵対的買収など会社支配権に争いがある場合に、特定の第三者に新株を発行し、その議決権を利用する場合は、有利発行の場合に限らず、株主の権利行使に関する利益供与となり、刑事責任が問題にされる余地があるから、この点の検討を必要とする。

　⑻　**株主の権利行使に関する贈収賄罪**

　　㈠　行為の概要

　株主総会もしくは種類株主総会、創立総会もしくは種類創立総会、社債権者集会等における発言または議決権の行使等に関し、不正の請託を受けて、財産上の利益を収受し、またはその要求もしくは約束をした者（会社968条1項）、または利益を供与し、またはその申込みもしくは約束した者は（同条2項）、5年以下の懲役または500万円以下の罰金に処せられる。

　株主の権利行使に関する利益供与の場合と異なり、株主の権利行使に関しという一般的な規定の仕方ではなく、権利行使の内容として、株主総会もしくは

---

20　佐々木史朗「利益供与の罪」佐々木史朗編『判例経済刑法大系第1巻』260頁。

21　津田賛平「株主の権利行使に関する利益供与の禁止をめぐる諸問題」味村最高裁判事退官記念『商法と商業登記』612〜613頁。

22　津田・前掲（注22）607頁。

*412*

種類株主総会、創立総会もしくは種類創立総会、社債権者集会等における発言
または議決権の行使等に関し、不正の請託を受けることを本罪の構成要件とし
ている。

これは、株主総会等における発言または議決権の行使に関するものであり、
株主の権利行使一般に対する利益供与を含むものではない。株主総会等におけ
る発言または議決権の行使に関するものであるから、供与の相手方は、株主総
会に出席しうる株主であるが、株主総会に出席しうる株主に影響力を有する者
も含まれる。また、供与者を罰するのであるから、会社の計算で行われたか否
かを問わない。

株主の権利行使に関する贈収賄は、会社の計算によることを要しないから、
取締役や株主等が、自己の計算で利益を供与した場合も含み、贈賄者は取締役
等の業務執行権限がある者か、使用人であるかを問わない。しかし、取締役や
上級使用人が部下に命じて利益を供与させた場合は、共犯となるのか、取締役
や上級使用人による利益供与になるのかは、具体的な事情により決すべきであ
る。

　(イ)　不正の請託の必要性

不正の請託を受けることを要件とするから、不正の請託がなければ、株主の
権利行使に関する利益供与となっても本罪は成立しない。不正の請託を伴う利
益供与をすれば、本罪は既遂であり、利益供与を受けた者が、実際に、株主総
会で発言したか、議決権を行使したか否かは問わない。

株主総会等に関する行為についての不正の請託を必要とするから、これ以外
の請託については、不正の請託と認められる場合でも、本罪は成立しない。ま
た、株主総会等に関する行為についての請託であっても、不正の請託にあたる
か否かが微妙な場合がある。他の株主の正当な権利行使を妨害することの依頼
は、不正の請託にあたるが、それが、単なる駆け引きの範囲内での交渉・工作
の依頼の場合は、不正の請託とまではいえないし、権利の濫用をしないように
依頼することも、不正の請託とならない場合が多い。[23]

画期的な新型カラーテレビを開発したと虚偽の公表をした取締役等が、経営

---

23　酒井安行「会社荒らし等に関する贈収賄罪」佐々木史郎編『判例経済刑法大系第1巻』240頁。

第11章　取締役の責任追及訴訟

上の不正や失策の追及を逃れるため、株主総会における公正な発言または公正な議決権の行使を妨害することを株主（総会屋）に依頼し、財産上の利益を供与するときは、不正の請託にあたる（最決昭和44・10・16刑集23巻10号1359頁）。

**【記載例18】　株主の利益供与に係る責任追及訴訟**

---

### 請 求 の 趣 旨

1　被告は，原告に対し，金×××万円及びこれに対する訴状送達の日の翌日から支払済まで年5分の割合の金員を支払え。
　　訴訟費用は被告の負担とする。
2　仮執行宣言

### 請 求 の 原 因

1　原告は，××を営業目的とする株式会社であるが，取締役会ならびに監査役を設置している。
　　被告は，平成××年×月から同××年×月まで，原告の代表取締役の地位にあった者である。
2　被告は，平成××年×月，代表取締役として，原告の株主である訴外Aに対し，Aが出版する印刷物の年間購読料として金×××万円を支払った。しかし，上記印刷物は原告にとって全く無価値なものであった。
3　上記金×××万円の支払は，会社法120条2項により株主の権利行使に関して供与されたものと推定され，同条1項に違反する。したがって，被告は，原告に対し，同条4項により，金×××万円の支払義務を負う。

---

## 8　銀行取締役の融資判断に関する責任

### (1)　追加融資・救済融資と取締役の責任

　銀行取締役の融資判断にかかわる責任が問題になる多くは、十分な担保をとらずに、追加融資や救済融資を行ったが、融資先が倒産するなどにより融資が失敗に終わった場合などである。それにより、回収不能の損害を銀行に与えたが、それは、融資を決定し実行したことに、善管注意義務違反があるとして責任が追及されることになる。

*414*

ほとんどの場合は、すでに取引先に対し多額の貸付けをしていることから、ここで倒産させたのでは貸付金の回収ができないことになる、追加融資や救済融資を行うことにより立ち直りを期待することができる、との判断により追加融資・救済融資を行うものであるが、しかし、失敗すればすべてが回収できなくなり損失が拡大する、しかも、多くの場合、新たに十分な担保の提供を受けること自体が無理な状態に至っていることが多い。

　銀行の取締役は難しい経営判断が迫られる。この場合、銀行の取締役の注意義務の程度は高度なものが要求されるが、過度のものであってはならない。厳しく過失を認定することは、取締役に酷であるばかりか現実的ではない。そこで、経営判断の原則が問題になる典型的な場合である。

　裁判においては、追加融資や救済融資を決定した経営判断に過失がないかが争われることになるが、取締役と会社の関係は委任関係であるから、過失がなかったことは被告取締役において立証しなければならない。そこで、融資判断をするに際し、十分に調査を行い、将来の見通しを含めて検討し、融資決定の内容にも合理性が認められる場合には、経営判断の原則が適用され（経営判断の原則の適用要件の存在は被告取締役において立証する）、取締役の過失責任が否定されることになる。

　追加融資や救済融資を決定した取締役の責任が認められた代表的な事例として、株式会社整理回収機構（RCC）により責任が追及された拓銀事件がある。北海道拓殖銀行とカブトデコム事件（最判平成20・1・28判タ1262号69頁）、北海道拓殖銀行と栄木不動産事件（最判平成20・1・28判タ1262号63頁）の2つの判例があるが、数回の融資判断の中には、善管注意義務違反が認定されるのは当然ともいえる融資が含まれている。

(2)　**株主代表訴訟により取締役の責任が認められた事例**

　銀行の取締役の追加融資や救済融資による責任が、株主代表訴訟で追及される事例は少なくないが、取締役の経営判断が誤っているとして、損害賠償責任を認めた判決はほとんどない。銀行取締役の融資責任を認めた例として、四国銀行株主代表訴訟があるが、取締役の融資判断に行政が関係しているという特殊な事例である。事実関係と判旨は次のとおりである。

**415**

第11章　取締役の責任追及訴訟

　　㋐　事実の概要

　高知県は、県の観光名所で闘犬興業を行っているＢが経営する土産物店の
資金繰りが悪化したことから、Ｂの個人事業を法人化して融資することを計画
した。予算措置を講じて融資を実行するまでに時間を要するので、その間の
「つなぎ融資」をＡ（高知県の指定金融機関）に依頼した。依頼と要請は当時の
企画部長（後の出納長）や副知事によりなされた。

　Ａ銀行は、県の要請を受け入れ、平成８年10月から同９年１月までの間に、
Ｂ個人、次いで法人化した株式会社Ｃ社に対し、合計９億5000万円を融資し
た（「つなぎ融資」）。なお、県はＢをＣ社の経営から排除することを考えてい
たが、容易に実現しない状況にあった。

　県は、平成９年度予算に本件県融資の実行関連の予算措置を講じていたが、
Ａ銀行が実行を見込んでいた平成９年５月になっても実行されなかった。県
から、Ａ銀行がＣ社に人材を派遣することを条件に融資を実行する旨の連絡
を受けたので、Ａ銀行は元支店長をＣ社の専務として派遣したが、県融資は
依然として実行されなかった。

　同年９月に、Ｃ社からの追加融資の要請があったので、Ａ銀行は同月30日か
ら平成10年３月までの間に、合計約３億円の融資を行った（「追加融資①」）。

　県は、平成10年度予算において前年度と同様の予算措置を講じていたが、融
資は実行されなかった。平成10年５月、Ａ銀行は県の担当者から、県融資の
実行に向けた作業の最終段階で、知事からストップがかけられた、知事はＢ
一族をＣ社の経営から排除することを県融資の条件としているとの連絡を受
けた。

　Ａ銀行は県の担当者宛てに、期限を定めて県融資の実行を求める要望書を
２度提出したが、融資は実行されなかった。このような状況の下で、Ａ銀行
はＣ社の資金不足に対応するために、平成10年６月から平成11年３月までの
間に、合計１億6500万円を融資した（「追加融資②」）。

　Ａ銀行は、平成11年３月末日をもって、Ｃ社の債務者区分を「要注意先」か
ら「破綻懸念先」に変更するとともに、融資担当の取締役だけで融資実行の決
済を行っていたものを、実行承認を取締役会の付議事項に変更した。

　県は、平成11年度予算において、前年度と同様の予算措置を講じていたが、

**416**

融資は実行されず、結局、平成12年3月になって融資は実行されることなく終わった。このような状況の下で、A銀行は、C社の資金不足に対応するため、平成11年4月から平成12年9月までの間に合計約4億円を融資した（「追加融資③」）。

　A銀行は、つなぎ融資と追加融資を合わせて、最終的には約18億円の融資金が回収不能となった。そこで、A銀行の株主Xは、融資実行の決済や取締役会の承認決議に関与した取締役Y等に対し、善管注意義務違反があったとして、A銀行に生じた損害を賠償するよう求めて株主代表訴訟を提起した。

　これに対し、つなぎ融資と追加融資①、②については、第一審判決と控訴審判決は、決済関与取締役による融資実行の判断が著しく不合理であったとまではいえないとして、善管注意義務の違反はないとして棄却した。これに対し、追加融資③については、第一審は一部認容判決をしたが、控訴審判決はこれを棄却した。

　　㈠　判決要旨

　C社は、つなぎ融資を受けてから1年も経たないうちに、追加融資を要請するような経営状況にあり、追加融資の要請の時点で、それが容易に回収を見込めない状況にあり、平成11年3月末日の段階では、C社の債務者区分を「要注意先」から「破綻懸念先」に変更するなど、経営状態は劣悪であって、それ以降に行われた追加融資③は回収の見込みがほとんどなかった。

　他方、A銀行がC社に追加融資をしなければ、C社が倒産する可能性は高く、そうすればC社は県融資を受けることができなくなり、それにより、県融資より回収を予定していた「つなぎ融資」の融資金までも回収不能となるおそれがあった。

　このような状況の下で、決裁関与取締役が追加融資の実行を決済したことに合理性が認められるのは、「つなぎ融資」の回収原資となる県融資の実行が相当程度の確実性があり、これが実行されるまで、C社の倒産を回避するために追加融資を実行したほうが、追加融資分それ自体が回収不能となる危険性を考慮しても、全体の回収不能額を小さくすることができると判断することに合理性が認められる場合に限られる。

　追加融資①については、その経緯から回収見込判断には合理性があった。平

成11年3月31日以前に実行された追加融資②については、県融資の実行可能性に疑念を抱くべき事情が生じていたものの、県の担当者が対策を講じるのでいましばらく時間がほしい旨を述べたこと等から、期待することに不合理はなく、回収見込判断の合理性を直ちに否定することはできない。しかし、それ以後になされた追加融資③に係る回収見込判断は著しく不合理であるといわざるを得ないとして、追加融資③について善管注意義務違反を認めた[24]（最判平成21・11・27金判1335号20頁）。

　㈦　検　証

　本件の特徴は、経営判断の原則だけで処理できない性質の事件である。A銀行が高知県の指定金融機関であり、発端となった「つなぎ融資」も県融資がなされるまでの融資として県の依頼によるものであり、追加融資①、②については、県融資を見込んだうえでの判断であり、C社を倒産させたのでは、融資金全額が回収できなくなることを懸念して融資決定をしたのであるから、融資判断が合理性を欠き過失があるとまではいえない。

　これに対し、追加融資③は、C社の債務者区分を「要注意先」から「破綻懸念先」に変更したことに加え、県融資の実行の可能性が乏しくなり、したがって、追加融資を実行してもその回収が不可能な状態に至っていたのに、あえて融資決定をしたのであるから、著しく不合理な融資判断であるとして過失責任を免れることはできないといえる。

## 9　損害額の立証困難と認定損害額

### ⑴　損害額の立証が困難な場合の取扱い

　損害賠償請求訴訟において、原告は損害の発生と損害額について立証しなければならない。損害の発生自体が認定できなければ請求棄却になるが、損害の発生は認められるが、金額と根拠を明らかにして損害額を立証することが困難な場合がある。損害額を立証できなければ、請求が棄却されることになるが（最判昭和28・11・20民集7巻11号1229頁）、これでは、損害額の立証が困難な損害については原告に不当に不利に作用し、公平ではない。そこで、損害額の立

---

24　本件に関する判例研究として、吉本健一「判批」金判1347号7頁以下がある。

証がないとして請求を棄却するのは適切でないから、証拠資料と経験則に基づき裁判官の自由裁量（自由心証）により損害額の認定をなしうるものとされていた。裁判実務も、あらゆる証拠資料に基づき、できるだけ蓋然性のある額を算出して損害額を認定し、算定不能として請求を棄却すべきでないと扱われてきた。

死亡した幼児の逸失利益については、損害額の算定が困難であるからといって請求を棄却することは許されず、あらゆる証拠資料に基づき、経験則と良識を十分に活用して、できる限り蓋然性のある額を算出すべきであるとし（最判昭和39・6・24判時376号11頁）、慰謝料については、その性質から厳格な証明を要求せず、裁判官が諸般の事情を考慮して損害額を算定することが許されるとして（最判昭和47・6・22判時673号41頁）、損害額の算定が困難な場合について公正な取扱いがなされていた。

平成8年に成立した新民事訴訟法は、判例と実務の取扱いを、認定損害額として248条（以下、「本条」という）に規定し明文化した。損害額の立証が困難な場合に備え、実体法上推定規定を設けている場合があるが（たとえば、会社423条2項、金商21条の2第3項、不正競争5条2項）、民事訴訟法は、認定損害額の推定規定を設け、損害額の算定を裁判所の裁量に委ねたのである。

本条により、損害額の認定が困難な訴訟について、裁判所の裁量による損害額の認定（裁量評価）が根拠づけられ、心証形成の軽減化と迅速な審理促進が可能となったが、原告も立証困難な損害額の立証の負担（証明度）が軽減された。そして、認定損害額によることの一般化により、取締役の賠償責任額などに用いることが可能となった。

損害の発生が認められる場合において、損害の性質上その額を立証することが極めて困難な場合は、裁判所は、口頭弁論の全趣旨および証拠調べの結果に基づき、相当な損害額を認定することができる（民訴248条）。それが適用されるためには、因果関係を含め損害の発生が証明され、損害額認定の段階に至り、裁判所の認定損害額によることが認められるのであり、本条の適用は損害額の算出に限られ、損害の発生、因果関係等について適用されるのではない。[25]

---

25　小室直人ほか編『基本法コンメンタール新民事訴訟法2〔第2版〕』252～253頁〔奈良次郎〕。

損害の発生は認められるが、いくらの損害が発生したかを、金額と根拠を明らかにして主張・立証することが難しい場合に備えた規定であるから、その適用は損害額の立証がその性質上極めて困難な場合に限られ、損害額の立証が容易な場合には適用されない。もとより、立証困難な場合であっても、立証しなくてもよいというのではなく、通常要求される程度の立証努力は要求される。また、損害額の算出（算定）自体が、裁判所の裁量によることが難しい性質の損害については、本条によることができないと解される。

損害額の認定は、口頭弁論の全趣旨および証拠調べの結果に基づきなされるから、裁判所は口頭弁論に現れた事実および当事者（原告または被告）が提出した事実に基づき、経験則に従って相当な損害額を認定することになる。

法文は、損害の性質上その額を立証することが極めて困難な場合は、損害額を認定することができるとするが、裁判所は相当な損害額を認定しなければならないのであり、損害額について立証がないとして請求を棄却することは許されないと解される。もっとも、口頭弁論の全趣旨および証拠調べの結果に基づいても、損害額を認定し得ない場合は、認定損害額によることの要件を欠くものとして、損害額を認定しないことは許される。相当な主張も、可能な範囲の立証もしない場合に、裁判所が損害額を認定しなければならないものではない。

### (2) 取締役等に対する責任追及訴訟と認定推定額

取締役等に対する責任追及訴訟（損害賠償請求訴訟）において、損害額の特定と立証が困難な場合が少なくない。会社（株主代表訴訟の原告株主）または第三者が、取締役等の任務懈怠行為により損害が発生したとして損害賠償請求をした場合、損害の発生は認められるが（経験則上認められる場合が少なくない）、損害額の立証が容易でない場合がある。

そこで、本条により、取締役等の任務懈怠による損害について、性質上その額を立証することが極めて困難であるとして、本条の認定損害額によることになる。もとより、損害額の立証が困難であるからといって、原告は立証を尽くさなくてもよいというのではない。損害額の立証に努めたが、損害の性質上、立証が困難と認められる場合に、裁判所が、口頭弁論の全趣旨および証拠調べの結果に基づき、相当な損害額を認定するのである。

損害額の立証が困難であることは、損害額を具体的に主張することが困難で

ある場合に結びつく。原告は取締役等の任務懈怠により発生した損害を、できるだけ具体的に主張しなければならない。漠然と損害額は金何円を下回らないとするだけでは足りない。しかし、それを具体的に主張することが困難な場合があり、この場合は損害額の立証困難と一体として考えることになる。

　裁判所による損害額の認定は、口頭弁論の全趣旨および証拠調べの結果に基づきなされるから、原告は、被告取締役のいかなる行為により、どのような損害が生じたかを、可能な限り主張・立証する必要がある。また、裁判所の裁量的認定であるから当事者に請求権はないが、本条による認定を求めることを明確にすべきであろう。

# 第12章　株主代表訴訟による責任追及

## 1　会社法と株主代表訴訟（責任追及等の訴え）

旧商法は、株主代表訴訟に関する規定を設けていた（旧商267条以下）のに対し、会社法は、株主代表訴訟を責任追及等の訴えとして規定している（会社847条以下）。もっとも、旧商法上も株主の代表訴訟と理解されていたが、条文中は、「取締役の責任を追及する訴え」としていたのであるから、実際上の変更はない。

会社法は、基本的には旧商法の株主代表訴訟を踏襲しているが、新たに規定を設け、旧商法当時の問題点に対処している。会社法が、新たに設けた規定は次のとおりである。さらに、平成26年改正会社法が旧株主による責任追及訴訟（会社847条の2）と多重代表訴訟（同法847条の3）を認めたことから、それに伴う改正がなされている。

### (1)　原告適格（提訴資格を有する株主）

旧商法は、6カ月前より引き続き株式を有する株主としていたが（旧商267条1項）、会社法は、「6カ月前より」を基本としながら、定款によりこれより短い期間を定めることができるとした（会社847条1項）。また、公開会社でない会社（非公開会社）については、株式保有期間をはずし、単に株主とした（同条2項）。これは、旧有限会社法の社員の代表訴訟に関する規定（旧有限31条1項）を承継したものである。

原告適格者として、旧商法は、株主とのみ規定していたから、1株の株主でも提訴することができると解されていたが、単元株採用会社にあっては、単元未満株主に提訴権を認めるべきか否かについて議論があった。この点、提訴権は議決権に関係しないとして、提訴権を認める見解が多数説であった。

これに対し、会社法は、定款に定めることにより（会社189条2項）、単元未満株主は提訴権を有しないとすることを可能としたから、定款の定めにより単元未満株主は提訴資格を有しない。単元未満株主に、代表訴訟提訴権を認める

実際上の必要が少ないことから、これはやむを得ない措置として是認すること
ができる。

### (2) 株主代表訴訟の被告の法定と一括規定

会社法は、株主代表訴訟の対象として規定している訴訟およびその被告を、
発起人、設立時取締役、設立時監査役、取締役、会計参与、監査役、執行役、
会計監査人（役員等）の責任追及訴訟とし、加えて、清算人の責任を追及する
訴え、株主の権利行使に関し利益供与を受けた者に対する返還請求（会社120
条3項）、著しく不公正な払込金額で募集株式を引き受けた者に対する差額の
支払請求（同法212条1項）、不公正な払込金額で新株予約権を引き受けた者に
対する所定の支払請求（同法285条1項）としている。

### (3) 濫用的な株主代表訴訟の提訴禁止

会社法は、濫用的な不当訴訟の提訴を禁止する趣旨から、株主の代表訴訟提
訴権を認めたうえで、「ただし、提訴が当該株主もしくは第三者の不正な利益
を図り、または当該株式会社に損害を加えることを目的とする場合は、この限
りではない」との規定を新設した（会社847条1項）。これは、濫用的な提訴を
不適法とする趣旨である。

### (4) 不提訴理由の通知

会社法は、会社が、提訴請求を受けた日から60日以内に責任追及訴訟を提起
しないときは、提訴請求をした株主または被告とされるべき役員等からの請求
により、遅滞なく提訴しない理由を通知しなければならないとの規定を新設し
た（会社847条4項）。

不提訴理由の通知の制度により、会社による提訴判断の適正を確保するとと
もに、株主は、提訴するか否かを決する判断のための資料とすることができ、
被告とされる取締役等にとっても、会社が、なぜ提訴しないのかを知ることが
できるようになった。

株主が請求する金額が、会社に生じた損害と異なる場合、あるいは、取締役
等の責任原因が提訴請求と異なると判断した場合は、その旨を理由を付して説
明すべきである。

### (5) 会社が被告取締役等に補助参加しうることの明確化

旧商法は、会社が被告取締役に補助参加することを認めていたのであるが

第12章　株主代表訴訟による責任追及

（旧商268条8項）、会社法は、会社は、当事者の一方（被告役員等）を補助する
ために、訴訟に参加することができるとして、会社の補助参加を正面から認め
（会社849条1項）、これを明確にした。しかし、参加規定には、共同訴訟参加と
当事者適格、補助参加の利益という大きな問題点が存在している。

(6)　**当該会社の株主でなくなった場合と原告適格の継続**

旧商法上、株主代表訴訟の係属中に、株式交換等または合併がなされた場合、
原告株主または共同訴訟人たる株主（共同訴訟的補助参加人）は、当事者適格
を失い訴えが却下されるかは、解釈上争いがあった。

この点、会社法は、株式交換等により完全親会社の株主となった場合、合併
により設立する会社または存続する会社の株主となった場合は、当事者適格
（訴訟追行権）を失わないとして（会社851条1項）、立法的に解決した。

代表訴訟の提起前に株式交換等がなされ、完全親会社の株主になった者（旧
株主）の、完全子会社の取締役等の責任を追及する代表訴訟の提訴権について
は、規定がなかったことから認められなかったが、平成26年改正会社法は、旧
株主による責任追及訴訟としてそれを可能にした。

(7)　**訴訟の係属中の会社の権利の処分と訴訟の帰すう**

会社の取締役に対する損害賠償請求権の譲渡は、禁止されておらず第三者に
譲渡することは可能である。そこで、訴訟の係属中に会社が役員に対して有す
る損害賠償請求権を譲渡することも許されることになる。しかし、株主代表訴
訟の訴訟物は会社の損害賠償請求権であるから、会社がこれを第三者に譲渡す
れば株主代表訴訟は請求棄却になる。そこで、これを狙って会社が債権譲渡を
する可能性がある。

取締役に対する責任追及を回避する目的で債権譲渡された場合は、その譲渡
は法の趣旨を潜脱するものとして無効となる。そして、株主代表訴訟が提起さ
れ、または提起が予定されている場合に、会社が損害賠償請求権を他に譲渡し
た場合は、特段の事情のない限り、取締役に対する責任追及を回避する目的で
なされたものと推認される。

特別清算手続中の会社が損害賠償請求権を他に譲渡した場合については、株
主代表訴訟が提起された後の譲渡であるから、取締役に対する責任追及を回避
する目的でなされたものと推認される。しかし、会社が特別清算手続中であり、

清算人が売却先を債権者の協力を得ながら決定し、その価格は不当に低廉であるということができないなど、推認を覆す特段の事情が認められるとして、損害賠償請求権の譲渡は有効であるとされた事例がある（東京地判平成17・5・12金法1757号46頁）。そうすれば、このような特段の事情がないのに債権譲渡がなされた場合については、責任追及の回避目的が推定されるから債権譲渡は無効となる。

　訴訟係属中の損害賠償請求権特有の問題として、判決で債権の存在と金額が確定しない段階での譲渡であるから、譲渡金額をいくらに設定するかという問題がある。できるだけ客観的に判決で認められる金額を算出し、それに、被告取締役の弁済能力などを加味して合理的な譲渡金額を設定する必要がある。不当に低廉な価格の場合は、推認を覆すことができないだけでなく、法定の手続をとることなく役員の責任を一部免除したことにもなりかねない。

### (8)　平成26年改正会社法と代表訴訟の3類型

　平成26年改正会社法は、通常（従来型）の代表訴訟（会社847条）に加え、旧株主による責任追及訴訟（同法847条の2）と多重代表訴訟（同法847条の3）を認めたことから、3類型の代表訴訟が存在することになった。通常の代表訴訟は、株主がその会社の取締役等の責任を追及するという単一の会社における代表訴訟であり基本類型である。これに対し、旧株主による責任追及訴訟と多重代表訴訟は、完全親会社の株主が子会社の取締役等の責任を追及するという複数の会社にまたがる代表訴訟である。

　旧株主による責任追及訴訟は、株式交換等により完全親会社の株主となった者が、完全子会社となった会社の取締役等の責任（責任の原因となる事実は、株式交換等より前に存在することが必要である）を追及する代表訴訟である。株式交換等がなければ、代表訴訟を提起しうる株主が、株式交換等により完全親会社の株主となった場合に、それまで株主であった完全子会社となった会社の取締役等の責任を追及するものである。訴訟構造的には多重代表訴訟であるが、平成26年改正会社法は通常の代表訴訟と位置づけている。

　多重代表訴訟は、最終完全親会社（最上位にある株式会社たる完全親会社）の株主が、対象子会社の取締役等の子会社に対する責任を追及する代表訴訟であるが、訴訟構造は通常の代表訴訟が多段階的（多重的）に積み上げられたもの

*425*

第12章　株主代表訴訟による責任追及

である。子会社が子会社の取締役等の責任を追及せず、親会社も株主として子会社の取締役等の責任を追及しない場合に、親会社株主が、親会社と子会社に代わって子会社の取締役等の責任を追及する訴訟であることを基本とする。訴訟の主要目的は親会社株主の利益保護である。

　旧株主による責任追及訴訟と多重代表訴訟は、親子会社にまたがる複雑な訴訟形態であるが、訴訟構造は通常の代表訴訟をベースとするものであるから訴訟手続は共通している。そこで、平成26年改正会社法は、これら３類型の代表訴訟（以下、「代表訴訟等」）の手続に関して統一規定を設けている（会社847条の４以下）。

## 2　株主代表訴訟の基本構造

### (1)　株主代表訴訟の意義と法構造

　株主代表訴訟は会社が取締役等に対する責任を追及しない場合に（提訴懈怠）、株主が会社のために、取締役等の会社に対する責任を追及する訴訟である。訴訟で請求するのは会社の権利であり、会社に対する給付を請求する訴訟である。一般の訴訟では、原告が被告に対し、原告に対する給付を求める訴訟であるが、株主代表訴訟は、原告が被告に対し、会社に対する給付を求める訴訟である。したがって、請求の趣旨（判決主文）は、「被告（取締役等）は、会社に対し、○○○万円を支払え」となる。会社の権利に基づく訴訟であるから、被告取締役等は、会社に対する対抗事由をもって原告株主に対抗することができる。

　原告の地位を説明することは必ずしも容易ではないが、会社の法定代表機関であると位置づけられ（それゆえ、原告は受任者に準じて誠実に訴訟を追行する義務を負う）、法定訴訟信託となる（原告は会社の権利を自由に処分できないという制限を受ける）。会社は権利の帰属主体であるが、訴訟上は第三者である（したがって、訴訟参加は可能となる）。株主は、「会社のために代表訴訟を提起することができる」として法定代位訴訟の法形式をとり（会社847条３項）、それにより原告が受けた判決の効力が会社に及ぶことになる（民訴115条１項２号）。そして、他の株主に対しても反射的に効力が及ぶ。

　この点、法定代位訴訟の法形式をとらないアメリカでは、会社の権利に基づ

*426*

く訴訟であるという点ではわが国と異ならないが、判決の効力を会社に及ぼすため、会社を必要的当事者（被告）としており、会社を共同被告として提訴しなければならない（もっとも、会社は形式的被告である）。

原告は、他の株主の利益のために訴訟を行わなければならないが、これをもって、代表訴訟性（クラス・アクション性）を強調する必要はない（原告は株主の代表ではない）。株主は会社の代表として、会社の権利に基づき提訴し（派生訴訟）、勝訴判決により会社の損害を回復し、それにより株主の利益を保護することになる。他の株主の利益は、会社の損害の回復により確保される。会社の利益は、原告に共同訴訟参加を認めることにより確保され、他の株主の利益は、原告に補助参加することにより確保される（馴合訴訟の防止という目的も存在する）。

### (2) アメリカの代表訴訟の概要

代表訴訟制度は、昭和25年の商法改正に伴いアメリカの制度を導入したものであるが、すべてアメリカの制度と同様というわけではない。代表訴訟を理解するためには、アメリカの代表訴訟との異同を知る必要がある。アメリカの多くの州の会社法は、代表訴訟に関する規定を設けているが、この代表訴訟は衡平法（判例法）上の訴訟として、実際上の必要から生まれたものであり、長い歴史をもつが理論的根拠は必ずしも明確ではない。

代表訴訟は、当初、会社の権利と株主の権利が未分化の状態の下で、株主が取締役の信任義務違反の責任を追及するクラス・アクション（株主が他の株主を代表して提訴する訴訟）、つまり代表訴訟（representive suit）であり、株主が会社の権利を行使する訴訟（derivative suit）ではなかった。それは、会社法人格の独立性が強くなく、訴訟で請求するのは株主の権利であるとのアメリカ法の考え方によるものであった。

それゆえ、代表訴訟の対象となるのは、取締役や役員の注意義務違反の責任だけでなく、契約上の債務の履行請求、違法行為の差止め等など極めて広いものであった。その後、この訴訟は会社の権利に基づく訴訟（派生訴訟）へと変化したが、その後も、代表訴訟性（クラス・アクション性）が残存し、現在でも、訴訟の対象となる範囲は広い。

しかし、注意しなければならないのは、アメリカでは、株主が提訴できるの

第12章　株主代表訴訟による責任追及

は、会社（取締役会）が株主の提訴請求を不当に拒否した場合、または法令違反を理由とする場合に限られ、取締役会が提訴しないと判断した場合は、株主は提訴することができない。また、提訴できる株主は、役員による問題の行為がなされ、または事実が生じた時点において当該会社の株主であった者に限られ、その後に株式を取得した者は、相続・合併の場合（包括承継）を除けば提訴し得ないという制約がある（行為時株主の原則）。

　さらに、株主が適法に提訴した場合でも、取締役会（訴訟委員会）により当該訴訟は会社の最善の利益に反するものであり訴訟は終了すべきであると判断された場合、裁判所はこの判断に経営判断の原則を適用して訴訟を終了させること（経営判断の原則の攻撃的利用）が認められている。これらは、わが国の代表訴訟では認められていない。

### (3)　代表訴訟導入の経緯

　昭和25年の改正商法は、株主の地位の強化の一環として、アメリカの代表訴訟制度を導入した。同改正前は、会社が取締役に対する提訴を懈怠しているときに、株主総会で訴えの提起を決議した場合、または株主総会で訴え提起の決議が否決された場合に、少数株主が監査役に対し提訴請求をした場合は、監査役は取締役に対し提訴しなければならないとしていたが（同改正前商法267条、268条）、この訴訟は会社による提訴であり、各株主が原告となって訴えを提起するものではなかった。

　昭和25年改正商法は上記規定を廃止するとともに、取締役の責任を追及する代表訴訟を規定し（同改正商法267条）、発起人・監査役・清算人の責任についてこれを準用した（同法196条、280条、430条2項）。しかし、法制度の異なるわが国に、急遽アメリカの制度を導入したものの、訴訟の本質、根拠、対象となる取締役の責任の範囲等について十分に検討されたものとは思われない。また、代表訴訟を理論的に説明することは難しいが、会社の提訴懈怠の可能性を理由にそれを必要とすると理解されている。

　わが国においては会社法人格の独立性が確立していることから、会社の権利は会社（代表機関）が行使すべきであり、株主が行使し得るものではないが、代表訴訟は、会社が権利行使を怠っている場合に株主に特に提訴権を認め、例外的に会社のために会社の権利を行使して、提訴できる派生訴訟と理解するこ

*428*

とができる。それゆえ、訴訟で請求する会社の権利は、会社が自ら請求する場合と同じであると考える必要はない。

わが国が導入したのは、アメリカの代表訴訟制度のうち取締役の注意義務違反と法令違反の責任（任務懈怠）追及訴訟である。違法行為の差止めについては、別途、株主による差止めを規定した（同改正商法272条）。そして、これが基本的に会社法に引き継がれている。

### (4) 代表訴訟の対象となる取締役の責任

#### (ア) 取締役の責任の範囲に関する非限定説

代表訴訟制度導入前の商法の旧規定（昭和25年改正前商法267条、268条）は、取締役に対する訴えに関する規定であって、任務懈怠による損害賠償請求だけでなく取引上の債務の履行請求も含むものであった。

代表訴訟における取締役の責任追及の範囲は、取引上の債務の履行請求まで含むかであるが、代表訴訟制度導入当時の代表的な学説は、代表訴訟は、取締役の責任追及のために認められる（旧商267条）とし、「責任追及」について、取締役間の特殊関係に基づく提訴懈怠の可能性を考えると任務懈怠責任による損害賠償請求と取引上の履行請求を区別すべきではないとする。

たとえば、金銭の貸付けを受けた取締役が弁済しないとき、他の取締役は未弁済額についての弁済責任は任務懈怠であるとして代表訴訟の対象となるのに、当該取締役が対象とならないとすることは権衡を失するから、取引上の債務の履行請求を排除する趣旨ではなく、代表訴訟の対象となるのは、損害賠償その他旧商法266条の規定による責任の追及のみに限られるものでない、とする。[1]

この点、昭和25年改正前商法の規定による取締役に対する提訴は、会社による提訴であるから、取締役が会社に対して負う債務が訴訟の対象となるのは当然であるが、代表訴訟は株主が会社の権利を行使して提訴する訴訟であるから、訴訟により請求できる会社の権利（訴訟の対象）は、会社自身が提訴する場合と同様ではないと考えられる。

しかし、現在でも、提訴懈怠の一般的可能性を理由に、代表訴訟の対象となる「取締役の責任」には、任務懈怠（法令・定款違反）の責任と特に商法（会

---

1 鈴木竹雄＝石井照久『改正株式会社法解説』179〜180頁。

第12章　株主代表訴訟による責任追及

社法）が定めた責任（義務）だけでなく、取引上の債務も含まれるとする立場
（非限定説）が通説であるといえる。

　　㈡　判例の立場

　下級審の中には、代表訴訟は取締役の特定の行為による厳格かつ特定化され
た責任について、その履行を確実なものとして株主を保護することを目的とす
る制度であるから、対象となる取締役の責任は、商法が取締役の地位に基づい
て取締役に負わせている責任を指すものと理解すべきであり、取締役の地位に
基づかないで会社に負担すべき責任を含まないとして限定説に立ったものがあ
る（大阪高判平成19・2・8金判1315号50頁）。

　これに対し、同事案において、最高裁判所は、商法267条1項（会社847条1
項）にいう「取締役の責任」には、商法が取締役の地位に基づいて取締役に負
わせている厳格な責任のほか、取締役が会社との取引によって負担する債務も
含まれるとした。その理由として、①役員相互間の特殊な関係から、責任追及
を懈怠するおそれがあるのは、取締役の地位に基づく責任に限られない、②金
銭を借り受けた取締役が弁済しないとき、貸し付けた取締役の責任は代表訴訟
の対象となるのに、借り受けた取締役の弁済責任は代表訴訟の対象とならない
のは均衡を欠くことになる、③そして、取締役所有名義の借用契約の終了に基
づく、会社への真正な登記名義の回復義務は代表訴訟の対象になるとした（最
判平成21・3・10民集63巻3号361頁）。

　①については、代表訴訟の対象となる取締役の責任の範囲は、提訴懈怠の一
般的可能性だけで決められるものではない。提訴懈怠の一般的可能性を理由に
非限定説によるのであれば、取締役に就任する前に会社に対して負担した債務、
従業員兼取締役が従業員としての雇用契約上の義務に違反して、不法行為によ
り会社に損害を与えた場合の賠償責任も、代表訴訟の対象としなければ一貫し
ないことになるがこれは無理であろう。そうすると、代表訴訟の対象となる債
務とならない債務をどのようにして線引きするかという問題が生じる。

　②については、取締役に対して金銭を貸し付けた責任は任務懈怠責任であり、
借り受けた取締役の責任は借入金の弁済責任（債務の弁済義務）であるから、
法的に性質が異なるものを比較して不均衡というわけにはいかない。不均衡で
あるとする実質的理由として、金銭を貸し付けた取締役の弁済責任（旧商266

*430*

条1項3号）は、無過失責任と解されていたことが考えられるが、会社法はこの規定を削除したので、取締役の責任の有無は金銭を貸し付けたことに過失があるか否か（善管注意義務違反）により判断されるから、もはや不均衡論をもち出すことはできないであろう。また、この不均衡論では、金銭の借受け以外の取引上の債務についての説明をすることができない。

　③について、取引上の債務を代表訴訟の対象に含めるとしても、わが国の代表訴訟は金銭の支払いを求める訴訟であるとの基本的理解によれば、特定債務の履行請求（特定物の引渡債務等）や登記請求権が代表訴訟の対象となるかは極めて疑問である。

　登記請求訴訟は登記義務者の意思表示を求める給付訴訟であるから、取締役所有名義の借用契約の終了に基づく、会社への真正な登記名義の回復義務によるものであっても、登記請求手続をするという意思表示を求めるものであり、取締役等の意思表示を求める請求を取締役等の責任を追及する代表訴訟の対象にするのは無理である。

　原告（登記権利者）が登記請求訴訟に勝訴した場合、被告（登記義務者）が登記申請の意思表示をしたものとみなされるから、登記を命ずる判決の執行は必要でない。そこで、原告は確定判決を登記原因を証する書面として登記申請すればよい（不登63条1項）。

　ところが、代表訴訟については、原告は訴訟の当事者であるが判決の名宛人ではない。判決の名宛人は会社であり、被告は登記権利者である会社に対し登記申請の意思表示をしたとみなされるから、会社が単独で登記申請をすることになり、原告は登記申請をすることができない。そこで、原告は代表訴訟に勝訴しても、会社が登記申請をしなければ会社名義の登記にするという目的を達することができない。

　　(ウ)　代表訴訟の趣旨・目的と対象となる取締役の責任

　代表訴訟の対象となる取締役の責任の範囲は、代表訴訟の基本構造と趣旨・目的、代表訴訟導入の経緯等から考えるべきであり、提訴懈怠の一般的可能性だけにより判断すべきでない。訴訟の対象は、会社が請求する場合と、株主が代表訴訟で請求する場合で同じではない。提訴懈怠の可能性は、責任であっても、取引上の債務であっても同じであるから、取引上の債務も代表訴訟の対象

第12章　株主代表訴訟による責任追及

となるというわけにはいかない。

　提訴懈怠の可能性は、代表訴訟の制度根拠となるものであるが、対象となる責任の範囲を決するものではない。ほかに方法がないからといって、代表訴訟の対象を拡張すべきではない。規定からみても、役員等の責任を追及する訴えとなっているが、「責任」といえば、任務懈怠責任を指し、取引上の債務を含まないとみるのが無理のない解釈である。また、昭和25年改正商法が導入したのは、アメリカの代表訴訟のうち取締役の責任に関する部分であったと考えられる。そうすれば、代表訴訟の対象となるのは取締役の責任であり、取引上の債務は含まないというべきであり、取締役の地位に基づく責任および義務が訴訟の対象となるとみるのが自然である。

　取締役等の責任を免除するために総株主の同意を必要とするのは（会社424条）、株主の代表訴訟提訴権を確保するためである。取引上の債務の免除は取締役の判断によりなしうるから、これを代表訴訟の対象とすることは、取締役等の責任免除規制との整合性を欠くばかりか、株主の提訴権を確保するための措置が講じられていないことになる。

　代表訴訟は、役員等（取締役・会計参与・監査役・執行役・会計監査人）の責任を追及する訴えであるから（会社847条１項）、対象となる責任の範囲は取締役以外の者についても統一的に理解しなければならない。そこで、代表訴訟の対象に取引上の債務を含めれば、取締役以外の役員等の取引上の債務も代表訴訟の対象とせざるを得ないが、これは代表訴訟の想定の範囲を超えることになり行き過ぎである。

　　㈤　会社の意思が尊重されないことからの制限

　代表訴訟の対象となる取締役の責任の範囲を考えるためには、アメリカの代表訴訟との相違点を考慮することが必要である。

　わが国においては、アメリカと異なり株主が提訴するために、会社が提訴請求を不当に拒絶したことまでは要せず、提訴請求後60日が経過すれば提訴できる。また、株主の提起した代表訴訟について会社（取締役会）が終了判断をすることはできない。

　このように、会社の権利に基づく訴訟であるのに、会社の意思を反映させることができないから、代表訴訟の対象を拡張して取引上の債務を含むとするの

*432*

は適切でない。さらに、最終親会社の株主が子会社の取締役等の特定責任を追及する多重代表訴訟においては、取引上の債務を訴訟の対象とすることには無理がある。

　以上のようにみれば、提訴懈怠の可能性を理由に、取引上の債務を代表訴訟の対象とするわけにはいかないであろう。代表訴訟は会社法が特に認めた例外的措置であるから、訴訟の対象は会社自身が取締役等に請求する場合と同じではないという基本原則に基づき、代表訴訟の対象を決めなければならない。

　そうすれば、代表訴訟の対象となる取締役の責任は、取締役の任務懈怠責任（会社423条1項）と、違法な利益供与を行った場合の支払義務（同法120条4項）、違法配当の場合の支払義務（同法462条1項）等の会社法が代表訴訟の対象にしている義務に限られ、取引上の債務を含まないというべきである[2]。

　取引上の債務の履行請求を代表訴訟の対象に含めないとしても、取締役（代表取締役）がそれを請求しないことにより、会社に損害が生じた場合は取締役の任務懈怠となる。そこで、株主は代表訴訟により取締役の任務懈怠に基づく損害賠償責任を追及するという方法がある。

### (5) 取締役等の第三者に対する責任と株主代表訴訟

　取締役等は、任務懈怠により会社に対して損害賠償責任を負うが（会社423条1項）、任務懈怠につき悪意（故意）または重大な過失がある場合は、第三者（株主を含む）に対しても損害賠償責任を負う（同法429条1項）。取締役等の任務懈怠により、第三者が直接損害を被った場合は（直接損害の場合）、第三者は取締役等に対し損害賠償を請求することができる。

　これに対し、取締役等の任務懈怠行為により会社に損害が生じ、その結果、株主が損害を被った場合については（たとえば、取締役の任務懈怠行為により、会社の業績が悪化し原告株主の保有株式の株価が下落し、または無価値になった場合）、株主は直接訴訟によることができるか、それとも、株主代表訴訟（会社847条）により、会社の損害の回復を図らなければならないかは議論の分かれるところである。

　このような間接損害の場合は、損害を受けたのは原告だけでなく全株主であ

---

2　限定説に立つ立場として、北澤正啓「株主の代表訴訟と差止権」田中耕太郎編『株式会社法講座第3巻』1145〜1148頁、江頭・株式会社法494頁。

り、しかも、会社の損害回復を図ることにより、全株主の損害が回復されることから、直接訴訟によるのではなく株主代表訴訟によるべきである。

　裁判例も、株主代表訴訟により取締役の責任を追及すべきであり、特段の事情がない限り、取締役の第三者に対する責任規定や民法709条による直接請求による責任追及は認められないとする。その実質的理由は、会社の損害が回復すれば株主の損害も回復する、取締役は同一の行為に基づき、個々の株主および会社により二重に責任が追及されるおそれがあるからであるとしている（東京高判平成17・1・18金判1209号10頁）。

　もっとも、会社が解散し清算を結了した場合など、会社の損害の回復により株主の損害も回復するという場合にあてはまらないときは直接訴訟が認められるであろう。

　また、買収防衛策として不公正な新株や新株予約権の発行がなされた場合のように、会社に損害は生じていないが、特定の株主に損害が生じ、また、株価の下落により全株主に損害が生じた場合は、間接損害の場合にあたらないから直接訴訟によることが可能になる。

## 3　株主代表訴訟の当事者

### ⑴　原　告

#### ㈎　原告適格を有する株主

　6カ月前より引き続き株式を有する株主であるが、定款によりこれより短い期間を定めることができる（会社847条1項）。しかし、実際上、定款により短縮されることは少ないであろう。また、公開会社でない会社（非公開会社）については、株式保有期間の制限はなく、単に株主であれば足りる（同条2項）。

　6カ月前からの株式の継続的所有は、原告の適格要件であるから、この要件を欠く株主による提訴は却下される。相続または合併の場合は、6カ月という株式所有期間は、被相続人または合併による消滅会社の所有期間を合算して計算すればよい。

　また、会社が設立後6カ月以上が経過していない場合は、6カ月前からの株式の継続的所有ではなく、設立時から継続して株主であれば足りる。

　取締役等の違法行為（任務懈怠）当時の株主であることは要求されないから、

問題の行為後に株式を取得した株主も、取得後6カ月以上が経過すれば提訴が可能である（わが国では、行為時株主、株式の同時所有は要求されない）。

6カ月の要件は提訴請求時または緊急提訴時（会社847条5項）に備わっていなければならない。また、原告は、提訴時だけでなく、訴訟の係属中株式を継続して所有しなければならない（同一株式でなくてもよい）。そこで、訴訟の係属中に株式の譲渡等により株主でなくなれば、原告適格を失ったものとして訴えが却下される（例外として同法851条）。

原告株主は、実質株主（株式の実質的所有）でなければならないが、6カ月以上株主名簿上の株主であることが要求されるかが問題となる。株主名簿上の株主であることを要するとの立場が多数説であるが、必ずしもそれは要求されないであろう。名義書換は会社に対する対抗要件、つまり名義書換をしなければ会社に対して株主としての権利行使ができないというのにとどまるから（会社の側から、名義書換未了の株主を株主として取り扱うことが許されるとの解釈によれば、名義書換は絶対的なものではない）、会社に対する権利行使ではない株主の代表訴訟提起権について、同様に考える必要はないであろう。

それは、株主による監督是正権の意味からも、実質株主であれば足りるものと解される。多くの場合、原告は株主名簿上の株主であるが、株主名簿上の株主であることを要件とすれば、実質株主の持株が適法に他人名義とされている場合に、当該株主が提訴し得ないという問題が生ずる。

もっとも、6カ月以上、株主名簿上の株主であれば、適法に原告適格を有するものとの推定を受けるから、原告適格を否定するためには、被告取締役等において原告が実質株主でなく、単なる名義人にすぎない無権利者であることを立証しなければならない。これに対し、名義書換未了の株主は、提訴に際し、6カ月以上前からの実質株主であることを立証しなければならない。

　(イ)　原告となりうる株主

株主の代表訴訟提起権は、持株数の要件がなく単独株主権である。そこで、当否は別にして、1株でも有している株主には株主代表訴訟の提起権が認められる。

株式の種類を問わないから、議決権のない株式の株主でも原告となりうる。理論的にみても、この訴訟は、議決権の問題ではなく、会社に生じた損害の回

***435***

復と株主の監督・是正権の行使を目的とするから、所有株式の種類を問題にする必要はない。

単元株採用会社の場合は、単元未満株主は議決権を行使できないが（会社189条1項）、それ以外の権利を行使できるから株主代表訴訟の原告となりうる。ただし、定款に定めることにより、単元未満株主は提訴権を有しないとすることを可能としたから（同条2項）、定款の定めにより、単元未満株主は提訴資格を有しないとすることは可能である。単元未満株主に、株主代表訴訟提起権を認める実際上の必要がないことから、定款により単元未満株主の提訴権を奪うことは、株主平等の原則に反することはないといえよう。

　㈼　訴訟係属中の原告株主の変動

訴訟の係属中に原告が死亡したときは、訴訟手続は中断し、相続人が原告たる地位を承継する（ただし、反対に解する立場もある）。株主として提訴した会社が合併により消滅した場合は、合併後の存続会社または新設会社が原告たる地位を承継する。

これに対し、株式の全部譲渡の場合は、原告適格の喪失として訴えは却下となる。これは、包括承継ではなく特定承継であることに加え、原告の地位は譲渡の対象とならないと考えられるからである。

会社に対し、破産手続の開始決定がなされ、破産管財人が選任されると、破産財団の管理と処分権限は管財人に属することから（破78条1項）、取締役等に対する責任追及訴訟も破産財団関係訴訟となり、破産管財人が原告適格を有するので（同法80条）、株主は提訴権を失うことになる。株主代表訴訟の係属中に、破産手続開始決定がなされた場合は、訴訟手続は中断し、破産管財人が訴訟を受継することができる（同法45条2項）とするのが裁判例である（東京地決平成12・1・27金判1120号58頁）。

会社更生手続の開始決定がなされ、更生管財人が選任された場合も、破産の場合と同様の取扱いによるべきである（会更72条1項、74条1項、52条1項、52条の2第2項）。会社財産についての処分権を管財人が有することになるから、株主は代表訴訟を提起できなくなるのである（大阪高判平成元・10・26判タ711号253頁）。

民事再生手続の場合は、株主は原告適格を失わないが、管理命令が発せられ

たときは、会社財産の管理および処分権限は管財人に属することになる。そこ
で、管財人が原告適格を有することから（民再66条、67条1項）、破産の場合と
同様の取扱いとなる。

　預金保険法2条1項所定の金融機関について、金融管財人による業務および
財産の管理を命ずる処分がなされると、金融機関の財産の管理・処分は管財人
に専属するが（同法74条1項、77条1項）、同法は会社更生法74条を準用しない
ので、株主は株主代表訴訟の提訴権を失わず、また係属中の株主代表訴訟も影
響を受けないとされている。[3]

### ⑵　被　告

　株主代表訴訟の被告となるのは、①任務懈怠の責任があるとされる発起人、
設立時取締役、設立時監査役、取締役・会計参与・監査役・執行役・会計監査
人（役員等）、清算人であるが、②株主の権利行使に関し利益供与を受けた者、
著しく不公正な払込金額で募集株式を引き受けた者、不公正な払込金額で新株
予約権を引き受けた者も被告となる。

　①は、役員等と清算人という会社関係者の任務懈怠の責任であるが、②は、
法政策的に株主代表訴訟の対象とされた者であり例外的取扱いである。会社関
係者は、現役員等と清算人だけでなく、元役員等と清算人を含む。責任原因と
なる任務懈怠が在任中に存在すれば（退任・退職後に、会社の損害が発生した場
合を含む）、退任・退職後であっても、会社に対して損害賠償責任を負うから、
株主代表訴訟の被告となる。退任または退職したからといって、株主代表訴訟
による責任追及から逃れることはできない。会社法にも、元取締役等が被告と
なることを予定した規定が存在する（会社353条カッコ書）。

　株主代表訴訟の被告とされる者が死亡したときは、損害賠償責任であること
から相続人が被告たる地位を相続する。訴訟の係属中に被告が死亡したときは、
訴訟は中断し相続人が訴訟を承継するのである。これは、相続人にとって過酷
かもしれないが（相続放棄という方法がある）、この問題は、株主代表訴訟によ
って追及される役員等の責任特有の問題ではない。

　株主代表訴訟の対象となるのは、役員に就任した後の行為についてであり、

---

3　商事関係訴訟220頁。

第12章　株主代表訴訟による責任追及

それ以前の行為による損害は対象とならないから、提訴懈怠の可能性を理由に株主代表訴訟により責任を追及することはできない。取締役に就任する前の行為について株主代表訴訟の対象となるとした裁判例があるが（大阪地判平成11・9・22判時1719号142頁）、疑問である。

## 4　株主代表訴訟の提起

### ⑴　株主による提訴請求

#### ㈠　提訴請求を必要とする理由

株主が代表訴訟を提起するためには、原則として（緊急提訴を除き）、会社に対して、書面の提出または電磁的方法により、取締役等に対し責任を追及する訴えの提起を請求しなければならない（会社847条１項、会社施規217条）。

株主が代表訴訟で追及するのは会社の権利であるから、まず、権利者である会社に対し、提訴を促し、会社が提訴しない場合に、初めて提訴請求をした株主が代表訴訟を提起することが可能となる。それゆえ、緊急提訴の要件を欠くのに、いきなり提訴した場合は不適法却下となる。これは、この訴訟が会社の権利に基づく派生訴訟であることから、当然の結果である。

#### ㈡　提訴請求の記載事項

提訴請求の記載事項は、①被告となるべき者、②請求の趣旨および請求を特定するのに必要な事実である（会社施規217条）。これらについて、具体的な記載のない場合は、適法な提訴請求とはいえないであろう。

##### (A)　被告となるべき者

具体的に、会社に対して任務懈怠による賠償責任を負うべき取締役等の氏名を記載しなければならない。ただ、提訴請求の段階で、株主が責任のある取締役等の氏名を特定することが困難な場合が予想されるから、取締役全員の氏名を記載することには問題があるとしても、ある程度概括的な氏名の記載もやむを得ないであろう。会社の不提訴理由書などをみて、提訴に際し被告となる取締役等を選別し、特定すべきである。

##### (B)　請求の趣旨および請求を特定するのに必要な事実

請求の趣旨とは、損害賠償請求であるから、取締役等が会社に与えた損害について、いくらの金額を請求するかである。確定額によるべきであるが、損害

*438*

額の算定が困難な場合は、ある程度概括的な予定金額によらざるを得ない。しかし、金額を記載せずに「相当額」とするのでは、適法な請求ということはできないであろう。

請求を特定するのに必要な事実とは、責任の原因となる事実である。取締役等のいかなる行為により、会社に損害を与えたかを明確に特定できる程度に記載しなければならないが、株主が提訴請求の段階で、任務懈怠行為等の内容を具体的に特定することが困難な場合が少なくない。

そこで、あまりにも漠然とした責任の原因となる事実の記載では不十分であるが、取締役等の責任原因行為と責任の有無については、会社のほうがより詳しく認識していることが多いから、株主がどのような事実に基づいて提訴請求をしているのかを会社が判別し、提訴するか否かを判断することができる程度に特定してあれば足りるといえよう（東京地判平成8・6・20判時1572号27頁）。

　(ウ)　提訴請求の相手方

提訴請求は単に会社に対してすればよいのではなく、提訴請求を受領する権限を有する者に対してしなければならない。それは、会社と取締役等間の訴訟において会社を代表する者であるが、会社の組織形態、被告となるのが取締役であるか否かにより異なる。

会社と取締役（元取締役を含む）間の訴訟でない場合は、会社代表の一般原則により、取締役または代表取締役が会社を代表する（会社349条1項・4項）。指名委員会等設置会社の場合は、代表執行役は、代表取締役と同様に会社の業務に関する一切の裁判上の行為をする権限を有するから（同法420条3項）、代表執行役が会社を代表する（同法420条3項）。なお、代表執行役が取締役でない場合は、会社と取締役間の訴訟とならないため代表執行役が会社を代表するが、実際上、執行役は取締役であることから、執行役または取締役間の訴訟において会社を代表するのは、取締役会が定める者または監査委員会が選定する監査委員である（同法408条1項）。

会社と取締役（元取締役を含む）間の訴訟においては、取締役または代表取締役が会社を代表するが、株主総会の決議により、当該訴訟において会社を代表する者を決めることができる（会社353条）。しかし、監査役設置会社おいては、取締役または代表取締役は会社を代表することができない（自らが訴訟の

*439*

当事者となる場合に限らない）。監査役が会社を代表して提訴し訴訟を追行することになる（同法386条1項）。取締役間の馴合いを防止するためである。多くの会社は監査役設置会社であるから、監査役が会社を代表する場合がほとんどである。

監査委員会等設置会社と取締役間の訴訟については、監査等委員が当該訴訟の当事者である場合は取締役会が定める者等、それ以外の場合は監査等委員会が選定する監査等委員が会社を代表する（会社399条の7第1項）。

指名委員会等設置会社と執行役または取締役間の訴訟については、監査委員が当該訴訟の当事者である場合は取締役会が定める者等、それ以外の場合は監査委員会が選定する監査委員が会社を代表する（会社408条1項）。

株主は、上記会社を代表して訴訟をする権限を有する者に対し提訴請求をしなければならないから複雑である。もっとも、多くの会社は代表取締役と監査役を設置しているから、取締役以外の者を被告とする提訴請求は代表取締役に行い、取締役（元取締役を含む）を被告とする提訴請求は監査役に対して行うことになる。そこで、取締役と監査役を共同被告とする提訴請求は、取締役については監査役に、監査役については代表取締役に対し提訴請求をすることになる。

そして、提訴請求の相手方は、旧株主による責任追及訴訟、多重代表訴訟についても同様であるから、提訴請求は旧株主による責任追及訴訟については株式交換等完全子会社の提訴請求の受領権限を有する者、多重代表訴訟については対象子会社の提訴請求の受領権限を有する者に対してしなければならない。

### 〈表1〉 代表訴訟と提訴請求の相手方
【従来型の会社の場合】

| 被告となる者(元を含む) | 監査役設置会社 | 監査役非設置会社 |
|---|---|---|
| 取締役・代表取締役 | 監査役（会社386条1項） | 取締役または代表取締役 |
| 監査役 | 取締役・代表取締役（会社349条1項・4項） | |
| その他 | 取締役・代表取締役（会社 | 取締役または代表取締役 |

|  | 349条1項・4項） |  |
|---|---|---|

（注）　取締役・代表取締役は、取締役会設置会社または代表取締役を定めたときは代表取締役、それ以外の場合は取締役である。

　　　監査役非設置会社の場合、株主総会または取締役会で定めた者が、訴訟上会社を代表するが、提訴請求は原則どおりに取締役または代表取締役に対してすればよい。

**【指名委員会等設置会社等の場合】**

| 被告となる者(元を含む) | 指名委員会等設置会社 | 監査委員会等設置会社 |
|---|---|---|
| 監査委員等である取締役 | 取締役会が定める者（株主総会が当該訴訟で会社を代表する者を定めた場合は、その者）（会社408条1項1号） | 取締役会が定める者（株主総会が当該訴訟で会社を代表する者を定めた場合は、その者）（会社399条の7第1項1号） |
| 監査委員等でない取締役 | 監査委員会が選定する監査委員（会社408条1項2号） | 監査等委員会が選定する監査等委員（会社399条の7第1項2号） |
| その他 | 代表執行役 | 代表取締役 |

（注）　指名委員会等設置会社の場合は、提訴請求の対象者（被告とされる者）には、取締役だけでなく執行役も含まれる。

　㈡　提訴請求の相手方を誤まった場合

　提訴請求の相手方（受領権者）は、監査役、代表取締役、監査委員等であるが、提訴請求の相手方たる名宛人を誤まった場合、会社内部における文書の回付の取扱いにより、有効なものとして取り扱えるかという問題がある。かかる提訴請求を無効であるとすれば、有効な提訴請求でなければ、会社による責任追及訴訟の不提訴により、株主が代表訴訟を提起し得ないから提訴請求のやり直しが必要となる。

　監査役に対して提訴請求すべきであるのに、代表取締役に対して提訴請求した場合、反対に、代表取締役に対して提訴請求すべきであるのに、監査役に対して提訴請求した場合について、裁判例は、前者については有効な提訴請求と

*441*

は認められないとし（東京地判平成4・2・13判時1427号137頁）、後者については積極的に解している（大阪地判昭和57・5・27判タ487号173頁）。

　代表取締役から監査役に対する文書回付、反対に、監査役から代表取締役に対する文書回付により、適法な提訴請求とみるほうが訴訟経済に適するし、正当な受領権者も了知することから、妥当な取扱いといえなくもない。しかし、提訴請求の相手方（受領権者）を法定し、しかも、かかる規定は強行法規であることから、会社側の意思により別異の取扱いをして、有効または無効とすることはできず、かかる提訴請求は無効といわざるを得ないであろう。株主が、提訴請求の相手方（受領権者）を特定することなく、単に、会社を名宛人として提訴請求をした場合も、同様に取り扱うべきである。

　株主の提訴請求が無効または提訴請求をしないで提訴した場合は、代表訴訟の提起は不適法であるが、会社が共同訴訟参加をして原告と同旨の請求をした場合は、手続違反の瑕疵は治癒される（東京地判昭和39・10・12判タ172号226頁）。提訴請求は会社に取締役等を提訴する機会を与えることを目的とするから、提訴請求手続の違反があっても、会社が共同訴訟参加をして、原告と共同訴訟人となった場合は、代表訴訟の提起は不適法という必要がないばかりか、不適法とすることはかえって会社の利益に反することになるからである。

　農業協同組合の理事に対して、代表訴訟を提起する場合の提訴請求は監事に対してしなければならないが、誤って代表理事宛ての提訴請求がなされた場合について、判例は代表理事に宛てた提訴請求であっても、監事において請求内容を正式に認識したうえで、理事に対する訴訟を提起すべきかどうかを判断する機会があったときは、これを不適法として却下すべきでないとしている（最判平成21・3・31民集63巻3号472頁）。

　手続をやり直すことは、訴訟経済に反するとの意味では妥当であろう。しかし、農業協同組合に対する提訴請求に対しては、名宛人を誤ったことはやむを得ないとしても、株主代表訴訟の場合にも同様に考えるべきではないであろう。

　もっとも、平成26年改正会社法の下では、通常の代表訴訟、旧株主による責任追及訴訟、多重代表訴訟という3類型の代表訴訟があり、会社形態も取締役会設置会社と非設置会社、監査役設置会社、監査等委員会設置会社、指名委員会等設置会社があり、それぞれ提訴請求の名宛人が異なり複雑である。そこで、

名宛人を誤ることが考えられるが、それを不適法とするのは適切とはいえないから、監査役設置会社以外の会社については、判例のように理解するのが適切であろう。

　(オ)　代表訴訟の提起

　株主が適法に提訴請求をしたのにもかかわらず、会社が提訴請求を受けた後60日以内に、取締役等に対し責任追及の訴えを提起しないときは、提訴請求をした株主は代表訴訟の提訴権を取得し（提訴資格・原告適格の取得）、会社のために代表訴訟を提起することができる（会社847条3項）。会社のために代表訴訟を提起するということは、訴訟が法定代位訴訟であり、訴訟の結果が会社に帰属するという意味である。会社が提訴しない理由を問わないから、60日の経過は提訴請求の不当拒絶と扱われるのである。旧株主による責任追及訴訟、多重代表訴訟についても同様である（同法847条の2第6項、847条の3第7項）。

　提訴請求後60日の経過により提訴資格を取得した株主には、提訴期限はないが、代表訴訟を提起するのであれば速やかに行うべきである。

　株主が代表訴訟を提起しうるのは、提訴請求により対象者（被告）と名指した取締役等であり（その全員を被告として提訴しなければならないのではない）、請求金額は提訴請求による金額の範囲内であることを原則とする（旧株主による責任追及訴訟、多重代表訴訟についても同様である）。しかし、請求金額については、提訴請求後に同一の原因事実に基づく損害が拡大する場合があるから、提訴請求した金額以上の金額の請求も、同一の事実に基づく場合は可能である。

　提訴請求で対象としていない者を被告とすることは、会社に提訴判断の機会を与えていないためできない。

　(カ)　緊急時提訴の特例

　株主が、株主代表訴訟を提起するためには提訴請求と60日という期間経過を必要とするが、会社法は、「847条第1項及び第3項の規定にかかわらず、同項の期間の経過により株式会社に回復することができない損害が生ずるおそれがある場合」は、1項の株主は、直ちに株主代表訴訟を提起することができるとしている（会社847条5項）。

　1項の株主とは、6カ月前から引き続き株式を有する株主のことであるが、60日という期間経過を待っていたのでは、会社に回復することができない損害

第12章　株主代表訴訟による責任追及

が生ずるおそれがある場合は、提訴請求をすることなく、あるいは提訴請求を
した場合でも、60日という期間経過を待たず、直ちに提訴できるという特例で
ある。

　会社に、回復することができない損害が生ずるおそれがある場合の特例であ
るが、これに該当するものとされているのは、会社の損害賠償請求権の消滅時
効期間が迫っている場合、緊急に提訴しなければ取締役等が無資力になるおそ
れがある場合、あるいは、提訴請求を受けたことにより、取締役等が、急ぎ財
産を処分または隠匿するおそれが高い場合である。そして、かかる場合は緊急
時提訴をなすとともに、仮差押えの手続を行う必要がある。

　会社に、回復することができない損害が生ずるおそれがないにもかかわらず、
緊急時提訴をした場合は、提訴の要件を欠き違法となる。この場合、会社の提
訴判断の機会を奪ったことになるが、緊急時提訴の判断を誤まった場合は、会
社が提訴の事実を知った日から60日以内に提訴した場合は（株主の提訴は違法
なものとして、二重提訴の問題は生じないと考えたい）、株主が提起した代表訴訟
は、提訴要件を欠くものとして却下されるべきである。反対に、会社が上記期
間内に提訴しない場合は、瑕疵は治癒されると解され、提訴は有効とすべきで
あろう。

　しかし、故意に緊急時提訴の要件を備えないことを知りながら、緊急時提訴
をした場合は、かかる手続違反の瑕疵は治癒しないといえよう。提訴株主の主
観的事情により結論が左右されることになるが、それはやむを得ないであろう。

### (2)　代表訴訟の提起と二重提訴の禁止

　株主代表訴訟が提起された後は、会社または他の株主による同一請求を目的
とする提訴は、二重提訴（訴訟物は会社の権利であるから）となるから、できな
い。同時に複数の株主代表訴訟が提起され、別訴として係属した場合（複数の
株主が提訴請求をしていた場合、または緊急時提訴の場合が考えられる）は、二重
提訴（二重提訴であるかどうかは、請求原因により判断すべきである）として後訴
を却下するのではなく、併合審理をすることになる。

　この場合、後訴を併合審理するか、禁止された二重提訴として却下すべきか
の取扱いの基準は必ずしも明白ではないが、第1回口頭弁論期日前の後訴につ
いては併合審理を行い、それ以後の提訴については、二重提訴として後訴を却

**444**

下する取扱いをすべきであろう。

　問題は、株主代表訴訟が提起された後に、会社が原告株主に共同訴訟参加することなく、責任追及訴訟を提起した場合の取扱いである。株主代表訴訟の構造は、株主が会社の権利を行使する法定代位訴訟であり、原告株主は、当該訴訟に限り会社の代表機関として行動するのであるから、会社が同一訴訟物により責任追及訴訟を提起することは、会社は当事者適格を失わないとしても、二重提訴となるから適法ではない。会社法は、かかる場合に備えて、会社が原告株主に共同訴訟参加することを認めているのである。

　そこで、便宜的な取扱いではあるが、共同訴訟参加の実質は、新訴の提起と併合であることから、会社の提訴を共同訴訟参加と取り扱うべきであろう。

### (3)　提訴請求の手続違反と提訴の効力

#### (ア)　提訴請求を欠く提訴

　株主代表訴訟は、会社の権利に基づく訴訟であり、会社による不提訴を前提とするものであるから、株主が、提訴請求をすることは理論的にみても必要である。そこで、会社法は、株主の提訴請求を提訴の要件として明確に規定している。

　提訴請求の趣旨をこのように解せば、提訴請求にどれだけの実効性があるかは別にしても、株主が提訴請求をすることなく代表訴訟を提起したときは、不適法として却下を免れない。提訴請求と60日という期間経過を待たなければ、株主は原告適格を取得し得ないのである。

　株主が、代表訴訟を提起した後に提訴請求をした場合も、提訴請求を欠く不適法な訴えであり、提起後に提訴請求をしたからといって、提訴が適法なものとなるものではない。しかし、株主代表訴訟を却下し、提訴請求と60日の期間経過を待って、再度、提訴せよというのも実際的でない。要は、会社の提訴判断の確保が必要なのであるから、会社が、株主代表訴訟の提起を知ってから、60日以内に取締役等に対し責任追及訴訟を提起した場合は、株主の提起した株主代表訴訟を却下し、会社が提訴しなかった場合は、60日の経過により手続違反の瑕疵は治癒するものと解される。

　提訴請求することなく、株主が提起した代表訴訟に、会社が原告株主に参加（共同訴訟参加）した場合は、手続違反の瑕疵が治癒されるかという問題がある

**445**

が、これを肯定する裁判例がある（東京地判昭和39・10・12判タ172号226頁）。この点、理論的な面はともかく、株主代表訴訟を却下することは会社の利益にならないばかりか、手続違反を知って会社が参加したのであるから、提訴請求を受けた後の60日の猶予期間を放棄したものとするか、手続違反の違法な提訴を追認したなどを理由に、手続違反の瑕疵が治癒したものと解される。

この場合の参加は、会社による提訴とみられる場合に限られるべきであるから、会社が当事者として訴訟に参加した場合をいうのであり、単に、当事者の一方を補助するために補助参加するだけでは、手続違反の瑕疵の治癒とまではいえないであろう。

(イ) 提訴請求後60日を経過する前の提訴

提訴請求をした株主が、株主代表訴訟を提起するためには、請求後60日の経過を待たなければならない（会社847条3項）。60日という期間は、提訴請求を受けた会社が、対象取締役等に責任があるのか、提訴すべきか等を調査・検討するための必要期間である。そして、この60日という法定の猶予期間内に、会社が取締役等の責任追及訴訟を提起しない場合は、提訴請求株主は、会社が責任追及訴訟を提起しない理由を問わず、株主代表訴訟を提起することができる。

60日は、会社に与えられた猶予期間であるから、会社が、60日の経過を待たず不提訴を表明したときは、その時点から株主代表訴訟を提起することが可能であると解される。しかし、会社の不提訴表明を待たず、60日以内に株主が提訴した場合は手続違反の違法な提訴である。しかし、この場合でも、不適法な提訴であるとして却下するのは、訴訟経済に反するばかりか、株主にとり会社の提訴があまり期待できない実情の下では、実質的にみて妥当な措置とはいえない。そこで、株主は提訴請求をしているのであるから、60日間の期間経過により手続違反の違法の瑕疵は治癒されると解される。

反対に、60日以内に会社が提訴した場合は、会社の提訴は有効であるから、株主が提訴した株主代表訴訟は不適法なものとして却下される。却下しなければ、同一訴訟物であるから二重提訴の問題が生ずることになる。

(4) 不提訴理由の通知義務

(ア) 不提訴理由の通知義務の創設

会社が、提訴請求を受けた日から60日以内に責任追及訴訟を提起しないとき

は、提訴請求をした株主または被告とされる役員等からの請求により、遅滞なく提訴しない理由を通知しなければならない（会社847条4項）。

旧商法では、株主から提訴請求を受けた場合、不提訴理由の通知の制度がなく、会社が任意に通知することも期待できなかった。そこで、提訴請求から60日が経過することにより、不当に提訴を懈怠ないし拒絶したものとして、株主は提訴できたし、せざるを得なかった。しかし、これでは、提訴請求をした株主にとって、会社がなぜ提訴しないのかも知り得ないから、無用な提訴の可能性も否定できなかった。また、被告とされる取締役等にとっても、なぜ会社が提訴しないのかを知ることは、今後に備えて有益であるといえる。

そこで、会社法は、提訴請求をした株主等の請求により、不提訴理由を遅滞なく通知する制度を設け、かかる点に対処するとともに、通知により提訴判断を開示することによって、提訴判断の公正を期したのである。会社が、株主の請求と原因または金額において異なると判断した場合についても、その旨を通知すべきであろう。

会社が不提訴理由の通知義務を負うのは、提訴請求をした株主と、被告と予定される者（発起人・設立時取締役・設立時監査役・取締役・会計参与・監査役・執行役・会計監査人・清算人）からそれぞれ通知請求を受けた場合であるから、通知請求した者に対し通知すればよい。なお、会社は、請求を受けなくても通知することは差し支えないばかりか、進んで通知することが望ましい。

株主は、不提訴理由の通知請求をするか否かは自由であり、不提訴理由の通知の有無にかかわらず、株主代表訴訟を提起することができる。会社は、通知請求を受けた後、遅滞なく不提訴理由の通知をしなければならないが、遅滞なくとは、60日の経過後、株主の提訴判断に供するため、できるだけ速やかにという意味である。会社を代表して不提訴理由の通知をするのは、監査役設置会社については、提訴請求の名宛人たる受領権限を有する監査役等である。

会社は、不提訴理由の通知請求を受けた場合に通知義務を負うが、会社がこの義務に違反した場合は、事実上、適正な不提訴理由がないとの推定を受けてもやむを得ない。

　(イ)　通知すべき不提訴理由

不提訴理由書等には、調査と判断の過程をできるだけ詳細に記載しなければ

第12章　株主代表訴訟による責任追及

ならない。会社は、なぜ、提訴しないのかなど、提訴しない理由、特に取締役等に責任がないと判断する場合は、その理由をできるだけ具体的に記載しなければならない。それをみて、提訴請求株主は、提訴すべきか否かを決するから、無用の提訴を防止しうることになる。それゆえ、単に、取締役等に責任がないと認められるから、あるいは立証が困難であるから責任追及訴訟を提起しないというだけでは不十分である。

　さらに難しいのは、取締役等に責任があるが、諸般の事情により経営判断として、提訴しないと決定した場合の記載である。

　具体的には、不提訴の理由の通知内容は、会社法施行規則により次のように定められている。①判断の基礎とした資料を含む会社が行った調査の内容、②請求対象者の責任または義務の有無についての判断、③請求対象者に責任または義務があると判断した場合において、責任追及等の訴えを提起しないときはその理由、を記載した書面の提出または電磁的方法による提供により行わなければならない（会社施規218条）。

　①は、どのような資料を判断の基礎としたか、どのような内容の調査をしたかであり、判断のための前提となる調査に関するものである。②は、請求対象者である取締役等に任務懈怠の責任があるのか、弁済義務があるのかどうかについての判断である。③は、請求対象者である取締役等に責任または義務があると判断したが、責任追及等の訴えを提起しないときは、なぜ提訴しないかの理由である。これらを開示させることにより、会社が提訴するか否かの検討と、適正な判断をすることが期待されるのである。

　いずれの場合にも、具体的に記載し、株主が株主代表訴訟の提訴判断の基礎となしうるものでなければならないが、特に重要なのは、②の取締役等の任務懈怠の責任または弁済義務の有無に関するものである。不提訴理由の通知であるから、多くの場合、任務懈怠責任または弁済義務が認められないとする、具体的理由を開示しなければならない。

　多くの場合、取締役等の責任の有無の判断は、専門的知識を必要とするから、弁護士、会計士、税理士等の職業的専門家の助言の下に提訴するか否かを決し、不提訴理由書を作成することになる。不提訴理由に拘束力はないから、会社から不提訴理由の通知を受けても株主は提訴することはできるが、不提訴理由が

**448**

適正な場合は提訴すべきでない。かかる場合に提訴すれば、不当訴訟になりかねないといえよう。他方、被告とされる取締役等にとっても、会社が取締役等に責任がないと判断した理由を、株主代表訴訟が提起された場合に防御方法として利用することが可能となる。

### (5) 不提訴の判断と裁量権

会社が、取締役等に責任があると認めた場合でも、勝訴の見込み、訴訟費用、会社経営に及ぼす影響等を考慮して、責任追及訴訟を提起しないとの判断をすることは、裁量権の範囲内のものとして許されるとの考え方は十分にありうる。もとより、かかる判断は株主の提訴権を拘束するものではない。

全体的評価として、提訴しないとの判断は尊重しなければならないが、それは、公正かつ適正な判断によらなければならないのであり、恣意的な判断により不提訴とすることが許されるのではない。適正に提訴判断をしなければ、会社を代表して提訴すべきである監査役や代表取締役は、不当な不提訴決定をしたことを理由に、任務懈怠責任を追及されることにもなりかねない。

そこで、不提訴理由の公正を確保するために、取締役等に責任があると判断したが、責任追及等の訴えを提起しない場合は、その理由を開示することが要求されるのであるが（会社施規218条3号）、できるだけ具体的に開示すべきであり、都合によりなどでは不十分である。

不提訴の理由開示により、取締役等に責任が認められるが、提訴しないことの正当性が担保されるのであるから、提訴しない理由は、正当で、かつ具体的なものでなければならない。正当理由をどのように説明するかは難しい問題であるが、取締役等の責任は認められるが、単に、提訴が会社の利益にならないと判断したというだけでは、不十分である。

わが国においては、アメリカのように訴訟委員会の不提訴判断に経営判断の原則を適用し、株主は原則として提訴し得ないというシステムを採用していない。そこで、会社の不提訴判断が、取締役等に責任がないとするものであっても、株主による取締役等の責任追及訴訟の提起は認められ、また、提訴が会社の利益にならないとの理由であっても、提訴請求をした株主を拘束するものではない。そこで、株主は、会社の不提訴判断にかかわらず、株主代表訴訟を提起することができるから、裁判所は、明らかに不当訴訟と認められる場合でな

第12章　株主代表訴訟による責任追及

ければ、会社の不提訴判断に反するという理由により、訴えを却下し株主の請求を排除できない。

審理の結果、取締役等に責任が認められた場合、裁判所は、あえて提訴しないとした会社の判断を尊重して請求を棄却することはできない。この意味で、会社は経営判断により提訴しないことができる、あるいは不提訴判断は適正な裁量の範囲内であるといってみても、裁判で取締役等の責任が追及された場合はほとんど役立たないであろう。しかし、だからといって、会社が意図的に取締役等に責任がないと判断をすることが許されるわけではない。

(6)　会社による責任追及訴訟と代表訴訟

企業不祥事が発生しても、会社が責任追及訴訟を提起することはほとんどなかったが、近時、不祥事の重大さと、社会的影響を考えて、会社が取締役等に対し責任追及訴訟を提起する事例がみられるようになった。この場合、会社の提訴と代表訴訟との関係が問題になるが、旧株主による責任追及訴訟、多重代表訴訟の場合にも共通する問題である。

これは、訴訟の性質（訴訟構造）と訴訟物（訴訟で請求する権利）に関係している。この問題については、従来、株主が代表訴訟で請求するのは会社の権利であるから、会社が責任追及の訴えを提起した後は、株主は代表訴訟を提起し得ない、株主が代表訴訟を提起した後は、会社は責任追及の訴えを提起することができない、それは二重提訴になるからであるとされていたが、それに加え、提訴請求を受けた会社が請求損害額の一部について提訴した場合と代表訴訟との関係をどう考えるかという問題が生じた（下記(7)参照）。

(7)　提訴請求に対する会社の一部提訴と株主の対応

㋐　株主の提訴請求と会社による一部提訴

株主の提訴請求に対し、会社は提訴するか否か、請求金額をいくらにするかについて裁量権を有し、勝訴の可能性、被告となる役員の支払能力、回収の可能性、会社の経営に与える影響等を総合して、提訴しないとの判断をすることができる。しかし、会社の不提訴判断は株主を拘束しないから、株主は提訴請求が拒絶されたものとして代表訴訟を提起することができる。

次に、株主の提訴請求に対し、会社が対象役員の一部に対し、あるいは請求金額の一部について提訴した場合（一部拒絶）の取扱いが問題となる。たとえ

450

ば、株主 X が、Y 社に対し、取締役 $A_1 \sim A_5$、監査役 $B_1 \sim B_2$ に対し、連帯して10億円の支払請求をせよの提訴請求をしたのに対し、Y 社が取締役 $A_1 \sim A_3$、監査役 $B_1$ に対し、連帯して4億円の支払請求訴訟を提起した場合である。

この場合、① $A_4$・$A_5$、$B_2$ については提訴拒絶となり、② $A_1 \sim A_3$、$B_1$ に対しては6億円（残額）の提訴拒絶となる。

そこで、株主 X は、① $A_4$・$A_5$、$B_2$ に対して、連帯して10億円の支払いを請求する代表訴訟を提起することができるか、② $A_1 \sim A_3$、$B_1$ に対し、残額6億円の支払請求をする代表訴訟を提起することができるかについては、民事訴訟法上の問題が存在する。

当事者は、係属中の事件について、さらに訴えを提起することは二重起訴（重複訴訟）となり許されない（民訴142条）。つまり、X が会社の提訴後に6億円の損害賠償を求める代表訴訟を提起することは二重起訴となり許されないのではないかという問題がある。これは、Y 社による4億円の支払請求訴訟の提起が、10億円の一部請求であるかどうかに関係する。

一部請求は、可分な債権（多くの場合、金銭債権）の一部について提訴（前訴）した後に、残部を請求する提訴（後訴）をすることが二重起訴にならないかとして問題になる。前訴が一部請求と認められる場合は、二重起訴にならないのに対し、一部請求と認められない場合は二重起訴になる。そこで、Y 社による4億円の支払請求が一部請求であるか否かであるが、これは、訴訟物を4億円とみるか、10億円とみるかに関係する。

判例は、一部であることを明示して提訴した場合は、その部分だけが訴訟物となるから一部請求と認められるが、そうでない場合は全部が訴訟物となるとしている（最判昭和37・8・10民集16巻8号1720頁）。そこで、Y 社が、「損害金10億円のうち、4億円を請求する」として一部請求であることを明示していれば、4億円を訴訟物とする一部請求となり、Y 社は残額6億円を請求する訴え（後訴）を提起することができることになり、X も6億円を請求する代表訴訟を提起することができる。

これに対し、Y 社が4億円の請求が一部請求であることを明示しない場合は、10億円全部が訴訟物となるから、Y が残額6億円を請求する訴え（後訴）を提起することは、二重起訴となるから許されないことになり、したがって、

第12章　株主代表訴訟による責任追及

Ｘも残額６億円を請求する代表訴訟を提起することができない。多くの場合、会社が一部請求であることを明示して損害賠償請求訴訟を提起することは考えにくいから、株主が残額を請求する代表訴訟を提起することは難しい。

　　㈑　株主の共同訴訟参加と請求の拡張

　上記㈠の事例において、Ｘは、二重起訴にあたるから、残額６億円を請求する代表訴訟を提起することは認められないが、原告Ｙ社に共同訴訟参加して、請求の拡張という方法で残額を請求することが可能であり、これにより代表訴訟の提起と同様の目的を達することができる。請求の拡張とは、金銭債権等数量的に可分な請求について数額を増加させることであるが、訴えの変更の要件と手続に従ってなされる（民訴143条）。

　会社法は、会社の提起した責任追及訴訟に株主（提訴請求をした株主に限らない）が共同訴訟参加（民訴52条）することを認めている（会社849条１項）。株主は、共同訴訟参加することにより会社の共同訴訟人となり、会社と類似必要的共同訴訟の関係が生じ、必要的共同訴訟の規律に従うことになる。共同訴訟参加人の被参加人の利益になる行為は、被参加人に対し効力が生ずるが（民訴40条１項）、請求の拡張は被参加人の利益になる行為であるから（東京高判昭和43・8・27判タ229号269頁）、効力を生ずることになる。

　そうすれば、ＸはＹ社に共同訴訟参加し、請求を拡張して残額６億円（合計10億円）を請求することが可能となる。これにより、Ｙ社が10億円全額の請求をしたのと同様の効果を生ずることになる。つまり、会社が損害の一部について提訴することで株主が代表訴訟により残額を請求することを封じるということができなくなったといえよう。

　　㈒　株主が会社に共同訴訟参加して請求を拡張した事例

　株主の提訴請求を受けた会社が、提訴請求金額の一部を請求して提訴したのに対し、株主が共同訴訟参加し、請求を拡張し（残額の支払請求）、会社に対して生じた全損害額の支払いを求めた事例としてオリンパスの責任追及訴訟がある。

---

　4　共同訴訟参加のためには、参加人が当該訴訟について当事者適格を有することが必要であるが（最判昭和36・11・24民集15巻10号2583頁）、提訴請求をした株主には、当事者適格（参加人資格）が認められる。

*452*

オリンパスは、バブル期の投資の失敗により生じた損害を長年にわたり隠し、不正な会計処理をしてきたが（粉飾決算）、それに基づき支払った違法な剰余金の合計が約586億円に達し、その他ファンドに支払った手数料等計230億円超の損害が生じた。そこで、同社の株主が取締役および旧取締役等役員19名（後に全員退任）に対し、損害金合計額の支払請求をするよう会社に提訴請求したことから、同社は合計36億1000万円の損害賠償請求訴訟を提起した。

会社が訴訟により請求した金額は、株主の提訴請求金額（損害額）の一部であるから、残部については提訴拒絶となる。しかし、会社が提訴した後、株主が代表訴訟で残額を請求することは、訴訟物が同一であることから（会社の損害賠償請求権）、二重提訴（重複訴訟）となり許されない（民訴142条）。そこで、株主は会社に共同訴訟参加して（会社849条1項）、会社の共同訴訟人となり（必要的共同訴訟）、そのうえで、請求を拡張した（請求の追加的変更）。請求の拡張は、会社にとって利益となる行為であるから、会社に対し効力が生ずる（民訴40条1項）。その結果、請求金額は会社の請求金額と株主の拡張した金額を合わせ約867億5000万円となり、これについて、合一確定が求められることになる（同法52条1項）。そして、粉飾決算に関与していない旧取締役13名については和解が成立し、6名について訴訟が継続した（うち1名が死亡し相続人が訴訟を承継した）。

判決は、財源規制に違反する剰余金の配当により会社に約587億円（平成19年〜23年）の損害を与えたとして（会社462条1項）、課徴金の納付による賠償責任とあわせて合計約590億円を連帯して支払うことを命じた（東京地判平成29・4・27資料版商事400号119頁）。

この事件は、長年にわたり、虚偽記載のある有価証券報告書を提出し（粉飾決算）、それに基づき配当可能財源を超えた違法配当を行ってきた責任であり、コンプライアンス体制の構築等義務違反の責任を認めたものである。会社の一部請求に対し、株主が共同訴訟参加して、残額の支払いを求めた訴訟における先駆的判決ということができる。これにより、会社が損害額の一部について請求訴訟を提起することにより、残余の損害金について株主が代表訴訟を提起することを封じることができないことが明らかになったといえる。とうてい被告等が支払える金額ではないので、控訴審において和解により解決すべきであろ

う。

### (8) 株主代表訴訟と文書提出命令

#### (ア) 貸出稟議書と文書提出命令

原告株主は主張・立証のために会社の有する書類を用いることが必要な場合がある。そこで、文書提出命令の申立てを行う。たとえば、金融機関における取締役の貸付責任を追及する訴訟において、文書提出命令の申立てにより貸出稟議書の提出を求める場合などがある。この場合、会社は代表訴訟の当事者ではないから、文書提出命令の関係では第三者であるが、実質的当事者（権利の帰属者）として、訴訟の結果に重大な利害関係を有する。

金融機関の役員の貸付責任を追及する代表訴訟において、貸出稟議書が自己利用文書（民訴220条4号ニ）にあたるか否かが争われた例が多い。信用金庫の会員が、理事の貸付け判断に善管注意義務違反があるとして、理事の責任を追及する会員代表訴訟（信用金庫法39条の4において準用する旧商法267条（会社法847条））において、信用金庫の所持する貸出稟議書の提出を求めた事案がある。

#### (イ) 貸出稟議書に関する原審決定

稟議書はもっぱら当該組織内部での利用を目的として作成されたものであり、外部非開示の内部文書であるが、信用金庫による利用について特段の制約はないから、理事の責任を追及する際に有力な証拠となり得る。本件文書提出命令の申立ては、融資を受けた者が金融機関内部の融資決定の経緯を探知する目的で提出を求める場合と異なり、会員が理事の責任を追及する会員代表訴訟においてその立証方法としてなされたものである。

自己利用文書にあたるか否かは、代表訴訟の法的性格、原告会員と信用金庫との法的関係、会員の信用金庫に対する監督権等を踏まえて検討し判断する必要がある。稟議書には事務処理の経過と理事等関与者の責任の所在を明らかにすることがその作成目的に含まれていることから、信用金庫が理事の責任を追及する資料として利用すること、および代表訴訟の訴訟資料として使用することが予定されている。自己利用文書性を否定する特段の事情とは、申立人が対象である稟議書の利用関係において、所持者である信用金庫と同一視することができる立場に立つ場合をいうから、信用金庫が自ら理事の責任を追及する訴訟において証拠として利用できるのに、信用金庫のために会員が提起した代表

訴訟において利用を認めないのは自己矛盾となる。そこで、会員が提起した代表訴訟が正当なものである限り、文書提出義務を負うとした（東京高決平成11・9・8民集54巻9号2731頁）。

(ｳ)　最高裁決定の趣旨

これに対し、最高裁判所は、会員は、理事に対し定款、会員名簿、理事会議事録等の閲覧等を求めることができるが（信用金庫法36条4項、37条9項）、その対象となる書類の範囲は限定されている。会員は、所定の手続を経て会員代表訴訟を提起することができるが（同法39条、旧商267条（会社847条））、会員代表訴訟は、会員が会員としての地位に基づいて理事の信用金庫に対する責任を追及することを許容するものにすぎず、会員として閲覧・謄写することができない書類を信用金庫と同一の立場で利用する地位を付与するものでないから、特段の理由にあたらないとして、文書提出命令を認めなかった（最決平成12・12・14民集54巻9号2709頁）。

(ｴ)　最高裁決定の検討

(A)　稟議書と外部非開示性・不利益性の要件

最高裁決定は、自己利用文書該当性の基準である、外部非開示性、不利益性の要件（最決平成11・11・12民集53巻8号1787頁）を満たすことを前提として、特段の事情の存否について判断している。しかし、外部非開示性、不利益性の要件に該当するか否かは、一律・形式的に判断するのではなく、訴訟の類型に応じて判断すべきである。代表訴訟における貸出稟議書がこの要件を満たすか否かは、金融機関を被告とする訴訟（前掲最決平成11・11・12）と同一基準で判断すべきではない。

貸出稟議書は理事の融資責任を追及する場合に、文書として使用されることが多いが、理事の責任は会員が法人に代わって代表訴訟により追及するのが一般的である。そこで、代表訴訟における貸出稟議書の使用に際し、稟議書はもっぱら内部の利用に供する目的で作成され、外部に開示することが予定されていない文書といえるのか、また、代表訴訟における貸出稟議書の開示が、外部に対する開示といえるのかという問題が生ずる。

不利益性の判断においても、法人を被告とする責任追及訴訟の場合と異なり、理事（役員）の融資責任を追及する代表訴訟においては、貸出稟議書は、事後

*455*

第12章　株主代表訴訟による責任追及

的に、必要な調査と検討がなされたか、融資判断が適正になされたか否かを検証するために必要な文書であるから、貸出稟議書の開示により法人の自由な意思形成が阻害され、法人（所持者）に看過しがたい不利益が生ずるとはいえず、むしろ融資判断の合理性を担保することになるから、不利益性の要件に欠けるものといえよう。

　金融機関を被告とする訴訟において、貸出稟議書と類似の文書である自己査定資料について文書提出命令が申し立てられた事案の原審では、自己査定資料は金融庁等の金融検査に際し、検査官が自己査定基準の適切性や正確性を検証するために使用することがあっても、第三者に公表することが予定された文書でなく、また、融資先についての債務者区分を定め、今後の融資やその回収等の対応まで決定するという文書の性質上、担当者らが忌憚のない評価や意見を記載することを当然の前提とし、当該融資先に対する評価と対応に関する金融機関の意思形成のために作成されたものであり、もっぱら金融機関内部の利用に供する目的で作成され、外部に開示することが予定されていない文書であって、開示により金融機関内部における自由な意見の表明に支障を来し、金融機関の自由な意思形成が阻害されるおそれがあるとして、自己利用文書にあたるとした（東京高決平成19・1・10金判1282号63頁）。

　これに対し、許可抗告審決定は、本件文書は、債務者区分を行うために作成し、事後的検証に備える目的もあって保存した資料であり、資産査定のために必要な資料であるが、監督官庁の資産査定に関する検査において、資産査定の正確性を裏付ける資料として必要とされるものであるから、相手方（金融機関）による利用にとどまらず、相手方以外の者による利用が予定されているから、もっぱら内部の者の利用に供する目的で作成され、外部の者に開示することが予定されていない文書といえないとして、外部非開示性を否定した（最決平成19・11・30金判1282号57頁）。この考え方は、代表訴訟において原告が貸出稟議書の提出を求める場合にもあてはまるといえよう。

　　(B)　代表訴訟における特段の事情

　代表訴訟において、貸出稟議書に外部非開示性、不利益性が認められた場合でも、特段の事情が存在する場合は法人は提出義務を免れない。前掲最決平成11・11・12は、特段の事情が何であるかについて触れていなかったが、前掲最

*456*

決平成12・12・14は、会員が法人の権利を行使する代表訴訟であることから、特段の事情の存否について判断することが不可避であった。

最高裁判所は、特段の事情とは、当該貸出稟議書の利用関係において所持者である法人と同一視することができる立場に立つ場合であるが、会員代表訴訟は、会員がその地位に基づき、理事の法人に対する責任を追及することを許容するものにすぎないから、法人と同一の立場で文書を利用するものではないとして、特段の事情を認めなかった（町田裁判官の反対意見がある）。しかし、これを疑問視する立場が少なくない。

特段の事情が認められるか否かは、代表訴訟の趣旨・目的、基本構造、原告の地位との関係から、検討しなければならない。代表訴訟で請求するのは法人の権利であり、法人に対する給付を求め、原告は法人の臨時法定代表機関の地位で訴訟を追行し、判決の効力も法人に及ぶ。訴訟手続も法定代位訴訟ないし訴訟信託である。そして、法人は実質的権利者（権利の帰属主体）、会員（原告）は形式的当事者と位置づけられる。法人が提訴しない場合に、会員が法人のために提訴するのであるから、原告と法人の提訴判断が異なるのは当然である。原告の訴訟支配も、訴訟信託であることから制限されることになる。また、代表訴訟には理事に対する監督是正権的機能も認められる。そうすれば、会員と法人の同一性が認められることになるから、会員が法人と同一の立場で貸出稟議書を用いることができることになり、特段の事情が認められることになろう。

貸出稟議書の自己利用文書該当性の問題は、会員代表訴訟に限らず代表訴訟一般に通じるものであるから、前掲最決平成12・12・14の立場によれば、株主代表訴訟においても稟議書は文書提出命令の対象とならないことになる。しかし、それは証拠の偏在する訴訟において、真実解明と立証の公平を期すため、文書提出を一般義務化した趣旨に沿わないことになる。

もとより、代表訴訟において貸出稟議書が文書提出命令の対象となるということは、常に、稟議書の提出が命じられることを意味するのではない。当該文書を証拠として使用する必要性と重要性の程度、真実解明と立証の公平性確保、開示が文書所持者（法人）に与える影響等の事情を総合して提出命令の判断をすべきである。また、文書の全部を提出せよというのではなく、企業秘密に関

第12章　株主代表訴訟による責任追及

する部分など開示の必要がない部分を除いて提出を命じればよいのであり（民訴223条1項後段。最決平成13・2・22判時1742号89頁）、そのためにインカメラ手続（同条6項）を用いて必要部分を特定すればよい。

## 5　不当な提訴とその対処方法

### (1)　株主代表訴訟と濫用的提訴の禁止

　一般的に、濫用的な提訴は許されないのであり、ときには、不法行為を構成することもある。提訴権の濫用とは、①主張する権利がないのに提訴する場合（不当訴訟）、②権利自体は存在するが、不当な目的を達成するための手段として提訴する場合（不当目的訴訟）である。しかし、不当目的の認定は慎重にすべきである。

　株主代表訴訟についても、提訴権の濫用が許されないのは当然であるが、何をもって、濫用的提訴というかが問題となる。不当訴訟が提訴権の濫用となることは明らかであるが、会社の権利の有無は、ある程度、本案について審理しなければ明らかにならない場合が多いから、訴訟判決により訴えを却下することは容易ではない。

　代表訴訟は株主が会社の権利を会社のために行使する訴訟であり、取締役等の責任が認められる（会社の権利が存在する）場合に、株主に不当目的があるからといって、濫用的提訴といいきれるものではない。売名目的、復讐目的、支払困難な過剰な金額の請求であるからといって、提訴権を濫用した不当目的訴訟とはいえないばかりか（最判平成5・9・9民集47巻7号4814頁、東京高判平成元・7・3金判826号3頁）、会社との交渉を有利に導くという目的があっても、株主の主張する損害は根拠のないものでなく、また軽微なものでない場合は、濫用的提訴とはいえない（最判平成12・9・28金判1105号16頁、東京高判平成8・12・11金判1105号23頁）。

　濫用的提訴であるか否かは、請求する会社の権利の存在と不当目的存在という観点から検討する必要がある。すなわち、濫用的提訴というためには、請求する権利が存在しないか、権利が存在しても提訴が許されない程度の不当目的の存在を要することになる。したがって、濫用的提訴として裁判所が却下しうる場合はそれほど多くはない。

**458**

提訴権の濫用と認定されたのは、旧商法当時の事例（長崎地判平成3・2・19判時1393号138頁〔長崎銀行事件〕）があるのみである。この判決では、代表訴訟の提起が会社を困惑させ、株主資格とは無関係な個人的利益を追求する手段としてなされたことが、提訴権の濫用と認定するに際し重要な認定要素となっている。

その他、会社が申立手数料（貼用印紙）を節約するために、株主と通謀して代表訴訟を提起させた場合を濫用的提訴と認定した事例があるが（東京地判平成8・6・20判タ927号233頁）、これは、本来的意味での提訴権の濫用とはいえない。

株主の代表訴訟提起権は、会社および他の株主の利益を確保するために認められたものであるから、不当な目的を達成するための濫用的な提訴は許されないことはいうまでもない。しかし、会社の権利の存在が認められ、不当訴訟ではない場合について、不当目的訴訟であるとして、提訴権の濫用法理により訴えを却下することは、明文の規定でもない限りかなり困難であった。

### (2) 会社法による濫用的提訴の禁止

会社法は、「ただし、株主代表訴訟の提起が、当該株主もしくは第三者の不正な利益を図り、又は当該株式会社に損害を加えることを目的とする場合は、この限りではない」との規定を設け（会社847条1項ただし書）、濫用的な提訴を禁止した。これは、不当目的の提訴を禁じた規定であるが、会社の権利が存在する可能性がある場合を濫用的提訴といえるかという問題は残る。しかし、不正な利益を図りまたは会社に損害を加えることを目的とする場合の提訴請求を明文で規制したことにより、不当目的が認定された場合は、濫用的提訴とされる可能性が高くなったといえる。

会社法は、不当目的による濫用的提訴を禁止し、濫用的提訴と認定される場合は、裁判所は却下しうることを根拠づけ、それを明確にしたのである。そして、平成26年改正会社法が新設した旧株主による責任追及訴訟、多重代表訴訟についても同様の規定が設けられている（会社847条の2第1項ただし書、847条の3第1項1号）。

原告株主が、自己もしくは第三者の不正な利益を図るとは、株主代表訴訟の趣旨を逸脱して、個人的な利益を図る場合をいう。株主代表訴訟の場合、個人

的な利益を図ること自体が不正（不当）と考えられるから、不正な利益を図ると
とは、不当性の度合いが強い場合をいうと考えられる。具体的には、明らかに
金銭目的の提訴、会社との紛争解決の手段としての提訴などがこれにあたると
されている。

　会社に損害を加えることを目的とする場合とは、株主代表訴訟を利用して会
社の信用の毀損を図るなど、会社の利益を害する提訴の場合を指すものと解さ
れる。しかし、株主代表訴訟の提起自体、多くの場合、会社の信用を害するこ
とが避けられないから、これをもって、当然に会社に損害を加えることを目的
とする、と認定するわけにはいかない。

　さらに、会社に損害を加えることを目的とする提訴として重要なのは、会社
の権利を失わせることを意図する訴訟である。株主が、株主代表訴訟を提起す
ることにより、会社による責任追及訴訟の提起を封じた後（多くの場合、会社
が原告株主に参加することは期待できない）、被告取締役等と馴合訴訟をし、ある
いは積極的な訴訟行為をすることなく敗訴し、それにより、会社の権利を失わ
せる場合である。

　不当目的訴訟の要件として、会社に損害を加えることを目的とし、被告取締
役等に損害を加えることを目的とする場合をあげていない。これは、株主代表
訴訟の場合、不当目的訴訟のターゲットとされる場合の多くは、被告ではなく
会社であることを考慮したものであり、被告の場合については、担保提供請求
で対処すべきであると考えたのかもしれないが、やはり、「会社または被告取
締役等」に損害を加えることを目的とし、とするほうが適切ではなかろうか。

### (3)　不当目的訴訟の認定

　株主の代表訴訟提起権は、会社に生じた損害を回復し、会社および他の株主
の利益を確保するためであるが、あわせて適正な監督・是正権の行使を目的と
するものである。そこで、この趣旨と目的に反する提訴は、一般的には、不当
目的訴訟ということになるが、問題は何をもって、株主代表訴訟提起権の趣旨
を著しく逸脱するかである。

　株主に対し、純粋にかかる正当目的のみにより提訴することを期待するのは、
実際的ではないといえよう。そこで原告株主に、正当目的と不当目的が並存す
る場合については、いずれが主要目的であるかによって、不当目的訴訟の認定

をせざるを得ない。

次に、原告株主が、自己もしくは第三者の不正な利益を図る場合、代表訴訟の構造上から特有の問題がある。勝訴の利益が、原告株主ではなく、会社に帰属するこの訴訟においては、原告株主が訴訟上、自己もしくは第三者の不正な利益を図るということは観念的にはあり得ないから、訴訟外の問題である。それは、原告株主が、被告取締役等あるいは会社と訴訟外で取引するという形でなされるが、会社や被告がそれに応じなければ、原告株主は目的を達することができないから、少なくとも、法律的観点からは、それほど問題にすべきではなかろう。

要は、不当目的訴訟と認定されるのは、株主代表訴訟提起権の趣旨を著しく逸脱する場合である。たとえば、原子力発電所建設反対などの社会運動の一環としてなされる株主代表訴訟の提起についていえば、これも、具体的事情にもよるが、株主に認められた代表訴訟提起権の趣旨を著しく逸脱する場合は、不当目的訴訟と認定されるであろう。

**【記載例19】　株主代表訴訟による取締役の責任追及訴訟**

## 請 求 の 趣 旨

1　被告らは，X株式会社に対し，金×××万円及びこれに対する訴状送達の日の翌日から支払済まで年5分の割合の金員を支払え。
2　訴訟費用は被告らの負担とする。
3　仮執行宣言

## 請 求 の 原 因

1　原告は，6カ月前から引き続きX株式会社の株式を有する株主であり，被告AはX株式会社の代表取締役，被告B，C，Dは取締役である。
2　被告Aは，平成××年×月，資金繰りに窮したX株式会社の取引先である訴外Y株式会社から資金援助要請を受けた。その際，被告Aは，Y株式会社の経営状況，信用度，弁済能力等について十分に調査し，その上で資金援助をすることによりY株式会社が立ち直り，貸付金の回収も可能であるか否かを検討し，資金援助の決定をすべきであるのに，Y株式会社の一時的な資金難

第12章　株主代表訴訟による責任追及

　　であるとの説明を軽信し，何ら調査と検討をすることなく資金援助を決定し，同年×月××日，無担保で金×××万円という多額の融資を行った。

3　上記融資は，X株式会社の取締役会の承認決議を経てなされたが，上記取締役会において，被告B，C，Dは漫然とこれに賛成した。

4　その後，Y株式会社は，同年××月××日，2度目の手形不渡りを出し事実上倒産状態に陥り，本件融資金は回収不能となった。本件融資当時，Y株式会社の経営状態はきわめて悪く破綻状態にあり，本件融資金の弁済など到底なしえない状態にあった。被告Aは，本件融資を実行するに当たり，Y株式会社の経営状況，信用度，弁済能力等について十分に調査すべきであるのにこれを怠り，Y株式会社の一時的な資金難であるとの説明を受け，取引先を救済すべく，無担保で金×××万円という多額の融資を行ったのであるから，取締役としての任務懈怠責任を免れない。

　　被告B，C，Dも，取締役として上記融資が回収不能になる可能性を認識し得たにもかかわらず，取締役会の承認決議に漫然と賛成したのであるから，取締役としての任務懈怠責任を免れない。

5　そこで，原告は，平成××年×月×日，X株式会社に対し内容証明郵便をもって，被告らに対しその責任を追及する訴えを提起するよう請求し，上記書面は同年×月×日，X株式会社に到達したが，その後60日を経過するも上記訴えを提起しないので，本訴請求に及んだ。

## 6　旧株主による責任追及等訴訟

### (1)　旧株主による責任追及訴訟の概要

　平成26年改正会社法が新設した旧株主による責任追及訴訟は、株式交換等により完全親会社の株主となった者（旧株主）が、完全子会社となった会社の取締役等の責任を追及する代表訴訟である（会社847条の2第1項）。会社法には、代表訴訟の係属中の株式交換等により、原告が完全親会社等の株主になった場合は、当該株主は訴訟追行権（原告適格）を失わないとの規定があるが（同法851条1項）、旧株主による責任追及訴訟は、株主が代表訴訟を提起しうる状態にあったが、提訴前に株式交換等が行われ、株主が完全親会社等の株主になった場合に認められる訴訟である。

　旧株主とは、株式交換・株式移転により完全親会社の株主となった者（完全

6　旧株主による責任追及等訴訟

〔図1〕　旧株主による責任追及訴訟の構造

| A 株式会社（株主 X）　→ | 完全親会社 B 株式会社（株主 X） |
|---|---|
| ①取締役 Y<br>責任の原因となる事実の発生 | ②株式交換等：X は B の株主となる<br>③ X が Y の責任を追及する代表訴訟<br>　を提起 |

① 　X が A 社の株主である当時、A 社の取締役 Y の責任または義務となる事実が発生

② 　X が Y に対し代表訴訟を提起する前に、株式交換等が行われ、A 社は B 社の完全子会社となり、X は B 社の株主となる（A 社の旧株主）

③ 　X が、A 社の取締役（元取締役等であった者を含む）Y の責任を追及する代表訴訟を提起する。


子会社の元株主）または吸収合併存続会社の株主となる予定であったが、その完全親会社の株主となった者である（三角合併の場合）。旧株主の要件は、代表訴訟の提起後に株式交換等がなされた場合の原告適格継続の要件（会社851条1項1号・2号）と同じである。

　A 社の取締役 Y が、A 社に対し任務懈怠の損害賠償責任または支払義務を負ったが、株主 X が Y に対し代表訴訟を提起する前に株式交換等が行われ、A 社が B 社の完全子会社となり、X が B 社の株主となったときに、平成26年改正前の会社法には、B 社の株主 X（A 社の旧株主）が、A 社の取締役 Y の責任を追及する代表訴訟の提訴権を認める規定はないことから、これを認めることは困難であるとされていた。

　しかし、代表訴訟の提起と株式交換等のいずれが先かということで、異なった取り扱いをすることは適切ではない。そこで、平成26年改正会社法は、X が B 社の株主となったときでも、A 社の取締役 Y に対して代表訴訟を提起しうるとの規定を新設した（会社847条の2第1項）。

　訴訟構造は、親会社の株主による提訴であり多重代表訴訟であるが、株式交換等が行われなければ、親会社の株主となった者（上記例における X）は通常の代表訴訟を提起し得たのであるから、平成26年改正会社法は通常の代表訴訟と位置づけている。そこで、多重代表訴訟に要求される厳格な提訴要件は必要

**463**

でない。

### (2) 旧株主による責任追及訴訟の要件

旧株主による責任追及訴訟は、株式交換等がなければ（株主が当該会社の株主であれば）、株主が当該会社の取締役等の責任を追及することが可能であるのに、株式交換等が行われ完全親会社等の株主になったことにより、それができなくなった場合に関する特別の規定である。したがって、提訴しうる株主は、株式交換等の効力が生じた時点で当該会社の株主であったことが要求される。

旧株主による責任追及訴訟を提起しうるのは、株式交換等により完全親会社の株式を取得したとき（会社847条の2第1項1号）、吸収合併により消滅する会社の株主が、合併後存続会社の完全親会社の株式を取得したとき（三角合併）である（同項2号）。訴訟で請求するのは、株式交換等完全子会社または合併後存続会社の権利であるが、株式交換等の効力が生じるときまでに、責任の原因となる事実または義務が発生していることが必要である（同条1項）。

したがって、株式交換等の効力が生じた後に、完全子会社となった会社または合併後存続会社の取締役等の任務懈怠により、当該完全子会社または合併後存続会社に損害が生じた場合に、完全親会社の株主が提起する責任追及訴訟は多重代表訴訟となる。また、株式交換等の後に完全親会社の株主となった者には責任追及訴訟の提訴権はない。この場合は、多重代表訴訟によることになる。

### (3) 旧株主による責任追及訴訟の提起

#### ㈠ 提訴請求をすることができる旧株主

株式交換等の効力発生日の6カ月前から、効力発生日までの間、旧株主が株主であった会社（公開会社の場合）の株主であったことが必要である（会社847条の2第1項・2項）。6カ月という要件は、通常の代表訴訟の場合は提訴前6カ月前であるのに対し、株式交換等の効力発生日前6カ月を意味する。

提訴請求をすることができる者（原告適格者）は、株式交換等の効力発生日の6カ月前から、効力発生日まで引き続き当該株式会社（株式交換等完全子会社になった会社）の株主であって（旧株主）、株式交換等により当該株式会社の完全親会社等の株式を取得し、引き続き当該株式を保有している株主であることから（会社847条の2第1項1号・2号）、株式交換等または吸収合併に際しキャッシュ・アウトされた株主は旧株主にならない。

**464**

なお、合併後存続する株式会社の完全親会社の株主となった場合（三角合併）は、旧株主による責任追及訴訟を提起できるが、合併後存続会社の株主となった場合は、合併は包括承継であるから、この場合の訴訟形態は通常の代表訴訟となる。

提訴の要件を満たした旧株主であっても、当該株主（旧株主）もしくは第三者の不正な利益を図り、または株式交換等完全子会社もしくはその完全親会社等に損害を加えることを目的とする場合は、提訴請求をしたとしても提訴することができない（会社847条の2第1項ただし書）。これは、通常の代表訴訟の場合と同様に、濫用的な提訴を禁止する趣旨である。

　㈡　提訴請求と訴訟の提起

旧株主が訴訟で請求するのは、株式交換等完全子会社または合併後存続会社の権利であるから、旧株主はこれらの会社に対し提訴請求をしなければならない（会社847条の2第3項・5項）。提訴請求の名宛人は、会社の組織形態、誰を被告とするかによって異なるが、通常の代表訴訟の場合と同様である（前記4(1)㈦参照）。

提訴請求を受けた株式交換等完全子会社または合併後存続会社が、60日以内に責任追及等の訴えを提起しない場合に、当該請求をした旧株主は、株式交換等完全子会社のために責任追及訴訟（代表訴訟）を提起することができる（会社847条の2第6項）。

提訴請求および60日の経過を待っていたのでは、株式交換等完全子会社に回復できない損害が生ずるおそれのある場合は、旧株主は直ちに提訴することができる（会社847条の2第8項）。これは緊急提訴であり通常の代表訴訟の場合と同趣旨である（前記4(1)㈹参照）。

　㈢　不提訴理由の通知

提訴請求を受けた株式交換等完全子会社が、提訴請求後60日以内に責任追及等の訴えを提起しない場合において、提訴請求をした旧株主または責任追及等の訴えの被告となる取締役等から請求を受けたときは、遅滞なく不提訴理由を通知しなければならない（会社847条の2第7項）。通常の代表訴訟の場合と同様の趣旨である（前記4(4)参照）。

第12章　株主代表訴訟による責任追及

### (4)　旧株主による責任追及訴訟と責任免除規制

　株式交換等完全子会社の株主は株式交換等完全親会社のみであり、合併後存続会社が完全子会社である場合は株主はその親会社のみである。そこで、取締役等の責任を免除するためには、総株主の同意を必要とするとしても（会社424条）、1人株主である親会社の意向で容易に子会社取締役の責任を免除することができる。責任を免除してしまえば、子会社の権利がなくなるから、旧株主による責任追及訴訟を認めても訴訟が成り立たない。

　この点、株式交換等完全子会社に対し、提訴請求をすることができる株式交換等完全親会社の株主（適格旧株主）が存在する場合において、取締役等の責任または義務の原因となる事実が、株式交換等以前に生じたものについては（旧株主による責任追及訴訟の対象となる責任等）、その免除には総株主の同意に加え、適格旧株主全員の同意を必要とするとして（会社847条の2第9項）、旧株主の提訴権を確保するための措置が講じられている。

　責任追及訴訟の提起を考えている旧株主が存在する場合、その株主が株式交換等完全子会社の取締役等の責任免除に同意するとは考えられないから、子会社の取締役等の責任が免除されることはない。

#### 【記載例20】　旧株主による取締役の責任追及訴訟

## 請 求 の 趣 旨

1　被告らは，甲社に対し，連帯して金×××万円およびこれに対する訴状送達の日から，支払済まで年5分の割合の金員を支払え。
2　訴訟費用は被告らの負担とする
との判決ならびに仮執行の宣言を求める。

## 請 求 の 原 因

第1　原告の適格要件等
1　株式会社甲（以下，甲社）は，平成××年×月×日，株式交換等により株式会社乙社（以下，乙社）の完全子会社となった。被告B，Cは，甲社の取締役である。
2　Aは，株式交換等が効力を生ずる日の6か月前から甲社の株主となり，

*466*

引き続き同社の株式を有していたが，前記株式交換等により甲社の完全親会社である乙社（株式交換等完全親会社）の株主となり，引き続き同社の株式を有している。

3 甲社の取締役であるB，Cは，前記株式交換等が行われる前の任務懈怠行為により，甲社に損害を与えたので，Aは，甲社の株主としてB，Cの責任を追及する代表訴訟を提起することが可能であったが，株式交換等により乙社の株主となったことにより，それができなくなった。そこで，適格旧株主（元甲社の株主）として，旧株主による責任追求等の訴えにより（会社847条の2），B，Cの甲社に対する責任を追及する代表訴訟を提起することができる。

4 Aは，平成○○年○月○日，甲社の監査役に対し，書面により，B，Cに対し責任追及の訴えを提起するよう請求したが，60日が経過するも訴えの提起はなかった。

第2 被告の責任等

1 Cは，甲社の業務執行取締役であるが，平成××年×月×日，Yが発注した工事の受注に際し，不当な取引制限規制に違反する独占禁止法違反の行為（談合）をしたとして，甲社は公正取引委員会から金××億円の課徴金納付命令を受け，同年×月×日，右課徴金の全額を納付した。それにより，甲社に納付した課徴金相当額の損害が生じたが，それはCの任務懈怠行為（法令違反行為）によるものである（〔任務懈怠行為の具体的事実は省略〕）。

2 Bは，甲社の代表取締役であるが，代表取締役としてCが独占禁止法に違反する行為をしないように監視する義務があるのに，それを怠たるという監視義務違反の責任がある。

3 Bは，代表取締役として，独占禁止法に違反する行為が行われないように，内部統制システムを構築し，運営する義務があるのに，それを怠ったことから，Cによる独占禁止法違反行為が行われた。そこで，Bは，内部統制システムの構築と運営義務違反の責任を免れない。

# 7 多重代表訴訟制度の創設

## ⑴ 多重代表訴訟の意義と構造

通常の代表訴訟は、会社が取締役等の会社に対する責任または義務の履行を請求することを怠っている場合に、株主が会社のために取締役等の責任を追及

第12章　株主代表訴訟による責任追及

する訴訟である（会社847条１項）。これに対し、多重代表訴訟は親子会社関係が多重的（多段階的）に形成されている場合に、最上位にある株式会社（平成26年改正会社法は最終完全親会社としている）の株主が、対象子会社の取締役等の子会社に対する責任を追及する訴訟である。

　多重代表訴訟の親子会社関係（平成26年改正会社法は完全親子会社関係を要求している）は、最終完全親会社と子会社が直接の親子会社関係にある場合（二重代表訴訟の形態）と、中間に完全子会社（平成26年改正会社法は、中間子法人として株式会社に限定していない）が存在し（会社847条の３第２項）、間接的な親子会社関係にある場合とがある。後者が本来的な意味での多重代表訴訟であるが、一般的には、対象子会社の範囲を孫会社までとする三重代表訴訟までとされている（平成26年改正会社法も代表訴訟の対象子会社を孫会社までとする立場をとっている）。

　多重代表訴訟は、親会社の株主が法人格の異なる子会社の取締役等の責任を追及する代表訴訟であるから、解釈論としては難しく（会社法847条１項の株主に親会社株主を含め、株式会社に子会社を含めるのは無理であろう）、これを認めるためには立法的措置を必要とする。そこで、平成26年改正会社法は多重代表訴訟制度を創設したのである。この制度は、アメリカの二重代表訴訟（double derivative suit）と多重代表訴訟（multiple derivative suit）を基礎として、それを組み合わせてアレンジしたものである。

　多重代表訴訟の基本構造は、通常の代表訴訟とは異質のものではなく、通常の代表訴訟を多段階的（多重的）に積み重ねたものである。子会社が取締役等の責任を追及せず、親会社も代表訴訟により責任を追及しない場合に（二重の提訴懈怠）、親会社の株主が、親会社と子会社に代位して、子会社の取締役等の責任を追及する代表訴訟であり、訴訟で請求するのは子会社の権利である。

### (2)　多重代表訴訟制度創設の必要性

　現代の企業活動はグループ企業（親子会社）で展開されていることから、親会社の利益は子会社の経営に依存し、親会社株主の利益は子会社の経営により影響されることが少なくない。しかし、親会社と子会社は別法人であることから、親会社株主が子会社の取締役等に対し、直接監督是正権を行使できないという親会社株主の権利の希釈化現象がみられる。特に、それは純粋持株会社の

場合に顕著である。また、子会社の取締役等の任務懈怠行為により子会社に損害が生じ、それにより親会社に損害が生じた場合でも、本来は、親会社株主は子会社の取締役等の責任を追及することができない。

子会社の取締役等の任務懈怠行為により、親会社に損害が生じた場合（一般に、親会社には保有する子会社株式の価値の低下分の損害が生ずる）の親会社株主の保護のあり方として、①親会社取締役の子会社に対する監視義務違反の任務懈怠責任を代表訴訟により追及する方法、②子会社の取締役等の責任を代表訴訟により追及しなかった親会社取締役の任務懈怠責任を代表訴訟により追及する方法、③親会社株主が直接子会社取締役等の責任を追及する多重代表訴訟による方法がある。

①の監視義務違反の責任を問題にするためには、親会社取締役の子会社に対する監視義務の存在が必要であるが、会社法には監視義務に関する規定はない（会社法の改正論議において監視義務の法定化が議論されたが見送られた（この問題の多くは、グループ内部統制システムの構築等義務違反として処理することが可能である））。②の場合、代表訴訟により子会社の取締役の責任を追及しないことが、常に、親会社取締役の任務懈怠となるわけではない。①、②の親会社取締役の責任を追及する方法では、子会社の損害は回復しないから根本的な解決にならない。子会社の損害回復により、親会社の損害の回復を図るのが本筋である。

平成26年改正会社法は、親会社株主の保護の観点から、③の方法を選択し、親会社の株主が子会社の取締役等の責任を追及することができる多重代表訴訟制度を創設した（会社847条の3第1項）。しかし、提訴のための要件が厳格に制度設計されていることから、上場会社等の大規模会社においてはこの制度を用いることは現実には難しい。現実に、多重代表訴訟を用いることができるのは、非上場の中堅以下の会社の場合である。

### (3) 会社法と多重代表訴訟の構造

平成26年改正会社法で創設された多重代表訴訟（最終完全親会社等の株主による特定責任追及の訴え）は、最終完全親会社等の少数株主が、特定責任を追及する訴えである（会社847条の3第1項）。つまり、最終完全親会社等の少数株主が、子会社の取締役等の責任を追及する代表訴訟であるが、訴訟により追及

*469*

第12章　株主代表訴訟による責任追及

する責任を特定責任に限定するものである。

#### (ア)　最終完全親会社等

　最終完全親会社等とは、対象子会社（株式会社に限る）の完全親会社等であって、その完全親会社等がないものである。つまり、完全親子会社関係が縦列的に形成されている場合に、対象子会社の最上位にある株式会社である親会社である。対象子会社と最終完全親会社等の間に、中間子会社が存在する場合（株式会社に限らない）、あるいは最終完全親会社等の上に株式会社でない完全親会社が存在する場合であっても、多重代表訴訟の関係では、中間子会社、最上位にある株式会社でない完全親会社は、最終完全親会社等とならない。

　中間子会社は、対象子会社と直接の親子会社関係がある場合には、株主として通常の代表訴訟を提起することができる。最上位にある株式会社でない完全親会社は、最終完全親会社等の株主として多重代表訴訟を提起することができる（多重代表訴訟の提訴権者）。

#### (イ)　最終完全親会社等の少数株主

　提訴権を有するのは、最終完全親会社等の総株主（総会の決議事項の全部について議決権を行使できない株主を除く）の議決権の100分の１以上の議決権を有する株主、または発行済株式の100分の１以上の数の株式を有する株主である。発行済株式の100分の１以上の数の株式を有する株主というのは、議決権のない株式（議決権制限株式）の株主を意味する。上場会社等の大規模会社においては、この基準を満たすことは容易ではない。

　保有議決権と保有株式の数を合わせて（議決権のある株式と議決権のない株式を合わせて）、100分の１以上という基準を満たせば、少数株主の要件を満たすと考えられる。

　通常の代表訴訟においては保有議決権等による制限がないのにもかかわらず、多重代表訴訟については基準を設け提訴権を制限したのは、多重代表訴訟の濫用の防止という意味もあるが、親会社株主が子会社（別法人格の会社）の取締役等の責任を追及するという特殊性によるものである。

#### (ウ)　完全親会社等

　多重代表訴訟は、親会社と子会社の間に完全親子会社関係があることを必要とするが、それは直接の親子会社関係があることを要求されない。会社法は

*470*

〔図2〕 完全親会社等の形態

①の完全親会社（直接の完全親子会社関係）

②の完全親会社（中間完全子会社が存在する場合等）

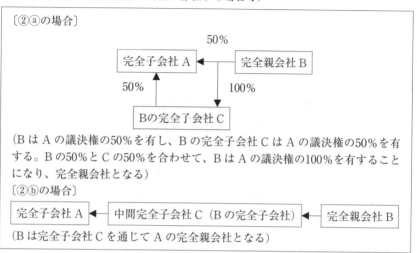

「完全親会社等」を、①完全親会社（会社847条の3第2項1号）、②対象子会社の発行済株式の全部を、ⓐ他の株式会社（親会社）およびその完全子会社等（株式会社がその株式または持分の全部を有する法人）、またはⓑ他の株式会社（親会社）の完全子会社等が有する場合における当該他の株式会社としている（同項2号）。

①は、対象子会社と直接の完全親会社がある場合であり、完全親会社が最終完全親会社である場合は二重代表訴訟の形態となる。実際に提訴される多くはこの形態である。

②は、親会社が単独では完全親会社とならない場合の規定である。ⓐは親会社とその完全子会社等が合わせて、対象子会社の全株式を有する場合であり、ⓑは親会社が完全子会社等を通じて対象子会社の全株式を有する場合（完全子会社等が対象子会社の全株式を有する場合）である。完全子会社等というのは株式会社だけでなく他の法人を含む。

多重代表訴訟の親子会社関係は、理論的には完全親会社に限らないが、会社

第12章　株主代表訴訟による責任追及

法は完全親子会社（間接的な親子会社関係を含む）を必要としている。それは、子会社に少数株主が存在する場合は、少数株主による代表訴訟の提起が可能であるから親会社株主に提訴権を認める必要はないとの形式的な理由に加え、完全親子会社関係を要しないとした場合、親会社がどの程度の議決権を有すれば、多重代表訴訟の親会社となるのかについての基準設定が難しいことを理由とする。

完全親子会社関係に限られることから、子会社に若干の少数株主を存在させることで、完全子会社ではなくなり多重代表訴訟の対象子会社とすることができなくなる。訴訟の係属中に親会社が保有する子会社株式の一部を譲渡すれば、完全親子会社関係が消滅し多重代表訴訟は不適法ということになる。

対象子会社と最終完全子会社は、ともに株式会社である日本法人であることが要求される。したがって、日本会社の外国子会社、外国会社の日本法人である子会社は、ともに多重代表訴訟の対象子会社にならない。

　㈇　特定責任による訴訟の対象者の限定

会社法は、すべての完全子会社を多重代表訴訟の対象子会社としていない。多重代表訴訟の対象となる取締役等の責任を限定するために、「特定責任」による基準を設けている。

特定責任とは、対象子会社の取締役等の責任の原因となった事実が生じた日において、最終完全親会社等およびその完全子会社等における当該子会社株式（最終完全親会社等とその完全子会社等の保有株式を合算する）の帳簿価額が、最終完全親会社等の総資産額として法務省令（会社施規218条の6）で定める方法により算定した額の5分の1（これを下回る割合を定款で定めた場合は、その割合）を超える場合における当該取締役等の責任である（会社847条の3第4項）。

なお、責任原因となる事実が生じた日において、最終完全親会社等であった株式会社Ａが、その後、株式交換等により株式会社Ｂの完全子会社となった場合は、Ａを最終完全親会社等とみなして、特定責任の要件を判断する（会社847条の3第5項）。

特定責任は前記5分の1の要件を満たした子会社の取締役等の責任であるが、それは、多重代表訴訟の対象子会社の認定基準（重要性基準）であり、この重要性基準を満たした「重要な子会社」が多重代表訴訟の対象子会社となり、そ

472

の取締役等が訴訟の対象者（被告）となる趣旨である。重要な子会社の認定は責任原因となる事実が生じた日を基準とするから、この日に基準を満たせば以後重要な子会社でなくなっても対象子会社である。

　最終完全親会社等における当該子会社株式の帳簿価額が、総資産額の5分の1を超える場合は現実には多くはない。それゆえ、上場会社においては、多重代表訴訟の対象となる子会社は現実には少なく、子会社の取締役等が多重代表訴訟により責任を追及されることは多くはないといえよう。

　会社法が特定責任（重要な子会社基準）により、多重代表訴訟の対象子会社を制限したのは、完全子会社であれば、すべて多重代表訴訟の対象子会社とするのは適切でなく、また親会社の部課長クラスにすぎない者が、完全子会社の

〔図3〕　多重代表訴訟の構図

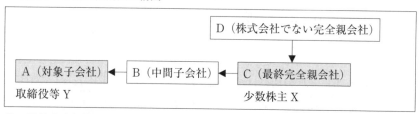

① 最終完全親会社Cの少数株主Xが原告となる。Cは日本法人たる株式会社に限る。Xが訴訟により請求するのは、Aの権利（Yに対する）である。
② 対象子会社Aの取締役等Yが被告となる。Aは特定責任の要件を満たしたCの完全子会社であり（重要な子会社）、日本法人たる株式会社に限られる。
③ A・B・C間に完全親子会社関係が存在することが必要である。Bは株式会社でなくてもよい。株式会社であっても多重代表訴訟の最終完全親会社にならないが、Aの株主として、Yを被告として通常の代表訴訟を提起することができる。
　BがYの責任を追及する代表訴訟を提起した場合、Xは多重代表訴訟を提起することができない。反対に、Xが多重代表訴訟を提起した場合は、BはYの責任を追及する代表訴訟を提起することができない。いずれも、訴訟により請求するのはAの権利（訴訟物）であるから、後訴は二重提訴となって許されない。
④ Bが存在しない場合は、A・C間に直接の完全親子会社関係が認められるから、XがYを被告として提訴するのは二重代表訴訟の形態となる。
⑤ Cの上に、株式会社でない完全親会社Dが存在しても、Dは多重代表訴訟との関係では最終完全親会社にならず、Cの株主として多重代表訴訟を提起しうる。

第12章　株主代表訴訟による責任追及

取締役等である場合もあるから、それをすべて多重代表訴訟の対象者とするのは現実的でないばかりか、親会社株主の保護のために必要とはいえないことを理由とする。

　㈰　多重代表訴訟の対象となる責任

　通常の代表訴訟は、訴訟の対象者（被告）には、取締役等だけでなく、払込みの履行を仮装した募集株式の引受人、不公正な発行価額で株式等を引き受けた者、株主の権利行使に関し利益の供与を受けた者など第三者が含まれる（会社847条1項）。これに対し、多重代表訴訟については、訴訟の対象者となるのは当該子会社の取締役等（条文の文言上では発起人等）であり、第三者が子会社に対して負う義務は訴訟の対象にならない（同法847条の3第1項）。

　その理由として、これら第三者と最終完全親会社や中間完全子会社の取締役との間に、直接の人的関係がなく、これらの訴えに係る代表訴訟の提起を懈怠するおそれが類型的にないと説明されている。[5]

　多重代表訴訟は特定責任を追及する訴訟であることから、第三者が含まれないことは当然であるといえよう。また、最終完全親会社と子会社に対して義務（責任）を負う第三者との間には法律関係がないから、多重代表訴訟の対象とすべきではない（多重代表訴訟の対象者を第三者に拡張すべきではない）。

　訴訟の対象となる子会社の取締役等の責任の範囲は、通常の代表訴訟の場合と同様に考えられる。通常の代表訴訟について、取引上の債務を含むとの立場によっても（非限定説）、多重代表訴訟は、特定責任を追及する訴訟であるから、取引上の債務は含まれないというべきである。親会社株主が子会社取締役等の特定責任を追及する訴訟において、訴訟の対象を拡張することは適切でない。

　㈱　多重代表訴訟と取締役の責任の免除規制

　多重代表訴訟で請求するのは、対象子会社の取締役等に対する任務懈怠による損害賠償である（多重代表訴訟の対象は子会社の権利）。取締役等の任務懈怠責任を免除するためには総株主の同意を要し（会社424条、423条1項）、一部免除のためには株主総会の特別決議等を必要とする（同法425条1項、309条2項8

---

5　坂本三郎編著『一問一答平成26年改正会社法』169頁。

号）。

　しかし、多重代表訴訟の対象となる子会社の株主は、直接の親会社（最終完全親会社または中間完全子会社）だけであり１人会社である。それゆえ、責任免除のために厳格な規制を設けたとしても、当該親会社の意向により、容易に子会社の取締役等の責任の免除または一部免除をすることが可能となる。免除により子会社の取締役等の責任がなくなり提訴はできず、一部免除により訴訟で請求する賠償額が少なくなる。これでは、多重代表訴訟を認めた意味が減殺されることになる。

　そこで、最終完全親会社の株主による多重代表訴訟の提訴権を確保するために、多重代表訴訟の対象となる特定責任を免除するためには、当該子会社の総株主の同意に加え、最終完全親会社の総株主の同意が必要であるとし（会社847条の３第10項）、責任の一部免除についても、子会社の株主総会の特別決議等に加え、最終完全親会社の株主総会の特別決議を必要とした（同法425条１項、309条２項８号）。

### (4)　提訴請求と多重代表訴訟の提起

#### (ア)　提訴請求をすることができる株主

　多重代表訴訟により請求するのは子会社の権利であるから、最終完全親会社の株主は、緊急提訴の場合を除き、対象子会社に対し特定責任追及の訴えを提起することを請求し、子会社が提訴しない場合に提訴することができる（会社847条の３第１項・７項・９項）。この訴訟構造は、通常の代表訴訟と同様である。

　提訴請求をすることができるのは、６カ月前から引き続き最終完全親会社等の総株主（総会の決議事項の全部について議決権を行使できない株主を除く）の議決権の100分の１以上の議決権を有する株主、または発行済株式の100分の１以上の数の株式を有する株主である。上場会社等の大規模会社においては、この１％以上という基準を満たすことは容易ではないが、これは、１人の株主で満たす必要はなく複数の株主の株式数を合わせて１％以上に達すればよい（この場合は、数人が共同原告となる）。

　１％以上の議決権等を有することは、提訴請求をする要件（提訴請求適格者）であるとともに、原告の適格要件（提訴資格）でもある。そこで、訴訟の係属中にこの要件を欠くに至った場合には、原告適格を失うことになる。しかし、

**475**

第12章　株主代表訴訟による責任追及

提訴請求後に会社が新株を発行したことにより、請求者（原告）の議決権等比率が相対的に低下し、１％以下になった場合については、原告適格を失わないとするのが妥当である。

　　(イ)　提訴請求の相手方

　多重代表訴訟の提起は、子会社が取締役等に対し責任追及訴訟を提起せず、直接の親会社も代表訴訟により責任追及をしないという二重の提訴懈怠によることから、理論的には、提訴請求は子会社および直接の親会社に対してすべきであるが、会社法は、端的に、当該株式会社（対象子会社）に対しすべきであるとしている（会社847条の３第１項）。

　対象子会社の提訴請求の名宛人（子会社を代表して提訴請求を受ける者）は、通常の代表訴訟の場合と同様である（前記４(1)(ウ)）。会社の組織形態、取締役を被告とする提訴請求か、それ以外の者を被告とする提訴請求かにより異なるが、多くの場合は、監査役設置会社の取締役を被告とする請求であるから監査役に対して行うことになる。

　　(ウ)　提訴請求できない場合

　提訴請求ができる最終完全親会社の株主であっても、以下の場合には提訴請求をすることができない。この場合、多重代表訴訟を提起することができない。

　　　(A)　請求株主もしくは第三者の不正な利益を図り、または子会社もしくは最終完全親会社等に損害を加えることを目的とする場合（会社847条の３第１項１号）

　これは、濫用的な提訴の禁止規定であり、通常の代表訴訟の禁止規定（会社847条１項ただし書）と同趣旨である。最終完全親会社等に損害を加える場合とは、たとえば、最終完全親会社の信用を害することを目的とする場合である。

　　　(B)　当該特定責任の原因となった事実によって、当該最終完全親会社等に損害が生じていない場合（会社847条の３第１項２号）

　これは、多重代表訴訟特有の事由である。多重代表訴訟は親会社株主の保護を主眼とする制度であるから、子会社取締役等の任務懈怠行為により子会社に損害が生じただけでは足りず、親会社に損害が発生していることが必要となる。そこで、特定責任の原因となった事実によって、最終完全親会社等に損害が生じていない場合は、最終完全親会社等の株主に損害が生じていないことから、

**476**

提訴請求をすることができず、したがって、提訴することができない。

　最終完全親会社に損害が生じていないことは、提訴請求を拒絶した対象子会社が不提訴理由の通知において明らかにしなければならない。多重代表訴訟の提起後は、被告（対象子会社の取締役等）が主張・立証して（抗弁事由）、訴えの却下を求めることになる。

　もっとも、子会社に損害が生じた場合は、通常、最終完全親会社には保有する子会社株式または中間子会社の株式の価値低下分の損害が発生する。そこで、対象子会社に損害が生じたが、最終完全親会社に損害が生じない場合は、最終完全親会社と子会社間の利益相反取引、あるいはグループ会社間の利益相反取引に限られることになる。

　㈔　振替株式と提訴請求

　振替株式（振替制度による株式）の場合、代表訴訟の原告となる株主は株主名簿の記載により決まるものではないことから、通常の代表訴訟では、少数株主権の行使にあたり、個別株主通知が必要とされる。

　このことは、多重代表訴訟についてもあてはまるはずである。しかし、多重代表訴訟では、提訴請求は対象子会社に対してなされるが、それは対象子会社の株主の地位に基づくものではなく、最終完全親会社等の株主としての地位に基づきなされるものである。そうすれば、「少数株主権」（会社法上の少数株主権とは意味が異なる）に該当しないことになり、振替株式の場合の株主による個別株主通知は必要がないことになる（旧株主による責任追及訴訟も同様に考えられる）。

　しかし、対象子会社にとっては、振替株式における株主の場合、提訴請求をしてきた者が要件を満たした最終完全親会社の株主であるかどうかわからず、また、最終完全親会社にもわからないことから、子会社は最終完全親会社に問い合わせることにより確認することもできない。個別株主通知を必要とするのは、むしろ多重代表訴訟の場合であるのに、最終完全親会社に対する少数株主権の行使ではないとの理由で、要件を満たした最終完全親会社の株主であることを何ら証明することなく、特定責任追及訴訟の提訴請求を認めるのは適正でない。そこで、個別株主通知に代わる手続が必要となる。

　すなわち、明確な規定はないが振替口座に記載されている事項の証明請求手

第12章　株主代表訴訟による責任追及

続（社債株式振替277条）によるものとされている。それによれば、加入者（提訴請求をする親会社株主）は、口座管理機関を経由して、振替機関に対し振替口座簿の自己の口座に記載されている事項を証明した書面の交付を請求し、交付された書面を対象子会社に提出して自己が要件を備えた株主であることを証明することになる。

　なお、旧株主による責任追及訴訟の場合は、株式交換等以前からの株主であることを証明しなければならないが、提訴請求者は証券会社の履歴等の発行を受けて提出するにしても、情報提供は過去6カ月分しかできない。そこで、提訴の請求者は、実務的には、それを合理的に推認できるような形で証拠を提出することで証明せざるを得ない。[6]たとえば、証券会社から定期的に送られてくる「取引残高報告書」等によることが考えられる。

　　(オ)　不提訴理由の通知請求

　最終完全親会社の株主から、提訴請求を受けた対象子会社が60日以内に、特定責任追及の訴えを提起しないときは、提訴請求をした最終完全親会社の株主または被告とされた対象子会社の取締役等の請求により、対象子会社は遅滞なく不提訴の理由を通知しなければならない（会社847条の3第8項）。旧株主による責任追及訴訟に係る提訴請求の場合も同様である（同法847条の2第7項）。

　不提訴理由の通知の趣旨は通常の代表訴訟の場合と同様である（前記4(4)参照）。子会社等による不提訴理由の通知は、最終完全親会社の株主の提訴判断を拘束するものでないが、提訴するか否かの判断の資料となる。被告とされた対象子会社の取締役等にとっても、提訴されない理由を知り、提訴された場合は証拠として用いることができる。これも、通常の代表訴訟の場合と同様である。

　　(カ)　多重代表訴訟の提起

　最終完全親会社の株主から適法な提訴請求を受けた対象子会社が、60日以内に特定責任追及の訴えを提起しないときは、当該提訴請求をした株主は、当該子会社のために、その取締役等を被告として特定責任追及の訴え（多重代表訴訟）を提起することができる（会社847条の3第7項）。

---

6　岩原紳作ほか「改正会社法の意義と今後の課題(下)」商事2042号12頁〔仁科秀隆・坂本三郎発言〕）。

*478*

7 多重代表訴訟制度の創設

子会社が提訴しない理由を問わない。「子会社のため」とは、子会社の特定責任に係る権利を子会社のために訴訟で追及することをいう（法定代位訴訟）。これらは、すべて通常の代表訴訟と同様である。

【記載例21】 多重代表訴訟（特定責任追及の訴え）

## 請 求 の 趣 旨

1　被告らは，甲社に対し，連帯して金×××万円およびこれに対する訴状送達の日から，支払済まで年5分の割合の金員を支払え
2　訴訟費用は被告らの負担とする
との判決ならびに仮執行の宣言を求める。

## 請 求 の 原 因

第1　原告の適格要件等
　1　株式会社甲（以下，甲社）は，株式会社乙社（以下，乙社）の完全子会社であり，乙社は甲社最終完全親会社である。被告B，Cは，甲社の取締役である。
　2　被告B，Cの後記責任の原因となった事実が生じた日において，甲社は，特定責任追及の訴えの要件（会社法847条の3第4項，同法施行規則218条の6）を満たした乙社の重要な完全子会社である。
　3　Aは，提訴請求の日の6か月前から，乙社（最終完全親会社）の総株主の議決権の100分の1以上の議決権（保有議決権数×××個）を有する株主である。
　4　Aは，平成○○年○月○日，甲社の監査役に対し，書面により，B，Cに対し特定責任追及の訴えを提起するよう請求したが，60日が経過するも訴えの提起はなかった。
第2　被告の責任等
　1　Cは，甲社の業務執行取締役であるが，平成××年×月×日，Yが発注した工事の受注に際し，不当な取引制限規制に違反する独占禁止法違反の行為（談合）をしたとして，甲社は公正取引委員会から金××億円の課徴金納付命令を受け，同年×月×日，右課徴金の全額を納付した。それにより，甲社に納付した課徴金相当額の損害が生じたが，それはCの任務懈怠行為（法令違反行為）によるものである（〔任務懈怠行為の具体的事実は省略〕）。

479

第12章 株主代表訴訟による責任追及

2 Bは，甲社の代表取締役であるが，代表取締役としてCが独占禁止法に違反する行為をしないように監視する義務があるのに，それを怠ったという監視義務違反の責任がある。

3 Bは，代表取締役として，独占禁止法に違反する行為が行われないように，内部統制システムを構築し，運営する義務があるのに，それを怠ったことから，Cによる独占禁止法違反行為が行われた。そこで，Bは，内部統制システムの構築と運営義務違反の責任を免れない。

## 8 代表訴訟等の提起と訴訟手続

### (1) 代表訴訟等と手続規定の統一化

代表訴訟には、①通常の代表訴訟、②旧株主による責任追及訴訟、③多重代表訴訟の３類型がある。①は、原告は当該会社の株主、被告は当該会社の取締役等（元取締役等を含む。以下、同じ）、訴訟で請求するのは当該会社の権利（取締役等に対する損害賠償請求権）、②は、原告は株式交換等完全子会社の旧株主（現株式交換等完全親会社の株主）、被告は株式交換等完全子会社の取締役等、訴訟で請求するのは株式交換等完全子会社または合併後存続会社の権利（その取締役等に対する損害賠償請求権）、③は、原告は最終完全親会社の少数株主、被告は対象子会社（重要な子会社）の取締役等、訴訟で請求するのは当該子会社の権利（特定責任に係る請求権）である。

②、③は、①をベースにするものであり、３類型の代表訴訟の訴訟構造は共通している。そこで、会社法は訴訟手続について一括して統一規定を設けている（会社847条の４以下）が、３類型の代表訴訟を「責任追及等の訴え」（代表訴訟等）とし（同条１項）、対象株式会社を「株式会社等」（同法848条）、原告となる株主を「株主等」としている（同法847条の４第２項）。また、「責任追及等の訴え」には、代表訴訟等だけでなく、株式会社等による責任追及等の訴えが含まれる。

### (2) 代表訴訟等と管轄裁判所・訴額の算定

#### ⑦ 代表訴訟等と管轄裁判所

代表訴訟等の管轄裁判所は、株式会社等（株式会社・株式交換等完全子会社・

*480*

対象子会社）の本店所在地を管轄する地方裁判所の専属管轄である。株式会社等による責任追及訴訟についても同様である（会社848条）。これは、管轄裁判所を被告の普通裁判籍の所在地を管轄する裁判所（民訴4条1項）、請求金額が140万円以下の場合は簡易裁判所の管轄とする規定（裁判所法33条1項1号）の特例である。

専属管轄であるから、管轄違いの裁判所に提訴した場合は不適法であるが、裁判所は訴えを却下するのではなく、職権で管轄裁判所に移送することになる（民訴16条1項）。

　㋑　代表訴訟等と訴額の算定

代表訴訟等に係る訴額（訴訟の目的の価額）の算定については、財産権上の請求でない訴えとみなされる（会社847条の4第1項）。そこで、3類型の代表訴訟は、ともに請求金額にかかわらず、一律に、訴額（訴訟の目的の価額）は160万円とされ、納付費用の額（貼用印紙額）は1万3000円である（民訴費4条2項、別表第一）。

訴額は原告が全部勝訴した場合に受ける金銭的利益により算定されるが、代表訴訟等の場合は、原告株主等が受ける利益は株式会社等が受ける利益と同一ではなく、その算定が不可能なことから非財産権上の請求とみなされ、訴額は定額である。これに対し、株式会社等が責任追及等の訴えを提起するときは、請求（訴訟物）が同一であっても、訴額は請求金額に応じて算定されることになる。

## (3)　代表訴訟等と担保提供の申立て

　㋐　代表訴訟等と担保提供の意味

株主等が代表訴訟等を提起したときは、代表訴訟等の被告取締役等は、裁判所に対し、相当の担保提供の申立てをすることができる（会社847条の4第2項）。代表訴訟等の提起が、不当訴訟として不法行為にあたる場合の損害賠償請求権を担保するためである。そこで、担保の額は、提訴が不法行為であるとして認定される可能性のある損害額を基準として定められる（名古屋高決平成7・3・8判時1531号134頁）。

提供（供託）された担保に対し、代表訴訟等の被告取締役等（担保権者）は、提訴が不法行為にあたるとして損害賠償請求が認められた場合、優先弁済を受

けることができる（民訴77条）。

　民事訴訟法上の訴訟費用の担保規定（民訴75条1項）とは趣旨が異なるが、手続についてはこれが準用されるから（同法81条）、担保提供の申立てに対する裁判は決定の形式でなされる。

　担保提供の申立てをした代表訴訟等の被告は、担保提供命令が発せられた場合は、原告株主等が担保を提供（供託）するまでは応訴を拒むことができるから（民訴75条4項）、応訴しなかったことにより不利益を受けることはなく、擬制自白（同法159条1項、170条5項）の取扱いを受けることはない。

　原告株主等が、担保提供期間内に担保を立てない場合は、裁判所は判決で訴え（代表訴訟等）を却下することができる（民訴78条）。代表訴訟等の原告は、勝訴しても直接の利益を得ることがないから、担保の提供に躊躇して担保を提供しない場合が多い。担保を提供しないことにより訴えが却下されることから、担保提供には濫訴の防止機能があるとして、代表訴訟が提起されたときには、直ちに担保提供の申立てがなされた時期がある。しかし、担保提供には濫訴の防止機能が認められるにしても、それは副次的なものであって、不当訴訟により生じた不法行為の損害賠償請求権を担保することを主眼とするものである。

　担保提供と濫用的提訴の関係であるが、両者は制度が異なり併存するから、被告取締役等は、担保提供の申立てと濫用的提訴による訴えの却下のいずれもなしうる。もっとも、濫用的提訴（過失による不当提訴を含む）であっても、必ずしも悪意の提訴とは認定されない。

　　㈡　悪意の疎明の必要

　担保提供の申立てをするためには、被告取締役等は代表訴訟等の提起が原告の悪意によるものであることを疎明しなければならない（会社847条の4第3項）。悪意の疎明ができなければ、担保提供の申立ては却下される。

　ここにいう「悪意」とは、故意に被告取締役等を害する意図までは要求されないが、①主張が十分に事実的、法律的根拠を有しないため取締役等の責任が認められる可能性が低く、かつ、株主がそのことを知りながら、または通常人であれば容易にそのことを知り得たのに、あえて代表訴訟を提起したと認められるとして（東京地決平成6・7・22判時1504号132頁、前掲名古屋高決平成7・3・8）、過失を悪意に含める立場と、②被告取締役等の責任に、事実的、法律的根

*482*

拠のないことを知りながら、または株主代表訴訟制度の趣旨を逸脱し、不当な目的をもって被告を害することを知りながら提訴した場合（大阪高決平成9・11・18判時1628号133頁）として、悪意を故意の意味に解する立場がある。

当初は前掲東京地決平成6・7・22の示した悪意の認定基準は、蛇の目基準とよばれるものであるが、これに従い①の立場がとられていたことから、代表訴訟に対する対抗策として担保提供の申立てがなされる事例が多かった。しかし、悪意に過失を含めるのは適切でないとして、悪意を故意の場合に限定する②の立場が定着してきた。それにより悪意の疎明が難しくなったことから、担保提供の申立ても減少した。

担保は不当訴訟による不法行為の賠償責任を担保するものであるが、提訴が不法行為となる場合と、担保提供の要件となる悪意とは同じではない。前者については過失（特に重過失）で足りるが、後者の場合は故意に限られる。

蛇の目基準による担保提供の申立てが難しくなったので、これに代わる代表訴訟に対する対抗策として、被告への補助参加についての関心が高まった。

### (4) 代表訴訟等の提起と訴訟告知

#### (ア) 訴訟告知と公告・通知の趣旨

株主等が取締役等に対し代表訴訟等を提起した場合、会社等または他の株主等は当該代表訴訟等に訴訟参加することができる。また会社等が取締役等に対し責任追及訴訟を提起した場合、株主等は当該責任追及訴訟等に訴訟参加することができる。これらの場合、訴訟参加するための機会を確保する必要がある。そのため、会社法は訴訟参加するための手続保障として、訴訟告知、通知を義務づけたが、参加の対象となるのは代表訴訟等であり、参加資格を広く認めていることから、会社法は訴訟参加規定を詳細に規定している（会社849条4項〜11項）。

民事訴訟法上の訴訟告知は、当事者が訴訟の係属中に、当該訴訟に参加することができる第三者に対し、訴訟が係属していることを告知することができる制度であり、裁判所に訴訟告知書を提出するという方法により行われる（民訴53条1項・3項）。訴訟告知という方法で、訴訟に参加できる第三者に訴訟が係属していることを通知し、訴訟に参加する機会を与えるとともに、当事者が敗訴した場合でも参加のための通知をしたのであるから、第三者に文句をいわせ

ない（参加的効力を及ぼす）ことを目的とするものである。

これに対し、会社法上の訴訟告知は、参加資格を有する者の参加機会の確保を目的とし、民事訴訟法の特則として、訴訟告知を義務づけるとともに、直接、当該株式会社に対して訴訟告知をする。また、会社が責任追及等の訴えを提起したときは公告を義務づけるのである。

　　(イ)　訴訟告知等の相手方

株主等は、責任追及等の訴えを提起したときは、遅滞なく、当該株式会社等に対し訴訟告知をしなければならない（会社849条4項）。株式会社等が訴訟に参加する機会を確保するためである。通常の代表訴訟の場合は当該株式会社に対し、旧株主による責任追及訴訟の場合は株式交換等完全子会社に対し、多重代表訴訟の場合は当該子会社に対してなされる。

株式会社等が、責任追及等の訴えを提起したとき、または訴訟告知を受けたときは、遅滞なく、その旨を公告し、または株主に通知しなければならない（会社849条5項）。株主等に訴訟参加の機会を与えるためである。

株式交換等完全子会社は、責任追及等の訴えを提起したとき、または旧株主から責任追及訴訟を提起した旨の訴訟告知を受けたときは、公告または通知のほか、遅滞なく、株式交換等完全親会社に通知しなければならない（会社849条6項）。これは、株式交換等完全親会社が当該訴訟に補助参加するための機会を与えるためである。

対象子会社は、取締役等に対し責任追及等の訴えを提起し、または最終完全親会社の株主から多重代表訴訟を提起した旨の訴訟告知を受けたときは、公告または通知のほか、遅滞なく、最終完全親会社に通知しなければならない（会社849条7項）。これは、最終完全親会社が当該訴訟に補助参加するための機会を与えるためである。

### (5)　株主代表訴訟等の係属中に株主でなくなった場合の取扱い

　　(ア)　株式交換等と原告の訴訟追行権

代表訴訟等を提起した株主または共同訴訟参加した株主（原告の共同訴訟人）は、訴訟の係属中に当該株式会社の株主でなくなったときでも、次の場合は訴訟追行権（原告適格）を失わない（会社851条1項）。

　　①　株式交換または株式移転により、当該株式会社の完全親会社の株式を取

得したとき（同項1号）

② 当該株式会社が合併により消滅する会社となる合併により、合併により設立する株式会社（新設合併）または合併後存続する株式会社（吸収合併）もしくはその完全親会社の株式を取得したとき（同項2号）

旧商法当時、訴訟の係属中に株式交換が行われ、原告が当該株式会社の株主の地位を失い、その完全親会社の株主となった場合は、原告適格を失い代表訴訟は却下されると解されていた。しかし、これは明らかに不合理であるから、会社法は株式交換等により完全親会社の株主となった場合、合併後存続会社またはその完全親会社の株式を取得したときは、訴訟追行権（原告適格）を失わないとしたのである。

上記①は株式交換等がなされた場合に、完全親会社の株主となったときは訴訟追行権を失わないとの規定である。しかし、キャッシュ・アウトされ、完全親会社の株主とならなかった場合は訴訟追行権を失う。②は原告が合併により消滅する会社の株主である場合に、新設合併または合併後存続会社の株主となった場合は、合併は包括承継であるから原告の地位も承継され、特別の規定を待たず訴訟追行権を失わないが、合併後存続会社の完全親会社の株式を交付され（三角合併）、完全親会社の株主となった場合は、訴訟追行権を失うことになることから、訴訟追行権を継続させるための特別の規定である。

さらに、原告株主等が、株式交換等により当該完全親会社等の株主として訴訟を係属中に、再度の株式交換等が行われ、当該完全親会社等のさらに上の完全親会社等の株主となった場合、再度の合併がなされ、新設合併または合併後存続会社の株主となった場合、合併後存続会社の完全親会社の株主となった場合も、原告適格を失わない（会社851条2項・3項）。

　(イ)　キャッシュ・アウトされた場合

代表訴訟等の係属中に、原告株主等が全部取得条項付種類株式、合併、株式交換等組織再編を用いて、キャッシュ・アウトされた場合は、当該株式会社またはその完全親会社の株主でなくなるから、訴訟追行権（原告適格）を失い代表訴訟等は却下されることになる。この場合、原告株主等の救済手段（訴訟追行権の継続を図る）として、自己の株主資格を奪うこと（キャッシュ・アウト）を決議した株主総会決議の効力を争う方法が考えられる。

平成26年改正会社法は、当該株主総会決議の取消しにより株主となる者（株主たる地位を回復する者）に、自己の株主資格を奪うことになった総会決議について決議取消しの訴えの提訴権を認めた（会社831条1項）。そこで、キャッシュ・アウトされた原告株主らは、当該総会決議の取消しの訴えを提起し、それに勝訴すれば株主資格を回復する（株主たる地位を失わないことになる）。そうすれば、訴訟追行権（原告適格）を失わないことになる（株主たる地位を遡及的に回復する）。これは、総会決議の取消訴訟だけでなく、決議の無効確認または不存在確認の場合も同様と考えられる。

代表訴訟等と総会決議取消しの訴えとの関係であるが、総会決議取消しの訴えに勝訴すると、株主たる地位を失わないから訴訟追行権を有することになる。しかし、総会決議取消しの訴えに勝訴するにしても、相当の期間を要するからその前に代表訴訟等が却下されることがある。この場合、却下された代表訴訟等が、原告が総会決議取消しの訴えに勝訴したことにより復活するとは考えられていない。

そこで、代表訴訟等の係属中に総会決議により株主資格を失った者は、代表訴訟等が却下される前に、総会決議取消しの訴えを提起すれば、理論上、それに勝訴することにより株主たる地位を失わないことから、代表訴訟の却下を免れることができるといえる。この場合、総会決議取消しの訴えを本案として、株主の地位を保全する仮処分により、代表訴訟等の却下を免れることも検討すべきである。

### (6) 取締役等の責任追及訴訟と訴訟参加

#### ㋐ 会社の被告取締役等への補助参加の問題点

株主が会社のために、取締役等に対する会社の権利を行使する代表訴訟において、会社が被告取締役等に補助参加することは想定されなかった。ところが、平成5年頃から代表訴訟の提訴数が増大する中で、会社が被告に補助参加することを認める考え方が現れた。これは、代表訴訟に対する対抗策であるが経営者を中心に受け入れられた。

これに対し、会社が被告取締役等に補助参加することには、訴訟構造上および補助参加の利益との関係で問題があり、また利益相反性が指摘されていた。しかし、ほとんど議論されることなく補助参加を認める必要があるとの立場が

強まった。

　会社の被告取締役等への補助参加を認める立場は、会社が補助参加すれば取締役は安心して業務に専念できるから会社にとってメリットである、会社は取締役等が敗訴すると会社の信用が傷つくことを防止する必要があるなどを理由としていた。もとより、これらは実際上の理由であり、法律上の根拠でないばかりか、補助参加の利益に関するものでもない。

　会社が被告に補助参加する場合、代表取締役が会社を代表して補助参加の申出をすることから（会社が被告取締役に補助参加するから、会社と取締役間の訴訟とならない）、代表取締役は自らが被告である訴訟の場合にも、会社を代表して補助参加することになり、利益相反性が強くなる。監査役の同意を必要とするといっても、会社による責任追及訴訟を提起しないと判断した監査役による同意であるから、同意は極めて形式的なものになる。

　会社の被告取締役等への補助参加が実際上認められても、常に補助参加が可能というわけではないから、取締役等のどのような責任が追及されている場合に、補助参加することができるのかを検討する必要がある。重大な法令違反である粉飾決算、談合、贈賄による責任が追及されている場合に、会社の補助参加が認められるべきではない（責任が認められるか否かは訴訟の結果であるから、補助参加することが可能というわけにはいかない）。

　補助参加すべきでない場合に補助参加した場合は、会社が支出した費用相当額の損害を与えたとして、補助参加をした代表取締役およびそれに同意を与えた監査役の責任が生ずることがある。会社の補助参加が認められる多くの場合は、経営判断上の誤りを理由にした善管注意義務違反の責任であるが、これについては、経営判断の原則が適用されるから、会社の補助参加を待つまでもなく、被告取締役が勝訴するのが一般的である。

　現実の訴訟において、会社が補助参加することにより訴訟の帰すうが決まることは少ない。そうだとすれば、会社が補助参加する理由は、会社はその費用を使って前面に出て争うことにより、被告取締役等の負担を軽減することにあるといえよう。しかし、これは、被告取締役等に対する会社の費用補償、D&O保険（会社役員賠償責任保険）で処理すべきであろう。

　会社の被告取締役等への補助参加については、そのデメリットについても考

第12章　株主代表訴訟による責任追及

えなければならない。会社は代表訴訟の第三者であるが、補助参加することにより当事者（準当事者）と扱われることから、文書提出命令に従わないときは相手方（原告株主）の主張が真実として扱われることがある（民訴224条1項）。また、会計帳簿の提出を命じられることがあるが（会社434条）、文書や会計帳簿を提出することが会社にとって不都合を生ずることがある。このように、会社の利益が害される場合があるから、会社は補助参加しないほうが得策であるとの指摘がなされている[7]。

　(イ)　旧商法の訴訟参加規定

　代表訴訟の提訴件数の増加に伴い、会社による被告への補助参加の申立て事例が多くなったが、理論的な問題に触れることなく、会社の補助参加を認めるのが裁判実務の大勢であった。このような状況の下で、平成13年の改正商法は、会社が取締役に補助参加するためには監査役の同意を要するという形で補助参加を認めた。

　旧商法の訴訟参加の規定は、①株主または会社は、取締役または監査役の責任を追及する訴訟に参加することができる（旧商268条2項、280条1項）、②会社が代表訴訟の被告取締役に補助参加するためには、各監査役の同意を得なければならない（旧商268条8項（平成13年改正商法により追加））とするものであった。

　①は、株主または会社が、取締役等の責任追及訴訟の原告に訴訟参加することを認める規定である。株主が代表訴訟の原告または責任追及訴訟の原告会社に訴訟参加する場合は、補助参加または共同訴訟的補助参加であり、会社が代表訴訟の原告に訴訟参加する場合は、共同訴訟参加（補助参加も可能）である。会社の共同訴訟参加については、株主が代表訴訟を提起した後は、会社が責任追及訴訟を提起することは二重提訴になり許されないため、その代わりに共同訴訟参加を認めたのである。会社は参加により原告株主と共同訴訟人となる。

　②は、会社が各監査役の同意を得て、代表訴訟の被告取締役に補助参加することを認めたものである。代表訴訟における会社の地位は第三者であるから、会社は補助参加しうる第三者の要件を満たしているといえる。しかし、株主が

---

　7　河本一郎「株主代表訴訟の現状と諸問題」金法1471号25頁。

*488*

会社のために、会社の取締役の責任を追及する代表訴訟において、会社が被告取締役に補助参加することは、実質的には訴訟の相手方に補助参加することになり、訴訟構造上許容性に疑問があった。そこで、会社は監査役の同意を得て補助参加しうることとし、会社が被告取締役に補助参加することを商法上可能としたのである。これが、会社の被告取締役に対する補助参加について、商法（会社法）ができることの限界であろう。もとより、民事訴訟法上の補助参加であるから、補助参加の利益を必要とする。

(ウ)　会社法と補助参加の利益

補助参加は、他人間の訴訟の結果について、法律上の利害関係を有する第三者（参加人）が、当事者の一方（被参加人）を勝訴させることによって、自己の利益を確保するために、当該訴訟に参加する制度である（民訴42条1項）。訴訟の結果について法律上の利害関係を有することが補助参加の要件であるが、これが補助参加の利益ないし理由である。

会社が、会社法の規定に基づき代表訴訟の被告取締役等に補助参加する場合であっても、補助参加はあくまでも民事訴訟法上の補助参加であるから（会社法独自の補助参加は考えられない）、民事訴訟法の規律に従わなければならない。

代表訴訟は、株主が会社の権利に基づき、会社のために取締役等の責任を追及する訴訟であるから、会社が被告取締役等に補助参加するためには、被告取締役等を勝訴させることにより、会社の利益を確保するという要件が必要である。しかし、被告取締役等を勝訴させることにより確保すべき会社の利益が何かは、明らかでない。

原告株主が訴訟で請求するのは会社の権利であり、会社が被告取締役に補助参加し勝訴させることは、会社の権利を失わせ自己の利益を否定することを意味する。そうすれば、会社が被告取締役に補助参加することには矛盾があり、訴訟の結果について法律上の利害関係（補助参加の利益）を説明することは困難である。

補助参加の利益を、判決主文（請求の趣旨）との関係で問題にする従来の立場では、会社は自らの権利を否定するために、訴訟の相手方に補助参加することになり、補助参加の利益を認める余地はない。そこで、判決理由中の判断との関係で補助参加を認める立場によらなければ、補助参加の利益を説明するこ

第12章　株主代表訴訟による責任追及

とができないが、この立場によっても、会社が被告取締役に補助参加するための利益を見出すことは容易ではない。

　会社の補助参加の利益について、会社の意思決定の適法性が争われ、それが判決理由中で判断されるのに、会社に意思決定の適法性を主張する機会を与えないのは不公平である。意思決定の適法性の判断に関しては会社と被告取締役は共通の利益を有することから、重要な争点である会社の意思決定の適法性が問題になり、それが会社の法的地位にとっては重要であるから、補助参加の利益が認められるとする学説がある。[8]

　判例は、この見解を基礎にして、取締役会の意思決定の違法を原因とする争いにおいて、取締役に対する損害賠償請求が認められれば、取締役会の意思決定を前提として形成された会社の私法上または公法上の地位または法的利益に影響を及ぼすおそれがあるから、会社は取締役の敗訴を防ぐことに法律上の利益を有するとし（最決平成13・1・30民集55巻1号30頁）、取締役会の意思決定の適法性が否定されないことに補助参加の利益を認めた。

　取締役会の意思決定を前提として形成された、「会社の私法上または公法上の地位または法的利益に影響を及ぼすおそれ」が、補助参加のための法律上の利益といえるのかという疑問が残るが、これが、補助参加の利益に関する判例理論として確立された。そこで、会社が被告取締役に補助参加するためには補助参加の利益を必要とし、そして、補助参加の利益とは、会社（取締役会）の意思決定の適法性を確保（意思決定が否定されないこと）することにある。

## (7)　会社法の訴訟参加規定と問題点

### (ア)　会社法の訴訟参加規定

　会社法は、①株主または株式会社は、共同訴訟人として、または当事者の一方を補助するため、責任追及等の訴えに参加することができる（旧会社849条1項）、②株式会社が、取締役・執行役・清算人並びにこれらの者であった者を補助するため、代表訴訟に参加するためには、監査役または各監査委員の同意を得なければならない（同条2項）、とした。

　①は、株主または株式会社が、代表訴訟または会社が提起した責任追及訴訟

---

8　伊藤眞「補助参加の利益再考」民訴雑誌41号22～23頁。

に、共同訴訟参加または補助参加することができるとする規定である。会社また
は株主が共同訴訟をすることを認め、会社が被告の補助をすることを直接規
定するものである。

②は、旧商法268条8項と同趣旨の補助参加のための手続規定であるが、被
参加人の範囲が広くなっている。監査委員の同意としたのは、委員会設置会社
(現指名委員会等設置会社)が認められたことに対応したものである。

株主または株式会社が訴訟参加(共同訴訟参加または補助参加)しうることを
会社法に規定したが、民事訴訟法上の訴訟参加をすることを認めたものである
から、民事訴訟法との整合性が要求され、訴訟参加は民事訴訟法の規律に従っ
て行わなければならない。

(イ) 株主の共同訴訟参加と問題点

会社法の規定上、会社が提起した責任追及訴訟には株主が、代表訴訟につい
ては会社または他の株主が、共同訴訟参加することができると読み取ることが
できる。しかし、株主の共同訴訟参加については、民事訴訟法の共同訴訟参加
の要件との整合性の問題が生ずる。

共同訴訟参加の要件として、訴訟の目的が参加人と被参加人について合一に
確定することが必要であるが(民訴52条1項)、会社が提起した責任追及訴訟に
おいて、訴訟の目的(会社の権利)が、参加人(株主)と被参加人(会社)につ
いては合一に確定するものではない。そこで、株主による原告株主への訴訟参
加は、共同訴訟参加ではなく、補助参加(共同訴訟的補助参加)と考えざるを
得ない。

会社が受けた判決の効力が株主に及び、原告株主が受けた判決の効力が他の
株主に及ぶのは、判決の反射効が及ぶからにすぎない。合一確定が認められる
のは、代表訴訟の原告株主と会社についてであり、会社は原告株主に共同訴訟
参加することができる。

次に、共同訴訟参加の要件として、当該訴訟について当事者適格を有するこ
とが必要である(最判昭和36・11・24民集15巻10号2583頁)。これは参加人は共同
訴訟参加することにより、被参加人の共同訴訟人となる(必要的共同訴訟)こ
とから当然の帰結である。

この点、会社が提起する責任追及訴訟について、株主は当事者適格(原告適

格）を有しない。また、代表訴訟については、原告株主以外の他の株主は当事者適格を有しない。[9]

このように、株主または会社は、会社による責任追及訴訟または代表訴訟に参加するための当事者適格を有しないから（民訴52条1項の特則というのも無理である）、共同訴訟参加をなし得ない。[10] 共同訴訟参加が可能なのは、会社が代表訴訟の原告株主に参加する場合だけである（会社には原告適格が認められるのであるが、代表訴訟の提起後に会社が提訴することは二重訴訟となるので、共同訴訟参加によることになる）。

そうすれば、会社法の規定は会社または株主の共同訴訟参加を認めているが、これには明らかに問題があることになる。そこで、共同訴訟参加が認められるのは、旧商法と同様に会社が代表訴訟の原告に参加する場合に限られ、それ以外の参加形態は、補助参加（共同訴訟的補助参加）と解さざるを得ない。

しかし、理論的に問題があるとしても、会社法は、株主は、会社が提起した責任追及訴訟に共同訴訟参加できるものとしているから（会社849条1項）、実務上、これに従って共同訴訟参加し、会社の共同訴訟人（共同原告）になることができる。代表訴訟の原告に、会社が共同訴訟参加するのは、会社は権利の帰属主体として当事者適格を有するから当然の帰結であるが、会社法は他の株主が共同訴訟参加することも認めている。

(ウ)　会社の補助参加と補助参加の利益

会社法は、会社が被告取締役等（取締役・会計参与・監査役・執行役・会計監査人）に補助参加をすることを認めているが（会社849条1項）、株主が会社の権利を会社のために行使する代表訴訟において、元来、会社が被告に補助参加するなど想定していなかった。母法であるアメリカにおいては、訴訟委員会（特別委員会）の訴訟終了の判断に経営判断の原則を適用して、代表訴訟を終了させるという手法があるが、わが国ではこれが難しいから、これに代わり補助参加が用いられたものと推測される。

---

9　原告適格を認めるにしても、適法に提訴手続をして60日が経過した株主に限られる。しかし、この場合は、共同訴訟参加によるよりも、訴え併合によるべきであろう。

10　この点を指摘するのは、中島弘雅「会社訴訟の争点」伊藤眞=山本和彦編『民事訴訟法の争点』30頁、笠井正俊「会社の被告取締役側への補助参加」浜田道代=岩原紳作編『会社法の争点』163頁。

また、アメリカでは会社が被告に補助参加することはない。法定代位訴訟と判決効の拡張をとらない法制の下において、判決の効力を会社に及ぼすための便法として、会社は必要的被告（共同被告）とされるが、形式的な被告となるのであり、積極的な訴訟活動をすることを目的とするのではない。

会社法の認める補助参加も民事訴訟法上の補助参加であるから、「訴訟の結果について利害関係を有する」（民訴42条）との補助参加の利益が問題になる。会社法849条1項は民事訴訟法42条の特則であるから、会社の補助参加には補助参加の利益を要しないとして、会社は補助参加の利益の有無を問わず補助参加できるとする見解が少なからず存在する。しかし、なぜ民事訴訟法42条の特則となるのか、なぜ補助参加の利益を必要としないかについて理由を全く明らかにしていないばかりか、規定上からも補助参加の利益を必要としないとは読み取れない（民訴42条の特則とはなっていない）。

この点、補助参加の利益を必要とすれば、これをめぐる争いが生じ、訴訟遅延の原因となり、裁判の迅速性や訴訟経済の観点から望ましくないので、補助参加の利益をめぐる争いが生じないようにしたとの解説がある[11]。しかし、これでは、補助参加の利益を必要としない理由にならない。また、補助参加の利益をめぐる争いが生じ、訴訟遅延の原因が生ずるのは、会社の補助参加の場合に限らないばかりか、そもそも補助参加の利益が争われても本訴訟は停止しないから、訴訟遅延の原因になるともいえない。

補助参加の利益は補助参加の要件であるから、民事訴訟上の補助参加である限り、補助参加の利益のない者は補助参加できない[12]。会社の補助参加であるからといって、民事訴訟法42条の特則とする理由もない（もともと、理論的に補助参加の利益を考えることは難しい）。そこで、当事者（原告）が会社の補助参加に対し異議を述べた場合は、会社は補助参加の利益を疎明しなければならない（民訴44条1項）。

補助参加の利益を必要としても、意思決定の適法性が否定されないことに、会社の補助参加の利益が認められるとする判例理論により対応することが可能

---

11　新・会社法の解説219頁。

12　笠井正俊「会社法の制定と民事手続法上の問題点」民訴雑誌55号147～148頁、中島・前掲（注10）30頁。

**493**

第12章　株主代表訴訟による責任追及

である。取締役等の責任が問題になる多くの場合は、内部統制システムの構築・運用義務違反、およびそれに対する監視義務違反の責任であるが、内部統制システムの整備の決定は取締役会決議でなされるから、会社は意思決定の適法性が否定されないことを理由に、補助参加することが認められる場合が多いであろう。

### (8)　平成26年改正会社法と訴訟参加規定

改正前の訴訟参加規定は、株主と会社の訴訟参加について規定していたが、平成26年改正会社法は、旧株主による責任追及の訴え、多重代表訴訟（特定責任追及の訴え）を認めたことから、3類型の代表訴訟における訴訟参加を一括して規定している（会社849条1項）が、参加人、被参加人について複雑な内容である。

旧株主による責任追及訴訟では、株式交換等完全子会社が提起した訴訟に適格旧株主が参加する場合、旧株主が提起した訴訟に株式交換等完全子会社または他の適格旧株主が参加する場合がある。多重代表訴訟については、最終完全親会社の株主が提起した訴訟に、当該子会社が参加する場合、最終完全親会社が参加する場合、最終完全親会社の他の株主が参加する場合が考えられる。

株主の訴訟参加資格について、旧株主による責任追及訴訟については、株式交換等の効力が生じた日までに取締役等の責任の原因となった事実が発生した責任または義務に限られ（責任追及訴訟を提起しうる旧株主と同一の要件）、最終完全親会社等の株主が参加することができるのは、多重代表訴訟に限られる（参加株主について保有議決権数等の制限はない）。通常の代表訴訟と同様に、不当に訴訟手続を遅延させることになるとき、または裁判所に対し過大な事務負担を及ぼすときは訴訟参加は認められない（会社849条1項ただし書）。

さらに、平成26年改正会社法は、株式交換等完全親会社、最終完全親会社等が、当該会社の株主でない場合についても、適格旧株主による責任追及訴訟、多重代表訴訟の被告に補助参加することを認めている（会社849条2項）。

会社法849条2項にいう「株式会社等の株主でない場合であっても」とは、株式交換等完全親会社、最終完全親会社等が、株式交換等完全子会社、対象完全子会社の直接の親会社である場合は、株主として補助参加することができるが（同条1項）、中間に完全親会社が存在し、直接の親子会社関係がない場合

*494*

は株主として補助参加することができないため、直接の親会社でない場合（株主でない場合）についても補助参加を認める趣旨と解される。

これらの補助参加の利益であるが、会社の意思決定の適法性が否定されないことに求められる。この場合、会社の意思決定とは株式交換等完全子会社、完全子会社における意思決定をいうのであり、株式交換等完全親会社、最終完全親会社等における意思決定をいうのではないから、補助参加の利益を説明することは困難であるが、補助参加をなしうる会社を、ここまで拡大する必要があるのかという疑問が生ずる。

### (9) 補助参加の利益と補助参加規定による対応

補助参加の利益を要するか否かは、理論面からの要請であるから、実務の弾力的な運用により対応することができる。会社の補助参加に対し、原告が異議を述べた場合でも訴訟は停止されず、会社は補助参加の申出をするとともに訴訟行為をすることができ（民訴43条2項）、補助参加を許さないとする裁判が確定するまで訴訟行為をすることができる（同法45条3項）。そして、補助参加不許の裁判が確定した場合は補助参加人がした訴訟行為はさかのぼって効力を失うが、この場合でも当事者がそれを援用すればその効力が認められるから（同条4項）、被告取締役等は会社がした訴訟行為を援用すればよい。そうすれば、結論的には補助参加の利益を必要としても、しなくても大きな差はないことになる。

現実に補助参加の利益の有無が問題になるのは、異議に対し直ちに許否についての裁判がなされる場合である。この点、裁判所は異議が述べられたからといって、直ちに許否の裁判をしなければならないものではなく、また、ある程度訴訟の審理をしなければ、補助参加の利益の有無がわからない場合もある。

そこで、裁判所は補助参加の許否を留保したままで審理を進め、ある程度審理がなされた段階で許否の裁判をするという運用をすることにより（もとより、手続は公正なものでなければならず、裁判所の恣意的な処理であってはならない）、補助参加の利益に関する問題に対応することができる。

### (10) 補助参加と監査役等の同意

株式会社等（株式会社・株式交換等完全子会社）、株式交換等完全親会社、最終完全親会社等が、当該株式会社等、株式交換等完全子会社、対象子会社の取

第12章　株主代表訴訟による責任追及

締役・執行役・清算人並びにこれらの者であった者を補助するために、代表訴訟等に参加するためには監査役等の同意を得なければならない（会社849条3項）。

　平成26年改正会社法は旧株主による責任追及訴訟と多重代表訴訟を認めたことから、通常の代表訴訟と合わせて監査役等の同意について一括して規定した。監査役等の同意は、補助参加の適正を確保するためであり補助参加の有効要件である。同意は参加会社（補助参加する会社）の監査役等の同意であるが、監査役等は同意するかについて、独立して適正に判断しなければならない。監査役等というのは、監査役設置会社については監査役、監査等委員会設置会社については各監査等委員、指名委員会等設置会社については各監査委員である（会社849条3項1～3号）。

### (11)　代表訴訟等における和解と手続

#### ㋐　代表訴訟等の和解による終了

　取締役等の責任は、株式会社等が責任追及訴訟で追及するか、株主等が代表訴訟等により追及することになるが、取締役等の賠償責任額は任務懈怠と因果関係にある会社に生じた損害であるから、巨額の賠償責任を負うことが少なくない。しかも、賠償責任を負う取締役等が複数人の場合は連帯責任であるから（会社430条）、賠償額が取締役等の支払能力を超えることになる場合が少なくない。支払能力を超える賠償責任を課すことは現実的でないし、訴訟が長期化するおそれがある。そこで、訴訟を和解により早期に終了させるのが妥当といえる。

　和解は相互に譲歩するものであるが、多くは、債務の一部免除としてなされる（全部免除は請求の放棄であり、和解ではない）。しかし、株式会社等の責任追及訴訟または代表訴訟等において和解することは、取締役等の責任の一部免除となり責任の免除規制との抵触が生ずる、また、代表訴訟等の原告の地位は法定訴訟担当によるものであるから、会社から特別の授権を受けなければ、会社の権利の処分（債務の一部免除は会社の権利の処分）となる和解をなし得ない。

　このように、取締役等の責任追及訴訟における和解は理論的に困難である。そこで、会社法は和解を可能とするとともに、和解についての手続規定を設けることにより、立法的に解決した。

*496*

(イ)　取締役等の責任追及訴訟における和解の効力

　成立した和解は、和解調書に記載することにより確定判決と同一の効力を有するが（民訴267条）、会社法は、民事訴訟法267条の規定は、当該株式会社等が責任追及等訴訟における和解の当事者でない場合は、当該訴訟の目的については、適用しないものとし、ただし、株式会社等の承認がある場合は、この限りではないとした（会社850条1項）。これは、取締役等の責任追及訴訟における和解を認めたうえで、和解の効力を会社に及ぼすための規制である。「当該訴訟の目的」とは訴訟の対象となる会社の権利であり、会社の権利についての和解である。

　株式会社等による責任追及訴訟の場合は、株式会社等は和解の当事者であるから、和解調書の記載は株式会社等に効力が及ぶ。つまり、会社法850条1項にいう当該「株式会社等が……和解の当事者でない場合」とは、代表訴訟等における和解の場合である。この場合については、株式会社等の承認がなければ、和解調書の効力は当該株式会社等に及ばない。株式会社等の承認を要する理由は、代表訴訟等で請求するのは、株式会社等の権利であり会社の意思を尊重するためである。

　「和解の当事者でない場合」（会社850条1項）とは、株式会社等が和解手続に関与していない場合であるから、会社が原告株主等の共同訴訟人または補助参加人である場合は和解の当事者であり、利害関係人として和解手続に関与している場合も、和解の当事者に含まれ、和解の効力は株式会社等に及ぶ。和解の当事者であれば、株式会社等は和解手続において、賛成または反対を表明することができるからである。株式会社等が和解に反対した場合は、株式会社等の権利に基づく訴訟において、原告株主等はその意思を無視して和解することができない。

(ウ)　株式会社等の承認とその手続

　株式会社等に効力が及ばない和解をしても意味がないから、株主等は和解に際し会社の承認を得ることが必要となる。そこで、原告株主等は個別的に株式会社等の承認を得るという方法があるが（書面により明確にすることが必要）、会社法は株式会社等の承認について特に規定を設けた。

　株式会社等が代表訴訟等において和解の当事者でない場合は、裁判所（書記

官）は株式会社等に対し、和解の内容（和解案）を通知するとともに、和解に異議（和解をすること、または和解内容について）があるときは2週間以内に異議を述べるべき旨を催告しなければならない（会社850条2項）。

　和解の対象となる権利の帰属主体である株式会社等に対し、当該和解内容で和解することを通知するとともに、和解に異議を述べる機会を与えるものである。催告を受けた株式会社等が2週間以内に異議を述べた場合は、代表訴訟等の原告は和解をすることができない。そこで、裁判所は和解手続を打ち切るか、和解案をつくり直さなければならない。もっとも、多くの場合、株式会社等が異議を述べることはないと考えられる。

　株式会社等が、2週間以内に異議を述べなかったときは、通知した内容で和解することを承認したものとみなされる（会社850条3項）。そこで、代表訴訟等の原告は、被告取締役等と和解をすることができ、それが調書に記載されると確定判決と同一の効力が認められ、その効力は株式会社等に及ぶことになる。

　　(エ)　代表訴訟等の和解と責任免除規制の適用排除

　取締役等の任務懈怠責任の免除には総株主の同意を必要とし（会社424条）、一部免除については特別決議等を要するほか、免除額についても限度がある（同法425条）。取締役等の義務についても、それを免除するためには総株主の同意を必要とする。また、第三者が会社に対して負っている義務を免除する場合にも総株主の同意を必要とする。これらは、株主等の代表訴訟提訴権を確保するためであるが、和解は責任または義務の一部免除を伴うことから、代表訴訟等における和解の障害となる。そこで、和解を有効に行うためには免除規制との調整が必要となる。

　会社法は、取締役等の責任または義務を免除するためには総株主の同意を必要とするとの規定、出資の履行を仮装した募集株式の引受人の義務の免除（会社213条の2第2項）等第三者の会社に対して負う義務の免除について総株主の同意を必要とする規定は、責任追及等の訴えにおける和解については適用しないとした（同法850条4項）。

　和解については、総株主の同意を必要とする規定の適用が排除されることから、責任および義務の免除を内容とする和解をすることが可能となる。和解の性質上全部を免除することはできないが、免除額の制限はないから、相当な理

**498**

由があれば請求金額を大きく下回る金額により和解することも可能である。代表訴訟における和解の多くは、被告取締役等の支払能力等を考慮して、請求金額を大きく下回った金額でなされている。

総株主の同意を必要とする規定の適用排除は、代表訴訟等における和解だけでなく、株式会社等による責任追及等の訴えの場合にも適用されることから、株式会社等は責任追及等の訴えを提起した場合、和解により訴訟を終了させることができる。しかし、和解内容特に和解金額が合理的であることが必要である。株主は、恣意的な和解がなされないように、株式会社等に訴訟参加することができる。その形態は、共同訴訟的補助参加であるが、会社法は共同訴訟参加として訴訟参加を認めている。

## 9 代表訴訟等の終了後の措置

### (1) 代表訴訟等と費用の請求等

#### (ア) 勝訴した原告株主等の費用等請求

代表訴訟等を提起した原告株主等が勝訴（一部勝訴または和解を含む）した場合は、勝訴株主と訴訟に参加した株主は、訴訟に関して支出した必要な費用（訴訟費用は敗訴被告の負担となるから除かれる）または弁護士に支払うべき報酬について、当該株式会社等に対しその費用の額の範囲内またはその報酬の範囲内で、相当と認められる額の支払いを請求することができる（会社852条1項・3項）。

原告株主等が敗訴した場合は全額自己負担となる。代表訴訟等は原告が勝訴しても、勝訴の利益はすべて会社に属し、敗訴すれば自ら全額を負担しなければならない。訴訟に要した費用の相当額は、通常、訴訟の追行に要すると認められる額である。

弁護士に支払うべき報酬の額は、判決により容認された額でなく、現実に会社が回収することが可能な金額である。そして、それは、事件の難易度、審理に要した時間、訴訟の終了が判決によるか和解によるかなどによって決まる。

これは、原告株主等は株式会社等（株式会社・株式交換等完全子会社・対象子会社）のために提訴し、勝訴の利益は株式会社等に属するから、株主等は当該株式会社に対し、相当な額の費用補償を求めることができるとするものである。

*499*

第12章　株主代表訴訟による責任追及

(イ)　被告取締役等が勝訴した場合と費用補償

　被告取締役等が、代表訴訟等に勝訴した場合について費用補償規定はなく、会社に費用の支払いを求める規定はないから、会社に対して費用補償を求めることはできないと解されている。これに対し、会社と取締役等との関係は委任契約であるから、被告取締役等が訴訟に要した費用は委任事務を処理するために自己に過失なく受けた損害であるから、民法650条3項により会社に対し支払いを請求できるとの見解がある。[13]

　代表訴訟等に応訴することが、委任事務の処理といえるかは疑問であるが、いわれなき訴訟や嫌がらせ訴訟に応訴した場合の訴訟費用は、委任事務の処理に要した費用として、会社に対する支払請求を認めるべきであろう。しかし、これ以外の場合は、自己に過失なく受けた損害といえるか否か検討を要する。そこで、どのような場合に、費用補償を認めるかが問題になる。

　費用補償は役員損害賠償責任保険（D&O保険）により処理すべきであろう。一般的なD&O保険によれば、役員等が勝訴した場合は争訟費用は支払われるが、敗訴の場合には損害賠償金と争訟費用は支払われないから、支払いを受けるためには、代表訴訟補償特約を付ける必要がある。

　保険料の会社負担は利益相反の問題があるが、代表訴訟が提起されるか否か、被告役員が敗訴するか否かわからない段階で保険契約が締結されるばかりか、役員等が勝訴した場合の費用を会社が負担する場合、保険により支払われることは、会社の利益にもなる。そうすれば、保険料（代表訴訟補償特約部分を含めて）を会社が負担することは許されるといえよう。

(2)　敗訴株主等の損害賠償責任

　代表訴訟等を提起した株主が敗訴した場合でも、悪意があった場合を除き、当該株主等と訴訟参加した株主は、当該株式会社等に対して、これによって生じた損害の賠償責任を負わない（会社852条2項・3項）。

　悪意があった場合とは、故意に手抜訴訟をするなどして敗訴し、当該株式会社等の権利を失わせた（損害を与えた）ことをいうが、取締役等に責任がないことを知って提訴した場合を含むとの見解がある。しかし、これは被告取締役

---

13　大隅健一郎＝今井宏＝小林量『新会社法概説〔第2版〕』248頁、江頭・株式会社法502頁。

等に対する不当提訴による損害賠償責任として処理すべき問題であり、当該株式会社等に対する損害賠償責任の問題ではない。

### (3) 代表訴訟等の確定判決に対する再審の訴え

責任追及訴訟等（代表訴訟等・株式会社等による責任追及訴訟）の原告と訴訟参加した株主等が、被告（取締役等）と共謀して、訴訟の目的である株式会社等の権利（訴訟において請求する権利）を害する目的をもって判決させたときは、①責任追及等の訴えについては株主または株式会社等、②旧株主による責任追及等の訴えについては（会社法847条の2第1項各号に掲げる行為の効力が生じた時までに、その原因となった事実が生じた責任または義務に係るものに限る）適格旧株主、③特定責任追及の訴え（多重代表訴訟）については最終完全親会社等の株主は、確定した終局判決に対し再審の訴えを提起することができる（会社853条1項・2項）。

被告取締役等と共謀したことが要件であるから、一方的に手抜訴訟をした場合は含まれない。株式会社等の権利を害する目的を有していても、現実に株式会社等の権利を害していない場合は、再審の訴えを提起することはできない。また、共謀して株式会社等の権利を害する目的（全部または一部を敗訴させる目的）で判決させた株式会社等または株主等は、再審の訴えを提起することができない。

再審の訴えの被告となるのは、責任追及等訴訟の原告（株主等または株式会社等）である。再審事由は民事訴訟法の再審事由とは異なるが（民訴338条）、手続的には民事訴訟法の手続によることになる（同法340条以下）。

被告と共謀して、会社の権利を害する和解がなされた場合は、再審の訴えの規定を類推適用することになる。もっとも、株式会社等は和解手続に参加し、または和解は株式会社等の承諾を要件とすることから（会社850条1項・3項）、株式会社等は再審の訴えを提起できない場合がある。

## 10 代表訴訟等の原告勝訴判決と執行手続

### (1) 原告勝訴判決と強制執行

#### (ア) 民事執行法上の問題点

株主代表訴訟等の原告勝訴判決による強制執行は、民事執行法の規定に基づ

第12章　株主代表訴訟による責任追及

いてなされるが、原告が強制執行の申立てをすることができるかという重大な争点がある。

　判決主文は、「被告は、株式会社等に対し金何円を支払え」となり、原告は、当事者として表示されるが、判決主文での給付受領ではない。被告の給付義務は、原告に対してではなく、実質的な権利の帰属主体である会社に対してである。ここに、原告の執行申立人（執行債権者）適格並びに執行方法（会社に対して、給付させるという給付方法の可否）に関して問題が生ずる。

　執行上の問題が生ずるのは、株主代表訴訟等は債権者代位訴訟や取立訴訟のような法定訴訟担当の場合と違い、当事者の表示と判決主文における給付受領者が異なるばかりか、原告は執行を受けることに固有の利益を有しないことから、他の法定訴訟担当と大きく異なることにあるといえよう。

　　(イ)　原告株主による強制執行の申立ての可否

　株主代表訴訟の原告の執行債権者適格を否定する説は、代位債権者・差押債権者・破産管財人などは、実体法上の管理権が与えられており、債務名義に表示された執行債権者であり、給付受領者となるのに対し、株主代表訴訟の原告は、訴訟物たる会社の権利について訴訟追行権は認められるが、実体法上の請求権をもたないから給付受領者でなく、判決当事者ではあるが執行債権者適格を有しない。判決主文は、被告に対し会社に支払うことを命じているのであり、民事執行法23条1項1号にいう債務名義に表示された当事者とは、訴訟物たる権利関係の主体である会社を意味し、また、原告に執行債権者適格を認めた場合は、執行方法についても問題が生ずるとしている。[14]

　しかし、株主代表訴訟の原告が実体法上の管理権をもたず、執行につき固有の利害関係を有さないことは、自己への給付を求めることはできないことを意味するにとどまる。判決主文は、会社に対して給付することを命じているが、これは他の法定訴訟担当と異なる株主代表訴訟の特殊性によるものである。株主が、会社の権利に基づき、会社のために、取締役の責任を追及することにより、会社の損害の回復を図ることを目的とする訴訟であるから、実体法上の管理権とか自己固有の利害関係をもたないのは当然であり、これが、原告に執行

---

14　伊藤眞「株主代表訴訟の原告株主と執行債権者適格(上)(下)」金法1414号6～7頁、金法1415号13～15頁。

502

債権者適格を認めないことに結びつく必然性はないといえよう。

判決主文が会社に対する給付を命ずるのも、株主代表訴訟の構造によるものであり、原告の執行債権者適格を否定する趣旨ではないと理解される。また、原告に執行債権者適格を認めるか否かは、原告が配当を受ける実体法上の地位を有するか否かにより、必然的に決まるものでもない。

民事執行法23条1項1号の、債務名義に表示された当事者とは原告のことであり、同項2号の他人とは会社のことである。そうすれば、執行債権者から原告を排除する必要はなく、原告は本来の執行債権者適格者である会社と並び執行債権者適格を有するから、原告株主は、勝訴判決を債務名義として、会社のために執行の申立てをすることが可能である。[15]

このように、原告に執行申立てを認める必要があり、また理論的にも可能であるが、現に、原告から強制執行の申立てがなされた実例もある。[16]

なお、会社は、本来の権利の帰属主体として、執行債権者適格を有するものとして、強制執行の申立てをすることができるが、債務名義に表示された当事者でないから、執行の申立てをするためには、交替執行文の付与を受けなければならない（民執27条2項）。

執行の段階で、執行債権者適格者を会社に限れば、会社の判断が尊重され、弾力的な取扱いを可能とし、執行の適正性と妥当性が確保されるという立場がある。[17]

理論的には、まさにそのとおりであろう。しかし、執行の申立ては、元来、会社がすべきであるとしても、会社による申立ては、現実にはあまり期待できないから、執行面で勝訴判決の効果を減殺することになりかねない。

そこで、判決の実効性を確保するためには、会社と原告の双方に執行債権者適格を認める必要がある。もとより、執行の段階で会社の意思を尊重すべきである。そこで、判決の確定後、相当期間が経過するのに、会社が執行の申立て等をしない場合に、原告が執行の申立てをなしうるとの実務の取扱いと運用が

---

15　中野貞一郎「株主代表訴訟の判決の強制執行」ジュリ1064号68〜69頁、徳田和幸「株主代表訴訟における会社の地位」民商115巻4＝5号103頁。

16　高木新二郎「民事執行に関する最近の諸問題」NBL538号20頁。

17　伊藤・前掲（注14）(下)15〜17頁。

第12章　株主代表訴訟による責任追及

なされることに期待すべきことになろう。

　（ウ）　原告株主による強制執行の方法

　執行手続上からも、原告に、執行債権者適格を認めることは難しいとの指摘
がある。しかし、株主代表訴訟の特殊性から執行方法について、ある程度の弾
力的な取扱いが許されるはずである。

　第三者に対し金銭の支払いを命じる判決に基づき、債権者が強制執行する場
合は、債権者への給付を求める債権の強制執行の規定を適用するが、取立金ま
たは配当金については、債務名義に記載された第三者に交付するという方法に
よることから、この論理によって、株主代表訴訟の原告による執行の申立てが
認められるべきである[18]。

　そこで、差押債権者が配当を受領する一般の金銭債権執行の場合ではなく、
差押えと換価は、通常の場合と同様の方法により行うが、配当は会社に対して
行うという方法の執行によるべきである。債権執行については、取立権は執行
債権者たる原告に属するが、原告は、会社に対して支払わせるという形で取立
権を行使するのであり、債務者が支払いをしない場合は、原告は、会社に対し
支払わせることを求めるという形で、取立訴訟（民執157条1項）によることも
可能である。

　そうすれば、原告が、債務名義における給付受領権者でなくても、執行申立
権が認められることになる。しかし、原告は執行債権者であるが、配当または
取立金を受領することができないから、会社に受領させなければならない。会
社が受領を拒否すれば、その金銭を供託しなければならない[19]。もっとも、会社
は株主代表訴訟の構造上、配当等の受領を拒否し得ないものと理解すべきであ
ろう。

　そして、代表訴訟の原告に執行債権者適格を認め、第三者に対し金銭の支払
いを命ずる判決に基づき、債権者が強制執行するという方法は、旧株主による
責任追及訴訟または多重代表訴訟で原告が勝訴した場合も同様に考えられるか
ら、取立金または売得金を株式交換等完全子会社または対象子会社に交付する

---

　18　中島弘雅「株主代表訴訟」ジュリ1050号160頁。

　19　中野・前掲（注15）70頁、霜島甲一「株主代表訴訟における強制執行の可否・方法」ジュリ1062
　　号83頁。

504

という方法によることになる。

## (2)　株主代表訴訟と仮差押え

### (ア)　仮差押えの可否

　原告は、株主代表訴訟等の提起に先立ち、または提起後において、勝訴判決による会社の被告取締役等に対する損害賠償請求債権の強制執行を保全するため、その財産に対して仮差押えをすることが可能である。原告に執行債権者適格を認めることは、執行保全の必要性がある場合は、原告による仮差押え申請を認めることになるが、原告に執行債権者適格を認めない立場も、原告による仮差押え申請を認めている。

　裁判実務において、消極的な意見もあるが、株主代表訴訟を本案訴訟とする仮差押えが申請された例があり[20]、原告による仮差押え申請が認められた裁判例がある（東京地判平成2・5・25判時1383号139頁）。もっとも、この裁判例は、仮差押えの可否を直接問題にしたものではなく、株主代表訴訟の提起とそれにあわせて役員の報酬請求権を仮差押えしたことが、不法行為を構成するかが争われた事案であるが、仮差押え自体は可能であるとして、これを前提としたものである。

### (イ)　仮差押手続

　原告は、勝訴判決により強制執行をすることが困難となるおそれがあるときは、保全の必要性を疎明することにより、本案の請求に係る会社の損害賠償請求権を保全するために、自ら仮差押債権者となって、仮差押えの申請をすることができる。この場合、原告は、自ら仮差押えのための担保を立てなければならない。

### (ウ)　仮差押債権者適格

　提訴前の仮差押債権者は、本案の原告適格者に限られるべきであるから、6カ月前から引き続き株主でなければならない。本案の提訴のためには、提訴請求をしなければならないが、本案の提訴とは異なり、提訴請求前はもとより、提訴請求後、60日を待たず、仮差押えの申請ができることはいうまでもない。

---

20　福井厚士ほか「〈座談会〉民事保全をめぐる実務上の諸問題点と対応策」金法1409号124～126頁。

第12章 株主代表訴訟による責任追及

　(エ)　申請の趣旨

　申請の趣旨は、「会社の損害賠償請求権を保全するため、債務者（被告）所有の別紙目録記載の財産を仮に差し押さえる」、となる。

　(オ)　本案訴訟不提起の場合

　株主が、本案の提起前に仮差押命令の発令を受けた場合でも、本案訴訟不提起により仮差押命令は取り消される（民保37条）。しかし、仮差押命令の発令後に、会社が取締役等の責任追及訴訟を提起した場合は、株主は株主代表訴訟を提起することはできないが、訴訟に参加することができるから、会社が提起した訴訟に仮差押債権者たる株主が参加することにより、本案訴訟を提起したものと取り扱うべきであろう。

　さらに、仮差押債権者たる株主が参加しなかった場合でも、仮差押えは会社の権利に基づき、会社の権利を保全することを目的とするから、仮差押命令を取り消すのではなく、会社のために、そのまま効力を維持するものと取り扱うべきである。この場合、会社は、仮差押債権者たる地位を承継したものとして、仮差押命令に承継執行文の付与を受けて、保全手続の承継執行（民保43条1項ただし書）をすることができる。[21]

---

21　中野貞一郎「株主代表訴訟勝訴株主の地位」判タ944号47頁。

# 第13章　第三者による取締役等の責任追及訴訟

## 1　取締役等の第三者に対する責任の概要

### (1)　第三者に対する責任制度と問題点

#### (ア)　取締役等（役員）の第三者に対する責任規定

　取締役等の役員が委任契約の義務に違反した場合は、会社に対し任務懈怠の責任（善管注意義務違反・法令違反の責任）を負う（会社423条1項）。これに対し、第三者と取締役の間には直接の法律関係がないから、取締役の行為によって損害が生じた場合でも、不法行為責任（民709条）を追及するしかないが、それは容易ではない。

　そこで、損害を受けた第三者（株主・債権者等）のための特別の措置として、取締役等がその職務を行うについて悪意または重大な過失があった場合は、これによって第三者に生じた損害について賠償責任を負うとして、取締役等の対第三者責任を規定した（会社429条1項、旧商266条ノ3第1項）。これは、会社に対する任務懈怠により、第三者に対する責任を負うとする特別の規定であるが、立証責任については会社に対する責任の場合とは異なる。

　対象となる役員等の多くは、代表取締役と代表執行役（以下、「取締役等」という）であるが、取締役等の権利義務を有する者（会社346条1項）も対象になり、責任を負う取締役等が複数人の場合は連帯責任となる（同法430条）。

　すなわち、取締役、監査役、執行役等の役員（会社423条1項）が、その職務を行うについて悪意または重大な過失があったときは、第三者に対して損害賠償責任を負う（同法429条1項）。責任を負う役員が複数いるときは連帯債務となるのである（同法430条）。

　役員の会社に対する任務懈怠の責任は、通常の過失で足りるが（会社423条1項）、第三者に対する責任（対第三者責任）については、任務懈怠について悪意（故意の意味）または重大な過失があることが要求される。一般不法行為（民709条）による場合は、被害者たる第三者との関係で不法行為の要件を必要と

第13章　第三者による取締役等の責任追及訴訟

するが、第三者に対する責任によれば、会社に対する任務懈怠につき、悪意または重大な過失があること、それと損害との間の因果関係を要件とする。

　悪意には、害意まで要求されないから故意の意味に解されるが、任務懈怠についての悪意（故意）または重大な過失を要件とするのであり、第三者に対する故意または重大な過失を要件としない。

　裁判上、旧商法266条ノ3第1項の責任が問題になった多くの場合は、直接損害に関する事案である。その代表的なものは、中小規模会社が経営破綻した場合の、代表取締役の支払い見込みのない手形振出しに関する責任、名目的取締役の経営者に対する監視義務違反を理由とするものである（最判昭和41・4・15民集20巻4号660頁、最判昭和44・11・26民集23巻11号2150頁）。

　直接損害とは、第三者に損害が生じた場合、会社に損害が生じたか否かを問わないのであるが、支払い見込みのない手形振出しなどが、会社に対する任務懈怠となる理由はそれほど明白ではない。これに対し、間接損害とは、取締役の任務懈怠により会社の業績が悪化し、会社が損害を被った結果、株主が損害を被った場合をいうのであるが、間接損害が問題にされた事例はそれほど多くない。それは、間接損害の場合の多くは、会社に対する請求で目的を達するばかりか、取締役の責任は株主代表訴訟により追及すべきであると考えられるからであろう。

　取締役は第三者と特別の法律関係に立たないから、第三者に対し不法行為の一般原則による以外は、直接損害賠償責任を負わないのであるが、旧商法は、取締役の第三者に対する責任を規定し、第三者による直接請求を認めていた（旧商266条ノ3）。実務上、小規模会社の債権者により、取締役の責任を追及する手段として、法人格否認の法理と並び多く利用され、理論的にも深化が図られていた。そして、旧商法266条ノ3は、清算人・有限会社の取締役に準用されていた（旧商430条2項、旧有限30条ノ3）。

　会社法は、旧商法266条ノ3を承継し、役員等の第三者に対する損害賠償責任として、より明確な規定を設け再編成したのであるが（会社429条）、実務上、極めて重要な規定である。旧商法上、判例並びに多くの裁判例があるが、会社法の下でも解釈論に変化はないであろうから、従来の解釈が引き継がれると考えられる。

**508**

法文上、会社法429条１項を適用する会社規模に制限はないが、その立法趣旨は、会社から弁済を受けられない場合に、取締役に直接請求することを認めるとの第三者の保護規定であると考えられる。そこで、会社から弁済を受けることが可能であるのに、安易に取締役に対し賠償請求することを認めるべきではない。悪意または重大な過失という要件を課すのも、そのためであると解される。

　このように、取締役等（役員）は、会社に対し任務懈怠の責任を負うのであるが、一定の要件の下で、株主等の第三者に対しても損害賠償責任を負う（会社429条）。そして、この責任は、会社の行為によっては、免除、一部免除（減額）することはできない。これに対し損害を被った第三者による免除は、会社法の関知するところではないが可能である。

　役員等の第三者に対する損害賠償責任規定は、元来、小規模会社の倒産に際して用いられることを予定するものであるが、現時では、第三者に対する責任が追及されるのは、小規模会社だけに限らず、買収防衛策などとの関係で株式上場会社においても用いられる可能性がないとはいえない。合理性に欠ける防衛策の導入または発動により、損害（特に直接損害）を被った一般株主から、経営陣に対する損害賠償請求がなされることは想定可能である。

　(イ)　判例による対第三者責任の確立

　会社法の規定は旧商法266条ノ３第１項の規定を承継したものであるが、同項の規定には不明確な点があり、解釈上大いに議論されたところである。しかし、大方は判例により解決した。

　対第三者責任規定（旧商266条ノ３）の趣旨について、取締役は、その職務を行うにつき故意または過失により、直接、第三者に損害を加えた場合は、一般不法行為の規定によって損害を賠償する義務を負うが、取締役の任務懈怠によって損害を受けた第三者は、その任務懈怠につき悪意または重大な過失を主張・立証することにより、取締役に対し損害賠償を請求することができるとしている（前掲最判昭和44・11・26）。

　第三者は、取締役の職務を行うにつき故意または過失ある行為により、直接、損害を被った場合は、不法行為の一般原則により損害の賠償を請求できるのであるが、取締役の任務懈怠によって損害を受けた場合は、任務懈怠につき悪意

第13章　第三者による取締役等の責任追及訴訟

または重大な過失があることを主張・立証することにより、損害の賠償を請求
できるとするのである。

　任務懈怠につき悪意または重大な過失があることを要件としていることから、
会社に対する任務懈怠につき悪意または重大な過失があることを要求するので
あり、第三者との関係で悪意または重大な過失があることを要求するものでは
ない。会社に対する任務懈怠につき、悪意または重大な過失があれば、それと
相当因果関係にある第三者に生じた損害について賠償責任を負うとするのであ
る。

　一般不法行為の規定による賠償請求のほかに、第三者に対する賠償責任を負
うとしていることから、対第三者責任は不法行為責任ではなく、法定責任であ
るとの趣旨に理解することができる。

　次に、対第三者責任の対象となる損害について、取締役が悪意または重大な
過失により善管注意義務に違反し、これによって第三者に損害を被らせたとき
は、取締役の行為と第三者の損害との間に相当の因果関係がある限り、会社が
損害を被った結果ひいては第三者に損害が生じた場合（間接損害）であると、
直接第三者が損害を被った場合（直接損害）であるとを問うことなく、当該取
締役が直接第三者に対し損害賠償責任を負うとした（前掲最判昭和44・11・26）。

　これにより、旧商法266条ノ3第1項の責任には、間接損害と直接損害の両
者が含まれ、取締役の行為と第三者の損害との間の相当の因果関係の問題とし
て処理されることが明らかになった。そして、これが会社法の解釈に承継され
た（会社429条1項）。

　会社法429条1項の責任の要件は、①取締役等の会社に対する任務懈怠、②
悪意または重過失があること、③第三者に生じた損害と因果関係にあることで
ある。第三者（原告）はこれらについて主張・立証しなければならない。

　①任務懈怠と②悪意または重過失の主張は、具体的なものでなければならず、
抽象的に経営上の注意義務を怠ったというようなものでは足りない。③因果関
係（間接損害については、会社に損害が発生し、それにより第三者に損害が生じた
こと）の立証は、一般に経験則によってなされる。そこで、会社法429条1項
による請求の立証は、自己に対する加害行為とそれに対する故意・過失、損害
発生との因果関係の立証を要する不法行為による損害賠償請求より、容易であ

るとされている。

なお、因果関係にある損害の発生は認められるが、損害額の立証が困難な場合は、損害額の認定によることになる（民訴248条）。

(ウ) 第三者に対する責任制度の問題点

(A) 会社が倒産した場合の取締役の第三者への損害賠償責任に伴う優先弁済の可否

取締役等は、会社に対する悪意または重大な過失ある任務懈怠行為により、それと相当因果関係のある第三者について生じた損害につき損害賠償責任を負う。しかし、取締役等が、第三者に対して責任を負う根拠が明らかでない。そこで、取締役等の対第三者責任については、検討すべき問題が多いが、特に制度上の大きな問題として、会社が倒産した場合、取締役の会社に対して負う損害賠償責任（破産管財人等により行使される）との調整の必要性があることが指摘されている[1]。

会社が破産等した場合は、取締役等の責任は破産管財人等により行使されるのであるが、それと同一の任務懈怠を原因として第三者に生じた損害について、第三者が取締役等を被告として損害賠償請求訴訟を提起し、その勝訴判決により破産等の手続によることなく強制執行し弁済を受けることができるかという問題がある。対第三者責任を認めた趣旨に照らし難しい問題であるが、優先弁済受領権が認められていない以上、強制執行によって得た賠償金は配当財源に組入れられるべきであり、別途、優先弁済を受けることを認めるべきではないであろう。

(B) 二重責任の是非

取締役等の任務懈怠行為により、会社に損害を与えた取締役等は、会社に対して損害賠償責任を負うが、これとは別に、第三者に対しても責任を負うことは（会社に損害が発生した結果、第三者にも損害が発生したことを要件とする間接損害の場合）、同一行為により二重に責任を課せられることになる。損害の性質と対象者が異なるから、差し支えがないともいえるが、このような場合は、理論的には、第三者の損害は、会社の損害回復を通じて回復させるべきである。

---

1 江頭・株式会社法512頁。

しかし、かく解した場合、すでに株式を譲渡した者、会社債権者など株主以外の第三者には、代表訴訟の提起権が認められていないから、かかる第三者の救済を図るために、対第三者責任規定は重要な意味をもつものと考えられる。

　　(C)　因果関係を根拠とする責任の可否

　取締役等の任務懈怠行為により、会社に損害が生じたか否かを問わず、第三者に直接損害が生じた場合（直接損害）について、不法行為責任とは別に、会社に対する任務懈怠についての悪意または重過失を要件として、それと因果関係のある損害について取締役等の第三者に対する責任を認めるのであるが、その根拠はそれほど明らかではない。

　会社法は、これらの問題点を含みながら、会社に対する任務懈怠についての悪意または重過失の存在を要件とし、任務懈怠と第三者に生じた損害についての因果関係の問題として処理し、損害の全額について取締役等に損害賠償責任を課したのである。

　　(D)　取締役等の第三者に対する責任の根拠

　取締役等の任務懈怠行為があり、それにより第三者が損害を被ったとしても、取締役等と第三者との間には特別の法律上の関係がないから、第三者は当然には任務懈怠の責任を追及し得ず、不法行為責任を追及するしか方法がない。しかし、取締役等の会社に対する任務懈怠行為が、当然に第三者との間で不法行為となるわけではない。そこで、第三者を救済するための立法的措置を必要とする。

　取締役等の第三者に対する責任の根拠を、法律的に説明することは難しいが、その趣旨は、判例のいうように（前掲最判昭和44・11・26）、会社の経済社会に占める地位および取締役の職務の重要性を考慮し、第三者保護の立場から、悪意または重過失のある任務懈怠により、第三者に損害を被らせたときは、任務懈怠と第三者の損害との間に相当因果関係が存在する場合は、間接損害たると直接損害たるを問わず、第三者に対して損害賠償責任を負わせるものであると説明せざるを得ない。

　取締役等の任務懈怠行為により、経営が破綻し倒産に至った会社の債権者等が、取締役等の責任を追及することが少なくないという実情、会社債権者や株主の保護という観点からの法政策的色彩の強い規定であり、第三者が取締役等

の責任を直接追及することを認めることは、必ずしも、会社法人格の独立性と調和しているとはいいがたい。しかし、この制度は法人格否認の法理と同一の目的を達成するものとして、小規模会社の取締役の責任追及のための手段として利用することが可能となる。

## (2) 対第三者責任の性質

### (ア) 第三者の範囲

賠償請求をなしうる第三者とは、会社および任務懈怠の責任を負うべき取締役等を除いた者をいうから、会社債権者だけでなく株主も含まれる。株主は、別途、代表訴訟の提起権があるが、第三者として自己に生じた損害を直接回復するために、会社法429条による責任追及訴訟を提起することが認められている。そして、取締役等の責任を追及する場合の第三者は、多くの場合、会社債権者であるが、経営責任の複雑高度化に伴い、株主による責任追及が増大することが予測される。

しかし、第三者の範囲を広く解したとしても、取締役等の任務懈怠行為に加担した者は、第三者の範囲から除かれるべきである。なぜなら、取締役等の当該任務懈怠に加担しながら、取締役等に対し任務懈怠による損害賠償責任を追及することは、信義則上からみても許されるべきではなく、損害賠償を請求しうる正当な当事者ではないからである。

同様に、信用に不安のある者同士が、融通手形を相互に振り出した場合、一方が第三者として、他方の責任を追及することは許されないであろう。

### (イ) 対第三者責任の根拠と損害賠償責任の範囲

第三者が取締役等に請求しうる損害賠償額は、会社に対する悪意または重大な過失がある任務懈怠と相当因果関係にある損害ということになる。

ここでいう取締役等の対第三者責任は、元来、悪意または重大な過失による任務懈怠により、会社が損害を被り（会社に対する損害だけを問題にする場合は、通常の過失で足りる）、その結果、第三者が損害を被った場合（間接損害）の損害賠償責任をいうのであるが、会社の損害の有無を問わず、任務懈怠と第三者の損害との間に相当因果関係があるとき、すなわち第三者が直接損害を被った場合（直接損害）の損害賠償責任を含むことについては、異論がないといえよう。現実に取締役の責任が追及される多くの場合は、直接損害事案である。

*513*

第13章　第三者による取締役等の責任追及訴訟

#### (ウ)　責任の性質

　取締役等の第三者に対する責任の性質については、従来から特殊不法行為説と法定責任説の対立があるが、法定責任説が判例・通説である。法定責任説によるべきであるが、その理由は、第三者に対する加害行為がない取締役等の第三者に対する責任は、第三者に対する不法行為責任とは理解しにくいばかりか、会社に対する任務懈怠により第三者に対し損害賠償責任を負うのであるから、会社法が認めた法定責任説というべきであろう。

#### (エ)　不法行為責任との関係

##### (A)　要件と訴訟物

　第三者が、取締役等の責任（会社429条）を追及するということは、同時に不法行為責任が認められる場合について、不法行為責任（民709条）を追及することができないことを意味するものではない。会社法429条１項の責任は、会社法が定めた特別の責任（特別の法定責任）であるが、不法行為責任と併存する（訴訟物は別と考えられる）。そこで、併合請求は可能であり、また訴えの変更も許される。また、第三者が会社に対して有する債権は、この責任により消滅しないから、会社法429条１項の債権と会社に対する債権も併存し、いずれに対しても請求することが可能である。両請求権は請求金額が同一であっても、要件を異にし、請求原因も別異であると理解すべきであるからである。

##### (B)　請求関係

　取締役等の第三者に対する責任と、不法行為責任は両立するものであるから、第三者はいずれによる責任追及も可能であるが、一般には、取締役等の第三者に対する責任を追及することになろう。しかし、悪意または重過失の立証が困難であることも予測される。このような場合に備えて、取締役等の第三者に対する責任を主位的請求とし、不法行為責任を予備的請求として提訴請求をする工夫も必要である。

##### (C)　時効期間

　法定責任説をとるほうが、特殊不法行為説よりも原告たる第三者には有利（被告取締役等には不利）であるが、責任要件として法が悪意または重大な過失

---

2　吉川義春『取締役の第三者に対する責任』288頁、298頁。

の存在を要求しているから、均衡は保たれているといえよう。法定責任説によった結果、損害賠償請求権の消滅時効期間は、不法行為に関する3年（民724条）ではなく、10年（同法167条1項）となる（最判昭和49・12・17民集28巻10号2059頁）。平成29年改正商法の施行後は5年となる（商522条削除）。いずれにしても、不法行為による損害賠償請求権の時効期間3年の経過後は、第三者による責任追及訴訟によらざるを得ない。

　　(D)　相　殺

　被告取締役等が、原告たる第三者に対し反対債権を有している場合、損害賠償債権を受働債権として相殺することは、不法行為債権を受働債権として相殺することを禁止する民法509条との関係が生ずるが、特殊不法行為責任ではなく、法定の責任と解することにより、同条との抵触はなく、同条に違反しないから相殺は可能となる。また、判例は過失相殺を認めているが（最判昭和59・10・4判時1143号143頁）、この点、第三者に過失があった場合は、第三者は直接の当事者ではないが、民法722条2項（過失相殺の規定）を類推適用することになる。[3]

## 2　取締役等の責任の原因

### (1)　責任を負うべき役員と責任原因行為

　第三者に対して責任を負うべき役員等とは、取締役・会計参与・監査役・執行役・会計監査人であり（会社423条）、旧商法に比べて広くなっているが、実際上、第三者に対して責任を負うのは、取締役特に代表取締役である。また、任期満了または辞任により退任した役員（取締役・会計参与・監査役）は、新たに選任された役員が就任するまで、役員としての権利義務を有するが、かかる権利義務を有する者（会社346条1項）も、第三者に対して責任を負わなければならない。

　そして、これら役員等が、会社に対する任務懈怠につき、悪意または重過失（重大な過失）がある場合に、第三者に対して責任を負う（会社429条1項）。責任を負うべき役員等が複数ある場合は連帯債務者となる（同法430条）。

---

3　商事関係訴訟254頁。

第13章　第三者による取締役等の責任追及訴訟

　一般的任務懈怠の場合に加え、①取締役・執行役は、新株、新株予約権等の引受人の募集の際に、通知すべき重要事項についての虚偽通知、説明資料についての虚偽記載等、計算書類・事業報告並びに附属明細書等に記載すべき重要な事項についての虚偽記載等、虚偽の登記・登録、虚偽の公告について、②会計参与は、計算書類およびその附属明細書等に記載すべき重要な事項についての虚偽記載等について、③監査役・監査委員は、監査報告に記載すべき重要な事項についての虚偽記載等について、④会計監査人は、会計監査報告に記載すべき重要な事項についての虚偽記載について、それぞれ第三者に対して責任を負わなければならないが、これらの責任は過失責任であるから、無過失を立証することにより責任を免れる（会社429条2項）。

　これは、不実の情報開示による第三者に対する責任である。第三者の直接損害に対する賠償責任の性質を有するものであるが、情報開示の重要性と虚偽の場合の危険性から、悪意または重大な過失を要求することなく、別途、過失責任として規定するとともに、立証責任を転換して、無過失を立証することにより責任を免れるとしたのである。[4]

## (2)　責任原因となる任務懈怠行為と悪意・重過失

　取締役等が、第三者に対して責任を負うべき要件である悪意または重過失は、会社に対する任務懈怠行為に関して存在しなければならない。悪意または重過失の対象になる行為は、その権限に属する職務行為であるが、厳格に職務権限内の行為に限定するのではなく、職務行為に関連する行為が含まれると解される。

### (ア)　任務懈怠行為

　任務懈怠行為は会社に対するものであるが、取締役等の第三者に対する損害賠償責任を基礎づける行為であるから、第三者に損害をもたらすような違法な行為でなければならない。具体的には、取締役の会社に対する法令違反を含む善管注意義務違反の行為であるが、それには、直接損害または間接損害を生じさせる直接の任務懈怠行為と、他の取締役等の違法行為を抑止しなかった監視義務違反の任務懈怠行為も含まれる。[5]

---

4　江頭・株式会社法517頁参照。
5　商事関係訴訟246頁。

*516*

(イ)　悪意または重過失

　取締役等の第三者に対する損害賠償責任の要件は、第三者に対して悪意または重過失があることをいうのではなく、会社との関係で任務懈怠につき悪意または重過失があることが要求されるのである（会社に対する責任については、通常の過失で足りる）。そして、悪意または重過失の存在が認められる場合に、任務懈怠と相当因果関係にある第三者の損害について、取締役等は第三者に対し損害賠償責任を負うのである。

　抽象的ではあるが、悪意とは、任務懈怠になることを認識しながら、あえて当該行為をした場合である。重過失とは、任務懈怠になることが十分に予見可能であるのに、それを予見することなく当該行為をした場合であるが、損害の発生についての認識までは要求されないであろう。なお、この場合の注意義務基準は、当該会社の取締役として一般に要求される注意義務による。

## (3)　名目的取締役の対第三者責任

　　(ア)　責任を負わないとの特約の効力

　責任を負うのは、任務懈怠につき悪意または重過失（重大な過失）がある役員等であるが、特に問題になるのが、名目的取締役の対第三者責任である。名目的取締役も取締役であるから会社法429条1項の責任を負うが、監視義務違反の責任が中心になる。損害賠償金の支払能力との関係から、第三者が名目的取締役の責任を追及する場合が多い。

　特に、中小規模の会社の名目的取締役が、代表取締役の業務執行について何ら監視義務を果たさなかったことを理由に、重過失による任務懈怠であるとして、会社債権者から責任を追及される場合が多い。

　判例は名目的取締役の責任を認めているが（最判昭和48・5・22民集27巻5号655頁、最判昭和55・3・18判時971号101頁）、具体的事情にもよることから、名目的取締役の監視義務違反の責任を一般化することには慎重でなければならない。

　名目的取締役というのは、会社との間で取締役の職務を執行しないことを約し、加えて、多くの場合、取締役の責任を負わないことを条件にして、取締役に就任した取締役をいう。その多くは、旧商法下において、小規模会社における取締役の員数を整えるために利用されたものである。法律上、このような取締役の存在は認められないから、特約は無効であるとの考え方もあるが、それ

*517*

を必要とする実情からかかる特約を無視することはできない。

そこで、具体的な事情にもよるが、会社との関係では、取締役の職務を執行しない、責任を負わないとの特約の効力を認めることはやむを得ないであろう。しかし、第三者との関係では、かかる特約の効力は認められないから、名目的取締役となる場合は、この点を十分に認識しておく必要がある。

第三者から任務懈怠の責任を追及された場合、当該取締役は会社との特約を理由に責任を免れないから、悪意または重大な過失がないとして争うことになる。

　(イ)　名目的取締役の責任を否定しうる事由

　　(A)　名目的取締役の責任を問うことの是非

名目的取締役は、取締役としての業務を行わないから業務執行上の過失ではなく、監視義務違反による任務懈怠の責任が問題とされることが多い。名目的取締役に就任しなければならない義務がないのに、就任した以上、具体的事情を考慮することなく、常に、責任が免れないとするのは妥当ではない。そこで、一般的に、第三者責任は免れないが、名目的取締役に責任を負わせるのは妥当ではなく、また酷でもあることから、個別的に責任を否定するための解釈的努力がなされている。これは会社法の下でも通用するであろう。

名目的取締役だからといって、責任を負わないとするわけにはいかないが、会社の連帯保証人のような地位におくべきでない。名目的取締役は、もともと、取締役の職務を執行しないことを条件として就任したのであるから、対会社関係では、監視義務を含めて任務懈怠の責任はないとも考えられる。そうすれば、会社に対する任務懈怠を前提とする法構造の下では、対第三者との関係でも責任がないとも解されるが、これも形式的で適正な解釈とはいえない。結局、具体的な事実関係との関係で、重大な過失と因果関係の認定との関係で名目的取締役であるという事情に配慮して処理せざるを得ない。

裁判例には、報酬を一切受けていないことを考慮し、重過失による任務懈怠があるとはいえないとしたもの（東京高判昭和57・4・13下民集32巻5＝8号813頁、東京地判平成3・2・27判時1398号119頁）、たとえ監視義務を尽くしたとしても、ワンマン社長の業務執行を是正することは不可能であるとして、任務懈怠と第三者の損害との因果関係を否定したものがある（東京地判平成6・7・25判

時1509号31頁)。

(B) 責任を否定するための基準

名目的取締役の責任を否定するための基準として、一般的に考えられる要素は、名目的取締役に就任した経緯、会社の経営体制、報酬の有無または報酬額、就任してからの期間の長短、他の仕事との兼業の有無、年齢・健康状態、経営に関する知識と教養などがあげられているが、これらを総合して重大な過失がないとするとか、たとえ、任務懈怠がある場合でも、第三者の損害との間に相当因果関係が認められないとすることなどにより、妥当な結論を導き出すべきである。なお、かかる解釈上の努力をする実質的理由は、取締役は損害額全部について責任を負い、寄与度に応じて責任の分割を認めない会社法の法制度にあることを忘れてはならない。

(C) 第三者側に存在する事情

取締役の対第三者責任の有無は、個別具体的に判断すべきであるが、その際、原告たる第三者側に存在する事情も考慮すべきである。たとえば、当該取締役が名目的取締役であることを知っていたか、会社関係者として面識があるか、当該取締役が存在することを重視して取引したかなどである。

第三者が当該取締役の存在すら知らず、あるいは名目的取締役であることを知っていたから、取引に際し、ほとんど重視しなかったが、会社の経営が破綻し、他の取締役に資産がないから、名目的取締役に対して請求するという事情があるのであれば、それは、十分に考慮されるべきである。任務懈怠の重過失は会社との関係で要求されるにしても、かかる事情は第三者との関係でも無視できない。かかる事情の存在は、第三者側の過失とみて、過失相殺の法理により処理することも検討すべきであろう。

(D) 名目的取締役の背景と今後

名目的取締役を生んだ背景には、旧商法が零細株式会社についても3名以上の取締役を必要としたことにある。この点、会社法の下では、機関構成の自由度が増し、取締役が1人以上で足りることから、名目的取締役を必要とする状況がなくなった。そこで、今後、名目的取締役に就任した者の責任について、厳しい判断がなされる可能性が否定できないとされている。[6]

しかし、会社法により、機関構成の自由度が高まり、取締役は1人で足りる

第13章　第三者による取締役等の責任追及訴訟

といっても、現実的には、多くの会社は取締役会を設置し、取締役を3名以上としていることから、名目的取締役に対する必要性は依然として存在するといえよう。

　㈦　登記簿上の取締役等の責任

　名目的取締役の責任の一類型として、取締役に就任することは承諾していないが、自己を取締役として登記することを承諾した者の責任がある。これは、不実の登記をした取締役の責任であるが、これと取締役の第三者に対する責任との関係が問題になる。

　不実の登記をした取締役の責任は、故意または過失によって不実の登記をした者は、その事項が不実であることを理由に、善意の第三者に対抗することができないことを内容とするものである（会社908条2項）。これは、自己を取締役として登記することを承諾した者は、かかる第三者に対して責任を免れない。

　不実の登記をした取締役の責任は、原告において、故意または過失によって不実の登記がなされた事実、自己が善意であること、登記を信頼したことについて立証責任を負うが、これが成功すれば、勝訴判決を得ることができる。

　しかし、不実の登記をした取締役の責任を追及するためには、登記を信頼したことを要件とするから、機能する場合が限定される。これに対し、取締役の第三者に対する責任の場合は、第三者の表見的事実に対する信頼を問題とすることなく、会社に対する任務懈怠につき悪意または重大な過失があり、それと第三者の損害との間に相当因果関係があれば、取締役の責任が認められるのであるから、悪意または重大な過失の立証の点を別にして、射程が広くなるといえる。そこで、不実の登記をした取締役の責任要件を満たす場合でも、取締役の第三者に対する責任として責任追及をすることは可能である。

　この場合、表見取締役の責任と取締役の対第三者責任を結合させ、不実の登記をした取締役を対第三者責任の対象となる取締役に含めるということになる（最判昭和47・6・15民集26巻5号984頁参照）。

　㈢　実質的取締役の第三者責任

　取締役に就任することも、取締役として登記することも承諾していないが、

---

6　江頭・株式会社法515頁。

事実上の（代表）取締役として、実質上経営支配をしていた者に対して、取締役の対第三者責任を認めないのは不公正である。事実上、本来の取締役と同様の権限の下に会社の業務を行っているのに、取締役でないとして不法行為責任しか認めないとするのは、著しく妥当性に欠けるといわなければならない。そこで、事実上の取締役は、取締役に就任していないが実質的に会社の業務を行う者として、会社法429条1項の取締役に含まれるから、かかる者についても、取締役の第三者に対する責任の規定（会社429条1項）を類推適用すべきである（東京地判昭和55・11・26判時1011号113頁）。

これに対し、表見取締役（表見代表取締役）は取締役ではなく、会社の業務を行う者ではないから、理論的には会社に対する任務懈怠はなく、したがって、会社法429条1項の責任を負わない。しかし、取締役のように振る舞ったことにつき不法行為の責任しか負わないとするのは公正ではないため、信義則上、同項の責任を免れないといえよう。

### (4) 間接損害と直接損害

#### (ア) 間接損害

##### (A) 間接損害の理解

取締役等の任務懈怠行為により会社に損害が生じ、その結果、第三者に損害が生じた場合をいう。会社に損害が発生したことを通じ、第三者に損害を与えた場合に損害賠償責任を負うのであるから、当該取締役等の会社に対する責任があることを前提にして、悪意または重大な過失を要件にして第三者に対しても損害賠償責任を負うことになるのである。

取締役の任務懈怠行為により、会社財産が減少したことにより第三者が受ける損害であるから、損害額の認定は難しい場合が多い。

典型的な場合は、経営判断上の失敗により会社の財務状態を悪化させ、会社を倒産または破綻状態に追い込み、そのため会社債権者が会社財産から弁済を受けることができなくなり、当該行為と第三者の損害との間に相当因果関係が認められる場合に、当該行為に関与した取締役等の個人的責任を追及するのである。機能的には、法人格否認の法理と同様の機能を有するのであるが、対象が代表取締役だけに限られないこと、任務懈怠の責任が対象になり、また法人格の濫用または形骸化を要件としないから、法人格否認の法理を適用する場合

第13章　第三者による取締役等の責任追及訴訟

より責任が認められる場合が広くなるといえよう。

　しかし、当該損害が間接損害であるのか、直接損害であるのか、判然としない場合がある。

　具体的には、取引先の経営状況の悪化により、売掛債権の回収が不能となることを予見できたのに多額の取引を行い、または融資先の経営状況により回収不能が十分予見できたのに、経営判断を誤って多額の融資を行い、多額の回収不能債権を発生させ、その結果、会社の財務状況を悪化させ破綻させた場合（回収不能債権を発生させた事案）、あるいは、放漫経営により会社を倒産させ、それにより、会社債権者が、会社財産から弁済を受けることができない状況に至った場合である。

　株主も会社法429条の第三者に含まれるが、株主の間接損害についてはその性格からして、債権者の場合と異なる考察が必要である。会社の構成員たる性格から、まず会社の損害を回復する手段である株主代表訴訟により救済を図るべきである。株主を債権者と同様に取り扱えば、特定の株主が、会社債権者および他の株主に優先して弁済を受けるという不都合が生じてしまうからである。[7]

　株主の損害は会社が損害を被った結果、自己の株式価値が低下したことによる損害である。間接損害であるが会社法429条の対象にはならないと解される。この場合は、株主代表訴訟により会社の損害回復を図るべきである。ただし、会社が倒産した場合については、株式が無価値になったことによる損害であるとして、同条の対象となると考えられるが、間接損害であることから損害額の算定が難しい場合が多いであろう。

　当該行為をした取締役等以外の取締役も、取締役会を通じ（取締役会設置会社）、または取締役として（取締役会非設置会社）、他の取締役や使用人の業務執行を監視・監督すべき義務を負うから、これを怠り当該取締役が問題の行為を放置したときは、会社に対する任務懈怠となり、これについて悪意または重過失がある場合は第三者に対し損害賠償責任を免れない。

　　(B)　間接損害に関する裁判例

　間接損害に関する事例は、公表されたものとしてはあまり多くはない。それ

---

7　本間輝雄「取締役の第三者に対する責任」小町谷先生古稀記念『商法学論集』130頁。

は、間接損害については、会社に支払能力がある場合には、債権者は会社に請求し、株主（第三者に含まれる）は株主代表訴訟（株主による取締役等の責任を追及する訴え）によることから、取締役に対し対第三者責任を追及することは少ないと考えられるからである。

債権者については会社法429条1項によることになるが、株主については同項によるのではなく、代表訴訟によって会社の損害の回復を図るべきではないかが問題となる。

株主が、会社の業績の悪化により、株価が下落したことにより損害を被ったとして、取締役の対第三者責任を追及した場合について、取締役の過失により会社の業績が悪化し、株価が下落するなど、全株主が平等に不利益を受けたことにより、株主が取締役に対し責任を追及する場合は、特段の事情がない限り、株主代表訴訟によるべきであり、旧商法266条ノ3や民法709条により、取締役に対し直接損害賠償を請求できないとした裁判例（東京高判平成17・1・18金判1209号10頁）がある。

判旨は、株主の損害は、取締役の過失により会社の業績が悪化し、会社が損害を被った結果、株価が下落し全株主が損害を被ったのであるから、間接損害とみるのであろうが、株主代表訴訟によるべきであるとしたのは妥当であろう。もとより、株主は株主代表訴訟に勝訴しても、直接損害を回復することはできない。

株主が、対第三者責任を追及しうる特段の事情とは、会社がすでに破綻状態にあるとか、営業の停止状態にあり、会社に対して損害を回復させても意味のない場合である。会社が破産手続開始決定を受けた場合は、株主は代表訴訟を提起することができない。債権者については、代表訴訟の提起権がないから、対第三者責任として取締役等の責任を追及することも、会社に対し支払請求をすることも認められると解される。

### (イ) 直接損害

#### (A) 直接損害の理解

取締役等の当該行為により、第三者が直接損害を被った場合に、会社に損害が発生したか否かを問わず、取締役等は第三者に対して損害賠償責任を負うのであるが、間接損害に比べて、第三者の範囲が因果関係の点からみておのずか

第13章　第三者による取締役等の責任追及訴訟

ら限定されることに特徴がある。

　取締役等の第三者に対する責任を間接損害に限った場合、会社に損害が発生しない場合には、第三者は取締役等の責任を追及できないことになる。そこで、第三者保護の立場から直接損害を含める必要があるが、取締役等の対第三者責任は法定責任であることからこれは理論的に可能である。そこで、取締役等の第三者に対する責任には、間接損害と直接損害の双方が含まれるとして解決されている。

　判例は、取締役等の第三者に対する責任の規定は、取締役は善管注意義務ないし忠実義務に違反して、第三者に損害を被らせても、当然に第三者に対し損害賠償責任を負うものではないが、会社法は、会社の経済社会に占める地位および取締役の職務の重要性を考慮し、第三者保護の立場から、取締役において悪意または重過失により、任務懈怠により第三者に損害を被らせたときは、取締役の任務懈怠行為と第三者の損害との間に相当因果関係がある限り、間接損害または直接損害のいずれの損害を生じた場合であるかを問わず、取締役が直接に第三者に対して責任を負うことを規定したものであるとして、取締役等の第三者に対する責任には、法定責任説によることを明確にしたうえで、直接損害に対する責任が含まれるとしている（前掲最判昭和44・11・26）。

　第三者に直接損害を与える多くの場合とは、会社の資金状況からみて、弁済不能の借入れや支払いの見込みのない約束手形を振り出し、借入先や手形所持人に損害を与えた場合である。この場合は、取締役等の第三者に対する直接損害の典型的事例であり、間接損害の場合以上に法人格否認の法理の適用場面と共通するといえよう。

　借入金の弁済や手形金の支払いができないことを、容易に予見できる状況にありながら、取引をしたことが悪意または重過失であるということだけでは、なぜ会社に対する任務懈怠になるのか、何が会社に対する任務懈怠なのか明白でないとの指摘がある[8]。この点、債務の支払不能、手形の支払拒絶（不渡り）は、会社の信用不安や倒産につながるから、取締役等はかかる事態を発生させてはならない責務を負う。それに違反することは任務懈怠であると説明せざる

---

　8　江頭・株式会社法514頁参照。

*524*

を得ないが、取締役等の対第三者責任が法定責任であることから、公平の見地より、これを会社に対する任務懈怠行為であるとして、理論的には難しい問題を残しつつ、対第三者責任を認めるという結論は妥当であるといえよう。そして、この場合の損害額は、取締役等の行為により直接第三者に生じた損害であるが、因果関係にある損害に限られることはいうまでもない。

直接損害の場合も、当該行為をした取締役等以外の取締役も、弁済不能の借入れや支払いの見込みのない約束手形の振出しをしないよう監視義務を負い、これを怠ったときは第三者に対する損害賠償責任を免れない。

(B) 直接損害を認めた判例

旧商法266条ノ3第1項（会社429条1項）の取締役等の責任が問題になる多くの場合は、中小規模の会社が倒産または支払不能の状態に陥った場合であるから、直接損害が中心となる。裁判上も、対第三者責任が認められた多くの場合は、直接損害に関する事例である。

代表的な判例として、代表取締役甲がその注意義務を著しく怠り、満期に支払不能となることを容易に予見できたのにもかかわらず、それが可能であると軽信して約束手形を振り出したが、支払不能により第三者に損害を被らせた場合、他の代表取締役乙は、甲の遂行上の重過失または不正行為を未然に防止する義務があるのに、著しくこれを怠り、業務一切を甲に任せきりにし、約束手形を振り出させたことは、乙の任務の遂行に重大な過失があるとし（前掲最判昭和44・11・26）、名目的取締役であっても、代表取締役の業務執行を全く監視せず、取締役会の招集を求めたり、自ら招集したりせず、代表取締役の独断専行に任せていた場合は、対第三者責任を負うとしている（最判昭和55・3・18判時971号101頁）。このように、取締役の対第三者責任が認められる多くの場合は、監視義務違反として問題にされる場合が多い。

また、取締役の任務懈怠により会社が解散に至り従業員が解雇された場合について、任務懈怠と解雇による従業員の損害との間に相当因果関係が認められる場合に、取締役の対第三者責任を認めた裁判例がある（名古屋高金沢支判平成17・5・18判時1898号130頁）。

## 3　第三者による責任追及訴訟

### (1)　責任追及訴訟の提起

　損害を被った債権者等が原告となり、悪意または重過失がある取締役等、または監視義務を怠った取締役等を被告として提訴する訴訟であるが、株主代表訴訟の場合と異なり、原告が、被告に対し、直接、自己に対して給付を求める給付請求訴訟となる。そのため、訴訟物の算定は原告の請求金額によることになる。管轄は、第三者が取締役等の個人的責任を追及する訴えであるから、被告取締役等の住所地を管轄する裁判所である（民訴4条1項・2項）。

　この訴訟は一般の民事訴訟法上の訴訟であるが、請求原因が、自己に対する違法行為がなされたというのではなく、会社に対する職務執行についての任務懈怠に、悪意または重過失があるとする点に特異性がある。そして、判決の効力は、原告と被告間にとどまり、同一原因に基づき数人の原告が共同して訴えた場合についても、類似必要的共同訴訟とみる必要はないであろう。

### (2)　当事者

#### ㋐　原　告

　原告は、取締役等の任務懈怠行為により損害を被ったとして取締役等の責任を追及することができる第三者である。ここにいう第三者とは、当該会社、任務懈怠があったとされる取締役等、および取締役等の任務懈怠行為に加担した者など、信義則上提訴できない者を除くすべての者であるから、株主や会社債権者だけでなく従業員も第三者に含まれる。そして、多くの場合、取締役等の第三者に対する責任追及の訴えの原告となるのは、会社債権者と株主である。しかし、間接損害については、一般に株主を含まないと解すべきであろう（上記2(4)㋐(A)参照）。代表訴訟によるべきであるが、検討すべき点もある。

#### ㋑　被　告

　被告とされるのは、取締役・会計参与・監査役・執行役・会計監査人と法定された者（会社423条1項）のうち、会社に対する悪意または重過失による任務懈怠があり、その結果（相当因果関係の存在）、第三者に損害を与えたとされる者であるが、多くの場合は、代表取締役または取締役である。指名委員会等設置会社においては、執行役が被告とされる場合が多いと予測される。

第三者に損害を与えたとされる取締役等が複数存在する場合は、連帯債務者とされるが（会社430条）、その実質は不真正連帯債務である。そして、第三者は、被告として責任を追及される取締役等が複数人存在する場合であっても、そのうちの特定人を被告として提訴することは可能である。

## (3) 立証責任

　原告は、被告取締役等の会社に対する任務懈怠があること、原告の損害と任務懈怠との間に相当因果関係があることについて立証責任がある。

　悪意または重過失についての立証責任であるが、会社による責任追及訴訟の場合は、任務懈怠の過失の不存在が被告の抗弁事由となる。しかし、第三者による責任追及訴訟の場合は、被告取締役等と第三者の間には特別の法律関係がないから、任務懈怠はなく、法文上も悪意または重過失は責任を追及するための要件とされていることから、被告取締役等に悪意または重過失があることは、請求原因として、原告が主張・立証責任を負うと解される。

　これに対し、被告取締役等は、重過失があったことの評価を妨げる具体的な評価障害事実の存在を、抗弁として主張・立証することになるが、重過失の認定は、請求原因としての評価根拠事実とこれを否定する評価障害事実を総合して判断されることから、被告側も積極的に重過失の不存在を抗弁として主張する必要があるとされている。[10]

　しかし、重過失の存否は規範的事実に関するものであり、総合的に判断されることから、被告も重過失の不存在について積極的に主張・立証しなければならないが、それは本来の意味における抗弁ではない。

---

**【記載例22】　第三者による取締役の責任追及訴訟**

## 請 求 の 趣 旨

1　被告らは，連帯して，原告に対し，金××万円及びこれに対する訴状送達の
　日の翌日から支払済まで年５分の割合の金員を支払え。
2　訴訟費用は被告らの負担とする。

---

9　司法研修所編『増補民事訴訟における要件事実〔第1巻〕』34頁。

10　商事関係訴訟241頁。

第13章　第三者による取締役等の責任追及訴訟

3　仮執行宣言

## 請　求　の　原　因

1　訴外Ｘ株式会社は，平成××年×月×日に設立されたものであるが，被告Ａはその代表取締役，被告Ｂ，Ｃ，Ｄは取締役である。
2　原告は，Ｘ株式会社から別紙目録記載の約束手形1通の振出を受け所持し，支払期日に支払場所へ提示したが支払を拒絶された。
3　Ｘ株式会社は，平成××年×月ころに事実上の倒産をしたため，原告は上記約束手形の支払を受けることができなくなり，手形金相当の金××万円の損害を被った。
4　被告Ａは，株主総会も取締役会も開催することなく，独断的に会社の業務を行い，会社の業績と資産状態を悪化させたのであり，本件約束手形の振出当時において，Ｘ株式会社が本件約束手形金を支払期日に支払うことができないことを知りながら，原告から××万円を借り受けて，それと引換えに本件約束手形1通を振り出したのである。
5　被告Ｂ，Ｃ，Ｄは，取締役でありながら，株主総会も取締役会も開催することなく，代表取締役Ａの業務執行に対する監視・監督義務を怠ったのであるから，その職務に懈怠がある。Ａの業務執行に対する監視・監督義務を尽くしておれば，Ａが独断的に会社の業務を行い，会社の業績と資産状態を悪化させることを未然に防止し，ひいては，本件約束手形の振出を防止しえたはずである。
6　被告らの行為は，取締役としての故意または重大な過失による職務の懈怠であり，それによりＸ株式会社は事実上の倒産に至り，ために原告は手形金相当の金××万円の損害を被ったのである。
　　よって，被告らは原告が被った上記損害につき，連帯して賠償すべき任務懈怠責任がある。

*528*

# 第14章　新株発行をめぐる訴訟

## 1　会社法と新株発行

### (1)　会社法と新株発行の概要

#### (ア)　新株発行の意義

　新株発行とは、会社が成立後に株式を発行することにより、発行済株式総数が増加する場合であるが、通常の新株発行（株式の引受けと払込みを要するもの）と特殊な新株発行（株式の分割、吸収合併、株式交換等による株式発行）とがある。通常の新株発行につき、旧商法は、新株の発行として規定していたが（旧商280条ノ2以下）、会社法は、通常の新株の発行と自己株式の処分をあわせて、新たに募集株式の発行等という概念を設け、同一の手続規制に服することにした（会社199条以下）。そして、会社法は、新株発行を募集株式の発行手続として行うのであるが、基本的には旧商法を踏襲している。

　募集株式とは、当該募集に応じて、これらの株式の引受けの申込みをした者に対し割り当てる株式のことであり（会社199条1項）、かかる方法による新株の発行を募集株式の発行（通常の新株発行）とする。募集株式という表現を用いるが、募集の対象には特定の第三者に対する場合も含まれるから、第三者割当てによる新株発行も募集株式の発行に含まれる。

　新株発行の無効原因が、新株発行に係る株主総会決議の無効等とか取締役会決議の無効による場合でも、当該決議の効力を争うのではなく、新株発行の無効訴訟によるべきであると考えられるから、株主総会の決議無効等の訴えは、訴えの利益を欠くものと解される（最判昭和40・6・29民集19巻4号1045頁）。株主総会決議無効等の訴えの係属中に、新株発行が行われた場合は、かかる訴えは訴えの利益を欠いたものとして却下される。すなわち、新株が発行されるまでの間は、当該新株発行に係る株主総会決議無効確認の訴えの提起は可能であるが、新株が発行された後は、新株発行の効力は新株発行無効の訴えによらなければ争えないから、株主総会決議無効等の訴えによることはできない。それは、訴えの利益（決議無効等の訴えについて、本案判決を得ることの利益と必要

第14章　新株発行をめぐる訴訟

性）を欠くからである。つまり、決議無効等の訴えでは目的を達することができないからである。そこで、決議無効等の訴えの係属中に新株が発行された場合は、決議無効等の訴えは却下となるのである。そこで、原告は、新株発行に関する決議の瑕疵を理由に、新株発行の効力を争う場合は、決議の瑕疵を争うのではなく、新株が発行されるのを待って新株発行無効の訴えを提起することになろう。

　(イ)　会社法と募集株式の発行手続

　新株の発行とは、会社が発行可能な株式数の枠内で新たに新株を発行することである。通常の新株発行は、資金の調達を目的として新たに株式を発行するが、株式引受人の募集、割当て、払込みという手続を要する。一方で、特殊の新株発行については、新株の発行を受ける者はあらかじめ定まっており、会社の保有財産を引当てにすることから払込みを要しない。

　もっとも、新株予約権については、権利者は新株予約権の行使日に株主となるが（会社282条1項）、権利を行使するためには権利行使価格の全額の払込みが必要である（同法281条1項）。しかし、新株予約権の行使による株式の発行は、すでに、新株予約権の発行について、募集新株予約権の発行手続が履践されている（同法238条以下）から、募集株式の発行（通常の新株発行）ではない。

　通常の新株発行は、既存の株主の権利に影響を及ぼすものであり、新株発行をめぐる争いもこれについて生じる。旧商法は、通常の新株発行について規定するとともに（旧商280条ノ2〜280条ノ18）、会社が保有する自己株式の処分について、新株発行との類似性から新株発行の規定を準用し、新株発行手続によるとしていたが（同法211条3項）、会社法は、通常の新株発行と自己株式の処分を統一して規定した（会社199条1項）。

　新株発行と自己株式の処分は、会社が株主または第三者に対してその株式の引受けを募集し、引き受けた者からの金銭等の払込みを受けて、株式を交付するという点で、会社および既存株主との関係では同一に取り扱うべき行為である。そこで、株式会社が発行する株式を引き受ける者を募集する手続と、処分する自己株式を引き受ける者を募集する手続とを一体化し同じ手続で行うこととした。つまり、双方の手続について、募集に応じて引受けの申込みをした者に対し割り当てる株式を「募集株式」として統一したのである。[1]しかし、一般

530

に、募集株式の発行といえば通常の新株発行と理解され、同一の意味に用いられていることから、新株発行という表現のほうがわかりやすい。

なお、募集株式の発行にいう「募集」とは、公募の場合だけでなく、第三者割当てによる場合も含まれ（たとえ、引受人が1人の場合であっても公募になる）、募集株式の発行手続によることが必要である。

(ウ)　新株の発行方法

通常の新株の発行に際して用いられる募集の方法として、会社法は、旧商法と同様に、次の3形態によることを予定している。

(A)　株主割当てによる方法

募集において既存の株主に対し、持株数に応じて株式の割当てを受ける権利を与えるという、株主に対し新株を割り当て、新株引受権を与えるという方法である（会社202条1項）。現在では、上場会社でない会社の新株発行の場合に用いられるのがほとんどであり、上場会社ではほとんど行われていない。

この株主に新株の割当てを受ける権利（新株引受権）を与える新株発行については、既存株主の持株数に応じて、均等に割り当てることから、発行価額にかかわらず株主総会の決議は不要である。また、取締役（取締役会設置会社にあっては、取締役会）が、募集事項の決定の委任を受けている場合については、募集株式数の上限および払込金額の下限を定める必要はなく、また、市場価格のある株式の募集の場合でも、公正な価額による払込みを実現するための、適当な払込金額の決定方法を定めることは必要でない（会社202条5項）。

株主割当てでない場合（新株引受権が与えられない場合）は、既存株主は支配的地位および経済的な損失を被るおそれがあるから、新株発行手続の瑕疵を理由に新株発行の効力を争うことができるのであるが、株主割当てによる場合も、既存株主だけでなく、会社や他の利害関係人に対する影響が大きいから、新株の発行が適式になされていないときには、その瑕疵を争う必要がある[2]。

(B)　公募による株式引受人の募集

既存の株主に、新株の割当てを受ける権利を与えない方法による新株の発行のうち、不特定かつ多数の者に対して、申込みを勧誘し、割当てを行う方法

---

1　新・会社法の解説50頁。

2　商事関係訴訟255～256頁。

（公衆に対し株式の引受けを募集する）であるが、公募であっても、既存の株主
にも応募の機会が与えられる。

この方法は、上場会社が有利に多額の資金を調達するために行われるのであ
るが、時価発行といわれるように、時価に近い価額（時価を若干下回る金額）
で発行される。それは、新株の発行により、発行済株式数が増加することによ
り、ある程度の株価の下落が避けられないことに加え、時価では、市場での取
得が難しい銘柄の株式であるなど特段の事情でもなければ、募集に応じる株式
引受人の確保が難しいからであるが、他方で、時価を大きく下回る発行価額の
場合は、既存の株主に損害を与えることになるからである。

　　(C)　第三者割当てによる方法

既存の株主に、新株の割当てを受ける権利を与えない方法による新株の発行
のうち、特定の第三者に対してのみ、申込みを勧誘し、割当てを行う方法であ
る。

募集株式の対象が、譲渡制限株式の場合は、株主総会または種類株主総会の
特別決議を必要とする（会社199条2項、309条2項5号、199条4項、324条2項2
号）。公開会社の譲渡制限株式以外の株式の発行の場合は、取締役会の決議に
より行うことができる（同法201条1項）。しかし、払込金額が特に有利な価額
である場合（上場株式についていえば、一般に、時価の90％以下の金額）は、既存
株主に経済的損失が生ずるので、株主総会の特別決議を必要とする（同法201
条1項、199条3項）。

第三者割当ての新株発行は、業務提携などの関係強化目的などで行われるの
であるが、敵対的買収に対する予防策としての使用に関心が向いているのも事
実であり、従来型の敵対的買収防衛策として利用されている。

第三者割当てによる新株発行により、支配権争いの当事者でない既存株主は、
株式持分の価値の低下、受けるべき利益配当金や残余財産分配請求権の減少と
いう経済的損失を受けることに加え、支配権争いの当事者である株主は、議決
権割合の減少による会社支配権の低下という影響を受けることから、発行価額
においても発行方法についても公正であることが要求される。新株発行の差止
仮処分が申請され、また新株発行が無効であるとして争われる多くの場合は、
第三者割当ての新株発行に関するものである。

*532*

### (2) 第三者割当てによる新株の発行手続

#### (ア) 新株発行の決議

##### (A) 株式譲渡制限会社の場合

全株式譲渡制限会社が、募集株式の発行をする場合は、第三者割当ての方法によらない場合でも、株主総会の特別決議により、募集株式数、払込金額、払込期日または払込期間等の募集事項を定めなければならない（会社202条3項4号、309条2項5号）。また、種類株式を発行している会社において、募集株式が譲渡制限株式である場合は、株主総会の特別決議のほかに、募集される種類の株式の株主を構成員とする種類株主総会の特別決議が必要である（同法199条4項、324条2項2号）。

##### (B) 公開会社の場合

公開会社が、譲渡制限株式以外の株式を発行する場合は、当該株式の既存株主は、通常、持株比率の維持に関心を有さないので、払込金額が特に有利な金額でなければ、取締役会の決議により募集事項を定めることができる（会社201条1項）。

特に有利な払込金額の場合は、株主総会の特別決議が必要である（会社201条1項、199条2項、200条1項、309条2項5号、会社施規63条7号ハ）が、取締役は、株主総会において、当該払込金額で新株を発行することを必要とする理由を説明しなければならない（同法199条3項、200条2項）。

#### (イ) 出資金の振込みと効力

新株（募集株式）の引受人は、払込期日または払込期間内に（会社199条1項4号）、払込金額の全額を、払込取扱銀行等に対し払い込まなければならない（同法208条1項）。もっとも、実務上は、申込証拠金をつけて申込みをし、払込金に充当するという取扱いがなされている。現物出資については、払込期日または払込期間内に、払込金額の全額に相当する現物出資を給付しなければならない（同条2項）。

そして、払込期日を定めた場合は、払込期日に払込金額の全額の払込みまたは現物出資の給付をした募集株式（新株）の引受人は、その日に株主となるが（会社209条1号）、払込期日に出資の履行をしなければ、当然に失権するから（同法208条5項）、出資が履行された分についてのみ、新株発行の効力が生ずる。

*533*

第14章　新株発行をめぐる訴訟

払込期間を定めた場合は、新株（募集株式）の引受人は、出資の履行をした日に新株の株主となるが（会社209条1項2号）、払込期間内に出資の履行をしなければ、払込期日を定めた場合と同様に当然に失権する（同法208条5項）。

### (3)　新株発行の効力を争う訴訟

#### (ア)　新株発行無効の訴えと新株発行不存在確認の訴え

新株発行の効力が発生した後に、新株に実質的瑕疵または手続的瑕疵がある場合は、違法な新株の発行であるとして、新株発行無効の訴えで争うことになる。この場合の新株発行とは、募集株式の発行のことであり、合併や株式交換等などによる新株発行の場合は、合併無効などそれぞれの行為の効力を争うことになる。

新株発行に瑕疵があるとして、新株発行の効力を争う訴訟として、会社法は、新株発行無効の訴え（会社828条1項2号）、新株発行不存在確認の訴え（同法829条1号）を認めている。旧商法下においても、新株発行不存在確認の訴えの必要性がいわれていたのであり、判例も、新株発行不存在確認の訴えを認めていたが、会社法は、明文をもって認めた。

#### (イ)　新株発行の差止請求

新株発行無効の訴え、新株発行不存在確認の訴えが問題になるのは、新株発行が効力を生じた後のことであり、新株発行が効力を生じる前は、新株発行手続がなされることを阻止するために、新株発行の差止請求が認められる（会社210条）。新株発行が効力を生じると、新株発行の無効原因が極めて制限的になることから、新株発行前になされる差止請求は極めて重要な意味をもつということができる。

新株発行の差止請求は、差止仮処分申請という形でなされるが、仮処分により新株発行をめぐる争いは決着するというのが現実である。理論的には、本案訴訟として、新株発行差止めの訴えが考えられるが、差止めの訴えの利益が認められるのは、払込期日まで、あるいは払込期間内で出資が履行されるまでの間であるから、新株発行差止めの訴えの提起はほとんど考えられない。

## 2 新株発行無効の訴え

### (1) 新株発行無効の主張方法

　新株（募集株式）発行の効力が発生した後でも、新株の発行に実質的瑕疵または手続的瑕疵がある場合は、違法な新株の発行であるとして無効である。しかし、無効主張の一般原則により、誰でも、いつでも、どのような方法によっても、新株発行の無効を主張して、その効力を争うことができるとしたのでは、法的安定性が失われるばかりか、判決の効力が及ぶ範囲などについて問題が生じる。そこで、会社法は、画一的処理の要請から、会社の組織に関する訴えに属するものとして、新株発行無効の制度を設け、新株発行無効の訴えによらなければ、新株発行の無効の主張はなし得ないとすることに加え、無効判決の効力等について特別の規定を設けている。

　会社法は、新株発行の無効は、新株発行が効力を生じた日から、6カ月以内（非公開会社の場合は1年以内）という期間内に、訴えをもってのみ主張することができるとするのである（会社828条1項2号）。

　新株発行の無効は、訴えをもってのみ主張できるのであって、無効判決の確定によって画一的に無効とされる趣旨であり、しかも、提訴権者も限定されていることから形成訴訟である。それゆえ、訴訟外の主張はもとより、訴訟上も抗弁として主張することはできない。

　提訴期間は、株式の発行が効力を生じた日から起算するが、それは、一般に払込期日を意味する。しかし、払込期間を採用している場合は、画一的処理の関係から払込期間の終了日（末日）と解すべきである。

　提訴期間が経過することにより、いかに無効の瑕疵が大きくても、瑕疵は治癒されることになり新株発行は有効なものに確定する。そこで、新株発行の無効を争うことができなくなるが、この場合でも、新株発行不存在確認の訴えの要件が備わっている場合は、提訴期間の制限を受けない新株発行不存在確認の訴えを提起することは可能である。

### (2) 新株発行の無効原因

#### (ア) 新株発行の無効原因の制限的解釈

　無効原因（無効事由）は法定されていないから、解釈によることになるが、

第14章　新株発行をめぐる訴訟

判例と裁判例の基本的な立場は、新株発行の無効事由を制限的に解し、重大な法令・定款違反のある場合に限られるとし、不公正発行は無効事由ではないとの基本的立場に立っている。それは、株式取引の安全確保（株式譲受人の保護）と、資金調達を目的とする新株発行により会社規模が拡大した後に無効とされることはできるだけ避けたいとの要請によるものである。しかし、現実に新株発行の効力が争われるのは、このような要請が機能するような場合でないことは事実である。

　会社の組織上の争いについて、一般にいえることであるが、会社法律関係の安定確保を第一目的に考え、なるべく無効原因を認めない傾向にあるといえよう。特に、新株発行については顕著である。そこで、新株発行の無効が問題にされるのは、どのような状況にある場合か、株式取引の安全確保が問題になるような場合なのか、などの具体的事情を無視すべきではないであろう。また、無効事由を制限的に解釈した場合、それにより不利益を被る株主に対し、他に有効な救済方法が存在するのかも検討する必要がある。

　(イ)　新株発行の無効原因とされる場合

　　(A)　重大な法令・定款違反のある場合

　会社が定款により認めていない種類の株式を発行するとか、定款に定めた会社の発行可能な株式総数（授権資本）を超過した新株の発行は無効となる（東京地判昭和31・6・13下民集7巻6号1550頁）。超過発行の場合は、超過発行の部分だけが無効とされるのではなく、当該発行新株全体が無効となると解される。

　もっとも、変更登記との関係では、このような瑕疵は明白であるから、形式的審査主義の下においても、当然、形式的審査の対象となるから、登記申請は却下されることになり、現実にこのようなことは起こりにくいであろう。

　譲渡制限株式の発行の場合は、必要とされる株主総会・種類株主総会決議に瑕疵がある場合とか、譲渡制限株式の株主の新株の割当てを受ける権利を無視した発行は、無効原因となると解されている[3]。結論は賛成すべきであるが、従来の裁判例（後記(ウ)(A)参照）との関係で整合性が確保されるかという疑問は残る。

---

3　江頭・株式会社法778頁。

(B)　新株発行差止請求権との関係

　判例は、新株発行差止仮処分違反の新株発行を無効とする（最判平成5・12・16民集47巻10号5423頁）。新株発行の手続違反についても、新株発行事項（募集事項）の公告・通知（旧商280条ノ3ノ2、会社201条3項・4項）を欠くことは、株主に新株発行の差止請求権の行使の機会を失わせることになり無効事由となりうるが、公告・通知の欠缺以外に差止事由がなく、差止請求が仮になされても、差止めが許容されなかったと認められる場合でない限り、新株発行の無効事由となるとする（最判平成9・1・28民集51巻1号71頁、最判平成10・7・17判時1653号143頁）。株主による新株発行の差止めの機会を奪うのは、重大な法令違反であるから、差止めをなし得なかった場合に、発行後の無効主張を認めることにより救済しようとするものであると解されるが、会社に重大な義務違反の帰責事由があることも、考慮されたものといえよう。

(ウ)　無効原因とされない場合

(A)　手続違反の無効主張

　判例並びに裁判例は、無効原因を極めて限定的に解しているが、特に手続違反については、新株発行の差止事由にとどまるとして、容易に無効原因とはみていない（ただし、公告・通知違反については、上述のとおり判例は無効原因としている）。たとえば、①取締役会の決議を欠く新株発行（最判昭和36・3・31民集15巻3号645頁）、②第三者に対する、特に有利な発行価額による発行であるのに、株主総会の特別決議を欠いていた場合（最判昭和46・7・16判時641号97頁）、③法定期間の定めがある場合の期間不遵守（東京地判昭和58・7・12判時1085号140頁）等を無効事由とはみていない。

　①については、取締役会の決議がなくても、業務執行権限を有する代表取締役が新株を発行すれば、無効とはならないとするのである。しかし、このことは、業務執行権限を有しない取締役が、代表取締役の名義を用いて新株発行した場合は、新株発行は無効とならざるを得ないとの結論となる（東京高判昭和47・4・18高民集25巻2号182頁）。

　②の場合は、既存株主に損害が発生した場合は、取締役に対する損害賠償責任の問題として処理すべきである、③については、かかる手続的瑕疵は、無効原因ではなく、差止事由にとどまるとの趣旨に理解される。

(B) 実質的瑕疵と無効主張

払込期日に払込みがなかった場合（見せ金など）は、引受人が失権するにとどまり、新株発行の効力に影響しないとされているが（前掲最判平成9・1・28参照）、なるほど、有効に払込みがなされた部分についてのみ新株が効力を生じ、払込みのなかった部分については失権するから、新株が発行されないということができる。しかし、払込みのなかった部分についても新株が発行された場合は、この部分については新株発行の無効となるから、一部無効の問題が生じる。新株発行全部が有効になされたものとして、変更登記がなされている場合などは、新株発行無効の手続によらなければ処理できない。この場合、新株発行の一部無効の訴えを認めるべきか否かという問題が生じる。

もとより、新株の払込金全額が見せ金などにより行われ、有効な払込みがない場合は、新株発行は無効となるといわざるを得ない。

(C) 著しく不公正な方法による場合

新株発行が争われる多くの場合は、著しく不公正な方法による場合（主として、支配権の変動を阻止するための第三者割当ての新株発行）であり、それは不公正発行を理由とする差止請求として仮処分により争われる。

問題は、新株発行が効力を生じた後に、著しく不公正な方法による新株発行であるとして、その効力を争いうるかであるが、判例は消極的に解している（最判平成6・7・14判時1512号178頁）。新株発行の無効事由について、極めて厳格な立場をとる判例理論によれば当然の結論といえよう。この場合、不公正の手段としてなされた個別の行為に無効事由があれば、新株発行の無効を主張せざるを得ないが、それは極めて難しい。

無効原因を制限的に解する理由を、株式取引の安全確保との関係に求めるならば、小規模閉鎖的な会社については、これを厳格にいう必要はないのであるが、判例は、引受人が代表取締役1人だけであり、株式取引の安全確保の要請が働かない場合についても、これを考慮すべきではないとの立場をとり、具体的に株式取引の安全が害されるかどうかを問題にしていないようである（前掲最判平成6・7・14）。

そして、会社を代表する者により発行された以上、新株発行が著しく不公正な方法により行われたとしても有効であり、引受人が取締役であるとか、会社

が小規模で閉鎖的であることなどの事情を問わないという（東京地判平成18・10・10金判1253号9頁）。

このように、新株発行が株主との関係だけでなく、会社と取引関係に立つ第三者を含めて広い範囲の法律関係に影響を及ぼし、小規模閉鎖会社にもその可能性があることから、新株発行の効力は、すべての会社において画一的に判断すべきであり、会社の規模を問わず、著しく不公正な方法による新株の発行、第三者に対する有利発行は、新株発行の無効原因とならないとする（前掲最判昭和46・7・16、前掲最判平成6・7・14、東京高判平成19・3・29金判1266号16頁）。しかし、全く株式の流通を予定していない会社についても、この理由で、一律に、不公正発行や有利発行は新株発行の無効原因とはならないとするのは妥当性に欠けるといえよう。

そこで、会社法は、株式譲渡制限会社の新株発行については、公開会社の場合と異なり発行新株の流通性は低く、また株主に対して新株の募集事項を通知または公告しなければならない旨の規定がなく、株主総会以外に、株主が新株の発行をやめることの請求をする機会が十分に保障されていないことから、既存株主の保護の必要があるとして新株発行について株主総会の特別決議を要求している（会社202条3項4号、309条2項5号）。

そして、特別決議なしに新株が発行された場合には、特段の事情がない限り、新株発行の無効事由となると解される[4]（横浜地判平成21・10・16判時2092号148頁）。

　(エ)　無効事由の制限的解釈の問題点

新株発行手続に、実質的瑕疵あるいは手続的瑕疵がある場合は、基本的には差止請求によるべきであり、新株発行が効力を生じた後は、無効の主張を制限すべきであるとするのは、株式取引の安全確保（新株譲受人の保護）、新株発行を前提として形成された会社法律関係の安定確保の要請からであるが、これは一般論としては妥当する。しかし、かかる要請が働かないような場合はどう考えるのか、単なる手続的瑕疵にすぎないとはいえない場合、あるいは金銭賠償として処理することができない場合はどうするのかが問題となるが、特に、こ

---

4　江頭・株式会社法778頁。

第14章　新株発行をめぐる訴訟

の問題が顕在化するのは、著しく不公正な方法による新株発行の場合である。

この点、差止事由にとどまり、当該株式の譲受人の取引安全の観点から無効事由とすることはできないとの立場がある[5]。確かに、一般論としては、そのとおりである。しかし、新株の不公正発行が問題になるのは、株式取引の安全確保、新株譲受人の保護、会社法律関係の安定確保の要請が働くような場合ではない。

会社に支配権の争奪戦がある場合に、現経営者側が第三者割当ての新株発行を行うのであるから、たとえ、普通株式を発行した場合でも、発行新株が発行後すぐに譲渡されるとは考えにくい。急ぎ譲渡するような第三者に割り当てるのであれば、防衛目的ないし支配の変動を阻止するための新株を発行した意味がない。

少なくとも、短期間内に、譲渡しないことを当然の前提として、特定の第三者に割り当てるのであろう。株式譲受人の保護という点については、発行された新株が、新株引受人の手中にある場合は無効とするとか、無効をもって善意の第三者（市場取引の場合は、ほとんどの場合に善意となる）に対抗できないなど、別途、株式取引の安全を考えるべきある。

不公正発行を理由に、新株発行の無効が問題になる多くの場合は、会社に支配権争いがある場合の第三者割当てによる新株発行、または株式取引の安全確保があまり問題にならない閉鎖的な中小規模の会社についてである。かかる会社については、判例も、金銭的な解決ができないので、無効にすべき場合が多いことは認識していると思われるが、このようなタイプの会社についてのみ、無効事由を広げて不公正発行とするのではなく、個別的な違法行為をもって無効事由と認めることで、問題の解決を図っているものと推測されている[6]。

もとより、不公正発行は、新株発行の無効として問題にするのではなく、差止めという方法で争うのが本筋であり、多くの場合、不公正発行による差止仮処分申請という方法で争われ、それとの関係で主要目的ルールが生まれたのである。そして、不公正発行ではないとして仮処分申請が却下された場合に、不公正発行を理由に本案訴訟を提起することは、実際上、考えられないであろう。

---

5　江頭・株式会社法781頁。

6　江頭・株式会社法781〜782頁。

反対に、不公正発行であるとして仮処分が発令された場合に、会社がこれに違反して新株を発行すれば、新株発行の無効事由となる。そうであれば、現実に、新株発行無効の訴えの提起が問題にされる多くの場合は、差止仮処分手続を経ていない場合ということになる。

なお、新株発行と自己株式の処分を、募集株式の発行等という概念でまとめるにしても、無効事由についてまで、両者を同じ基準によることが要求されるものではない。

### (3) 新株発行無効の訴えの提起

#### (ア) 訴えの提起と関連問題

##### (A) 当事者

新株発行の無効は、新株発行の効力が生じた日から、6カ月以内（非公開会社については1年以内）に、訴えをもってのみ主張することができる（会社828条1項柱書・2号）。原告適格を有するのは、株主、取締役、監査役、執行役、清算人に限られ、被告適格者は発行会社である（同条2項2号、834条2号）。会社が合併したときは存続会社が被告となり、提訴後に合併した場合は、存続会社が訴訟を承継することになる。このことからみても、この訴えが形成訴訟であることは明らかである。

原告適格者は、提訴時だけでなく訴訟の係属中その地位にあることが必要である。しかし、新株発行時にその地位にあることを必要としないから、提訴時に株主であれば提訴資格を有するものと解される。つまり、新株発行時の株主でなくても、株式の譲受けにより株主となった者も提訴することができる。また、議決権のない株主にも提訴権が認められる。

なお、名義書換未了の株主に提訴権を認めないとする裁判例がある（東京地判平成2・2・27金判855号22頁）。しかし、提訴株主は、株主名簿上の株主であることが原則であるが、新株発行無効の訴えの提起は、株主としての会社に対する権利行使ではないから、会社に対抗するという場合ではない。そこで、株主名簿上の株主でなくても、自己が実質的な株主であることを立証することにより提訴することは可能であると解される。

##### (B) 管轄裁判所・訴額

管轄裁判所は、被告発行会社の本店所在地を管轄する地方裁判所の専属管轄

第14章　新株発行をめぐる訴訟

であるから（会社835条1項）、複数の訴えが係属する場合は弁論および裁判は併合しなければならない（同法837条）。これは、統一的審理の必要と矛盾する判決を避けるためである。また、管轄違いの裁判所に提起された場合は移送となる。

訴額は非財産上の請求として、160万円とみなされることになる（民訴費4条2項）。

(C)　提訴期間

6カ月または1年以内という提訴期間内に、提訴がなされなければ以後提訴は不可能となり、いかに瑕疵が大きくても、瑕疵は治癒し新株発行は有効なものに確定する。この提訴期間は、延長することができないが、通知・公告違反など被告会社の違法な行為により新株発行の事実を知ることができないなど、特段の事情がある場合は、新株発行の事実を知った時から6カ月以内とするなど、解釈上の工夫をする必要がある。

(D)　悪意の株主による提訴

悪意の株主による提訴については、被告の申立てと疎明により、裁判所は相当額の担保の提供を命じることができる（会社836条）。悪意の意義と担保提供手続は、株主総会の決議の効力を争う場合と同様である（第1章4(6)参照）。

(E)　悪意または重大な過失のある原告の提訴

原告が敗訴した場合において、悪意または重大な過失のある原告は、会社に対して賠償責任を負うが、責任を負うべき原告が複数存在するときは、連帯して賠償責任を負う（会社846条）。敗訴した原告とあることから、株主だけに限らず、取締役、監査役、執行役、清算人が提訴した場合を含む。この点、担保提供の場合と異なる。

悪意または重大な過失による提訴とは、新株発行に無効原因がないことを知り、または容易に知り得た場合の提訴をいうことから、悪意または重大な過失の有無は認識の問題として処理することになる。しかし、無効原因にあたるかどうかについては、評価の問題であるから、これについての悪意または重大な過失の認定は難しい。新株発行に違法の瑕疵がある場合、判例・裁判例が当該瑕疵を無効原因としないということを知っていたというだけでは悪意とはいえないし、また、判例・裁判例が当該瑕疵を無効原因と認めているか否かについ

*542*

て調査しなかったことをもって重大な過失とはいえない。

　会社に対する賠償責任は、かかる悪意または重大な過失による提訴と、相当因果関係にある会社に生じた損害についての賠償責任である。

### (イ)　提訴期間経過後の訴え変更

　提訴期間内に新株発行無効の訴えを提起したが、提訴期間経過後に新たに無効原因を追加し、または無効原因を変更できるかという問題がある。この場合、判例のとる旧訴訟物理論によれば、訴え（請求）の変更となるから、株主総会の決議取消訴訟に関する判例理論とパラレルに考えれば、原則として認められないことになる（第6章3(9)参照）。会社法律関係の早期確定の要請から、提訴期間を定めたのであるから、基本的には、提訴期間の経過後の無効主張は認められないとすべきである。

　判例は、提訴期間経過後に新たな無効事由を追加することはできないとする（最判平成6・7・18裁判集民172号967頁）が、ある程度は、追加主張について弾力的に取り扱う必要がある。すでに、新株発行無効の訴えが提起されていることにより、法律関係の早期安定の要請は崩れているのであるから、過度にこれに固執すべきではない。予期し得なかった無効原因が生じ、または発見された場合は、すでに主張している無効原因と請求の基礎が同一の事実であれば、認められる可能性の少ない無効事由を追加することにより訴訟を著しく遅延させるというような場合でなければ、追加主張を認めるほうが妥当であろう。そうでなければ、原告としては、提訴時に、考えられる無効原因を網羅して提訴し、後に、主張を整理するという手法を用いることを余儀なくされるであろう。この場合でも、複数の原告による提訴がなされ、弁論が併合された結果、他の原告が無効原因として主張していれば、審理の対象となるから訴えの変更の問題は生じない。

### (4)　新株発行無効判決の効力

　新株発行無効判決（原告勝訴判決）は形成判決であるが、原告敗訴判決（請求棄却判決）は、原告と被告間で当該新株発行は無効でないとの確認的効力を有するにとどまる。

　確定した原告勝訴判決には、対世効（対第三者効）が認められ（会社838条）、会社だけでなく、株主その他すべての第三者との関係で新株発行は無効である

第14章　新株発行をめぐる訴訟

との画一的処理がなされる。そして、登記との関係では、新株発行無効の勝訴
判決が確定したときは、裁判所書記官は嘱託登記をしなければならない（同法
937条1項1号ロ）。また、新株発行無効の確定により、当然に発行済株式総数
が減少するから、会社は2週間以内に変更の登記をしなければならない（同法
915条1項、911条3項9号）。

　新株発行無効判決には遡及効がない（会社839条）。そこで、発行された新株
は将来に向かって無効となり、発行新株は効力を失う。したがって、株券を発
行している場合でも、発行株式が無効とされた以上、株券も有効なものでない
から、善意取得の問題は生じない。

　判決確定後の処理として、判決確定時の新株の株主に対し、払込みを受けた
金額または給付を受けた財産（現物出資の場合）の給付時の価額に相当する金
銭を支払わなければならない（会社840条1項）。給付を受けた財産の価額に相
当する金銭の支払いを認めるのは、出資財産そのものを返還したのでは会社の
業務に支障が生ずるからである。無効判決の確定までの会社業績の変動により、
支払金額が判決確定時の会社財産の状況に照らして著しく不相当であるときは、
判決確定日から6カ月以内に発行会社または判決確定時の株主の申立てにより、
裁判所は当該金額の増減を命ずることができる（同条2項・3項）。そして、会
社は、無効となった株券を回収しなければならない。

　無効判決に遡及効がないことから、新株発行時から無効判決の確定時までに、
株主が行い、または株主に対してなされた行為の効力は、無効判決によって影
響されない。そこで、この間に、支払われた剰余金の分配（利益配当）、株主
による議決権の行使等は、無効判決にかかわらず有効である。

　なお、無効判決の確定により、当然に発行済株式総数は減少するが、資本金
の額は減少手続（減資手続）によらなければ減少しないのであるから影響を受
けない。この点、新株発行無効判決の確定により、資本の額は減少しないもの
と明記されている（計算規25条2項1号）。

### (5)　新株発行関係者の責任

#### (ア)　取締役、執行役の責任

　株主に対する責任として、著しく不公正な方法、または株主総会の特別決議
を経ることなく、公募または第三者割当ての方法により、特に有利な払込金額

で新株を発行した取締役または執行役は、会社に対し任務懈怠による責任として公正な払込金額との差額につき損害賠償責任を負う（会社423条）。また、株主の保有株式の価値減少という経済的損害に対して、株主に対し、第三者に対する責任（同法429条）または不法行為責任（民709条）を負わなければならないであろう。しかし、不公正発行による株主の支配的地位の低下は、損害賠償という方法により救済されないことから問題として残されている。

　(イ)　著しく不公正な払込金額で株式を引き受けた者の責任

　取締役または執行役と通じて（通謀して）、著しく不公正な払込金額で株式を引き受けた者は、会社に対し、公正な払込金額との差額に相当する金額の支払義務を負う（会社212条１項１号）。これは、差額相当額の追加出資義務の性質を有するが、著しく不公正な払込金額による株式引受けと通謀を要件とする。通謀を欠くことから、株式引受人が責任を負わない場合であっても、取締役または執行役の損害賠償責任は影響を受けない。

　取締役または執行役の損害賠償責任と、株式引受人の差額支払義務は不真正連帯債務の関係にあると考えられる。そして、株式引受人の差額支払責任についても、株主代表訴訟の対象となる（会社847条１項）。

　(ウ)　現物出資者の責任

　現物出資については、新株発行の効力発生時における目的財産の価額が、募集事項として定めた価額に著しく不足するときは、現物出資者は、会社に対し不足額の支払義務を負う（会社212条１項２号）。この場合、現物出資財産の決定に関して、株主総会の決議があったときは、株主総会に議案を提案した取締役、取締役会の決議があったときは、取締役会に議案を提案した取締役または執行役も、同額の支払義務を負う（同法213条１項２号・３号）。この場合、現物出資者の支払義務と連帯債務になる（同条４項）。

　現物出資財産の価額について、検査役の調査（会社207条）を経たときは、取締役等はこの義務を免れる（同法213条２項１号）。また、過失責任であるが、取締役等は無過失を立証しなければ責任を免れない（同項２号）。

## (6)　自己株式の処分無効の訴え

　株主等は自己株式の処分の効力が生じた日から６カ月以内に、会社を被告として自己株式の処分無効の訴えを提起できる（会社828条１項３号・２項３号、

**545**

第14章　新株発行をめぐる訴訟

834条3号）。自己株式の処分は新株発行（募集株式の発行）と同一手続で行われることから、自己株式の処分無効の訴えは新株発行無効の訴えと同一の訴訟手続となり、払込みを受けた金額等の支払義務も新株発行無効の場合と同様である（会社841条1項）。

　自己株式の処分が無効であれば、法律的には処分が行われなかった状態になり、当該自己株式は無効となるとされている（会社839条）。新株発行については将来に向かって無効になるが、自己株式の処分の場合は当該株式がそのまま残るとすると、同一の規律による新株発行の場合と不均衡であるばかりか、自己株式の交付を受けた株主が無効判決後に当該株式を譲渡することで、第三者が善意取得する可能性があるため、処分された自己株式も将来に向かって無効となる、とされている。[7]

---

**【記載例23】　新株発行（募集株式発行）無効の訴え**

---

### 請 求 の 趣 旨

1　被告が，平成××年××月××日になした普通株式×万株の新株発行を無効とする。
2　訴訟費用は被告の負担とする。

### 請 求 の 原 因

1　被告は平成×年×月×日に設立された株式会社であり，発行済株式総数××万株，資本金××円，会社法2条5号所定の公開会社である。
　　原告は被告会社の普通株式××株を有する株主である。
2　被告は，平成××年×月×日開催の取締役会において，次のような新株発行決議を行った。
　　ⅰ）　発行株式の種類および数　　　普通株式××株
　　ⅱ）　払込金額　　　　　　　　　1株につき××円
　　ⅲ）　払込期日　　　　　　　　　平成××年××月××日
　　ⅳ）　発行方法　　　　　　　　　特定の第三者割当
3　被告は，上記払込期日に引受人が払込金全額の払込みを了したので，新株×

---

7　新・会社法の解説213頁。

```
　××株を発行した。
4　しかし，被告は上記新株の発行について，株主に対して会社法201条3項・4
　項所定の募集事項の通知または公告をしていない。
　　よって，本件新株発行は無効である。
```

## 3　新株発行不存在確認の訴え

### (1)　新株発行不存在確認の訴えの明文化

　新株発行の不存在とは、法定の新株発行手続が履践されず、払込金額の払込みの事実もない場合のように、手続上も、実質的にも新株発行の事実が存在しないのに、新株発行による変更登記がなされているなど、新株発行が有効になされたような外観が呈されている場合であるが、かかる場合に、会社を被告として、新株発行がなされたとの外観を除去することを目的とするのが新株発行不存在確認訴訟である。

　旧商法下でも、判例および学説によって、新株発行不存在確認の訴えは認められていたが（最判平成9・1・28民集51巻1号40頁）、会社法は、新株発行が存在しないことの確認を、訴えをもって請求することができるとして、明文をもってこれを認めた（会社829条1号）。そして、自己株式の処分と新株予約権発行の不存在もあわせて規定した（同条2号・3号）。

　新株発行が不存在とは、新株発行の実体がない場合をいうのであるが、その意味は、具体的には必ずしも明らかではない。この点、旧商法下で争いがあったが、会社法も新株発行不存在となる事由を定めていないので、旧商法下の論争を引き継ぐことになるが、会社法が、新株発行不存在確認の訴えを明文化したことから、不存在事由（原因）をより積極的に認めることが可能であろう。

　新株発行が不存在であり、確認の利益がある場合は、誰でも、いつでも、どのような方法によっても、不存在を主張できるといわれているが、実際上、訴えによらなければ実効性が確保できない。そこで、会社法は、新株発行の事実が存在しないことを確認することにより、判決により新株発行が存在するとの外観を除去することが必要であることから、新株発行不存在確認の訴えを規定したのであるが、これは、株主総会決議不存在確認の訴えに類する制度である。

*547*

第14章　新株発行をめぐる訴訟

もとより、過去の事実の不存在を確認するのではなく、新株が発行されたという外観を判決により除去し、画一的な処理をすることを目的とする。

(2)　**新株発行の不存在事由**

㋐　新株発行の不存在に関する判例・裁判例

新株発行に、無効原因以上の瑕疵がある場合には、新株発行不存在確認の訴えが認められるのであるが、新株の発行が不存在とされるのはどのような場合かという基準設定が問題になる。新株発行が不存在となる瑕疵は、新株発行無効の訴えの場合より厳格に解される。新株発行の不存在事由（不存在原因）となるのは、抽象的にいえば、物理的にも法律的評価においても、新株発行の事実がないのに、新株発行の登記がなされるとか、株券が発行されている場合などである。

新株発行の不存在とは、一般的にいえば、実質的にも、手続的にも存在しない場合、つまり、新株発行の実体がない場合であるが、それがどのような場合であるかは解釈に任される。

会社法は、いかなる場合に新株発行が不存在であるかについての基準は明らかにしていないが、成文をもって新株発行の不存在確認の訴えを規定したことから、ある程度、弾力的に解する余地はある。この点、引受けと払込みが仮想の場合、新株発行権限のない者による新株発行を、不存在事由とすることについては異論がないものと解される。

旧商法下でも、判例は新株発行の不存在確認の訴えを認めていたが（最判平成9・1・28民集51巻1号40頁、最判平成15・3・27民集57巻3号312頁）、これは、新株発行の不存在を、対世効のある判決をもってこれを確定する必要があり、新株発行の無効の訴えと異なり、出訴期間（提訴期間）の制限はないとするものである。

その理由として、判例は、新株発行不存在確認の訴えは、新株発行無効の訴えに準じて認められるから、その性質に反しない限り、新株発行無効の訴えに関する規定を類推適用すべきであるが、新株発行不存在はこれを前提とする訴訟においていつでも主張できるから、出訴期間を制限しても、新株発行の存否は終局的に確定せず、新株発行の効力を早期に確定させるために設けられた出訴期間に関する規定を類推適用する合理的な根拠を欠き、出訴期間の制限はな

*548*

いとする（前掲最判平成15・3・27）。そして、会社法も出訴期間の制限を設けることなく（会社829条）、解釈に委ねている。

しかし、新株発行不存在確認の訴えは、通常の確認訴訟とは異なり形成訴訟的色彩が強いことから、出訴期間は合理的な期間内に限るべきであり、あまりにも期間が経過し、法律関係が安定した後になされた不存在の主張は提訴権の濫用となるであろう。

(イ)　新株発行不存在事由に関する学説

新株発行の不存在とは、新株発行の実体がない場合をいうのであるが、それについて、裁判例は、①物理的に存在しない場合に限定する立場と、②法的評価として存在しない場合を含むとの立場がある。

①の立場は、新株発行の手続が全く行われていない場合、特に新株の引受けと払込みがない場合、新株発行権限のない者により新株発行手続がなされ、会社による新株発行とは認められない場合をいうのであり、物理的に新株発行とは認められない場合であるとしている（福岡高判昭和30・10・12高民集8巻7号535頁、名古屋高判平成14・8・21判タ1139号251頁）。

これに対し、②の立場は、物理的に新株発行の実体が全くない場合はもとより、物理的には存在するような外観を呈していても、手続的または実体的瑕疵が著しいため、不存在であると評価される場合を含み、しかも法的評価として、不存在である場合も含まれると解すべきであるとする立場である（東京高判昭和61・8・21金法1146号40頁、名古屋高判平成4・10・26金判1015号31頁）。そして、これに対応して学説も二分されているとみることができる。

①の立場に立つ学説は、会社法律関係の早期確定の要請から、不存在事由を広く解すべきではない、新株発行無効の訴えの提訴期間との関係では、株主が新株発行の事実を知った時から起算するなどの工夫により対処すべきであると[8]し、あるいは、さらに厳格に、不存在の主張により、新株発行の効果をいつでも覆せるというのは、債権者保護の観点から問題があるから、新株発行不存在事由は、物理的不存在の場合に限るべきであるとする。新株発行を前提として、債権者と会社との法律関係が形成されていく以上、新株発行無効の訴えの提訴

---

8　吉本健一「判批」ジュリ1269号111頁。

第14章　新株発行をめぐる訴訟

の機会を逸した株主の救済は、株主間または株主と取締役間の問題として処理すべきであるとするのである。[9]

　②の立場に立つ学説は、新株発行の不存在判断には物理的な存否だけでなく、法的判断も取り入れるべきとし[10]、さらに、株主総会の決議不存在には、物理的不存在だけではなく、法的に株主総会と評価できない場合を含んでいるので（第6章4(2)参照）、新株発行不存在の場合もこれとパラレルに解し、原告が新株発行無効の訴えの提訴期間を遵守し得なかった事情および会社側の帰責事由を総合して判断することとし、提訴期間を課すことが妥当でない場合は、新株発行の不存在ということができるとする。[11]

　　㈡　新株発行不存在事由の検討

　新株発行無効の場合は、新株発行がなされたが、その瑕疵が極めて大きい場合であるのに対し、新株発行の不存在は新株発行の実体がない場合であるが、この区別の基準はそれほど明白ではない。

　一般論として、新株発行不存在といえるのは、手続的には、会社による新株発行とはいえない場合、つまり発行権限のない者による発行の場合であり、実質的には、架空引受けと「見せ金」により行われ、有効な引受けと払込みがない場合であることには異論がないであろう。そして、提訴期間の経過により治癒しない性質の瑕疵が、不存在事由であるということができよう。

　新株発行無効の訴えの提訴期間経過後の救済手段として、新株発行不存在事由を考えるのは、適正な方法ではないであろう。株主が、新株発行の事実を知らないままに提訴期間が経過した場合は、救済を考えなければならないが、それは、新株発行無効の訴えの提訴期間の解釈の問題として考えるべきであり、救済手段を新株発行不存在事由の拡張に求めるべきではない。

　株主が提訴期間を徒過する多くの場合は、会社による通知・公告義務違反の場合であるが、これは、株主に差止めの機会を与えなかったことによる新株発行無効原因であり、たとえ、新株発行無効の訴えの提訴期間経過後に、株主が新株発行の事実を知ったとしても、新株発行の不存在事由となるのではない。

---

　9　北村雅史「判批」商事1737号55頁。

　10　坂本延夫「判批」金判765号45頁。

　11　岩原紳作「判批」ジュリ947号122頁。

**550**

会社法が、新株発行不存在確認の訴えを明文化したことから、新株発行不存在の事由を物理的に不存在の場合だけに限定すべきではないとしても、法的評価を不存在事由の認定判断に用いた場合、何が物理的に不存在であり、何が法的評価としての不存在であるのかを明確に区別することができるのかという問題がある。

物理的に不存在の場合の多くは、法的評価の面においても不存在であり、両者は表裏一体の関係にあるといえよう。そこで、新株発行の実体がないとは、物理的にみても、法的評価の面でも、新株発行と認められない場合をいうのであり、このような場合が新株発行の不存在であろう。

たとえば、差止仮処分に違反して発行された新株は、新株発行の無効原因とされているが、法的評価の面でも、物理的にも、新株発行権限が停止された無権限者による新株発行であるとして、不存在事由とみることも可能である。

物理的に不存在の場合に限るか、法的評価としての不存在を含むかは、新株発行無効の訴えの提訴期間経過後の株主の救済に関係していると考えられ、実際上、新株発行不存在の訴えは、提訴期間との関係から考案されたものといえよう。しかし、提訴期間の関係を除けば、いずれの立場に立つかにより、結論的にはあまり大差は生じないとも考えられる。しかし、新株発行無効の訴えの提訴期間経過後の株主の救済は、新株発行不存在事由の拡張という手法によるべきではない。

反対に、新株発行不存在事由を、物理的に不存在の場合に限るとの制限説が掲げる、会社法律関係の安定、株式譲受人の保護、会社債権者の保護の要請は、新株発行不存在が問題となるような会社においては、その要請が機能するのはそれほど多くないと考えられる。

会社法が、非公開会社については、新株発行無効の訴えの提訴期間を１年に延長したのも（会社828条１項２号）、かかる会社については、秘密裏に新株発行が行われ、株主がそれを知ったのは、新株発行無効の訴えの提訴期間である６カ月を経過した後であることが少なくなかったという事情によるものと考えられる。

そこで、会社法が、非公開会社については、新株発行無効の訴えの提訴期間を１年に延長したことから、新株発行不存在事由が厳格に解釈されるという方

*551*

第14章　新株発行をめぐる訴訟

向に向かうことが予測される。

### (3)　新株発行不存在確認の訴えの性質と判決の効力

#### (ア)　新株発行不存在確認の訴えの性質

##### (A)　法的性質

　会社法は、新株発行不存在確認の訴えについては、新株発行無効の訴えのような要件を定めていない。そこで、当該新株の発行の効力がないことを、訴えによらず、誰から誰に対しても、いかなる方法によっても主張することができる。また、訴えによる場合でも、出訴期間の制限がなく（最判平成15・3・27民集57巻3号312頁）、提訴権者（原告適格）についても、確認の利益が認められる限り制限がない、との確認訴訟説[12]が有力である。

　しかし、新株発行不存在が問題になるのは、単に、新株発行が行われたといわれている場合ではなく、新株の発行による変更登記がなされるなど、新株発行が行われたとみられる外観が存在し、それを前提にして会社法律関係が形成されている場合である。かかる場合に、新株発行の事実がないとして、変更登記を抹消して外観を除去し、あるいは会社法律関係を元に戻すことを目的とするのであるから、訴えによらず、誰から誰に対しても、いかなる方法によっても主張することができるといってみても、およそ目的を達することはできないから、実際上、訴えによらざるを得ない。

　会社法は、新株発行無効の訴えの場合と異なり、提訴権者や提訴期間を制限していないが、これにより、この訴えを確認訴訟とみるべきではない。提訴権者を法定しないにしても、実際上、提訴権者について新株発行無効の訴えの場合と同様に考えられるばかりか、瑕疵が大きいから提訴期間に制限がないといっても、おのずから提訴期間には制約があると解される。しかも、新株発行の瑕疵が無効の場合より大きいといっても、それを分ける基準はそれほど明らかでない。

　訴えの性質については、会社を被告とする新株発行不存在確認訴訟の確定判決により、当該新株発行が不存在であるという法律関係が形成されるとともに、対世効が認められ、画一的な処理が可能となる。しかも、新株発行を不存在と

---

12　江頭・株式会社法777頁。

552

する判決の効力は、将来に向かって生ずるのであるから、条文上は、提訴者、提訴期間、訴えによることを要求していないにしても、新株発行不存在確認訴訟を確認訴訟とみるよりも、形成訴訟とみるべきであろう。そうすれば、新株発行無効の訴えの規定を類推適用し、ただ提訴期間については、厳格な提訴期間の定めによらないとすればよいことになる。

(B) 提訴権者と提訴期間

提訴権者については、確認の利益により判断するよりも、会社の組織に関する訴えであるから、新株発行無効の訴えに準じるべきであろう。

提訴期間については、瑕疵の程度の大きさから6カ月以内とするわけにはいかないが、合理的期間内に限るべきであり、会社法律関係が安定してから長期間を経た提訴は、提訴権の濫用法理により却下すべきである。

いつから提訴期間を起算するかという点であるが、法定の手続も、有効な払込みもなされていないから、払込期日を基準とすることはできない。そこで、変更登記等の新株発行の外観が作出された日を基準とせざるを得ないであろう。

(C) 立証責任

新株発行不存在確認の訴えと立証責任であるが、原告において、不存在の具体的事実と評価的事実について立証責任を負うが、新株発行が存在する事実、たとえば、発行新株に相当する払込金が全額払い込まれたなどの事実は、被告会社において立証責任を負うと解されよう。この場合、見せ金の場合がありうるから、金融機関の保管証明だけで証明十分とはいえない場合があると考えられる。

(イ) 新株発行不存在確認判決の効力

新株発行の不存在を確認する、との原告勝訴判決が確定することにより、新株発行の不存在という状態が形成され、対世効により法律関係が画一的に処理される（会社838条）。そして、新株発行が不存在であるにもかかわらず発行された株式は、将来に向かって効力を失うと解される。もとより、払込金の払込みがなされていない場合は、払込金額に相当する金銭の支払い（払戻し）がなされることはない。

登記関係については、確定した新株発行不存在確認の訴えの勝訴判決は嘱託登記事項である（会社937条1項1号ホ）から、抹消登記（変更登記）は、嘱託

第14章　新株発行をめぐる訴訟

登記に基づきなされる。

　原告が、新株発行不存在確認の訴えで敗訴した場合は、新株の発行は不存在でないとする判決の効力は、被告会社と原告間に生じるにとどまる確認判決である。

　新株発行不存在確認の訴えについて、本書では形成訴訟であるとの立場によったが、確認訴訟説が多数説と思われる。しかし、訴えにより新株発行の不存在を主張しなければ意味がないことから、実務は訴訟上の請求としてなされ、原告も多くの場合株主または取締役であり、しかも、登記後速やかに提訴されることから、実際上、形成訴訟説によるか、確認訴訟説によるかは、理論上の問題であり、手続上はそれほど大差はないと考えられる。

## 4　新株発行差止めの仮処分

### (1)　新株発行差止めの訴え（本案訴訟）

#### (ア)　株主による新株発行の差止め

　会社法は、旧商法の新株発行差止めに関する規定（旧商280条ノ10）を基本的に承継したうえで、差止めの要件を法定し、「募集株式の発行等をやめることの請求」として新株発行差止めを規定した（会社210条）。募集株式の発行等としたのは、自己株式の処分差止めの場合を同一規制に服させることからであるが、新株発行差止めに関しては旧商法時の解釈と運用が通用するであろう。

　新株発行差止めの要件は、新株の発行（募集株式の発行）が、①法令・定款に違反する場合、または、②著しく不公正な方法により行われる場合であって、③これにより、株主が不利益を受けるおそれのある場合である（会社210条）。これは、旧商法による差止めの要件が、解釈上、法令・定款違反の違法発行、不公正としていたものを明確にしたものであるが、新株発行が争われる多くの場合は、旧商法当時と同様に、第三者割当ての新株発行についてである。

　差止めの対象となる法令・定款に違反する場合（違法発行）とは、第三者に対する有利発行であるのに（発行価格が引受人に特に有利な場合は、既存株主の保有株式の価値を低下させることになる）株主総会の特別決議（会社199条2項、201条1項、309条2項5号）を経ていない場合、新株発行事項について通知・公告を欠いた場合（同法201条3項・4項）、定款記載の発行可能な株式数を超えて

**554**

いる場合（同法37条、113条）、取締役会の発行決議を欠く場合等である。

　著しく不公正な場合（不公正発行）とは、会社に支配権争いがある場合に、支配権の維持確保目的で第三者割当ての新株発行を行い、相手方の議決権比率の低下を図るような場合である。

　株主が不利益を受ける「おそれ」というのは、差止めは新株発行がなされる以前の問題であるから、新株が発行されるという危険性を要件とするのである。「不利益」というのは、新株発行による経済的損失と支配権の喪失を含む趣旨である。差止めは新株発行が効力を生ずる前に、つまり、払込期日または、払込期間の経過前にしなければならない。

　　(イ)　新株発行差止めの訴え

　　　(A)　訴えの性質

　新株発行差止請求権は裁判外でもなしうるが、裁判外の請求では実効性が確保できないから、実際上、裁判手続によらなければならない。しかも、新株発行が効力を生ずる前に差し止めなければならないという期間的制約があるから、新株発行の差止請求権は差止請求訴訟の提起ではなく、新株発行差止仮処分という形で行使しなければならず、実質上、新株発行の差止めをめぐる争いは仮処分で決着する。

　　　(B)　効　　果

　仮処分の発令により、会社は新株発行をなし得ないが、新株発行がなされないという意味で、仮処分の効力は当事者以外の者にも及び対世効が認められる。

　新株発行差止めの訴えは、会社法210条の差止請求権を根拠にする訴えである。差止判決は、会社は新株発行手続を中止しなければならないという給付判決であるが、その判決が確定したならば会社は新株発行をなし得ない。しかし、新株発行の効力発生時との関係から、通常、仮処分により決着し（満足的仮処分）、差止めの本案判決には至らない。

　　　(C)　原　　告

　原告は、株主に限られるが持株数は要件としない（会社210条）。提訴時に株主（提訴時株主）であることを必要とするのはもとより、訴訟の係属中において株主（継続的株式所有）でなければならないから、株式の譲渡等により株主資格を失えば、原告適格を失ったものとして訴えが却下される。

**555**

第14章　新株発行をめぐる訴訟

原告は、株主名簿上の株主であることを原則とし、多くの場合、原告は、株主名簿上の株主である。しかし、新株発行差止請求は会社に対する権利行使といっても、議決権や利益配当請求権とは性格が異なるから、株主名簿上の株主に限定されないであろう。違法発行または不公正発行により、株主が不利益を受けるおそれのある場合を要件としていることから、原告適格要件を形式的に解し、株主名簿上の株主であることを要求する必要はないと思われる。もとより、原告のほうで、提訴権のある株主であることを立証する必要がある。

(D)　被　告

被告は会社であり（会社834条2号）、会社を代表するのは、代表取締役または代表権のある取締役であるが（同法349条1項・4項）、原告株主が取締役である場合については特則がある（同法386条1項、364条、353条、408条1項）。

(E)　管　轄

裁判管轄は、会社の組織に関する訴えの管轄裁判所として、被告会社の本店所在地を管轄する地方裁判所の専属管轄である（会社835条1項）。

(F)　訴訟物

差止請求の訴訟物は、法令・定款に違反する新株発行（多くは、株主総会の特別決議を経ない第三者に対する有利発行）、または、著しく不公正な方法（多くは、会社に支配権争いがある場合の第三者割当てによる新株発行）による新株発行の差止請求権である。

(G)　株主が不利益を受けるおそれ

株主が不利益を受けるおそれのある場合とは、新株発行により不当に自己の利益が害されるおそれがあるとの提訴の利益（仮処分の場合の保全の必要性に相当）の意味に解すべきであろう。

(ウ)　新株発行差止訴訟の問題点

新株発行をめぐる争いは、新株発行差止仮処分で争われ、多くの場合、仮処分により決着するばかりか、訴えの利益との関係から、新株発行差止めの訴えは本案訴訟として認められるとしても、実際には本案訴訟の提起を必要とせず、提起されていないのが実情であろう。

---

13　東京地判平成2・2・27金判855号22頁は、株主名簿上の株主に限っている。

*556*

新株発行差止請求が認められるのは、新株の発行が効力を生ずる日まで（払込期日または払込期間内）に限られる。これ以後は、新株発行差止請求権が消滅するから提訴できないのはもとより、提訴していても払込期日等の経過により、訴えの利益が消滅することになるから訴えは却下されることになる。

このことは、新株発行が効力を生じた場合であると、新株発行がなされないままで、払込期日または払込期間を経過することにより、当該新株発行が行われないことに確定した場合であるとを問わない。

そこで、払込期日または払込期間が経過する前に、新株発行差止請求訴訟の判決が確定することはまず考えられないから、かかる訴えの意味は極めて少ないといえよう。単に、仮処分訴訟のための本案訴訟として提起しても、あまり意味はない。

新株発行差止仮処分が発令された状態で、払込期日または払込期間を経過した場合は、当該新株が発行されない状態が確定したことになり、差止請求権が消滅するから、新株発行差止めの訴えを提起する余地はない。

そこで、仮処分債務者（会社）が本案の起訴命令の申立て（民保37条）をしてみても特別の意味はないであろう。新株発行差止請求は、新株の発行が効力を生ずる日まで、あるいは新株の発行が効力を生じないことに確定した日までに限られ、それ以後は訴えの利益も差止めの必要性もなくなるという特徴があるからである。もとより、後に、仮処分を取り消してみても、それにより新株発行手続が再開されるという性質のものではない。

それゆえ、新株発行差止仮処分は、理論的にも実際的にも本案（新株発行差止請求訴訟）付随性が少ないばかりか、本案を必要としない仮処分とも考えることができる。

### (2) 新株発行差止めの仮処分

#### (ア) 新株発行差止仮処分の概要

新株発行（募集株式の発行）差止めの仮処分は、会社法210条の差止請求権に基づく仮処分であり、法令・定款違反または著しく不公正な新株発行に対する事前的防止措置である。

取締役（会）が、新株発行権限を濫用して株主の利益を害することを防止する措置であり、株主の利益保護を目的とするから会社に損害が発生するおそれ

があることを要件としない。発行新株の全部が差止めの対象となるが、新株の一部についてのみ差止事由がある場合（発行新株の一部について第三者割当てをする場合など）は、全部について差止めを認める必要はないから一部についての差止請求が認められる。

　　(A)　申請時期

　差止めの仮処分であるから、新株発行の効力が生ずるまで（効力発生日前）になされなければならない。反面、新株発行の無効の場合と異なり、新株発行を事前に差し止めることから、発行後の無効主張の場合に比べて、新株の発行を前提として形成された会社法律関係の安定確保や、株式取引の安全に対する配慮の必要がなく、弾力的な取扱いがなされ、差止仮処分が発令される可能性が高くなる。

　仮処分申請は、通常、取締役会の新株発行決議後になされるが、新株発行が行われる蓋然性が高い場合は、差止めに要する期間を考えれば、発行決議前の申請も可能であると考えられる。もっとも、発行決議前の申請については、裁判所は発行決議を待って申請に対して判断することになろう。

　　(B)　差止事由

　法令・定款違反の違法発行、不公正発行が差止めの要件となるが、現実に争われる多くの場合は、会社に支配権争いがある場合の第三者割当ての新株発行（募集株式の発行）についてである。具体的には、第三者割当ての新株発行は、特に有利な発行価額による発行であるのに、株主総会の特別決議を経ていない違法がある、支配権の維持確保を目的とする不公正な方法による新株発行であるとするのがほとんどである。そして、新株全部について差し止める必要がない場合、つまり一部についてのみ差止事由が存在する場合は、一部差止めとなる。

　　(C)　保全の必要性

　法令・定款違反または著しく不公正な方法による新株発行により、株主に発生する損害または支配関係上の地位の喪失という危険を被保全権利とする仮処分であるが、もとより保全の必要性が要件である。しかし、多くの場合、被保全権利が疎明された場合は、保全の必要性が推認される場合が多いであろう。

　　(D)　株式分割等

**558**

株式の分割においても多数の新株が発行されることになるが、単に株式を細
分化し、従来よりも多数の株式を発行するにすぎないのであり、株式の総体的
価値には変更はないから旧商法280条ノ10（会社210条）を類推適用すべきでは
ないとする裁判例がある（東京地決平成17・7・29金判1222号4頁）。

　㋑　新株発行差止仮処分の要件

　差止事由は、①法令または定款に違反する場合、②著しく不公正な方法によ
り行われる場合であるが、これは、旧商法の定める差止事由（同法280条ノ10）
と同一である。そこで、旧商法時の判例と裁判例、解釈が通用すると考えられ
る。

　　(A)　法令または定款に違反する場合

　　(a)　第三者割当ての有利発行

　旧商法は、取締役会に新株発行権限を与えながら、株主以外の者に対し特に
有利な発行価額をもって新株を発行する場合は、株主総会の特別決議を要する
と定めていた（旧商280条ノ2第2項）。そこで、取締役会が第三者割当ての方
法で新株を発行する場合に、特に有利な発行価額であるにもかかわらず、株主
総会の特別決議を経ていないから、法令違反であるとして新株発行差止仮処分
が認められたのである。

　会社法は、公開会社についてこれを承継し、公開会社（会社2条5号参照）
は、取締役会で募集株式の発行（新株の発行）を行うことができるとしながら、
株主以外の者に対し新株を発行する場合において、払込金額が特に有利な金額
である場合は、株主総会の特別決議を必要としている（同法201条1項、199条
2項・3項、309条2項5号）。

　そこで、旧商法と同様に、株主総会の特別決議を経ていない場合については、
法令違反の問題が生じるが、その際、「払込金額が特に有利な金額」であるか
が争点となる。この点、旧商法時の「特に有利な発行価額」と実質的には異な
らないから、これに関する解釈が会社法の下でも通用するであろう。もとより、
発行価額の算定は、企業価値や資産総額によらず株価を基準にせざるを得ない
であろう。

　旧商法時の解釈として、特に有利な発行価額とは、一般的に公正でない価額
をいうのであるが、上場会社の場合については、市場価格たる株価（時価）に

比べて特に低い価額であり、株価より若干低い場合は特に有利な発行価額に含まれない。発行株式数が増加すれば株価がある程度下がることに配慮したためである。そこで、発行価額決定時の株価より1割強低い程度であれば許容性の範囲内であると解されよう。

宮入バルブ第3次事件は、買収防衛策として行った第三者割当ての新株発行につき、発行価額が著しく低く、特に有利な発行価額であるのに、株主総会の特別決議を経ていないとして、法令違反を理由に新株の発行が差し止められた事案である（東京地決平成16・6・1金判1201号15頁）。

株価を基準にする場合、どの時点の株価を基準にするのか、株式の買占めや業務提携または合併などが予定されていることにより、株価が異常に高騰した場合の取扱いなどの問題がある。

この点、日本証券業協会が定めた自主ルール（第三者割当増資の取扱いに関する指針）は、発行価額は、「当該増資のための取締役会決議の直前日の価額（直前日における価額がない場合には、当該直近日の価額）に、0.9を乗じた額以上の価額とする。ただし、直前日または直近日までの価額または売買高の状況等を勘案し、当該決議の日から発行価額を決定するための適当な期間（最長6カ月）をさかのぼった日から、当該決議の直前日までの間の平均の価額に、0.9を乗じた額以上の価額とすることができる」と規定している。

これは、有利発行とならないためには、つまり株主総会の特別決議を必要としないためには、発行価額が直前日または直近日までの価額の90％以上とするが、株価が異常に高騰した場合の算定期間について特則を設けたのである。そして、このルールを尊重して有利発行となるか否かを決したとみられる裁判例もある（東京地決平成元・9・5判時1323号48頁、前掲東京地決平成16・6・1）。

これらを総合すれば、異常に高騰した株価であっても6カ月以上というように長期間高値が継続していれば、これを発行価額の算定の基礎としなければならないとの趣旨に解することができよう。

これに対し、非上場（公開）会社の場合は時価（株価）がないから、発行価額をそれ以外の方法で算定しなければならない。純資産方式、収益換言方式、配当還元方式、取引先例価格方式などが考えられるが、これらの方式の複数を用いて算定し平均値をとるのが適正であると考えられる。

*560*

(b) それ以外の法令違反の差止事由

非公開会社について、株主総会の特別決議を経ることなく新株発行（募集株式の発行）が決定された場合（会社202条3項・4項、199条2項、309条2項5号）、公開会社が取締役会の決議により新株を発行するについて、株主に対する通知または公告を欠いている場合（同法201条3項・4項）、また、定款違反の場合として、定款に定めのない種類株式を発行する場合が考えられる（同法108条2項参照）。

(B) 著しく不公正な方法による新株発行

新株の発行方法が著しく公正を欠く場合である。具体的には、既存株主間で会社の支配権争いがある場合、あるいは敵対的買収に対する対抗措置として、経営者が自己または自己を支持する特定の株主に対し、第三者割当ての新株発行を行い、反対派あるいは買収側の持株比率を低下させる場合である。純然たる業務提携等の目的でなされる第三者割当ての新株発行の場合には、不公正発行であるとして争われる場合は少ない。

不公正発行であるとして争われる場合は、会社支配権に関する争いに取締役が介入して新株が発行されるのか、会社経営上の合理的な必要性から新株発行が行われるのかについてである。具体的には、支配権の維持・確保を目的とする違法なものなのか、資金調達目的であるとか業務提携目的など適法な目的によるものであるのかが争われる場合がほとんどであるが、明らかに違法目的のみが認められるものは少ない。ほとんど例外なく、債務者会社は資金調達目的や業務提携目的など適法目的によることを主張している。この場合、違法目的と適法目的が並存していることから問題が難しくなるが、比較の問題として処理せざるを得ないであろう。

支配権の維持・確保の目的と、資金調達目的を並列的に並べ、いずれが主要目的であるかを基準として、資金調達目的が主要目的であると認定された場合は、不公正発行ではないとする裁判ルールが存在する。しかし、会社であれば資金調達の必要性はどのようにでも説明がつくから、安易に適法目的を認定すべきではない。

会社に支配権争いが存在する場合でも、会社は資金調達の必要性があれば、特に不公正発行でない限り、自由に新株発行を行うことができるとの見解があ

第14章　新株発行をめぐる訴訟

り、反対に、取締役会は株主間の争いに中立的でなければならず、支配関係上の争いに介入すべきではないから、新株発行を差し控えるべきとの見解がある。

このような見解の対立があるが、裁判ルールとして、取締役会が第三者割当ての新株発行を行うという種々の目的ないし動機のうち、会社の支配関係上の争いに介入するという目的が、資金調達目的よりも優越し、それが新株発行の主要な目的と認められる場合に、著しく不公正な方法による新株発行であるとするのが主要目的ルール（主要目的論）である。

資金調達の必要性を、新株の不公正発行認定の基準とする手法はかなり以前からあった。裁判例には、会社に真に資金調達の必要がある以上、その調達の方法は取締役の裁量に委ねられているから、新株発行が他の資金調達の方法に比べて著しく不利であるとか、新株発行後短期間内に会社が引受先から買い戻す計画があるなど、新株発行の合理性を疑わしめる特段の事情が認められない限り、新株発行は、反主流派株主排斥の意図とは一応無関係になされたものと認められるとするものがあった（新潟地判昭和42・2・23判時493号53頁）が、主要目的ルールが明確に用いられるようになったのはバブル期からである。

主要目的ルールは、バブル期のグリーン・メーラー的な株式買占めに対抗するために、会社が対抗増資を決定したのに対し、株式買占者が新株発行差止仮処分申請という形で争った仮処分訴訟における、不公正発行の認定基準として形成されたものである。

忠実屋・いなげや事件で示された主要目的ルールは、会社に支配権争いがある場合に、従来の株主の持株比率に重大な影響を及ぼすような数の新株が発行され、その第三者割当てが、特定の株主の持株比率を低下させ、現経営者の支配権を維持することを主要な目的としてなされたときは、その新株発行は不公正発行にあたり、また、その主要目的がそこまであるとはいえなくても、特定の株主の持株比率が著しく低下することを認識しつつなされる新株発行は、それを正当化させるだけの合理的理由がない限り、不公正発行にあたるとするものである（東京地決平成元・7・25判タ704号84頁）。

多くの裁判例は、主要目的ルールに従いながら、資金調達目的と不当目的を比較し、資金調達目的を主要目的と認定し仮処分申請を却下した（大阪地決昭和62・11・18判時1290号144頁〔タクマ事件〕、東京地決昭和63・12・2資料版商事58

*562*

号29頁〔宮入バルブ第1次事件〕、前掲東京地決平成元・9・5〔宮入バルブ第2次事件〕、大阪地決平成2・7・12判時1364号104頁〔ゼネラル第2次事件〕、なお、買収防衛策に対するものではないが、ベルシステム24事件に関する東京地決平成16・7・30判時1874号143頁、東京高決平成16・8・4金判1201号4頁参照）。

　これらの裁判例は、株式買占者の属性や買占目的、資金関係を総合して判断されたものと考えられるが、結論的には妥当であるとしても、理論的には問題があるばかりか、多くは、不公正発行と認定されてもやむを得ない事案であったといえよう。この意味で、資金調達の必要性を強調すべきではない。資金調達目的があるのは、通常の新株発行（募集株式の発行）の当然の前提要件である。

　資金調達の必要性は、新株発行が不公正ではないとして、発行を正当化するための事実ではあるが、単純に支配権の維持・確保目的と同一平面上で比較検討して、いずれが主要目的であるかを比較して、不公正発行であるか否かを判断すべきではないと思われる。

　主要目的ルールを認定基準としながら、バブル期において仮処分申請が認められた唯一の事例として、前掲の忠実屋・いなげや事件がある。これは、株式の買占めにあった「忠実屋」と「いなげや」が相互に株式を引き受けたという特殊事情がある。これでは、資金調達の目的を達成することができないから、新株発行を正当化させる合理的理由があるとはいえない。そこで、資金調達の目的を主要目的であるとするわけにはいかないから、不公正発行と認定されることは、当時の主要目的ルールによるも避けられなかったといえよう。

　従来の主要目的ルールは、支配権維持目的と資金調達目的の、いずれが主要目的であるかを基準とするものであるが、支配権維持目的と資金調達目的とを同一平面で並べて比較検討すべきなのかという疑問があった。そこで、裁判例の多くは、次第に資金調達の目的を比較の対象からはずし、近時では、当該新株発行が支配権の維持・確保を主要な目的とするものか否かを判断の基準とする傾向に向かい、ライブドアとニッポン放送事件の東京高等裁判所の決定（東京高決平成17・3・23判時1899号56頁）により、主要目的ルールはほぼ結実したといえよう。なお、この東京高等裁判所の決定は、基本的には、忠実屋・いなげや事件で示された前掲の東京地方裁判所の決定の認定基準を承継していると

第14章　新株発行をめぐる訴訟

みることができる。

　　㈦　近時の不公正発行と主要目的論

　著しく不公正な方法による新株の発行（会社210条2号）とは、不当な目的を
達成する手段として新株の発行を利用する場合をいう。不当な目的を達成する
手段とは、会社の支配権について争いがある場合に、既存の株主の持株比率を
低下させ、現経営者の支配権を維持することを主要な目的として、既存の株主
の持株比率に重大な影響を及ぼすような数の新株を発行し、それを第三者に割
り当てる場合をいうとの定義が定着している。

　そして、不公正発行の認定基準として、不当目的と資金調達の必要性（正当
目的）を比較して、いずれが主要目的であるかを判断するという方法から、端
的に、主要目的が何かという認定基準に移っているが、資金調達の必要性を不
当目的の認定判断に用いているともみることができる。

　近時、反対派取締役の解任議案の成否の見通しが必ずしもつかない状況の下
で、株主総会の直前に、あらかじめ反対派取締役を解任する旨の会社提案に賛
成することを表明している第三者に新株を発行し、会社法124条4項に基づき
議決権を付与する場合は、他にこれを合理化できる特段の事情がない限り、現
経営者の支配権を維持することを主要な目的としてなされたものであると推認
できるとし、資金調達の一般的な必要性があったことは否定できないが、これ
らを合理化できる特段の事情の存在までは認められないとした決定がある（東
京地決平成20・6・23金判1296号10頁）。この決定は、資金調達の必要性を特段の
事情と位置づけたうえで、それが合理化できるまでには認められないとするも
のである。

　また、新株の発行前でも、抗告人（債権者）が提案する取締役の選任決議が
否決され、抗告人が提案する取締役の解任決議が可決される可能性は極めて低
く、抗告人の提案を否決するためにあえて新株発行を実施しなければならない
必要性に乏しく、他方で、会社の資金調達の必要性は高く、これまでも第三者
割当増資を試みたが失敗していた経緯から、新株発行を第三者割当増資とし、
その割当先を現経営者側として計画した事案について、新株発行が、現経営陣
の支配権維持を主要な目的とするものであったこと、つまり、不当な目的を達
成する手段として利用されたとの疎明はないとしてこれをやむを得ないとした

*564*

決定がある（東京高決平成21・3・30金判1338号50頁）。

この決定は、現経営陣の支配権維持目的で新株を発行しなければならない状況になく、また資金調達の必要性が高いという状況の下で、不当な目的を達成する手段として利用されたとの疎明がないとしたものである。直接、主要目的を問題にすることなく、不当目的について疎明がないとしたのであるが、実質的には主要目的論によっていると考えられる。

　(エ)　差止仮処分申請

　　(A)　申請の時期

新株発行が効力を生ずる日（払込期日または払込期間。以下、「払込期日等」という）以前に、仮処分申請がなされ、仮処分命令が発令されなければならない。払込期日等が経過すれば、新株発行の効力が生ずるから差止めはあり得ない。

新株発行差止事由が、発行新株の一部について存在する場合は、一部について差止仮処分申請の対象となる。差止めであることから、新株発行が効力を生ずる前に、仮処分を申請し、仮処分命令が発令されなければならない。新株発行が効力を生じれば、もはや差止請求権は存在しないから仮処分申請は却下される。

このように、新株発行の差止めは、会社による新株発行の決定時（多くは、取締役会の新株発行決議）から、払込期日等の前日までの間になされなければならず、払込期日等の経過により差止請求権は消滅する。

このことは、会社が、新株発行の公告または通知の義務を怠り、株主が差止請求権を行使する機会がなかった場合でも同様である。払込期日等が経過すれば、新株発行が効力を生ずるから、以後、新株発行無効の訴えとして争われることになるが、新株発行の公告または通知義務の懈怠は新株発行の無効原因となる。

仮処分命令が発令された場合、債務者会社が仮処分異議（保全異議）等により仮処分命令の取消しを求めても、新株発行が効力を生ずる日までに、仮処分命令の取消しがなければ、新株発行手続を行えない状態が継続し、払込期日等の経過により当該新株発行が行われなかったことが確定する。

　　(B)　訴訟物・管轄

当事者は、本案訴訟たる新株発行差止めの訴えと同じであり、仮処分の対象

第14章　新株発行をめぐる訴訟

となる請求も本案の訴訟物と同一である（前記(1)(イ)参照）。また、管轄裁判所も同一である。新株発行差止仮処分は仮の地位を定める仮処分であるから、仮処分申請をすべき管轄裁判所は本案の第一審裁判所となり（民保12条１項・３項）、会社の本店所在地を管轄する地方裁判所ということになる。

　　　(C)　当事者

　債権者（申請人）は株主であるが、差止めは当該株主の利益を確保するために認められた制度であるから、仮処分の申請時だけでなく、仮処分の裁判が係属している間、引き続き株主でなければならない。株主であることを要件とするから（会社210条）、種類株式の株主にも提訴権が認められる。単元未満株主は、定款により提訴権が制限されている場合（同法189条２項）については債権者適格者ではないと考えられる。実際上も、新株発行差止めが問題になるのは、支配権争いが絡む場合が大半であるから、新株発行により持株の経済的価値の低下が多少あるにしても、単元未満株主に差止仮処分申請を認めることはないであろう。単元未満株主に債権者適格を認めれば、濫用による弊害がないとはいえない。

　仮処分債務者は、本案の被告と同様に会社である。債権者株主が取締役である場合の会社代表については、本案訴訟たる新株発行差止めの訴えの場合と同様に取り扱われる。新株の株主は、新株の発行に重大な利害関係を有するから、債務者会社に補助参加することができる。

　払込取扱金融機関は債務者とならないが、払込期日または払込期間内の新株払込金の払込みにより新株発行の効力が生ずることから、これを阻止するために、第三債務者として、払込金の受入禁止または申込証拠金の払込金への充当禁止を求める必要があろう。

　　　(D)　立証責任

　新株発行差止仮処分についても、通常の仮処分申請の場合と同様に、債権者株主において、被保全権利と保全の必要性を立証しなければならないが、一般に、被保全権利が疎明されたならば、保全の必要性も認められるであろう。

　債権者株主が、差止事由について主張・立証しなければならない。法令違反については、当該新株発行が法令違反となる具体的事実を主張・立証しなければならない。

*566*

特に有利な発行価額であるのに、株主総会の特別決議を経ていない場合については、特に有利な発行価額であること、株主総会の特別決議を経ていないことについて主張し、疎明する必要がある。この点、株主総会の特別決議を経ていないことについては、法令違反の要件であるから債権者株主において主張しなければならないが、株主総会の特別決議を経たということは、債務者会社の疎明事由であると解される。そうすれば、株主総会の特別決議を経ていないとの債権者株主の主張は、否認（先行否認）となると考えられる。

定款に定めていない種類の株式の発行の場合は、当該発行決議に関する株式は、定款に記載されていない種類の株式であること、取締役会の決議を欠くなど手続違反の場合は、手続違反について、具体的に主張し疎明しなければならない。

株主以外の者に対する新株発行であるのに、通知・公告がなされていない場合は、通知・公告がないことを主張し、疎明しなければならない。この点、通知・公告がないことの立証は困難であるから、会社において通知・公告がなされたことを立証すべきであるとの見解がある[14]。

現実には、会社において通知・公告をした事実を主張・立証することになるが、新株発行を違法とする要件であるから、債権者株主において通知・公告がないことを主張・立証（疎明）しなければならない。もっとも、債権者株主が、自己または他の株主に通知がないことを疎明すれば、通知がないことが推認され、会社において通知をした旨を立証しなければならない。公告については、相当な方法で調査するも、公告の事実はみあたらなかった旨を、報告書等により疎明することになろう。

不公正発行については、当該新株発行が不公正発行となる具体的事実を主張・立証しなければならないが、当該新株発行が支配権の維持・確保を目的とする不当（違法）なものであることについて、主張と疎明が要求される。

支配権の維持・確保という不当目的は、会社に経営支配権をめぐる争いが存在すること、新株発行が決定された時期、緊急の必要性のないこと、割当先、発行する株式数、発行価額などの間接事実を総合して疎明することになる。こ

---

14　商事関係訴訟265頁。

れが認められると不公正発行と認定されるのであるが、これに対し、債務者会社は、当該新株発行は、資金調達の必要性によるものであるとか、その他正当目的によるものであることを立証することになる。これについての立証が不十分であれば、不公正発行と認められ、差止仮処分が発令される。

資金調達の必要性などの正当目的が立証された場合に、支配権の維持・確保目的（不当目的）と正当目的のいずれが新株発行の主要目的であるかの判断が、裁判所に委ねられることになる。しかし、近時においては、主要目的を比較検討し認定するのではなく、不当目的の有無が重視される傾向にあるが、適正であるといえよう。

　(オ)　差止仮処分の効力

　　(A)　効　力

新株発行差止仮処分は、本案の訴訟物と同一請求である差止請求権を、仮処分により実現する仮の地位を定める仮処分であり、しかも、本案の権利関係を実現する満足的仮処分である。仮処分の効力は、単に、会社および新株の発行権限を有する者に対し不作為を命じるのではなく、会社すなわち新株発行権限を有する取締役会等が、新株発行手続を続行し得ないという仮の地位を形成するものである。その結果、法律上、会社は新株発行を行うことができない。それゆえ、差止仮処分命令に違反して新株発行をしても、有効な新株発行とはいえないから新株発行の無効原因となる。

　　(B)　仮処分の効力発生時期

仮処分命令の送達により、差止命令の効力が生じるのであって、（狭義の）執行を考える必要はない。債務者会社に、差止仮処分命令が送達されることにより、会社の新株発行手続が停止されるという法的効力が生ずる（新株発行をなし得ないという仮の地位が形成される）。

　　(C)　本案付随性の希釈化現象

仮処分命令により本案の請求（新株発行差止め）を実現し、しかも、差止請求権が認められる期間も、払込期日等（新株発行が効力を生ずる日）までに限られることから、本案代替性が強い仮処分であるばかりか、実際上、本案訴訟の提起を予定しない仮処分であるということができる。

　　(D)　実質的効力を有する期間

仮処分命令の実質的効力は、新株発行が効力を生ずる日までに限られる。その日が経過すれば、新株発行は行われないことに確定し、差止請求権自体が存在しないことになり、仮処分命令の実質的効力は失われる。したがって、その日の経過後に起訴命令を発することに別段の意味は認められない。もはや、本案の提起をなし得ないからである。

(カ) 差止仮処分違反の効力

旧商法280条ノ10（会社210条）に基づく、新株発行差止仮処分命令が発令されたにもかかわらず、会社がこれに違反して新株を発行した場合の効力が問題になる。新株発行は無効であるとの説[15]、差止仮処分命令に違反したことのみを理由として、新株発行は無効にならず、実質的な無効原因がある場合に限って無効となるとする説[16]、取引の安全確保のため無効事由とはならないとする説[17]など、学説は無効説と有効説に分かれている。

これに対し、判例は無効説の立場をとっている。その理由は、新株発行差止仮処分命令が発令されているにもかかわらず、あえて仮処分命令に違反して新株発行がなされた場合に、この仮処分命令に違反したことが、新株発行の効力に影響がないとすれば、差止請求権を株主の権利として特に認め、しかも仮処分命令を得る機会を株主に与えることによって、差止請求権の実効性を担保しようとした法の趣旨が没却されてしまうことになるから、仮処分命令違反は新株発行の無効原因になるとする（最判平成5・12・16民集47巻10号5423頁）。しかし、差止請求権を認めた実質的趣旨と、差止請求権の実効性確保を理由とするにとどまり理論的な説明はしていないが、根底にはこの仮処分は会社に不作為義務を課すものである、との考えがあるのではなかろうか。

新株発行の無効原因となる理由であるが、差止仮処分は仮の地位を定める仮処分として、取締役会および代表取締役の新株発行権限を暫定的に停止するものであるから、会社の新株発行手続は停止されており、会社は新株発行をなし得ない。そこで、たとえ、新株が発行されても新株発行の無効原因となる。そ

---

15 　田中誠二『会社法詳論(下)〔3全訂版〕』1002頁、大隅健一郎＝今井宏『会社法論(下)〔第3版〕』665頁。

16 　北沢正啓『会社法〔第6版〕』544頁。

17 　前田庸『会社法入門〔第10版〕』671～672頁。

第14章　新株発行をめぐる訴訟

して、このことは、仮処分命令の発令時以前に、新株の払込金が払い込まれている場合についても同様であると解すべきである。

仮処分命令により、会社の新株発行権限が停止され、会社は新株発行手続をなし得ないのであるから、仮処分命令に違反して会社が新株発行手続を続行した場合、払込期日等の経過により新株発行の効力が発生したとしても新株発行の無効原因となる。

払込期日または払込期間の経過後に仮処分が取り消されても、当該新株発行は行われないことに確定しているから、会社は発行手続を続けることはできず、あらためて手続をする必要がある。

　(キ)　新株発行差止仮処分と無効の訴えの提訴期間等

　　(A)　提訴期間

新株発行差止仮処分は、新株発行が効力を生ずるまでに発令されなければならず（本案判決たる新株発行差止めの訴えも、新株発行が効力を生ずるまでに判決が確定しなければならないから、現実には、訴えによることは不可能である）、新株発行が効力を生じた後は、新株発行無効の訴えによることになるが、提訴期間は6カ月（非公開会社については1年）である（会社828条1項2号）。

　　(B)　提訴期間経過後に株主が新株発行を知った場合

新株発行の無効は、提訴期間内に訴えの方法により主張しなければならない。しかし、株主が新株発行の事実を知ったのが、提訴期間の経過後であった場合の取扱いが問題となる。この点、提訴期間を法定したのは、新株発行をめぐる法律関係の早期確定の要請によるものであるから、提訴期間の経過後は、理由のいかんを問わず、新株発行無効の訴えは提起し得ない。株主の知または不知という主観的事情により、提訴期間を別異にするのは適切でない。株主に生じた損害は、新株発行に関与した取締役等に対する損害賠償責任を追及すべきであるとするのが一般的な見解である。

しかし、これでは、株主に新株発行無効の訴えの提起権を認めた意味が減殺され、また、通知・公告の懈怠を新株発行の無効原因とした趣旨が失われる。加えて、支配的地位の回復は不可能である。

提訴期間内に提訴していれば、仮処分違反として新株発行の無効が認められる場合であるのに、被告会社が仮処分違反の新株発行を秘密裡に行ったため、

*570*

新株発行差止めの訴えが却下または棄却されるのみならず、新株発行無効の訴えの提訴期間が経過しているので、新株発行無効の訴えの提訴もできないとすることは明らかに不合理である。

そこで、技巧的ではあるが、提訴期間を株主が新株発行の事実を知った時から起算するとの取扱いが妥当であろう。しかし、新株発行の事実を知った時の解釈に、何らかの制限を設けなければ、新株発行をめぐる法律関係が不安定になる。そこで、具体的事情にもよるが、合理的な期間を経過している場合は、もはや提訴し得ないと解される。そうすれば、新株発行を知った時について期間制限を設け、たとえば、新株発行を知った時から6カ月以内に限るべきであろう。非公開会社については、規定どおり1年でよいであろう。

(C) 新株発行差止めの訴えの係属中に新株の発行がなされた場合

新株発行差止めの訴えの係属中に、新株発行がなされた場合、訴えの対象（訴訟物）の消滅または訴えの利益が失われたものとして、新株発行差止めの訴えは却下されることになる。この場合、訴えの却下前ならば、新株発行差止めの訴えを新株発行無効の訴えに変更することができる。同一事実関係に基づく一連の行為であり、請求の基礎が同一であるから変更は可能である。

原告が、新株発行の事実を知ったので、新株発行無効の訴えに変更する必要が生じたが、そのときすでに、新株発行無効の訴えの提訴期間が経過していた場合の取扱いが問題となる。提訴期間の原則によれば、もはや、提訴期間経過後の訴え変更として不適法になる。この点を解決するために、新株発行差止めの訴えの提訴時に、新株発行無効の訴えが提起されたものと解し、提訴期間に関して救済するという手法が考えられる。ただ、新株発行差止めの訴え（新株発行の効力が生ずる前）と新株発行無効の訴え（新株発行の効力が生じた後）は、同時に存在しないことから、同一提訴時とする取扱いは、理論的に無理であり、予備的請求がなされていたともいえないであろう。そこで、新株発行の事実を知った時から、6カ月以内（通じて、1年以内）に訴えの変更をなしうるとの解釈によらざるを得ない。

(D) 差止仮処分違反の新株発行と新株発行無効の訴えの関係

差止仮処分違反の新株発行は無効であるが、会社が仮処分に違反して新株を発行した事実が判明したのは、新株発行無効の訴えの提訴期間（会社828条1項

第14章　新株発行をめぐる訴訟

2号）経過後であった場合の取扱いが問題となる。提訴期間経過後であるとの
理由で、新株発行無効の訴えの提訴を認めないというのでは、仮処分違反の新
株発行を無効とした意味が大きく失われることになる。そこで、仮処分違反の
新株発行の無効の訴えの提訴期間は、仮処分違反の新株発行を知った時から起
算せざるを得ない。会社が仮処分に違反して秘密裡に新株を発行したのである
から、上述のように新株発行を知った時から6カ月の提訴期間とすべきである。

　差止仮処分違反と新株発行の無効について、新株発行差止仮処分の発令を受
けた債権者が、新株発行差止請求訴訟（本案訴訟）を提起し、本案訴訟の係属
中に、会社が秘密裡に新株発行手続を行ったことから、原告（債権者）が新株
発行の事実を知ったのが、新株発行無効の訴えの提訴期間経過後であった場合
は、新株発行差止めの訴えを新株発行無効の訴えに変更することができ、この
場合は、新株発行無効の訴えは差止めの訴えの提起時に提起したものと取り扱
われる（最判平成5・12・16民集47巻10号5423頁）。新株発行の差止請求と無効請
求は同時に存在し得ないから、訴えの変更は便宜的な取扱いではあるが、請求
の基礎の同一性が認められることから（民訴143条1項）、差止請求を無効請求
に変更することを認めるべきであり、訴えの変更により対処することは、差止
仮処分違反の新株発行を無効とする実効性確保のために妥当な解釈である。

　しかし、これは差止仮処分を得た債権者が本案訴訟である差止めの訴えを提
起している場合に限って可能である。多くの場合、債権者は差止仮処分の発令
により、会社を信頼して本案訴訟を提起していないから、訴えの変更によるこ
とはできない。しかし、これでは、仮処分違反の新株発行が有効となる結果を
生じ、著しく不公正になる。

　もっとも、公開会社のうち、上場会社については、仮処分違反の新株発行は
まず考えられないから、実際上あまり問題にならない。上場会社以外では、株
式取引の安全確保はあまり重視すべきではないから、これを制限的に解するた
めの理由とすべきではない。また、非公開会社については、提訴期間を1年と
しているから、仮処分違反の場合でもこれに従うべきである。

　　⒠　差止仮処分違反の新株発行と新株発行の不存在事由
　差止仮処分違反の新株発行は、新株発行不存在事由となるのではないかとい
う疑問点がある。旧商法の下でも、新株発行の不存在は解釈上認められていた

が、会社法は、明文をもってこれを認めたことから（会社829条1号）、新株発行の不存在はより積極的に認めることが可能となった。

新株発行の不存在とは、新株発行の実体がない場合をいうのであるが、それは、物理的に新株発行の実体がない場合はもとより、物理的には存在するような外観を呈していても、手続的または実体的瑕疵が著しいため、不存在であると評価される場合を含み、しかも、法的評価として、不存在である場合も含まれると解すべきであるから（東京高判昭和61・8・21金法1146号40頁、名古屋高判平成4・10・26金判1015号31頁）、差止仮処分違反の新株発行は、新株発行の不存在事由とみることも可能である。

新株発行差止仮処分により、会社は新株の発行手続が停止され、会社の新株発行権限を有する代表取締役等も、新株発行をなし得ないという法的状態が形成される。そこで、仮処分に違反した手続を進め新株を発行した場合は、物理的には新株発行が存在するとしても、法的評価として新株発行は存在しないといわざるを得ない。差止仮処分違反の新株発行が無効というのも、会社法の下では不存在であるとの意味に理解すべきであろう。

旧商法の下で、差止仮処分違反の新株発行は、新株発行の無効原因となるとの判例理論が形成され（前掲最判平成5・12・16）、会社法の下でも同様に考えられている。しかし、なぜ無効原因となるのかは明らかでなく（仮処分違反だけを理由に無効であるとするのは難しい）、ただ、無効としなければ株主に差止権を与えた趣旨が没却される、差止仮処分の実効性が確保できないというにとどまっている。

この点、差止仮処分により、会社は新株を発行することができない、代表取締役等も新株発行手続をしてはならないという仮の地位が形成され、会社は新株発行手続をなし得ないから、仮処分に違反して新株を発行しても新株発行は不存在ということになる（新株発行の外観があるというだけである）。そうすれば、差止仮処分違反の新株発行が無効であるというのは、新株発行は不存在であるという意味となる。

しかし、旧商法は新株発行不存在確認の訴えを規定していなかったことから、新株発行無効の訴えとして取り扱わざるを得なかったのである。このことは、新株発行の実体がないのに、登記されるなど新株発行がなされた外観がある場

合は、新株発行無効の訴えに準ずるものとして、新株発行不存在確認の訴えを認めていたことからも（最判平成9・1・28民集51巻1号40頁）、理解することができる。このように、旧商法は新株発行の不存在を、新株発行の無効に含めて処理してきたとみることができる。

ところが、会社法は新株発行不存在確認の訴えを規定したので（会社829条1号）、差止仮処分違反の新株発行（募集株式発行）を新株発行不存在確認の訴えとすることができ、これを本案として、新株発行差止仮処分（同法210条、民保23条2項）によることが可能となった。このように、会社法の下では、差止仮処分違反の新株発行が無効であるというのは、新株発行が不存在という意味に理解すべきであろう。

このように解することにより、6カ月間という提訴期間の制限（会社828条1項2号）を受けないから、差止仮処分違反の新株発行が行われたことを、提訴期間の経過後に知った場合の取扱いに関する複雑な問題は生じない。

(F)　仮装払込みと新株発行差止仮処分

募集株式の引受人は、所定の期日までに全額の払込みまたは給付義務を履行しない場合は失権（株主となる権利を失う）するが（会社208条1項・2項・5項、209条1項）、仮装払込みの場合は、外形上有効な払込みがなされているから引受人は形式上株主となる。しかし、払込みは仮装であるから違法発行として新株発行の無効原因となり、新株発行の前であれば有効な払込みがないとして、新株発行差止仮処分の対象となる。払込期日に払込金額の全額の払込みがなされた場合、当該新株発行の効力が生じ、引受人はその日に株主となるのであるが（会社209条1項1号）、払込みが仮装された場合は、有効な払込みがないから新株発行の効力が生じない。しかし、新株が発行されたような外観を生じ、それを除去するためには新株発行無効の訴えによらなければならない。そこで、新株発行差止仮処分により、新株が発行されたような外観が発生することを防止するのである。そして、当該株式の発行は差止めの対象となる。

新株発行の差止仮処分は、当該新株発行に係る全部の新株が差止めの対象となるが、一部の引受人に発行する新株についてのみ差止事由があるときは、発行する新株の全部を差し止める必要はなく、その部分を差止めの対象とすればよいから、払込みの仮装部分が差止めの対象となる。

**574**

平成26年改正会社法は、払込みを仮装した株式引受人と取締役の支払義務の規定を新設したが（会社213条の2第1項、213条の3第1項）、この株式引受人等の支払義務は、新株が発行された後のものであり、発行差止めという事前的措置とは異なり、この規定により発行差止めが認められないことにはならない。

### (3)　自己株式の処分差止めの仮処分

#### (ア)　差止手続と提訴期間

自己株式の処分は、新株発行と同一手続で行うこととし、募集株式の発行等として規定しているが（会社199条1項）、自己株式の処分禁止についても、新株発行差止めと同一手続で行われる（同法210条）。自己株式の処分禁止も、差止仮処分であることから、自己株式の処分がなされる前に、仮処分が発令されなければならない。

#### (イ)　差止事由

差止事由は、自己株式の処分が、①法令または定款に違反する場合、②著しく不公正な方法により行われる場合である。自己株式の処分差止めの仮処分は、会社法が新たに認めたものであるが、旧商法時代に新株発行差止仮処分に関して形成された判例と裁判例が、この場合にも通用するものと考えられた。

#### (ウ)　自己株式の処分の類型

自己株式の処分は、株主に対して処分する場合、第三者に対し処分する場合、公募の場合が考えられるが、新株発行の場合と同様に取り扱うことになる。

法令違反の代表的な場合は、第三者に対し特に有利な価格で処分するのに、株主総会の特別決議を経ていない場合である。不公正な方法による処分の代表例は、支配権維持・確保目的で、第三者に対し自己株式を譲渡する場合であるが、いずれも、新株発行の場合に準じて取り扱われる（前記(2)(イ)参照）。

#### (エ)　自己株式処分の効果

不公正な方法による処分についていえば、自己株式には議決権がないが、譲渡により当該株式の議決権が復活する。そこで、特定の第三者に譲渡すれば、支配権争いの相手方の議決権割合を相対的に低下させるから、第三者割当ての新株発行と同様の効果が生ずる。

---

18　鈴木竹雄『商法研究Ⅲ』231〜232頁、名古屋地半田支決平成12・1・19判時1715号90頁参照。

第14章　新株発行をめぐる訴訟

しかし、新株発行の場合と異なり、発行済株式数は増えないから、他の株主に与える影響は少ない。

　(オ)　自己株式の処分差止めの仮処分の効果

自己株式の処分差止め（処分禁止）の仮処分が発令されたのに、会社が自己株式の処分をした場合は、会社が自己株式の処分をなし得ないのに処分したことになるから処分は無効である。しかし、無効をもって善意の譲受人には対抗できない。譲受人が悪意の場合は、譲受人は会社から譲り受けた自己株式を返還しなければならない。この場合、自己株式の返還義務と譲受代金の返還請求とは、同時履行の関係にある。

当該処分された自己株式が、悪意の譲受人から第三者に譲渡された場合は、第三者の保護が考えられなければならない。この場合、譲受人の手元に株式がある場合は無効であり、善意の第三者との関係では、有効であるとの考え方もできるが、やはり無効ではあるが、会社は善意の第三者に対抗できないと解すべきであろう。

**【記載例24】　新株発行（募集株式発行）差止仮処分申請**

---

## 申　請　の　趣　旨

　債務者が、平成××年×月×日の取締役会決議に基づき、現に発行手続中の普通株式××万株の新株の発行を仮に差し止める。

## 申　請　の　理　由

1　債務者は、平成×年×月×日に設立された発行済株式総数600万株、資本金10億円、××を事業目的とする株式会社であり、会社法2条5号所定の公開会社である。債権者は、債務者の普通株式310万株を有する株主である。

2　債務者は、平成××年×月×日開催の取締役会において、次のような新株発行決議を行った。

　　ⅰ）　発行株式の種類および数　　普通株式150万株

　　ⅱ）　払込金額　　　　　　　　　1株につき500円

　　ⅲ）　払込期日　　　　　　　　　平成××年××月××日

　　ⅳ）　発行方法　　　　　　　　　特定の第三者割当（割当先××）

3　本件新株発行には，次のような法令違反があり，差止めを免れない。

　　債務者の株価は，平成××年×月ころから800円台を維持しており，本件新株の発行を決議した取締役会の直前日の終値は1000円である。そこで，債務者が新株発行に係る募集株式の払込金額は，この市場価格を基準にして90％を限度とすべきである。

　　しかるに，本件払込金額500円は直前日の終値の2分の1であり，市場価格を大きく下回っていることから，特に有利な金額というべきである。

　　そうすれば，本件新株発行は，会社法199条2項所定の株主総会の特別決議を必要とするが，特別決議を経ていないから，法令に違反するといわなければならない。

4　本件新株発行は，著しく不公正な方法によるものであり差止めを免れない。

　　債権者は，債務者の約52％の株式（議決権比率）を有する株主であるが，現在，債務者の取締役との間で経営支配権争いが存在している。

　　本件新株発行は，債権者の持株比率を低下させることにより，債務者の取締役が経営支配権を維持することを主要な目的として行われるものであり，本件新株発行が行われると，債権者の持株比率は50％を大幅に下回るという不利益を受けることは確実である。しかも，本件新株発行には，別段，資金調達の必要性も見当たらない。

5　債権者は，債務者に対して本件新株発行の差止請求の本案訴訟を提起すべく準備中であるが，払込期日は13日後に迫っており，それまでに本案判決が確定しないことは明らかである。

　　新株発行が効力を生じた後は，差止請求権は消滅するから，本案請求は無意味になる上，これにより，債権者は上記の通り経済的損害および会社支配に関する不利益を被るので，仮処分命令により本件新株発行を差し止める必要がある。

## 5　募集株式の発行と払込みの仮装

### ⑴　募集株式の引受人による出資の履行の仮装

　仮装払込みの多くは、「見せ金」によるものであり、実質的には払込みはなく無効である（最判昭和38・12・6民集17巻12号1633頁）。払込み（出資）の履行の仮装は、第三者割当ての募集株式の発行の場合に、株式引受人により行われることが多いが、会社の設立に際し、設立時募集株式の引受人により行われる

第14章　新株発行をめぐる訴訟

こともある。

　募集株式の引受人は、払込期日または払込期間内に払込金額の全額または現物出資財産全部の給付をしなければならず（会社208条1項・2項）、これを怠れば失権（株主となる権利を失う）する（同条5項）。募集株式の引受人は、払込期日（払込期間を定めた場合は、払込みをした日）に新株発行の効力が生じ株主となるが（同法209条1項）、払込みが仮装の場合は有効な払込みではないから引受人は株主とはならない。しかし、仮装の払込みであるにもかかわらず増資の登記がなされ（同法915条1項）、また、引受人は株主として取り扱われることがある。

　出資の履行が仮装の払込みによる場合、増資無効（募集株式の発行無効）の訴えの原因となるが、それだけでは対処し得ない。旧商法は、新株の発行による変更の登記の後、引受人のいない株式があるときは、取締役は共同して株式を引き受けたものとみなす（取締役の引受担保責任）と規定していた（旧商280条ノ13第1項）ため、仮装による払込みで引受人が失権したときは、取締役の引受担保責任で対応できた。しかし、会社法ではこの規定は削除されたため、仮装の払込みを誘発することになった。払込みを仮装した引受人は、有効な払込みがないとして失権するが、そのことを理由に出資の履行義務を負わないとするのは明らかに不合理である。そこで、平成26年改正会社法は特別の規定を設けて対処することとした。

## (2)　出資の履行を仮装した募集株式の引受人の責任

　仮装払込みにより募集株式の発行が無効であると解するにしても、募集株式の発行の無効は訴えによらなければならない（会社828条1項2号）。無効判決が確定した場合でも、将来に向かって無効となるから（同法839条）、無効判決が確定するまでの間は、有効な出資の履行がないにもかかわらず、当該引受人または新株の譲受人は株主として取り扱われることになる。また、当該発行された株式が第三者に譲渡される場合もある。しかも、募集株式発行無効の訴えの提訴期間は、株式の効力が生じた日から6カ月以内であるから（同法828条1項2号）、期間内に提訴がない場合は仮装払込みによる募集株式の発行であっても有効なものと確定することになる。

　株主として取り扱われるのにもかかわらず、募集株式の払込みを仮装した引

受人を失権させ、払込義務を負わないとするのは明らかに不合理であるから、本来拠出すべきである財産をもって義務を履行させるべきである。

そこで、平成26年改正会社法は、募集株式の払込みを仮装した引受人に対し、仮装した払込金額全額（仮装が一部の場合はその部分）について払込義務または現物出資財産の給付義務を課し、現物出資財産の給付を仮装した場合は、現物出資財産の給付義務（会社の請求により、これに代えて現物出資財産に相当する金銭の支払義務）を課した（会社213条の2第1項）。

これにより、募集株式の引受人は払込期日等の経過後においても出資義務を免れず、仮装した払込金額の全額の支払義務、または現物出資財産の給付義務を負うことになる。

仮装払込みをした引受人または仮装払込みに関与した取締役は、支払義務等を負うが（会社213条の2第1項、213条の3第1項）、それを理由に募集株式の発行無効原因にならないとはいえない。しかし、支払義務等が履行され出資がなされた状態が確保された場合は、払込み等の瑕疵は治癒され無効原因は消滅することになる。したがって、募集株式の発行無効の訴えの係属中に、引受人または仮装払込みに関与した取締役が、支払義務等を履行したときは無効の訴えは請求が棄却される。

募集株式の引受人は払込期日等の経過により失権した場合でも、払込義務または現物出資財産の給付義務を免れないことになるが、引受人のこの義務は、代表訴訟の対象となり（会社847条1項）、総株主の同意がなければ免除することができない（同法213条の2第2項）。

引受人は払込義務を履行した場合、または仮装払込みに関与した取締役が払込義務または現物出資財産の給付義務を履行したときは、引受人は失権しなかった（引受人の地位を回復する）ものと扱われ、当該株式の株主となると解される。

(3) **出資の履行の仮装に関与した取締役等の義務**

仮装払込みに関与した取締役等の支払等義務は引受人が負う義務と同様である。引受人が出資の履行の全部を仮装していた場合は、取締役等は全部について支払等義務を負い、一部を仮装していた場合は、一部について支払等義務を負う。

第14章　新株発行をめぐる訴訟

　ただし、取締役等（出資の履行を仮装した者を除く）が、職務を行うについて、注意を怠らなかったことを証明したときは、支払等義務を負わない（会社213条の3第1項ただし書）。任務懈怠責任がなかったことおよび仮装に関与した取締役等がその職務を行うについて注意を怠らなかったこと（無過失）を証明したときは義務を免れるとしたのである。しかし、出資の履行の仮装に関与した取締役等（単に、見過ごしたのではない）が、無過失を証明することは困難である。

　出資の履行を仮装した引受人が支払等義務を負う場合に、これに関与した取締役等も支払等義務を負うときは連帯債務とされる（会社213条の3第2項）。この性質は不真正連帯債務である。しかし、取締役等が支払等義務を履行しても、取締役等は引受人ではないから株主にはならない。株主となるのは出資の履行を仮装した引受人である。この場合、支払等義務を負うのは引受人であり、取締役等は引受人の支払等義務を履行することになるから、引受人に対し求償権を行使することができる（民442条）。

　払込みの仮装に関与した取締役等の義務を免除するために総株主の同意を要するとの規定はない。取締役等は出資の履行の仮装によって、自らが利益を得るわけではないこと等を踏まえ、この義務の免除について、総株主の同意を要するものとしていないとの解説がなされている[19]。しかし、代表訴訟の対象となる取締役等の責任または義務は、それにより利益を得ていることを要件としないはずである。また、この義務の免除について総株主の同意を要しないとすることは、代表取締役または取締役会の判断でこの義務を免除することが可能ということであるが、そうすると代表訴訟による責任追及の対象とすることとの整合性が問題になる。総株主の同意を必要とするのは、株主の代表訴訟提訴権を確保するためであるからである。

　しかし、取締役の義務は、代表訴訟による責任追及の対象であるが、払込みの仮装に関与した取締役等の義務は代表訴訟の対象となっていない（会社847条1項参照）。引受人の仮装払込みに伴う取締役等の特別の義務を代表訴訟の対象とするためには、その旨の規定が必要であることから、この取締役等の義

---

19　坂本三郎編著『一問一答平成26年改正会社法』142～143頁。

*580*

務は任務懈怠による責任と理解せざるを得ない。

### (4) 出資の履行の仮装と権利行使

　出資の履行を仮装した引受人は、支払等義務を履行し、または出資の履行の仮装に関与した取締役等が支払義務を履行し、会社に対し全額出資がなされるまで、当該募集株式について株主の権利を行使することができない（会社209条2項）。

　募集株式の引受人は、払込期日または出資の履行をした日に株主となるが（会社209条1項）、引受人による出資の履行が仮装である場合は、出資は無効であって引受人は失権し株主とならない。ところが、募集株式の発行の無効が判決により確定するまで、発行された募集株式は有効なものとして存在し、引受人は形式上当該株式の株主となり、株主の権利（議決権・剰余金の分配受領権等）を行使することになる。

　そこで、平成26年改正会社法は、引受人はその義務を履行した後、または出資の仮装に関与した取締役または執行役が責任を履行するまでは権利を行使することができないとして、株主の権利行使ができないことを明確にした。

　しかし、実際には出資の履行の仮装に取締役等が関与していることが多く、会社が権利行使を拒絶することは困難であると考えられる。そこで、株主により、当該引受人は株主でないことの確認訴訟（株主権の不存在確認訴訟）を本案として、議決権行使禁止の仮処分によることが考えられる。

　引受人または取締役等が支払等義務を履行した後は、株主となり、引受人は株主の権利を行使することが認められる。出資の履行の仮装により引受人は失権するものの支払等義務を免れず、支払等義務を果たした場合には株主となるのである。いったん失権した引受人が、自己または取締役等が支払等義務を履行したことにより、会社への出資財産が確保されたことになり、引受人はその時点で復権し、株主となったと解することになるのであろう。

　なお、支払等義務の履行前に、剰余金の分配（利益配当）を受けていた場合は、理論上、会社に対する返還義務が生ずると考えられる。

　また、出資の履行の仮装に係る募集株式を譲り受けた者は、悪意または重大な過失がない限り、当該株式についての株主の権利を行使することができる（会社209条3項）。

第14章　新株発行をめぐる訴訟

　出資の履行を仮装した引受人は、支払等義務を履行するまでは、株主の権利を行使することができない（株主とならない）が、出資の履行が仮装であることを知らずに、当該株式の譲受人に権利行使を認めないことは、株式譲受人の利益に反するばかりか、株式取引の安全を害することになる。そこで、平成26年改正会社法は、株式の譲受人は、悪意または重大な過失がない限り、株主の権利を行使することができるとしたのである。株式譲受人に悪意または重大な過失があることは、権利行使を拒絶する会社が立証しなければならないが、市場流通株式についてはその立証は非常に困難である。

## 6　減資無効の訴え

### (1)　資本金の額の減少とその手続

　募集株式の発行（新株発行）により資本金の額を増加させるのが増資であるが、これと反対に資本金の額を減少させる（減資）場合もある。減資が行われる多くの場合は、経営不振により会社財産が資本金の額を下回る場合（資本の欠損）に、資本金の額を純資産以下にするためである（形式的減資）。減資額には制限がないから、資本金の額をゼロ円とすることも可能であり、また減資にあわせて増資をすることも可能である。100％減資にあわせ増資を行うことにより、既存株主を排除することが可能となる。

　減資は株主と債権者の利害に大きく関係するから、株主総会の特別決議により、減少する資本金の額、資本金の減少が効力を生ずる日（効力発生日）等を定めなければならない（会社309条2項9号、447条1項）。そして、債権者保護のために期間内に異議を述べた債権者に対し、会社は弁済もしくは相当の担保の提供または信託会社等に相当の財産を信託しなければならない（同法449条5項）。

　減資の効力は、債権者保護手続が終了した後、株主総会の決議により定まった効力発生日に生ずるから（会社447条1項3号、449条6項1号）、債権者保護手続が終了するまでは、会社は株主総会の特別決議により減資を撤回することができる（大判昭和5・7・17大審民集9巻868頁）。

### (2)　資本金の額の減少の無効の訴え

　減資の効力が生じた後、減資手続に瑕疵がある場合は無効となるが、減資の

無効は減資の効力が生じた日から6カ月以内に無効の訴えによってのみ主張できる（会社828条1項5号）。減資承認の総会決議の瑕疵を理由として決議訴訟を提起しても目的を達することはできない。また、減資の効力発生日以前に、仮処分により減資の効力の発生が停止された場合は、減資手続は停止され、効力発生日に減資の効力が発生しないことになる。

減資無効の訴えの提訴権者（原告）は、株主等（株主、取締役、監査役、執行役、清算人）、破産管財人または資本金の額の減少について承認しなかった債権者であり（会社828条2項5号）、被告は当該株式会社である（同法834条5号）。

無効原因は減資手続の瑕疵であるが、減資のための株主総会決議が特別決議によりなされていない場合、決議に無効または取消しの原因がある場合、債権者保護手続が適正に行われていない場合などが考えられる。

減資無効の判決の確定により、判決確定時から将来に向かって減資は無効になり遡及効はない（会社839条）。減資により剰余金の分配（配当）が可能となった会社が支払った配当は影響を受けない。判決が確定したときは、裁判所書記官は職権で登記を嘱託しなければならない（同法937条1項1号ニ）。

# 第15章　新株予約権の発行をめぐる訴訟

## 1　新株予約権の発行

### (1)　新株予約権の意義と発行目的

　新株予約権とは、新株予約権者（新株予約権の権利者）が、あらかじめ定められた行使期間内に、権利行使価額を払い込み、権利を行使することにより、会社から発行新株の交付（会社は保有する自己株式で代用することができる）を受ける権利である。権利行使価額の払込みをして権利行使をすれば、新株予約権を行使した日に、当然に株主となる（会社282条）。

　行使期間内に、予約権者は自由に権利行使ができるが、会社が、新株予約権を強制取得して、消滅させる必要がある場合がある（たとえば、株式交換等により完全子会社化する会社が新株予約権を発行している場合、買収防衛策としての新株予約権の発行）。この場合、新株予約権に取得条項を付するという方法による。取得条項付新株予約権を発行するためには、発行決定に際し、取得事由・取得の対価等を定める必要がある（会社236条1項7号）。

　従来、新株予約権は、転換社債など社債に付されたものであったが、その後、ストック・オプション、新株予約権付社債としての発行が認められた。そして、平成13年改正の旧商法は、新株予約権の単独発行を認めるとともに、ストック・オプションの対象者を限定しないとしたが、会社法はこれを承継したうえで改正し、詳細な規定を設けている。

　新株予約権は、対象となる株式の時価が上昇すると、権利を行使して株式の交付を受け、権利行使価額と時価の差額を利益として得ることができるシステムであることから、ストック・オプション、取引先との関係強化、ベンチャー企業における業務提携目的あるいは取引先に対し現金に代えて発行することなどを目的とするものである。

　しかし、近時においては、利用目的に制限がないことから、新株予約権は敵対的買収防衛策としての利用に関心が向いている。敵対的買収に遭遇した会社

が、有事における買収防衛策として利用した例があるが、事前的買収防衛策であるポイズン・ピル（ライツプラン）として利用される傾向が強まり、新株予約権の用途が、本来の目的を離れて、敵対的買収防衛策としての利用が意識され、むしろ主眼がこれに移ったことは否定できないであろう。そして、会社法の新株予約権に関する規定にも、敵対的買収防衛策としての利用を考慮したのではないかと考えられる部分がかなりある。新株予約権を用いた防衛策は多分に技術的なものであるが、濫用的買収者の認定などの問題点がある。反面、新株予約権を用いた防衛策には問題があり、限界もあることから、今後これをめぐって争いが多発することが予想される。

### (2) 新株予約権の発行

#### (ア) 新株予約権の内容の決定

会社が新株予約権を発行するためには、新株予約権の内容を決定しなければならないが、定めなければならない事項は法定されている（会社236条1項）。その主要なものは、新株予約権の目的である株式の数またはその算定方法、新株予約権の権利行使価額（新株予約権行使の際の出資金額）またはその算定方法、新株予約権の行使期間、譲渡制限付き（譲渡による取得には会社の承諾を要する）の新株予約権とするときはその旨、などである。

新株予約権の行使には条件をつけることができる（会社238条1項）。株主間で異なる条件を付すことは可能であるが、新株予約権を行使できる者は、現職の従業員または役員でなければならないとするような合理的なものでなければならない。株主に新株予約権を付与しているときは、株主平等の原則に反するようなものであってはならない。

#### (イ) 新株予約権の発行事項の決定

会社は、新株予約権を引き受ける者の募集をするときは、そのつど、取締役会で募集新株予約権について所定の事項（募集事項）を定めなければならない（会社238条）。

募集事項の主要なものは、新株予約権の内容および数、新株予約権と引き換えに金銭の払込みを要しないとする場合（無償発行）はその旨、新株予約権の払込金額またはその算定方法、新株予約権を割り当てる日などである。

募集新株予約権の発行は、募集新株の発行の場合に準じて行うことから（自

*585*

己新株予約権は、募集新株予約権に含まれない)、募集事項は、募集ごとに均一であることが要求され、公開会社が、取締役会決議で、公募または第三者割当ての方法により募集する場合は、原則として、２週間前までに募集事項の通知または公告をしなければならない（会社240条２項～４項)。これを怠れば、新株予約権発行無効の原因となる。

募集新株の発行とは異なり、募集新株予約権は、無償で発行することが認められるほか、払込みを要する場合（有償発行）でも、払込みがなくても新株予約権を取得することができる（会社245条)。しかし、払込みをしないときは、新株予約権を行使することができない（同法246条３項)。また、払込みについては、会社の承諾を得たならば、相殺することが可能である（同条２項)。

新株予約権の発行の際、譲渡制限をつけ、譲渡につき、会社の承認を必要とするものと定めることができる（会社236条１項６号)。この場合、譲渡制限株式と同じように、権利を譲渡しようとする新株予約権者または新株予約権の取得者は、会社から譲渡の承認を得たうえで、新株予約権原簿の名義書換をしなければ、会社に対抗することができない（同法257条１項、261条)。

#### ㈦　新株予約権の発行方法

募集新株予約権の発行方法は、募集新株発行の場合と同様に、株主割当て、公募、第三者割当ての方法があるが、新株予約権の発行は、ストック・オプション、取引先との関係強化、敵対的買収の予防策などとして行われることが多いから、第三者割当ての方法による場合が中心となる。

##### (A)　公募・第三者割当て

公開会社（会社２条５項）については、新株予約権の有利発行の場合を除き、募集事項を取締役会の決議により定めることができるが（同法240条１項)、割当日の２週間前までに、当該募集事項を通知または公告しなければならない（同条２項)。

新株予約権を無償（払込みを要しない）で発行し、それが新株予約権を引き受ける者に「特に有利な条件」である場合、または、払込金額が、新株予約権を引き受ける者に「特に有利な金額」である場合は、新株予約権の有利発行となり、株主総会の特別決議が必要となる。この場合、取締役は、株主総会でその理由を説明しなければならない（会社238条３項、239条２項)。

新株予約権の発行が、特に有利な条件または金額であるか否かの判定は容易ではない。この点、新株予約権自体の価値を測定し、それを基準として、特に有利かどうかを判断することになる。新株予約権の価値の測定は、オプションの価値を測定するブラック・ショールズ・モデルなどの算式を用いるものと予測される[1]。

全株式譲渡制限会社（非公開会社）については、有利発行か否かを問わず、募集事項について、原則として、株主総会の特別決議を必要とする（会社238条2項、309条2項6号）。

募集新株発行の場合と同様に、会社は、引受けの申込みをしようとする者に対し、募集事項を通知する（引受人が1人の場合を除く）。そして、株主からの申込みがあれば、会社は割当てをする（会社243条1項～3項）。

　(B)　株主割当て

募集事項に加え、株主に新株予約権の割当てを受ける権利を与えること（会社241条1項1号・2項）、新株予約権引受けの申込期日（同条1項2号）について、定款で定めている場合を除き、公開会社では取締役会決議、全株式譲渡制限会社では株主総会の特別決議が必要である（同条3項、309条2項6号）。

公募または第三者割当ての方法による場合は、募集事項の決定は、原則として株主総会の特別決議を経なければならない（会社238条1項・2項、309条2項6号）。株主に募集新株予約権の割当てを受ける権利を与えるという方法（株主割当て）による場合は（同法241条1項）、無償割当てをすることが可能である（同法277条）。無償割当ての決定は、定款で別段の定めをしている場合（たとえば、取締役会決議による）を除き、そのつど、株主に割り当てる新株予約権の内容および数等を、株主総会（取締役会設置会社にあっては取締役会）の決議により決定しなければならない（同法278条）。これを怠れば、法令違反として新株予約権の発行の差止めおよび無効事由となる。株主に対する無償割当ての方法による新株予約権の発行は買収防衛策として用いられる場合が多い。

会社は、基準日の公告または株主に対する権利内容の通知をしなければならないが（会社124条3項、241条4項）、これに対し、株主が申し込んだ場合は、

---

1　神田・会社法169頁。

割当てがなされる（同法243条1項〜3項）ものの、申込期日までに、申込みをしないときは、当該株主は、割当てを受ける権利を失う（同条4項）。

　　㈑　新株予約権の払込み

　会社による割当てにより、申込人は、払込みを待たず、割当日（新株予約権を割り当てる日）に新株予約権者となる（会社245条1項）。そして、「新株予約権を発行したとき」として、2週間以内に、その旨の登記をしなければならない（同法911条3項12号）。

　新株予約権の割当てを受けた者は、無償で発行される場合を除き、払込期日、または権利行使期間の初日の前日までに、所定の払込取扱金融機関に対し、払込金額の全額を払い込まなければならない（会社246条1項）。払込みをしない場合は、当該新株予約権を行使することができないから（同条3項）、当該新株予約権は消滅する（同法287条）。

　不公正な払込金額で、新株予約権を引き受けた者の責任として、無償発行が著しく不公正な条件であるときは公正な価額、不公正な払込金額であるときは不足額、現物出資財産の価額が著しく不足するときは当該不足額、について支払義務を負う（会社285条1項）。これは、株主代表訴訟により追及される（同法847条1項）。

　　㈒　新株予約権の行使

　新株予約権の行使は、行使期間内に、新株予約権の内容および数、行使する日を明らかにしてなさなければならない（会社280条1項）。この場合の出資であるが、金銭を出資の目的とするときは、権利行使価額の全額を払い込まなければならないことから（同法281条1項）、権利行使価額をゼロ円とすることは許されず、必ず1円以上は払い込まなければならない。そこで、買収防衛策として、株主に対し新株予約権を発行する場合でも、権利行使価額を1円に設定している例がある。このような場合は、実質的には株式分割と異ならない。

　現物出資（金銭以外の財産）による新株予約権の行使の場合は、当該財産を給付しなければならない。新株予約権者が、権利行使価額の全額を払い込み、または現物出資の目的物を給付して、新株予約権を行使した場合は、行使した日に新株予約権の目的である株式の株主となる（会社281条、282条）。

## 2　新株予約権発行差止めの仮処分

### ⑴　新株予約権の発行差止め

#### ㈦　新株予約権発行差止めの趣旨

新株予約権の発行により、株主が不利益を受けるおそれがあるときは、株主は、会社に対し、募集新株予約権の発行をやめること（発行差止め）を請求することができる。発行差止事由は、①新株予約権の発行が法令または定款に違反する場合、②新株予約権の発行が著しく不公正な方法により行われる場合である（会社247条）。

新株予約権の発行により、株価が下落する場合があるほか、新株予約権は株式に転換されることを予定したものであり、会社支配に重大な影響を及ぼすおそれがあるから、株主に、新株発行と同じ要件で差止請求権を認めたのである。差止めの手続は、募集新株の発行（新株発行）差止めに対応するものであり、新株発行の差止めの場合に準じて考えればよい（第14章4以下参照）。

募集新株の発行の場合と異なり、資金調達を目的としない場合があるから、一般に、資金調達の必要性を不公正発行の認定基準とすることはできない。

株主が不利益を受けるおそれとは、株主が受ける不利益は、経済的損害だけでなく、支配的地位に対するものも含まれることから不利益としたのであり、おそれとは、差止めは新株予約権が効力を生ずる前になされることによる。

#### ㈠　新株予約権発行差止めの理由

##### (A)　法令違反の場合

法令違反の場合とは、取締役会または株主総会による募集事項の決定（会社238条2項・4項）がなされていない場合、募集事項が均等ではない場合（同条5項）、株主の新株予約権の割当てを受ける権利（同法241条1項）の無視、株主割当ての場合に、株主に対して権利内容の通知がなされていない場合（同条4項）、公開会社における公募または第三者割当てによる新株予約権の発行が、特に有利な条件・特に有利な金額であるのに株主総会の特別決議がなされていない場合などが考えられるが、これらは、いずれも新株発行の場合に準ずるものである。

このうち、最も問題になるのが、特に有利な条件・特に有利な金額であるの

*589*

第15章　新株予約権の発行をめぐる訴訟

にもかかわらず（会社238条3項）、株主総会の特別決議がなされていない場合
であり、特に有利な条件・特に有利な金額であるか否かをめぐって争われるこ
とになる。

　定款違反とは、定款に定められた株主の新株予約権の割当てを受ける権利の
無視などが考えられるが、これは新株発行の場合の、定款に定めた株主の新株
引受権の無視に相当するものである。

　　(B)　著しく不公正な方法による場合

　著しく不公正な方法による場合とは、特定人の持株数の相対的低下、議決権
比率の低下を図るための新株予約権の発行が考えられる。新株予約権の発行に
より、直ちに、持株数や議決権の割合に影響を及ぼさないが、新株予約権が行
使されると、これが顕在化することから、その前段階で、著しく不公正な方法
による新株予約権の発行であるとして差し止めるのである。発行の差止めが行
われる多くの場合は、買収防衛策として新株予約権が発行される場合である。

　議決権割合が関係する場合として、敵対的買収防衛策として、有事において、
第三者割当てによる新株予約権を発行しようとしたが、著しく不公正な方法に
あたるとして、新株予約権の発行が差し止められた例として、ニッポン放送事
件がある（東京高決平成17・3・23判時1899号56頁）。

　それ以外の理由による場合として、敵対的買収防衛策として、平時に株主に
対する新株予約権の無償割当てを用いたライツプラン（ポイズン・ピル）を導
入しようとしたが、新株予約権が株式に随伴して移転しないことから、新株予
約権が行使されたならば、その時点の株主（新株予約権の発行後の株式譲受人）
は、著しい損害を受けるおそれがあるばかりか、新株予約権の発行自体が株価
の上昇を妨げる要因になるから、著しく不公正な方法にあたるとして、新株予
約権の発行が差し止められたニレコ事件がある（東京高決平成17・6・15判時
1900号156頁）。

## (2)　新株予約権発行差止仮処分

　　(ア)　仮処分の申請時期

　法令・定款違反、または著しく不公正な方法による新株予約権の発行により、
株主が不利益を受けるおそれがあるときは、株主は、会社に対し、新株予約権
の発行差止請求権を有するのであるが、差止請求は新株予約権の発行が効力を

生ずる前に行わなければならない。新株予約権の発行が効力を生ずると、差止請求権は消滅する。

差止請求の方法は問わないとしても、実効性という点から、裁判により差止請求権を行使する必要がある。当該新株予約権の発行により、不利益を受けるおそれがある株主が原告となり、会社を被告として、当該新株予約権の発行差止めの訴えを提起することは可能であるが、確定判決を待つ前に、一般的にいって、新株予約権の発行が効力を生ずることから、差止めは差止仮処分によらざるを得ない。

新株予約権は、割当日に申込者または総額引受者が新株予約権者となり（会社245条1項）、割当日に新株予約権発行の効力が発生する。そこで、割当日の前日までに、差止仮処分が発令されなければならない。

　(イ)　仮処分の手続

新株予約権の発行差止仮処分の手続と効力は、新株発行差止仮処分に準じて考えられる。

仮処分の当事者は、本案の当事者であり、申請の趣旨も本案の請求の趣旨と同じであり、「当該新株予約権の発行をしてはならない」、「当該新株予約権の発行を、仮に差し止める」である。

債権者株主は、被保全権利について、当該新株予約権の発行は、法令・定款違反、または著しく不公正な方法によることを、その原因となる具体的事実を主張し、それを疎明しなければならない。

また、株主が不利益を受けるおそれがあるとき、という保全の必要性について疎明しなければならないが、発行差止めは新株予約権の発行がなされる前に行わなければならないから、被保全権利が疎明された場合は、後に金銭賠償を得ることにより目的を達するというような場合を除き、著しい損害または急迫の危険を避けるために必要とするとき（株主の会社に対する支配的地位の喪失のおそれも含まれる）、という要件を満たすものとして、多くの場合、保全の必要性が認められる。

　(ウ)　仮処分の効力

新株予約権発行の効力が発生する割当日までに、発行差止めの仮処分が発令され、債務者会社に送達されなければならないが、送達があれば、会社は新株

*591*

予約権の発行をなし得ないのであり、会社に対し、単に不作為義務を課すのにとどまるものではない。

新株予約権の発行差止仮処分は、本案の権利である差止請求権を実現する仮の地位を定める仮処分である（民保23条2項）。仮処分の発令により、会社の新株予約権の発行権限は停止される。したがって、仮処分命令に違反して、新株予約権の発行が行われた場合は、新株予約権発行の無効原因（厳密には、新株予約権発行の不存在）となる。

仮処分命令が発令された状態で、割当日が経過した場合は、当該新株予約権が発行されないことに確定する。

**【記載例25】　新株予約権発行差止仮処分申請**

### 申　立　の　趣　旨

1　債務者が，平成××年××月××日の取締役会の決議に基づき，現に手続中の新株予約権××個の発行を仮に差し止める。
2　申立費用は債務者の負担とする。

### 申　立　の　理　由

1　債務者は，昭和××年××月××日に設立された発行済株式総数××万株，資本金××億円の株式会社であり，債権者は，債務者の××株を有する株主である。
2　被保全権利
　(1)　債務者は，平成××年××月×日取締役会を開催し，新株予約権につき次のとおり発行事項を決定した。
　　　イ）　発行する新株予約権の種類および総普通株式××万株（新株予約権1個当たりの目的たる株式の数1万株）
　　　ロ）　発行する新株予約権の総数　　×万個
　　　ハ）　新株予約権の発行価額　　1個につき××円（1株につき×円）
　　　ニ）　申込期間　　平成××年××月××日
　　　ホ）　払込期日　　平成××年××月××日
　　　ヘ）　割当方法　　第三者割当（割当先××）
　　　ト）　新株予約権の行使価額　　1株につき×円

（以下，省略）

しかし，本件新株予約権の発行は，法令に違反し，かつ著しく不公正な方法によるものであり，差止めを免れない。

(2) 法令違反（特に有利な条件・特に有利な金額による発行）

本件新株予約権の発行は，特に有利な条件・特に有利な金額による発行であるのに，株主総会の特別決議を経ていないから，法令に違反する。

本件新株予約権の発行は，次のように，特に有利な条件・特に有利な金額による発行に当たる。

① ……………

② ……………

③ ……………

(3) 著しく不公正な方法による発行

債権者は，債務者の発行済株式総数の51％（議決権基準）を有する筆頭株主である。本件新株予約権の発行は，特に発行の必要もなく，資金調達の必要もないのに，債権者の持株（議決権）比率を低下させる不当な目的でなされたものである。すなわち，本件新株予約権が発行され，それが行使されたならば，債権者の持株（議決権）比率は約30％に低下する。

債権者と，債務者の経営陣との間には，経営方針をめぐり対立があるが，債務者は債権者の持株（議決権）比率を大幅に低下させる目的で，本件新株予約権の発行を企図しているから，著しく不公正な方法による新株予約権の発行である。

本件新株予約権の発行は，次のように著しく不公正な方法によるものである。

① ……………

② ……………

③ ……………

3 保全の必要性

債権者は債務者に対し，本件新株予約権発行について差止訴訟を準備中であるが，発行期日は××後に迫っており，上記期日までに本案判決が確定しないことは明らかであり，新株予約権が発行された後は差止請求をなしえない。これにより，債権者は上記のとおり，経済的損失を被り，支配権を失うおそれがあるので，保全の必要性があるから，本件新株予約権発行差止めの仮処分を申請する。

## 3 新株予約権の発行が差し止められた事例（ニッポン放送事件）

### (1) 事案の概要

　フジテレビは、ニッポン放送の子会社化に向けて、公開買付け（TOB）を開始したが、公開買付期間中の平成17年2月8日、ライブドアは、ニッポン放送株を東京証券取引所の時間外取引で、972万270株（発行済株式総数の約29.6％）を買付け、保有株式数は、従来からの持株と合わせて約35％となったが、その後も買い増しを続けた。

　これに対し、ニッポン放送は、平成17年2月23日、フジテレビに対して新株予約権の発行を決議した（発行する新株予約権の総数4720個、株式数4720万株、発行価額は1株あたり約336円、行使価額5950円、申込期間平成17年3月23日、払込期間同月24日、行使期間同月25日～6月24日）。新株予約権の発行数は、発行済株式総数の約1.44倍であり、それが全部行使されると、債権者であるライブドアの持株比率は、約42％から約17％に減少するのに対し、フジテレビの持株比率は、取得株式数だけで59％に達することになる。そこで、ライブドアは、ニッポン放送を相手に、有利発行および不公正発行であることを理由として、新株予約権発行の差止仮処分を申請した。

　東京地方裁判所は、本件新株予約権の発行は、現経営陣と同様にフジサンケイグループに属する経営陣による支配権の維持を目的とするものであるから、現経営陣の支配権を維持することを主たる目的とする不公正発行にあたり、また、時間外取引（ToSTNeT-1）は、証券取引法（現金融商品取引法）に違反しないとして差止仮処分を発令した。保全異議決定も、本件のように会社に現に支配権争いが生じている場面で、現経営陣に友好的な特定の株主の支配権を確保することを主要な目的とする新株予約権の発行は、これを正当化する特段の事情がない限り不公正発行に該当し、また、時間外取引は証券取引法に違反しないから、買付方法に相当でない点があったことのみをもって、本件新株予約権の発行を正当化することはできないとして異議申立てを却下し、仮処分命令を認可する旨の決定をした。これに対し、ニッポン放送は保全抗告した。

## (2) 決定要旨

### ㋐ 主要目的ルールによる不公正発行の認定基準

会社の経営支配権に現に争いが生じている場面において、敵対的買収によって経営支配権を争う特定の株主の持株比率を低下させ、現経営者またはこれを支持し事実上の影響力を及ぼしている特定の株主の経営支配権を維持確保することを主要な目的とする新株予約権の発行は、原則として著しく不公正な方法による新株予約権の発行に該当する。

しかし、株主全体の利益保護の観点から、当該新株予約権の発行を正当化する特段の事情がある場合、具体的には、敵対的企業買収者が真摯に合理的な経営をめざすものではなく、たとえば、①真に会社経営に参加する意思がないにもかかわらず、ただ株価をつり上げて高値で株式を会社関係者に引き取らせる目的で株式の買収を行っている場合（いわゆるグリーンメーラーである場合）、②会社経営を一時的に支配して当該会社の事業経営上必要な知的財産権、ノウハウ、企業秘密情報、主要取引先や顧客等を当該買収者やそのグループ会社等に移転させるなど、いわゆる焦土化経営を行う目的で株式の買収を行っている場合、③会社経営を支配した後に、会社の資産を買収者やそのグループ会社等の債務の担保や弁済原資として流用する予定で株式の買収を行っている場合、④会社経営を一時的に支配して会社の事業に当面使用していない不動産、有価証券など高額資産等を売却処分させ、その処分利益をもって一時的な高配当をさせるか、一時的高配当による株価の急上昇の機会を狙って株式の高値売り抜けをする目的で株式買収を行っている場合など、当該会社を食い物にしようとしている場合など、濫用目的をもって株式を取得した敵対的企業買収者は、株主として保護するに値しない。

そこで、会社が、敵対的企業買収者による支配権取得が株主全体の利益を回復しがたいほどに害するという特段の事情があることを疎明した場合には、敵対的企業買収を放置すれば他の株主の利益が損なわれることが明らかであるから、対抗手段として必要性や相当性が認められる限り、例外的に、経営支配権を維持・確保することを主要な目的とする新株予約権の発行も許される。

### ㋑ 本件についての判断

本件新株予約権の発行は、取締役が自己または第三者の個人的利益を図るた

めではないとしても、会社の経営支配権に現に争いが生じている場面で、株式の敵対的買収を行って経営支配権を争う債権者等の持株比率を低下させ、現経営者を支持し影響力を及ぼしている特定の株主による債務者の支配権確保を主要目的とするものであるから、取締役会に与えられている権限を濫用したもので、原則として、著しく不公正な方法による新株予約権の発行と認めざるを得ない。

　しかも、債権者が債務者の支配株主となった場合に、債務者に回復しがたい損害が生ずることを認めるに足りる資料はなく、債権者が真摯に合理的経営をめざすものでないとまではいえないから、これを正当化する特段の事情があるとは認められない。

　債務者は、債権者が債務者の親会社となり経営支配権を取得した場合は、債務者等に回復しがたい損害が発生する、反対に、債務者がフジテレビの子会社となった場合は企業価値が高まるというが、この企業価値の比較検討は、事業経営の当否の問題であって、株主や株式取引市場の事業経営上の判断や評価に委ねざるを得ない事柄であり、これらの判断要素は事業経営の判断に関するものであるから、経営判断の法理に鑑み司法判断の中で裁判所が判断するのに適さず、事業経営判断にかかわる要素を、本件新株予約権の発行の適否の判断に取り込むことは相当ではなく、主張自体失当である。

　また、ToSTNeT-1は、東京証券取引所が立会外取引を行うためのシステムとして設けている取引所有価証券市場にあたる。そうすると、上記取引は、証券取引法上（当時。現金融商品取引法）の取引所有価証券市場における取引であるから、この取引が相当性を欠き、問題があるとしても、それは、証券取引運営上の当不当の問題にとどまり、取引所有価証券市場外における買付け等の規制である証券取引法27条の2（現金商27条の2）に違反するものではないとして、保全抗告に対し抗告棄却決定をした（前掲東京高決平成17・3・23）。

### (3)　検　討

#### (ア)　著しく不公正な新株予約権の発行

　法令・定款違反（問題になる多くの場合は、特に有利な発行価額であるのに、株主総会の特別決議を経ていない場合）または著しく不公正な方法による新株予約権の発行は差止事由となる（旧商280条ノ39第4項、280条ノ10、会社247条）。東

*596*

京高等裁判所の決定は、著しく不公正な方法による新株予約権の発行とは、不当な目的を達成する手段として新株予約権を発行する場合をいうが、現に支配権争いが具体化した段階において、支配権を争う特定の株主の持株比率を低下させ、現経営者またはこれと友好的な特定の株主の支配権を維持・確保することを主要な目的として新株等を発行することは、会社ひいては株主全体の利益の保護という観点から、その新株予約権の発行を正当化する特段の事情がない限り、不当な目的を達成する手段としての新株予約権の発行にあたるから、本件新株予約権の大量発行の措置は、著しく不公正な新株予約権の発行にあたるとした。

資金調達の目的との比較をすることなく、主要な目的が何かを端的に判断の基準としている。

　(イ)　特段の事情──買収の不当性

本決定（保全抗告の棄却決定）は、基本的には、主要目的ルールによるが、資金調達の必要という目的と比較する手法をとらず、会社に経営支配権争いが現実化している場合に、敵対的買収者の持株比率を低下させ、現経営者またはこれを支持し事実上の影響力を及ぼしている特定株主の経営支配権の維持確保を主要な目的とする新株予約権の発行は、これを正当化する特段の事情がない限り、原則として著しく不公正な方法によるものであるとした。特段の事情というのは、買収の不当性が認められる場合であるが、これを抗弁事由と位置づけ、債務者会社がこれを疎明したときは、不公正発行ではないとするものである。

機関権限分配論をベースにする限り、本決定の基本的立場は当然の結論であるが、例外的に買収の不当性が認められる場合は不公正発行ではないとするのである。主要目的論を基本としながら濫用的買収者排除の理論と組み合わせた適正な基準設定である。企業価値論によるも、防衛策の発動が認められるのは、企業価値を毀損する買収の場合であるから、多少の差異はあっても、同一結論に達するはずである。そこで、本件は、有事導入型の新株予約権を用いた防衛策に関するものであるが、平時導入型の防衛策の発動の場合にも、基本的には通用するであろう。

これは、敵対的買収であっても、当然に対抗措置（買収者の議決権割合を希釈

化する）を講じることが可能ではなく、それが許されるのは、敵対的買収が不
当な場合に、会社および株主の利益を確保するために必要な場合に限られると
の趣旨に解される。買収の不当性として、4類型をあげているが、対抗措置を
講じることが認められる多くの場合は、この4類型のいずれかに該当する場合
である。限定的に解する必要はないから、これと同視しうる程度の不当性が認
められる買収に対しては、防衛策を講じることが可能である。

　これにより、主要目的論をベースとする買収防衛策の発動基準に関する裁判
ルールは、濫用的買収者の排除という基準でほぼ確定したものとみることがで
きる。買収の不当性の疎明はかなり難しいことから、経営者側にとってハード
ルが高いものといえよう。

## 4　新株予約権発行無効の訴え

### ⑴　新株予約権の発行無効

#### ㋐　新株予約権の発行をめぐる争い

　会社法は、新株予約権の発行をめぐる争いが生ずる可能性が高くなることが
予想されることから、新株予約権の発行を争う訴訟として、新株発行の場合に
準じて新株予約権の発行無効、新株予約権の発行不存在の訴えを規定している
（会社828条1項4号、829条3号）。

　旧商法下であるが、新株予約権付社債の発行無効の訴えにおいて、新株予約
権がすべて行使された後であることから、訴えを却下した判決がある（東京高
判平成15・8・20金判1196号35頁）。かかる場合は、無効事由に該当しないとして
棄却すべきであったとの見解があるが、新株予約権の行使後であるから、発行
無効を求める利益がないものとして却下判決をするべきであろう。

　新株予約権の発行無効の主張は、新株予約権が存在していることを前提とす
る。新株予約権が行使された後は、新株予約権そのものが存在しなくなるから、
無効主張の利益はない。また、新株予約権は権利行使期間を過ぎれば効力を失
う。そこで、無効の主張は、権利行使期間内で、かつ権利が行使される以前に、
なされなければならない。

#### ㋑　新株予約権の発行無効の原因

　新株予約権の無効原因は、新株発行の無効原因に準じて考えられる（第14章

**598**

2(2)参照)。典型的な無効原因は、公開会社における公募または第三者割当ての新株予約権の発行について、募集事項の通知・公告（会社240条2項・3項）を欠く場合、差止仮処分違反の新株予約権の発行であるが、新株発行と異なり、新株予約権の発行の場合は、新株発行に至る前段階であり、株式取引の安全確保の要請の度合いが低く、会社の規模拡大ではないから、新株の場合よりも無効原因を広く解することができよう。

単なる発行手続上の瑕疵は無効原因にならないが、募集事項の決定に係る株主総会決議において、多数株主による議決権の濫用も無効原因になると考えられる。

公開会社においても、払込金が特に有利な場合は、株主総会の特別決議を必要とするので（会社240条1項、238条2項）、それを経ていない場合は、重大な法令違反となるが、それにより株主に生じた損害は、賠償責任の問題として処理できないわけではなく、また新株予約権を引き受けた者に差額の支払義務があるから、差止事由にとどまり無効原因とする必要はない。

これに対し、著しく不公正な方法による新株予約権の発行は、会社に支配権争いがある場合に問題となるが、支配的地位に関する不利益の問題は、金銭的解決が不可能であることから、異論があるが、新株発行の場合とは異なる取扱いをし、差止原因となるにとどまらず、新株予約権発行の無効原因となると解することが可能である。

また、定款に定められた株主の新株予約権の割当てを受ける権利を無視する新株予約権の発行も、新株予約権発行の無効原因となるといえよう。

新株予約権の発行無効原因を広く解するのは、新株発行とは異なること、新株予約権については、譲渡制限が付されている場合が多いことを考慮するからである。そこで、無効原因があるとされる新株予約権の行使を制限または阻止する必要があるから、新株予約権の行使禁止、新株発行差止め・自己株式の処分禁止の仮処分が重要となる。

## (2) 新株予約権の発行無効の訴え

### (ア) 新株予約権発行無効の訴えの提起

#### (A) 会社法の規定

新株予約権の発行無効は、新株予約権の発行が効力を生じた日から6カ月以

第15章　新株予約権の発行をめぐる訴訟

内に（公開会社でない会社にあっては、1年以内）に、新株予約権発行無効の訴えによってのみ、無効を主張することができるとしている（会社828条1項4号・2項4号）。このように、無効の主張は訴えによることに限るとし、当事者適格も法定していることから、この訴訟は形成訴訟である。

(B)　提訴期間

提訴期間は6カ月であるが、新株予約権特有の問題として、新株予約権が存在していることを前提とする。新株予約権が行使された後は、新株予約権そのものが存在しなくなり、訴えの対象も、訴えの利益もなくなる。同様の理由で、訴訟係属中に新株予約権が行使された場合は、訴えの却下となる。

(C)　当事者

提訴権者（原告適格者）は、株主または新株予約権者であり（会社828条2項4号）、被告は、新株予約権を発行した会社である（同法834条4号）。

株主は、新株予約権の発行により影響を受けることから提訴権者となるのであるが、新株予約権者も提訴権者となる。ここでいう新株予約権者は、当該新株予約権に係る新株予約権者ではなく、他の新株予約権者の意味である。当該新株予約権者には、新株予約権の発行無効を主張する利益はない。

他の新株予約権者に提訴権を認めたのは、他の新株予約権者も新株予約権の発行により影響を受けることがあるからであると説明されている[2]。そこで、提訴権者となる新株予約権者は、当該新株予約権者を除く他の新株予約権者ということになる。

(D)　管　轄

管轄裁判所は、被告会社の本店所在地を管轄する地方裁判所であり、弁論の併合なども、新株発行無効訴訟の場合と同様である（第14章2(3)(ア)(B)参照）。

(イ)　**新株予約権発行無効判決の効力**

原告勝訴の判決の確定により、形成判決の効力として、新株予約権の発行は無効となり、新株発行無効の場合と同様に、認容判決は第三者に対しても効力を有するものとして、対世効を認め画一的処理がなされる（会社838条）。

交付された新株予約権は将来に向かって効力を失い（会社839条）、遡及効が

---

2　新・会社法の解説213頁。

*600*

否定されている。そして、新株予約権が有償で発行されているときは、判決確定時における新株予約権者に対し、払込みを受けた金額または給付を受けた財産の給付時における価額に相当する金銭を支払わなければならない（同法842条1項）。

反対に、原告敗訴判決の場合は、原告と会社間で、当該新株予約権の発行は無効でないということが確認される意味しかない。

## 5　新株予約権発行不存在確認の訴え

新株予約権の発行行為がないことの確認を、訴えをもって請求することができる（会社829条3号）として、新株発行不存在確認の訴えと一括して規定している。

提訴権者（原告適格者）については規定していないが、新株予約権の発行無効と同様に、株主または新株予約権者と考えるべきである。被告は、新株予約権を発行した会社である（会社834条15号）。

提訴期間については法定されていない。これは、新株予約権の発行無効の場合よりも瑕疵の程度が大きいことに起因するのであろう。また、新株予約権の特殊性から、発行された新株予約権が行使された後、または新株予約権の権利行使期間経過後においては、新株予約権が存在しないから、不存在確認の利益はない。

しかし、提訴は合理的期間内に限られるのは当然であり、発行後数年が経過し、法律関係が安定してから不存在を主張するのは不合理であり、提訴権の濫用ということになろう。

法形式上は、訴えをもって主張することが要求されていない。しかし、訴えによらなければ、目的を達しないから、新株予約権発行不存在確認の訴えによらざるを得ないが、手続と判決の効力は、新株発行不存在確認の訴えに準ずるべきであり、形成訴訟とみるべきである。

不存在とされる事由は、新株予約権が発行された外観があるが、新株発行不存在確認の訴えの場合と同様に、物理的または法律的意味において、新株が発行されたとは認められない場合である。

具体的には、新株予約権を発行したとして、その旨の登記がなされていると

*601*

第15章　新株予約権の発行をめぐる訴訟

き（会社911条3項12号）、会社が新株予約権原簿を作成しているとき（同法249条1項）、新株予約権証券が発行されているときなど、新株予約権が発行されたとの外観がある場合に、かかる外観を判決により除去するのである。

## 6　新株予約権の行使と新株発行等禁止の仮処分

### ⑴　新株予約権の行使と新株発行等の無効

新株予約権の発行に無効原因がある場合、あるいは新株予約権の発行が不存在な場合でも、判決により新株予約権が発行されたとの外形的事実を除去せず、ただ、単に、新株予約権の発行は無効である、不存在であるというだけでは目的を達することができない。そこで、新株予約権の発行無効の訴え、新株予約権発行不存在確認の訴えを提起しなければならない。

しかし、提訴前に、新株予約権が行使された場合は、新株予約権は消滅し、新株が発行され、または会社が保有する自己株式が交付されることから、もはや、新株予約権の発行無効または不存在を主張する利益はなくなる。提訴後に、新株予約権が行使された場合についても、同様に訴訟の対象が消滅し、訴えの利益が失われたとして訴えの却下は避けられない。

この場合は、新株予約権の発行が無効あるいは不存在であるから、その行使に基づいて発行された新株発行、または会社が保有する自己株式の処分（新株の発行に代えて、保有自己株式の交付）は無効であると考えられる。そこで、これを理由に、新株発行の無効または、自己株式の処分無効の訴えを提起することは可能であり、また、すでに、新株予約権の発行無効の訴え等を提起している場合は、これを新株発行の無効または自己株式の処分無効の訴えに変更することができる。

株主総会の特別決議により決定された行使条件を、取締役会で変更することは許されないから、変更された行使条件による新株予約権の発行は無効である。そこで、かかる新株予約権の行使により新株が発行された場合は、新株発行無効の原因となる（東京地判平成21・3・19判時2052号108頁）。

行使条件の違法な変更は重大な瑕疵であるから、新株予約権の発行は無効となるが、新株予約権が行使された後は、新株予約権の発行無効の訴えは提起できず、一体的にとらえて、無効である新株予約権の行使により発行された新株

*602*

について、新株発行の無効原因があると解すべきである。

　新株発行無効の訴えの提訴期間は6カ月である。しかし、新株予約権が行使されたことがわからないままに提訴期間が経過してしまうことがある。そこで、新株発行がなされた（新株予約権が行使されたとき）ことを知った日から、6カ月以内と解すべきであろう。ただし、非公開会社については、多くの場合、新株予約権の発行と行使を知りうることから、1年以内という原則により処理すべきである。

　新株発行がなされたことを、知ってから6カ月というのは技巧的な解釈ではあるが、提訴期間の経過を理由に、新株発行無効の訴えを提起し得ない、新株発行無効の訴えに、訴えを変更し得ないというのは、明らかに不合理であり、提訴期間を設けた趣旨にも沿わない。特に、新株予約権の発行無効の訴え等が係属中に、新株予約権の行使により、会社が新株の発行等をしながら、その事実を隠し、新株発行後6カ月の期間経過を待って、新株予約権の発行無効の訴えの却下を求めるのは、著しく訴訟上の信義に反することになる。同様の問題は、提訴時において、すでに新株予約権が行使されていたにもかかわらず、これを秘して応訴し、新株発行後6カ月の期間が経過するのを待って、これを明らかにする場合にも生ずる。この場合は、新株予約権の発行無効の訴えを新株発行無効の訴えに変更することにより対処せざるを得ない。

　新株発行がなされたことを知った日から、6カ月以内に新株発行無効の訴えを提起しうるとした場合、新株予約権を行使した新株予約権者が不利益を受けることになるが、新株予約権の発行自体に、無効または不存在の瑕疵があることから、やむを得ないであろう。

　しかし、提訴期間の解釈上の延長による新株発行の無効判決により、善意の株式譲受人に不利益を及ぼすことは適正ではない。そこで、善意の株式譲受人の保護を確保しなければならないが、この点、新株発行の無効をもって、善意の株式譲受人に対抗し得ないと解すべきであろう。

　この場合、会社が、株式譲受人の悪意を立証しなければならないのではなく、新株発行は無効であるから、株式譲受人の側で自己の善意（新株予約権に発行無効の原因があることを知らなかった）を立証しなければならない。株式の市場取引の場合は、善意であることの立証は容易であるし、善意が推認されること

が多いであろう。非公開会社については、善意の株式譲受人が出現すること自体が少ないであろう。

### (2) 新株予約権の行使禁止(新株発行差止め)の仮処分

#### (ア) 仮処分の必要性

新株予約権の発行が、無効または不存在の場合、かかる新株予約権の行使による新株発行または自己株式の処分としての交付が無効であるとしても、新株予約権が行使され、新株発行等がなされると法律関係が複雑になるばかりか、善意の株式取得者が出現する可能性がある。そこで、新株予約権が行使される前に、新株予約権の行使禁止、新株発行または自己株式の処分禁止の仮処分申請が必要となる。会社が新株予約権を強制取得し、新株を交付する場合も同様である。

#### (イ) 仮処分の許容性

著しく不公正な新株予約権の発行は、新株予約権の発行無効事由となるか否かとは別に、新株予約権行使禁止の仮処分(新株発行等差止仮処分)が認められるべきである。新株予約権の発行は、新株の発行を目的とするものであるから一体として評価すべきである。そこで、新株予約権の発行が不公正であれば、この時点で差し止めなくても、新株予約権の行使の時点で差止め、新株発行等がなされないようにすることは可能である。

敵対的買収防衛策との関係でいえば、防衛策としての新株予約権の発行が不公正であれば、発動の段階で差止めが認められるべきである。これは、発動(新株予約権の行使)それ自体が、違法または不公正として差し止められるのとは別の問題である。

#### (ウ) 仮処分の手続

新株予約権の発行が、無効または不存在であること、不公正発行であることにより、株主等の被る不利益(株主権に対する妨害排除請求権)を被保全権利とし、会社と新株予約権者を債務者として新株予約権者に対しては、新株予約権の行使禁止の仮処分、会社に対しては、新株発行の差止めまたは自己株式の処分禁止の仮処分を申請することになる。

新株予約権者が多数存在するときは、全員を債務者にすることは、実際上、困難であるが、総額引受の場合は債務者にすべきである。会社に対しては、新

株予約権の行使に応じてはならない、新株予約権を強制取得するのと引換えに新株の交付または自己株式の交付をしてはならないとの仮処分申請ということになろう。かかる仮処分申請が認められ、仮処分が発令されたならば、仮処分の形成力により、会社は、新株予約権の行使に応じられない、新株発行または自己株式の交付をなし得ないという仮の地位が形成されることになる。

## 7　新株予約権を用いた買収防衛策

### (1)　敵対的買収防衛策

　敵対的企業買収（敵対的買収）とは、経営陣の同意なき（意思に反する）企業買収であるが、一般に対象会社の株式を取得する株式買収としてなされる。敵対的買収者による株式の取得方法は、市場で買い占める市場買付けから、公開買付け（TOB）へと変化している。

　従来型の買収防衛策は、敵対的買収者が登場してから急遽対抗策（防衛策）として、第三者割当ての新株または新株予約権を発行することにより、買収者の持株（議決権）比率の低下を図るというものであった（有事導入型の防衛策）。しかし、この方法では不公正発行として差し止められるリスクが高いばかりか、買収に関係のない一般株主の利益を害するという重大な問題が存在する。

　不公正発行であるか否かについては、資金調達目的（資金の必要性）と経営権の維持確保目的（不当目的）を比較して、いずれが主要目的であるかを基準として判断されていた（主要目的論）。しかし、企業活動においては常に資金を必要とするばかりか、そもそも次元の異なるものを比較して、いずれが主要目的であるかを判断することには問題があると指摘されていた。ニッポン放送事件において、両目的を比較するのではなく、端的に経営権の維持確保目的が主要目的と認定された場合は、不公正発行にあたるとされるに至り（東京高決平成17・3・23判時1899号56頁）、多くの場合、不公正発行と認定される可能性が高いことから、現在ではほとんど第三者割当てによる新株発行・新株予約権の発行という方法は用いられない。

　それに代わって登場したのが平時導入型（事前警告型）の防衛策である。新株予約権を買収防衛策として用いる方法であり（全部取得条項付種類株式を用いる方法があるが、ほとんど用いられていない）、アメリカの代表的な買収防衛策の

*605*

一つである「ポイズン・ピル」を、日本流にアレンジしたものであり、ライツプラン（rights plan）とよばれている。

　新株予約権の発行にあたっては目的が問われないことから、これを防衛策に用いるのである。基準時の全株主に新株予約権を発行し、会社が株主（新株予約権者）から当該新株予約権を強制的に取得するために、新株予約権に全部取得条項を付すという方法をとる（全部取得条項付新株予約権）。

　新株予約権を買収防衛策として用いる場合、全株主に新株予約権を無償で発行することは許されるが、株主であるのに買収者に対して新株予約権を発行しないとすることは許されないから、買収者に対しても新株予約権を発行しなければならない。そこで、行使段階でどう差別するかという問題がある。

　買収者に、一般株主と同様に新株予約権の行使を認めたのでは買収防衛策とはならない。行使について差別を設けることが（差別的行使条件）、買収防衛策の必須要件である。しかし、買収者に対して新株予約権を行使できないといった差別的行使条件を付すことは、一般に不公正発行となり許されない。

　そこで考えられたのが、新株予約権に全部取得条項をつけて発行し、会社は発行した新株予約権を全部取得できるものとしたうえで、その取得にあたり対価として一般の株主に対しては普通株式を交付し、買収者には株式ではなく現金を交付するという法技術により企業防衛を図るという方法である。

　買収者に現金を交付するという方法により、買収者の議決権割合を大きく低下させるというプランであるが、買収者に新株予約権の価値に見合う現金を支払うことが、合理的な差別的取扱いとして許されるのか（不公正といえないのか）、検討の余地がある。また、当然のことながら大量の新株予約権が発行され、それに伴い会社の発行株式が増加することになり、買収者に現金を交付することにより、多額の会社資金が流出するという問題もある。

　しかし、ほかに有効な対応策が考えられないため、このプラン（方法）が是認されるにしても、その実行のためには、前提として買収者が不当な買収者（企業価値を毀損する）であることが必要である。

　現在、多くの会社で、「会社支配に関する基本方針に照らして、不適切な者によって財務および事業の方針の決定が支配されることを防止するためのあり方に関する基本方針」等として、事前警告型の防衛策が導入されている。そし

**606**

て、防衛策の導入と発動を株主総会の承認決議に係るものとしていることが多い。しかし、「不適切な者」の認定を、どのように行うかという問題がある。

買収防衛策の導入と発動について株主総会の承認を得たとしても、それにより、対象者が濫用的買収者と認定することはできないであろう。また、公開買付けに応じようとする株主の利益を害することにならないかという問題がある。

確かに、このプランは買収に無関係の一般株主に不利益を与えないという点において第三者割当方式よりすぐれているが、やはり技術的なものであり、濫用的買収者の実質的認定という基本的問題が残ることになる。

### (2)　株式会社ニレコの新株予約権を用いた防衛策

買収防衛を目的として、全株主に対して新株予約権を無償発行する場合、その発行時期が問題になる。この点、株式会社ニレコ事件が参考になる。同社が、基準日の全株主に対し1株につき2個の新株予約権を無償で発行し、3年以内に発行済株式総数の20％以上を保有する敵対的買収者が現れた場合、払込価額1円で新株予約権を行使できるとした決議に対し、株主（投資ファンド）が、著しく不公正な方法による新株予約権の発行であるとして差止仮処分を申請した。

裁判例は、新株予約権の権利落日以後の株式取得者は、権利行使可能な3年の間、持株比率が3分の1に希釈化される危険を負担するばかりか、新株予約権の行使要件の充足について予測が不能という不安定要因を抱えることから、投資対象としての魅力に欠け、その結果、株価が長期にわたって低迷する可能性が高く、また新株予約権を取得した既存株主も、株価の値下りと長期にわたるキャピタルゲイン取得の機会を失うという危険を負うため、このような不利益は新株予約権の発行がなければ生じ得ないものであるから、本件新株予約権の発行は、著しく不公正な方法によるものであるとして差止めを認めた（東京高決平成17・6・15判時1900号156頁）。これは、ライツプラン型の防衛策の適法性に関する裁判所の初めての判断である。

敵対的買収者が現れるか否かが予測できない状態の下で、大量の新株予約権を発行し、しかも、株式の譲渡に伴い新株予約権が移転しない（新株予約権の譲渡禁止）とするプランであるから、株式の譲渡後も新株予約権は基準日現在の株主が有することになる。そうすれば、前掲東京高裁決定のいうように著し

*607*

く不公正な方法による新株予約権の発行ということになる。

そこで、平時に新株予約権を発行するという事前発行型のプランは認められないから、買収者が現れた時点で新株予約権を株主に無償発行し、同時に会社が強制取得するとともに、差別的取扱いをするプラン設定によらざるを得ないことになる。

### (3) ブルドックソース株式会社の買収防衛策

#### (ア) 事実の概要と決定要旨

新株予約権と全部取得条項付種類株式を組み合わせた買収防衛策の代表的なものとして、ブルドックソースの買収防衛策がある（形態としては、事前導入型の防衛策を有事に導入し、直ちに発動したものとみることができる）。

投資ファンドYから公開買付けを仕掛けられたX社は、公開買付けに反対するとともに、新株予約権の無償割当てに関する議案（買収防衛策）を平成19年6月24日開催の定時株主総会に提出し、議決権数の80％以上の賛成で承認決議された。

議案は、①基準日現在の株主に対し、保有株式1株につき3個の割合で新株予約権を割当て、新株予約権1個の行使につき普通株式1株を交付する、②払込金額は1株あたり1円、③Yは新株予約権を行使できない、④X社は行使期間前に新株予約権を取得することができ、取得の対価は新株予約権1個あたり、Y以外の株主は普通株式1株、Yは現金396円とするとの内容であった。これに対し、Yは本件新株予約権の無償割当ては株主平等の原則に反し、かつ、著しく不公正な方法によるものであるとして、新株予約権の発行差止めの仮処分を申請した。

最高裁決定は、①本件新株予約権の発行により、Yの持株比率は大幅に低下することになるが、Yは新株予約権の価値に見合う対価を受けるから、衡平の理念に反し、相当性を欠くものとは認められない、②特定の株主による経営支配権の取得により、企業価値が棄損されるか否かは最終的には株主が判断すべきであるが、株主総会においてほとんどの既存株主がYによる経営支配権の取得が企業価値を棄損すると判断し、それを防ぐために必要な措置として是認したものといえるとして、Yの抗告を棄却し、差止仮処分を認めなかった（最決平成19・8・7民集61巻5号2215頁〔許可抗告に対する抗告棄却〕）。

これを受け、X社は平成19年8月9日を新株予約権取得の効力発生日として、新株予約権1個につき、Y以外の株主に対し普通株式1株、Yに対しては総額約21億円を交付した。

　(イ)　決定に対する検討

　Yの持株比率は大幅に低下するが、新株予約権の価値に見合う対価の支払いを受けるから、相当性を欠く不合理なものとはいえないというが、これでは、対価さえ払えば相当性に欠けることはないことになる。Yが投資ファンドであり、企業戦略的な買収でなかったから不合理ではないといえるとしても、この方法では、Yに他の株主以上の利益を与えることになる有利な差別的行使条件となり、投資ファンドによる買収を助長しかねない。

　X社が新株予約権を発行し、それを取得するのが買収防衛策であるから、そのためには、Yが濫用的買収者（企業価値を棄損する買収者）であることの認定が必要である。しかし、これについて実質的な判断をすることなく総会決議に委ね、ほとんどの株主がYによる経営支配権の取得が企業価値を棄損すると判断し、それを防ぐために必要な措置として是認したものといえるとしている。

　だが、総会決議で多数が賛成したことをもって、そこまでいえるかは疑問である。株主の関心は新株予約権の発行を無償で受けることにあったと考えるのが自然である。総会決議があったことと、Yが濫用的買収者であるとの認定は別問題であるといえよう。

　この点、結論はともかく、本決定は、濫用的買収者であるか否かについて実質的に判断せず、議案に賛成したことをもって企業価値の棄損になると判断するとするものであり、濫用的買収者の認定を株主総会の判断に委ねているが、株主総会決議の存在と相当の対価の交付を重視し、これにより問題の解決を図っているとの指摘がある。[3]

　株主総会における80％以上の株主が、Yが濫用的買収者であると認めて新株予約権の発行に賛成した、Yの買収に反対したというのであれば、大多数の株主は、Yの公開買付けに応じないはずであるから、多額の現金を払って

---

3　江頭憲治郎＝門口正人編『会社法大系(4)』192頁〔戸井川岩夫〕。

まで、Yを排除する必要がないはずである。株主意思の尊重というのであれば、公開買付けに応じるか否かは株主判断に委ねるべきであろう。その意味で、本件プランは、株主から公開買付けに応じる機会を奪ったことになる。

Yは全株式の取得を目的としながら、「会社経営を行う予定はない」として経営支配権取得後の経営方針を明示しなかった。この点、TOBルールによれば、公開買付けの目的は公開買付公告と届出書の記載事項であり、公開買付府令「第2号様式」によりなされる（金商27条の3第1項、公開買付府令10条3号）。純投資等を目的とする場合は、株式取得後の保有方針、売買方針、議決権の行使方針並びにその理由等を記載しなければならないが（「2号様式」記載上の注意(5)b)、Yはそれに沿った記載をしているはずである。

Xの質問事項が公開買付届出書の記載と重複する場合は、Yは回答する必要はないから、Yが公開買付届出書の記載で足りると判断したのであれば、Xの質問に対しさらに取得後保有方針、売却方針等を回答しないからといって、Yが不誠実であるとか、濫用的買収者であるということはできないであろう。

### (4) 新株予約権の発行登録

敵対的買収防衛として新株予約権を発行する場合でも、有価証券の募集にあたることから、有価証券届出書の提出を必要とする（金商4条1項）。そこで、買収防衛目的で迅速かつ機動的に株主に新株予約権を発行することができないが、発行登録制度を利用すれば可能となる。

発行登録制度は、有価証券の発行価額の総額が1億円以上の場合について、発行者（発行会社）が発行登録書を内閣総理大臣（財務局長）に提出する方法により行う（金商23条の3第1項）。新株予約権の発行登録に関する発行登録書の記載事項は、発行する新株予約権の種類（「新株予約権証券」等）、発行予定期間（登録期間）、募集方法（「株主に対する新株予約権無償割当て」等）、発行予定額（「新株予約権の発行による払込金額の総額は0円」等）、新株予約権の行使により出資される財産の合計額等である（開示府令14条の3）。発行予定期間は1年または2年であるが、それは発行会社（登録者）が選択する（同令14条の6）。

発行登録は、発行登録書の受理後15日経過後に効力を生じ（金商23条の5第1項、8条1項）、発行登録の効力発生後は、発行価額の総額、発行条件等を記

載した発行登録追補書類を内閣総理大臣（財務局長）に提出することにより
（同法23条の8第1項、開示府令14条の8）、新株予約権を発行することができる。

　このように、あらかじめ新株予約権の発行登録をしておけば、敵対的買収に
遭遇した場合、発行登録追補書類を提出することにより、迅速かつ機動的に株
主に対する新株予約権を発行することが可能となる。

　発行予定期間の経過により発行登録は効力を失うが（金商23条の6第2項)、
再度、発行登録をすることができる。

# 第16章　取締役等の違法行為の差止請求

## 1　違法行為差止めの概要

### (1)　違法行為の差止規定

　6カ月前から引き続き株式を有する株主は、①取締役が会社の目的の範囲外の行為その他法令・定款違反の行為をし、またはこれらの行為をするおそれがある場合において、②当該行為により会社に著しい損害が生ずるおそれがあるときは、当該取締役に対し当該違法行為の差止めを請求できる（会社360条1項・3項）。執行役も会社の業務執行者であるから差止めの対象者となる。

　取締役の違法行為の差止めは、個々の違法な具体的行為を差し止めるものであり、当該取締役は差止めの対象となった以外の行為をすることは可能である。取締役の職務執行停止のように、取締役の職務執行権限を一般的に停止させるものではない。

　違法行為の差止請求訴訟（差止請求権は訴訟上の行使を要件としないが、訴訟により行使しなければ目的を達することが困難である）は、株主代表訴訟と共通の訴訟構造であり、訴訟形態は法定代位訴訟であって、差止判決（仮処分）の効力は会社に及ぶことになる（民訴115条1項2号）。

　違法行為の差止請求は、募集株式の発行差止め（会社210条）や合併の差止め（同法784条の2）のように、不利益を受けるおそれがある株主の保護を目的として、会社の行為を差し止めるものではなく、取締役等の違法行為により会社に損害が生ずるおそれのある場合に、株主が会社のために取締役等の違法行為を差止め、会社に損害が発生することを事前に防止するものである。

　株主の募集株式の発行差止請求権や合併差止請求権等は、会社の違法な行為により不利益を受けるおそれのある株主の利益保護のためにある。差止権者（債権者）は当該株主であり、差止めの相手方は会社である。これに対し、株主の取締役等による違法行為の差止請求権は、取締役・執行役の違法行為により会社に損害が発生するおそれがある場合に、それを防止するために、株主が

*612*

会社の権利（差止請求権）に基づき、会社のために、当該取締役等の違法行為を差し止めるのであり（株主が不利益を受けるおそれがあることは要件ではない）、差止めの相手は当該取締役等である。

　取締役等の違法行為により、会社に損害が発生するおそれがあるものの株主は不利益（損害）を受けるおそれがないときは、違法行為の差止請求権によるが、反対に、募集株式の発行等の株主が不利益を受けるおそれがあるものの会社に損害が発生するおそれがないときは、募集株式の発行等の差止請求権によることになる。次に、募集株式の発行等により、株主が不利益を受けるおそれがあるとともに、会社に損害が発生するおそれがある場合（違法な募集株式の発行等により、株主だけでなく会社に損害が発生する場合が考えられる）をどう取り扱うかという問題がある。

　両者は趣旨・目的が違うから、株主はいずれの差止請求権も行使することが可能であると考えることができる。しかし、違法行為の差止請求権は差止めに関する一般規定であるから、募集株式の発行差止め等の具体的な差止請求権が認められている場合は、それによるべきであり、違法行為の差止請求権によるべきではないと考えられる。この点、会社を相手に募集株式の発行等を差し止めることは、取締役の違法な行為を差し止めることにもなり、同一の目的を達することができることになるといえよう。

　差止めの性質上、当該行為がなされる前（事前）に行使しなければならず、行為後の差止めは認められない。しかし、当該行為が履行を要する場合（目的物の引渡し、代金の支払い等）は履行行為をやめさせる必要があるから、履行行為の差止めが認められる。また、当該行為または履行が継続的な行為であれば、それを続けることを差し止めることが可能である。

### (2)　差止請求権の導入の経緯

　取締役の違法行為の差止請求権は、昭和25年の改正商法により株主地位の強化の一環として、アメリカの差止命令（injunction）に倣って導入されたものであり（旧商272条）、会社法がそれを承継した（会社360条）。

　アメリカにおける株主代表訴訟は、取締役の責任追及訴訟だけでなく差止請求なども含む。わが国は代表訴訟（旧商267条）と分けて同時に導入したが、株主が会社の権利を会社のために行使するという共通の構造をもつものであり、

ともに株主の監督是正権的性質を有している。

　株主代表訴訟は会社に生じた損害の回復を図る事後的措置であるのに対し、違法行為の差止めは会社に損害が生ずることを防止するための事前防止措置という違いがある。しかし、いずれも会社による権利行使を期待できないことから、株主による権利行使を認めたものであり、株主が会社の権利を行使するという法定代位訴訟という共通の構造であって、裁判の効力は会社に及ぶことになる（民訴115条1項2号）。

　株主の取締役等による違法行為の差止請求は、会社の差止請求権に基づくことから、株主代表訴訟の構造と共通するが、会社に対する権利行使の請求を必要とせず、また、請求権を訴訟上行使することも要しないから、訴訟外の請求も認められる。それは、差止めは緊急を要することに加え、訴訟外の請求によって、取締役または執行役が請求に応じて違法行為を中止することに期待したものであるといえよう。しかし、現実には、訴訟外の行使では目的を達し得ないから、差止請求を本案として、差止仮処分によることになる。差止請求訴訟の手続について、特別の規定は設けられていないことから、可能な限り株主代表訴訟に関する手続規定（会社847条の4条以下）を類推適用すべきであろう。

## 2　差止請求権行使の要件

### (1)　差止めの対象者となる取締役等

　差止めの対象は、代表取締役や代表執行役による会社の目的の範囲外の行為その他法令・定款違反の行為であるが、それだけに限らない。また、平取締役や執行役の行為であっても、法令・定款違反、目的外行為である場合は差止めの対象となる。そこで、平取締役や執行役が取締役会の承認を受けないで競業取引や利益相反取引を行う場合（会社356条1項、419条2項）、明らかに法令・定款に違反する取締役会決議や違法な業務執行の決定に賛成する場合も差止めの対象となる。[2]

　しかし、差止請求をするためには、会社に回復することができない（著し

---

1　導入の経緯については、北沢正啓「株主代表訴訟と差止権」田中耕太郎編『株式会社法講座第3巻』1164頁以下が詳しい。

2　吉川義春「取締役の違法行為差止めの仮処分」中野貞一郎ほか『民事保全講座(3)』375頁。

い）損害が発生するおそれがある場合であるから、会社内部の意思決定の段階にすぎない取締役会の決議や、執行役の執行の決定は、差止めの必要性が乏しく、実際上、差止めの対象となるのは、これら意思決定に基づく代表取締役等の行為である。

## ⑵　差止めの対象となる行為

差止めの対象となるのは、会社の目的外の行為と法令・定款に違反する行為である。目的外の行為とは定款記載の目的の範囲外の行為であり（その効力について、有効か無効かを問わない）、取締役の法令違反行為には、違法な利益相反取引や競業取引、株主の権利行使に関する利益供与、金融商品取引法や独占禁止法違反など具体的な法令違反のほか、一般規定（善管注意義務・忠実義務）の違反も含まれる。

しかし、違法行為の差止めは、取締役（執行役）の業務執行を制止するという面があることから、軽微な違法行為については差止めの対象とすべきでない。この点、規定上も、会社に著しい損害または回復することができない損害が生ずるおそれがあるときを、差止請求の要件としている（会社360条1項・3項）。

定款違反とは、定款に定めた事項に違反することをいう。従来、株主の新株引受権を定める定款の規定に違反する場合が例としてあげられていたが、会社法は株主の新株引受権を廃止し、株主に株式の割当てを受ける権利を与える場合の手続として規定したことから（会社202条）、定款により株主に新株引受権を与えることはできない。定款違反の多くの場合は、会社の目的の範囲外の行為として差止めの対象となる場合である。

これらの違法行為は取締役の任務懈怠行為であるが、事後的に取締役の責任を追及するのではなく、取締役の違反行為（違法行為）を事前に差し止めるための要件であるから、取締役の故意・過失を要せず、客観的に違法行為の要件を満たしていればよい[3]。

会社目的の範囲内の行為か、範囲外の行為かは客観的に判断しなければならないから、取締役が権限を濫用して自己の個人的目的で当該行為をした場合（たとえば、取締役が会社名義で個人的目的のために資金を借り入れた場合）は、目

---

3　松田二郎＝鈴木忠一『条解株式会社法㊤』332頁。

的の範囲内の行為である。しかし、この場合は、取締役の忠実義務・善管注意義務違反となるから法令違反の行為として差止めの対象となる。[4]

差止めの対象となる違法行為の効力に関して、無効説は、会社の業務執行が取締役に委ねられている以上、一般株主がみだりに取締役の業務執行に関与すべきでないから、無効な行為に限られるとする。[5]

これに対し、有効説は、有効な行為を差し止めることに意味があり、もともと無効な法律行為は会社に効力が及ばないから差し止める必要はない。しかし、それに基づく履行行為を差し止める必要があることから、無効な行為については履行行為の差止めを認めている。[6]

また、両性説は、当該行為の有効・無効は差止請求の許否の問題ではなく、会社に回復困難な損害を生ずるおそれのある取締役の違法行為として差止めの対象となるとする。[7]

理論的には無効な法律行為は、会社に対し効力を生じないから差止めの必要はないが、有効・無効は事後的な判断でなされるのであり、差止めを検討する段階においては確定していないばかりか、無効であると認定されても履行行為の拒絶と原状回復に要する時間等を考えれば、会社に回復困難な損害が生ずるおそれがある場合は差し止める必要があるといえる。

当該行為の有効・無効を問わず、会社に損害を生じさせる行為として差止めの対象とすべきであるが、取締役の業務執行に対する干渉となること、行為の相手方に損害を与えるおそれがあることから、明白に会社に損害を与える違法行為と認められる場合に限定されることになろう。

### (3) 会社に損害が発生するおそれのあること

差止めの要件は、取締役等の違法行為により会社に著しい損害が生ずるおそれがあるときであるが、監査役設置会社、監査等委員会設置会社、指名委員会等設置会社については、会社に回復することができない損害が生ずるおそれがあるときである（会社360条1項・3項）。多くの会社は監査役設置会社であるか

---

4　吉川・前掲（注2）375頁。

5　松田＝鈴木・前掲（注3）332頁。

6　北沢正啓「会社訴訟」石井照久ほか編『経営法学全集(19)』214頁、吉川・前掲（注2）374頁。

7　坂井芳雄「新株発行の差止および取締役に対する行為の差止の仮処分」仮処分の研究(下)224頁。

ら、回復することができない損害を要件とすることになる。

監査役設置会社について、回復することができない損害という要件を課したのは、所有と経営の分離が進んでいる会社について、取締役の経営と業務に対する株主の干渉をできるだけ少なくするためであると考えられる。

回復することができない損害とは、取締役の違法行為により会社の受ける損害が、金銭賠償不能または原状回復不能の場合をいうが[8]、損害が絶対に回復できない場合だけでなく、費用や手数などの観点から回復が相当に困難な場合が含まれる[9]。

そうすれば、著しい損害と回復することができない損害との区別の基準は、必ずしも明白ではなく、程度の差であると考えられる。そして、回復することができない損害が生ずるおそれがあるか否かは、個別具体的な場合に応じて、当該行為と会社の規模、業種、経営状況等に応じて具体的に判断せざるを得ないことになる。しかし、回復することができない損害発生という要件を、あまり厳格に要求すれば、株主に差止請求権を認めた意義が減殺されかねない。

しかし、大規模会社の場合、事前に株主が取締役等の違法行為により会社に回復することができない損害等が発生することを知る機会は少ないことから、差止めの機会は多くはないであろう。

### (4) 差止請求と取締役等の対応

株主の差止請求が必ずしも要件を満たしているとは限らないことから、差止請求を受けた取締役等は、当該行為が会社の目的や法令・定款に違反するか、その行為をやめるかどうかを判断しなければならない。違法でないと判断し、または差止請求の要件を欠くと判断して当該行為をやめなかった場合は、株主の差止請求を無視して当該行為をしたことになるが、行為後においては差止請求違反そのものを問題にすることは難しい。そうなると差止請求は実効性が乏しいことになる。

そこで、事後的に、当該行為により会社に損害（回復することができない損害等であることを要しない）が生じた場合に、株主は代表訴訟により取締役等の任務懈怠による損害賠償責任を追及することになる。この場合、株主の差止請

---

8 吉川・前掲（注2）376頁。

9 類型別会社訴訟II 911頁。

第16章　取締役等の違法行為の差止請求

求にかかわらず当該行為をやめなかったことが、善管注意義務違反の判断に大きな影響を及ぼすことになる。なお、差止仮処分が発令されている場合は、当該行為を中止するか否かを判断する余地はないから、仮処分に従わず当該行為を行ったことが取締役の任務懈怠となる。

## 3　取締役等の違法行為の差止仮処分

### (1)　差止仮処分の性質と要件

株主の取締役等による違法行為の差止請求権は、違法行為がなされる前に行使しなければならず緊急を要し、本案訴訟では目的を達することが困難であるから差止仮処分によることが必要である。違法行為がなされた後においては差止請求権は存在しないから、代表訴訟により責任を追及するという方法によることになる。

取締役等の違法行為の差止仮処分は、株主（本案の原告）が債権者となり、違法行為をしようとする取締役（本案の被告）を債務者として、具体的な違法行為を差し止める仮の地位を定める仮処分である（民保23条2項）。被保全権利は本案の差止請求権であり、保全の必要性は会社に著しい損害（監査役設置会社、監査等委員会設置会社、指名委員会等設置会社の場合は、回復することができない損害）が生ずるおそれがあることであり、債権者株主に損害が生ずるおそれは必要としない。この仮処分は本案の権利を実現する満足的仮処分であり、その効力は、単に、取締役に不作為義務を課すのでなく、当該行為をなし得ないとの仮の地位を形成することから、仮処分違反の行為は無効となる。

取締役の違法行為の差止めの対象となる行為は、特定の行為をすることだけでなく、特定物の引渡しの場合もあるが、いずれも、差止仮処分は仮の地位を定める仮処分である。そこで、①争いがある権利関係について、②債権者に生ずる著しい損害または急迫の危険を避けるための必要性を要件としている（民保23条2項）。

会社法の取締役等の違法行為の差止めについての規定は、ⓐ取締役が会社の目的の範囲外の行為その他法令・定款違反の行為をし、またはこれらの行為をするおそれがある場合、ⓑ当該行為により会社に、回復困難な損害（著しい損害）が生ずるおそれがあるときを差止めの要件としている（会社360条1項）。

*618*

ⓐは、①の被保全権利（本案の要件）であり、ⓑは、②の保全の必要性である。債権者に損害が生ずるおそれについては、債権者（仮処分債権者）は株主であるが、株主について生ずる損害ではなく、会社に生ずる損害である。つまり、債権者について株主を会社に置き換えることになる。株主による取締役等の違法行為の差止請求は、株主が会社のために債権者となり、会社の差止請求権を行使するから（法定代位訴訟）、損害は会社に生ずる損害を意味することになる。

債権者（株主）は、ⓐ、ⓑの要件の存在を疎明しなければならない。ⓐは取締役等が違法行為をしている、または違法行為をする蓋然性が高いことを疎明する必要があるが、具体的にどのような違法行為であるのかを、明らかにしなければならない。ⓑは抽象的な損害発生のおそれでは足らず、ある程度具体的なものでなければならない。

回復困難な損害が生ずるおそれとは、取締役の損害賠償責任では補えない損害であるが、それは、違法行為により発生するであろう損害の額、取締役の賠償能力等を総合して判断することになる。しかし、これについて、あまり厳格な疎明を要求するのは適切でなく、被保全権利について十分な疎明があれば、特段の事情がない限り、被保全権利の存在を認めるべきであろう。当該行為を事前に差し止めることで、相手方に与える影響は比較的小さくて済み、取締役等にとっても、事後に代表訴訟で責任追及されるリスクが小さくなる。

### (2) 差止仮処分の申立て

差止仮処分の申立権者（債権者）は、6カ月前から引き続き株式を有する株主（議決権の有無や保有議決権数を問わない）であるが、監査役、監査等委員、監査委員も申立権が認められている（会社360条1項、385条1項、399条の6第1項、407条1項）。監査役等による申立ての場合は、仮処分の担保を立てる必要はない（同法385条2項、399条の6第2項、407条2項）。

債務者は、違法行為を行い、または行おうとしている取締役または執行役である。法律上、有効に選任（選定）されていないが、取締役、代表取締役、執行役、代表執行役として振る舞っている者も差止めの対象者となる。

本案は、取締役等に対する違法行為の差止請求権であり（会社360条1項）、本案の請求と仮処分の請求が同じであり、本案の権利を実現する満足的仮処分

である。仮処分申請の趣旨は、たとえば、「債務者は、本案判決の確定するまで、取締役会の決議によることなく、Aに対し別紙目録記載の会社財産を譲り渡してはならない」となる。

仮処分の管轄裁判所は本案の管轄裁判所であるが（民保12条1項）、違法行為の差止請求については本案の管轄裁判所の規定はない。そこで、株主が会社の権利を代位行使するという株主代表訴訟との共通性から、株主代表訴訟の管轄に関する規定（会社848条）を類推適用して（この場合、代表訴訟の管轄が専属管轄であることは、類推適用の支障にならないと解される）、会社の本店所在地を管轄する地方裁判所となる。これ以外にも、社団からの役員に対する訴えで、役員としての資格に基づく訴えの規定（民訴5条8号ロ）により普通裁判籍の所在地とすることが考えられる。しかし、会社が取締役等に対し差止請求権を行使する場合はこの規定によることになるが、ここでは株主が取締役等に対し差止請求権を行使するのであるからこの規定を適用することは難しい。そこで、株主は会社の権利に基づいて差止請求権を行使することから、代表訴訟に関する規定を類推適用することになる。いずれにしても、管轄裁判所は会社の本店所在地を管轄する地方裁判所となる。

複数の株主から提訴または仮処分申請があった場合は、第1回口頭弁論または審尋期日の前であれば、併合審理することになろう。

取締役等の違法行為の差止請求について、特に手続規定はないが、株主代表訴訟の和解・費用等の請求・再審の訴えに関する規定（会社850条、852条、853条）を類推適用すべきであろう。

## 4　取締役等の違法行為差止仮処分の性質と効力

### ⑴　仮処分の性質

取締役等の違法行為の差止仮処分は、取締役等の具体的な特定行為を禁ずる仮の地位を定める仮処分であり、本案の権利（差止請求権）を実現する満足的仮処分であるが、債務者（取締役等）に送達されることにより効力が生ずる。また、差止仮処分申請は、株主等が会社のために申請する法定代位訴訟であるから、仮処分の効力は会社に及ぶ（民訴115条1項2号）。

差止仮処分については登記されないが、特定の行為の差止めであるため登記

できないという技術的な理由による。この仮処分は、満足的仮処分であるが、新株発行差止めの仮処分のように一定の日時における会社の行為を禁止する場合と異なり、取締役により当該行為がなされる可能性が存続する限り、仮処分の実質的効力が認められる。そして、仮処分命令が取り消されれば、取締役は禁止されていた行為をすることができ、仮処分命令に違反してなされた行為も、違反がなかったものと取り扱われ有効なものとなる。

## (2) 仮処分違反の行為の効力

この仮処分は、取締役等が目的外、定款、法令違反行為をすることを禁止するが、単に取締役に対し不作為を命ずるだけである（不作為仮処分）とする見解が有力である。取締役等が仮処分違反の行為をしても、会社に対し任務懈怠責任が生ずる可能性があるだけであり、当該行為は仮処分違反により無効とならないから、この仮処分は違反行為自体を阻止する実効性に乏しい。当該行為の効力は、仮処分違反とは別に一般原則によって決定されることになるが、仮処分違反の行為がもともと無効な行為であれば、仮処分違反に関係なく無効であるとするのである。[10]

取締役等の違法行為差止仮処分は、単に、取締役等に不作為義務を課すだけであるから、それに違反しても無効でないというのであれば、本案の判決に違反しても無効にならないことになる。しかし、本案の請求権（会社360条1項）は、単に取締役に対する不作為を請求するものと解すべきではなく、その違反行為は無効であると解される。そうすれば、この仮処分は、本案の権利（差止請求権）を実現する満足的仮処分であるから、その違反は本案の差止判決違反とパラレルに考える必要がある。不作為仮処分であるから、その違反行為は行為の効力に影響しないとするのでは、差止請求権を権利として認めた意味が失われ、仮処分の実効性に欠けることになる。

仮処分により本案の権利が実現されるから、取締役等が当該行為をする権限が停止された状態が形成され、取締役等の権限の一部制限となる。仮処分違反は、単に手続法上の違反にとどまらず、仮処分により行使・実現された差止請求権に違反する行為である。そこで、仮処分違反は同時に実体法上の差止請求

---

10 松田＝鈴木・前掲（注3）333頁、坂井・前掲（注7）225頁、228頁、新堂・仮処分159頁、北沢・前掲（注6）220頁。

に違反する行為であるから、無効または無権代理と解される（仮処分の取消しにより有効なものとなる）。

### (3) 差止仮処分違反の行為と第三者の保護

差止仮処分命令または判決は、取締役の具体的行為を差し止める（禁止する）が、仮処分違反の行為は無効と解されるから、第三者の利益保護が必要となる。しかし、差止仮処分を公示することは技術的に難しく方法がない。この点、取締役等が特定の不動産を違法に処分することを禁じる差止仮処分の場合は、処分禁止の仮処分と同様に取扱い、処分禁止の仮処分の執行に準じて登記するという方法が考えられるが（民保54条）、会社を債務者として、会社による処分を禁止するのではなく、株主が取締役等を債務者として、違法行為の差止めとしてなされる不動産についての処分禁止の仮処分を、この方法により登記することが可能であるかについては、さらに検討を要するであろう。

そこで、差止仮処分違反の行為の善意の相手方や第三者の保護を図るために、代表取締役の権限に加えた制限は、善意の第三者に対抗することができないとの規定（会社349条5項）を類推適用して、仮処分違反の無効をもって、善意の第三者に対抗し得ないと解すべきであろう。[11]

違法行為の差止めは、取締役の特定の違法行為を差し止めるものであるから、相手方が判明している場合が多い。そこで、取締役と相手方を共同債務者として、取締役は当該行為をしてはならない、相手方はそれに応じてはならない、とする仮処分によることが考えられる。仮の地位を定める仮処分であるから、可能であると考えられる。

差止仮処分との関係で、善意の相手方や第三者の保護の問題が生ずるのは、債務者（取締役、執行役）が仮処分が発令されていることを秘匿した場合が多いが、一般に、相手方や第三者は仮処分が発令されていることを知らないため、差止仮処分違反の無効は善意の第三者に対抗し得ないと解することは、差止仮処分の実効性の確保に問題が残ることは否定できない。

そこで、株主（債権者）が取締役等の違法行為の相手方に対し（相手方が判明している場合）、仮処分が発令されていることを通知するという方法が考えら

---

11　同旨、吉川・前掲（注2）384頁。

れる。任意の通知ではあるが、これにより通知を受けた相手方は重過失がある
と認定されやすくなる。

　また、仮処分の対象となる行為が、定款記載の目的の範囲外の行為であると
か、株主総会や取締役会の承認を要するのに、これを得ていないという違法が
ある場合、相手方や第三者の保護は、相手方の調査義務との関係で問題になる。
相手方は、会社目的外の行為である可能性がある場合は、それについて相当の
注意を払い、取締役会等の承認を得ていることが疑われる場合は、相当の注意
を払ってそれを調査・確認すべきであるから、これを怠った場合は、重過失が
あるとして保護されないと解し、相手方の調査義務違反に関する実体法上の問
題として処理すべきであろう。

**【記載例26】　取締役の違法行為の差止仮処分申請**

### 申　請　の　趣　旨

　債務者は，本案判決の確定まで A 株式会社の取締役会の決議なしに，同会社
を代表して別紙物件目録記載の不動産の譲渡，抵当権，賃借権の設定その他一切
の処分をしてはならない。

### 申　請　の　理　由

1　債権者は，A 株式会社の株式××株を 6 カ月前から有する株主であり，債
　　務者は，同会社の代表取締役である。
2　A 株式会社は，不動産の賃貸を主要な目的として昭和××年×月×日に設
　　立された会社であり，現在の資本金は××万円であるが，別紙物件目録記載の
　　不動産を所有し，これを第三者に賃貸し，その賃料収入が会社の唯一の収入で
　　ある。
3　債務者は，最近ひそかに上記不動産に抵当権を設定し，多額の金員を借入れ
　　その資金により株式投資を行うことを計画している。しかし，上記不動産は会
　　社の主要な財産であり，その処分は会社の重要な業務執行に当たるから，取締
　　役会の決議を必要とするが，決議を経ていない。
4　債務者が，独断で上記不動産に抵当権を設定し，借り入れた資金で株式投資
　　を行うことは，会社にとって極めて危険な行為であり，もし，株式投資に失敗
　　すれば上記不動産を失い，会社は収入の道を失い，会社にとって回復すること

第16章　取締役等の違法行為の差止請求

ができない損害が発生するおそれがある。

# 第17章　会社の組織再編に関する訴訟

## 1　組織再編の概要

### ⑴　組織再編による統一化に至る経緯

　旧商法は、合併について数次の改正により規定を整備していたが（旧商408条以下）、平成11年の改正商法は、平成9年の独占禁止法改正により純粋持株会社が解禁されたことを受け、完全親子会社関係の創設を容易にするために株式交換と株式移転（株式交換等）の制度を認めた（旧商352条以下）。次いで、平成12年の改正商法により会社分割の制度（合併と類似する組織的行為）が導入された（旧商373条以下）。それは、経営の効率化等の目的で営業（事業）の一部を子会社に移し、他に譲渡することを容易にするためである。それにより、子会社の設立は現物出資・財産引受け・事後設立、営業譲渡という煩雑な手続（個別的な財産移転行為）によらず、簡易・迅速に行うことが可能となった。

　会社法は、合併・会社分割・株式交換等を会社の組織再編と位置づけているが、事業譲渡もこれに含めることができる。組織再編は、会社の基礎の変更であり、株主と会社債権者の利害に関係するからその保護手続を要する。

　株主保護のために、原則として、株主総会の特別決議（会社309条2項11号・12号、467条1項）と反対株主の株式買取請求権を認め（同法469条1項、785条1項、797条1項）、債権者異議手続（同法789条1項2号・3号・2項、799条、810条1項2号・2項）を必要とする。また、組織的行為であることから、手続、効力の発生時期を法定化し、その効力を否定するためには、会社の組織に関する行為の無効によらなければならないとして統一的規定を設けている。

### ⑵　事業譲渡の手続

　事業譲渡は株主の利害に大きく関係し、株主総会の特別決議を必要とする（会社309条2項11号、467条1項）から、事業譲渡にあたるか否かは重要である。事業は旧商法当時の営業に相当するが、判例は、営業に関し株主総会の特別決議を必要とする営業の譲渡とは、一定の営業目的のため組織化され、有機的一

体として機能する財産（得意先関係等の経済的価値のある事実関係を含む）の全部または重要な一部を譲渡し、これによって譲渡会社がその財産によって営んでいた営業的活動の全部または重要な一部を譲受人に受け継がせ、譲渡会社の譲渡の限度に応じ、法律上当然に競業避止義務を負う結果を伴うものをいうとしている（最判昭和40・9・22民集19巻6号1600頁）。

事業譲渡に該当すれば、譲渡会社については、譲渡契約に関し株主総会の特別決議による承認を必要とし（会社467条1項1号・2号、309条2項11号）、譲受会社については、他の会社の事業の全部を譲り受ける場合は、株主総会の特別決議による承認を必要とする（同法467条1項3号、309条2項11号）。もっとも、事業譲渡であっても、略式手続または簡易手続による場合は総会の決議は不要である（同法468条1項・2項）。

株主総会の特別決議を経ない事業譲渡は無効である。当事会社は、相手方会社が株主総会の特別決議を経たか調査・確認すべきであるから、取引の安全確保を理由に、譲受会社が善意であれば有効とするわけにはいかない。

なお、事業譲渡は事業の全部または一部を契約に基づき譲渡するという取引行為であるから、合併・会社分割・株式交換等の組織再編とはかなり異なる。

### (3) 組織再編行為の概要

会社法は、組織再編行為（合併、会社分割、株式交換・株式移転）について、吸収型組織再編と新設型組織再編に分け、手続として、合併は吸収合併契約（会社749条）・新設合併契約（同法753条）、会社分割は吸収分割契約（同法757条）・新設分割計画（同法762条）、株式交換は株式交換契約（同法768条）、株式移転は株式移転計画（同法772条）を作成し、それぞれ法定事項を記載して、株主総会の特別決議による承認を得るという共通の手続によることにしている。

組織再編行為に関する規律として、消滅会社または完全子会社となる会社の株主に対し、交付される対価の定めが重要である（会社分割については、対価としての承継会社の株式は分割会社に交付され、株主に交付されない）。吸収型組織再編（吸収合併・株式交換）では、対価として存続会社の株式だけでなく、金銭その他の財産を交付することができる。その他の財産は財産と評価されるものであれば足りるから、社債、新株予約権、新株予約権付社債、存続会社の親会社の株式（三角型組織再編）を交付することができる。また、対価を交付し

ないことも可能であり、対価の柔軟性が認められている（会社749条1項）。これに対し、新設型組織再編（新設合併・株式移転）については、新設会社の株式を交付しなければならないが、社債・新株予約権・新株予約権付社債等を交付することも可能である（同法753条1項8号、773条1項5号）。

### (4) 組織再編と株主総会決議の瑕疵

組織再編行為（合併・会社分割・株式交換等）は、株主総会の特別決議による承認が必要である。株主総会の承認決議に瑕疵（無効・取消し・不存在）があれば、組織再編行為は無効であるが、無効は組織再編行為の効力が生じた日から、6カ月以内に訴えをもって主張しなければならないから（会社828条1項柱書）、総会決議の効力を争う訴訟（決議取消しの訴え等）によることはできない。

決議取消訴訟を提起していても、組織再編行為の効力が生じた日から6カ月以内に、組織再編行為無効の訴えを提起しなければ、組織再編行為は有効なものと確定するから、決議取消訴訟に勝訴しても意味がない。そこで、6カ月が経過していても、請求の基礎となる事実（総会決議の瑕疵）は同一であるとして、決議取消訴訟を組織再編行為無効の訴えに変更することが必要となる。

## 2 合併無効の訴えと仮処分

### (1) 合併の意義と手続

#### (ア) 合併の意義

合併（Merger）とは、2つ以上の会社（当事会社）が、契約（合併契約）によって合体し、1つの会社になることである。当事会社の1つが存続して、他が消滅する場合（吸収合併）と、当事会社のすべてが消滅し、新しい会社を設立する場合（新設合併）とがある。

吸収合併（会社2条27号）の場合は、当事会社の1つが解散し、新設合併（同条28号）の場合は全部が解散する。いずれの場合でも、消滅会社の権利義務と財産は、存続会社または新設会社に包括承継されるから、清算手続は不要である。

消滅会社の株主は、合併手続中において対価として、存続会社の株式等の交付を受ける（会社749条1項2号・3号）が、新設合併の場合は、消滅会社の株式に代えて新設会社の株式が交付される（同法753条1項6号・7号）。

*627*

合併対価であるが、吸収合併の場合は、対価の柔軟化により、消滅会社の株主に対し、存続会社の株式ではなく、金銭その他の財産を交付することができる（会社749条1項2号）。そこで、吸収合併については、消滅会社の株主は存続会社の株主になるとは限らない。対価の柔軟化が認められるのは、吸収合併のほか、吸収分割（同法758条4号）、株式交換（同法768条2号）の場合がある。

金銭その他の財産の交付として、存続会社の親会社の株式（三角合併）や存続会社の社債等の交付があるが、多くは現金の交付（キャッシュアウト・マージャー）である。

金銭その他の財産の交付を受けることは、存続会社（吸収合併の場合）または完全親会社（株式交換等の場合）の株主とならないことから、たとえば、株主代表訴訟の係属中に、吸収合併、株式交換等がなされた場合は、原告適格を欠き訴えが却下されることになる。そこで、特別の措置が講じられている。

また、キャッシュアウト・マージャー（現金交付合併）は、少数株主を排除する手段として用いられるが、それが濫用的に行われる可能性があることからそれを防止するとともに、正当な対価が補償として支払われることを確保することが必要となる。

　㈨　合併の手続

合併の手続は、概略的にいえば、相手方の資産状態について十分な調査を行い、合併条件と合併比率などについて合意に至れば、合併契約を締結する（会社748条）。実務的な取扱いとしては、合併条件等について合意に至れば、基本合意をし、それに基づき作業を進め合併契約に至るのである。

そして、当事会社において、合併契約の内容と会社法施行規則で定めた事項（会社施規182条、191条）を事前に開示し、株主と債権者の閲覧に供する（会社782条、803条）。これは、事前の開示により合併条件の公正を手続面から確保する趣旨である。

事前開示の目的は、株主については、株主総会において合併に賛成するかどうかを判断するための資料提供のためであり、債権者については、合併に異議を述べるか否かの判断資料とするためである。

各当事会社において、合併契約で定めた効力発生日の前日までに、合併契約について株主総会の特別決議による承認を得なければならない（会社783条、

795条、804条）。ただし、略式合併または簡易合併の場合は、株主総会の承認決議を必要としない（同法784条、796条、805条）。

反対株主に対しては、公正な価格での株式買取請求権が認められ（会社785条、797条、806条）、債権者については、異議手続が行われる（同法789条、799条、810条）。

以上の手続が終了したならば、2週間以内に合併の登記をしなければならない（会社921条、922条）。そして、合併の効力は、吸収合併については、合併契約で定めた日に効力が発生し（同法750条1項）、新設合併の場合は、新設会社の成立日（設立登記をした日）に効力が発生する（同法754条1項）。

合併が効力を生じた後、存続会社または新設会社は、法務省令が定めた事項を開示し、株主および債権者の閲覧に供する（会社801条、815条）。これは、合併手続が事前開示に従い適正になされたことを担保する意味である。

### (ウ) 合併契約における合併条件の記載

合併手続において、最も重要なのは基本合意とそれに基づく合併契約である。合併契約は当事会社の代表取締役等が会社を代表して締結するのであるが、合併契約において定めなければならない事項は法定されている。そこで、法定記載事項（会社749条1項、753条1項）が記載されていない合併契約は無効であり、株主総会で承認しても効力を生じない（大判昭和19・8・25大審民集23巻524頁）。

合併契約において最も重要なのは、合併により消滅する会社の株主に、消滅会社の株式に代えて何が交付されるのか等に関する定めである合併条件である。合併条件の内容は、消滅会社の株主に対し、存続会社または新設会社が交付する株式またはそれ以外の財産の数・額・算定方法に関する定めであるが（会社749条1項2号、753条1項6号）、どのような比率で交付するかという割当（交換）比率が最も重要であり、公正であることが要求される。

一般に、合併契約に先立ち、当事会社間で交換比率について交渉が行われ、それについて合意に至れば基本合意に進む。一方で、合意に至らなければ合併交渉は不調に終わるのであるが、これをめぐり損害賠償請求という争いが生じた例もある。

合併契約の記載事項のうち、合併条件は当事会社の株主の利益に関係する重要事項であるから、公正であることが要求される。合併条件の不明確あるいは

**629**

第17章　会社の組織再編に関する訴訟

不公正な場合は、合併無効の原因となる。

## (2) 合併無効の訴え

### (ア) 合併の無効原因

#### (A) 合併契約の瑕疵

合併の効力は、吸収合併の場合は合併契約書に定められた効力発生の日（会社749条1項6号）、新設合併の場合は新設会社の成立の日（同法754条1項）に生ずるが、合併契約の内容に違法の瑕疵がある、合併の過程に重大な手続的瑕疵があれば、合併の無効原因となる。そこで、合併契約書が作成されていない、合併契約において法定事項が定められていない、合併条件が不明確または不公正である、事前開示がなされずまたは不備がある、債権者異議手続がなされていない、合併承認の株主総会に瑕疵がある場合などが、合併の無効原因である。独占禁止法違反の合併も無効の原因となる。

もっとも、手続的な瑕疵については、それが軽微で合併の効力に影響を及ぼさないと認められる場合は、合併の無効原因とすべきではない。

合併承認の株主総会に瑕疵がある場合、決議の無効・取消し・不存在確認という決議訴訟の提起は認められず、合併無効の訴えによるべきである。

当事会社の株主にとって、相手方の資産状況がどうなのか、合併条件特に合併比率が最大の関心事である。合併は当事会社の株主間の利害対立の局面であり、被合併会社の少数株主の利益保護が問題となる。

#### (B) 合併比率の不公正と合併の無効

合併の無効原因として、合併契約において定めなければならない事項（会社749条、753条）について定めがない場合、株主総会の合併決議に瑕疵がある場合、必要書類の不開示または虚偽記載、債権者保護手続が履践されていない場合、公正取引委員会への届出の懈怠、主務官庁の許可・認可を得ていない場合などがあるが、合併比率の不公正と合併無効が問題になる場合がある。

合併比率の不公正と損害との関係について、合併比率が不公正である場合には、株主間で不公平が生じ、株主には損害が出るが、合併前の各会社の資産および負債はすべて合併後の会社に引き継がれるのであるから、合併自体により、存続会社に損害が生じるものではない（東京地判平成6・11・24資料版商事130号91頁、東京高判平成7・6・14資料版商事143号161頁、最判平成8・1・23資料版商事

*630*

143号159頁、大阪地判平成12・5・31判時1742号141頁)。そうなると、株主代表訴訟は提起できない。しかし、この場合でも、合併比率が不公正であり、株主が損害を被っている場合は、株主は当事会社の取締役に対しては損害賠償請求をすることは可能である。

合併比率の不当・不公正な場合、取締役の株主に対する損害賠償責任、反対株主の株式買取請求権とは別に、合併無効の原因になるかという問題がある。

裁判例には、原告は合併比率の不当・不公正であると主張するが、合併比率が不当であるとしても、株主総会の特別決議を経ているばかりか、合併契約の承認決議に反対した株主は、株式買取請求権を行使できるから、合併比率の不当・不公正ということ自体が、合併無効原因になるものではないとするものがある(東京地判平成元・8・24金判832号21頁)。

しかし、株式買取請求権があるから、無効原因にならないとするのは、形式的であるばかりか、元来、株式買取請求権と合併無効原因となるか否かは並列的に比較すべきではないであろう。この点、前掲東京地判平成元・8・24の控訴審判決は、「仮に、合併比率が著しく不公正な場合には、それが合併無効原因になるとの控訴人の主張を前提にしても」(東京高判平成2・1・31資料版商事77号193頁)、という含みのある表現をしているが、これは合併無効原因になる可能性を示唆しているとも解される。

これに対し、上告審判決は、第一審判決と同様に合併の無効原因にならないとしている(最判平成5・10・5資料版商事116号196頁)。

その後、合併比率が不当で、被買収会社の株主に対しその資産内容等に比して過当な存続会社株式の割当てが行われた場合、被買収会社の株主が不当に利得する反面、存続会社の株主が損失を被ることになり、合併無効の原因となりうることはありうるとし(前掲東京地判平成6・11・24)、合併比率の当否の問題は別として(前掲東京高判平成7・6・14)、としているように、裁判例は、合併比率の不当・不公正は、合併無効の原因とする方向に向かっているともみることができる。

学説には、経済的に独立した会社間の合併であれば、合併比率をどのように定めるかは、経営判断の原則の範囲内の問題であるから、合併比率の不公正は合併無効の原因にならないが、支配従属会社間の合併については、従属会社の

第17章　会社の組織再編に関する訴訟

少数株主の利益が害される可能性が高いので、その救済を株式買取請求権に限定することは不適当であり、合併比率の不公正は、合併無効の訴えの原因となるとの立場がある[1]。しかし、合併比率の不公正を理由とする合併無効を、支配従属会社間の合併に限る必要はないと考えられる。

　合併比率の不公正は、合併無効の原因になると解すべきである[2]。合併比率の決定は、取締役会の裁量事項であり、それについて株主総会が承認するか否かの自由を有するといっても、多数決の濫用の防止と是正の観点から、取締役会が裁量権を逸脱して、著しく不公正な合併比率を決定した場合は、会社法律関係に及ぼす影響を考慮しても、合併の無効原因となるというべきである。合併比率は合併条件の根幹であり、株主の利益に大きく関係するから、これについて、著しい不公正があれば、損害賠償請求あるいは株式買取請求権とは別に、合併の無効原因になるとみるのが自然である。かく解することは、提訴期間が6カ月以内に制限されていることからも可能であろう。

　合併契約に、錯誤、詐欺・強迫という無効原因または取消原因となる瑕疵がある場合でも、一般原則によれば、合併契約は無効となることから合併も無効となるが（民95条、96条1項）、合併という会社法上の団体的行為（組織変更行為）を民法の一般原則により処理することは適切でないことから、合併の効力が生じた後は錯誤、詐欺・強迫による無効または取消しを認めるべきでない。

　なお、平成29年改正民法では錯誤は取消原因となるので（改民95条1項）、同法の施行日以後は、取消しを認めるべきではないことになる。

　(イ)　合併無効の訴えの手続と判決の効力

　　(A)　合併無効の訴えの提起

　合併無効は、合併が効力を生じた日から、6カ月以内に訴えをもってのみ主張することができるのであるが（会社828条1項7号・8号）、原告と被告も法定されている。管轄裁判所は、会社の本店所在地を管轄する地方裁判所の専属管轄である（同法835条1項）。それゆえ、合併無効の訴えは形成訴訟である。

　原告（提訴権者）は、合併当事会社（吸収合併については合併により消滅する会

---

1　江頭憲治郎『結合企業法の立法と解釈』288頁。

2　神田・会社法375頁、大隅健一郎ほか『新会社法概説』468頁、鈴木竹雄＝竹内昭夫『新版会社法』488頁。

社または合併後存続する会社、新設合併については新設合併をする会社または新設合併により設立する会社）の株主・取締役・監査役・執行役・清算人・破産管財人・合併を承認しなかった債権者である（会社828条2項7号・8号）。

合併に反対しなかった株主にも提訴権が認められる。また、合併が独占禁止法に違反する場合には、公正取引委員会も合併無効の訴えを提起することができるが（独禁18条1項）、この場合は提訴期間の制限はない。被告は、吸収合併後存続する会社または新設合併により設立する会社である（同法834条7号・8号）。

原告において、合併が無効とされる事由を主張・立証しなければならない。出訴期間の経過後に、新たな無効事由を追加することができないとするのが判例であるが（最判昭和51・12・24民集30巻11号1076頁）、訴訟物の理解の仕方にもよるが、全く認められないとする必要はないであろう。

合併の無効は訴えによらなければ主張できないから、合併のための株主総会決議に瑕疵がある場合でも、合併の効力発生日から6カ月以内に合併無効の訴えを提起し、その訴訟において決議の瑕疵を主張することになる。

(B)　合併無効判決の効力

合併無効判決（原告勝訴判決）は形成判決である。判決の確定により、合併無効の状態が形成されるのである（原告敗訴判決は、原告と被告との間で、合併が無効でないとの確認的な意味をもつにすぎない）。判決の効力は第三者にも及び（会社838条）、対世効により第三者との関係でも、合併は無効であるとし、画一的な処理がなされるのである。

合併無効判決は、遡及効が否定され、無効判決が確定するまで有効なものと取り扱われ、将来に向かって無効となる。したがって、合併が効力を生じた日から、合併無効判決が確定するまでの間に、対第三者関係においても、合併が有効であることを前提としてなされた行為の効力が否定されることはない（会社839条）。法律関係の安定確保の要請のためである。

合併無効判決の確定による処理として、会社は将来に向かい、従来の会社として回復することになる（一種の会社分割）。合併により消滅した会社は復活し、新設された会社は解散することになる。

将来に向かって消滅会社の株主は復帰し、存続会社が消滅会社の株主に割り

第17章　会社の組織再編に関する訴訟

当てた株式は無効となる。合併の効力が生じた日より後に、存続会社または新設会社が負担した債務については、復活した当事会社が連帯して弁済責任を負う（会社843条1項1号・2号）。存続会社または新設会社が取得した財産は、復活した合併当事会社の共有となる（同条2項）。

　消滅会社は復活するが、その取締役等は復帰（復職）するのではなく、復活した会社の取締役等が選任されるまでの間、役員等に欠員を生じた場合の措置に関する規定（会社346条1項）を類推適用して、合併無効判決の確定時における存続会社または新設会社の取締役等が、消滅会社（復活会社）の取締役等の権利義務を有することになる。[3]

　そこで、裁判所書記官は、職権で、存続会社については変更登記、新設会社については解散登記、そして合併により消滅した会社については回復登記を嘱託しなければならない（会社937条3項2号・3号）。

## 【記載例27】　株式会社合併無効の訴え（吸収合併の場合）

---

### 請 求 の 趣 旨

1　被告（存続会社）とA株式会社との間の，平成××年××月××日になされた合併は無効とする。
2　訴訟費用は被告の負担とする。

### 請 求 の 原 因

1　原告は被告会社の株式××株を有する株主であるが，合併前のA株式会社の株式××株を有する株主でもある。
2　被告会社とA会社は，平成××年××月××日に合併したとして，被告会社については合併による変更登記，A会社については合併による解散登記がそれぞれなされている。
3　しかし，被告会社及びA会社において，合併契約承認のための株主総会の決議がなされていない。仮に，合併承認決議がなされているとしても，会社法所定の特別決議がなされていない。

---

3　類型別会社訴訟Ⅱ731頁。

2　合併無効の訴えと仮処分

【記載例28】　株式会社合併無効の訴え（新設合併の場合）

---

## 請　求　の　趣　旨

1　Ａ株式会社とＢ株式会社との間の，被告を新設会社とする平成××年××
月××日になされた合併は無効とする。
2　訴訟費用は被告の負担とする。

## 請　求　の　原　因

1　原告は被告会社の株式××株を有する株主であるが，合併前のＡ株式会社
の株式××株を有する株主でもある。
2　Ａ会社とＢ会社は，平成××年××月××日に新設合併したとして，いず
れも解散登記がなされ，被告については新設会社として設立の登記がなされて
いる。
3　しかし，Ａ会社において合併承認のための株主総会決議がなされていない。
仮に，合併承認決議がなされているとしても，会社法所定の特別決議がなされ
ていない。

---

### (3)　組織再編行為の差止め

　組織再編行為を無効であるとして事後的に争うことは、法定安定性を害する
ことになるし、不利益を被るおそれのある当事会社の株主の事前的救済措置が
必要であることから組織再編行為の差止めが必要となる。そこで、当事会社を
債務者として、仮処分により組織再編行為の差止めを認めることは可能である
と考えられた（民保23条2項）。

　平成26年改正前の会社法は、略式組織再編については差止規定を設けていた
が（旧会社784条2項、796条2項〔削除〕）、通常の組織再編についての差止規定
はなかった。平成26年改正会社法は、組織再編行為により不利益を被るおそれ
のある当事会社の株主の事前的救済措置として、組織再編（合併・会社分割・
株式交換等）の差止請求権を認め（ただし、簡易組織再編については差止請求権が
認められない（会社784条の2ただし書等））、吸収合併等の差止請求として一括し
て規定した（同法784条の2、796条の2、805条の2）。

　なお、平成26年改正会社法は組織再編以外の場合でも、全部取得条項付種類

*635*

株式の取得、株式の併合、売渡請求に係る株式の取得についても、同様の差止規定を設けている（会社171条の3、182条の3、179条の7）。これらは、違法または不当な行為を事前に防止して株主の利益を保護するとともに、事後的な争いにより法律関係が不安定になることを防止する。

差止事由は、①法令・定款違反（会社784条の2第1号等）、②合併契約について株主総会の承認を要しない場合において、合併条件が当事会社の財産の状況等に照らして著しく不当な場合（同条2号等）である。もとより、差止事由は、当事会社の株主が不利益を受けるおそれのある事由であり、相手方会社の事由ではない。

法令違反とは、組織再編に適用される法令に違反することであり、会社を名宛人とする法令違反を意味するから、取締役の善管注意義務や忠実義務違反は含まれず、また組織再編の対価の不相当は差止事由の法令違反に含まれない。[5]

組織再編の差止めは、株主の利益保護のために認められるものであるから、取締役の善管注意義務や忠実義務といった会社に対する違反を防止するために用いることはできず、会社の利益を確保するための取締役の違法行為の差止め（会社360条1項）によることもできない。株主総会の特別決議を経たことにより（同法309条2項12号）、組織再編についての差止請求は認められないものと思われる。そうすれば、対価の不相当は無効事由と解されないから、株主保護の方法が問題となる。

株主総会の決議を差し止める、決議の取消訴訟（多くの場合、特別利害関係を有する者の議決権行使による不公正な決議（会社831条1項3号）であろう）を本案として組織再編行為を差し止めるという方法、組織再編行為が取締役の善管注意義務や忠実義務に違反し、会社に損害を与えたとして、株主代表訴訟で責任を追及する、第三者に対する責任追及という方法が考えられるが容易ではない。

そうすれば、反対株主による公正な価格による株式買取請求権によることになろう（会社785条1項、806条1項）。新株予約権者にも買取請求権が認められている（同法787条1項、808条1項）。

---

4　吸収合併の規定は吸収分割と株式交換、新設合併の規定は新設分割と株式移転に対応することになろう。

5　江頭・株式会社法892頁、坂本三郎編著『一問一答・平成26年改正会社法』309頁。

## ⑷ 合併差止めの仮処分

### ㋐ 仮処分の必要性と許容性

合併手続に実体的または手続的違法があり、それが合併の無効原因にあたると主張する場合、あるいは著しく不公正な条件による場合は、合併を差し止めるという形での救済が必要とされる。

合併が効力を生じた場合は、6カ月以内に合併無効の訴えにより、合併の効力を争うのであるが、合併契約に無効原因がある場合、または合併手続に重大な違反がある場合、合併契約に定めた条件による合併が著しく不公正であって、その利益を害されるおそれのある場合は、当事会社の株主等は、事前に合併を差し止めるために、当事会社を債務者として、合併差止めの仮処分を申請することができる。

### ㋑ 合併差止めの要件

合併手続に瑕疵がある場合、合併が効力を生じた後は合併無効の訴えの原因になるが、合併手続の違法、合併条件の著しい不公正により、株主の利益を害するおそれのある場合は、合併の効力発生前に合併を差し止める必要があるから、平成26年改正会社法は、合併により不利益を受ける消滅会社または存続会社の株主を保護するために、合併差止請求権を認めた（会社784条の2、796条の2）。不利益を受ける株主とは、合併により自己が株主である会社に生ずる事由（相手方会社に生ずる事由ではない）により不利益を受ける株主である。

差止事由は、①法令・定款違反（会社784条の2第1号、796条の2第1号）、②合併契約について株主総会の承認を要しない場合において、合併条件が当事会社の財産の状況等に照らして著しく不当な場合である（同法784条の2第2号、796条の2第2号）。

①は合併に適用される法令の違反であり、定款違反とは、たとえば、存続会社の定款記載の目的の範囲外の事業を営むことになる合併である[6]。②は、略式合併の場合の従属会社の株主保護のためであるが、合併条件が著しく不当な場合は、株主総会の決議を要する場合には、特別利害関係人が議決権を行使したとして、決議の取消事由となることを理由に、①により合併の差止めを請求で

---

6　江頭・株式会社法892頁。

第17章　会社の組織再編に関する訴訟

きる。略式合併の場合は株主総会の決議によらないから、特に、差止請求権を認めたのである。

　　㋒　合併差止めの仮処分申請

　差止請求は実効性を確保するために、仮処分によることが必要であるが、仮処分命令は、合併が効力を生ずる日までに発令され会社に送達されなければならない。送達により、会社の合併手続は中止され（合併手続を進められない状態が形成される）、仮処分に違反した合併は効力を生ぜず合併の無効原因になる。

　仮処分債権者は合併無効の訴えの原告適格者であるが、差止めは合併の効力発生前になされるから、債務者は本案で被告となる会社（存続会社または新設会社）ではなく、当該会社（自己が株主である会社）である。

## 3　会社分割無効の訴え

### (1)　会社分割の意義と手続

　　㋐　会社分割の意義

　会社分割とは、1つの会社を複数の会社に分割することである。具体的には、会社が事業に関して有する権利義務の全部または一部を分割し、既存の他の会社（承継会社）または新しく設立した会社（新設会社）に承継させる会社の行為である（会社2条29号・30号）。

　合併と逆のことを行うのであるが、合併と異なり、分割会社は分割後も存続する。会社が、多角化した事業部門を切り離して独立させることなどを目的として行われるが、事業売却のために行われることもある。

　資金調達を目的とする事業売却の場合でも、事業譲渡のように事業の全部または重要な一部を譲渡する取引ではなく（会社467条1項）、分割会社は承継会社・新設会社から、承継する権利義務の対価として分割に際して発行する株式の交付を受けるのである。そして、その株式の全部または一部を売却することにより資金を得ることができる。

　従来、会社分割と同一の目的を達するためには、新会社の設立と現物出資・財産引受け・事後設立の方法がとられたが、手続的に複雑であった。そこで、平成12年の改正商法において会社分割を創設したものであるが、会社法は、この旧商法の会社分割に関する制度を承継した。

*638*

会社分割には、分割する会社（分割会社）が、事業に関して有する権利義務の全部または一部を、既存の会社（承継会社）に承継させる吸収分割と、新しく設立した会社（新設会社）に承継させる新設分割とがある。会社分割とは、端的にいえば、分割会社が分割の対象となる資産等を承継会社または新設会社に移転し、その対価として、株式等の財産の交付を受けることである。

吸収分割は、当事会社間で吸収分割契約を締結し、株主総会の特別決議による承認を受けるのに対し、新設分割の場合は、分割会社が新設分割計画を作成し、株主総会の特別決議による承認を受けるのである。

会社分割の対価となる株式等が、分割会社に交付される場合を物的分割（分社型分割）、分割会社の株主に交付される場合を人的分割（分割型分割）というが、会社法は、人的分割の場合には、対価はいったん分割会社に交付し、分割会社が株主に剰余金として配当すると構成した。その結果、会社法の下では、会社分割とは物的分割を意味する。[7]

会社分割により、吸収分割の場合は、吸収分割契約で定めた効力発生日（会社758条7号、760条6号）に効力を生じ、承継会社は分割契約の定めに従い、分割会社の権利義務を承継し（会社759条1項、761条1項）、効力発生日に、吸収分割契約の定めにより株式その他の財産の交付を受け、分割会社は承継会社の株主となる（会社759条8項）。

新設分割の場合は、新設会社の成立日（設立登記の日）に新設分割の効力が生じ、新設分割設立会社は新設分割会社の権利義務を承継する（会社764条1項、766条1項）。そして、新設分割会社は、新設分割計画の定めに従って株式その他の財産の交付を受け、新設分割設立会社の株主等となる（同法764条8項・9項、766条8項・9項）。

会社分割により、承継会社または新設会社は、分割の対象となる資産等（事業に関して有する権利義務の全部または一部）を承継するのであるが、承継資産等に応じ分割により交付される対価（分割比率）が定められる。承継会社の株式を交付する場合は、新株を発行して交付することも、自己株式の交付によることも可能である。

---

7 神田・会社法378頁。

第17章　会社の組織再編に関する訴訟

　(イ)　会社分割の手続

　会社分割に際し、当事会社の資産状態の調査確認と分割条件の定めが最も大切である。そこで、吸収分割の場合については、分割会社と承継会社の資産状態を調査した後、分割契約の締結がなされ（会社757条）、新設分割の場合は、当事会社の資産状態に基づき分割計画が作成される（同法762条）。分割契約または分割計画の法定記載事項で重要なのは、承継会社または新設会社が承継する権利義務に関する事項と分割条件である。

　分割条件とは、承継会社または新設会社から、分割会社に対して、譲り受ける権利義務の全部または一部の対価として、同社の株式その他の財産が交付されるのであるが、その数・額またはその計算方法についての定めである（会社782条、794条、803条）。これは公正でなければならない。

　次いで、分割契約または分割計画について事前開示をしなければならない。開示は、分割契約書または分割計画を本店に備え置き、株主および債権者の閲覧に供するという方法でなされる（会社782条1項2号、794条1項、803条1項2号）。

　会社分割契約または分割計画の事前開示は、これにより分割条件等の公正を確保するためであるとともに、株主については株主総会で承認決議に賛成するかどうか、債権者については異議手続によるかどうか、を判断する機会を与えるためである。

　会社分割の効力発生日の前日までに、各当事会社において、分割契約または分割計画について、株主総会の特別決議による承認を得なければならない（会社783条、795条、804条）。ただし、略式分割または簡易分割の場合は、株主総会の決議は不要である。

　反対株主等に対しては、公正な価格での株式買取請求権が認められ（会社785条、797条、806条）、会社債権者に対しては異議手続が定められている（同法789条、799条、810条）。

　会社分割は登記をしなければならない。効力については、吸収分割は分割契約で定めた効力発生日に分割の効力が発生し、新設分割は新設会社の成立日（設立登記をした日）に分割の効力が発生する（会社759条1項、764条1項）。

*640*

## (2) 会社分割無効の訴え

### ㋐ 会社分割の無効原因

合併無効の場合に準じて取り扱えばよい。分割契約または分割計画の内容に違法の瑕疵がある、会社分割の過程に重大な手続的瑕疵があれば会社分割の無効原因となる。

具体的には、①吸収分割契約または新設分割計画の内容に不備または法令違反がある場合、②開示に関する書面の不備置や不記載、③吸収分割契約または新設分割計画を承認した株主総会決議に瑕疵（無効・不存在、取消し）がある場合、④債権者保護手続が履践されていない場合、⑤株式または新株予約権の買取請求手続がなされていない場合、⑥独占禁止法が定める手続を履践していない、または認可を要する会社分割について認可を受けていない場合、⑦会社分割に伴う労働契約の承継等に関する法律（労働承継法）による労働者との協議義務が全くなされていない場合（もっとも、労働者には提訴権がない）等が考えられる。なお、残存債権者を害することを知ってなされた会社分割の場合は、別途救済手段があるので（会社759条4項、764条4項）無効原因とならない。

③分割承認の株主総会に瑕疵がある場合、決議の無効・取消し・不存在確認という決議訴訟の提起は認められず、会社分割無効の訴えによるべきである。

分割条件特に分割比率が不公正である場合は、これは会社分割の根幹に係る事柄であるから、会社分割の無効原因となると解される。

### ㋑ 会社分割無効の訴えの手続

会社分割の効力が生じた日から6カ月以内に、訴えをもって主張しなければならない（会社828条1項9号・10号）。原告は、会社分割の効力が生じた日において、各当事会社（吸収分割契約をした会社または新設分割をする会社）の株主等（株主・社員・取締役・執行役・監査役・清算人）、破産管財人、分割を承認しなかった債権者である（同条2項9号・10号）。吸収分割または共同新設分割が独占禁止法に違反する場合は、公正取引委員会も分割無効の訴えを提起することができる（独禁15条の2、18条2項）。

会社分割は、分割契約（吸収分割）、分割計画（新設分割）の定めるところに従い効力が生ずるが、分割契約または分割計画において雇用契約の承継を定めなければならない（会社758条1項2号、763条1項5号）。しかし、その定めを

当事会社の自由に委ねていたのでは労働者の利益が損なわれることがある。そこで、労働者の保護のために、特別法として会社分割に伴う労働契約の承継等に関する法律（労働契約承継法）が制定された。

分割会社は分割にあたり、労働者との協議義務が課されるから（商法等の一部を改正する法律（平成12年法律第90号）附則5条1項）、これに違反した場合は協議義務違反となる。しかし、労働者保護規定である協議義務の違反は会社分割の無効原因とならない（最判平成22・7・12民集64巻5号1333頁）。

当該労働者は自己の労働契約上の地位が承継されることを争い、分割会社との間で従業員地位確認請求訴訟によるべきである。しかし、協議義務が全くなされていない場合は無効原因になると解されるが、労働者に分割無効の訴えの提訴権は認められていない。

会社分割について異議を述べることができる債権者で、会社分割を承認しなかった債権者は、会社分割無効の訴えの原告となる（会社799条1項2号、810条1項2号、828条2項9号・10号）。つまり、異議を述べることができない債権者は承認するかどうか述べる立場にないから、不利益を受けるおそれがある場合でも提訴権がない（東京高判平成23・1・26金判1363号30頁）。

被告は、吸収分割の場合は吸収分割契約をした会社（分割会社と承継会社）であり、新設分割の場合は分割会社と新設会社（新設分割により設立する会社）である（会社834条9号・10号）。いずれの場合も、両会社を共同被告（必要的共同訴訟）としなければならない。そして、この訴訟は、判決により会社分割の無効が形成されることから形成訴訟である。

管轄裁判所は被告となる会社の本店所在地を管轄する地方裁判所の専属管轄であるが（会社835条1項）、分割無効の訴えは2つの会社が共同被告となることから、先に提起のあった裁判所に管轄が生ずることになる（同条2項）。

　(ウ)　分割無効判決の効力

原告勝訴判決（分割無効判決）には、対世効が認められるが、遡及効はない（会社838条、839条）。そこで、判決の効力および無効判決が確定した場合の事後処理は、合併無効の場合と同様になされ、将来に向かって会社分割がなされない状態が復元される（同法843条）。

そこで、吸収分割の無効が確定した場合は、分割後に承継会社に帰属した財

産は各当事会社の共有となり債務は連帯債務となる。新設分割の無効が確定した場合は、設立会社は解散することになるが、分割後に設立会社に帰属した財産と債務は分割会社に帰属することになる（会社843条1項・2項）。

分割無効の判決が確定すると、裁判所書記官は、吸収分割の無効の訴えについては、吸収分割をする会社および承継会社がその事業に関して有する権利義務の全部または一部を当該会社から承継する会社についての変更の登記（会社937条3項4号）、新設分割の無効の訴えについては、新設分割をする会社についての変更の登記および新設分割により設立する会社についての解散の登記の嘱託をしなければならない（同項5号）。

### (3)　会社分割差止めの仮処分

分割契約または分割計画に違法の瑕疵がある、分割手続に重大な違反がある場合、分割条件が著しく不公正であって、その利益を害されるおそれのある場合は、当事会社の株主等は、事前に会社分割を差し止めるために、当事会社を債務者として、民事保全法所定の仮の地位を定める仮処分により（民保23条2項）、会社分割差止めの仮処分を申請することが可能である。仮処分申請の手続と要件、仮処分の効力は合併差止仮処分と同様に考えられる（前記2(4)参照）。

平成26年改正会社法は、株主の事前的救済措置として、会社分割の差止めを認めたことから（会社784条の2、796条の2、805条の2）、法令・定款に違反する会社分割により不利益を受けるおそれがある当事会社（分割会社または承継会社）の株主は、会社分割の効力発生前に差止請求をすることができる。そして、差止めは実効性を確保するために、差止仮処分申請としてなされる。

当該仮処分命令が、会社分割の効力が生ずる日までに送達された場合、会社分割をなし得ない状態が形成されるから（分割手続が停止される）、仮処分に違反した会社分割は無効となり、後に、仮処分命令が取り消されても、分割の効力が生ずる日にさかのぼって会社分割が有効となるものではない。

**【記載例29】　株式会社分割無効の訴え（新設分割の場合）**

請 求 の 趣 旨

*643*

1　被告 A 株式会社が，平成××年××月××日，被告 B 株式会社を設立し，A 株式会社の不動産部門の事業全部を B 株式会社に承継させる会社分割は無効とする。
2　訴訟費用は被告らの負担とする。

## 請 求 の 原 因

1　原告は被告 A 株式会社の××株を有する株主である。
2　被告 A 株式会社は，平成××年××月××日，不動産部門の事業部門を全部承継させる会社として被告 B 株式会社を設立した。
3　しかし，被告 A 株式会社においては，本件会社分割のための分割計画について，承認のための株主総会の決議がなされていない。仮に，承認決議がなされているとしても，会社法所定の特別決議がなされていない。

## 4　株式交換・株式移転無効の訴え

### (1)　株式交換・株式移転の意義と手続

#### (ア)　株式交換・株式移転の意義

株式交換・株式移転は、持株会社の創設等を目的として、既存の株式会社を完全子会社化するための会社の行為であるが、当事会社は消滅せず、株式の移転（したがって、株主の異動）があるだけで、合併のように消滅する当事会社はない。

株式交換・株式移転とは、会社が株主総会の特別決議により、他の会社の完全子会社（100％子会社）となる取引であるが、完全親会社となる会社が既存の会社である場合が株式交換（会社 2 条31号）、新設会社である場合が株式移転である（同条32号）。そして、これにより完全親子会社関係が創設されるのであるが、株式移転については、複数の会社が共同で新設会社を設立する共同株式移転も可能である。

株式交換は、株式会社 B が株式の全部を他の株式会社（または合同会社）A に取得させ、B の全株式が A に移り、B の株主が A の株主（または社員）となり、A を完全親会社、B を完全子会社とする完全親子会社関係が形成される（会社 2 条31号）。株式移転は、株式会社 B が株式の全部を新しく設立する株式

会社Aに取得させ、A・B間で完全親子会社関係が形成され、Bの株主がAの株主となる（同条32号）。いずれの場合でも、完全子会社となった会社の実体に変更はなく財産の移動もない。

株式交換または株式移転により、完全子会社となる会社の全株式を、完全親会社となる会社が取得し、その対価として完全子会社となる会社の株主は、完全親会社となる会社の株式等を受け取る。これにより、完全親子会社関係が生じ、完全子会社となる会社の株主は、完全親会社の株主になるが、消滅する会社はなく、財産の移動もない。このように、株主の変動にすぎないことが、合併や会社分割と異なるのである。

株式交換の場合は、対価の柔軟化により、完全親会社となる会社の株式以外のものを対価として交付することが認められることにより、株式に代えて現金を交付すること（キャッシュ・アウト）が可能である。しかし、少数株主の排除をする合理性があるのか、対価としての現金の支払額が公正に計算されたかという問題がある。

(イ) 株式交換・株式移転の手続

(A) 株式交換契約または株式移転計画の作成

株式交換は、株式交換契約に基づき、既存のA社（株式交換親会社）に対し、既存のB社（株式交換子会社）の株主が有する全株式が移転し、A社が完全親会社となる（会社769条1項）。これに対し、株式移転は、株式移転計画に基づき、株式移転完全親会社A社を設立し、完全子会社となるB社の株主が有する全株式がA社に移転し、A社が完全親会社となる（同法774条1項）。

株式交換をするためには、B社は同社の発行済株式の全部を取得するA社との間で、株式交換契約を締結し、法定事項を定め（会社767条、768条1項）、当事会社の株主総会の特別決議により、承認を受けなければならない（同法783条1項、795条1項、309条2項12号）。これにより、株式交換契約で定めた効力発生日に株式交換は効力を生じ、B社の株主が有する全株式がA社に移転し、B社はA社の完全子会社となり、B社の株主はA社の株主になる（株主とならない場合もある。同法769条1項、771条1項）。

株式移転は、B社は手続中でA社を設立し、B社の株主が有する全株式をA社に移転させるのであるが、そのために法定事項を定めた株式移転計画を

作成しなければならない（会社772条1項、773条1項）。そして、株式移転計画について株主総会の特別決議により、承認を受け（同法804条1項、309条2項12号）、A社が設立された日に株式移転の効力が生じ、A社はB社の株主が有する全株式を取得し完全親会社となり、B社の株主はA社の株主となる（同法774条）。なお、B₁社とB₂社が、共同して新会社A社を設立する株式移転もある（同法772条2項）。

株式交換または株式移転について、各当事会社の株主にとって、会社の資産状態と交換条件特に交換比率が最大の関心事である。そこで、株式交換契約または株式移転計画の法定事項として、株式交換の条件または株式移転の条件を定めなければならない。その中で最も重要なのは、交付する対価の内容と割当てに関する事項である（会社768条1項2号、773条1項5号）。

株式交換または株式移転の条件とは、完全子会社となる会社の株主に対し、完全親会社となる会社が、何を、どれくらい、交付するかを定めることである。具体的には、交付される完全親会社の株式・社債等、それ以外の財産の数またはその数の算定方法に関する事項、および各株主に対する割当てに関する事項である（会社768条、770条、773条）。

株式交換または株式移転の対価は、財産権であれば種類を問わないから、完全親会社となる会社の株式に限らず、現金、社債、新株予約権等を対価にすることができる。なお、株式交換については、三角合併と同様に完全親会社となる会社の親会社の株式を交付することができる（会社800条）。

　　(B)　株式交換、株式移転の対価として株式を交付しない場合

株式交換または株式移転において、完全子会社となる会社の株主に対し、完全親会社の株式以外のものを交付することができる。もっとも、株式移転については（会社773条1項5号）、完全親会社が全く株式を交付しないということはあり得ない[8]。

完全親会社株式の交付によらなくてもよいことから、現金を交付してTOB（公開買付け）に応じなかった残存少数株主の排除が計画されるのであるが、もともと株式交換または株式移転は少数株主の排除を目的とするものではないか

---

8　江頭・株式会社法941頁。

ら、キャッシュ・アウトについては、公正な取扱いが要求される。

そこで、完全親会社が、完全子会社の株主に対し株式交換の対価として交付するものが、株式以外の財産であるときは、当該財産の内容および数もしくは額またはこれらの算定方法を定めなければならない。

(C)　株式交換契約・株式移転計画の公開

当事会社は、株式交換契約書または株式移転計画を本店に備え置き、株主と債権者の閲覧に供しなければならない（会社782条1項、794条1項、803条1項）。事前の開示により、株式交換または株式移転の公正を手続的に担保するとともに、株主に対しては株主総会で賛成するかどうか、債権者に対しては債権者異議手続をとる必要があるか否かを、判断するための材料を提供することになる。

(D)　株主総会における承認と反対株主の保護

株式交換契約等について開示手続を経た後、各当事会社は株式交換または株式移転が効力を生ずる前に、株式交換契約または株式移転計画につき、各当事会社の株主総会において、特別決議による承認を得なければならない（会社783条1項、795条1項、804条1項、309条2項12号・3項）。なお、略式手続、簡易手続による場合は、株主総会決議は必要ない。

反対株主は、公正な価格での株式買取請求権が認められる（会社785条、797条、806条）。

株式交換または株式移転では、債権者異議手続が認められているが、当事会社の財産に変動がないことから、株式交換の場合に、完全親会社の株式以外のものを対価として交付する場合以外は、債権者異議手続を必要としない（会社789条1項3号、799条1項3号）。

(E)　効力の発生

株式交換は、株式交換契約で定めた効力発生日に効力が発生し（会社769条1項）、株式移転は、新設会社の成立の日（設立登記の日）に効力が発生する（同法774条1項）。そして、株式交換等の効力が生じた日に、完全親会社となった会社は完全子会社となった会社の全株式を取得し、そして、完全子会社となった会社の株主には、対価として完全親会社の株式が交付されることになる（株式以外の対価が交付されることもある）。

株式移転については、新会社を設立するのであるから、新会社について設立

第17章　会社の組織再編に関する訴訟

の登記をしなければならない（会社925条）。株式交換については、新株を発行した場合は、発行済株式数の増加による変更登記を必要とする。

### (2)　株式交換・株式移転無効の訴え

#### ㋐　株式交換・株式移転の無効原因

無効原因は、合併無効や分割無効の場合に準じて考えられる。株式交換契約または株式移転計画の内容に、株主平等の原則に反するなど、無効となるべき瑕疵がある場合、またはその手続に瑕疵がある場合、たとえば、株式交換契約または株式移転計画の記載事項の不備、事前開示がなされていない、承認の株主総会決議に瑕疵がある、反対株主の買取請求の手続または債権者の異議手続が行われていないなどが無効原因となる。また、交換条件特に交換比率が著しく不公正な場合も、差止事由にとどまらず、無効原因になると考えられる。株式交換等の効力が生じた後の問題であるから、無効事由は制限的に解し、また軽微な瑕疵の場合は無効とすべきではない。また、株式交換等の無効は、効力発生日から6カ月以内に、株式交換等無効の訴えにより主張しなければならないのであり（会社828条1項11号・12号）、株式交換契約等を承認する株主総会の決議に瑕疵がある場合でも、決議取消訴訟によるべきではない。

#### ㋑　株式交換・株式移転無効の訴えの手続と判決の効力

無効主張の一般原則に委ねることは、法的安定性を欠くので、合併無効の訴え、分割無効の訴えと同様に、株式交換・株式移転無効の訴えを規定している。

株式交換または株式移転の効力が生じた日から、6カ月以内に訴えをもってのみ、無効を主張できるのであり（会社828条1項11号・12号）、原告は、効力が生じた日現在の株式交換をした会社または株式移転をする会社の株主等であり（同条2項11号・12号）、株式交換等に反対しなかった株主にも提訴権が認められる。共同株式移転（2社以上が共同して株式移転をする）が独占禁止法に違反する場合は、公正取引委員会に提訴権が認められ（独禁18条2項）、この場合は、提訴期間の制限はない。

被告は、株式交換契約をした会社、株式移転をする株式会社および株式移転により設立する株式会社（株式移転設立完全子会社）である（会社834条11号・12号）。そして、完全親会社となった会社と完全子会社となった会社は共同被告となる（必要的共同訴訟）。

**648**

裁判管轄は、当事会社の本店所在地を管轄する地方裁判所の専属管轄であるが（会社835条1項）、被告となる当事会社は複数ある（完全親会社となった会社と完全子会社となった会社が共同被告となる）ことから（同法834条11号・12号）、複数の管轄裁判所が生ずるが、先に提訴された裁判所が管轄裁判所となる（同法835条2項）。

株式交換・株式移転無効の訴えにおいて、原告は無効原因である事実が存在することを主張・立証する。そして、原告勝訴の確定判決（株式交換・株式移転無効判決）は、第三者にも効力が及ぶことから（会社838条）、対世効により画一的に処理される。また、判決には遡及効が認められない（同法839条）。事後処理として、特別の規定が設けられている（同法844条）。

株式交換等の無効判決の確定により株式交換等は無効となり、株式交換等により形成されていた完全親子会社関係は解消される（形成判決）。判決に遡及効はないから、無効判決が確定するまでの間になされた法律関係は判決により影響を受けないが事後処理が必要になる。

株式交換の場合は、完全親会社となったA社（旧完全親会社）が、完全子会社となったB社（旧完全子会社）の株主に交付した株式は、将来に向かって無効となり、A社が有するB社の株式は無効判決の確定時におけるA社株式の株主に対し交付される（会社844条1項）。

株式移転の場合は、A社が有するB社の株式は、無効判決の確定時において株式移転に際し発行されたA社株式の株主（B社株式の株主）に交付され（会社844条1項）、A社は解散に準じて清算することになる（同法475条3号）。

判決確定前に、A社株式の交付を受けた株主による当該株式の譲渡は有効であるから、無効判決の確定時におけるA社株式の株主に対しB社株式を交付することになる。A社がB社の株式を他に譲渡している場合、譲渡は有効であるから、A社が株式を取り戻した場合を除けば、A社は当該B社株式を株主に交付することができない。そこで、当該株式を適正に評価した額を金銭で支払うという方法により処理せざるを得ない。

無効判決が確定した場合、裁判所書記官は、株式交換の場合は株式交換をする会社および株式交換をする会社の発行済株式の全部を取得する会社について変更登記（会社937条3項6号）を、株式移転の場合は、株式移転をする会社に

第17章　会社の組織再編に関する訴訟

ついては変更登記、株式移転により設立する会社については解散の登記を嘱託しなければならない（同項7号）。

### (3)　株式交換・株式移転差止めの仮処分

平成26年改正会社法は株式交換等により不利益を被るおそれのある当事会社の株主の事前的救済措置として、株式交換等の差止請求権を認めた（会社784条の2、796条の2、805条の2）。そこで、当事会社の株主は、差止請求権の実効性を確保するために、これを被保全権利として仮処分の申請ができる。

差止事由は、①株式交換等の法令または定款違反（会社784条の2第1号、796条の2第1号、805条の2）、②株式交換契約または株式移転計画について株主総会の承認を要しない場合において、株式交換の条件が当事会社の財産の状況等に照らして著しく不当な場合（同法784条の2第2号、796条の2第2号）であり、合併等の差止要件と同じである。

差止事由は、当該株主の会社について生じた事由であり、相手方会社について生じた事由ではない。差止めは株式交換等が効力を生ずる前になされるから、債権者は各当事会社の株主であり、債務者は各当事会社（債権者が株主である会社）ということになる。各当事会社の一方について差止仮処分が発令された場合は、当該会社は株式交換等をなし得ないから、株式交換等の手続は停止され、相手方会社も手続を進められなくなる。

仮処分命令の送達を受けた当事会社は、株式交換等の手続をなし得ないから、効力発生日に株式交換等の効力は発生しない。仮処分違反の株式交換等は無効であり、後に仮処分が取り消されても、効力発生日に仮処分は有効に存在したから、株式交換等は無効であると解される。

**【記載例30】　株式交換無効の訴え**

### 請　求　の　趣　旨

1　被告A株式会社と被告B株式会社間での，平成××年××月××日，A株式会社を完全親会社とし，B株式会社を完全子会社とする株式交換は無効とする。
2　訴訟費用は被告らの負担とする。

**650**

4 株式交換・株式移転無効の訴え

## 請 求 の 原 因

1　原告は被告A株式会社の株式××株を有する株主である。
2　被告A株式会社と被告B株式会社は，平成××年×月×日，A株式会社を完全親会社とし，B株式会社を完全子会社とする株式交換契約を締結し，株式交換契約書に記載された株式交換の日である平成××年××月××日，株式交換の効力が生じたとされている。
3　しかし，被告A株式会社においては，本件株式交換について株主総会の承認決議がなされていない。仮に，株式交換の承認決議がなされているとしても，会社法所定の特別決議がなされていないから無効である。

**【記載例31】　株式移転無効の訴え**

## 請 求 の 趣 旨

1　被告B株式会社が，平成××年××月×日，被告A株式会社を設立した株式移転は，無効とする。
2　訴訟費用は被告らの負担とする。

## 請 求 の 原 因

1　原告は，株式移転が効力を生じた平成××年××月×日において，被告B株式会社の株式××株を有する株主である。
2　B社は，A社を完全親会社として設立する株式移転計画を策定し，平成××年××月×日，A社の設立登記をした。これにより，同日，株式移転の効力が生じ，B社はA社の完全子会社となり，原告はA社の株主となったとされている。
3　しかし，B社は，本件株式移転計画について，株主総会の承認決議を経ていない。仮に，承認決議がなされているとしても，会社法所定の特別決議がなされていないから無効である。

*651*

第18章　会社分割をめぐる訴訟

# 第18章　会社分割をめぐる訴訟

## 1　会社分割の基本的理解

### (1)　会社分割の概要

　会社分割は、事業部門を独立させて経営の効率化を図る、特定の事業部門を売却するために用いることができるなど有益な制度であるが、株主の利益にも大きく関係する。また、債権者詐害目的、特定の労働者の排除目的など濫用的に用いられることが多く、これをめぐる争いが少なくない。

　会社分割は合併と類似の法構造であるが、合併は複数の会社が契約により合体して1つの会社になるのに対し、会社分割は、合併と反対に1つの会社を複数の会社に分けることである。会社分割は、会社が「事業に対して有する権利義務の全部または一部」（以下、「権利義務」という）を、他の会社に移転することであるが、分割会社（分割する会社）が、権利義務を、既存の会社（承継会社）に承継させる吸収分割（会社2条29号）と、新しい会社を設立して（新設会社・新設分割設立会社）、承継させる新設分割（同条30号）とがある。

　旧商法は、会社分割の対象を「事業」としていた（会社分割は事業単位で行う）。事業は営業と同意義に解されるが、事業（営業）目的のために組織された有機的一体性のある財産である。これに対し、会社法は「権利義務の全部または一部」としたので、事業といえないものも会社分割による承継の対象となり得る。もっとも、多くは事業単位で行われる。

### (2)　会社分割の手続と近時の問題点

#### (ア)　会社分割と分割契約の締結等

　会社分割は、吸収分割については分割契約の締結（会社758条）、新設分割については分割計画の作成（同法762条）により行われる。分割契約または分割計画の法定記載事項は、承継会社または設立会社が承継する権利義務に関する事項、承継会社等が分割会社から承継する資産、債務、雇用契約その他の権利義務に関する事項等である（同法758条、763条1項）。この定めに従って、権利義務が分割会社、承継会社または設立会社のいずれに帰属するかが定められるこ

*652*

とになる。

分割会社から承継する資産・債務に関する事項の定めにより、分割会社は、その事業に関して有する権利義務の全部または一部を承継会社または設立会社に承継させる。

分割契約等に記載することにより、分割会社の労働者の労働契約も承継会社等に承継されることになる。

分割契約等は、株主総会の特別決議による承認を得ることにより（会社783条、795条、804条、309条2項12号）、分割契約等に記載された事項が、分割の効力発生日または新設分割会社が成立した日に、承継会社等に承継される（同法759条1項、764条1項）。承継会社等は分割契約等の定めるところに従い、分割会社の権利義務を包括承継するが、合併と異なり部分的包括承継である。

　(イ)　会社分割と近時の問題点

会社分割をめぐる訴訟といえば分割無効訴訟であるが（会社828条1項9号・10号）、近年、関心を集めているのは、濫用的会社分割をめぐる詐害行為取消訴訟と会社分割における労働者の承継をめぐる訴訟である。前者は債務の履行の見込みと会社分割の効力に関係し、後者については、会社分割法制において当然に予想されていたことであり、特別法（会社分割に伴う労働契約の承継等に関する法律（労働契約承継法））により措置され、その手続に関する争いがあり最高裁判所の判決も出されている。

より深刻なのが、債権者詐害目的の濫用的会社分割が関係する事案である。

会社分割の濫用事例の多くは、新設分割が行われた場合の分割会社の残存債権者を害する行為についてである。形式的には会社法の規定には反しないものの、会社分割の濫用とみられるケースが相次いでいる。会社法上、会社分割手続における残存債権者の保護手続が十分でないことに、残存債権者を害する会社分割が行われる原因がある。会社分割法制が予想していなかった法の不備が表面化したといえよう。

会社分割を悪用すれば、優良事業を実質的に支配し続けながら、過剰債務を削減できるが、これでは分割会社は抜け殻状態になり、分割会社に残された債権者の利益が害され債権者平等の原則にも反する。これは、分割会社の経営者が新設会社に移す資産や債務などを恣意的に選別できることに起因していると

第18章　会社分割をめぐる訴訟

考えられ、悪用を想定しきれていない法の不備ともみることができることから、濫用的な会社分割を防止するための措置として、分割条件を厳しくするなどの法改正が法制審議会で検討されてきた。

現行法上、分割会社の残存債権者には異議申立権がなく、したがって、会社分割無効の訴えの原告適格は認められないことから、濫用的な会社分割は、このような債権者保護の不備という盲点をついて行われる。そこで利益を害された残存債権者は、会社分割による個々の資産の移転行為を民法上の詐害行為として取り消し、あるいは法人格否認の法理という会社法の一般理論により救済を求めるしか方法がなかった。

債権者詐害の会社分割が行われる原因として、一般原則によれば、免責的債務引受けについては債権者の承認を必要とするが、会社分割については必要とされていないこと、および債権者の異議手続が十分でないことに起因する。また、債権者が、異議申立期間内に異議を述べなかったときは分割を承認したものとみなされるが（会社789条4項、799条4項）、分割会社の残存債権者には異議申立権がないことがあげられる。

## 2　債務の履行の見込みと会社分割の無効主張

### (1)　債権者詐害目的の会社分割の可能性

吸収分割契約または新設分割計画の法定記載事項には、承継会社または設立会社が承継する権利義務に関する事項を記載しなければならない（会社758条2号、763条5号）。そして、会社分割が効力を生ずれば、吸収分割契約または新設分割計画の定めに従って、分割会社の資産または債務であったものが、分割会社と承継会社または設立会社に割り振られることになるが、各債権者に不利益を与える場合がある。

債務や不良資産を分割会社に残し、主要な資産や債権を承継会社や設立会社に移すことになると、分割会社の債権者の利益が害され、反対に、債務や不良資産を承継会社に移す場合は、合併の場合と同様に承継会社の債権者に不利益が生ずる。現実に、会社分割の濫用が問題になる多くは前者の場合である。会

---

1　土屋直也「会社分割の乱用相次ぐ」平成23年2月28日付日本経済新聞17面。

社分割の制度を濫用して、分割会社が資産や優良債権を承継会社や設立会社に移転すれば、分割会社は「抜け殻」状態になり、債権者の利益が害されることになる。

吸収分割契約・新設分割計画には、承継会社または新設会社（設立会社）が、分割会社から承継する権利義務に関する事項として、承継する資産、債務、雇用契約その他の権利義務に関する事項を記載しなければならないが（会社758条2号、763条1項5号）、それは、できるだけ明確にすることが必要である。

「債務の履行の見込み」に関する開示は、分割会社と承継会社の株主および債権者の利益に大きく関係する。そこで、会社分割により債務超過の会社が生じた場合、特に、分割会社が債務超過になる場合が問題となる。債務超過となる会社が生ずる場合に、会社分割が許されるのかという問題である。債務超過とは、債務者会社がその債務につき、会社財産をもって完済することができない状態にあることである。

旧商法は、「債務の履行の見込みがあること」を開示事項としていたから（旧商374条ノ2第1項3号、374条ノ18第3号）、債務の履行の見込みがあることが会社分割の有効要件と解されていた。これに対し、会社法は、「債務の履行の見込みに関する事項」を開示事項としたことから（会社施規183条6号、205条7号）、規定上、債務の履行の見込みがあることを会社分割の要件としていない。そこで、債務の履行の見込みのないことが、会社分割の無効原因となるかという解釈上の争いが生じ、他方で、分割会社の債権者を害する濫用的な会社分割が横行する原因となった。

### (2) 濫用的会社分割が行われる原因

債権者詐害目的の濫用的な会社分割が行われるのは、一般原則によれば、免責的債務引受けについては債権者の承認を必要とするが、組織再編行為である会社分割についてはこれを必要とせず、分割会社の残存債権者の保護手続が十分でないという法の間隙をついたものである。具体的には、債務の履行の見込みがないことが分割の無効原因とならないとする見解があることに加え、分割会社の残存債権者は会社分割に異議を述べることができないことにある。

分割会社において保護の対象となる債権者は、分割後に分割会社に対し債務の履行を請求できなくなる債権者である（会社789条1項2号、810条1項2号）。

*655*

第18章　会社分割をめぐる訴訟

つまり、分割承継の対象となった債務は、承継会社または新設会社に移転するから、分割承継の対象となった債務の債権者の保護手続として、当該債権者には異議申立権が認められ、異議を述べた債権者に対しては、弁済または相当の担保を提供しなければならない（同法789条5項、810条5項）。

これに対し、分割会社の残存債権者（移転の対象とならない債務の債権者）は、分割後も分割会社に対し債務の履行を請求できるから、保護の対象となる債権者でなく異議申立権が認められない。

さらに、異議申立権を認めない理由として、分割の対象である事業に関する権利義務は、承継会社または新設会社に移転するが、分割会社はその対価として株式等の交付を受けることとなり、それは承継会社または新設会社から移転した純資産の額に等しい対価の取得であるから、会社の財産関係には変動は生じないため、残存債権者の利益は害されないとの形式的な理由があげられている。

ところが、分割会社の残存債権者には異議申立権が認められないという法の間隙をついて、会社分割にあたり、承継会社等に請求できる債権者と、承継会社等に請求できない債権者（分割会社の残存債権者）に意図的に選別したうえで、優良事業（資産）を承継会社等に移し、その結果、分割会社の残存債権者が弁済を受けることができないという濫用的会社分割（詐害的会社分割）が多発した。

しかし、会社法の規定では濫用的会社分割を抑止することが困難であったので、残存債権者の保護は、詐害行為取消権や法人格否認の法理を用いるしか方法がなかった。

### (3)　債務超過となる会社分割と会社分割の無効

#### (ア)　会社分割と債務の履行の見込み

会社分割の無効原因は一般に手続上の瑕疵であるが、実際上、無効原因として問題にされることが多いのは、分割会社の残存債権者に対する「債務の履行の見込みがあること」という実質的な要件に関してである。

旧商法は分割承認のための株主総会の決議に先立ち、当事会社に「各会社の負担すべき債務の履行の見込みがあること、およびその理由を記載した書面」を本店に備え置くことを要するとしていた（旧商374条ノ2第1項3号、374条ノ

*656*

18第1項3号）。そこで、「債務の履行の見込みがあること」の記載が要求され
ていることから、債務の履行の見込みがあることが会社分割の有効要件である
と解され、分割後に、いずれかの会社につき債務の履行の見込みが全くない場
合は、会社の分割は認められない趣旨に理解されていた。すなわち、債務の履
行の見込みがあることが会社分割の要件であるから、各会社のいずれかに債務
の履行の見込みがないときは会社分割の無効事由となると解されていた（名古
屋地判平成16・10・29判時1881号122頁）。

　会社法には債務の履行の見込みに関する規定はなく、会社法施行規則は、分
割会社の残存債権者の保護規定として、新設分割会社の「債務の履行の見込み
に関する事項」を記載した書面の備え置きを求めるにとどめている（会社施規
183条6号、192条7号、205条7号）。このように、規定上、債務の履行の見込み
があることは、会社分割の実体的要件とはされていない。

　この点、会社法の立案担当者は、「履行の見込みに関する事項」（会社施規
183条7号、205条7号）について、当事会社が負担すべき債務につき履行の見
込みがない場合であっても、その旨を開示することで足りる、とする。これは、
①債務の履行の見込みは、あくまで将来予測に関するものであり、会社分割の
時点では不確定であることから、債務の履行の見込みがない場合には、会社分
割の実体的要件を欠き無効とするとあまりにも法的安定性を害しかねないこと、
②当該債権者については、債権者保護手続または債権者取消権によって別途保
護が図られること等を踏まえた措置であることを理由としている[2]。

　学説にも、分割会社は分割の対価として承継会社または新設会社の株式の交
付を受けていることから、会社分割の前後で原告等債権者の債権の回収の可能
性には一応違いがないことになり、分割会社に債務の履行の見込みがないこと
を理由に、会社分割の無効を主張することは許されず、債務の履行の見込みが
ない新設分割についても、会社分割の無効原因とならないと解されるとする立
場がある[3]。

　会社分割が、通常の経営状態の下で、企業戦略的あるいは経営の効率化を目
的になされた場合には、無効原因はないとみるべきであろう。しかし、分割会

---

2　相澤哲＝細川充「組織再編行為」商事1769号19頁。

3　川島いづみ「判批」会社法判例百選195頁。

社の残存債権者詐害目的の会社分割を無効原因としないのは適正に欠けると思われる。もっとも、会社法の下では、分割会社の残存債権者には会社分割無効の訴えの提訴権（原告適格）がないから、実際上、無効原因とすることにより、分割会社の残存債権者の保護のために機能することはあまり期待できない。

　これに対し、債務の履行の見込みの存在を会社分割の効力要件とする説は、以下のような理由で、会社法の下でも、債務の履行の見込みがないことは会社分割の無効原因とする。

　債権者保護手続において異議を述べない債権者は、会社分割を承認したものと擬制されるが、もともと会社分割がなされなければ債務の履行の見込みはあったのに、それがなくなる会社分割を承認したものと推定することには合理性がなく、個別催告の省略が認められている会社法の下ではなおさらであるとする。もっとも、債務の履行の見込みがない会社分割を無効と解しても、異議を述べなかった債権者には提訴権が認められないから（会社828条2項9号・10号）、債権者の救済としては不十分である。そこで、債務の履行の見込みがないような会社分割は、分割前においてすでに債務の履行の見込みがなく、かつ、会社分割によってその財務状況に変化がない場合についてのみ許されるべきであり、[4]会社分割が債務超過となり債務の履行の見込みが全く立たないような会社分割は行うことができないから、これに反してなされた会社分割は無効の原因となる[5]。

　この点、旧商法当時の解釈として、債務超過会社を分割会社とする会社分割は、分割の結果、分割会社の債務超過の状況が一層悪化することから、債務の履行の見込みがない分割として許されない。債務超過に至っていない場合であっても、当該営業部門の収益の状況等によっては、「債務の履行の見込み」がない場合があるから、各会社の負担すべき債務の履行の見込みがあることおよび[6]その理由を分割に関する事前公示とした（旧商374条ノ2第1項3号、374条ノ18第1項3号）。そして、債務の履行の見込みがあることは会社分割の実体的要件であるとして、その見込みがない場合は会社分割の無効原因となると解され

---

4　稲葉威雄＝尾崎安央編『改正史から読み解く会社法の論点』341頁〔黒野葉子〕。

5　類型別会社訴訟Ⅱ764〜765頁。

6　原田晃治編著『一問一答平成12年改正商法・会社分割法制』35頁。

ていた。

会社法は、分割会社・承継会社・設立会社の「債務の履行の見込みに関する事項」を吸収分割契約書等記載の開示事項としているから（会社782条1項、803条1項、会社施規183条6号、192条7号、205条7号）、履行の見込みがあることを会社分割の実体的要件とするのか判然としないが、規定文言の変更は登記実務との関係によるものであり、会社法の下でも、いずれかの会社に履行の見込みがないことが会社分割の無効原因になることには変わりはないとする見解[7]がある。

また、会社分割の対象は事業（営業）であることを要しなくなり、会社債権者に対する個別催告が省略可能となったことから（会社789条3項）、分割会社が会社債権者に知られないまま、その債務のみを（あるいは無価値な資産とともに）新設会社に移すといった、極めて濫用的な会社分割が行われる余地も生じていることを理由に、債務の履行の見込みを要すると解すべきであるとする。[8]

(イ) 検 証

会社分割の無効が問題になるのは、重大な手続上の瑕疵を理由とする場合よりも、倒産時の財産移転あるいは企業再建目的で会社分割を濫用した場合であると考えられることから、通常の会社分割については、「債務の履行の見込みがあること」を要件とすべきではないともいえる。しかし、倒産や企業再建に関してなされる濫用的な会社分割をも含めて考えた場合には、債務の履行の見込みがあることを効力要件としないことは不都合である。「債務の履行の見込みがあること」は、会社分割を行う場合の当然の前提とみるべきであろう。

会社法の下でも、「債務の履行の見込み」がない（債務超過となる）会社分割は、債権者の利益（特に、分割会社の残存債権者）を害するだけでなく、著しく株主の利益には反する不当なものとして許されない。事業に関する優良な権利義務や資産を承継会社または新設会社に移転することは、分割会社の株主や残存債権者の利益を不当に害することになるし、反対に、不良な権利義務や資産を承継会社または新設会社に移転すれば、その株主や債権者の利益を害することになる。そこで、いずれかの会社が債務の履行の見込みがない会社分割は、

---

7 江頭・株式会社法914頁。

8 藤田友敬「組織再編」商事1775号59頁、田中亘「判批」ジュリ1327号143頁。

*659*

第18章　会社分割をめぐる訴訟

著しく不当な会社分割として無効原因となると解される。

　このように、債務の履行の見込みがあることが必要で、分割会社が債務超過となるような会社分割は認められないとした場合、分割後債務の履行の見込みが必要な時点は、会社分割の時点を基準に判断することになる。[9]

　債権者取消権の「債権者を害する」と「債務の履行の見込み」とは、多くの場合合致すると思われる。相手方悪意の要件も、新設分割では問題にならないし、吸収分割においても、債務の履行の見込みが事前開示事項になる関係上、相手方の悪意が認められる場合が多い。そこで、債務の履行の見込みを会社分割の有効要件でないにしても、債務の履行の見込みの立たない会社分割は、後日、効力を否定される可能性が高い。[10]

　企業再生のために会社分割を用いることができるが、それは、債務の履行の見込みがない場合まで可能というものではない。倒産防止や企業再建目的で会社分割を行うのであれば、債権者の承認の下で行うか、民事再生手続やADRの手続とあわせて行うべきであり、なかば秘密的な会社分割によるべきではない。そこで、会社法の下でも、濫用的な会社分割の防止のために会社分割を単独で行うのであれば、債務の履行の見込みがあることを会社分割の効力要件とみるべきであろう。

　分割会社の残存債権者の救済は、詐害行為取消権や平成26年改正会社法が新設した直接請求権（会社759条4項、764条4項）により可能であるが、それは会社分割無効の訴えとは別の制度であり、趣旨も異なるから併存するといえる。この点、詐害行為取消権や直接請求権によることが手続上可能であるか、無効の訴えによらなければならないのかが問題となる。

　会社分割無効の訴えを提起しうる債権者は、分割を承認しなかった債権者であるが（会社828条2項9号・10号）、分割会社の残存債権者は、分割を承認しなかった債権者にあたらないから提訴権を有しない（そもそも異議を述べることができ、承認を拒否できるのは、移転する債務の債権者である）。つまり、分割無効の訴えの提訴権が認められるのは、分割に異議を述べることができる債権者で、分割を承認しなかった債権者に限られる。

---

　9　江頭憲治郎＝門口正人編『会社法大系(4)』401頁〔佐々木宗啓〕、田中・前掲（注8）142頁。

　10　田中・前掲（注8）143頁。

*660*

分割会社の残存債権者は、分割後も分割会社に対し債務の履行を請求できるから、分割に異議を述べることができない。つまり、承認を要する債権者ではなく、分割を承認しなかった債権者にあたらないから、提訴資格が認められない。しかし、提訴権を有する者が提訴した分割無効訴訟に補助参加することはできる（民訴42条）。

もっとも、分割会社の残存債権者は、分割無効の訴えを提訴できなくても、債務の履行の見込みがない会社分割の無効を主張することで、濫用的会社分割の抑止が期待できる。

そこで、従来は、分割会社の残存債権者の救済方法は詐害行為取消権によらざるを得なかったが、平成26年改正会社法は直接請求を認める特別の措置を講じた（会社759条4項、764条4項）ことにより利益確保の目的を達することができることとなった。

残存債権者の救済措置は、分割無効の訴えという会社の組織再編の無効に関する訴え（原告債権者が勝訴したからといって、直ちに、自己の債権を回収することができない）によるよりも、当事者間で相対的効力を有する詐害行為取消権の利用や、直接請求によって金銭の支払いを求める方法によるのが適切であろう。当事会社の反対株主には、株式買取請求権が認められているが（会社785条1項、797条1項、806条1項）、これは、分割無効の訴えの提起を許さないものではない。

会社分割無効の訴えの被告となる会社（会社834条9号・10号）が破産した場合、提訴権者は破産管財人である（同法828条2項9号・10号）。分割無効の訴えの係属中に被告が破産した場合には、破産管財人が訴訟を承継することができると解される。

## 3　濫用的会社分割と詐害行為

### (1)　濫用的会社分割と詐害行為取消権による対応

分割会社の残存債権者には、分割に対する異議申立権がなく、会社分割無効の訴えの提訴権がないことに乗じ、会社分割制度を悪用して、債権者を害することを知りながら、優良な事業や資産を新設分割設立会社に移し、分割会社の残存債権者の債権回収を困難とする濫用的会社分割がなされることが少なくな

かった。

　このような債権者詐害の会社分割を放置することはできないが、平成26年改正前の会社法には有効な対応策がないことから、民法の詐害行為取消権（民424条）を用いて対応してきた。しかし、詐害行為取消権は、債務者が債権者を害することを知ってした財産権を目的とする法律行為について、裁判により取消しを求め、取消しの効果は総債権者の利益のために生ずるから（同法425条）、これを会社分割という組織再編行為に対して適用するためには、困難な問題が多く存在する。そこで、そのための検討と工夫が必要となる。

### (2)　詐害行為取消権による問題点と対応策

　濫用的（詐害的）会社分割に、詐害行為取消権を適用するために検討すべき事項として、①会社分割という組織再編行為は、詐害行為取消権の対象となる財産権を目的とする法律行為にあたるのか、②会社分割そのものを取り消すのか、財産移転行為を取り消すのか、③詐害行為取消権は、総債権者の利益のために取り消し、その効果も総債権者のために生ずるが、自己の債権を保全するために必要な範囲で行使しうるのか、④移転した財産（一体となった財産）を、自己の債権を保全するために必要な範囲で取り戻すことが可能なのか、現物を取り戻すことは、会社分割に重大な支障が生ずるから、価格賠償（金銭の支払い）によらざるを得ないが、そのための根拠づけをどうするかなどがあげられる。

　詐害行為取消権行使の要件と効果との関係から、これを濫用的会社分割に適用することはかなり困難であるが、多発する濫用的会社分割に対し、ほかに有効な対応策がないことから、学説の多くは詐害行為取消権によることを認めていた。しかし、そのためには、詐害行為取消権の要件と効果について多くの修正が必要となった。

　裁判例は、ⓐ新設分割は分割会社がその事業に関して有する権利義務の全部または一部を新会社に承継させることであるから、財産の移転を要素とし債務者である分割会社の一般財産を減少させる法律行為であり、他にこれを否定すべき理由がない限り、詐害行為取消権の対象となり得るのであって、会社分割が組織上の法律行為であるからといって、直ちに民法規定の適用が制限または排除されるものではない、ⓑ会社分割が詐害行為取消権により取り消されても、

取消しの効力は被保全債権を保全するために必要な範囲で、原告と被告間で相対的に及ぶにとどまり、かつ、価格賠償の効力しか有しないのであり、会社分割によって承継した事業それ自体を取り戻すものではないとした（東京地判平成22・5・27金法1902号144頁、東京高判平成22・10・27金法1910号77頁）。

判例も、詐害行為取消権の行使によって新設分割を取り消しても、取消しの効力は、新設分割による株式会社の設立の効力には影響を及ぼさないとし、新設分割設立会社に当該債務が承継されず、新設分割に異議を申し立てることができない残存債権者の保護を図る必要があるとし、新設分割が詐害行為取消権の対象とならないということはできないとした。そのうえで、新設分割に異議を述べることができない分割会社の債権者は、詐害行為取消権を行使して新設分割を取り消すことができるとして、その債権の保全に必要な限度で新設分割設立会社への権利の承継の効力を否定することができるとした（最判平成24・10・12金判1417号16頁）。

これにより、判例上、新設分割が詐害行為取消権の対象となることが明確にされたが、これは吸収分割についても同様に考えることができよう。

(3) **検　証**

会社分割という組織再編行為が、詐害行為取消権の対象となる財産権を目的とする法律行為にあたるとみるのはかなり難しいが、会社分割と取消権の理解の仕方により解決は不可能ではなく、分割会社の債権者の保護のためにも、詐害行為取消権の対象とすることは適正であろう。

判例のいうように、詐害行為取消権による新設分割の取消しは、新設分割による株式会社の設立の効力には影響を及ぼさないのは当然である。新設分割自体の効力を否定するためには、会社分割無効の訴えによらなければならない。

詐害行為取消権の対象つまり何を取り消すのかについて、判例は、新設分割によって設立された会社への権利（財産）移転行為（承継）を取り消すのではなく、新設分割自体を取り消し、取消しの効果として移転した財産を取り戻すものと構成しているようである。これは、取戻しを認めたのでは会社分割自体に重大な影響を及ぼし、新設分割設立会社の存続を危うくしかねないからである。

判旨は、新設分割を取り消し、当該残存債権者の債権を保全するに必要な限

*663*

度で、新設分割設立会社への権利の承継の効力を否定するとするが、会社分割によって承継した事業それ自体を取り戻すのではなく、また、移転した個別財産を取り戻すのでもなく、価格賠償（金銭賠償）によるものと解される。

かかる解釈は、詐害行為取消権を会社分割に適用するための工夫と考えられるが、詐害行為取消権は、債権者を害する債務者の法律行為を取り消して、逸出した財産の返還を請求するものであるから、詐害行為取消権の行使により会社分割によって移転した事業に関する権利義務を取り戻すべきであり、また、取消しは総債権者の利益のために行うものであり、自己の債権を保全するためにその限度で効力を認めるというものではないことから、これらの整合性をどう確保するかが問題になる。

価格賠償（金銭の支払い）によるとするのは、移転した財産が可分なものであれば自己の債権の保全に必要な範囲内で取り戻すことが可能であるものの、不動産など不可分な財産の場合は困難であることに加え、現物を取り戻したのでは会社分割が成り立たないことに配慮したと思われるが、これを可能とする根拠をどのように考えるか問題となる。

平成29年改正民法では、詐害行為取消しの請求認容判決はすべての債権者に対して効力を有するから（改民425条）、他の残存債権者は既判力により、取消訴訟を提起し得なくなり、残存債権者の１人に自己の債権の保全に必要な範囲で取消しを認めることは難しいであろう。他方、受益者がその財産を返還することが困難なときは、債権者はその価額の償還を請求することができることから（同法424条の６第１項）、価格賠償を根拠づけることができる。

会社分割に対し詐害行為取消権を適用することにはかなり無理があるが、横行する濫用的会社分割に対しほかに有効な手段がないことから、判例・裁判例は詐害行為取消権を修正のうえ適用して対応したのである。結論的には妥当であるが、解釈論としては限界があることも否定できない。

詐害行為取消権以外にも、分割会社が濫用的法人格否認の法理の適用要件を満たす場合は、法人格否認の法理で対応できるが（福岡地判平成23・2・17金判1364号31頁）、その適用範囲は限られる。

そこで、平成26年改正会社法は、必要な立法的措置を講じた（会社759条４項、764条４項）。その結果、濫用的会社分割に対処するために用いられた詐害行為

取消権の役割は、おおむね終了したものといえる。

### (4) 濫用的会社分割と否認権

破産債権者を害する目的・意図でなされた濫用的会社分割は、否認権の対象となる。つまり、分割会社が破産した場合、破産債権者を害することを知って行った会社分割による財産移転行為はこれを否認し、財産を取り戻すことができる（破160条1項1号）。もとより、会社分割そのものを否認するのではなく、会社分割による個々の財産の移転行為が否認権の対象となるのである。

すなわち、会社分割は、分割会社の事業に関する権利義務の全部または一部を包括的に移転する行為であるが、その実質は個別財産を移転し、分割会社の一般財産を減少させる行為であるから、個々の財産の移転行為を否認して、それを取り戻す趣旨である。

会社分割による財産移転行為の対価として、設立会社の株式の交付を受け、分割会社の純資産に変動がない場合でも、債務超過の状態にある破産会社が、財産（不動産）を流出しやすく、保全、財産評価、適正な価額での換価などに著しく困難を伴う株式に変更することは、破産債権者を害する処分をするおそれを現に生じさせているとして、破産法161条1項により、分割会社による財産の移転を否認することができるとした裁判例がある（福岡地判平成22・9・30判タ1341号200頁）。

### (5) 平成26年改正会社法による債権者の保護規定

会社分割に関する会社法の規定の間隙をついて、分割会社の債権者を害する詐害的会社分割（濫用的な会社分割）が横行した。これに対し、裁判例と判例は、詐害行為取消権により対応してきたが、詐害行為取消権は、その要件に従い取消訴訟によることを必要とし時間がかかることから、簡易迅速な債権者保護のために濫用的会社分割等を防止する規定が必要とされた。そこで、平成26年改正会社法では、承継会社に承継されない債務の債権者（残存債権者）保護の規定を設けたのである。

平成26年改正会社法は、濫用的な会社分割（詐害的会社分割）が行われた場合、分割会社の残存債権者は、詐害行為取消権を行使することなく、直接、吸収分割承継会社または新設分割設立会社に対し、債務の履行請求をすることを認めた（会社759条4項、764条4項）。

第18章　会社分割をめぐる訴訟

承継会社等に請求できるということは、分割会社の債務が承継会社等に移転することではないから、依然、残存債権者は分割会社に対する請求権を失うものではない。

### (ア)　吸収分割の場合

吸収分割会社が、吸収分割承継会社（以下、「承継会社」という）に承継されない債務の債権者（残存債権者）を害することを知って吸収分割をした場合には、残存債権者は承継会社に対して、承継した財産の価額を限度として、当該債務の履行を請求することができる。ただし、承継会社が吸収分割の効力が生じた時において、残存債権者を害すべき事実を知らなかったときは、この限りでない（会社759条4項）。

これにより、残存債権者は承継会社に対し、直接、債務の履行請求（金銭の支払請求）をすることができるから、簡易・迅速に目的を達することができるばかりか、会社分割に影響を及ぼさず、他の残存債権者との関係も生じない。

「害することを知って」とは、分割会社が、会社分割により残存債権者が債務の履行を受けられなくなることを知って（悪意）、会社分割をした場合であり、詐害行為取消権の場合の悪意（民424条1項）と同様に解される。しかし、残存債権者が、承継会社（詐害行為の受益者に相当）に対して、直接、債務の履行を請求できることが、詐害行為取消権との最大の相違点である。

残存債権者が承継会社に対し履行を請求するためには、分割会社の悪意を要件とする。承継会社が悪意であることも必要であるが、平成26年改正会社法は、承継会社が吸収分割の効力が生じた時において、残存債権者を害すべき事実を知らなかったときは（善意）この限りでないとして、承継会社は責任を負わないとしている（なお、民法の一部を改正する法律の施行に伴う関係法律の整備等に関する法律（平成29年法律45号）により、平成29年改正民法施行後は、「害すべき事実を知らなかったとき」から「害することを知らなかったとき」となる）。

これは、残存債権者は分割会社の悪意を立証すればよく、承継会社の悪意を立証する必要はなく、承継会社において自らの善意を立証することにより、履行を拒むことができるとの趣旨である（善意であることは、承継会社の抗弁事由である）。承継会社が善意の場合にまで履行責任を負わなければならないとしたのでは、承継会社が不測の損害を被るからである。そこで、承継会社におい

て残存債権者を害すべき事実を知らなかったこと（善意）を立証して、履行責任を免れるとしたのである。

もとより、債務の履行請求を受けた承継会社は、残存債権者の債権の存在と債権額を争うことができるほか、分割会社が当該債権者に対して主張することができる事実を主張することができると解される。また、残存債権者が、承継会社に対し債務を負っている場合は、履行請求（支払請求）債権と自己の債務とを相殺することが可能である。

承継した財産の価額を限度とするのは、履行責任は会社分割がなければ、分割会社に帰属した財産の範囲に限るべきであり、承継会社にそれ以上の負担をかけるべきでなく、また債権者も会社分割がなかった場合の財産の範囲を超えて弁済を受ける理由はないからである。

承継した財産の価額を限度とすることから、複数の残存債権者がいる場合、後から請求する債権者は、先に請求した債権者が弁済を受けた残額しか請求できないことになるが、複数の残存債権者が同時に履行請求した場合は、債権額に応じて弁済を受けるという取扱いが適正であろう。

承継会社の責任は、承継会社が残存債権者を害することを知って吸収分割をしたことを知った時から、2年以内に請求または請求の予告をしない残存債権者に対しては、その期間を経過した時に消滅する（会社759条6項）。効力発生日から20年を経過したときも同様である。2年は時効期間、20年は除斥期間であるが、民法の一部を改正する法律の施行に伴う関係法律の整備等に関する法律（平成29年法律45号）により、平成29年改正民法施行後は、10年とされる（改正民法下では、除斥期間ではなく消滅時効期間）。

　(イ)　新設分割の場合

平成26年改正会社法は、新設分割会社が、新設分割設立会社に承継されない債務の債権者を害することを知って新設分割をした場合には、残存債権者は新設分割設立会社に対して、承継した財産の価額を限度として、当該債務の履行を請求することができると規定し、新設分割設立会社について、吸収分割承継会社の場合と同様の債務の履行責任規定を設けている（会社764条4項）。

しかし、新設分割の場合は、新設分割設立会社が残存債権者を害すべき事実を知らなかったときは、履行責任を免れるとの規定は設けられていない。

*667*

第18章　会社分割をめぐる訴訟

　これは、新設分割設立会社は会社分割により設立される会社（成立する会社）であるが、新設分割が効力を生ずる日に設立されるから、それ以前には存在しないためである。つまり、新設分割が効力を生じた日において残存債権者を害すべき事実を知るということはないのである。

　残存債権者を害することを知って新設分割をしたのは、新設分割をした会社（共同新設分割を含む）であるから、新設分割会社が悪意であれば、新設分割設立会社は債務の履行責任を免れないことになる。

　なお、新設分割設立会社は、残存債権者の債権の存在と債権額を争うことができるほか、分割会社が当該債権者に対して主張することができる事実を主張することができ、また、残存債権者が、新設分割会社に対し債務を負っている場合は、履行請求（支払請求）債権と自己の債務とを相殺することが可能であることは吸収分割の場合と同様である。

　残存債権者は、平成26年改正会社法による履行請求規定を用いることにより、詐害行為取消訴訟によらなくても、新設分割設立会社に対し、簡易・迅速に、債務の履行を直接請求することができるから、詐害行為取消権を用いるという方法による必要性は、実際上、少ないであろう。

### (6)　分割に異議を述べることのできる債権者の保護

　次に、平成26年改正会社法は、吸収分割について、分割会社に知れているか否かにかかわらず、吸収分割に対し異議を述べることができる債権者の保護を強化した。

　吸収分割に対し異議を述べることができる債権者で、各別の催告を受けなかった者（官報公告に加え、日刊新聞に掲載または電子公告によった場合は、不法行為債権者に限る）は、吸収分割契約において分割後に分割会社に対して債務の履行を請求することができないとされているときでも、以下の限度で請求を認めたのである。すなわち、分割会社に対して、分割会社が効力発生日に有していた財産の価額を限度として、当該債務の履行を請求することができ（会社759条2項）、吸収分割契約において吸収分割後に承継会社に対して債務の履行を請求することができないとされているときでも、承継会社に対して、承継した財産の価額を限度として、当該債務の履行を請求することができる（同条3項）。

*668*

これは、吸収分割契約の内容にかかわらず、分割会社と承継会社の双方に対する債務の履行請求を認めるものである。

## 4 会社分割と労働契約関係

### (1) 会社分割と労働契約関係の承継

会社分割は、労働契約の承継という労働者の地位に大きく関係するばかりか、特定の労働者の排除目的、労働組合対策として会社分割を利用するなど、濫用的会社分割が行われることが懸念されるため、労働者の利益保護措置が必要である。そこで、平成12年の会社分割制度の創設にあわせ、会社分割に伴う労働契約の承継等に関する法律（以下、「承継法」という）と同法施行規則（以下、「承継法施行規則」という）による措置が講じられ、その運用は、承継法8条に基づき定められた指針[11]により行われている。

会社法は、会社分割の対象を「事業に関して有する権利義務の全部または一部」としている（会社2条29号・30号）。事業と営業は同一の意味に解され、営業目的のために組織された有機的一体性のある財産であるが、それには、営業用財産および権利だけでなく、得意先関係、仕入先関係、営業の秘訣、経営の組織等経済的価値のある事実関係が含まれるが（最判昭和40・9・22民集19巻6号1600頁、最判昭和41・2・23民集20巻2号302頁）、事業とはいえない権利義務も会社分割の対象となる。

その結果、労働契約も承継の対象となり、承継事業に従事している労働者だけでなく、それ以外の労働者の労働契約も承継されることがある。

### (2) 承継法施行規則等の改正

平成28年8月改正の承継法施行規則は、労働者への通知の規定（承継法2条1項）を整備するとともに、労働契約の包括的承継に際し労働条件が維持されることを追記したが（承継法施行規則1条2号）、承継法指針も次のように多くの重要な追記をした。

① 会社分割は、事業に関して有する権利義務を単位としてなされるが、承

---

11 「分割会社及び承継会社等が講ずべき当該分割会社が締結している労働契約及び労働協約の承継に関する措置の適切な実施を図るための指針」平成12・12・27労働省告示127号、改正平成18厚生労働省告示343号。最終改正平成28年厚生労働省告示317号。

継会社等に承継される事業に、「主として従事する」労働者（労働承継2条1項1号）の該当性は、承継される「事業」単位で判断する（指針第2の2(3)イ）。

② 会社分割を理由とする一方的な労働条件の不利益変更はできない。労働条件の変更を行うためには、労使間の合意を必要とする（指針第2の2(4)イ(ロ)）。

③ 会社分割のみを理由とする解雇は許されない。債務の履行の見込みがない事業とともに労働者を承継し、または引き続き雇用する場合、その他特定の労働者を解雇する目的で会社分割制度を濫用した場合は、法人格否認の法理および公序良俗の法理が適用されることがあり、労働組合の組合員に対して不利益な取扱いをした場合は、不当労働行為となることがある（指針第2の2(4)イ(ハ)）。

④ 承継される事業に主として従事する労働者について、転籍合意によって、承継会社等に転籍させる場合でも、承継法2条1項および同条2項の通知、附則5条で義務づけられている協議等の手続は省略できない（指針第2の2(5)）。

　これは、分割契約等により承継対象労働者を定めるのでなく、労使間の個別合意による場合も承継法のルールによることが必要であるとして、承継法を潜脱することを防止している。

⑤ 商法等の一部を改正する法律（平成12年法律第90号）5条（以下、「附則5条」という）の協議に際し、会社分割により勤務することになる会社の概要、効力発生日以後における分割会社および承継会社等の債務の履行の見込み、承継法2条1項1号の労働者に該当するか否かを十分に説明し、本人の希望を聴取したうえで、労働契約の承継の有無、承継または承継しないとした場合の、当該労働者が従事することを予定する業務の内容、就業場所その他の就業形態等について事前協議すること（指針第2の4(1)イ）。

⑥ 附則5条による協議を全く行わなかった場合または実質的にこれと同視し得る場合は、会社分割の無効原因となり得る（指針第2の4(1)ヘ）。

### (3) 会社分割により承継される労働者

#### (ア) 労働契約承継の構造

分割会社の労働者の雇用契約（労働契約）も、分割契約等に記載し（会社758条2号、763条1項5号）、株主総会の特別決議を経れば承継会社等に承継される（同法783条1項、795条1項、309条2項12号）。それは、労働契約上の地位の移転には労働者の承諾を要するとの規定（民625条1項）にかかわらず承継会社等に移り、労働者は承継を拒否することができないことを意味するが、反面、分割会社は分割契約等に記載しないことにより、特定の労働者を承継の対象から排除することができる。しかし、これは労働者保護の観点から看過し得ないことから、承継法により特別の立法措置を講じ、労働契約の承継は承継法が定めるルールによらなければならないとした。[12]

#### (イ) 承継される事業に主として従事する労働者

承継事業に主として従事する者は（承継法2条1項1号）、分割契約等の記載に対し異議を述べることができず、分割契約が効力を生じた日に、労働契約は当然に承継会社等に承継される（同法3条）。承継事業に主として従事する労働者に該当するか否かは、承継される事業単位で判断されるが（承継法施行規則2条1項、指針第2の2(3)イ）、主として従事する者について、次のように規定されている。

① 分割契約等の締結等をした日（当該日）に、当該事業に主として従事する労働者であるが、分割会社が当該労働者に対し一時的に主として従事するよう命じた場合、または当該日後に主として従事しないことになることが明らかな場合は除く（承継法施行規則2条1号）。

② それ以外の労働者で、分割契約等の締結等の日以前において、分割会社が承継事業以外に一時的に主として従事するよう命じたもの、休業を開始したもの、その他の当該日において、承継される事業に主として従事しないが、当該日後に承継事業に主として従事することが明らかなもの（承継法施行規則2条2号）。

承継事業に主として従事する労働者は、当然に労働契約が承継されるが、対

---

12 荒木尚志「企業組織の変動と使用者の契約責任」角田邦重ほか編『労働法の争点〔第3版〕』181頁。

象労働者が承継を拒否したことは直ちに解雇事由とはならないが、承継会社等において就労を拒否した場合は解雇事由になり得ると解される。

　　(ウ)　分割契約等に承継する旨の定めのある労働者

　承継事業に主として従事するものではないが、分割契約等に当該労働契約を承継会社等が承継する旨を定めることにより承継されることになる労働者（以下、「それ以外の労働者」という）が対象者となる（承継法2条1項2号）。

　会社分割の対象は、旧商法では事業であったから承継事業に従事していない労働者の労働契約は承継の対象外であったが、会社法では「事業に関して有する権利義務の全部または一部」であるから、承継事業に従事していない労働者も、吸収分割契約等に記載すれば承継会社等に承継されることになる。

## (4)　対象労働者への通知と通知事項

　分割会社は、承継の対象となる労働者（承継法2条1号・2号）に対し、通知期限日までに、当該会社と締結している労働契約が、承継会社等に承継される旨の定めの分割契約等における有無、異議申出期限日、その他承継法施行規則で定める事項を書面により通知しなければならない（同条1項柱書）。当該労働者が、労働契約が承継の対象になっているか否かを知り、異議を申し出る機会を確保するためである。通知期限日は、分割承認の株主総会の日の2週間前の日の前日、株主総会の承認決議を要しないときは、分割契約が締結された日等から起算して2週間を経過する日である（同条3項）。

　通知事項は、①承継法2条1項各号のいずれに該当するかの別、②労働契約の内容である労働条件はそのまま維持されること、③承継される事業の概要、④承継会社等の商号、住所、事業内容、雇用することを予定している労働者の数、⑤効力発生日、⑥承継会社等において、当該労働者について予定されている従事する業務の内容、就業場所その他の就業形態、⑦分割の効力発生日後の分割会社および承継会社等の債務の履行の見込み、⑧承継法4条1項または5条1項の異議の申出をすることができる旨および異議の申出を受理する部門の名称および住所または担当者の氏名、職名および勤務場所である（承継法施行規則1条）。

*672*

## ⑸　労働者の異議申出とその効果

### ㋐　承継される事業に主として従事する労働者の場合

承継法2条1項1号の労働者は、分割契約等に労働契約を承継会社等が承継する旨の記載がないときは、通知がなされた日から異議申出期限日までの間に、分割会社に対して、労働契約が承継会社等に承継されないことについて、書面により異議を申し出ることができる（承継法4条1項）。異議の申出により当該労働者と分割会社との間の労働契約は、分割の効力が生じた日に、承継会社等に承継される（同条4項）。

### ㋑　それ以外の労働者の場合

それ以外の労働者の労働契約は、承継会社等に承継されないが、分割契約等に承継する旨を記載することにより承継されることになる（承継法2条1項2号）。分割契約等に記載され承継されることとなった場合は、異議申出期限日（同条3項）までに、労働契約が承継されることについて、異議を申し出ることができる（同法5条1項）。これにより、当該労働者と分割会社間の労働契約等は承継されない（同条3項）。これは、労働契約が承継されるか否かについて、当該労働者に選択権を認めるものである。

## ⑹　転籍合意等と手続

分割会社は、承継事業に主として従事する労働者を承継法のルールによらず、転籍合意という個別合意によって承継会社等に転籍させることが可能である。しかし、法定手続を回避するために転籍合意を用いることが懸念されることから、平成28年8月改正の指針は、以下のとおり留意事項を定めた。

指針においては転籍合意であっても、当該労働者に対し、①承継法2条1項および2項の通知、附則5条の協議等の手続は省略できない、②分割会社との間の労働契約はそのまま維持される、当該労働者の労働契約を承継する定めがない場合には、承継法4条1項の異議の申出をすることができることを説明すべきこと、③異議申出により労働契約が承継され、それに反する転籍合意は効力がない、④分割会社との労働契約を維持したまま、承継会社等の間で新たに労働契約を締結する（出向）場合も、承継法2条1項および2項の通知、附則5条で義務づけられている協議等の手続が必要（指針第2の2⑸）、としたのである。

第18章　会社分割をめぐる訴訟

(7)　会社分割と労働者の実質保護

　平成28年8月改正の承継法施行規則は、分割契約等に承継会社等が労働契約を承継する定めがある場合は、当該労働契約は承継会社等に包括的に承継されるため、その内容である労働条件はそのまま維持されるものであることを労働者に対する通知事項として追記した（承継法施行規則1条2号）。また、同時に改正された指針も次の事項を追記している。

①　会社分割を理由とする一方的な労働条件の不利益変更を禁止し、労働条件の変更を行う場合は、労働契約法10条の要件を満たす就業規則の合理的な変更による場合を除き、労使間の合意によることなく不利益に変更することができない（指針第2の2(4)イ(ロ)）。

②　労働契約法16条と判例理論に反する会社分割のみを理由とする解雇を禁じ、また、債務の履行の見込みがない事業とともに労働者を承継する場合、または当該事業に引き続き雇用する場合、その他特定の労働者を解雇する目的で会社制度を濫用した場合には、法人格否認の法理および公序良俗の法理等の適用がありうること、また、労働組合の組合員に対して不利益な取扱いを行った場合には、不当労働行為として救済の対象となる（指針第2の2(4)イ(ハ)）。

③　労働者との協議に際し、当該労働者に対して、会社分割により勤務することになる会社の概要、効力発生日以後における分割会社および承継会社等の債務の履行の見込みに関する事項、当該労働者が承継法2条1項1号の労働者に該当するか否かの考え方等を十分に説明し、本人の希望を聴取したうえで、当該労働者に係る労働契約の承継の有無、承継または承継しないとした場合の、当該労働者が従事することを予定する業務の内容、就業場所その他の就業形態等について協議する（指針第2の4(1)イ）、

④　附則5条による協議を全く行わず、または実質的にこれと同視し得る場合は、会社分割の無効原因となり得る（指針第2の4(1)ヘ）。

(8)　5条協議と7条の努力義務

　(ア)　附則5条による事前協議義務

　分割会社は、通知をすべき日（期限日）までに、承継の対象労働者と労働契約の承継に関し個別に協議しなければならない（附則5条1項）。この5条協議

**674**

の具体的内容は承継法指針に定められている（指針第2の4(1)）。協議の対象者は、承継の対象となる労働者であり（承継法2条1項1号・2号）、その全員と協議しなければならない。

協議は、通知期限日までに十分な協議ができる時間的余裕をみて開始し、誠実にしなければならないが、協議の内容について合意に至ることを義務づけるものではない。そこで、相当の説明と協議があれば協議義務違反とはならない。

(イ)　7条の理解と協力を得る努力義務

分割会社には、会社分割にあたり、その雇用する労働者の理解と協力を得るための努力義務が課せられている（承継法7条、承継法施行規則4条）。

その対象となる事項は、会社を分割する背景および理由、効力発生日以後における分割会社および承継会社等の債務の履行の見込みに関する事項、労働者が承継法2条1項1号の労働者に該当するか否かの判断基準、同法6条の労働協約の承継に関する事項等である（指針第2の4(2)）。

(9)　**承継法等違反の会社分割の取扱い**

(ア)　労働契約の承継義務等違反

通知義務や労働者の異議申立権を無視するという手続違反、または労働契約が承継会社等に承継され、または承継されないとの定めに違反する取扱い（承継法2条1項、3条、4条、5条）は違法であるが、労働者保護を目的とする承継法違反は、会社分割の無効原因ではないから個別的な救済措置によるべきである。

承継法に違反しても、当該労働者について承継法の規定どおりの効果が自動的に生じているから、当該労働者は承継会社等または分割会社に対し、労働契約上の地位確認の訴えを提起することになる。[13]

(イ)　事前協議義務等違反

附則5条の協議義務に違反し、協議を全く行わなかった場合またはこれと同視し得る場合について、会社分割の無効原因となり得るとの立場がある（指針第2の4(1)ヘ）。判例は、承継される事業に主として従事している労働者が、当該会社分割には附則5条の協議手続、承継法7条の措置に違反するから労働契

---

13　菅野和夫『労働法〔第11版補正版〕』724頁。

約の承継は無効であるとして、分割会社を被告として労働契約上の地位確認を求めた訴訟（日本アイ・ビー・エム事件）において、承継される事業に主として従事している労働者は、労働契約の承継に対し異議を申し立てることができないが、承継法3条は適正に5条協議が行われ、当該労働者の保護が図られていることを当然の前提としていることから、5条協議が全く行われず、あるいは協議が行われた場合でも、分割会社の説明や協議の内容が著しく不十分で、5条協議を定めた趣旨に反することが明らかな場合は、分割会社に5条協議義務の違反があったとして、当該労働者は承継法3条の定める労働契約承継の効力を争うことができるとしている（最判平成22・7・12民集64巻5号1333頁）。

判例は、分割会社に対する地位確認の訴えによることを認め、会社分割無効の原因になるか否かについては言及していないが、これを認めない趣旨に理解すべきであろう。

学説には、会社が協議義務に違反し、協議を全く行わなかった場合は会社分割の無効原因になり得るが、義務違反が一部の労働者との間で偶発的に生じた場合は無効原因とするほどの必要はなく、協議義務が遵守されなかった個々の労働者に承継・残留の選択権が与えられている等により、当該労働者との間で個別の解決が図られるべきであるとの折衷的立場がある。[14]

なお、協議義務違反が分割無効の原因になるとしても、労働者は無効の訴えの提訴権者ではない（会社828条2項9号・10号）。賃金債権等の労働債権を有するとしても、提訴権を有する債権者に含めることは難しいであろう。

　(ウ)　7条の措置の義務違反

承継法7条の措置は分割会社に努力義務を課したものであるから、これに違反したこと自体は労働契約承継の効力を左右するものではない。もっとも、7条の措置において十分な情報提供等がなされなかったことにより、5条協議がその実質を欠くことになったという特段の事情がある場合に、5条協議義務違反の有無を判断する一事情として問題になるにとどまる（前掲最判平成22・7・12）。もとより、分割会社は誠実に努力義務を尽くさなければならない。

---

14　江頭・株式会社法908頁。

# 第19章　会社書類の閲覧・謄写請求

## 1　株主名簿の閲覧・謄写請求訴訟と仮処分

### ⑴　株主名簿の作成義務

　会社は、株主名簿を作成し、これに法定の「株主名簿記載事項」を記載または電磁的記録をしなければならない。株主名簿に記載すべき事項は、①株主の氏名または名称および住所、②当該株主の有する株式数（種類株式発行会社の場合は、株式の種類および種類ごとの数）、③当該株主が株式を取得した日、④株券発行会社の場合は当該株主の有する株券の番号である（会社121条）。

　そして、会社は、株主名簿を本店に備え置かなければならないが、株主名簿管理人がある場合は、その営業所に備え置かなければならない（会社125条1項）。株主名簿管理人は、会社から、株主名簿に関する事務の委託を受け、会社に代わって、株主名簿の作成および備置などの事務を行うのであるが（同法123条）、会社は、定款により、株主名簿管理人（従来の名義書換代理人に相当する）をおく旨を定めることができる。

### ⑵　株主名簿の閲覧・謄写請求権

#### ㋐　株主名簿の閲覧・謄写請求

　株主および会社債権者は、会社の営業時間内は、いつでも株主名簿の閲覧または謄写の請求ができる。株主名簿管理人がある場合は、その営業所において、営業時間内は、いつでも株主名簿の閲覧または謄写の請求ができるのであり（会社125条2項）、会社の本店において、閲覧または謄写の請求をするのではない。なお、閲覧または謄写というのも、一体として閲覧・謄写請求とみるべきである。

　閲覧・謄写請求（閲覧等請求）は、株主の会社に対する権利の行使であるから、それをなしうるのは株主名簿上の株主に限られるが、持株数または持株比率（割合）、株式の種類、単元株の株主か否か、株式保有期間等を問わない。しかし、あまりにも持株数が少ない株主による請求、極めて少額の債権しか有さない債権者による請求の場合は、閲覧請求の利益がないものとして、閲覧請

*677*

第19章　会社書類の閲覧・謄写請求

求の正当性が問題になることはありうる。特に、大規模公開会社にあっては、会社債権者が株主名簿を閲覧して、株主が誰であるかを確認する必要は少ないであろう。

　株主名簿の閲覧等は、株主が権利を行使するための情報を得ることを目的とすることから、閲覧等請求は理由を明らかにしなければならない。閲覧等請求の理由としては、権利の確保または行使に関する調査目的（権利行使のための必要性）をいうが、株主については、少数株主権行使のための同調者集め、公開買付けの勧誘目的、委任状の勧誘目的などがこれにあたる。債権者（規定上、金銭債権者に限らない）については、具体的には判然としない。

　振替株式（上場会社の株式は振替株式である）については、株主名簿上の株主が現時点の株主とは限らないから、株主名簿を閲覧しても正確な株主情報を得ることはできない。しかし、議決権は基準日の権利であり（会社124条1項）、株主名簿上の株主が株主として取り扱われることから、委任状の勧誘目的、株主提案権に賛成する株主を集めるなどについては、株主名簿の閲覧等により目的を達することになる。

　親会社社員（株主）は、その権利を行使するために必要があるときは、理由を明らかにして、裁判所の許可を得て、当該子会社の株主名簿の閲覧・謄写請求をすることができる（会社125条4項）。親会社株主が子会社の株主情報を得るために、子会社の株主名簿の閲覧等請求を認めたのであるが、その必要性を判断するために裁判所の許可を必要としたのである。裁判所の許可手続は、非訟事件として行われるが（同法868条以下）、裁判所は拒絶理由（同法125条3項1号～4号）があるときは許可することはできない（同条5項）。

　閲覧・謄写請求は、本人でなくても代理人により行うことができ、また、補助者の使用も可能である。電磁的記録方法による場合は、法務省令で定める方法により表示したものの閲覧または謄写を請求することになる（会社125条2項2号）。法務省令で定める方法とは、紙面または映像面に表示させる方法をいう（会社施規226条6号）。

　閲覧・謄写請求を補助者なしで行うことが不可能な場合は補助者を使用できる。しかし、会社は補助者の人数を必要な範囲内に制限することができるばかりか、補助者として不適任である者（たとえば、ライバル会社の関係者、閲覧に

よって知った事実を他に通報するおそれのある者）の使用を拒否することができる。

謄写を容易にするために、機材の持込みまたは会社の機材の使用を認めるべきであるが（費用は徴収できる）、株主名簿については計算書類のように謄本の交付請求（会社442条3項2号）が認められないことから、請求者が自ら謄写することになる。実際は、会社が費用を徴収したうえで任意にコピーを交付することが、閲覧等を円滑に行うために望ましい。

また、株式上場会社の場合には、株式保有割合が5％を超える株式取得者は、「大量保有報告書」の提出が義務づけられ（金商27条の23第1項、27条の28第1項）、公衆の縦覧に供されるから、大株主が誰であるかを知ることができる。

株主名簿の閲覧・謄写請求は、当該会社の全株主を対象とするのであるが、株主名簿に記載された株主は、当該株主についての株主名簿記載事項を記載した書面の交付等を請求することができる（会社122条1項）。

これは、一般の株主名簿閲覧請求の場合とは異なり、自己に関する株主名簿の記載が正確であるか否かを確認することを主たる目的とするものであるが、自己の株主名簿記載事項の記載に関するものであるから、理由を明示する必要はなく、会社も書面の交付等を拒否することはできない。

　(イ)　閲覧・謄写請求理由の明示

旧商法は、閲覧・謄写請求の理由を明示することを要求していなかったが（旧商263条3項）、会社法は、株主名簿の閲覧または謄写等の請求をするためには、その理由を明らかにしなければならないとしている（会社125条2項）。会社は法定の除外事由がなければ、閲覧等請求を拒絶し得ないのであるが（同条3項）、会社は閲覧等請求の理由をみて、閲覧等請求を許否の判断することになる。そこで、請求の理由の明示は閲覧等請求の正当性を確保するとともに、会社が許否について判断するために必要である。

閲覧請求の理由は、単に、株主の権利の確保または行使に関して必要であるというだけでは不十分であり、可能な限り閲覧目的を特定して具体的なものでなければならない。しかし、請求後においても、請求の理由の追加・変更をすることは可能である。もっとも、理由を大きく追加・変更すれば、閲覧目的の正当性が疑われることにもなりかねない。

*679*

旧商法の下でも、会社は、正当目的のない請求や、濫用的な請求を拒否できると解されたが、閲覧・謄写請求の理由が明示されていないことから、その判断はかなり難しかった。これを踏まえて、会社法は、閲覧・謄写請求の理由を明示することが必要であるとしたのである。

会社は、理由を明示しない閲覧・謄写請求には応じる必要はない。また理由は、株主総会で権利を行使するために必要である、というような抽象的なものでは不十分であり、できるだけ具体的なものであることが要求される。しかし、会社が、閲覧・謄写請求に応じるか、拒否するかどうかを判断することができる程度のものであれば足り、会計帳簿の閲覧請求の場合ほどの詳細な記載は要求されないであろう。

閲覧・謄写請求の理由を明示させることにより、会社が拒否しうる場合が増えることが予測されるが、会社法が理由を明示させたのは閲覧・謄写請求を拒否する場合を増やすという趣旨ではなく、不当な閲覧・謄写請求をチェックすることを目的とするものである。閲覧・謄写請求の理由の明示は、請求の適正を担保するものであるから、会社（経営陣）は、必要以上に理由の開示を求め、これを理由に不当に拒絶することが許されるものではない。

株主名簿は、株主管理と事務処理の目的で作成されることから、元来、会社にとって特に秘密にすべき性質のものではない。理由の明示の要求は、濫用的な株主権行使を防止するものである。加えて、会社利益保護のために株主名簿の目的外使用を防止するとともに、株主の他に知られたくないとのプライバシーの保護を目的とすることに主眼があるといえよう。明示すべき理由というのは、株主名簿の閲覧・謄写等を必要とする理由、つまり、閲覧・謄写等の目的のことである。それは、閲覧の目的であるが、正当な理由と目的でなければならない。

具体的には、少数株主権の行使または株主提案のための協力者の確保、株主代表訴訟の共同原告となる者をさがし、株式の売渡請求に応じる株主の確保、委任状の勧誘などであるが、その他株主名簿の記載が正確であることの確認、架空名義の株主がいないことの確認、自己の投資判断との関係で他にどのような株主が存在するかを確認することであろう。

近時、株式公開買付けの勧誘、委任状の勧誘目的による閲覧請求がなされて

いる。買収者（公開買付者）や委任状の勧誘者が、勧誘をするためには、株主が誰であるかを知る必要があるが、そのためには株主名簿の閲覧が不可欠である。閲覧請求を認めなければ、請求株主は経営者側に対して極めて不利な立場に立つ。

反対に、不当目的とされる場合は、不当目的の達成手段、株主名簿の売却目的、株主の権利や地位とは全く無関係な、個人的取引のための顧客さがしなどを目的とする閲覧・謄写請求である。しかし、株主名簿の閲覧・謄写請求は、会社経営者にとっては好ましくないと考える場合が少なくないであろう。

### (3) 株主名簿の閲覧・謄写請求権の確保

#### (ア) 会社法と閲覧等請求の拒絶事由

旧商法では、株主名簿の閲覧・謄写請求に対する拒否理由は規定されていなかった。そこで、会計帳簿等の閲覧・謄写請求に対する拒否理由を、類推適用すべきか否かが問題にされていた。閲覧等請求には、正当な目的（理由）が要求されるが、旧商法当時の判例と裁判例の多くは、閲覧等請求は会社に対する権利の確保を目的とすることから、会社は無条件に請求に応じなければならないのではなく、株主の権利行使とは関係しない不純な目的による場合は、株主権の濫用にあたるとして請求を拒絶することができるとする。請求者の過去の行状からみて、株主に関する情報を名簿会社等に有償で譲渡し、または自己の営業に用いると推認される場合、営業妨害目的、嫌がらせ目的、報復目的によるものと推認される場合は、請求に正当目的がなく、株主の権利の濫用であるとして会社は請求を拒絶することができるとしていた（最判平成2・4・17判時1380号136頁）[1]。

会社法は、会計帳簿閲覧等の拒絶事由（旧商293条ノ7、会社433条2項）に倣って、株主権の濫用と認められる場合を拒絶事由として法定化したが（会社125条3項）、旧商法当時の株主権の濫用による拒絶事由を立法化したものである。拒絶事由該当性の判断は、旧商法当時の拒絶事由の解釈が活かされるべきである。そして、濫用的閲覧等請求として拒絶された多くの場合は、名簿屋による請求（株主のプライバシーに関係する）、嫌がらせ目的によるものであった。

---

1　大隅健一郎＝今井宏『会社法論(上)〔第3版〕』404〜405頁。

第19章　会社書類の閲覧・謄写請求

したがって会社法では、株主名簿の閲覧・謄写請求に対する拒絶理由は、若干の表現上の違いがあるものの、会計帳簿の閲覧等請求の拒絶理由（会社433条2項1号～5号）と同一である。

すなわち、①請求を行う株主または債権者（請求者）が、その権利の確保または行使に関する調査以外の目的による請求、②請求者が、当該会社の業務の遂行を妨げ、または株主共同の利益を害する目的による請求、③請求者が、当該会社の業務と実質的に競争関係にある事業を営み、またはこれに従事するものであるとき、④請求者が、株主名簿の閲覧・謄写によって知り得た事実を、利益を得て第三者に通報するために請求したとき、⑤請求者が、過去2年以内において、株主名簿の閲覧・謄写によって知り得た事実を、利益を得て第三者に通報したことがあるときである（旧会社法125条3項1号～5号。なお、③は平成26年改正会社法により削除された（同条4号・5号が繰り上げ））。この場合以外は、特段の事由のある場合を除き、拒否することはできない。

法定の拒否事由は、少数株主による会計帳簿閲覧・謄写請求についての拒否理由と同じではあるが（会社433条2項1号～5号）、株主名簿の閲覧・謄写請求の拒否理由と、会計帳簿閲覧・謄写請求についての拒否理由とを同じ基準において判断すべきではない。株主名簿は会計帳簿と異なり、企業秘密に関するものではなく、本来、公開すべき性質の書類であるから、拒否理由に該当することの判断は厳格にしなければならない。

会社法は、会社による株主名簿の閲覧・謄写請求の拒否理由を明示したが、当該請求が上記①ないし⑤の事由に該当するかどうかの判断については、旧商法時の裁判例が参考にされるべきである[2]。

判例は、不当な意図・目的を有する請求は、株主権の濫用であるから会社はこれを拒否しうるとしていたが（最判平成2・4・17判時1380号136頁）、会社法はこれを承継し、より具体化したものである。

①の、請求者がその権利の確保または行使に関する調査以外の目的により請求した場合とは、請求拒絶の包括条項である。株主名簿の閲覧・謄写請求は、株主としての権利行使のために行うのであるから、それを目的としない場合は、

---

2　商事関係訴訟310～311頁。

*682*

正当事由のない場合として会社が拒絶しうるのは当然のことである。

不当な目的を達成するため、報復目的、政治的な利用目的などは、私的な目的であり、株主としての権利行使のために行うという要件が認められないから拒否理由になる。

閲覧・謄写請求が、権利の確保または行使のためでないか否かの判断は、明示された閲覧・謄写請求の理由を中心に判断することになるが、「権利の確保または行使に関する」とは、緩やかに解し、具体的な権利の確保または行使の場合に限定されるのではなく、それに関連するものも含まれる。たとえば、少数株主権を行使するための協力者の確保、株式を相対取引するための売主さがし、委任状の勧誘目的などは、権利の確保または行使のためという要件を満たしている。

②の、請求者が当該会社の業務の遂行を妨げ、または株主共同の利益を害する目的による請求というのは、営業時間で最も忙しい時間帯を狙うとか、閲覧・謄写の方法が不相当な場合などをいうのであるが、不当な目的による閲覧等請求の場合も含まれる。しかし、多くは、①の拒否理由として処理することになる。

③の、請求者が当該会社の業務と実質的に競争関係にある事業を営み、またはこれに従事するものであるときを拒絶事由とする規定は、平成26年改正会社法により廃止された（後記(イ)参照）。

④の、請求者が株主名簿の閲覧・謄写によって知り得た事実を、利益を得て第三者に通報するために請求したときとは、株主としての権利行使とは無関係に、株主名簿の閲覧・謄写によって知り得た事実を、名簿屋等に売り渡す目的で、閲覧・謄写するのであるから、明らかに正当目的がないといえよう。株主のプライバシーの保護との関係からも、拒否すべきである。

⑤の、請求者が過去2年以内において、株主名簿の閲覧・謄写によって知り得た事実を、利益を得て第三者に通報したことがあるときとは、④の事実を具体的に行った場合であり、過去2年以内に、利益を得て第三者に通報したことがあるときは、それを理由に閲覧・謄写を拒否しうるのである。

この場合、株主名簿の閲覧・謄写によって知り得た事実を、利益を得て第三者に通報したことがあるとは、当該会社の株主名簿の閲覧・謄写の場合に限ら

第19章　会社書類の閲覧・謄写請求

れるのではなく、他の会社の株主名簿の閲覧・謄写により知り得た事実を、利益を得て第三者に通報した場合も含まれる。それは、職業的に行われることが推測されるからである。

　会社法の下でも、株主名簿の閲覧・謄写を認めるのが原則であり、拒否理由がある場合に限り、会社において、それが存在することを立証することにより、拒否することができるのである。理由明示の要請は、株主名簿の閲覧・謄写が不当請求であるか否かを判断するための資料となるが、その判断は適正になされることが要求される。

　　㈤　競業者による閲覧等請求を拒絶事由とする規定の廃止

　平成26年改正前の会社法は、請求者が会社の業務と実質的に競争関係にある事業を営み、またはこれに従事するときには拒絶事由にあたるとしていた（旧会社125条3項3号）。これは、会計帳簿等の閲覧等請求の拒絶事由（同法433条2項3号）と同一であるが、株主名簿と会計帳簿の差異を考慮することなく、会計帳簿に倣って規定したものと思われる。

　しかし競業者による請求であっても、不当目的による請求とは限らないから、形式的に客観的事実だけで拒否事由とすることは問題であると指摘され、これを推定規定と解するなどの解釈的努力がなされていた（東京高決平成20・6・12金判1295号12頁）[3]。これを受け、平成26年改正会社法はこの規定を削除した（旧会社125条3項3号削除、4号・5号繰り上げ）。

　その結果、競業者による閲覧等請求は、請求者が、その権利の確保または行使に関する調査以外の目的で請求を行ったとき（会社125条3項1号）、または会社の業務の執行を妨げ、または株主の共同の利益を害する目的で請求を行ったとき（同項2号）に限り拒絶されるが、会社においてそれを立証しなければならない。もっとも、競業者であることは不当目的を推認する事情となりうるが、旧会社法125条3項3号の廃止により、閲覧等請求の拒絶が少なくなり、拒絶をめぐる争いも減少するものと考えられる。

　　㈥　拒絶理由の存在と立証責任

　拒絶理由が存在することは、請求を拒絶する会社が証明しなければならない

---

3　詳細は新谷勝「判批」金判1297号6頁以下参照。

（拒否事由の存在は会社の抗弁事由）。証明できなければ不当拒絶となる。

　拒絶理由が存在するか否かは、閲覧等の請求時（閲覧させるか否かの決定時）を基準にして判断すべきである。株主が閲覧等請求の理由（目的）として複数を掲げている場合で、正当目的と不当目的の併存しているときは、いずれが主要目的であるか否かによって決するべきであろう。

　　㈡　株主の権利の確保または行使の意味

　株主の「権利の確保又は行使」について（会社125条3項1号）の、株主の「権利」が会社法上の権利に限られるかという問題がある。有価証券報告書等の虚偽記載により生じた損害につき、金融商品取引法上の損害賠償請求訴訟の原告を募る目的（集団訴訟の原告を集める目的）での閲覧等請求に対し、金融商品取引法上の損害賠償請求権は、当該個人の権利であり、単独で行使することが可能であるから、集団訴訟の原告を募集する目的は、株主の権利の確保または行使に関する調査にあたらないとした裁判例がある（名古屋地岡崎支決平成22・3・29資料版商事316号209頁）。また、同事案の抗告審決定も、金融商品取引法所定の損害賠償請求権は、有価証券報告書の記載を信頼した投資家が被った損害について賠償請求が認められる権利であり、権利を行使するためには、現に株主である必要はないとしていることから、株主名簿閲覧等請求権とは制度の趣旨が異なり、株主の権利の確保または行使に関する調査に該当しないとした（名古屋高決平成22・6・17資料版商事316号198頁）。

　しかし、単独行使が可能であるからといって、集団訴訟の原告を募集する目的が株主の権利の確保または行使にあたらないとはいえないし、金融商品取引法上の損害賠償請求権が株主の権利でないとはいえない。また、金融商品取引法上の損害賠償請求権を行使するにあたって、現に株主である必要がないのは、株式を手放して損害を被った元株主も保護の対象にする趣旨であり、株主でない者に損害賠償請求権を認めるという趣旨ではない。そうすれば、金融商品取引法上の損害賠償請求権と株主名簿閲覧等請求権とは制度の趣旨が異なるとの形式的理由により、閲覧等請求を拒絶できるとすることは適切ではない。[4]

　金融商品取引法上の損害賠償請求権以外の権利についていえば、委任状の勧

---

4　荒谷裕子「株主名簿閲覧謄写請求権の拒絶事由をめぐる法的問題の考察」柴田和史＝野田博編著『会社法の実践的課題』44頁参照。

誘、株式公開買付けの勧誘という金融商品取引法上の権利は、会社法上の株主の権利に密接に関係している。そこで、委任状の勧誘目的、公開買付勧誘目的の閲覧等請求が認められているのであるから、金融商品取引法上の損害賠償請求訴訟の原告を募る目的の閲覧等請求を認めないという理由もないであろう。

　㈒　閲覧請求と株主のプライバシー保護

　株主名簿の記載事項は、株主の氏名・名称および住所、当該株主が有する株式数、当該株主が株式を取得した日、株券の番号（株券発行会社の場合）である（会社121条）。特に問題となる重大な秘密情報でないにしても、株主のプライバシーに関する情報として閲覧等請求を拒絶することも考えられる。しかし、閲覧等の拒絶事由は法定されていることから（同法125条3項1号〜4号）、プライバシー保護を理由に閲覧等請求を拒絶することはできない。これは、閲覧等請求の拒絶理由との関係で、他の株主の個人情報は保護の対象とされていないからである。

　個人情報保護法やプライバシー保護を理由に、法定の拒絶事由以外に閲覧等請求の拒絶を認めるとすれば、いかなる場合に拒絶しうるか基準が曖昧になり、これを認めることで、株主名簿の閲覧等を認めた意味が失われるばかりか、会社がそれに藉口して、閲覧等を拒絶することにもなりかねない。

　個人情報やプライバシーの保護については、法定の拒絶事由（会社125条3項各号）に該当する場合に、閲覧等請求が拒絶されることの反射的効果として、株主名簿に記載された情報が保護されるにすぎない。株主名簿は会社法が公開を予定した会社書類であり、会社法に規定された閲覧等請求の拒絶事由が個人情報の保護の観点からの規定ではないことからやむを得ない。[5]

　プライバシーが問題になる多くの場合は、名簿屋による閲覧等請求であり、会社法は対応した規定をおいている（会社125条3項3号・4号）。

### (4)　株主名簿の閲覧・謄写請求訴訟

　㈠　当事者

　請求者（株主または債権者）の請求にもかかわらず、会社または株主名簿管理人が、株主名簿の閲覧・謄写を拒否した場合は、会社を被告として閲覧・謄

---

5　山下徹哉「発行可能株式総数に係る規律・株主名簿の閲覧謄写請求の拒絶事由」商事2065号32頁。

写請求訴訟を提起することができる。株主名簿管理人を共同被告とすることは差し支えないが、会社の履行補助者であるから被告とする必要はないであろう。既判力の関係では、株主名簿管理人は、当事者（会社）のために請求の目的物を所持する者（民訴115条1項4号）に準じて取扱うべきであろう。

（イ）　請求原因

請求原因は、原告が請求者たる株主または債権者であること、閲覧・謄写請求には請求の理由を明示することが必要であることから（会社125条2項）、訴訟上の請求についてもこれを必要とする。ただし、当該理由が存在することを立証する必要はない。会社において、理由がないことつまり拒絶事由（同条3項1号～4号）の存在を立証する必要がある（被告会社の抗弁事由）。閲覧・謄写請求をしたことは提訴要件でないから、適法に会社に対し閲覧・謄写請求をしたが、会社がこれを拒否したことは、要件事実ではないかもしれないが、必要性の判断において重要であるから、請求原因として記載すべきであろう。

（ウ）　管　轄

管轄裁判所であるが、閲覧・謄写請求訴訟は、給付請求ではあるが、財産権上の請求ではないことから、会社の組織に関する訴えではないが、会社の本店所在地を管轄する地方裁判所に提訴すべきである。

（エ）　訴訟係属中に被告が株主名簿を提出した場合

閲覧・謄写請求訴訟の係属中に、会社が書証として当該株主名簿を提出した場合は、原告の請求は棄却されることになるとされる。[6]

被告（会社）は、株主名簿を提出することにより、任意に義務の履行を終えたものであると解されるからである（書証として提出したか、任意に提出したかは特に問題にする必要はない）。原告も閲覧・謄写という目的を達したことになり、訴訟を続ける訴えの利益もなくなる。そこで、原告に対し訴えの取下げを求め、原告がそれに応じなかった場合に、義務の履行がなされたとして請求棄却の判決をすべきであろう。

次に、本案の係属中に仮処分命令に従って、被告が原告に株主名簿を閲覧・謄写させた場合は任意に義務を履行したものとはいえない。この点について、

---

6　商事関係訴訟313頁。

第19章　会社書類の閲覧・謄写請求

満足的仮処分の執行により、本案の権利が実現されたのと同様の状態が事実上達成されたとしても、それはあくまでも仮のものにすぎないから、それは本案訴訟において斟酌されるべきでないとされている[7]（最判昭和35・2・4民集14巻1号56頁）。

　確かに、仮処分と本案の関係からいえばそのとおりであるが、閲覧・謄写仮処分の暫定性、仮定性をどう解するかの問題に関係する。仮処分により閲覧・謄写を実現した以上、本案訴訟を継続しても意味はなく、また、同様に、後に、仮処分命令を取り消してみても意味はない。原状回復が不可能な仮処分により本案の権利を実現したことになり、原状回復は不可能である。後は、法律上の原状回復として、不当仮処分でないとする損害賠償債務の不存在の問題ということになる。そこで、閲覧・謄写という目的を達したことから、損害賠償債務の不存在確認訴訟に訴えを変更した場合を除き、任意の履行といえない場合であるが、やはり目的を達したことから請求棄却になると考えられる。

### (5)　株主名簿の閲覧・謄写請求仮処分

#### (ア)　仮処分の許容性と効果

　原告は、閲覧・謄写請求訴訟の確定判決を待って、株主名簿の閲覧・謄写を行うが、判決確定まで待つことができないのが一般である。特に、株主の変動と名簿の書換えがなされることが常態であることから、多くの場合、緊急に閲覧・謄写を必要とする。特に当該株主総会で議決権を行使することができる株主を知る必要がある場合は緊急性が認められる。そこで、株主名簿の閲覧・謄写請求を仮処分申請（民保23条2項）により行うことになる。

　しかし、株主名簿の閲覧等仮処分は原状回復が不可能な満足的仮処分であることから、仮処分の仮定性と暫定性に反することにならないかが問題になる。仮処分により閲覧等をした後に、仮処分を取り消しても原状回復は不可能であるが（閲覧等をしなかった状態に戻すことはできない）、仮処分の仮定性・暫定性は認められ、また法律的な原状回復イコール損害賠償が可能であるから仮処分は認められる（この問題は、会計帳簿や取締役会議事録の閲覧についても生ずる）。

---

7　商事関係訴訟295頁。

### ㈠　保全の必要性

　満足的仮処分における保全の必要性の判断において、仮処分命令が発令され
ないことによる債権者に生ずる損害と、仮処分命令が発令されたことによる債
務者が受けることになる損害とを比較して、前者のほうが大きい場合に保全の
必要性が認められるとする考え方（比較衡量論）が定着している。

　これに対し、保全の必要性の有無は債務者に生じる損害とは直接論理的に結
びつくものではなく、債務者に生ずる損害の有無そのものが、直接保全の必要
性の判断に影響するとまではいえないから、債務者側の切迫した状況を考慮に
入れる余地があるとするにとどまるという立場がある。この立場は、債務者に
生じるべき損害が考慮されているようにみえる事案も、実際には、債権者には
債務者に負担を強いるだけの切迫した必要性がないというにすぎない場合が多
いとする。[8]

　株主名簿閲覧等仮処分についても、保全の必要性の判断について比較衡量論
によるべきか、よるとした場合、仮処分が認められない場合の株主の損害は何
か、仮処分が発令された場合に会社に生ずる損害をどう考えるのか、両者を比
較することができるのかなどの問題がある。

　この点、「株主名簿の謄写請求権に係る権利関係が確定しないために生ずる
債権者（筆者注：株主）の損害と、上記仮処分により債務者（筆者注：会社）に
生ずる損害とを比較衡量し、相手方の被るおそれのある損害を考慮してもなお、
債権者の損害を避けるため緊急の必要性がある場合に限って認められる」が、
開示により他の株主との関係で会社は不測の損害を被るおそれがあるとして、
比較衡量により保全の必要性を否定した裁判例がある（名古屋地岡崎支決平成
22・3・29資料版商事316号209頁）。

　しかしこの裁判例は、抽象的に会社は不測の損害を被るおそれがあるとする
のみで、どのような損害かについて言及していない。合併差止仮処分や募集株
式の発行差止仮処分については、会社に損害が生ずることから比較衡量による
ことが是認されるにしても、株主名簿閲覧等仮処分の場合、仮処分により閲覧
等させたことにより、会社にどのような損害が生ずるのか明らかでなく、不測

---

8　瀬木比呂志『民事保全法〔新訂版〕』209～210頁。

第19章　会社書類の閲覧・謄写請求

の損害を被るおそれがあるというだけでは不十分である。

　株主名簿の閲覧等により、他の株主との関係で会社は不測の損害を被るおそれがあるといっても、それが損害といえるのか疑問である。せいぜい、株主からクレームを受ける、株主の信頼を損ねたという意味の程度でしかなく、これを不測の損害というわけにはいかない。このような、会社の被る損害を極めて抽象的にとらえたうえで、比較衡量論によることには疑問であるばかりか、株[9]主名簿の閲覧等仮処分の多くが認められないことになり、株主名簿の閲覧等請求を認めた趣旨が否定されることになる。

　そうすれば、株主名簿の閲覧等仮処分は、原状の回復は不可能であるが、必要性と緊急性が認められれば、保全の必要性の要件が認められるというべきである。たとえば、株主総会の期日が迫っている、あるいは株式公開買付けの期日が切迫しているなど株主情報の入手を必要とするが、他に相当な方法がない場合には仮処分の発令を認めるべきである。

　　(ウ)　執行方法

　仮処分命令により、閲覧・謄写を行うときは、会社は、一般にそれに応じるであろうが、会社が閲覧・謄写させるという会社の作為を内容とするから、会社が拒否した場合の執行方法が問題になる。

　執行方法は、直接強制として執行官が会社から株主名簿を取上げ保管したうえで、請求者に閲覧させるという方法によるべきである。株主名簿が電磁的方法により作成されている場合は、裁判所は、仮処分命令の目的を達成するために、会社に対し一定の行為または保管人に保管させる等の必要な処分を命ずることができるから（民保24条）、必要に応じコピーの交付、株主名簿の映像面の表示とプリントアウトを命じるという方法によることになる。命令に会社が拒否した場合について、閲覧等仮処分は非代替的作為義務を命ずるものであるから、その執行は代替執行（民執171条1項）によることはできず、間接強制によることになる（同法172条1項）。しかし、この方法では、直接、閲覧等を実現することができないから、仮処分の実効性の確保は十分とはいえない。

　なお、株主名簿は、株主名簿管理人が管理し、閲覧は株主名簿管理人がある

---

9　舩津浩司「判批」商事2043号49頁。

営業所において行うのであるが（会社125条1項・2項）、株主名簿管理人は会社の補助者であるから、仮処分命令においては第三債務者として表示することになろう。

**【記載例32】　株主名簿の閲覧・謄写請求仮処分**

### 申　請　の　趣　旨

　債務者は，債権者またはその代理人に対し，営業時間内に限り，債務者の株主名簿の閲覧及び謄写をさせなければならない。

### 申　請　の　理　由

1　債権者は，債務者会社の監査役であるとともに，××株の株式を有する株主である。
2　債務者は，昭和××年×月×日に設立された××を主要目的とする株式会社であり，その発行済株式の総数は×××万株，資本金は××億円である。
3　債権者は，平成××年×月に開催予定の定時株主総会において株主提案権を行使したく考えているが，債権者の提案議案に賛成する株主を募るため，債務者に対し，平成××年×月に株主名簿の閲覧を求めたがこれに応じない。
4　債権者は，債務者に対し，株主名簿の閲覧請求訴訟を提起すべく準備中であるが，その確定判決を得るのは，上記定時株主総会の終了後であることは明確であるから，後日，勝訴判決を得てもその目的を期しがたい。

## 2　計算書類の閲覧請求訴訟と仮処分

### (1)　株主の経理検査権の概要

#### (ア)　監督是正権の適正行使の確保

　株主が会社経営に対する監督是正権を行使するためには、企業経営に関する情報の入手が必要であるが、監督是正権の適正行使を確保するために、会社法は、経理面からの情報の入手の手段として、株主の経理検査権を規定している。

　株主の経理検査権として認められているのは、①計算書類等閲覧および謄本交付請求権（会社442条3項）、②会計帳簿またはこれに関する資料の閲覧・謄

第19章　会社書類の閲覧・謄写請求

写請求権（同法433条 1 項）、③検査役選任請求権（同法358条 1 項）であるが、いずれも、旧商法上の制度を承継している。

(イ)　会計帳簿資料の閲覧・謄写請求権

計算書類等だけでは不十分な場合に備えて、その基となるオリジナルの会計帳簿またはこれに関する資料の閲覧・謄写請求権を認めるのであるが、この場合は、請求権者は、総株主の議決権の100分の 3 以上を有する株主、または発行済株式の100分の 3 以上の数を有する少数株主に限られる。もとより、 1 人で100分の 3 以上という要件を満たさなくても、数人が共同して100分の 3 以上という要件を満たした場合は、共同して請求することができる（後記 3 参照）。

(ウ)　検査役選任請求権

会計帳簿等の閲覧・謄写により、目的を達することができない場合に備え、会社の業務執行に関して不正の行為、または法令・定款違反の重大な事実があることを疑うに足りる事由があるときに、総株主の議決権の100分の 3 以上を有する株主、または発行済株式の100分の 3 以上の数を有する株主に、裁判所に対し、会社の業務および財産の状況を調査させるために、検査役の選任請求権を認めている。株主が、自ら、会社の業務および財産の状況を調査することができるのではなく、裁判所の選任した検査役によって、それを行うのである（後記 4 参照）。

(エ)　各経理検査権の関係と要件の加重

計算書類等閲覧請求から会計帳簿等の閲覧請求、そして検査役の選任請求へと進むにつれて、調査対象が直接資料に進み、企業の内部資料に接することから、それに応じ、持株要件の加重、不正行為等の存在を疑うに足りる事由を要件とし、しかも、検査役による間接調査へと、段階的に厳格な要件が課せられることになっている。

(2)　計算書類の作成と備置き

計算書類とは、貸借対照表・損益計算書・その他会社の財務および損益の状況を示すために必要かつ適当なものとして法務省令で定めるものをいうが（会社435条 2 項）、法務省令で定めるものとは、株主資本等変動計算書および個別注記表である（計算規59条 1 項）。

会社は、各事業年度に係る計算書類および事業報告並びにこれらの附属明細

書を、定時株主総会の日の1週間（取締役会設置会社にあっては、2週間）前の日から、5年間本店に備え置き（会社442条1項1号）、かつ、その写しを3年間支店に備え置かなければならない（同条2項1号）。

計算書類およびその附属明細書は、作成したときから10年間保存しなければならないが（会社435条4項）、閲覧等の請求は、備置期間である5年間に限られる。閲覧等請求の対象となる計算書類等は、保存期間中のものであればよいのか、備置期間中のものに限られるかについて、会社法は計算書類等を5年間本店に備え置かなければならないとし（会社442条1項1号）、これについて株主および債権者は閲覧等請求をすることができるとしているから（同条3項）、備置期間中のものに限られると解さざるを得ない。

5年間が経過すれば、計算書類等が会社に保存されていても、閲覧等請求の対象とはならない。計算書類等の備置きが義務づけられるのは、閲覧等の請求に備えるためであるから、備置期間が5年間と法定されていることは、閲覧等の請求期間も5年間とする趣旨に解されるからである。[10]

### (3) 計算書類の閲覧等請求

#### (ア) 費用の負担

株主および会社債権者は、会社の営業時間内であれば、いつでも、備え置かれた計算書類等について閲覧・謄本または抄本の交付請求をすることができるが（会社442条3項1号～4号）、謄本または抄本の交付請求、電磁的に記録された事項の会社の定めたものにより提供すること等の請求については、会社の定めた費用を支払わなければならない（同項ただし書）。会社が、このような請求に応じるためには費用がかかるから、請求者に負担させるのである。

会計帳簿は謄写請求権が認められるが、計算書類については、謄写請求権は認められず、それに代えて、謄本または抄本の交付請求権が認められるのである。それは、株主や債権者に計算書類を謄写させるべきではないとの理由によるものであるが、会社が謄写を認めてはならない趣旨とまでは解されない。

#### (イ) 請求権者の範囲

株主については、特に制限がないから、持株数、株式保有期間、保有株式の

---

10 商事関係訴訟291～292頁。

第19章　会社書類の閲覧・謄写請求

種類を問わず認められる。また、閲覧または謄本等の交付請求は、議決権行使を前提とするものではないから、定款に特に定めた場合を除き（会社189条2項）、単元未満株式の株主にも認められる。

　債権者が会社財産の状況を把握できるようにするために、債権者にも閲覧または謄本等の交付請求を認めている。債権の発生原因、債権額を問わないが、多くは金銭債権であり、また、あまりにも少額の債権しか有しない債権者の請求については、請求の正当性が問題にされることがある。

　計算書類等の閲覧等請求は、代理人によってなすことが可能であり、補助者を用いることも可能である。計算書類等の閲覧についていえば、職業的専門家を用いなければ、目的を達成することができない場合がほとんどである。

　　(ウ)　請求事由の要否

　会計帳簿の閲覧等請求（会社433条1項）のように、請求の理由を明らかにすることを要求されない。しかし、会計帳簿と計算書類等の重要性の比較において均衡が保たれないのではないかという疑問がある。

　もとより、計算書類等の閲覧等請求についても、正当理由が要求されるのは当然であるから、株主の経理面からの監督是正権の行使と無関係な目的、あるいは、債権者が会社財産の状況を適格に把握するという目的と離れて、閲覧等を請求してきたときは、会社は正当理由がないとして（濫用）、これを拒否することができる。もとより、拒否理由は、会社において立証しなければならない。

### (4)　計算書類の閲覧等請求訴訟と仮処分

　株主または債権者から、計算書類等の閲覧請求等がなされた場合、会社はこれに応じなければならないのであるが、正当理由がある場合はこれを拒絶することができる。そこで、拒絶の正当性が争われることになる。

　　(ア)　計算書類の閲覧請求等訴訟

　計算書類等の閲覧請求等をしても、会社がこれを拒絶する状況にあり、また、閲覧請求等をしたが、会社がこれを拒絶した場合には、株主または債権者は、会社法442条3項に基づき、会社に対して計算書類等の閲覧請求等訴訟をすることができる。

　　(A)　当事者と請求原因

**694**

　　　　　　　　　　　　　　　　　　　2　計算書類の閲覧請求訴訟と仮処分

　請求原因となる事実は、原告が株主または債権者であり当事者適格を有する
ことに加え、閲覧請求等を必要とする理由および会社がこれを拒否した事実も
加えるべきである。

　これに対し、閲覧請求等には正当理由がなく、監督是正権の行使目的などで
なく、濫用的請求であることは会社の抗弁事由となる。

　訴訟の係属中に、株式の譲渡等により株主でなくなった場合、債権について
全額弁済を受けた場合は、当事者適格を失ったことになり訴えは却下されるこ
とになる。

　(B)　訴訟係属中に被告会社が計算書類を提出した場合

　計算書類等の閲覧請求等訴訟の係属中に、被告会社が、任意に書証として計
算書類等を提出する場合が考えられる。この場合について、被告は、閲覧請求
等に対する義務の履行を終えていると認められるから、原告の請求は棄却され
るとされている[11]（東京高判昭和58・3・14判時1075号156頁参照）。しかし、実際上、
義務の履行が果たされ、原告は目的を達したといえるが、計算書類等を書証と
して提出したことをもって、請求棄却の判決をなしうるかという疑問が、会計
帳簿の閲覧・謄写請求の場合と同様に生ずる。

　(イ)　計算書類の閲覧請求仮処分

　本案の判決確定を待っていたのでは、計算書類等の閲覧請求等の目的を達す
ることができないおそれがある場合は、著しい損害または急迫の危険を避ける
ためという要件の下に、仮処分を申請することができる（民保23条2項）。

　仮処分の当事者は、本案請求に対応して、原告が仮処分債権者、被告が仮処
分債務者となる。仮処分申請の趣旨は、本案請求と同じであり、仮処分により
本案の権利を実現する満足的仮処分であり、しかも、原状回復ができない仮処
分である。したがって、仮処分命令によって計算書類等の閲覧等の目的を達し
た後に、仮処分命令を取り消しても意味はなく、また、本案請求訴訟を維持し
うるのかという疑問が生ずる。

　この点、判例は、仮処分命令により、計算書類等の閲覧等の目的を達した場
合でも、原告の本案請求を棄却できないとする立場をとり、仮処分の被保全権

---

11　商事関係訴訟294頁。

*695*

第19章　会社書類の閲覧・謄写請求

利は、その存在が終局的に確定されて、初めて法律上実現されたものというべきであり、満足的仮処分の執行により、被保全権利が実現されたと同様の状態が事実上達成されたとしても、それは、あくまでも仮のものにすぎないから、仮の履行状態の実現は、本案訴訟において斟酌すべきではないとの立場をとっている[12]（最判昭和35・2・4民集14巻1号56頁、最判昭和54・4・17民集33巻3号366頁）。

　確かに、家屋の明渡断行仮処分などの満足的仮処分の執行については、これがあてはまるであろう。しかし、計算書類等の閲覧等の会社仮処分については、仮処分により本案の権利そのものを実現し、計算書類等の閲覧等の目的を達しているのであるから、原状回復が不可能である。本案付随性が極めて希薄となり、本案訴訟が考えられるにしても、実際に本案の提起を必要とするかは疑問である。

　法律的な原状回復の可能性（損害賠償請求）を問題にするにしても、仮処分の執行後においては、請求の変更を必要とするであろうが、原告が、損害賠償債務の不存在確認訴訟に切り換えてまで、本案訴訟を継続するというのも非現実的であろう。

　そこで、仮処分により本案の権利が実現したことから、本案の権利が消滅したことになる。そこで、原告が訴えを取り下げない以上は（本案について、口頭弁論後等においては、被告の同意を必要とする。民訴261条2項）、請求棄却の判決をするか、訴えの利益が消滅したとして、訴えを却下することにより、本案訴訟を終了させるべきであろう。

　仮処分が不当であるとして、損害賠償請求をするにしても、その判断は当該本案訴訟においてなされるものではない。

## 3　会計帳簿等の閲覧・謄写請求訴訟と仮処分

### (1)　株主の会計帳簿等の閲覧・謄写請求権

#### (ア)　株主に閲覧等を認める趣旨

株主がその権利を確保しあるいは行使するためには、会社の経営と会計情報

---

12　商事関係訴訟294頁参照。

を知る必要があることから、会計帳簿等の閲覧等が認められている。多くは、経理や財務における不正行為がなされないよう、株主としての監督是正権行使目的による場合が多い。たとえば、代表訴訟の提起や取締役の職務執行停止の仮処分の申請目的ほか会社の経理状態や配当が適正であるか否かを確認するため、自己の持株の価値を調べるため、業務執行が適正になされているか否かを調査するため、取締役の責任追及訴訟の資料を確保するため等であるが[13]、定款による譲渡制限株式（旧商204条1項但書）の適正な譲渡価格を算定する目的の閲覧等請求も認めている判例がある（最判平成16・7・1民集58巻5号1214頁）。

これに対し、会社との取引を有利に運ぶための手段としての会計帳簿の閲覧請求は、株主の権利とは認められない（大阪地判平成11・3・24判時1741号150頁）。また、企業買収、企業再編のためなどの情報収集目的の場合については、株主としての権利に基づくものといえるか問題があるとともに、企業秘密が関係することから慎重に検討すべきであろう。

会社法は、会計帳簿等の閲覧等請求を認めることを基本とし、株主としての権利に関係のない請求、不当な目的の閲覧等により、企業秘密の漏洩、会社の業務の阻害を防止するために、一定の拒絶理由を法定している（会社433条2項1号～5号）。会社が拒絶理由のあることを証明することで、閲覧等請求を拒絶できるのであり、基本構造や手続は株主名簿の閲覧等請求の場合と共通する。

　㈡　閲覧等請求をなしうる株主

請求権者は、①総株主の議決権の100分の3以上を有する株主、または②発行済株式の100分の3以上の数の株式を有する少数株主に限られる。100分の3以上の要件を課すのは、濫用的請求を防止するためである。旧商法は、①の要件のみであった（旧商293条ノ6第1項）が、会社法は、議決権を有しないものの一定の出資をしている株主にも、閲覧等請求権を認めるべきであるとして②を追加したのである。これに該当するのは、議決権制限株式の株主や相互保有株式の議決権制限により議決権を行使することができない株主である[14]。この要件は複数人で満たすことも可能である。そこで、1人で100分の3以上という要件を満たさなくても、数人が共同して100分の3以上という要件を満たした

13　片山欽司「会社の帳簿閲覧の仮処分」判タ197号97頁。
14　新・会社法の解説123頁。

第19章　会社書類の閲覧・謄写請求

場合は、共同して請求することができる。複数人が共同して請求する場合であっても、100分の3以上は適格性の問題であるから、途中で抜け落ちた者があり、議決権の保有要件を欠くに至れば請求は不適法となる。また、①と②を合計して、100分の3以上という要件を満たせば、閲覧等請求が可能であると解される。

　仮処分による場合は、仮処分の申請時から発令時まで議決権の保有要件を必要とする。そこで、仮処分の発令時から閲覧・謄写を行うまでの間に、議決権の保有要件が失われた場合は、事情変更による仮処分の取消しの問題が生ずる（民保38条1項）。

　もっとも、仮処分の申請後に新株が発行されたことにより、請求者が議決権の100分の3以上という基準を欠くに至った場合は、適格者要件を欠くと解すべきではない。閲覧等請求時には議決権等の基準（要件）を満たしていた者が、新株発行等の後発的事情により基準以下になった場合は、閲覧等請求権を少数株主権とした趣旨に反しないから、閲覧請求の要件（適格性）を欠くことにならないと解される（反対説がある）。

　親会社の株主は、その権利を行使するために必要な場合は、子会社の会計帳簿等を閲覧・謄写することができるが、非訟事件手続法の定めるところに従い、裁判所の許可を得なければならない（会社433条3項、868条2項）。

　　(ウ)　閲覧等請求の対象となる会計帳簿等

　閲覧請求等の対象となる会計の帳簿について、旧商法当時、32条（昭和49年法律21号）の会計帳簿（営業上の財産および損益の状況を明らかにする帳簿）であると解されていた。これに対し、会社法は、閲覧等請求の対象を会計帳簿またはこれに関する資料としている（会社433条1項）。そして、計算書類（貸借対照表・損益計算書・その他株式会社の財産および損益の状況を示すために必要かつ適当なものとして法務省令で定めるもの）およびその附属明細書は、会計帳簿に基づき作成しなければならないとしている（計算規59条3項）。そこで、閲覧等の対象となる会計帳簿は、計算書類およびその附属明細書作成の基礎となる帳簿を意味することになる。

　このように閲覧等の対象は、会計帳簿とこれに関する資料である（会社433条1項1号・2号）。計算書類と附属明細書については、別途、閲覧請求等が認

められているから（同法442条3項）、閲覧等請求の対象となる会計帳簿は、計算書類と附属明細書作成の基礎となる帳簿であり、会計の資料とは会計帳簿作成の材料となった資料である。

裁判例も、会計帳簿とは一定時期における営業上の財産およびその価額並びに取引その他営業上の財産に影響を及ぼすべき事項を記載する帳簿をいい、会計に関する資料とは作成の材料となった書類その他会計の帳簿を実質的に補充する書類を意味するから、法人税確定申告書やその控えなどは含まれないとしている（東京地決平成元・6・22判時1315号3頁）。

会計帳簿またはこれに関する資料（会計帳簿等）が、書面をもって作成されているときは、当該書面の閲覧・謄写であり、電磁的記録をもって作成されているときは、電磁的記録により記録された事項を、法務省令に定める方法により表示したもの（会社施規226条27号）の閲覧・謄写である（会社433条1項1号・2号）。

備置期間経過後のものは、10年間の保存期間中であっても、閲覧等請求の対象にはならないが、会社が任意に請求に応じることは差し支えない。また、閲覧等請求とは別に、保存期間中の計算書類等であっても、計算書類の提出命令の対象となり（会社443条）、文書提出命令の手続によることができる（民訴219以下）。なお、銀行の会計帳簿等については、預金者保護の観点から対象とならない（銀行法23条）。

閲覧等を請求する会計帳簿等を、できるだけ具体的に特定して請求しなければならない。しかし、厳格さを求めるべきではない。たとえば、株主は、自己の知りたい事項について、どのような帳簿や資料の、何年度のどの部分に記載されているかわからない場合が多い。そこで、具体的に特定することが困難な場合は、会社が請求の理由との関係で、どのような帳簿や資料であるかがわかる程度に記載する程度で十分であろう。

この会計帳簿等の閲覧・謄写請求権とは別に、直接、会社に請求することができる場合として、会社法は、裁判所が申立てによりまたは職権で、訴訟の当事者に対し、会計帳簿の全部または一部の提出を命ずることができるとしている（会社434条）。これは、文書提出命令（民訴220条、221条）の特則であるが、会社を当事者とする訴訟が係属した後においては、相手方は、会社に対して、

第19章　会社書類の閲覧・謄写請求

会計帳簿の提出を申し立てることができるし、裁判所も、会社に対して、必要に応じ会計帳簿の提出を命ずることができる。

### (2)　会計帳簿等の閲覧・謄写請求権の行使

#### (ア)　請求理由の明示

100分の3以上という所定の要件を備えた株主は、会社の営業時間内であれば、いつでも、会計帳簿等の閲覧・謄写請求をすることができるが、そのためには、その理由を明らかにしなければならない（会社433条1項）。会社法は書面による請求を要求していないが、請求の理由を明らかにしてしなければならないとしていることから、書面によることが必要であると解される（旧商293条ノ6第2項参照）。

請求の理由を具体的に記載させるのは、閲覧等請求の目的を明示させ、会社が閲覧等に応ずべき義務の存否および閲覧等をさせる帳簿等の範囲を判断できるようにするとともに、探索的または証拠漁り的な閲覧請求を防止するためである[15]。加えて、会社が口実を設けて請求を拒絶することを防止するためである。

請求の理由が明らかに主張自体失当で、それに基づき株主が予定している訴訟を提起しても、請求が認容される余地のない場合は、閲覧等を認めても意味がないから、請求が棄却される可能性がある[16]。

請求の理由とは、閲覧・謄写を請求する目的ないし必要性をいうが、正当なものでなければならない。会社は、理由を明示しない閲覧・謄写請求に応じる必要はない。会社は、理由をみて、閲覧・謄写請求に応じるか、拒否するかどうかを判断するのであるから、たとえば、取締役が違法または不当行為をしたので株主総会に解任決議を提案する、解任の訴えを提起する、代表訴訟を提起する、違法行為の差止めのために、右事実を確認する必要があるなど、できるだけ具体的なものであることが要求される。対象帳簿と閲覧請求の理由の記載は、会社が、閲覧・謄写請求に応じるか、拒否するかどうかを判断することができる程度のものであることが必要である。理由は、単に、経理面からの監督是正権を行使するために必要である、というような抽象的なものでは不十分であり、できるだけ具体的に記載しなければならない。

---

15　山口和男「判批」判タ1184号157頁。

16　類型別会社訴訟II665頁。

700

請求を受けた会社において、理由と関連性のある会計帳簿の範囲を知り、また閲覧請求の拒絶理由の存否を判断する必要があること、株主による一般的調査が安易に認められる場合には、会社の営業に支障が生ずるだけでなく、営業秘密の漏洩、会計情報の不当利用等の危険が大きくなるため、ある程度具体性のある閲覧・謄写目的が株主に認められる場合に限って、閲覧・謄写権を認めれば足りるという趣旨によるものである（東京高判平成18・3・29判タ1209号266頁）。

しかし、請求の理由が具体的に記載されていれば、請求者は請求を基礎づける事実が客観的に存在することまで立証する必要はない（最判平成2・11・8判時1372号131頁、最判平成16・7・1民集58巻5号1214頁）。

閲覧等の対象は請求した帳簿を基本にするが、請求した帳簿に限られないとの立場（非限定説）がある。非限定説によるも会社は不必要な請求を拒絶できるから、限定説と非限定説の差異は、請求理由と閲覧等の対象たる会計帳簿との関係について、原告と被告のいずれが立証責任を負うかに尽きるとされている[17]。

(イ)　閲覧等請求と会社の協力

会社は、どのように会計帳簿を閲覧等させればよいのか。たとえば、電磁的記録の場合は、紙面または映像画に表示し（会社施規226条27号）それを閲覧等させれば足りるのか（閲覧等の受忍）。この点、規定上、会社には積極的な協力義務はないことから、会社がコピーにより謄本または抄本を作成して交付することまでは求められていない。

したがって、請求者においてカメラ、コピー機等を持ち込んで謄写せざるを得ないが、閲覧等の実効性を確保するとともに、閲覧等の円滑化と会社業務の支障を避けるため、会社は積極的に協力し、費用を徴してコピー（謄本・抄本）を交付するのが望ましい。

(ウ)　会社による閲覧・謄写請求の拒絶

請求権を有する株主が、請求の理由を明示して、閲覧・謄写を請求してきたときは、会社は所定の拒絶事由（会社433条2項1号～5号）がある場合でなけ

---

17　類型別会社訴訟II 672頁。

第19章　会社書類の閲覧・謄写請求

れば、これを拒絶することができないが、拒絶事由があるときは、それを立証
することにより拒絶することができる。

　閲覧・謄写請求の拒否理由は、①請求を行う株主が、その権利の確保または
行使に関する調査以外の目的による請求、②請求者が、当該会社の業務の遂行
を妨げ、または株主共同の利益を害する目的による請求、③請求者が、当該会
社の業務と実質的に競争関係にある事業を営み、またはこれに従事するもので
あるとき、④請求者が、会計帳簿の閲覧・謄写によって知り得た事実を、利益
を得て第三者に通報するために請求したとき、⑤請求者が、過去2年以内にお
いて、会計帳簿の閲覧・謄写によって知り得た事実を、利益を得て第三者に通
報したことがあるときである（会社433条2項）。

　拒絶事由の一般的規定である株主の権利の確保または行使に関する調査以外
の目的による場合として（会社433条2項1号）、会社所有の不動産を相場以下
の価格で売却させるための交渉を有利に運ぶための手段として閲覧等請求をし
た事案がある（大阪地判平成11・3・24判時1741号150頁）。

　これに対し、個人的な資料収集が目的であっても、企業秘密の漏洩等の損害
を被る旨の疎明がなく、会社の業務執行に不正があったと推認され、そのため
に経営を是正し、株主の権利を確保する目的でなされたときは拒否事由にあた
らない（神戸地決平成2・4・10判時1364号107頁）。また、譲渡制限株式の適正な
譲渡価格の算定目的の閲覧等請求は、特段の事情が存しない限り、拒絶事由に
あたらない（前掲最判平成16・7・1）。正当目的と不当目的が併存する場合は、
いずれが主要目的と認められるかにより判断することになろう。

　この拒否理由は制限的に解さなければならないが、これ以外の場合は、全く
拒否できないというものではなく、それ以外の場合でも、正当理由があれば拒
否することは可能である。しかし、法定の拒絶理由（会社433条2項各号）以外
の正当理由が何であるかを具体化することは難しい。しかし、会社法433条2
項1号・2号の対象はかなり広いものであるから、それにより十分に対応する
ことができる。

　株主の請求を拒否するためには、会社において拒否理由の存在を立証しなけ
ればならないから、立証できない場合は、拒否することはできない。

**702**

（エ）　競業者による閲覧等請求の拒絶

閲覧等請求の拒絶事由（会社433条2項1号〜5号）のうち、1号・2号・4号については不当目的という主観的要件を課しているが、3号と5号は主観的要件を必要としない。5号は閲覧等請求の不適格者であるとして、2年間請求をなし得ないとする法政策的なものであるが特に問題とすべき点はない。

一方、3号は請求者が実質的競争関係にある者等（競業者）を拒否事由とする。しかし、競業者等からの請求だからといって濫用的請求とは限らないから、競業者であるとの客観的事実が認められた場合、一律に3号を適用することは（客観説）、必ずしも適正とはいえないであろう。

裁判例には、請求者の主観的意図を問わず、競業者であるとの客観的事実が存在すれば、会社は請求を拒絶することができるとする立場（東京高決平成19・6・27金判1270号52頁）と、競業者である請求者が、競業に利用する意図がないことを立証したときは、会社は請求を拒絶することができないとする立場（名古屋高決平成8・2・7判タ938号221頁、名古屋高決平成20・8・8民集63巻1号31頁）とがある。

判例は、会社法433条2項3号（旧商293条ノ7第2号）は、①主観的意図の存在を要件とすることなく、一律に拒絶することができる規定であり、また、主観的意図の立証は困難である、②請求時に競業に利用する意図がなかったとしても、競業関係が存する以上、将来競業に利用される危険性は否定できない、③競業者であるとの客観的事実が認められれば、具体的な意図を問わず一律に閲覧等請求を拒絶できるとすることにより会社に損害が及ぶことを未然に防止できるとして、客観説をとっている（最決平成21・1・15民集63巻1号1頁）。これに対し、会社に損害が及ぶ抽象的な危険というのは漠然としているばかりか形式的すぎるとしてこれを疑問視する立場がある。[18]

まず、①規定上、主観的意図の存在を要件としていないことは、請求者に不当目的の不存在の立証を許さないことまでは意味しない。主観的意図の立証が困難であるから、これを要しないというのであれば、請求者に不当な意図・目的の不存在を立証させればよいことである。

---

[18]　大隅健一郎＝今井宏＝小林量『新会社法概説〔第2版〕』347頁、江頭・株式会社法711頁。

第19章　会社書類の閲覧・謄写請求

　次に、②将来競業に利用される危険性は否定できないというが、競業に利用する危険性は、基本的には請求時を基準とすべきであり、将来の危険性をいうためには、ある程度の危険性が予見されることが必要であり、それが漠然と存在するというだけでは足りない。これをいうならば、競業者でない請求者が将来競業者となる危険性も否定できない。また、閲覧から長期間が経過した後では、当該会計帳簿を競業に利用する価値は低くなるであろう。

　そして、③一律競業者の請求を拒絶できるとすることにより、会社に損害が及ぶことを未然に防止できるとして、抽象的危険性を理由とするのはあまりにも形式的である。競業者であっても、株主としての監督是正権を行使するために閲覧等請求が必要であるのに、形式的理由でそれを閉ざすことになりかねない。

　競業者の請求の拒絶規定（会社433条2項3号）は、閲覧等請求者の不当目的の存在という主観的意図の立証の困難から会社を救済するために、不当目的の存在を推定する規定である（ただし、競業者の請求であるからといって、不当目的とはいえない）。そこで、会社が競業者であることを理由に閲覧等を拒絶した場合に、請求者において競業に用いるのではない（不当目的がない）ことを立証した場合は、推定が覆されたものとして、会社は請求を拒否することができないと解するのが（主観的意図推定説）、請求者の利益との均衡を図る意味で妥当であろう。

　会社法433条2項3号は競業者の閲覧を禁ずるのではなく、会社が拒絶することができるとする規定であり、会社は裁量により閲覧させることができるから、形式的に解する必要はない。不当目的がないとの立証がなされた場合は閲覧を認め、閲覧目的との関係から、閲覧が必要な帳簿の範囲を限定して処理すべきである。

　実質競争関係にある者の範囲であるが、親会社A社と一体的に事業を行っているB社が、C社に対し閲覧等請求をした場合、B社とC社が実質的に競争関係になくても、A社とC社が実質競争関係にある場合は、B社とC社は実質競争関係にあると解される（東京地判平成19・9・20判時1985号140頁）。

　実質的に競争関係にあるとは、単に定款記載の目的によるのではなく、現に競争関係にあることが必要である。一部が競業している場合は、競業の程度、

業種、企業規模、閲覧等請求の対象となる帳簿、閲覧請求の理由等を総合して判断すべきであり、当該会社にとってさして重要でない事業に競業関係が認められるにすぎない場合は、競業者に該当するか否かは慎重に判断すべきである。

なお、請求時においては実質競争関係になくても、近い将来において競争関係に立つ蓋然性が高い場合は会社法433条2項3号の競業者に含まれる（前掲東京地判平成19・9・20）。

### (3) 親会社株主による閲覧等請求

#### (ア) 閲覧等を請求できる親会社株主

親会社社員（多くの場合、株式会社の株主）は、その権利を行使するために必要があるときは、裁判所の許可を得て子会社の会計帳簿等の閲覧等を請求することができるが、請求の理由を明らかにしなければならない（会社433条3項）。この規定は、平成11年改正商法で株式交換等による完全子会社化が認められたことにより、株主の権利の希薄化現象が生じたことから、親会社株主を保護するために設けられ（旧商293条ノ8）、それを会社法が承継したものである。

その趣旨は、親会社取締役が子会社に対し指示するなどにより、子会社を通じての不正（違法）行為を防止するという監督是正権である。親会社株主は子会社の経営と業務に対して、直接、監督是正権を行使できないから、親会社取締役を通じて行う必要がある。また、親会社取締役が子会社を通じて不正行為をしていないか、親会社取締役に責任がないかを調査することになる。そこで、子会社の会計に関する資料を得る必要があることから、子会社の会計帳簿等の閲覧請求権を認めたのである。さらに、平成26年改正会社法が多重代表訴訟を創設したことから、提訴のために子会社の会計帳簿等を閲覧する必要が生じた。そうすれば、多重代表訴訟の提訴を目的とする子会社の会計帳簿の閲覧等は、親会社の株主としての権利を行使するためという要件を満たすことになる。

子会社の会計帳簿の閲覧等を請求できるのは、親会社の総株主の議決権の100分の3以上を有する株主である。法文上、100分の3以上という要件は明記されていないが、親会社の株主等は会社法433条1項の株主に相当する者として請求することから、同項の請求権行使の要件である議決権等の100分の3以上を有するという要件が課せられることになる。

第19章　会社書類の閲覧・謄写請求

(イ)　閲覧等請求と裁判所の許可

　親会社株主等が、子会社の会計帳簿等の閲覧等をするためには、裁判所の許可を得なければならない。裁判所の許可を要するとしたのは、親会社株主は子会社と直接の関係がないことから、必要性の判断、拒絶事由の存否について裁判所が判断するのが適正だからである。裁判所の許可手続は非訟事件としてなされる（会社868条以下）。

　許可の申立てをする場合は、その原因となる事実を疎明しなければならない（会社869条）。そこで、親会社株主は、請求の理由（権利を行使するために必要な理由）を明らかにし、原因となる事実を疎明する必要がある。疎明が不十分であれば許可申請は却下される。

　疎明がなされた場合でも、親会社株主等について閲覧等の拒絶事由（会社433条2項1号〜5号）があるときは、裁判所は許可をすることはできない（同条4項）。閲覧等の拒絶事由の存在は、子会社の立証事項であるから（抗弁事由）、子会社は裁判所の許可を求める裁判手続において、当該事由の存在について立証（疎明）しなければならない。そのために、子会社を手続に参加させ、裁判所は陳述を聴取するとともに疎明の機会を与えなければならない。

　子会社が拒絶事由を疎明したときは、裁判所は許可することができないから、親会社株主は閲覧等請求をすることができない。子会社が拒絶事由を疎明しないときは、裁判所は許可を与え、それに基づき親会社株主は子会社に対して閲覧等請求をすることになる。

(4)　会計帳簿等の閲覧・謄写請求訴訟と仮処分

(ア)　会計帳簿等の閲覧・謄写請求訴訟

　株主の閲覧等請求を会社が拒否した場合は、当該株主は会社を被告として閲覧等請求訴訟を提起することができる。原告適格者は総株主の議決権等の100分の3以上を有する株主である。

　閲覧等請求のためには、①議決権等の要件、②請求の理由を明確にしなければならないから、裁判上の閲覧等請求についても、原告株主は、①、②について訴状記載の請求原因として主張しなければならない。①は提訴のための適格

19　新・会社法の解説123頁。

706

3　会計帳簿等の閲覧・謄写請求訴訟と仮処分

要件であるから原告が立証しなければならないが、②は具体的に記載する必要
はあるものの、それを裏付ける事実が客観的に存在することまで立証する必要
はない（前掲最判平成16・7・1）。それが存在しないこと（正当な理由による請求
ではない）は、被告会社が立証しなければならない（抗弁事由）。

　訴状に記載すべき閲覧等を請求する理由（閲覧等を必要とする理由）は、可能
な限り具体的なものでなければならない。請求の理由の明示が求められるのは、
会社が請求の理由と関連性のある会計帳簿等の範囲を知り、また拒絶事由の存
在を判断するための資料とするためである。したがって、その理由を裏付ける
事実が客観的に存在することまでも、主張・立証しなければならないものでは
ない。[20]

　たとえば、取締役の責任を追及する場合であれば、取締役の任務懈怠が認め
られる事実を具体的に明らかにしなければならない。その事実が客観的に存在
することを立証しなくてもよいが（これは、取締役の責任追及訴訟における立証
事項である）、その事実が存在する蓋然性が高いから、会計帳簿等の閲覧等を
請求する必要があることを主張する必要があろう。

　会社が請求を拒絶したことは請求原因ではないが、訴えの利益に関係するか
ら記載しておくべきであろう。

　会社法433条2項3号（競業者による請求）については、被告会社は原告が競
業者であるという客観的事実を立証すれば足りる。これに対し、競業に利用す
るのではない（不当目的ではない）ことは再抗弁事由として、原告が立証しな
ければならない（この点、主観的要件不要説では、再抗弁は認められないことにな
る。前記(2)(エ)参照）。

　閲覧等請求の対象は株主の閲覧等の請求理由により特定されたものであるが、
具体的に特定困難な場合はある程度概括的なもので許される。しかし、閲覧等
の請求理由と関係のない会計帳簿等の閲覧等請求は認められず、会社はこれを
拒否しうる。

　会計帳簿等の閲覧等請求訴訟において、会社が閲覧等の請求理由と関係がな
いとして閲覧等を拒絶した場合、株主において請求理由との関連性を立証しな

---

20　商事関係訴訟299頁。

第19章　会社書類の閲覧・謄写請求

ければならない。訴訟中において株主は新たな請求理由を追加することができるが、この場合、新たな理由について拒否するか否かについて会社に答弁させ、会社が拒否した場合は新たな理由を含め手続を進めることになる。

　㈡　会計帳簿等の閲覧・謄写仮処分

　閲覧等請求訴訟の本案判決の確定までは時間を要するため、緊急の場合は、仮処分申請によるが、多くの場合、仮処分により解決することになる。仮処分申請は本案の管轄裁判所に対して行うが、本案の原告が債権者、被告が債務者となる。債権者は、被保全権利と保全の必要性を明らかにし、疎明しなければならない（民保12条1項、13条）。被保全権利は本案の閲覧等請求であり、立証関係も本案と同じである。疎明といっても高度の疎明が要求される。被保全権利が認められた場合は、保全の必要性が認められる場合が多い。

　閲覧等請求の仮処分については、仮処分の暫定性・仮定性と本案付従性との関係で許容性が問題となる。本案の権利を実現する満足的仮処分であり、閲覧後に閲覧等しなかった状態に戻すこと（原状回復）は不可能であり、また仮処分命令を取り消しても意味はなく、本案の権利自体も存続しないことになる。

　そこで、仮処分の本質を逸脱するものとして認めなかった裁判例があるが（東京地決昭和36・3・14下民集12巻3号457頁）、本案の権利を実現するといっても、仮処分の仮定性に反するものではなく、また原状回復といっても損害賠償という形でなしうるから、原状回復が困難というわけではない。したがって、仮処分の必要性があればこれを認めるのが学説の多数説であり、これに従った裁判例がある（浦和地決昭和38・2・15下民集14巻2号214頁）。現在の裁判実務もこれを基本としている。

　しかし、本来仮処分の必要性については、仮処分が発令されないことにより株主に生ずる損害と、仮処分が発令されたことにより会社に生ずる損害とを比較して判断すべきであるが、閲覧等仮処分については、満足的仮処分であることから、損害の比較論によるのは適さない。この判断基準によれば、多くの場合、会社に生ずる損害のほうが大きく、仮処分の必要性が否定される場合が多くなる。そこで、閲覧等仮処分については、緊急性と保全の必要性が認められる場合は、仮処分命令を発令すべきである。

　会計帳簿の閲覧等請求は、多くの場合、株主が監督是正権を行使するためで

*708*

あるから、閲覧等請求を認めなければ監督是正権を行使する機会は減少することになる。そこで、適正な請求であれば認めるべきである。もっとも、被保全権利と保全の必要性の判断は厳格である必要がある。

会計帳簿の閲覧等仮処分は、仮処分を得て閲覧等をすることにより本案（閲覧等請求）の目的を達することになる。したがって、本案の権利自体が存続し得なくなり、閲覧等請求訴訟は意味がなくなる。係属中の訴訟はそのままでは維持し得なくなるから、損害賠償債務の不存在確認（仮処分申請が不法行為を構成しない）に、訴えを変更することになる。

仮処分の執行により閲覧等をした後の本案の提起についても同様に考えられ、閲覧等請求訴訟を提起することはできない。そこで、債務者会社の申立てにより起訴命令（本案の訴えの提起命令）が発せられた場合は（民保37条1項）、損害賠償債務の不存在確認訴訟を提起することになる。

(ウ) 会計帳簿等の閲覧等仮処分等と執行手続

会計帳簿等の閲覧等を命じる判決または仮処分は、単に、閲覧等を受忍せよとの不作為を命ずるのではなく、会社に対し閲覧等をさせるという作為を命ずるものである。その執行は会社が保管する会計帳簿等を閲覧等することであるから、執行方法について特有の問題がある。

閲覧等は代替的作為義務とみることができるから、強制執行の方法として代替執行（民414条2項、民執171条1項、173条1項）と間接強制（民執172条1項）が考えられる。いずれの方法によるかは債権者の選択によるが（同法173条1項）、間接強制では実際上目的を達することができないから代替執行によることになる。

つまり、仮処分における執行方法として、裁判所は、仮処分命令の申立ての目的を達するために、債務者に対し、一定の行為を命じ、または保管人に目的物を保管させる処分その他必要な処分をすることができる（民保24条）。そのために主文中で、①会社に対し会計帳簿等の閲覧等を命ずるとともに、②執行官に保管させ、執行官は債権者に閲覧等させなければならないと命ずることになる。①だけでは間接強制しかできないので、閲覧等仮処分の実効性が確保されない。

判決に基づく執行の場合も同様に考えるべきである。代替執行によるとして

709

第19章　会社書類の閲覧・謄写請求

も、第三者が会社書類を閲覧等（謄写として問題になる）することは困難であるから、執行官に保管させたうえで、第三者をして閲覧等させることになる。

　閲覧等させる義務を不代替的作為義務とみることもできなくはないが、これによれば、執行方法は間接強制によることから、仮処分の実効性に欠けることになる。

【記載例33】　会計帳簿等の閲覧・謄写請求仮処分

### 申　請　の　趣　旨

　債務者は，債権者に対し，別紙目録（略）記載の書類及び帳簿を，東京都新宿区××町×丁目×番×号の債務者の本店（事務所）において，営業時間内に限り，債権者またはその代理人に対し，閲覧及び謄写をさせなければならない。

### 申　請　の　理　由

1　債権者は，債務者会社の監査役であるとともに，総株主の議決権の100分の3以上を有する株主である。
2　債務者会社の代表取締役Ａは，平成××年×月ころ数回にわたり，会社の預金を引出し着服横領したおそれがある。
3　債権者は，株主および監査役の地位に基づき，会社の会計帳簿および書類の閲覧を数回請求したが，その都度拒絶された。
4　債権者は，債務者会社に対し，会社の会計帳簿および書類の閲覧請求訴訟を提起すべく準備中であるが，代表取締役Ａが上記会計帳簿および書類を隠匿または改ざんするおそれがあり，後日，勝訴判決を得てもその目的を期しがたい。

## 4　検査役選任請求権

### (1)　株主による検査役選任請求

　㋐　検査役の選任請求をなしうる場合

　　(A)　制度趣旨

会計帳簿等の閲覧・謄写によっただけでは、株主が経理検査権の目的を達す

ることができない場合は、少数株主に限り、検査役の選任申請をなしうる。これが、業務執行に関する検査役の選任請求である（会社358条1項）。

会社の業務および財産状況の調査は、企業内部に立ち入り、企業秘密にも接することから、株主が自ら調査することができるのではなく、裁判所の選任した検査役によって調査させるのである。

(B) 請求権者

総株主の議決権の100分の3以上を有する株主、または発行済株式の100分の3以上の数を有する株主は、裁判所に対し、会社の業務および財産の状況を調査させるために、検査役の選任請求ができるのであるが、100分の3以上という要件は、定款により、これを下回る割合を定めることができる。

総株主の議決権の100分の3以上、または発行済株式の100分の3以上の数の株式という要件は、複数人の株主で満たすこともできるが、この場合は、複数人によって、選任請求をしなければならない。発行済株式の100分の3以上の数の計算には、議決権のない株式（議決権の全部制限株式）は含まれない（会社358条1項1号）。

取締役たる株主は、取締役会の構成員である立場で、会社の業務や財産の状況を調査することができるのであるが、それが困難な状況にある場合は、株主として検査役の選任請求権を有する（大阪高決平成元・12・15判時1362号119頁）。

(C) 申請理由

検査役の選任申請が行われるのは、株主による取締役の責任追及のための代表訴訟の提起の準備、取締役に対する解任の訴えの提起、取締役の違法行為の差止めなどを目的とする場合であるが、株主が、代表取締役を困惑させ、個人的利益を追求する手段として、この制度を利用することは許されない。かかる場合は、権利濫用であるとして、申請が却下されることになろう。

(イ) 検査役選任請求の要件

検査役により会社の業務および財産状況の調査を行わせるのであるから、検査役選任の要件として、会社の業務執行に関して不正の行為、または法令・定款違反の重大な事実があることを疑うに足りる事由があることが必要である。そして、申立人株主において、これを疎明しなければならない。

検査役を選任するためには、違法または不正の業務執行により、会社財産に

損害を及ぼしているかどうか、または取締役に責任が生ずるかどうかを、検査役が調査する必要があると疑われる場合であることを要し、会社財産に何ら影響しない単なる違法な業務執行が行われている場合だけでは足りない（東京高決昭和40・4・27下民集16巻4号770頁）。

不正の行為とは、会社財産の私消等の会社財産に影響を及ぼす故意の会社に対する加害行為であるが、これに加え、合併条件の不公正など、会社に損害がなくても、株主に損害が生ずるケースにつき、検査役の選任を認めることができる。[21]

### (2) 検査役選任手続

検査役の選任手続は、非訟事件として行われるから、管轄は会社の本店所在地を管轄する地方裁判所であり（会社868条1項）、申立人株主は、検査役選任の要件が備わっていることについて疎明しなければならない（同法869項）。

所定の請求権者たる株主から検査役選任の申立てがあった場合、裁判所は、検査役選任請求の要件を欠くなど、不適法であるとして却下する場合を除き、検査役を選任しなければならないのであり（会社358条2項）、裁判所の裁量により、検査役選任の申立てを却下することはできない。そして、弁護士の中から検査役が選任される場合が多い。

検査役が選任された場合、会社は不服の申立てができないが（会社874条1号）、申請が却下された場合は、申請人株主は即時抗告をすることができる（非訟66条2項）。

裁判所は、検査役を選任した場合には、会社が検査役に対して支払う報酬の額を定めることができる（会社358条3項）。検査役は、少数株主の請求により裁判所が選任するのであるが、報酬は会社の負担である。

### (3) 検査役の権限と検査結果の報告

調査の対象は、会社の業務および財産の状況である。裁判所は、検査役の検査権限を検査事項との関係で制限することは可能であるが（大阪高決昭和36・7・10下民集12巻7号1640頁）、検査内容についてまで制限すべきではない。

検査役は、必要な調査を行うのであるが、必要なときは当該会社の子会社の

---

21　江頭・株式会社法595頁。

業務および財産の状況を調査することができる（会社358条4項・5項）。

検査役は、必要な調査を行い、調査の結果を記載した書面等を裁判所に提出して報告しなければならない（会社358条5項）。

検査役は、調査の結果を裁判所に報告したときは、会社および検査役の選任を申し立てた株主に対し、報告書の写し等を交付または提供しなければならない（会社358条7項）。

報告を受けた裁判所は、必要があると認めるときは、一定の期間内に株主総会を招集すること、調査の結果を株主に通知することを命じなければならない（会社359条1項）。旧商法は、株主総会の招集を命じることに限られていたが、会社法は調査の結果を株主に通知することを命じるという方法も認めた。

## 5　取締役会議事録の閲覧等の許可申請

### (1)　閲覧・謄写請求の手続

取締役会の議事録（電磁的記録）は10年間本店に備え置かなければならない。株主はその権利を行使するために必要があるときは、裁判所の許可を得て、議事録の閲覧・謄写を請求することができる（会社371条1項〜3項）。

監査役設置会社（監査の範囲を定款により会計に関するものに限定している会社を除く）、監査等委員会設置会社、指名委員会等設置会社以外の会社（株主に直接監視権限が認められている会社）については、株主は営業時間内においていつでも、議事録の閲覧・謄写を請求することができ、裁判所の許可を得る必要はない。しかし、この場合でも、株主はその権利を行使するために必要であるとの要件が必要であり、会社は、かかる要件を満たさない請求を拒否できるのは当然である。もっとも、ほとんどの会社は監査役設置会社等であるから、議事録の閲覧・謄写を請求するためには裁判所の許可を必要とする（会社371条3項）。

監査役設置会社等の場合、議事録の閲覧・謄写を請求するためには、裁判所の許可を得ることが必要であるが、裁判所が許可するか否かの判断は、「株主がその権利を行使するために必要であるか」否かを基準とする。株主がその権利を行使するために必要である場合とは、取締役等の責任追及、取締役の解任請求、株主提案権の行使などの場合であり、権利を行使するために必要でない

713

第19章 会社書類の閲覧・謄写請求

場合とは、株主としての地位に基づくものではなく、個人的利益が関係する場合、裁判のための証拠収集目的などの場合である。

　取締役会の議事録は、他の会社書類以上に企業秘密に関連し、企業秘密の漏洩や閲覧権の濫用の懸念があることから、閲覧・謄写の請求のためには裁判所の許可を得ることを必要とするとともに、裁判所は、会社または親会社もしくは子会社に著しい損害を及ぼすおそれがある場合（企業秘密の漏洩が主たる場合であるがそれだけに限らない）は許可できないものとした（会社371条6項）。それは、株主がその権利を行使するために必要な場合であっても（この必要性が認められない場合は許可すべきでない）、それにより会社または親会社もしくは子会社に著しい損害を及ぼすおそれがある場合は許可できないとの趣旨である。

　裁判所の許可を得るためには、会社の本店所在地を管轄する地方裁判所に対し、申立書を提出して行うが（会社868条1項、会社非訟事件等手続規則1条）、閲覧・謄写を請求する議事録および内容を特定し、株主が行使する権利とその必要性を明確にする必要がある。もっとも、議事録および内容の具体的特定をすることが困難な場合は、模索的なものであっては困るが、会社において対象議事録とその記載の内容を特定できる程度であれば足りるといえよう。

　閲覧請求は、どの取締役会議事録の、どの部分について閲覧等の許可を求めるのかを、申立ての趣旨において記載すべきである。具体的には、「第×期事業年度における計算書類および事業報告ならびにこれらの附属明細書の承認について協議した部分」、「平成××年×月×日における募集株式の発行について協議した部分」などとすべきである。[22]

　裁判所は許可または不許可の裁判にあたり、会社の陳述を聴かなければならない（会社870条1号）。陳述を聴くことにより申請に至る事情を知り、申請人の意図を推認することが可能となる。裁判所が許可する場合は、申立てに係る取締役会議事録の全部について閲覧等を許可するのではなく、必要な部分に限り許可することになる。

　取締役会の議事録閲覧・謄写の請求は、仮処分申請ではなく裁判所に対する許可申請（非訟事件）という形でなされるが、許可申請は実質的には仮処分申

---

22　東京地方裁判所商事研究会編『類型別会社非訟』3頁。

請と同じような目的と機能を有する。許否の裁判は決定により行うが、この裁判に対し申立人および会社は2週間以内に即時抗告をすることができる（非訟66条1項・2項、67条1項）。

許可決定を得た場合、会社は閲覧・謄写の請求を拒否することができない。会社が拒否した場合は、拒否した取締役は過料に処せられるが（会社976条4号）、会社自身も損害賠償責任を免れない場合もある。許可決定に狭義の執行力がないため、あらためて訴訟手続によらなければならない。[23]

### (2) 閲覧・謄写の許可申請が却下された事例

#### (A) 事案の概要

Y銀行は、A社の優先株主兼債権者であったが、Xは、Y銀行が行ったA社の売却・譲渡（M&A取引）について、自己がM&A取引の交渉をしたことがある、影の功労者であるなどとしてY銀行に見解を求めたがY銀行は回答しなかった。そこで、XはY銀行の株式1000株を取得し、本件M&A取引に関する取締役会の議事録の閲覧・謄写を求めたが、Y銀行が応諾しなかったので、閲覧・謄写のための裁判所の許可を求める申立てをした。

#### (B) 裁判所の判断

原決定は、本件申請が、株主としての権利行使に藉口した請求であるとまでは認められないが、当該議事録にはY銀行の企業秘密たる事項、本件M&Aに関係した各社の企業秘密であり、Y銀行の守秘すべき事項が含まれているので、このような記載部分が閲覧・謄写されると、本件M&Aに支障が生じるのみならず、Y銀行が将来M&Aを行うにあたっても支障が生ずるおそれがあるとして、当該部分については謄写を不許可とし、その余の記載については、Y銀行に著しい損害が生ずるとはいえないとして謄写を許可した（佐賀地決平成20・12・26金判1312号61頁）。

抗告審決定は、Xの一連の行動をみると、Xは株主の地位に仮託して、個人的な利益を図るため本件M&Aをめぐる訴訟の証拠収集目的で本件申請をしたものと認められる。しかし、M&Aを進めるべきか否かのY銀行の取締役会の審議内容が、企業秘密たる事項であることは明らかであるから、これら

---

23 東京地方裁判所商事研究会・前掲（注22）7頁。

第19章　会社書類の閲覧・謄写請求

の記載部分が閲覧・謄写されることになれば、Y銀行の将来の事業実施等についても重大な打撃が生ずるおそれがあり、このことはY銀行の全株主にとっても著しい不利益を招くおそれがあると認められる。そうすれば、本件申請は、「株主の権利を行使するために必要であるとき」との要件を欠くか、あるいは権利の濫用にあたるというべきであるとして、Xの申請を却下、抗告を棄却した（福岡高決平成21・6・1金判1332号54頁、最決平成21・8・28抗告棄却）。

　　　(C)　検　証

　株主が取締役会議事録の閲覧・謄写請求のために裁判所の許可を得るには、「株主の権利を行使するために必要であるとき」という積極的要件と、「会社等に著しい損害を及ぼすおそれがない場合」という消極的要件を必要とする。

　本件事実関係の下では、本件M&Aをめぐる訴訟の証拠収集目的で本件申請をしたものといえるから、それは閲覧・謄写請求権の濫用であり、「株主の権利を行使するために必要であるとき」という要件を満たしていないということができる。そうすれば、これを理由に申請を却下すればよい事案である。

　抗告審決定は、加えて、Y銀行の取締役会の審議内容が、企業秘密たる事項であることは明らかであるから、これらの記載部分が閲覧・謄写されることになれば、Y銀行の将来の事業実施等についても重大な打撃が生ずるおそれがあるとの判断も示している。それは、「株主の権利を行使するために必要であるとき」との要件を欠く申請は認めるべきではないが、「会社等に著しい損害を及ぼすおそれが生ずる」ことになるとするのは、株主の権利を行使するために必要という要件に欠けることを補足したものであろう。

716

# ● 事項索引 ●

## 【英数字】

2号文書　*63*
4号文書　*63*
5条協議　*674*
7条の努力義務　*674*
Buy-Sell 取引　*365*
D&O 保険　*500*
TOB ルール　*610*

## 【あ行】

悪意（担保提供命令）　*38*
　　——（敗訴原告の損害賠償責任）　*44*
　　——の株主による提訴　*542*
　　——の疎明　*36,38,482*
　　——または重大な過失による提訴　*542*
預合い　*121*
争いがある権利関係　*89*
石原産業代表訴訟　*377*
著しく不公正な方法による新株発行　*540,561,564*
著しく不公正な方法による新株予約権の発行　*597*
著しく不当な決議　*181*
一人会社　*165,373*
一般禁止型（名義書換禁止の仮処分）　*142*
違法な決議　*202*
違法な剰余金の配当に関する責任　*372*
違法な剰余金分配　*392*
違法な配当議案の提出　*390*
違法な利益供与　*400*
違法配当金の返還請求　*392*
違法配当を受けた株主　*392*
違法発行　*554*
インサイダー取引規制の適用要件　*360*
訴えの取下げ　*10*
訴えの利益（取締役の解任決議無効確認の訴え）　*246*
売渡株主による売渡請求に係る株式等の差止請求　*96*
親会社株主による閲覧等請求　*705*
親会社取締役の責任　*327*
親子会社における法人格否認の法理　*100*

## 【か行】

会計帳簿　*61,698*
　　——の閲覧・謄写請求の拒否理由　*702*
会計帳簿資料の閲覧・謄写請求権　*692*
会計帳簿等の閲覧・謄写仮処分　*708*
　　——の管轄　*708*
　　——の債権者　*708*
　　——の債務者　*708*
　　——の執行方法　*709*
　　——の保全の必要性　*708*
会計帳簿等の閲覧・謄写請求訴訟　*706*
　　——の原告　*706*
　　——の請求原因　*706*
　　——の被告　*706*
会計帳簿等の提出命令　*67*
会社が利益を得た場合と損益相殺　*348*
会社仮処分　*1,79*
　　——の執行　*93*
　　——の取消し　*93*
会社側の過失　*347*
会社書類の閲覧等請求　*61*
会社設立不存在確認訴訟　*124*
会社訴訟　*1*
会社代表者　*16*
　　監査役非設置会社と——　*17*
　　監査役設置会社と——　*18*
　　指名委員会等設置会社と——　*20*
　　監査等委員会設置会社と——　*24*
会社と取締役間の訴訟　*16,229*
会社と利益が相反する取引　*385*
会社の解散の訴え　*31*
会社の事業の部類に属する取引　*378*
会社の承認　*497*
会社の申請による株主総会における議決権行使禁止の仮処分の保全の必要性　*227*
会社の申請による仮処分　*225*
会社の設立無効の訴え　*118*
会社の組織に関する訴訟　*2,25*
会社の破産　*331*
会社の不成立　*113*
会社の補助参加　*424*
会社の目的外の行為（取締役等の違法行為の

事項索引【か行】

差止請求） *615*
会社分割 *638,652*
　——と労働契約関係の承継 *669*
　——の無効原因 *641*
　——の濫用事例 *653*
会社分割差止めの仮処分 *643*
会社分割無効の訴え *638,641*
　——の管轄 *642*
　——の原告 *641*
　——の被告 *642*
会社分割無効判決 *43,642*
　——の効力 *642*
会社法関連訴訟 *1*
会社を代表する者 *230*
　——（取締役等の責任追及訴訟） *368*
解任された取締役 *246*
回復することができない損害 *617*
過失相殺による賠償責任額の減額 *347*
瑕疵の治癒 *29*
仮装払込み *56,115,121*
片倉工業事件 *330*
課徴金制度（独占禁止法） *366*
課徴金の減算制度（リニエンシー） *364*
課徴金の減免制度（リニエンシー） *366*
合併 *627*
　——の効力の発生停止の仮処分 *224*
　——の効力発生停止の仮処分申請の趣旨 *224*
　——の手続 *628*
　——の無効原因 *630*
合併契約 *629*
　——の瑕疵 *630*
合併差止めの仮処分 *637*
合併差止めの要件 *637*
合併条件 *629*
合併対価 *628*
合併比率の不公正 *630*
合併無効の訴え *630*
　——の管轄 *632*
　——の原告 *632*
　——の被告 *633*
合併無効判決 *43,633*
　——の効力 *633*
ガバナンス *299*
株券失効制度 *139*

株券の再発行請求訴訟 *140*
株券の再発行請求手続 *139*
株券の喪失 *139*
株券の発行請求訴訟 *135*
株券の引渡請求訴訟 *141*
株券発行会社 *127*
株券不所持の制度 *135*
株券不発行会社 *94,128*
株式移転 *644*
　——の差止事由 *650*
　——の無効原因 *648*
　——の無効判決 *44*
株式移転計画 *645*
株式移転差止めの仮処分 *650*
株式移転無効の訴え *648*
　——の管轄 *649*
　——の原告 *648*
　——の被告 *648*
株式価格の決定 *59*
株式交換 *644*
　——の差止事由 *650*
　——の無効原因 *648*
　——の無効判決 *44*
株式交換契約 *645*
株式交換差止めの仮処分 *650*
株式交換無効の訴え *648*
　——の管轄 *649*
　——の原告 *648*
　——の被告 *648*
株式の買戻資金の提供 *409*
株式の共有 *161*
株式の共有者 *32*
株式の譲渡方法（株券発行会社） *127*
　——（株券不発行会社） *128*
　——（振替株式） *129*
株式振替制度 *53*
株式併合の差止め *57*
株式併合の差止請求 *95*
株主が不利益を受けるおそれ *556,589*
株主権確認訴訟 *129*
株主資格の喪失 *47*
株主資格を失った株主 *160*
株主総会開催禁止・決議禁止の仮処分 *202*
　——の債権者 *205*
　——の債務者 *205*

718

事項索引【か行】

——の担保額の算定　*208*
——の被保全権利　*204,206*
——の保全の必要性　*207*
株主総会開催禁止・決議禁止の仮処分違反の
　決議の効力　*209*
株主総会開催禁止の仮処分の債務者　*208*
株主総会議事録　*61*
株主総会決議禁止の仮処分の債務者　*208*
株主総会決議取消しの訴え　*160*
——の原告適格　*160*
——の提訴期間　*183*
——の被告　*162*
株主総会決議の瑕疵を争う訴訟　*154*
——の原告　*155*
株主総会決議の効力停止の仮処分　*222*
——の債権者　*223*
——の債務者　*223*
——の被保全権利　*223*
——の保全の必要性　*222*
株主総会決議の取消原因　*163*
株主総会決議の無効原因　*197*
株主総会決議不存在確認の訴え　*189*
——の提訴期間　*191*
株主総会決議無効確認の訴え　*195*
——の原告　*196*
——の提訴期間　*197*
株主総会出席禁止の仮処分（会社の申請によ
　る株主総会）　*227*
株主総会で否決されたとき　*248*
株主総会による報酬額の決議　*264*
株主総会の開会時刻　*171*
株主総会の議事運営　*169*
株主総会の議長　*169*
株主総会の決議不存在　*191*
株主総会の特別決議を経ていない場合　*567*
株主代表訴訟　*56,422,426*
——と仮差押え　*505*
——と費用の請求　*499*
——と文書提出命令　*454*
——の管轄　*480*
——の強制執行　*501*
——の原告適格　*422,424,434*
——の執行債権者適格　*502*
——の請求の趣旨　*426*
——の訴額の算定　*481*

——の対象　*423*
——の担保提供の申立て　*481*
——の当事者　*434*
——の被告　*437*
——の和解　*496*
株主提案権　*172*
株主提案の不当拒否　*177*
株主による検査役選任請求　*710*
——の申請理由　*711*
——の請求権者　*711*
株主による新株発行の差止め　*554*
株主による責任追及訴訟　*424*
株主による提訴請求　*438*
株主の会計帳簿等の閲覧・謄写請求権　*696*
株主の議案提案権　*175*
株主の議案提案の不当拒否　*178*
株主の議案の要領の記載請求権　*174*
株主の議題提案権　*173*
株主の議題提案の不当拒否　*178*
株主の経理検査権　*691*
株主の権利行使　*398*
——に関する贈収賄　*411*
——に関する贈収賄罪　*412*
——に関する利益供与の禁止　*396*
株主の質問権　*171*
株主の訴訟参加資格　*494*
株主のプライバシー保護　*686*
株主名簿の閲覧・謄写請求仮処分の執行方法
　*690*
株主名簿管理人　*677,687*
株主名簿記載事項　*677*
株主名簿の閲覧・謄写請求仮処分　*688*
——の保全の必要性　*689*
株主名簿の閲覧・謄写請求権　*677*
株主名簿の閲覧・謄写請求訴訟　*686*
——の管轄　*687*
——の原告　*687*
——の請求原因　*687*
——の被告　*686*
株主名簿の閲覧・謄写請求に対する拒絶理由
　*682*
株主名簿の閲覧・謄写請求理由の明示　*679*
株主名簿の閲覧等請求の拒絶事由　*57*
株主名簿の作成義務　*677*
株主名簿の名義書換手続　*54*

719

事項索引【か行】

株主優待利用券　400
株主割当てによる新株発行　531
仮議長　169
仮差押債権者適格（株主代表訴訟）　505
仮差押申請の趣旨（株主代表訴訟）　506
仮処分違反　92
仮処分申請の趣旨（合併効力発生停止の仮処分）　224
──（計算書類の閲覧請求仮処分）　695
──（取締役等の違法行為の差止仮処分）　620
仮処分の仮定性　82
仮処分の暫定性　82
仮処分の審理　89
仮処分の担保　88
仮処分の必要性　79
仮処分の要件　80
仮処分命令の執行停止（取締役の職務執行停止等仮処分）　295
仮処分命令の取消し（取締役の職務執行停止等仮処分）　294
仮処分命令申立書　87
仮役員　251
管轄（会計帳簿等の閲覧・謄写仮処分）　708
──（会社分割無効の訴え）　642
──（合併無効の訴え）　632
──（株式移転無効の訴え）　649
──（株式交換無効の訴え）　649
──（株主代表訴訟）　480
──（株主名簿の閲覧・謄写請求訴訟）　687
──（検査役選任手続）　712
──（新株発行差止めの訴え）　556
──（新株発行差止めの仮処分）　565
──（新株発行無効の訴え）　541
──（新株予約権発行無効の訴え）　600
──（設立無効の訴え）　123
──（第三者による取締役等の責任追及訴訟）　526
──（取締役会決議無効確認訴訟）　241
──（取締役解任の訴え）　253
──（取締役等の違法行為の差止仮処分）　620
──（取締役の地位確認請求訴訟）　261

──（取締役の地位不存在確認請求訴訟）　255
──（取締役会議事録の閲覧等の許可申請）　714
──（取締役等の責任追及訴訟）　368
──（名義書換禁止の仮処分）　151
監査等委員会設置会社　15
──と会社代表　24
監査役　18
──の監視義務　310
──の善管注意義務　310
──の報酬　264
監査役設置会社と会社代表　18
監査役等の同意　495
監査役非設置会社と会社代表　17
間接損害　508,521
完全親会社等　470
完全子会社等　471
議案の事前提案　174
議案の要領の記載請求の不当拒否　178
企業内グループ企業制度　321
議決権行使禁止・行使許容の仮処分　211
──の債権者　217,219,222
──の債務者　217,219,222
──の被保全権利　211
議決権行使禁止の仮処分（会社の申請による株主総会）　226
──と定足数　220
議決権の共同行使　32
議決権の代理行使　179
議決権の濫用　221
議決権排除の要件　221
議決権要件　3
議決権を行使し得ない株主による議決権行使　166
起死回生的事業展開（経営判断の原則）　340
基準日　152
基準日以後に株式を取得した者　152
基準日株主　152
議題の追加請求権　173
既判力の拡張　105
寄付（経営判断の原則）　340
キャッシュアウト・マージャー　628
旧株主による責任追及訴訟　425,462

720

事項索引【か行】

――と責任免除規制　466
　　――の原告　464
　　――の対象となる責任　18
旧株主の要件　463
吸収型組織再編　626
吸収合併　627
吸収分割　639,652
競業者等からの請求　703
競業取引　369
　　――の禁止請求　378
競業取引禁止（差止め）の仮処分　378
競業避止義務　377
共同訴訟参加の要件　491
脅迫による利益供与　410
共有株式　32
寄与度に応じた賠償責任額の認定　351
寄与分に応じた連帯責任　350
緊急時提訴　443
緊急性の要請　79
緊急動議　240
グリーンメーラー　595
グループ・コンプライアンス　324
グループ内部統制　305
グループ内部統制システム　58,320
　　子会社の――　327
　　整備・構築すべき――　323
経営者の交代と法人格の否認　99
経営判断の原則　336,415
　　――と訴訟上の取扱い　344
　　――の攻撃的利用　428
　　事業再編行為と――　342
経営不振会社の救済（経営判断の原則）
　339
形骸型（法人格否認）　98
計算書類　62,692,698
計算書類の閲覧請求仮処分　695
　　――の債権者　695
　　――の債務者　695
計算書類の閲覧請求仮処分申請の趣旨　695
計算書類の閲覧請求等訴訟　694
　　――の原告　695
　　――の請求原因　695
　　――の被告　695
計算書類の閲覧等請求　693
計算書類の閲覧等の請求期間　693

計算書類備置の懈怠　169
継続的株主　155
決議後株主　155
決議内容の定款違反　181
決議内容の法令・定款違反　202
決議に特別の利害関係を有する株主　181
決議の不存在　189
決議方法の著しい不公正　180
原告　3,30,55
　　――（会計帳簿等の閲覧・謄写請求訴訟）
　706
　　――（会社分割無効の訴え）　641
　　――（合併無効の訴え）　632
　　――（株式移転無効の訴え）　648
　　――（株式交換無効の訴え）　648
　　――（株主総会決議取消しの訴え）　160
　　――（株主総会決議の瑕疵を争う訴訟）
　155
　　――（株主総会決議無効確認の訴え）　196
　　――（株主代表訴訟）　422,424,434
　　――（株主名簿の閲覧・謄写請求訴訟）
　687
　　――（旧株主による責任追及訴訟）　464
　　――（計算書類の閲覧請求等訴訟）　695
　　――（新株発行差止めの訴え）　555
　　――（新株発行不存在確認の訴え）　552
　　――（新株予約権発行不存在確認の訴え）
　601
　　――（新株予約権発行無効の訴え）　600
　　――（第三者による取締役等の責任追及訴
　訟）　526
　　――（多重代表訴訟）　475
　　――（取締役解任の訴え）　251
原告適格と株主名簿の名義書換　52
検査役選任請求権　692
検査役選任請求の要件　711
検査役選任手続　712
　　――の管轄　712
減資無効の訴え　582
原状回復不能の仮処分　82
現存する法律紛争の直接かつ抜本的な解決
　246
現物出資　110,120
現物出資者の責任（新株発行をめぐる訴え）
　545

721

事項索引【か行・さ行】

行為時株主の原則　*428*
口座振替禁止の仮処分　*149*
構築すべき内部統制システムの程度　*309*
公募による株式引受人の募集　*531*
ゴールデン・パラシュート　*245*
子会社管理規程　*326*
子会社に対する監視義務　*322*
子会社に対する管理責任　*322*
子会社による親会社株式の取得　*166*
子会社のグループ内部統制システム　*327*
個別株主通知　*55,477*
コンプライアンス体制　*306,358*
　　――の構築等義務違反　*358*

## 【さ行】

債権者（会計帳簿等の閲覧・謄写仮処分）
　*708*
　　――（株主総会開催禁止・決議禁止の仮処
　分）　*205*
　　――（株主総会決議の効力停止の仮処分）
　*223*
　　――（議決権行使禁止・行使許容の仮処分）
　*217,219,222*
　　――（計算書類の閲覧請求仮処分）　*695*
　　――（新株発行差止めの仮処分）　*566*
　　――（取締役等の違法行為の差止仮処分）
　*619*
　　――（取締役の職務執行停止等仮処分）
　*284*
財産引受け　*110,114*
最終完全親会社　*470*
最終完全親会社等の少数株主　*470*
再審の訴え（株主代表訴訟等）　*501*
裁判管轄　*86*
裁判所の許可　*706*
債務者（会計帳簿等の閲覧・謄写仮処分）
　*708*
　　――（株主総会開催禁止の仮処分）　*208*
　　――（株主総会開催禁止・決議禁止の仮処
　分）　*205*
　　――（株主総会決議禁止の仮処分）　*208*
　　――（株主総会決議の効力停止の仮処分）
　*223*
　　――（議決権行使禁止・行使許容の仮処分）
　*217,219,222*

　　――（計算書類の閲覧請求仮処分）　*695*
　　――（新株発行差止めの仮処分）　*566*
　　――（取締役等の違法行為の差止仮処分）
　*619*
　　――（取締役の職務執行停止等仮処分）
　*285*
債務者審尋　*86,89*
債務超過　*655*
債務の履行の見込み　*656*
裁量棄却　*185*
　　――の要件　*186*
詐害行為取消権　*662*
詐害事業譲渡　*59*
詐害的会社分割　*57,59*
差止事由（新株発行差止めの仮処分）　*558*
差止請求権　*95*
差止めの対象となる取締役等　*614*
三重代表訴訟　*468*
残存債権者　*58*
事業再編行為と経営判断の原則　*342*
事業譲渡　*625*
資金調達の必要性　*568*
資金調達目的　*561*
時効期間（第三者による取締役等の責任追及
　訴訟）　*514*
自己株式　*166*
　　――の処分　*530*
　　――の処分差止め　*554*
　　――の処分差止めの仮処分　*575*
　　――の処分の無効判決　*42*
　　――の処分無効の訴え　*545*
四国銀行株主代表訴訟　*415*
自己利用文書　*64*
自己利用文書該当性　*455*
事実上の取締役　*521*
事情変更による取消し　*294*
事前協議義務等違反　*675*
執行文付与の訴え　*108*
執行力の拡張　*105,108*
実質的同一性の要件（法人格否認の法理）
　*101*
辞任した取締役　*250*
支配権の維持・確保　*567*
　　――の目的　*561*
支配の同一性の要件（法人格否認の法理）

722

事項索引【さ行】

　　101
自白の擬制　12
自白の拘束力　11
資本金の額の減少　582
　　──が効力を生じた日　28
　　──の無効の訴え　582
指名委員会等設置会社　15
　　──と会社代表　20
社外取締役　309
社内カンパニー制　321,324,362
蛇の目基準　483
従業員株主　170
従業員に対する監督義務　356
従業員持株制度　403
重大な過失（敗訴原告の損害賠償責任）　44
重要な事実の開示（競業避止義務）　378
受供与罪　410
出資の仮装　115
出資の返還義務　41
出資の履行の仮装に関与した取締役等の義務　579
出資の履行を仮装した募集株式の引受人　578
取得条項付新株予約権　584
主要目的ルール（主要目的論）　562
承継される事業に主として従事する労働者　671
承継執行文　108
証券訴訟　362
証拠の収集手続　60
証拠保全の申立て　70
商事消滅時効　60
商事法定利率　59
招集決議を欠く場合　163
招集通知　167
招集通知もれ　164
少数株主権　55
焦土化経営　595
譲渡制限株式と名義書換請求訴訟　138
承認なき利益相反取引　387
承認を得た競業取引　380
承認を得ていない競業取引　380
常務　291
消滅時効期間　58
　　──（取締役等の責任追及訴訟）　368

剰余金の配当　390
奨励金の支給　403
職務執行代行者選任の仮処分　289
職務執行停止　279
職務代行者選任の仮処分　280,283
職務代行者の権限　279,291
職務代行者の権限逸脱行為　292
職務代行者の責任　293
職務代行者の報酬　291
所持品検査を認める仮処分（会社の申請による株主総会）　227
処分権主義　10
除名に係る持分の払戻し　59
書面投票　179
新株の発行方法　531
新株発行　529
　　──の一部無効の訴え　538
　　──の決議　533
　　──の効力を争う訴訟　534
　　──の差止請求　534
　　──の不存在　547
　　──の無効　218
　　──の無効原因　529,535
　　──の無効判決　41
新株発行関係者の責任　544
新株発行差止めの訴え　554
　　──の管轄　556
　　──の原告　555
　　──の訴訟物　556
　　──の被告　556
新株発行差止めの仮処分　554,557
　　──の管轄　565
　　──の効力　568
　　──の効力発生時期　568
　　──の債権者　566
　　──の債務者　566
　　──の差止事由　558
　　──の申請時期　558,565
　　──の訴訟物　565
　　──の提訴期間　570
　　──の保全の必要性　558
　　──の要件　559
新株発行差止めの仮処分違反の効力　569
新株発行差止めの要件　554
新株発行不存在確認の訴え　534,547

事項索引【さ行】

――の原告適格 *552*
――の提訴期間 *548,552*
新株発行不存在確認判決の効力 *553*
新株発行不存在事由 *548*
新株発行無効の訴え *534*
　　――の管轄 *541*
　　――の訴額 *541*
　　――の提訴期間 *219,535,542*
　　――の当事者 *541*
新株発行無効判決 *543*
新株引受権 *531*
新株予約権 *584*
　　――の行使 *588*
　　――の行使と新株発行等の無効 *602*
　　――の行使禁止（新株発行差止め）の仮処分 *604*
　　――の行使禁止の仮処分の被保全権利 *604*
　　――の行使条件の違法な変更 *602*
　　――の発行 *585*
　　――の発行の無効判決 *42*
　　――の発行差止め *589*
　　――の無効原因 *598*
　　――の有利発行 *586*
　　――の割当てを受けた者 *588*
新株予約権発行差止仮処分 *589,590*
　　――の保全の必要性 *591*
新株予約権発行差止めの理由 *589*
新株予約権発行不存在確認の訴え *601*
　　――の原告 *601*
　　――の提訴期間 *601*
　　――の被告 *601*
新株予約権発行無効の訴え *598*
　　――の管轄 *600*
　　――の原告適格 *600*
　　――の提訴期間 *600*
　　――の被告 *600*
新株予約権発行無効判決の効力 *600*
審尋 *86*
申請時期（新株発行差止めの仮処分） *558*
申請人資格 *48*
申請の時期（新株発行差止めの仮処分）*558,565*
新設型組織再編 *627*
新設合併 *627*

新設分割 *639,652*
人的分割 *639*
推定損害額 *363*
請求原因（会計帳簿等の閲覧・謄写請求訴訟） *706*
　　――（株主名簿の閲覧・謄写請求訴訟）*687*
　　――（計算書類の閲覧請求等訴訟） *695*
請求の拡張 *452*
請求の趣旨（株主代表訴訟） *426*
　　――（取締役解任の訴え） *253*
　　――（取締役の地位不存在確認請求訴訟）*255*
請求の認諾 *10*
請求の放棄 *10*
請求を特定するのに必要な事実 *439*
政治献金（経営判断の原則） *340*
整備・構築すべきグループ内部統制システム *323*
責任の要件（第三者に対する責任） *510*
責任を負うべき取締役（任務懈怠責任追及訴訟） *370*
設立取消しの訴え *118*
設立無効の訴えの管轄 *123*
設立無効の訴えの提起 *122*
設立無効の訴えの当事者 *122*
設立無効の原因 *119*
設立無効判決の効力 *123*
全員出席総会 *165*
善管注意義務 *332*
　　――と忠実義務との関係 *332*
　　――の基準 *336*
専属管轄 *34,86*
全部取得条項付種類株式の取得差止請求 *95*
全部取得条項付新株予約権 *606*
総会決議事項 *172*
総株主の同意 *371*
相互保有株式 *166*
相殺（第三者による取締役等の責任追及訴訟） *515*
訴額 *13,26*
　　――（新株発行無効の訴え） *541*
　　――の算定（株主代表訴訟） *481*
組織再編行為の差止事由 *636*

724

事項索引【さ行・た行】

組織再編行為の差止め　635
組織再編の差止請求権　57
組織再編の差止め　225
組織変更　28
訴訟管轄　8
訴訟記録　67
訴訟告知　483
訴訟の処分　9
訴訟物（新株発行差止めの訴え）　556
　──（新株発行差止めの仮処分）　565
　──（第三者による取締役等の責任追及訴訟）　526
損害額の認定　420
　──（第三者に対する責任）　511
損害額の立証　418
損害賠償請求権の譲渡　424
損害賠償責任の放棄　373

【た行】

対価を伴う利益供与　400
第三者異議の訴え　108
第三者に生じた損害（発起人等の責任）　112
第三者に対して責任を負うべき役員等　515
第三者に対する責任の要件　510
第三者に対する損害額の認定　511
第三者による責任追及訴訟　526
　──の管轄　526
　──の原告　526
　──の時効期間　514
　──の訴訟物　526
　──の被告　526
第三者割当増資の取扱いに関する指針　560
第三者割当てによる新株発行　532
第三者割当ての新株発行　558
第三者割当ての有利発行　559
対象子会社の提訴請求の名宛人　476
対象労働者への通知（会社分割）　672
対象労働者への通知事項（会社分割）　672
退職慰労金　269
　──の減額　271
　──の支給取り止め　271
　──の支払請求訴訟　269
退職慰労年金　270
退任取締役に対する責任追及訴訟　368

退任取締役の競業取引　380
代表執行役　229
　──の代表権の範囲　229
代表訴訟における和解　23
代表訴訟の3類型　425
代表訴訟の対象となる取締役の責任　429
代表訴訟補償特約　500
代表取締役　13,229
　──の監視義務　354
　──の権限　230
　──の権限踰越行為の効力　230
　──の選任方法　229
　──の内部統制システムの構築・運用義務違反　308
大量保有報告書　679
大和銀行株主代表訴訟　300
多重代表訴訟　19,56,329,425,467
　──と取締役の責任の免除規制　474
　──の親子会社関係　468
　──の原告適格　475
　──の対象子会社の認定基準　472
　──の対象となる取締役等　472
他人名義による株式の引受け　132
担保額の算定　88
　──（株主総会開催禁止・決議禁止の仮処分）　208
担保提供の申立て（株主代表訴訟）　481
担保提供命令　36
担保の額　88
遅延損害金　59
忠実義務　332
忠実屋・いなげや事件　562
弔慰金　270
超過発行　536
調査嘱託　69
直接損害　523
直接利益を供与した取締役等の責任　404
追加融資・救済融資と取締役の責任　414
通常の新株発行　529
通知・公告がないことの立証　567
定款違反（取締役等の違法行為の差止請求）　615
定款違反行為　346
定款に定めていない種類の株式の発行　567
定款による報酬額の決定　264

725

事項索引【た行】

提訴期間　*9,26*
　——（株主総会決議取消しの訴え）　*183*
　——（株主総会決議不存在確認の訴え）
　*191*
　——（株主総会決議無効確認の訴え）　*197*
　——（新株発行差止めの仮処分）　*570*
　——（新株発行不存在確認の訴え）　*548,*
　*552*
　——（新株発行無効の訴え）　*219,535,542*
　——（新株予約権発行不存在確認の訴え）
　*601*
　——（新株予約権発行無効の訴え）　*600*
　——（取締役解任の訴え）　*253*
提訴期間経過後の訴え変更（新株発行無効の
　訴え）　*543*
提訴期間経過後の取消原因の追加　*182*
提訴期間経過後の無効　*6*
提訴期間の制限　*6*
提訴懈怠の可能性　*432*
提訴権の濫用　*12,458*
提訴請求　*465,475*
　——と会社による一部提訴　*450*
　——の相手方　*439*
　——の記載事項　*438*
　——の手続違反　*445*
　——の名宛人　*19*
　——を欠く提訴　*445*
提訴による取締役の解任事由　*249*
提訴による無効主張　*6*
提訴の予告通知　*73*
提訴前の照会　*75*
提訴前の証拠収集処分　*76*
敵対的の企業買収　*605*
敵対的の買収後の取締役の解任決議　*245*
敵対的買収防衛策　*585,605*
転籍合意　*673*
登記抹消請求訴訟　*256*
投資家訴訟　*362*
当事者（株主代表訴訟）　*434*
　——（新株発行無効の訴え）　*541*
　——（設立無効の訴え）　*122*
　——（取締役会決議無効確認訴訟）
　*241*
　——（取締役等の責任追及訴訟）　*368*
当事者照会　*70*

当事者適格　*3,30*
特殊な新株発行　*529*
特定株主の議決権排除目的の自己株式の取得
　*408*
特定禁止型（名義書換禁止の仮処分）　*142*
特定責任　*22,472*
特に有利な発行価額　*567*
特別利害関係人　*240*
取消原因の追加的主張　*6*
取下げ自由の原則　*10*
取締役　*13*
　——の解任決議　*242*
　——の解任決議無効確認の訴えの利益
　*246*
　——の監視義務　*352*
　——の監視義務違反　*309*
　——の欠格事由　*240*
　——の故意・過失　*345*
　——の辞任　*257,331*
　——の就任　*331*
　——の職務代行者　*166*
　——の責任追及訴訟　*404*
　——の地位保全の仮処分　*296*
　——の投機行為　*338*
　——の登記の不当抹消　*258*
　——の内部統制システムの構築等義務
　*303*
　——の任務懈怠責任　*299,334*
　——の任務懈怠責任の原因となる行為
　*370*
　——の賠償責任額　*346*
　——の破産　*331*
　——の報酬支払請求訴訟　*262,266*
　——の法令・定款違反の責任　*334*
　——と会社の関係　*331*
　——による従業員の引き抜き　*381*
取締役の解任の訴え　*247*
　——の管轄　*253*
　——の原告適格　*251*
　——の請求の趣旨　*253*
　——の提訴期間　*253*
　——の被告　*253*
　——の提訴要件　*248*
取締役の職務執行停止等仮処分　*279*
　——の債権者　*284*

726

事項索引【た行・な行・は行】

——の債務者　285
——の取消し　294
——の保全の必要性　283,284,287
取締役の職務執行停止等仮処分命令の執行停止　295
取締役の地位確認請求訴訟　260
——の管轄　261
取締役の地位不存在確認請求訴訟　255
——の管轄　255
——の請求の趣旨　255
取締役の報酬　262
——の減額　266,267
——の不支給　266
取締役会議事録　61
——の閲覧等の許可申請　713
——の閲覧等の許可申請の管轄　714
取締役会決議の瑕疵　233
取締役会決議の不存在事由　239
取締役会決議の無効原因　238
取締役会決議不存在確認訴訟　236
取締役会決議無効確認訴訟の管轄　241
取締役会決議無効確認訴訟の当事者　241
取締役会決議無効の主張方法　237
取締役会設置会社　14
取締役解任の正当事由　244
取締役会の決議方法　234
取締役会の決議を欠く行為の効力　231
取締役会の招集手続の瑕疵　233
取締役会の無効確認訴訟　233
取締役退任登記手続　257
取締役等（役員）の第三者に対する責任　507
取締役等の違法行為の差止仮処分　224,618
——の管轄　620
——の債権者　619
——の債務者　619
——の被保全権利　618
——の保全の必要性　618
取締役等の違法行為の差止仮処分申請の趣旨　620
取締役等の違法行為の差止請求　612
取締役等の違法行為の差止請求権行使の要件　614
取締役等の支払義務の免除　407
取締役等の就任登記の抹消登記手続　256

取締役等の職務執行停止の仮処分　223
取締役等の責任　60
——の一部免除　374
——の一部免除の限度額　374
——の一部免除の効果　375
——の一部免除の方法　374
——の一部免除の要件　374
——の全部免除　371
取締役等の責任軽減と和解　376
取締役等の責任追及訴訟　367
——の会社を代表する者　368
——の管轄　368
——の消滅時効期間　368
——の当事者　368
取締役等の説明義務　171
取締役等の第三者に対する責任の性質　514
取締役等の任務懈怠責任の免除　498
取締役等の法令違反行為　360
取締役等の無過失の立証による免責　407

【な行】

内部通報制度　307
内部統制システム　298
——の開示　307
——の構築　302
——の構築等違反の責任　311
——の構築等義務違反　357
——の内容　305
——の内容と水準　318
二重代表訴訟　18
二重提訴　473
——の禁止　444
ニッポン放送事件　590,594
日本経済新聞インサイダー取引事件　359
ニレコ事件　590,607
任務懈怠行為　516
任務懈怠責任追及訴訟　368
——の責任を負うべき取締役　370
任務懈怠責任の原因となる行為　370

【は行】

買収の不当性　598
賠償請求をなしうる第三者　513
賠償責任額の算定　346
敗訴株主等の損害賠償責任　500

事項索引【は行】

敗訴原告の損害賠償責任　*44*
敗訴した原告　*542*
発行登録書の記載事項　*610*
発行登録制度　*610*
発行登録追補書類　*611*
払込金額が特に有利な金額　*559*
払込金の返還　*114*
払込みの仮装　*121*
判決効の拡張　*105*
判決の効力の主観的範囲　*39*
判決の遡及効の否定　*40*
被告　*4,30*
　——（会計帳簿等の閲覧・謄写請求訴訟）
*706*
　——（会社分割無効の訴え）　*642*
　——（合併無効の訴え）　*633*
　——（株式移転無効の訴え）　*648*
　——（株式交換無効の訴え）　*648*
　——（株主総会決議取消しの訴え）　*162*
　——（株主代表訴訟）　*437*
　——（株主名簿の閲覧・謄写請求訴訟）
*686*
　——（計算書類の閲覧請求等訴訟）　*695*
　——（新株発行差止めの訴え）　*556*
　——（新株予約権発行不存在確認の訴え）
*601*
　——（新株予約権発行無効の訴え）　*600*
　——（第三者による取締役等の責任追及訴
訟）　*526*
　——（取締役解任の訴え）　*253*
被告取締役等への補助参加　*486*
必要的共同訴訟　*35*
被保全権利　*80,87*
　——（株主総会開催禁止・決議禁止の仮処
分）　*204,206*
　——（株主総会決議の効力停止の仮処分）
*223*
　——（議決権行使禁止・行使許容の仮処分）
*211*
　——（新株予約権の行使禁止の仮処分）
*604*
　——（取締役等の違法行為の差止仮処分）
*618*
　——の疎明　*89*
表見取締役　*521*

福岡魚市場株主代表訴訟　*328*
複数の管轄　*34*
不公正発行　*555,561,567*
　——の認定基準　*564*
不実登記の抹消登記請求　*258*
不実の登記をした取締役の責任　*520*
不正の請託　*411,413*
物的分割　*639*
不提訴の理由の通知内容　*448*
不提訴理由の通知　*423*
不提訴理由の通知義務　*446*
不提訴理由の通知請求　*478*
不当提訴　*38*
不当目的訴訟の認定　*460*
不当目的訴訟の要件　*460*
不当目的提訴　*38*
不当目的の要件（法人格否認の法理）　*101*
部分的連帯　*351*
振替株式　*53*
　——と原告適格者　*53*
　——と提訴請求　*477*
　——の譲渡　*129*
　——の名義書換　*129,149*
振替社債等に関する仮差押えの執行　*149*
振替社債等に関する仮処分の執行　*149*
振替制度の対象株式　*129*
ブルドックソースの買収防衛策　*608*
分割条件　*640*
粉飾決算　*361*
文書提出命令の申立て　*61,62*
　　株主代表訴訟と——　*454*
文書の送付嘱託　*69*
平時導入型（事前警告型）の防衛策　*605*
変更の登記　*544*
弁護士に支払うべき報酬の額（株主代表訴訟
等）　*499*
弁論等の必要的併合　*35*
ポイズン・ピル　*606*
法人格の形骸化の認定基準　*99*
法人格否認の法理　*97,521*
　——と訴訟当事者　*103*
法人格濫用の認定基準　*98*
法人の不法行為能力　*51*
法令違反行為の法令の範囲　*344*
保険金請求権　*270*

728

事項索引【は行・ま行・や行・ら行】

募集　*531*
募集株式　*529,530*
　——の発行と払込みの仮装　*577*
募集新株予約権の発行　*585*
補助参加　*489*
　——の利益　*489,493,495*
保全の必要性　*87*
　——（会計帳簿等の閲覧・謄写仮処分）*708*
　——（会社の申請による株主総会における議決権行使禁止の仮処分）　*227*
　——（株主総会開催禁止・決議禁止の仮処分）　*207*
　——（株主総会決議の効力停止の仮処分）*222*
　——（株主名簿の閲覧・謄写請求仮処分）*689*
　——（新株発行差止めの仮処分）　*558*
　——（新株予約権発行差止仮処分）　*591*
　——（取締役の職務執行停止等仮処分）*283,284,287*
　——（取締役等の違法行為の差止仮処分）*618*
　——の疎明　*83,89*
　——の判断　*91*
北海道拓殖銀行とカブトデコム事件　*415*
北海道拓殖銀行と栄木不動産事件　*415*
発起人等の責任　*110*
発起人等の第三者に対する責任　*111*
発起人等の任務懈怠責任　*111*
発起人等の賠償責任の免除　*113*
発起人等の連帯責任　*112*
発起人の失権　*115*

## 【ま行】

満足的仮処分　*1,81*
見せ金　*115,121*
三井鉱山事件　*330*
宮入バルブ第3次事件　*560*
民事法定利率　*58*
無報酬とする旨の株主総会決議　*267*
名義書換禁止の仮処分　*141*
　——の管轄　*151*
　——の取消し　*151*
名義書換禁止の仮処分申請の趣旨　*147,149*

名義書換請求（株券発行会社）　*127*
　——（株券不発行会社）　*128*
　——（振替株式）　*129,149*
名義書換請求禁止の仮処分　*148*
名義書換請求訴訟　*135,136*
名義書換の不当拒絶　*136*
名義書換未了の株主　*156*
名目的取締役　*354,517*
　——の監視義務　*354*
　——の対第三者責任　*517*
申立手数料　*87*
申立ての趣旨　*87*
申立ての理由　*87*
持分会社の設立取消しの訴え　*31*

## 【や行】

役員全員の解任を内容とする登記申請　*259*
役員損害賠償責任保険（D&O保険）　*500*
役員の退任　*184*
役員の登記の申請　*260*
有価証券報告書等虚偽記載の罪　*365*
有価証券報告書等の虚偽記載　*361*
　——における損害額の推定　*362*
有価証券報告書の虚偽記載の事実の公表　*363*
有事導入型の防衛策　*605*
予告照会　*75*

## 【ら行】

ライツプラン　*606*
濫用型（法人格否認）　*98*
濫用型の法人格否認の法理　*101*
　——の適用要件　*101*
濫用的会社分割　*103,653,655,661*
濫用的提訴　*465,476,482*
濫用的な株主代表訴訟　*423*
利益供与罪　*410*
利益供与等と刑事責任　*410*
利益供与に関与した取締役　*404*
利益供与の相手方　*396*
利益供与の関与者　*405*
利益供与の禁止規定　*396*
利益供与の形態　*398*
利益供与の推定　*402*
利益供与の目的　*397*

729

事項索引【ら行・わ行】

利益相反取引　*369,371,383*
　──の承認　*385*
　承認なき──　*387*
利益配当　*390*
リニエンシー　*364,366*
類似必要的共同訴訟　*35*
労働者の異議申出　*673*

# 【わ行】

和解　*11*
割合的因果関係論　*351*

判例索引［大審院・最高裁判所］

## ● 判例索引 ●

（判決言渡日順）

### ［大審院］

大決明治35・7・8民録8輯7巻51頁 ……………………………………………… *168*
大判明治43・7・6民録16輯537頁 …………………………………………………… *393*
大判大正9・2・20民録26輯184頁 …………………………………………………… *385*
大判大正11・10・12大審民集1巻581頁 ……………………………………………… *197*
大判昭和5・7・17大審民集9巻868頁 ……………………………………………… *582*
大決昭和6・2・23大審民集10巻82頁 ……………………………………………… *283*
大判昭和8・6・30大審民集12巻1711頁 …………………………………………… *295*
大決昭和12・6・25大審民集16巻1009頁 …………………………………………… *214*
大判昭和13・9・28大審民集17巻1895頁 …………………………………………… *385*
大判昭和19・8・25大審民集23巻524頁 …………………………………………… *629*

### ［最高裁判所］

最判昭和28・11・20民集7巻11号1229頁 …………………………………………… *418*
最判昭和30・10・20民集9巻11号1657頁 …………………………………………… *157*
最判昭和31・5・10民集10巻5号487頁 …………………………………………… *33*
最判昭和31・6・29民集10巻6号774頁 …………………………………………… *234*
最判昭和31・11・15民集10巻11号1423頁 …………………………………………… *168*
最判昭和33・5・20民集12巻7号1077頁 …………………………………………… *32*
最判昭和33・10・3民集12巻14号3053頁 …………………………………………… *191*
最判昭和35・2・4民集14巻1号56頁 …………………………………………… *688,696*
最判昭和35・3・11民集14巻3号418頁 …………………………………………… *134*
最判昭和36・3・31民集15巻3号645頁 …………………………………………… *537*
最判昭和36・11・24民集15巻10号2583頁 ………………………………… *162,452,491*
最判昭和37・1・19民集16巻1号76頁 …………………………………………… *187*
最判昭和37・8・10民集16巻8号1720頁 …………………………………………… *451*
最判昭和38・9・5民集17巻8号909頁 …………………………………………… *230*
最判昭和38・12・6民集17巻12号1633頁 …………………………………………… *121,577*
最判昭和38・12・6民集17巻12号1664頁 …………………………………………… *385*
最判昭和39・1・28民集18巻1号180頁 …………………………………………… *387*
最判昭和39・5・21民集18巻4号608頁 …………………………………… *166,289,292*
最判昭和39・6・24判時376号11頁 ………………………………………………… *419*
最判昭和39・12・11民集18巻10号2143頁 ………………………………………… *269,274*
最判昭和40・5・20民集19巻4号859頁 …………………………………………… *33*
最判昭和40・6・24刑集19巻4号469頁 …………………………………………… *121*
最判昭和40・6・29民集19巻4号1045頁 …………………………………… *187,198,529*
最判昭和40・9・22民集19巻6号1600頁 …………………………………………… *626,669*
最判昭和40・9・22民集19巻6号1656頁 …………………………………………… *231*
最判昭和40・11・16民集19巻8号1970頁 …………………………………………… *139*
最判昭和41・2・23民集20巻2号302頁 …………………………………………… *669*
最判昭和41・4・15民集20巻4号660頁 …………………………………………… *508*

**731**

判例索引［最高裁判所］

最判昭和41・7・28民集20巻6号1251頁 ···································· *137,157*
最判昭和41・8・26民集20巻6号2301頁 ···································· *234*
最判昭和41・12・20民集20巻10号2160頁 ·································· *243*
最判昭和42・9・28民集21巻7号1970頁 ···································· *137,165*
最判昭和42・11・17民集21巻9号2448頁 ···································· *133*
最判昭和43・3・15民集22巻3号625頁 ······································ *332*
最判昭和43・4・12判時520号51頁 ·········································· *192*
最判昭和43・11・1民集22巻12号2402頁 ···································· *179*
最判昭和43・12・24民集22巻13号3334頁 ·································· *193*
最判昭和43・12・25民集22巻13号3511頁 ·································· *384,388*
最判昭和44・2・27民集23巻2号511頁 ································ *97,99,106*
最判昭和44・3・28民集23巻3号645頁 ······································ *235*
最決昭和44・10・16刑集23巻10号1359頁 ·································· *414*
最判昭和44・10・28判時577号92頁 ········································ *274*
最判昭和44・11・26民集23巻11号2150頁 ········ *508,509,510,512,524,525*
最判昭和44・11・27民集23巻11号1289頁 ·································· *234*
最判昭和44・12・2民集23巻12号2396頁 ·································· *233,239*
最判昭和45・1・22民集24巻1号1頁 ········································ *216,217*
最判昭和45・3・12判時591号88頁 ·········································· *384*
最判昭和45・3・26民集24巻3号165頁 ······································ *69*
最判昭和45・4・2民集24巻4号223頁 ······································ *184*
最判昭和45・4・23民集24巻4号364頁 ······································ *386,387*
最判昭和45・6・24民集24巻6号625頁 ······································ *332,341*
最判昭和45・7・9民集24巻7号755頁 ······································ *189*
最判昭和45・7・15民集24巻7号804頁 ······································ *161,188*
最判昭和45・8・20民集24巻9号1305頁 ···································· *385*
最判昭和45・8・20判時607号79頁 ·········································· *164*
最判昭和45・11・6民集24巻12号1744頁 ·································· *295*
最判昭和46・3・18民集25巻2号183頁 ······································ *163,186*
最判昭和46・6・24民集25巻4号596頁 ······································ *165,192*
最判昭和46・7・16判時641号97頁 ·········································· *537,539*
最判昭和46・10・13民集25巻7号900頁 ···································· *387,388*
最判昭和46・12・23判時656号85頁 ········································ *386*
最判昭和47・5・25判時671号83頁 ·········································· *60*
最判昭和47・6・15民集26巻5号984頁 ······································ *520*
最判昭和47・6・22判時673号41頁 ·········································· *419*
最判昭和47・11・8民集26巻9号1489頁 ···································· *136,235*
最判昭和48・5・22民集27巻5号655頁 ······································ *517*
最判昭和48・10・26民集27巻9号1240頁 ·································· *102*
最判昭和48・11・26判時722号94頁 ········································ *198*
最判昭和48・12・11民集27巻11号1529頁 ································ *388*
最判昭和49・2・28判時735号97頁 ·········································· *51*
最判昭和49・9・26民集28巻6号1306頁 ···································· *385*
最判昭和49・12・17民集28巻10号2059頁 ································ *515*
最判昭和50・6・27民集29巻6号879頁 ······································ *292*

732

判例索引 ［最高裁判所］

最判昭和51・12・24民集30巻11号1076頁······················ *7,179,183,633*
最判昭和53・7・10民集32巻5号888頁···································· *13*
最判昭和53・9・14判時906号88頁······························· *102,106*
最判昭和54・4・17民集33巻3号366頁·································· *696*
最判昭和54・11・16民集33巻7号709頁·································· *7,184*
最判昭和55・3・18判時971号101頁································· *517,525*
最判昭和55・6・16判時978号112頁···································· *186*
最判昭和56・5・11判時1009号124頁··································· *271*
最判昭和58・2・22判時1076号140頁··································· *274*
最判昭和59・9・28民集38巻9号1121頁································· *294*
最判昭和59・10・4判時1143号143頁··································· *515*
最判昭和60・3・26判時1159号150頁······························· *262,265*
最判昭和60・12・20民集39巻8号1869頁································ *165*
最判昭和62・7・17民集41巻5号1402頁································ *104*
最判昭和63・1・26民集42巻1号1頁····································· *45*
最判平成2・4・17判時1380号136頁································· *681,682*
最判平成2・11・8判時1372号131頁··································· *701*
最判平成2・12・4民集44巻9号1165頁·································· *33*
最判平成3・2・19判時1389号140頁··································· *33*
最判平成4・10・29民集46巻7号2580頁································ *185*
最判平成4・12・18民集46巻9号3006頁································ *267*
最判平成5・3・30民集47巻4号3439頁································· *239*
最判平成5・9・9民集47巻7号4814頁······························· *330,458*
最判平成5・10・5資料版商事116号196頁······························ *631*
最判平成5・12・16民集47巻10号5423頁··················· *8,537,569,572,573*
最判平成6・7・14判時1512号178頁································· *538,539*
最判平成6・7・18裁判集民172号967頁······························ *7,543*
最判平成7・2・21民集49巻2号231頁··································· *256*
最判平成7・3・9判時1529号153頁···································· *186*
最判平成8・1・23資料版商事143号159頁······························ *630*
最判平成8・10・14民集50巻9号2431頁································· *99*
最判平成8・11・12判時1598号152頁··································· *180*
最判平成9・1・28民集51巻1号40頁······························· *547,548,574*
最判平成9・1・28民集51巻1号71頁··································· *537*
最判平成9・9・9判時1618号138頁···································· *165*
最判平成10・7・17判時1653号143頁··································· *537*
最判平成11・3・25民集53巻3号580頁·································· *194*
最決平成11・11・12民集53巻8号1787頁··························· *65,455,456*
最判平成11・11・24民集53巻8号1899頁································ *393*
最判平成12・7・7民集54巻6号1767頁·································· *345*
最判平成12・9・28金判1105号16頁··································· *458*
最決平成12・12・14民集54巻9号2709頁······························ *455,456*
最決平成13・1・30民集55巻1号30頁··································· *490*
最決平成13・2・22判時1742号89頁··································· *458*
最決平成13・12・7民集55巻7号1411頁·································· *66*

733

判例索引［最高裁判所・高等裁判所］

最判平成15・2・21金法1681号31頁‥‥‥‥‥‥‥‥‥‥‥‥‥‥‥‥*263*
最判平成15・3・27民集57巻3号312頁‥‥‥‥‥‥‥‥‥‥‥‥*548,552*
最判平成16・6・10民集58巻5号1178頁‥‥‥‥‥‥‥‥‥‥‥‥‥*201*
最判平成16・7・1民集58巻5号1214頁‥‥‥‥‥‥‥*697,701,702,707*
最決平成16・8・30民集58巻6号1763頁‥‥‥‥‥‥‥‥‥‥‥‥‥‥*90*
最判平成17・2・15判時1890号143頁‥‥‥‥‥‥‥‥‥‥‥‥‥‥*265*
最判平成17・7・15民集59巻6号1742頁‥‥‥‥‥‥‥‥‥‥‥‥‥*109*
最判平成18・4・10民集60巻4号1273頁‥‥‥‥‥‥‥‥‥‥*401,409*
最決平成18・9・28民集60巻7号2634頁‥‥‥‥‥‥‥‥‥‥‥‥*5,49*
最決平成18・11・14資料版商事274号192頁‥‥‥‥‥‥‥‥‥‥‥*341*
最決平成19・8・7民集61巻5号2215頁‥‥‥‥‥‥‥‥‥‥‥‥‥*608*
最決平成19・11・30金判1282号57頁‥‥‥‥‥‥‥‥‥‥‥‥‥‥*456*
最判平成20・1・28判タ1262号63頁‥‥‥‥‥‥‥‥‥‥‥‥‥‥*415*
最判平成20・1・28判タ1262号69頁‥‥‥‥‥‥‥‥‥‥‥‥‥‥*415*
最判平成20・2・26民集62巻2号638頁‥‥‥‥‥‥‥‥‥‥‥‥‥*251*
最決平成21・1・15民集63巻1号1頁‥‥‥‥‥‥‥‥‥‥‥‥‥‥*703*
最判平成21・3・10民集63巻3号361頁‥‥‥‥‥‥‥‥‥‥‥‥‥*430*
最判平成21・3・31民集63巻3号472頁‥‥‥‥‥‥‥‥‥‥‥‥‥*442*
最判平成21・4・17判時2044号74頁‥‥‥‥‥‥‥‥‥‥‥‥‥‥*201*
最判平成21・7・9判時2055号147頁‥‥‥‥‥‥‥‥‥‥‥‥‥‥*314*
最判平成21・11・27金判1335号20頁‥‥‥‥‥‥‥‥‥‥‥‥‥‥*418*
最判平成21・12・18判時2068号151頁‥‥‥‥‥‥‥‥‥‥‥‥‥*270*
最判平成22・3・16判時2078号155頁‥‥‥‥‥‥‥‥‥‥‥‥‥*271*
最判平成22・7・12民集64巻5号1333頁‥‥‥‥‥‥‥‥‥‥*642,676*
最判平成22・7・15判時2091号90頁‥‥‥‥‥‥‥‥‥‥‥‥‥‥*342*
最判平成24・3・13判時2146号33頁‥‥‥‥‥‥‥‥‥‥‥‥‥‥*363*
最判平成24・10・12金判1417号16頁‥‥‥‥‥‥‥‥‥‥‥‥*103,663*

[高等裁判所]

東京高判昭和30・7・19下民集6巻7号1488頁‥‥‥‥‥‥‥‥‥‥*163*
福岡高判昭和30・10・12高民集8巻7号535頁‥‥‥‥‥‥‥‥‥‥*549*
大阪高判昭和32・1・24下民集8巻1号88頁‥‥‥‥‥‥‥‥‥‥‥*206*
東京高判昭和34・3・30東高民時報10巻3号68頁‥‥‥‥‥‥‥‥*386*
大阪高決昭和36・7・10下民集12巻7号1640頁‥‥‥‥‥‥‥‥‥*712*
大阪高判昭和38・5・29判時342号16頁‥‥‥‥‥‥‥‥‥‥‥‥*203*
東京高決昭和40・4・27下民集16巻4号770頁‥‥‥‥‥‥‥‥‥‥*712*
東京高判昭和41・11・22下民集17巻11・12号1111頁‥‥‥‥‥‥*133*
広島高岡山支判昭和42・12・22高民集20巻6号556頁‥‥‥‥‥‥*163*
東京高判昭和43・8・27判タ229号269頁‥‥‥‥‥‥‥‥‥‥‥‥*452*
名古屋高判昭和47・2・10高民集25巻1号48頁‥‥‥‥‥‥‥‥‥*103*
東京高判昭和47・4・18高民集25巻2号182頁‥‥‥‥‥‥‥‥‥‥*537*
大阪高判昭和50・3・28判時781号101頁‥‥‥‥‥‥‥‥‥‥‥‥*106*
東京高判昭和51・4・28判時826号44頁‥‥‥‥‥‥‥‥‥‥‥‥‥*98*
東京高決昭和52・9・22判タ870号103頁‥‥‥‥‥‥‥‥‥‥‥‥*294*
東京高決昭和52・11・8判時878号100頁‥‥‥‥‥‥‥‥‥‥‥‥*287*

判例索引［高等裁判所］

大阪高判昭和53・4・11判時905号113頁································· *254*
東京高決昭和54・1・17判時919号95頁······························ *68*
東京高判昭和57・4・13下民集32巻5＝8号813頁··················· *518*
東京高判昭和58・3・14判時1075号156頁··························· *695*
東京高判昭和59・4・17判時1126号120頁··························· *184*
東京高判昭和59・11・13判時1138号147頁·························· *331*
東京高判昭和61・8・21金法1146号40頁··························· *549,573*
東京高判昭和62・12・23判タ685号253頁························· *203,209*
東京高判平成元・7・3金判826号3頁······························ *458*
大阪高判平成元・10・26判タ711号253頁··························· *436*
大阪高決平成元・12・15判時1362号119頁·························· *711*
東京高判平成2・1・31資料版商事77号193頁······················ *631*
大阪高判平成2・7・18判時1378号113頁····················· *379,384,386*
東京高判平成3・11・28判時1409号62頁··························· *316*
名古屋高判平成4・10・26金判1015号31頁························· *549,573*
名古屋高判平成4・11・16金法1386号77頁·························· *168*
東京高判平成6・8・29金判954号14頁····························· *330*
名古屋高決平成7・3・8判時1531号134頁························· *481,482*
東京高判平成7・3・30金判985号20頁····························· *246*
東京高判平成7・6・14資料版商事143号161頁···················· *630,631*
名古屋高決平成8・2・7判タ938号221頁··························· *703*
東京高判平成8・2・8資料版商事151号143頁······················ *235*
東京高判平成8・12・11金判1105号23頁··························· *458*
大阪高決平成9・11・18判時1628号133頁·························· *483*
福岡高那覇支判平成10・2・24金判1039号3頁····················· *232*
名古屋高判平成10・7・8判タ1023号248頁························· *246*
大阪高判平成11・3・26判時1065号8頁···························· *182*
東京高決平成11・9・8民集54巻9号2731頁························ *455*
名古屋高判平成14・8・21判タ1139号251頁························ *549*
東京高判平成15・8・20金判1196号35頁··························· *598*
東京高判平成16・6・24判時1875号139頁·························· *383*
東京高決平成16・8・4金判1201号4頁····························· *563*
福岡高判平成16・12・21判タ1194号271頁······················ *267,268*
東京高判平成17・1・18金判1209号10頁························· *434,523*
東京高決平成17・3・23判時1899号56頁··············· *563,590,596,605*
名古屋高金沢支判平成17・5・18判時1898号130頁················ *52,525*
東京高決平成17・6・15判時1900号156頁························· *590,607*
名古屋高金沢支判平成18・1・11判時1937号143頁················· *341*
東京高決平成18・2・2金判1262号46頁····························· *5*
東京高判平成18・3・29判タ1209号266頁·························· *701*
大阪高判平成18・6・9判タ1214号115頁··························· *351*
高松高決平成18・11・27金判1265号14頁······················· *248,250*
東京高決平成19・1・10金判1282号63頁··························· *456*
大阪高判平成19・2・8金判1315号50頁···························· *430*
東京高判平成19・3・29金判1266号16頁··························· *539*

735

判例索引［高等裁判所・地方裁判所］

名古屋高判平成19・6・14金判1295号47頁······························ *251*
東京高決平成19・6・27金判1270号52頁······························ *703*
大阪高判平成19・10・26労判975号50頁······························ *103*
東京高判平成20・5・21判タ1281号274頁····························· *317*
東京高決平成20・6・12金判1295号12頁····························· *684*
東京高決平成20・6・19金判1321号42頁····························· *313*
名古屋高決平成20・8・8民集63巻1号31頁·························· *703*
東京高判平成20・9・24判タ1294号154頁···························· *277*
東京高決平成21・3・30金判1338号50頁····························· *565*
福岡高決平成21・6・1金判1332号54頁······························ *716*
名古屋高決平成22・6・17資料版商事316号198頁····················· *685*
東京高判平成22・7・7金判1347号18頁······················· *49,55,161*
東京高決平成22・10・27金法1910号77頁······························ *663*
東京高判平成23・1・26金判1363号30頁····························· *642*
名古屋高判平成25・3・15判時2189号129頁···························· *312*

## ［地方裁判所］

東京地判昭和28・4・22下民集4巻4号582頁························· *226*
大阪地判昭和28・6・19下民集4巻6号886頁························· *234*
東京地判昭和30・2・28下民集6巻2号361頁······················ *188,198*
東京地判昭和30・7・8下民集6巻7号1373頁························ *283*
東京地判昭和30・11・11下民集6巻11号2365頁······················ *195*
神戸地判昭和31・2・1下民集7巻2号185頁························· *220*
東京地判昭和31・6・13下民集7巻6号1550頁······················ *536*
水戸地下妻支判昭和35・9・30下民集11巻9号2043頁················· *171*
東京地決昭和36・3・14下民集12巻3号457頁······················ *708*
東京地判昭和36・11・17下民集12巻11号2745頁····················· *209*
浦和地決昭和38・2・15下民集14巻2号214頁······················ *708*
東京地判昭和39・10・12判タ172号226頁··························· *442,446*
新潟地判昭和42・2・23判時493号53頁····························· *562*
仙台地判昭和45・3・26判時588号38頁····························· *100*
大阪地判昭和49・3・28判時736号20頁····························· *181*
神戸地判昭和51・6・18下民集27巻5＝8号387頁···················· *254*
東京地判昭和55・11・26判時1011号113頁···························· *521*
東京地判昭和56・3・26判時1015号27頁····························· *379*
大阪地判昭和57・5・27判タ487号173頁····························· *442*
東京地判昭和58・7・12判時1085号140頁···························· *537*
千葉地判昭和59・8・31判時1131号144頁···························· *257*
福井地判昭和60・3・29判タ559号275頁····························· *404*
広島地決昭和61・11・21判時1224号76頁····························· *71*
大阪地決昭和62・11・18判時1290号144頁···························· *562*
東京地決昭和63・6・28判時1277号106頁························· *222,226*
東京地決昭和63・12・2資料版商事58号29頁······················· *562*
東京地判平成元・2・7判タ694号250頁····························· *316*
東京地決平成元・6・22判時1315号3頁····························· *699*

**736**

判例索引［地方裁判所］

東京地決平成元・7・25判タ704号84頁 ……………………………………… 562
東京地判平成元・8・24金判832号21頁 ………………………………………… 631
東京地決平成元・9・5判時1323号48頁 ……………………………………… 560,563
東京地判平成2・2・27金判855号22頁 …………………………………… 156,541,556
神戸地決平成2・4・10判時1364号107頁 ……………………………………… 702
東京地判平成2・4・20判時1350号138頁 ……………………………………… 267
東京地判平成2・5・25判時1383号139頁 ……………………………………… 505
大阪地決平成2・7・12判時1364号104頁 ……………………………………… 563
東京地判平成2・9・28判時1386号141頁 ……………………………………… 348
長崎地判平成3・2・19判時1393号138頁 ……………………………………… 459
東京地判平成3・2・27判時1398号119頁 ……………………………………… 518
東京地判平成3・12・26判時1435号134頁 …………………………………… 264
東京地判平成4・2・13判時1427号137頁 ……………………………………… 442
東京地判平成5・9・16判時1469号25頁 ……………………………………… 338
東京地判平成5・9・21判時1480号154頁 ……………………………………… 339
京都地判平成5・11・26判時1476号3頁 ……………………………………… 100
東京地決平成6・7・22判時1504号132頁 ……………………………………… 482
東京地判平成6・7・25判時1509号31頁 ……………………………………… 518
東京地判平成6・11・24資料版商事130号91頁 …………………………… 630,631
東京地判平成6・12・22判時1518号3頁 ……………………………………… 349
前橋地判平成7・3・14判時1532号135頁 ……………………………………… 382
東京地決平成7・10・16判時1556号83頁 ……………………………………… 382
福岡地判平成8・1・30判タ944号247頁 ……………………………………… 348
東京地判平成8・6・20判時1572号27頁 …………………………………… 351,439
東京地判平成8・6・20判タ927号233頁 ……………………………………… 459
那覇地判平成9・3・25判時1617号131頁 ……………………………………… 232
東京地判平成9・8・26判タ968号239頁 ……………………………………… 271
大阪地判平成10・3・18判時1658号180頁 …………………………………… 170
大阪地判平成11・3・24判時1741号150頁 ………………………………… 697,702
神戸地判平成10・8・21判時1662号148頁 …………………………………… 182
東京地判平成11・9・8判タ1042号285頁 ……………………………………… 398
大阪地判平成11・9・22判時1719号142頁 …………………………………… 438
名古屋地半田支決平成12・1・19判時1715号90頁 ………………………… 575
東京地決平成12・1・27金判1120号58頁 ……………………………………… 436
神戸地尼崎支判平成12・3・28判タ1028号288頁 …………………………… 179
大阪地判平成12・5・31判時1742号141頁 …………………………………… 631
京都地決平成12・6・28金判1106号57頁 ……………………………………… 227
宮崎地判平成12・7・21判タ1063号180頁 …………………………………… 169
大阪地判平成12・9・20判時1721号3頁 …………………………………… 300,351
東京地判平成13・1・25判時1760号144頁 …………………………………… 321
東京地判平成13・7・25労判813号15頁 ……………………………………… 103
東京地判平成13・9・28判タ1140号227頁 …………………………………… 99
大阪地判平成14・1・31金判1161号37頁 ……………………………………… 379
大阪地判平成14・2・19判タ1109号170頁 …………………………………… 312
宮崎地判平成14・4・25金判1159号43頁 ……………………………………… 179

737

判例索引［地方裁判所］

東京地判平成14・4・25判時1793号140頁 ············································ *338*

福井地判平成15・2・12判時1814号151頁 ············································ *341*

東京地判平成16・5・13判時1861号126頁 ············································ *47*

東京地判平成16・5・20判時1871号125頁 ············································ *315*

東京地決平成16・6・1金判1201号15頁 ············································· *560*

東京地決平成16・6・23金判1231号61頁 ············································ *343*

東京地決平成16・7・30判時1874号143頁 ············································ *563*

東京地判平成16・10・14判タ1221号294頁 ··········································· *47*

名古屋地判平成16・10・29判時1881号122頁 ········································ *657*

東京地判平成16・12・16判時1888号3頁 ············································· *317*

大阪地判平成17・2・9判時1889号130頁 ············································ *317*

東京地判平成17・2・10判時1887号135頁 ··········································· *315*

東京地判平成17・5・12金法1757号46頁 ············································ *425*

東京地決平成17・7・29金判1222号4頁 ············································· *559*

東京地決平成17・9・28金判1262号51頁 ············································ *49*

東京地決平成17・11・11金判1245号38頁 ··········································· *204*

東京地判平成18・10・10金判1253号9頁 ············································ *539*

東京地判平成19・9・20判時1985号140頁 ··········································· *704*

東京地判平成19・11・26判時1998号141頁 ·········································· *313*

東京地判平成19・12・19判タ1294号159頁 ·········································· *276*

名古屋地一宮支判平成20・3・26金判1297号75頁 ································· *157*

岡山地決平成20・6・10金判1296号60頁 ············································ *227*

東京地決平成20・6・23金判1296号10頁 ············································ *564*

東京地判平成20・7・18判タ1290号200頁 ··········································· *373*

佐賀地決平成20・12・26金判1312号61頁 ··········································· *715*

東京地判平成21・3・19判時2052号108頁 ··········································· *602*

京都地宮津支判平成21・9・25判時2069号150頁 ································· *250*

横浜地判平成21・10・16判時2092号148頁 ·········································· *539*

東京地判平成21・10・22判時2064号139頁 ·········································· *360*

名古屋地岡崎支決平成22・3・29資料版商事316号209頁 ····················· *685,689*

東京地判平成22・5・27金法1902号144頁 ··········································· *663*

福岡地判平成22・9・30判タ1341号200頁 ··········································· *665*

福岡地判平成23・1・26金判1367号41頁 ············································ *328*

福岡地判平成23・2・17金判1364号31頁 ············································ *103,664*

大阪地判平成24・6・29資料版商事342号131頁 ··································· *377*

大阪地判平成25・12・26判時2220号109頁 ·········································· *310*

東京地判平成29・4・27資料版商事400号119頁 ··································· *351,453*

*738*

〔著者略歴〕

新 谷　　勝（しんたに　まさる）

[略　歴]
　大阪市立大学大学院修士課程修了、法学博士
　司法修習修了後、裁判官、弁護士、帝京大学教授、東京高等検察庁検事、日本大学法科大学院教授を歴任
[主要著書]
　『従業員持株制度』、『会社仮処分』、『株主代表訴訟と取締役の責任』、『株主代表訴訟―改正への課題―』、『敵対的買収防衛策と訴訟リスク』（以上、中央経済社）、『敵対的企業買収』、『新しい従業員持株制度』、『新しい事業承継と企業再生の法務』、『日本版 ESOP の法務』、『詳解　改正会社法―平成26年改正の要点整理―』（以上、税務経理協会）、『会社・役員の民事・刑事責任とコンプライアンス法務』、『内部統制システムと株主代表訴訟―役員責任の所在と判断―』（以上、民事法研究会）

## 会社訴訟・仮処分の理論と実務〔増補第3版〕

2019年3月16日　第1刷発行

定価　本体7,400円＋税

| | | |
|---|---|---|
| 著　　者 | 新谷　勝 | |
| 発　　行 | 株式会社　民事法研究会 | |
| 印　　刷 | 株式会社　太平印刷社 | |

発 行 所　株式会社　民事法研究会

　　　　〒150-0013　東京都渋谷区恵比寿3-7-16

　　　　〔営業〕　TEL 03(5798)7257　FAX 03(5798)7258

　　　　〔編集〕　TEL 03(5798)7277　FAX 03(5798)7278

　　　　http://www.minjiho.com/　info@minjiho.com

落丁・乱丁はおとりかえします。　ISBN978-4-86556-275-0 C3032 ￥7400E
カバーデザイン　袴田峯男

## 最新実務に役立つ実践的手引書

業務上過失致死傷、インサイダー取引、価格カルテル、営業秘密、食品偽装等の責任と予防を明示！

# 会社・役員の民事・刑事責任とコンプライアンス法務

新谷　勝　著　　　　　　　　　　　　　　（Ａ５判・439頁・定価　本体3600円＋税）

内部統制システムと役員等による監視責任の構造を分析し、株主代表訴訟の準備、手続、執行方法まで解説！

# 内部統制システムと株主代表訴訟
### ─役員責任の所在と判断─

新谷　勝　著　　　　　　　　　　　　　　（Ａ５判・488頁・定価　本体5200円＋税）

非訟事件手続法、改正会社法に対応させ、全面的に見直し、最新の実務・運用を反映した最新版！

# 書式　会社非訟の実務〔全訂版〕
### ─申立てから手続終了までの書式と理論─

森・濱田松本法律事務所＝弁護士法人淀屋橋・山上合同　編（Ａ５判・404頁・定価　本体4200円＋税）

金融商品取引法、証券取引所規則、会社計算規則ほか会計・税務、登記実務にも配慮して解説！

# 会社法実務大系

成和明哲法律事務所　編　　　　　　　　　（Ａ５判・657頁・定価　本体5800円＋税）

多様な利害関係の適切・公正な調整を図るための「理論」「実務」「要件事実と裁判」を詳解！

【専門訴訟講座７】
# 会社訴訟 ─訴訟・非訟・仮処分─

浜田道代・久保利英明・稲葉威雄　編　　　（Ａ５判・1000頁・定価　本体8500円＋税）

日常の税務に係る文書の作成・管理、弁護士・税理士との協働による税務調査・争訟対策の指針を明示！

# 税務コンプライアンスのための企業法務戦略
### ─税務・法務連携、文書化の方策、税務調査、争訟対策─

第一東京弁護士会総合法律研究所租税訴訟実務研究部会　編　（Ａ５判・369頁・定価　本体4100円＋税）

発行　民事法研究会

〒150-0013　東京都渋谷区恵比寿3-7-16
（営業）TEL 03-5798-7257　FAX 03-5798-7258
http://www.minjiho.com/　　info@minjiho.com

# リスク管理実務マニュアルシリーズ

会社役員としての危急時の迅速・的確な対応のあり方、および日頃のリスク管理の手引書！

## 会社役員のリスク管理実務マニュアル
### ―平時・危急時の対応策と関連書式―

渡邊　顯・武井洋一・樋口　達　編集代表　成和明哲法律事務所　編（Ａ５判・432頁・定価 本体4600円＋税）

従業員による不祥事が発生したときに企業がとるべき対応等を関連書式と一体にして解説！

## 従業員の不祥事対応実務マニュアル
### ―リスク管理の具体策と関連書式―

弁護士　安倍嘉一　著　　　　　　　　　　　　　　　（Ａ５判・328頁・定価 本体3400円＋税）

社内（社外）通報制度の導入、利用しやすいしくみを構築し、運用できるノウハウを明示！

## 内部通報・内部告発対応実務マニュアル
### ―リスク管理体制の構築と人事労務対応策Ｑ＆Ａ―

阿部・井窪・片山法律事務所　石嵜・山中総合法律事務所　編（Ａ５判・255頁・定価 本体2800円＋税）

弁護士・コンサルティング会社関係者による実務に直結した営業秘密の適切な管理手法を解説！

## 営業秘密管理実務マニュアル
### ―管理体制の構築と漏えい時対応のすべて―

服部　誠・小林　誠・岡田大輔・泉　修二　著　　　　（Ａ５判・284頁・定価 本体2800円＋税）

企業のリスク管理を「法務」・「コンプライアンス」双方の視点から複合的に分析・解説！

## 法務リスク・コンプライアンスリスク管理実務マニュアル
### ―基礎から緊急対応までの実務と書式―

阿部・井窪・片山法律事務所　編　　　　　　　　　　（Ａ５判・764頁・定価 本体6400円＋税）

情報漏えいを防止し、「情報」を有効活用するためのノウハウを複合的な視点から詳解！

## 企業情報管理実務マニュアル
### ―漏えい・事故リスク対応の実務と書式―

長内　健・片山英二・服部　誠・安倍嘉一　著　　　　（Ａ５判・442頁・定価 本体4000円＋税）

発行 🏛 民事法研究会　〒150-0013 東京都渋谷区恵比寿3-7-16
（営業）TEL 03-5798-7257　FAX 03-5798-7258
http://www.minjiho.com/　info@minjiho.com